中國近代史研究叢書 1

兩岸新編中國近代史

——晚清卷（下）

王建朗、黃克武 編

 蘭臺出版社

目　錄

序一　　王建朗 /　　I
序二　　黃克武 /　　XIII

上

第一章　　清代通商與外政制度　　001
　　　一　通商與外政制度的概念意義　　001
　　　二　互市：清代的通商制度　　009
　　　三　清代的外政秩序：
　　　　　以通商公文書往來與涉外司法裁判為中心　　021

第二章　　十九世紀前期中西關係的演變　　041
　　　一　中西貿易及其體制　　041
　　　二　經濟、法律與道德的衝突　　051
　　　三　從對抗走向戰爭　　064

第三章　　近代的開端：鴉片戰爭　　075
　　　一　戰爭的醞釀：茶葉、白銀、鴉片　　075
　　　二　戰爭的進程：占領土地及其他　　084
　　　三　戰爭的結果：從外到內的變化　　093

第四章　　條約制度的建立及其影響　　111
　　　一　條約制度的形成和發展　　111
　　　二　條約制度的主要內容：行使「準統治權」的特權制度　　119
　　　三　清政府的認識與應對　　129

四　條約制度與中國傳統社會的變形　137

第五章　中華宗藩體系的挫敗與轉型　145

一　西方國際法秩序原理的論述　148

二　東方國際法秩序原理的論述　152

三　東西國際秩序原理的糾葛　162

四　宗藩體制的崩解與轉型　179

五　轉型後中華國際體系內部的原理矛盾　183

第六章　太平天國的興起與敗亡　195

一　太平天國的興起　195

二　太平天國與清政府的對峙　203

三　太平天國的敗亡　226

第七章　洋務運動與早期現代化　231

一　動因與環境　231

二　推進與成效　240

三　阻力與困頓　258

第八章　派系分合與晚清政局　271

一　咸同交替與派系新局的形成　271

二　派系之爭與政務影響的深化　279

三　「帝后黨爭」浮現與派系分合的激化　286

四　滿洲親貴集團的掙扎與清末派系的殘貌　301

第九章　從甲午戰爭到戊戌變法　313

一　甲午戰爭及其深度影響　313

二　變法訴求步步升級　320

三　明定國是　急行新政　337

四　陰影下的困局與悲劇　355

第十章　　　義和團運動與二十世紀中國　**367**

　　一　義和團運動興起的國際國內背景　367

　　二　從拳到團：清廷對民間結社的利用　373

　　三　義和團轉戰京津　380

　　四　八國聯軍入侵北京　387

　　五　《辛丑合約》：中國的低谷與起點　394

第十一章　　十年新政與清朝覆滅　**401**

　　一　清末新政改革綱領的制定　402

　　二　1901—1905 年的新政改革　408

　　三　1906—1908 年：政治改革的啟動　416

　　四　1909—1911 年：攝政王載灃主持下的改革　423

　　五　新政改革與清朝的覆滅　432

第十二章　　立憲運動與民間憲政訴求　**443**

　　一　立憲派與立憲思潮　444

　　二　立憲政團紛起　450

　　三　立憲派參與議政　458

　　四　國會請願風潮　468

　　五　立憲陷入絕境　475

第十三章　　帝制面臨的挑戰：新政的制度困境和倫理轉換　**485**

　　一　近代權勢結構的轉變　487

　　二　庚子後清廷的失道形象和士人心態　493

　　三　自上而下的立憲　498

　　四　制度困境下的新政　510

　　五　小政府和大政府的緊張　524

下

第十四章　　現代經濟的起步：晚清的經濟發展　　527

　　一　貿易發展及其影響　　528

　　二　工業發展及其影響　　540

　　三　農業發展及其影響　　550

　　四　雙元經濟問題　　555

第十五章　　悸動的農村與農民　　563

　　一　農民的經濟生活　　563

　　二　異軍突起的鄉村工業　　580

　　三　發育中的要素市場　　593

第十六章　　二十世紀初的收回利權運動　　609

　　一　收回利權運動的興起　　609

　　二　收回利權運動的主導者和參與者　　617

　　三　收回利權運動的若干案例　　624

　　四　收回利權運動的影響、作用及相關問題　　637

第十七章　　清季人口與社會　　645

　　一　清中葉以降的人口統計與估計　　645

　　二　人口結構及其變遷　　677

第十八章　　大變局下的生活世界：洋貨流行與生活啟蒙　　691

　　一　洋貨初銷、流行與普及　　692

　　二　洋貨流行對消費方式的影響　　699

　　三　洋貨符號意義的演變　　708

第十九章　　晚清士紳階層的結構性變動　　737

　　一　鄉土權威：士紳的地位與角色　　737

　　二　從保甲到團練：晚清士紳地位的變動　　744

三　流動與分化：士紳與晚清社會結構的變動　753

四　權紳化趨向：士紳與晚清的制度變遷　763

第二十章　中西學之爭：從科舉、學校到學堂　771

一　教育與「教」、「育」　771

二　學堂與學校　775

三　新學制系統的建立　789

四　納科舉於學堂　797

第二十一章　晚清海防與塞防之爭　811

一　海防與塞防之爭產生的背景　812

二　海防論者所持觀點之分析　814

三　塞防論者所持觀點之分析　822

四　對塞防與海防論爭之評議　831

第二十二章　「過渡時代」的脈動：晚清思想發展之軌跡　837

一　傳統的內變：從「理與勢」到「體與用」　837

二　進化論與新宇宙觀　843

三　以太、心力與個人崛起　849

四　經學的解構與建構　855

五　精神困境與宗教渴望　861

六　重建政治正當性：權威與權力的衝突　867

七　「過渡時代」的思想啟示　872

第二十三章　天下、國家與價值重構：啟蒙的歷程　877

一　「天下」的破滅　877

二　國家觀念：從身分到契約　896

第二十四章　族群、文化與國家：晚清的國族想像　923

一　近代中國民族主義的興起　924

二　民族主義下的國族想像　935

　　　　三　黃帝子孫—作為族群共同體的中國　942

　　　　四　保教保國—作為文化共同體的中國　947

　　　　五　五族共和—作為政治共同體的中國　952

第二十五章　中國士人與西方政體類型知識「概念工程」的創造與轉化　963

　　　　一　政體類型知識「概念工程」在晚清中國思想界的起步　964

　　　　二　《大英國志》、蔣敦復與政體類型知識「概念工程」的現實
　　　　　　意涵　968

　　　　三　「法國例證」的導入與政體類型知識「概念工程」的躍
　　　　　　進　978

　　　　四　政體類型知識「概念工程」的意義　990

第二十六章　譯書與西學東漸　993

　　　　一　西學東漸浪潮日湧日激　995

　　　　二　不同傳播機構各擅勝場　1000

　　　　三　西學傳播之反應與影響　1014

第二十七章　晚清臺灣的社會經濟與文化發展　1029

　　　　一　開港後臺灣的經濟變遷　1029

　　　　二　晚清臺灣的社會變遷　1041

　　　　三　割讓前臺灣文化的發展　1052

參考文獻　1069

人名索引　1109

後　記　1137

第十四章　現代經濟的起步：晚清的經濟發展

　　「現代經濟」是指運用現代科技於生產活動的經濟社會。[1] 現代科技則指自伽利略、牛頓、孟德爾（G. J. Mendel）等科學家以通則解釋自然現象以來有系統之科技發展。在現代經濟展開以前的經濟稱為「傳統經濟」。

　　中國之採用現代科技從事生產活動，始自 19 世紀中葉之鴉片戰爭。中國的戰敗及與各國簽訂不平等條約，誠屬不幸；但就經濟發展的角度來看，開放較多的口岸與外國貿易，也使中國日益捲入世界經濟體系之中；借此與西方接觸的增加，也使西方的現代科技得以傳入，而用之於中國工礦交通各方面的發展。清末 70 年的經濟也因而得以較快速地由傳統經濟向現代經濟轉型。儘管此一時期的一切活動距「現代經濟」的目標仍然甚遠，[2] 但畢竟已跨出了一步。此一起步之方向與成效如何？其為民國時期中國經濟之繼續由傳統經濟轉化

---

* 本章由林滿紅撰寫。

1　現代經濟與傳統經濟的定義參考〔美〕羅斯托《經濟發展史觀》，饒餘慶譯，今日世界社，1968，第 20 頁；S. Kuznets, *Modern Economic Growth: Rate, Structure, and Spread* (New Haven and London: Yale University Press, 1966) , ch. 1; Anthony M. Tang, "China's Agricultural Legacy," *Economic Development and Cultural Change,* 28:1 (Oct. 1979) .

2　傳統經濟轉化為現代經濟是一個持續不斷的進程，究竟一個國家採用現代化科技於生產之後，何時才算步入現代經濟的範疇？經濟學者曾指出很多指標，其中之一為經濟結構之由農業為主轉而以工業及服務業為主。如就各業產值而言，中國一直到 1962 農業才不復占國民所得的最大比重，而只占 35.5％，工業、服務業則分別占 41.7％和 21.1％，1951—1953 年，臺灣農、工、服務各業產值占國民所得的比例分別為 33.2％、26.2％和 40.6％，可見即使就各業產值比重的轉變這一指標而言，中國之轉化為現代經濟亦是 1950 至 1960 年代以後之事。中國大陸與臺灣各業產值占國民所得比例參見 D. H. Perkins, "Growth and Changing Structure of China's Twentieth-Century Economy," D. H. Perkins , ed., *China's Modern Economy in Historical Perspective* (Stanford: Stanford University Press, 1975) , p. 117; W. Galenson, ed., *Economic Growth and Structural Change in Taiwan: The Postwar Experience of the Republic of China* (Ithaca, NY: Cornell University Press, 1979) . 臺灣雙葉書局翻印本， table 1.10。

為現代經濟，究竟奠定了多少基礎？在此傳統經濟首次較為快速地往現代經濟
轉化的過程當中，傳統與現代之間又有何相生與相剋的關係？是為本章所要探
討的主題。因為此項起步導源於貿易，且以貿易發展之影響最大，故先論述貿
易，再依次論及發展較少的工業、農業，最後再論及此時區域間不平衡發展的
雙元經濟問題。其他如金融、貨幣、財政、交通以及經濟思想的轉變等，則附
論於前述各項之中。

一、貿易發展及其影響

貿易發展的大勢

1. 貿易量與值的變化

有關清季貿易數量及其變化，由承載貿易物資的船隻噸位，可以間接
看出貿易發展的大略。1860 年進出中國口岸船隻的噸位為 6635485 噸，至
1905 年達 73755547 噸，增加約 10 倍。[3] 在貿易值方面，1840—1911 年的資
料雖然並不完整，但仍可藉以看出對外貿易發展之大勢。1840 年鴉片戰爭爆
發之時，中國對外貿易總值為 524198 英鎊，至 1856 年，約增為 1840 年的 3
倍。[4] 1857—1869 年，儘管資料缺乏，但知貿易仍繼續增長。[5] 1870 年貿易
總值為 12067.7 萬海關兩，1911 年則增為其 7 倍（見表 14-1）。1870 年以
後貿易增加的原因很多，其中 1869 年蘇伊士運河通航，與中外間設立電報，
尤為重要。兩者加速將中國納入國際經濟體系之中。[6] 此外，1870—1892 年的
22 年間，貿易總值增加近一倍，由 1892—1911 年，貿易總值則增近 3 倍（見
表 14-1），後一時期貿易值所以增加較為快速，關鍵因素之一是，1890 年到
1911 年間修築了很多的鐵路。中東、膠濟、蘆漢、北寧、滬寧、廣九、津浦
等線，均修築於此一時期。這些鐵路將中國更廣大的地區納入國民經濟體系之
中。其次，1905 年日俄戰爭前後，東北開放對外貿易，1902—1911 年，東

3　H. B. Morse, *The Trade and Administration of the Chinese Empire* (Taipei : Ch'eng-wen Publishing Company, 1966), p. 285.

4　Rhoads Murphey, *The Outsider: The Western Experience in India and China* (Ann Arbor: The University of Michigan Press, 1977), ch. 11, pp.160-161.

5　參見林滿紅《銀線》，江蘇人民出版社，2011，第 66、67、87—89 頁。

6　T. R.Banister, "A History of the External Trade of China, 1834-81," in Inspector-General of the Chinese Maritime Customs, ed., *Decennial Reports 1922-1931* (Shanghai: Chinese Maritime Customs, 1931), p. 730.

北共有 10 處口岸開放，並開始有大豆出口，這也是貿易快速增加的原因。[7] 而在晚清最後十年當中，朝野在觀念上對工商業的重視，並設立工商方面的專門機構加以推動，也有所影響。清末之貿易收支如表 14-1 所示，1887 年以前為順差，1887 年以後為逆差。

表 14-1 中國的國際貿易值（1870—1911）

單位：千海關兩，%

年分	進口值	出口值	總值	指數	貿易差額
1870	55915	64762	120677	100	8847
1871	61617	78453	140070	116	16836
1872	59186	88244	147430	122	29058
1873	58434	80947	139381	115	22513
1874	56308	78457	134765	112	22149
1875	59426	80880	140306	116	21454
1876	61572	94010	155582	129	32438
1877	64225	79349	143574	119	15124
1878	61953	79488	141441	117	17535
1879	71194	84925	156119	129	13731
1880	69448	91848	161296	134	22400
1881	80825	84990	165815	137	4165
1882	67919	80215	148134	123	12296
1883	64325	82983	147308	122	18658
1884	63598	79669	143267	119	16071
1885	77308	77499	154807	128	191
1886	76689	91443	168132	139	14754
1887	88167	100209	188376	156	12042
1888	124783	92401	217184	180	-32382
1889	110884	96948	207832	172	-13936
1890	127093	87144	214237	178	-39949
1891	134004	100948	234952	195	-33056
1892	135101	102584	237685	197	-32517
1893	151363	116632	267995	222	-34731
1894	162103	128105	290208	240	-33998
1895	171697	143293	314990	261	-28404

7　Banister, "A History of the External Trade of China, 1834-81," pp.153-157.

1896	202590	131081	333671	276	-71509
1897	202829	163501	366330	304	-39328
1898	209579	159037	368616	305	-50542
1899	264748	195785	460533	382	-68963
1900	211070	158997	370067	307	-52073
1901	268303	169657	437960	363	-98646
1902	315364	214182	529546	439	-101182
1903	326739	214352	541091	448	-112387
1904	344061	239487	583548	484	-104574
1905	447101	227888	674989	559	-219213
1906	410270	236457	646727	536	-173813
1907	416401	264381	680782	564	-152020
1908	394505	276660	671165	556	-117845
1909	418158	338993	757151	627	-79165
1910	462965	380833	843798	699	-82132
1911	471504	377338	848842	703	-94166

資料來源：1868—1887 年數據取自 Hsiao Liang-Lin, *China's Foreign Trade Statistics 1864-1949* (Cambridge Mass. : East Asian Research Center of Harvard University, distributed by Harvard University Press, 1974), pp. 268-269；1887—1894 年資料根據 Yu-kwei Cheng, *Foreign Trade and Industrial Development of China* (Washington, D. C. : The University Press of Washington, D. C., 1956), pp. 12-13。海關資料 1887 年以後原已調整，故不取蕭書之調整數字，改取蕭書第 22-23 頁之未再調整數字。指數及貿易差額由筆者計算。

2. 貿易內容與貿易國家（地區）

（1）出口品與出口地區。晚清出口以茶、絲為大宗（見表 14-2）。1886年以前，茶居首位，1887 年以後，絲居首位。茶分紅茶、綠茶及茶磚三項。大體而言，紅茶輸英，綠茶輸美，茶磚輸俄。絲出口以生絲為主，以法國為主要輸出地區。中西貿易開放初期，生絲輸法由英商轉售。1842—1870 年，在中國出口貿易中，英國占中國總出口值一半以上（見表 14-3）。但歐洲商人於 1881 年前後，開始直接向中國購買生絲，中國輸英紅茶又逐漸為印度阿薩姆及錫蘭的紅茶所取代，中國對英的出口值占總出口值的比例，在 1882—

1892 年，已降為 18％。[8] 1880 年代後，中國在美國的綠茶市場亦逐漸為日本所取代。美國在 1880 年以前，原為中國第二大出口國，1880 年以後，其在中國輸出貿易中的地位也逐漸降低。由於日本、印度、錫蘭茶的輸出，華茶在世界茶出口中所占的比重亦逐漸降低，1873 年為 92％，1883 年為 88％，1893 年為 49％。[9] 唯生絲雖自 1860 年起已有日本的競爭，但直到 1910 年，其執世界生絲出口牛耳的地位方為日絲所奪。在華茶受日本、印度、錫蘭競爭之後，輸俄茶磚因俄國東方奧得塞港開放而增加，而華絲市場以歐陸為主，故 1880 年代以後，歐陸與俄國在中國貿易中的地位提高。1895 年中日甲午戰爭結束後，尤其 1905 年日俄戰爭結束，東北開放貿易後，日本積極推動其在東北的貿易，故東北在中國貿易國中的地位也日趨重要。[10] 而當時東北大豆貿易的展開亦在 1929 年以後，大豆取代絲、茶成為中國最主要出口貨。

表 14-2　十二項主要出口貨物所占出口總值的百分比（1871—1911）

出口品 / 年分	茶	絲	大豆	豆餅	花生	棉花	棉紗	桐油	豬鬃	蛋	錫	鎢砂	其他
1871—1873	52.7	34.5	0.1	—	—	0.2	—	—	—	—	—	—	12.5
1881—1883	46.2	26.2	0.2	—	—	0.4	—	—	—	—	—	—	27.0
1891—1893	26.9	24.6	1.2	—	—	4.8	—	—	—	—	—	—	42.5
1901—1903	11.3	26.7	2.3	2.6	—	5.1	—	—	1.0	1.0	—	—	50.0
1909—1911	9.8	18.2	7.4	5.1	0.9	5.8	—	—	1.1	1.1	1.6	—	49.0

資料來源：歷年海關報告，轉引自嚴中平等編《中國近代經濟史統計資料選輯》，科學出版社，1955，第 76 頁。

表 14-3　出口貿易價值中各國（地區）所占的百分比（1871—1911）

出口品（地區） / 年分	香港	日本及臺灣	美國	英國	德國	法國	俄國	其他
1871—1873	14.7	10.7	14.1	52.9	—	—	3.3	13.3
1881—1883	25.4	2.4	12.4	33.3	—	—	7.3	19.2
1891—1893	39.3	7.2	9.8	11.3	—	—	8.6	23.8

8　Banister, "A History of the External Trade of China, 1834-81," pp.29, 148.
9　湖北大學政治經濟學教研組編《中國近代國民經濟史》，高等教育出版社，1958，第 162 頁。
10　Banister, "A History of the External Trade of China, 1834-81," pp.148, 154.

| 1901—1903 | 40.8 | 12.5 | 10.2 | 4.8 | — | — | 5.5 | 26.2 |
| 1909—1911 | 28.2 | 15.9 | 9.0 | 5.1 | 3.1 | 10.7 | 12.5 | 15.5 |

資料來源：歷年海關報告，轉引自嚴中平等編《中國近代經濟史統計資料選輯》，第
66頁。

　　（2）進口品與進口地區。清末，中國主要進口貨一直以鴉片和棉紡織品
為大宗。1880年以前，鴉片進口值占總進口值40%以上。因洋貨仍未受人民
普遍歡迎，1887年以前，中國多為出超，外商乃借鴉片進口以資平衡。1880
年以後，棉貨及其他洋貨如糖、穀物、煤油等進口漸多，鴉片所占比例方見
減少（見表14-4）。因為棉貨與鴉片主要來自英國或英屬印度，因而英國（包
括香港）在中國進口貿易中一直居於領先的地位（見表14-5）。日本在1895
年以後因有棉貨輸華，1905年以後日貨大量輸入東北，在中國進口貿易中的
地位日趨重要。與此同時，美俄兩國因大量煤油輸華，在中國進口貿易中的地
位也逐漸提高。[11]

表14-4　中國主要進口貨占進口總值的百分比（1870—1910）

年分	總值 （1000 海關兩）	鴉片	棉布匹	棉紗	穀物 麵粉	糖	菸草	煤	煤油	金屬 礦物	機器	鐵路 材料 車輛	其他
1870	63693	43.0	28.0	3.0	0.04	0.1	—	0.09	—	5.8	—	—	19.97
1880	79293	39.3	24.9	4.6	0.1	0.4	—	1.2	—	5.5	—	—	24.0
1890	127093	19.5	20.2	15.3	9.6	0.9	—	1.6	3.2	5.7	0.3	—	23.7
1900	211070	14.8	21.5	14.3	7.0	3.0	0.5	3.1	6.6	4.7	0.7	—	23.8
1910	462965	12.0	14.7	13.6	7.7	4.8	2.0	1.8	4.7	4.3	1.5	3.8	29.1

資料來源：Yang Twan-liu, *Statistics of China's Foreign Trade*, Table V,
pp. 15-25, Table IX, pp. 43-48; Cheng Yu-kwei, *Foreign Trade and
Industrial Development of China: A Historical and Integrated
Analysis through 1948* (Washington, D. C.: The University of
Washington, D. C., 1956), p. 19. 轉引自費維愷《中國近百年經濟
史》，第57頁。

11　〔美〕費維愷：《中國近百年經濟史》，林載爵譯，華世出版社，1978，第58—59頁。

表 14-5　進口貿易價值中各國（地區）所占的比重
（1871—1911，各期各國總計＝ 100）

進口國（地區）＼年分	香港	日本及臺灣	美國	英國	德國	法國	俄國及蘇聯	其他
1871—1873	32.5	3.7	0.5	34.7	—	—	0.2	28.4
1881—1883	36.2	4.9	3.7	23.8	—	—	0.2	31.2
1891—1893	51.2	4.7	4.5	20.4	—	—	0.6	18.6
1901—1903	41.6	12.5	8.5	15.9	—	—	0.8	20.7
1909—1911	33.9	15.5	7.1	16.5	4.2	0.6	3.5	18.7

資料來源：歷年海關報告，轉引自嚴中平等編《中國近代經濟史統計資料選輯》，第 65 頁。

3. 對外貿易在整個國民所得中所占的比重

雖然清末貿易持續擴張，但 1914—1918 年貿易總值也僅占中國國民所得之 9.2％。[12] 而國際聯盟曾估計，1913 年中國每人平均貿易額為 1.61 美元，為同時期 83 個國家中最低者。[13] 清末對外貿易發展幅度之所以不大，最重要的原因是國內開放貿易的地區以口岸及其腹地為主，[14] 其他次要因素則為交通不發達、度量衡與貨幣不統一、中國傳統的國際經濟態度較為消極等。

貿易發展的影響

以這種幅度與形態發展的貿易對國內經濟的影響，可從商業、工業、農業三方面加以討論。

1. 商業

國外貿易是國內商業的延伸。近代中國對外貿易拓展之後，國內商業所受的衝擊最為直接。因為對外貿易受外力壓迫而擴張，國內商業隨之所發生的演變最為顯著，成為近代經濟發展的重點。[15] 近代國內商業隨著國外貿易發展

12　K. C. Yeh, "China's National Income, 1931-1936," in Chi-ming Hou and Tzong-shian Yu, ed., *Modern Chinese Economic History* (Taipei: The Institute of Economics, Academia Sinica, 1977) , p. 107, table 4.

13　〔美〕費維愷：《中國近百年經濟史》，第 59 頁。

14　R. F. Dernberger, "The Role of Foreigners in China's Economic Development," in D.H.Perkins, ed., *China's Modern Economy in Historical Perspective* (Stanford: Stanford University Press, 1975) , pp.19-47.

15　參見翁之鏞《中國經濟問題探原》，正中書局，1952。

而產生的演變，又可自市鎮、商業組織、金融、貨幣、交通等方面加以說明。

（1）市鎮。隨著中外貿易的擴展，市鎮方面出現了一種新的景觀，即口岸都市的形成。在口岸都市裡有電燈、電報、煤氣、自來水、下水道、洋行、洋樓、教會、麵粉工廠、船舶修理廠等新的設施。此一象象與以官衙、書院、廟宇以及售賣南北雜貨的傳統市鎮形成強烈的對比。此外，由於通商口岸是中國與國際市場聯繫的據點，因此國際市場的範圍遠比傳統市鎮的市場圈廣大，加上鐵路等現代交通工具由口岸延伸到內地，原來分別轄屬於各傳統市鎮的零散的市場體系，在口岸開放以後，轉而並屬於對外通商口岸，如在通商口岸開放以前的臺灣、鹿港、後龍、舊港（新竹外港）、烏石港（在今宜蘭）、北港等古港口各形成其分殊的市場體系。迨淡水與打狗（今高雄）開放對外通商以後，以上諸港口腹地的大多數產品，皆改由淡水或打狗出口，如原為北港腹地的嘉義地區所產赤糖即由北港轉赴打狗。[16] 分殊的市場體系的統合是現代經濟的一個起步。此外，隨著貿易與工業的發展，清末城市人口也有略微增加的趨勢，這亦為傳統經濟往現代經濟邁進的一項表徵。根據施堅雅（W. Skinner）的統計，1843—1893 年，城居人口占全人口的比例，就全中國而言，由 5.1％ 增為 6％，長江下游地區則由 7.4％ 增為 10.6％，嶺南由 7％ 增為 8.7％，東南沿海由 5.8％ 增為 6.4％，東北由 4.9％ 增為 5.4％，西北由 4.9％ 增為 5.4％，長江中游由 4.5％ 增為 5.2％，華北由 4.2％ 增為 4.8％，長江上游由 4.1％ 增為 4.7％，雲貴由 4％ 增為 4.5％。[17] 此資料由劉石吉先生提供。此外，鄉村的市集活動也更為頻繁。傳統中國鄉村往往在十天之內趕集數次，將農村產品外送，將外地產品向農村內送。隨著國際貿易的拓展，農村與外地之間輸出輸入的商品增加，數日一集的定期市場不再能滿足所需，乃有更多的每日開市的固定商店產生。[18]

這些發展有很多是依存於傳統之上的，如通商口岸必然要設置在較為發達的傳統市鎮的周邊；以臺灣的通商口岸為例，淡水港開在艋舺的周邊，安平

16　參見林滿紅《茶、糖、樟腦業與臺灣之社會經濟變遷（1860—1895）》，聯經出版公司，2006，第 135—136 頁。

17　G. W. Skinner, "Regional Urbanization in Nineteenth-Century China," G. William Skinner, *The City in Late Imperial China* (Stanford: Stanford University Press, 1977), table 4.

18　G. W. Skinner, "Marketing and Social Structure in Rural China, Part II," *Journal of Asian Studies*, 24: 2 (Feb. 1965): 195-228.

港開在臺南城周邊，打狗港開在埤頭周邊，艋舺、臺南、埤頭均為開港以前即很發達的傳統市鎮。傳統市鎮與其腹地之間有一些現成的市場網路，通商口岸正可借這些市場網路，使商品流通。[19]

（2）商業組織。行會是傳統中國一種重要的商業組織，在中西貿易拓展之後，不但沒有式微，反而更為擴張。根據伊懋可（Mark Elvin）統計，上海行會數目，1842—1911 年增為 4 倍。行會是以血緣、地緣關係為基礎的一種商業組織。墨菲（Rhoads Murphey）指出：在中西接觸以後，中國社會仍然是以血緣、地緣關係作為社會聯繫的紐帶，對外貿易擴展之後，商業活動增加了，但商人們在找尋一起經商的夥伴時，經常是找族親、姻親，或是同鄉，這是近代以後以血緣、地緣為基礎的傳統行會得以擴張的理由。[20]

除了舊式的商業組織之外，由於來到中國的外國商人不熟悉中國的風土、人情，另有買辦商人崛起。買辦的工作為替外商居間進行貿易，由於他們與外國人接觸機會較多，故很多中外交涉也常由他們居間進行。不過他們遇到外國人時常過度卑躬屈膝。而且若干買辦也常與外商勾結，剝削人民，故買辦人物常常受到批評。但買辦，由於較早接觸現代觀念也有其正面作用。在與外商接觸的過程中，他們熟悉貿易行情，有若干人亦不願利權為外商所奪，起而自己興辦新式企業；買辦亦由薪水、佣金及操縱出入口貨品價格累積不少財富，力足以投資新式企業，因此買辦常是中國許多現代企業的介紹者與投資者，[21] 如英國怡和洋行和上海事業公司的買辦祝大椿，寶順洋行買辦徐潤，鴻源紗廠買辦榮瑞馨，匯理銀行買辦朱志龍，分別創有繰絲廠、麵粉廠、船公司、造紙廠等現代企業。故早期現代企業之中，買辦資本舉足輕重。而清政府為興辦現代工礦業而招收商股時，首先投資的也往往是買辦，甚而有些買辦還實際經手辦理這些企業，如太古洋行買辦鄭觀應之經營上海織布局，怡和洋行買辦唐廷樞之經營招商局等。[22] 故買辦事實上也是中國現代經濟起步的一股動力。

（3）金融組織。中西貿易拓展以前，中國就已有錢莊及山西票號等金融

19　參見林滿紅《茶、糖、樟腦業與臺灣之社會經濟變遷（1860—1895）》，第 170—174 頁。

20　Rhoads Murphey, *The Outsider*, pp.180-196.

21　Yeng-ping Hao, *The Comprador in Nineteeth Century China: Bridge between East and West* (Cambridge: Harvard University Press, 1970) , pp.99-105.

22　《中國近代國民經濟史》，第 198 頁；Yeng-ping Hao, *The Comprador in Nineteeth Century China*, pp.99-105.

組織。錢莊、票號雖然都經營存、放款，但錢莊以銀錢兌換為主要業務，而票號則以匯兌為主要業務。中西貿易擴張之後，錢莊、票號等傳統金融組織都隨著貿易擴張而發展。

就票號來說，貿易拓展之後，中國商人需要將購置外貨的款項由內地匯到口岸，也需要由口岸將變賣商品所得的款項匯回內地，兩者都需要利用票號的匯兌網，票號因而更加繁榮。鴉片戰爭以前，山西有票號 17 家，總資本 350 萬兩，19 世紀末增為 33 家，分號擴充為 414 家，總資本為 3300 萬兩，增加 8 倍多。而其所控制存款包括政府存款 1.5 億兩、小額鈔票 2000 萬兩，共計 2 億兩。在清末錢莊、票號、外國銀行鼎足而立的三大銀行勢力之中，山西票號尚居首位。[23]

就錢莊來說，隨著匯兌需要的增加，其功能就由銀錢兌換為主，擴充而負擔起部分短距離的匯兌功能。錢莊的存、放款業務亦更為擴張。從事國際貿易的進出口商需要資金融通；這些資金如向當鋪借貸，則覺利息過高，如向銀行借貸，則必須抵押品。而錢莊是以血緣、地緣關係為基礎的傳統金融組織，往來的客戶不是族親、姻親，就是同鄉，故可以信用借貸，利息也較低，乃很自然地成為進出口貿易商人融通資金的去處。[24] 出口商人可向錢莊借貸一種為期一兩日的短期貸款，稱為拆款。進口商人則可以向錢莊取得莊票支付給外國商人，這張莊票有外國銀行的買辦保證出票錢莊的信用，憑此外國商人將可兌到現款。而後，中國進口商人再將借款連同利息交給錢莊，錢莊再交給外國銀行。此外，錢莊也從事票據貼現、買賣金銀等業務。由於這些業務的擴張，錢莊也更加具有現代銀行的特徵。[25]

1897 年以後，中國另有純粹的現代銀行設立，如中國通商銀行、戶部銀行、交通銀行等。[26] 這些銀行都是政府銀行，是清政府為了資助工業發展、統一貨幣發行、改善財政而設立的，除了若干資金來自買辦，而與貿易有間接關

23　王業鍵：《近代銀行業的發展與舊中國工業化的資本問題》，氏著《清代經濟史論文集》（1），稻鄉出版社，2003，第 275—286 頁；參見大島重雄〈支那新式銀行の現勢と其の將來（一）〉《滿鉄調查月報》第 16 卷第 10 號、1936 年。

24　王業鍵：《中國近代貨幣與銀行的演進（1644—1937）》，氏著《清代經濟史論文集》（1），第 236—249 頁；Rhoads Murphey, The Outsider, pp.181-182.

25　彭信威：《中國貨幣史》，群聯出版社，1954，第 652 頁。

26　〔美〕費維愷：《中國近百年經濟史》，第 66 頁。

聯之外，其與貿易的關聯直到 1920 年代以前尚很微弱。[27]

　　外國在華設立的現代銀行則與貿易息息相關，因為對外貿易發展之後，外商需要買賣外匯，也需要貿易資金。[28] 清末外國在華設立的銀行計有 1857 年的英國麥加利銀行，1867 年的英國滙豐銀行，1890 年以前設立的法國東方銀行與匯理銀行、英國的有利銀行、德國的德華銀行、日本的正金銀行、俄國的華俄道勝銀行，1890—1912 年設立的美國花旗銀行、比利時華比銀行、荷蘭的荷蘭銀行、日本的臺灣銀行，共 12 家。[29] 以往學者常常認為外國銀行對中國的金融和貿易有絕對的控制權，但根據近人鐘斯（S. M. Jones）研究，清末整個上海的票據市場與匯兌市場都為錢莊的錢業公會所控制，而非由外國銀行所控制。外國銀行如想在中國的金融界獲取利潤，必須在屬於錢業公會的某家錢莊開戶，才能接近上海金融及匯兌市場[30]。可見，即使是外來的勢力，也是要依附在傳統的勢力之上，才能夠伸張。

　　（4）貨幣。為了配合貿易擴張後的貨幣需求，中國產生了銀錠、銅錢以外的新貨幣。郝延平〈晚清沿海的新貨幣及其影響〉一文指出，在 1880 年代至 1910 年間，中國曾增加使用價值約 48.29 億銀元的銀幣、紙幣及有貨幣功能的鴉片，以滿足貿易擴張後的貨幣需求。銀幣包括中國官鑄銀元、中國民間盜鑄外國銀元、外國銀輔幣等項，紙幣來自錢莊及外國銀行，鴉片有外國進口鴉片及本國鴉片兩種，[31] 也因此中國的貨幣在近代以後更為多元化。清末中國使用貨幣之中，外國銀元占 39.38％，中國銀元占 7.16％，中國銀角占 10.74％，中國銅元占 10.74％，中國銅錢占 11.7％，中國鈔票占 11.4％，外國鈔票占 14.32％。[32] 由於雜多的貨幣來自外國及民間，因此全國的貨幣供給量無法統一規劃。

　　（5）交通。為了配合貿易與國防的發展，鐵路、電報、現代帆船與輪船等新式交通設施相繼出現，如自 1876 年鋪設鐵路起，至 1912 年共有 9618

27　王業鍵：《中國近代貨幣與銀行的演進（1644—1937）》，氏著《清代經濟史論文集》（1），
　　第 236—249 頁。
28　彭信威：《中國貨幣史》，第 652 頁。
29　吳承禧：《中國的銀行》，商務印書館，1934，第 105 頁。
30　Rhoads Murphey, *The Outsider*, pp.181-182.
31　郝延平：〈晚清沿海的新貨幣及其影響〉，《中央研究院近代史研究所集刊》第 7 期，
　　1978 年 6 月，第 225—240 頁。
32　彭信威：《中國貨幣史》，第 595 頁。

公里。[33] 國內的電報線自 1874 年開始架設，至 1911 年全國約有 10 萬公里，平均為每千平方公里設 8.8 公里。[34] 中國現代帆船與輪船從事國際貿易的噸位，1864 年為 64588 噸，占各國往返船隻總噸位之 1％，1905 年為 16407352 噸，占各國往返船隻總噸位之 1/4。[35] 現代郵政在鴉片戰爭以前即有外國商人在口岸地區創辦，洋海關成立後海關亦代辦郵政。1898 年正式成立郵政局，總理全國郵務，到 1908 年共傳遞郵件 12938.2 萬件。[36] 而傳統的驛遞制度，除 1888 年劉銘傳在臺灣一度力求整頓之外，大抵因成本太高而日衰，至 1914 年而完全裁廢。但民間的信局在清末反趨興盛，1882—1891 年全國有信局 175 家，1892—1901 年則有 422 家，更有資料指出，在清朝覆亡以前，信局已多達數千家。[37] 信局之興盛，一則因為商業之拓展，二則因為輪船等現代交通工具出現之後，送信的交通成本降低，服務也更為便捷。

2. 工業

清末以鴉片、棉貨等消費品為主要進口大宗，生產材料如煤、金屬礦物、機器、鐵路材料、車輛等在 1870 年只占總進口值的 6％，至 1910 年不過占總進口值的 11.4％。[38] 貿易的結果並未導致大量生產工具的進口，故帶動國內工業發展的幅度不大。反之，鴉片的大量進口耗損了中國本可以用於工業生產的資金。1869—1911 年平均每年進口外國鴉片 6 萬擔，以一擔 400 元計算，其進口值平均每年約為 1800 萬兩，而 1890 年代清政府平均每年用於建造鐵路、架設電報、設船政局、建炮艦、設大學堂、買煤與石油、發放相關官員薪水的全部支出不過 726869 兩。[39] 如果將這些年內進口鴉片的用度用於現代化設施，每年可以有 1890 年代現代化設施 25 倍規模的建設。此外，清末的貿

33　〔美〕費惟愷：《中國近百年經濟史》，第 124 頁。

34　Shu-hwai Wang, "China's Modernization in Communications, 1860-1916: A Regional Comparison," in Chi-ming Hou and Tzong-shian Yu, ed., *Modern Chinese Economic History*, p. 340.

35　H. B. Morse, *The Trade and Administration of the Chinese Empire*, p. 285.

36　Shu-hwai Wang, "China's Modernization in Communications, 1860-1916: A Regional Comparison," p. 348.

37　Ying-wan Cheng, *Postal Communication in China and Its Modernization, 1860-1896* (Cambridge: East Asian Research Center, Harvard University, 1970), pp.38-39, 190.

38　〔美〕費維愷：《中國近百年經濟史》，第 57 頁。

39　George Jamieson, "Report on the Revenue and Expenditure of the Chinese Empire," *Foreign Office, Miscellaneous Series*, in *British Parliamentary Papers: Embassy and Consular Commercial Reports, China* (Shannon: Irish University Press, Area Studies Series, 1971), vol. 19, pp.595-656.

易條件（出口單價／進口單價）雖尚屬有利，但因 1887 年以後貿易收支由出超轉為入超，透過貿易所累積的資金數額可能不大。但在貿易發展過程中政府所課的關稅、釐金，卻是近代工業尤其是軍事工業發展的重要資金來源。[40]

　　3. 農業

　　（1）促成農業商業化。清末以農產品為出口大宗。糧食作物、經濟作物的出口在 1870—1890 年分別增加 26％和 28％，1890—1905 年分別增為原來的 3 倍和 6 倍。[41]隨著農產品出口的增加，農業也更加商業化了。臺灣的茶、糖、樟腦，福建的茶葉、甘蔗、菸草，浙江的蠶絲、棉花，江蘇、湖南、湖北的棉花，四川的蠶絲、甘蔗、茶業，山東的菸草、芝麻，均為各省純為市場生產的經濟作物。[42]但農業商品化之後，因為人民缺乏主動開拓市場的習性，只是被動地因應市場需要而生產，在國際市場波動劇烈的時候，國內農業難免遭受打擊。

　　（2）貿易與地權的變化。對外貿易連同新工業在口岸地區拓展之後，很多學者認為越接近口岸的地區，地權越集中，因為城市裡所賺取的財富可以在附近的鄉村買地。但波特（J. M. Potter）引卜凱（J. L. Buck）的統計指出，華中、華南地區口岸附近的地權固然較為集中，但華北的口岸如天津、青島附近的地權並未特別集中，而且由卜凱的統計也可以看出全國租佃制度最盛行之處並不必然是華中、華南口岸附近，而是全中國農業最富庶的地區，卜凱認為租佃制度盛行可能是在通商口岸形成以前即有的現象。[43]

　　（3）貿易與鄉土工業。中國的農村經濟一向以農作及紡織為支柱，宋、元以降棉紡更在紡織業中居於舉足輕重地位。中國土布在鴉片戰爭以前曾為僅次於絲、茶的出口大宗，中西開放通商以後，中國反而越來越多地輸入棉貨。在 1870 年代中國棉貨進口值尚不及絲、茶個別的出口值，1880 年代則已超

40　參見龔俊《中國新工業發展史大綱》，華世出版社，1978，第 23 頁。

41　Ramon H. Myers, "The Agrarian System," in John K. Fairbank and Albert Feuerwerker, eds., *Cambridge History of China, Republican China*, 1912-1949 (Cambridge: Cambridge University Press, 1986) , part 2, pp.250-251.

42　參考張玉法〈二十世紀初期的中國農業改良（1901—1916）〉，《史學評論》第 1 期，成文出版社，1979，第 119—159 頁。

43　J. M. Potter, *Capitalism and the Chinese Peasant : Social and Economic Change in a Hong Kong Village* (Berkeley, University of California Press, 1968) , Ch. VIII "Western Treaty Ports and the Chinese Economy", pp.174-212.

過絲之出口值，1890 年代更超過絲、茶之出口值總和。[44]

　　棉貨的大量進口對中國農村紡織業有何影響，至今學者仍爭論不定。民國以來很多學者認為中國鄉村工業普遍受到破壞。[45] 晚近學者周錫瑞（Joseph Esherick）更具體地闡明此一論點，他發現中國土紗因洋紗進口而產量銳減，1871—1910 年，中國土紗年產量減少 50％；反之，棉織則仍持續發展，但棉織也已由農家副業轉為城市工廠之附庸。以進口的洋紗來織布，不免威脅到棉農及以紡紗為副業的農民的生計。就全部傳統手工業而言，侯繼明根據巫寶三的估計，指出包括棉紡織業在內的中國傳統製造業一直到 1930 年代仍占製造業總產值的 72％，因此認為傳統手工業在與西方貿易之後，所受破壞不大。[46] 波特更進一步指出：傳統手工業在中國傳統經濟中所占的比重，並不如一般所想像的大。他引述卜凱的統計指出：中國農家從事家庭手工業者，不過占全部農家的 20％，這些農家收入來自手工業者不過占其總收入的 14％，如此全國取自傳統手工業的收入不過占農民總收入的 3％。中西貿易拓展以後，在一些傳統手工業較重要而受國際競爭較激烈的地方，如費孝通所調查的 1930 年代的村莊—開弦弓村，固然所受破壞很大，但在很多其他地方，工商機會的拓展，反而為地少人多的中國提供了許多額外的就業機會，如波特本人所調查的 1890—1930 年的香港即如此。[47] 可見在中西貿易擴張之後，雖然有些傳統手工業受到打擊，但是大多數手工業仍與外國進口的貨品並存，農民的生活因此所受的破壞也不如想像中的大。

二、工業發展及其影響

　　中國之有自辦的現代工業，肇始於 1860 年代清政府所辦的軍事工業。1870 年代以後進而有官督商辦以及純粹民營的輕重工業。1840 年代，雖然原則上外人並不得在中國設立工廠，但因為外人從事貿易及在口岸地區居住的需要，已有一些輕便的現代工業開始萌芽。1895 年《馬關條約》許可外商在華設廠之後，外人更在中國紛紛設立規模龐大的現代工廠，茲依序論其發展。

44　《中國近代國民經濟史》，第 163 頁。
45　費孝通：《鄉土中國》，上海世紀出版集團，2007。
46　此段參考 Feng-hwa Mah, "External Influence and Chinese Economic Development: A Re-examination," Chi-ming Hou and Tzong-shian Yu, eds., *Modern Chinese Economic History*, pp.273-298.
47　J. M. Potter, *Capitalism and the Chinese Peasant*, Ch.VIII.

中國自營工業

1.官辦的軍事工業

中國官辦的軍事工業是以 1861 年曾國藩於安慶內軍械所試造炸彈為其濫觴。繼而李鴻章到上海，於 1863 年設立炸彈三局，製造軍火；1865 年又設立江南製造總局。[48] 這是一個規模很大的兵工廠，主要製造槍、炮、子彈、火藥，也修造輪船並兼營煉鋼。廠房分有汽爐廠、機器廠、熟鐵廠、木工廠、火箭廠、鑄鋼鐵廠，面積達四十餘畝。到甲午戰爭時，共有十幾座內部有優良機器的大廠房，一座中型的船塢，雇傭工人達 2000 多人，創辦經費約 54 萬兩，以後以海關二成洋稅為常年經費，每年 30 萬—60 萬兩。江南製造局成立的次年，左宗棠又奏准在福州馬尾設立船政局，從事輪船製造。自初創到 1874 年，該局共用銀 536 萬兩，造成大船 10 艘、小船 5 艘。1866—1877 年，又有金陵、天津、西安、雲南、福建、廣州、四川等設立機器局，至 1895 年全國有兵工廠十幾個。[49]

傳統中國的軍事工業及與軍器原料有關的工業，如銅、鐵、硝磺等均為國營。1840 年代初期，有識之士如林則徐、魏源等即因戰爭的刺激，而倡師夷長技以制夷，一面與行商潘仕成等仿製外國船炮，一面請清廷開設兵工廠、造船廠。但與潘仕成合作的民營軍工業為清廷所禁，清廷自設的建議也由於《南京條約》的訂立而使清廷懷苟安之心，故亦未實行。到 1860 年代初期，一則因英法聯軍清廷與地方若干大員，目睹西方現代武器的威力，加以攻滅太平天國頗賴西方武器，於是方有各種現代軍事工業的創辦。[50] 關於清廷這次興辦現代軍事工業的動機，若干日本、美國學者如市古宙三、費維愷都認為是在於削平內亂，或是拓展封疆大吏的地方勢力。但是日本學者波多野善大的研究指出，李鴻章的根本動機仍在於抵抗日本侵略朝鮮，是為抵抗外侮，而非為削平內亂。呂實強則用奏摺與函件等資料指出，中央與地方實是同心協力，文祥等人更志在救國，劉廣京亦指出李鴻章並無擴張地方勢力的跡象。[51]

48　王爾敏：《清季兵工業的興起》，中研院近代史研究所，1963。

49　湖北大學政治經濟學教研組編《中國近代國民經濟史》，第 207、210 頁。又參考王爾敏《清季兵工業的興起》，1863 年冬，李鴻章收復蘇州後，將炸彈二局之一移蘇州，成立蘇州機器局，1866 年遷金陵，改為金陵機器局。又，西安機器局旋遷蘭州，是為蘭州機器局。

50　湖北大學政治經濟學教研組編《中國近代國民經濟史》，第 205—206 頁。

51　Ting-yee Kuo and Kwang-Ching Liu, "Self-strengthening: the Pursuit of Western Technology," in Denis Twitchett and John K. Fairbank, eds., *The Cambridge History of China* (Cambridge:

這些軍事工業因為其設立目的不在利潤，而在國防，故組織不夠企業化，主管人員多為官吏，沒有專門知識，所需技術多仰賴外人，如蘇州機器局的馬格里（Macartney Halliday），福州船政局的德克碑（Paul Alexandre Neveue d'Aigwebelle）、日意格（P. M. Giguel），天津機器局的密妥士（J. A. T. Meadows）。這些洋人對機器多為外行，如馬格里在 1875 年所造兩個大炮爆炸，當場炸死士兵 7 人。其他外人也少真心任事，專精工程原理的教授更少。所用器材多為外國舊貨，如馬尾船政局所製 15 艘船皆由法國買入舊船機件裝成，以致清朝官吏深深有「隨人作計終後人」及受人擺佈之感。以是中法之役、中日甲午之役、八國聯軍之役，中國連連挫敗，可知軍事工業成效並不理想。但是這些工廠之設立畢竟使中國的現代工業有了起步。其所訓練的人才，如在興辦軍事工業期間派往外國或在國內如天津水師學堂等受訓的軍事工業人才，均為日後中國工業發展的生力軍。[52]

2. 官督商辦企業

在英法聯軍以後，外人取得長江航行權，並到處開礦、架電線、造鐵路，如在湖廣大軍山開石採礦，在羅星塔、吳淞江間架電線，私自敷設吳淞鐵路等。外人的企業經營一則影響中國利權，一則表示新式企業有利可圖。再者，中國新興的軍工廠也需要礦、電線等業配合。因而，李鴻章認為：與其任洋人在內地開設鐵路電線，又不若中國自行仿製，權自我操，亦可裕軍需。[53] 但若由政府親自興辦，既多所不便，資金亦有所不足，而通商口岸開放以後買辦等商人累積的資本正可利用，但若由人民完全自營，則外國在華企業受到很多條約保護，民營企業恐怕難以與之競爭。因而有「官督商辦」的企業形態出現。[54] 官督商辦的含義係為：由政府出部分資金，以發商生息方式貸出，政府派員監督經營，執行政府交代的任務，並負責對外和對政府各部門的公共關係，使企業在政府保護下成長。關於技術性的工作，則徵召商人擔任，工廠名義上是民廠，股份也是民股。[55]

Cambridge University Press, 1978），vol.10, Late Ch'ing, 1800-1911, part I, pp.491-542.

52　《中國近代國民經濟史》，第 209、210 頁；梁啟超等編《晚清五十年來之中國（1872—1921）》，龍門書店，1968，第 220 頁。

53　《中國近代國民經濟史》，第 213 頁。

54　龔俊：《中國新工業發展史大綱》，第 25 頁；A. Feuerwerker, *China's Early Industrialization* (Cambridge, Mass: Harvard University Press, 1958), p. 17.

55　吳章銓：〈洋務運動中的商務思想—以李鴻章為中心探討〉，李恩涵等：《近代中國—知

　　一般被認為是官督商辦的企業，有 1872 年成立的輪船招商局，1877 年成立的開平煤礦，1878 年成立的上海織布局（華盛紡織廠），1881 年成立的電報局，1887 年成立的漠河金礦，1896 年成立的漢陽鐵廠、大冶鐵礦及中國通商銀行，1898 年成立的萍鄉煤礦。[56]除此之外，尚有許多企業，如基隆煤礦、安徽池州煤礦、貴州青溪鐵廠、天津鐵路公司、北洋官鐵路局、臺灣的鐵路、湖北紗布局等。[57]

　　這些企業的民間投資者很多係為買辦，如唐廷樞之於輪船招商局，嚴信厚之於中國通商銀行等。

　　這些企業以電報業、綿紡織業、礦業、鐵路業為主。其中以電報業的發展最為順利，因為電報成本低，利潤大，軍事效果顯著。當時在中國從事電報業投資的多為小國，對中國自辦電報業的政治阻力不大。[58]而紡織業因可以抵制洋布，除早期經營不善，虧損較多以外，後期利潤轉高。輪船業則飽受外國競爭，成效不佳。[59]礦業方面，就煤礦而言，因係中外船隻及企業所需，引起很多外交、國防糾紛，而鐵礦、金礦等亦屢受外人覬覦，[60]故清末礦業方面，只有開平煤礦發展較為順利。開平煤礦煤產量由 1881 年之 500—600 噸增為 1894 年之 1500 噸，資本達 230 萬兩，所產之煤除供應輪船招商局、天津機器局使用之外，還可以供民間使用，並可抵制天津之洋煤進口，是甲午戰前中國所開十幾個煤礦中唯一成功的一個。反之，漢陽鐵廠則是官督商辦企業之中極為失敗的一例。鐵路方面，由於耗用人力、物力太大，又恐外人可以借鐵路瞭解中國內情，便利侵略，以及人民素有風水的迷信，在 1895 年以前，只完成 400 公里。[61]故整個官督商辦企業大抵不如理想。除前述個別企業的因素之外，官督商辦的經營方式本身也有其缺點。

　　由於官督商辦企業是由官方監督，官方干涉便隨之而來，並常有勒索，

　　　識分子與自強運動》，食貨出版社，1972, 第 39—88 頁。
56　A. Feuerwerker, *China's Early Industrialization*, p. 9.
57　《中國近代國民經濟史》，第 213—233 頁；龔俊：《中國新工業發展史大綱》，第 25—46 頁。
58　吳章銓：〈洋務運動中的商務思想—以李鴻章為中心探討〉，李恩涵等：《近代中國—知識分子與自強運動》，第 39—88 頁。
59　《中國近代國民經濟史》，第 225—229、218 頁。
60　龔俊：《中國新工業發展史大綱》，第 36 頁。
61　《中國近代國民經濟史》，第 215、218、225 頁；吳章銓：〈洋務運動中的商務思想—以李鴻章為中心探討〉，李恩涵等：《近代中國—知識分子與自強運動》，第 39—88 頁。

而商人地位是股東、經理還是官吏，亦含混不清，影響其職能的發揮。商人資本來源以及用人多只限於與其家族、本籍有關的人，不足以與外商競爭。官督商辦企業與官辦軍事工業一樣有主辦者不重視專門知識，借重不稱職的外國人等弊病。[62] 唯官督商辦就企業性質而言，對於利潤的追求已視為重要的目標，與官營軍事工業僅著重政府軍事的需要，迥然有別。其產品亦為供應市場需要而生產。[63] 但因官方干涉，其仍不能為了追求最大利潤而運作。

3. 民營工業

中國最早的民營現代工業創辦人為廣東南海人陳啟沅，他於 1872 年由南洋引進機器繅絲業於其故鄉。此後又有自創的手搖繅絲小機流行於廣州地區。中國第一個機器軋棉花廠則是 1887 年於寧波誕生。1875 年上海的建昌鋼鐵機器廠是最早的民營機器製造廠。火柴製造業則於 1887 年創辦於廈門，1878 年朱其昂在天津創辦麵粉廠，祝大椿於 1888 年建源昌碾米廠，開始用機器碾米，1882 年徐潤在上海辦同文書局，其他如採礦、豆餅、製茶、製糖、製冰、製藥、軋鋼、翻砂、製玻璃、鋸木、製煤餅、製汽水等行業亦相繼出現。大抵中國自營的民營工業，1870 年代有二十幾家，以小規模工業為主，至 1880 年代後陸續增加，且已有若干大型工業出現。截至 1894 年，全國共有一百多家大小不同的企業。其中，採礦業多與政府的軍事工業配合，受政府控制較大，成效較小，其他輕工業因受政府干涉較小，成效較大，但因資本額少，難以與外國企業或外國在華企業相比。[64]

清末的民營工業，在 1894 年以前其資本額仍較官辦或官商合辦者為少。根據 1872—1895 年之資料約略估計，後者占民族工業總資本之 64.56％，前者占 33.01％，另有中外合辦企業占 2.43％。但到 1896—1911 年，民營占 57.88％，官辦或官商合辦只占 21.44％，中外合辦則增為 20.68％。[65] 而就整個民營工業之總資本言，1872—1895 年共有約 853 萬元，而 1896—1911 年則有 7312 萬元，約增 7.5 倍（參見表 14-6）。可見民營工業在 1895 年以後較 1895 年以前發展迅速。

62　梁啟超等編《晚清五十年來之中國（1872—1921）》，第 221 頁；龔俊：《中國新工業發展史大綱》，第 45 頁。
63　《中國近代國民經濟史》，第 229 頁。
64　《中國近代國民經濟史》，第 229—241 頁。
65　《中國近代國民經濟史》，第 243—244 頁。

表 14-6　清末中國民族工業廠礦數及資本

年分	合計		商辦		官辦或官商合辦		中外合辦	
	廠礦數	資本（元）	廠礦數	資本（元）	廠礦數	資本（元）	廠礦數	資本（元）
1872	1	36000	1	36000	—	—	—	—
1876	3	661864	—	—	3	661864	—	—
1877	1	139860	1	139860	—	—	—	—
1878	1	2055944	—	—	1	2055944	—	—
1880	1	27972	—	—	1	27972	—	—
1881	3	78920	2	159860	—	—	1	62930
1882	3	971860	1	32000	2	939860	—	—
1883	2	136000	2	136000	—	—	—	—
1884	3	385660	3	385660	—	—	—	—
1885	2	449580	1	30000		419580	—	—
1886	2	66000	2	66000	—	—	—	—
1887	4	941119	2	129930	2	811189	—	—
1888	5	140000	5	140000	—	—	—	—
1889	7	7458657	5	185930	2	7272727	—	—
1890	7	1204894	5	449650	2	755244	—	—
1891	7	1071048	5	329790	2	741258	—	—
1892	6	1549560	5	206900	1	1342600	—	—
1893	8	363750	8	363750	—	—	—	—
1894	8	3187840	6	2013040	2	1174800	—	—
1895	17	4219428	15	3729918	2	489510	—	—
1872-1895	91	25856266	69	8534288	21	16692608	1	629370
百分比		100%		33.01%		64.56%		2.43%
1896	13	3538994	10	1322910	2	1516783	1	699301
1897	16	5919241	13	4730360	3	1188881	—	—
1898	15	3987411	13	20881110	1	1200000	1	699301
1899	11	7940186	8	1536740	—	—	3	6403446
1900	10	3097976	9	3014060	—	—	1	83916
1901	5	379676	3	99960	—	—	2	279716
1902	15	5275903	10	1191620	3	3181958	2	902325
1903	9	599280	6	432846	1	57343	2	109091
1904	23	5222970	21	4793040	2	429930	—	—
1905	54	14813391	47	7810261	3	424110	4	6579020
1906	64	21278449	52	12987820	8	5414689	4	2875940

1907	50	14573047	38	8259430	7	3672917	5	2640700
1908	52	22527338	44	15352547	6	3292021	2	3882770
1909	29	9947254	22	3972265	6	5883790	—	91199
1910	25	4944740	22	4289810	2	569930	—	85000
1911	14	2290500	12	1238750	1	251750	—	800000
1896-1911	405	126336356	330	73120529	45	27084102	30	26131725
百分比		100%		57.88%		21.44%		20.68%
年月不詳	25	7462190	20	6897550	—	—	5	564640
總計	521	159654812	419	88552367	66	43776710	36	27325735
百分比		100%		55.45%		27.42%		17.12%

資料來源：嚴中平等編《中國近代經濟史統計資料選輯》，第94—95頁。百分比由
筆者計算。

　　1895年以後民營工業之所以快速發展，乃外人大量設廠所激起之經濟民
族主義使然。外人大量設廠之後，一面有民間提倡挽回利權，一面有清廷宣
導於上。1898年，清廷頒布獎勵新學新法章程。規定凡發明製造船械槍炮等
器新法者，頒特獎，專利50年；發明日用新器者，給工部郎中實職，專利30
年；仿造西器之製法，未流傳中土者，給工部主事職，專利10年。[66] 八國聯
軍侵華以後，清廷更感到僅僅發展軍事工業之不足，而益加獎勵工商，1903
年設立商部，1906年改為農工商部，奏定商律及公司註冊章程。1905年，商
部在京師設勸工陳列所，及奏設各省高等實業學堂。1906年，商部奏定獎給
商勳章程，鼓勵製造新器，學部考驗遊學生設工商科進士學位。1907年，農
工商部奏定華商辦理實業爵賞章程，辦1000萬元以上之實業者賞男爵，2000
萬元以上者賞子爵。此前的中興名臣曾國藩不過為侯爵，李鴻章不過為伯爵，
子爵、男爵為很多百戰功高之將士所不可企及，此時創辦工商實業者竟可獲得
子爵、男爵，可見清廷對工商獎勵之積極。[67]

　　在朝野同心振興實業的過程中，中國幾種最大的新式工業—棉織、麵粉、
繅絲等，於此期間確立。毛織、火柴、水泥、製紙、印刷、電器、菸草、造
船、玻璃、榨油、製糖、精米以及民生日用凡可引用機器者，亦於此時略具規
模。[68] 此外，此時期中更有礦權收回運動的展開。1907—1911年中國共付出

66　龔俊：《中國新工業發展史大綱》，第61頁。
67　梁啟超等編《晚清五十年來之中國（1872—1921）》，第221頁。
68　龔俊：《中國新工業發展史大綱》，第65頁。

900 餘萬元贖回英國福公司在山西的大部分礦權，山東的 5 處礦場、安徽銅官山以及湖北炭山山灣煤礦等處，這些贖金，一部分是由政府的稅收項下開支，另一部分則由民間籌集。[69] 而費維愷根據《中國近代工業史資料》一書統計，1895—1913 年中國之工業就其創辦資本額論，以水、電等公用事業為最多，占 17.96％，煤礦次之，占 12.06％，繅絲再次之，占 9.63％，棉紡、麵粉、金屬礦冶及冶煉等再次之，分別占 8.69％、7.17％及 6.29％。[70]

外人在華興辦工業

1. 口岸開放初期的外人企業

1840 年以後，外人在租界地區設立的現代工業包括繅絲、食品、藥品、印刷、鋸木、船舶修理及公共設施如電話、電報、瓦斯、水廠等產業，其目的在於促進貿易與便利口岸地區之外人使用；這些工業雖然規模很小，但為中國最早的新式工業。這些工業對中國現代工業的產生發揮了一種示範效果，1870 年之後自辦的很多現代工業，如製茶、印刷、船舶修理等，都是模仿外人在華企業而建立起來的。另一方面，這些產業也使中國籍工人吸收了某些現代工業的知識與技術。[71]

2.1895 年前後設立的外人企業

自 1840 年代至 1894 年，外人在中國設立的現代工業企業約有 103 家，但根據《中國近代工業史資料》統計所及，僅為 88 家。就資本言，以造船廠、茶葉加工廠、機器繅絲廠居多；就數目言，以出入口產業及輕型機製業居多；就規模言，均為小規模工廠。[72]

《馬關條約》簽訂之後，外人得依合法途徑在通商口岸設廠，像英國怡和與老公茂、美國鴻源、德國瑞記等大紗廠，英國增裕、俄國滿洲等大麵粉廠，德國的德華礦業公司、英國的福公司等大規模礦業公司，英國太古洋行之新式製油業等紛紛設立。[73] 1895 年到 1913 年間，至少有 94 家外國工廠、35 家中外合資工廠，以 10 萬元以上的資本在中國興辦。但就中外合辦工廠及

69　《中國近代國民經濟史》，第 265 頁。
70　〔美〕費維愷：《中國近百年經濟史》，第 144 頁。
71　《中國近代國民經濟史》，第 233 頁。
72　〔美〕費維愷：《中國近百年經濟史》，第 35—36 頁。
73　龔俊：《中國新工業發展史大綱》，第 50—56 頁。

外國工廠合計之 136 家而言，其平均資本為 75.8 萬元。蓋因在 1895 年以前在華外國企業以便利貿易為主旨，1895 年以後以便利外國之資本輸出為主旨，故外國在華廠商之資本顯著增加。[74] 這些工業就產業類別言，以礦業最多，占 48.44％；食品次之，占 16.62％；紡織再次之，占 12.13％；電力和自來水又次之，占 11.16％。就國別言，以英商最多，占外商投資總額之 48.16％；日商次之，占 25.53％（日商在華企業多半是在 1904 年日俄戰爭以後在東北發展的）；德、俄、法、美各占約 3％—7％。[75]

清末工業發展的成果及其影響

1. 工業發展的成果

（1）幅度小。1915 年的中國與同年的美國及 1917 年的日本，三者工業發展情形如表 14-7 所示。由此可以窺知清季工業發展之幅度。

由表 14-7 可以看出，中國的人口約為日本的 8 倍，為美國的 4 倍多，中國的面積為日本的 28 倍多，為美國的 1.4 倍，但中國工業總產值僅為日本的一半左右（57％），美國的五十分之一（2％）。根據表 14-7，工業人口占全人口之比例不及 2.5％。可見清末的現代工業雖已起步，但發展的幅度仍然很小。

表 14-7　中、日、美工業之比較

國別	中國	日本	美國
人口（人）	439425000	57070936	105253300
面積（平方英里）	4278352	148756	2970138
工廠或製造戶數	2394337	20966	275791
工人數	10759971	1280964	10658881
總產值＊（元）	1200403031	2106034969	55143222652
調查年代	1915 年	1917 年	1915 年

＊原資料日本部分以日元計，美國部分以美元（金元）計，茲據海關報告 1915 年之匯率，1 銀元＝ 0.4397 金元＝ 0.8865 日元改算為銀元。

資料來源：楊銓〈五十年來中國之工業〉，梁啟超等編《晚清五十年來之中國（1872—1921）》，第 230 頁。

74　《中國近代國民經濟史》，第 261 頁。
75　〔美〕費維愷：《中國近百年經濟史》，第 11 頁。

（2）工廠規模小。就清末現代工業的規模而言，據表 14-7 計算，中國每家工廠的工人平均不過 6 人，另據費維愷計算，1912 年中國 20749 家工廠中，工人在 7-9 人的占 88%，30-49 人的占 4.8%，50-500 人的占 6.1%，其餘占 1.1%。[76] 此外，由資本看工廠的規模大小，1895—1913 年的 549 家企業中，創辦資本在 100 萬元以上的只占 3.1%，10 萬—100 萬的占 41.71%，5 萬—10 萬的占 16.21%，5 萬元以下的占 38.98%，[77] 以小資本居多。至於工廠組織，就 1913 年的情形看來，以股份公司居多，在 565 家中占 261 家，合資有限公司占 82 家，合資公司占 60 家。[78] 但據費維愷指出，此等股份公司多半是為了求得政府公司法的保障而掛名的，[79] 其規模事實上很小。可見清末自營現代工業之中，大規模工業仍居少數，而小規模工業居多。[80]

（3）自給率低。煤礦業與棉紗業是清末發展較多的兩項工業。煤礦業 1913 年的自給率為 39.41%，棉紗 1903 年的自給率為 11.31%，1908 年的自給率為 23.93%，可見清末現代工業發展之後自給率仍然很低。[81]

2. 工業未顯著發展的原因

綜合各家學者看法，清末中國工業未顯著發展的原因約有下列幾項。

（1）關稅不能自主，外商在中國擁有許多特權，使中國工業難以大幅發展。[82]

（2）外商在中國設立的企業，對中國工業發展在提供外部經濟，如電報、銀行之興設，及訓練人才方面固然有所貢獻，但因其所獲利潤多匯回本國，故其發展對中國國內經濟的助力不大。[83]

（3）因金融組織不夠健全，一般人仍以土地、高利貸為主要投資對象，這導致工業發展的資金不易籌集。[84]

---

76 A. Feuerwerker, *China's Early Industrialization,* p. 5.
77 〔美〕費維愷：《中國近百年經濟史》，第 46 頁。
78 梁啟超等編《晚清五十年來之中國（1872—1921）》，第 227 頁。
79 A. Feuerwerker, *China's Early Industrialization,* p. 3.
80 《中國近代國民經濟史》，第 272 頁。
81 《中國近代國民經濟史》，第 270 頁。
82 《中國近代國民經濟史》，第 272 頁。
83 J. K. Fairbank, A. Eckstein, L. S. Yang, "Economic Change in Early Modern China: An Analytic Framework," *Economic Development and Cultural Change,* 9:1 (Oct. 1960) , pp.1-26.
84 《中國近代國民經濟史》，第 272 頁。

（4）清末農業的不發達，以致工業發展所需的原料、都市人口增加之後所需的糧食，以及銷售的工業產品市場，均不充裕，[85] 這是工業未能發展的最根本因素。

（5）工業本身管理的不健全，如官方干涉、沒有企業精神、濫用外籍人士或多用族親本籍等。

3.清末工業發展成效不大的影響

清末工業未顯著發展，與清末工業在區域間的不平衡發展，都使得民國時期經濟發展的基礎非常脆弱。

但清末的工業發展畢竟也為民國時期儲備了若干發展工業的人才，以及與工業互相配合的設施，如鐵路、銀行、電報等。此外，清末的工業發展也與貿易的發展一樣帶動了些微的城市化與農業商業化。

三、農業發展及其影響

農業發展

一個經濟落後國家在往前發展的過程中，農業發展實居於舉足輕重之地位。因為落後國家的人民多半以農為生，他們在學習現代農業新知識與新技術時，遠較現代工業者為勝任和愉快。且落後國家常有人口糧食供需不平衡的困境，農業發展之後，糧食之增產可以緩和人口問題，也可以出口以賺取外匯；所賺取的外匯則可進而提供工業發展所需的資金，其所增產的經濟作物可以提供工業生產的原料。農民在增加生產之後所得的收入也可以用來購買工業產品，從而為工業發展提供一個可觀市場；再者，農民於發展現代農業中的創新經驗，也將有助於其在工業發展過程中的創新。故現代農業的發展實乃落後國家往現代經濟發展的根本途徑。[86]

現代農業與傳統農業的根本差別在於：傳統農業技術停滯，即使偶有創新，主要是由經驗得來；現代農業的技術則由農學實驗成功之後再傳授給農民採用，[87] 故現代農業又稱科學農業。

85　〔美〕費維愷：《中國近百年經濟史》，第 47 頁。

86　W. H. Nicholls, "Agricultural Surplus' as a Factor in Economic Development," *Journal of Political Economy*, 71:1, pp.1-29.

87　Dwight H. Perkins, *Agriculture Development in China, 1368-1968* (Chicago: Aldine Publishing

　　清末中國與西方接觸以後，農業的發展偏重於農業商業化、科學農業的發展，僅止於知識分子的提倡與若干農業機構的設置。雖然發展幅度甚小，但已能對發展科學農業有若干體認，並從事若干農政改革，亦為中國經濟往現代化發展途中的重要起步。

　　1. 科學農業知識的提倡

　　科學農業在西方至 19 世紀上半葉始具規模。中國對於這門學問，先有鄭觀應、陳熾、張之洞、孫逸仙等知識分子加以宣導。他們所引介的現代農業，以肥料學、土壤學、植物學、化學為主。至於病蟲害防治、農業機器的使用，則因成本較高而未提及。此種西學的選擇方式也受傳統的影響，因為中國傳統農業一直是以最少的資本，使狹小的農田獲取最大收成為主要目標。[88]

　　在 1894 年以前，清季科學農業的推展大抵僅是少數幾個知識分子的個別行動。到 1894 年以後，則有地方報紙，如《閩報》、《蘇報》、《滬報》、《國聞報》、《大公報》、《知新報》、《申報》、《漢報》、《農學報》（月刊）、《維新報》（月刊）等刊登歐、美、日的農業新知。雖然如此，對現代農學的提倡仍止於理論的介紹而已，直到 1898—1911 年，才有官方協同地方士紳推動種種農業改革，使清季現代農業的推動由理論層面轉移到實務的層面。[89] 此種農政改革可由農政機構之設置及農業教育之推廣兩方面加以檢討。

　　2. 農政改革

　　（1）設置農政機構。1898 年，清廷設立農工商總局，[90] 1906 年改為農工商部，內設農務司，專理全國農政。此外，各省也設有勸業道掌理農政。[91] 除政府中的農政機構外，1904 年以後各省又有農會之成立。農會是半官方的組織，由地方政府宣導，由地方紳民出而組織，經費則由地方政府補助。

　　（2）推廣農業教育。除了農會實際教導農民農業新知外，清季另有農業講習所、農業試驗場、農學堂、大學農科之設立，以傳播現代農學。講習所規

Company, 1969）, p. 37.

88　以上參見陳炳彰《近代農業改良思想》，臺灣師範大學歷史研究所碩士學位論文，1976，第 39—47 頁。

89　陳炳彰：《近代農業改良思想》，第 173 頁。

90　陳炳彰：《近代農業改良思想》，第 174 頁。

91　蒍敬中：〈五十年來中國農業史〉，梁啟超等編《晚清五十年來之中國（1872—1921）》，第 213 頁。

模小、成本低，但終清之世只有三個地區設立；農業試驗場初創於 1902 年，
至 1906 年而遍布全國，有官辦，也有紳辦；1903 年更有農學堂之設立，一
般地區均有初等、中等農學堂，直隸、浙江、湖北等人文薈萃之區尚有高等農
學堂之設；至 1910 年，更設有大學農科。[92]

農業發展的成果及其影響

清季農業發展的成果，可就珀金斯（D. H. Perkins）的統計（見表 14-8）
得知。由表 14-8 可以看出，19 世紀下半葉的單位農產量每況愈下，清末 40
年更為嚴重。

表 14-8　清季單位面積農產量指數

年分	指數	年分	指數
1821—1830	100	1871—1880	80
1831—1840	92	1881—1890	80
1841—1850	92	1891—1900	78
1851—1860	87	1901—1911	78
1861—1870	82		

資料來源：D. H. Perkins, *Agricultural Development in China, 1368—1968*
(Chicago: Aldine Publishing Company 1969), pp. 26-27.

因為清季現代農業未能有效發展，糧食生產並不足以充分供養龐大的人
口。清季人口在 1850 年為 4.1 億，到民初的 1913 年略升，僅為 4.3 億。[93] 就
1850—1911 年而言，人口增加極其有限，然糧食生產仍不足供應所需。

由此期間蒙受天災人禍之州縣數目的增加（見表 14-9）也可以看出清季
人口扶養力的薄弱。農業既無法充分扶養人口，自無法發展工業。

表 14-9　清季遭受天災人禍的州縣數目

年分	州縣數目	年分	州縣數目
1846—1850	245	1881—1890	439
1851—1860	170	1891—1900	403
1861—1870	125	1901—1910	367
1871—1880	218		

資料來源：D. H. Perkins, *Agricultural Development in China, 1368-1968*, p. 28.

92　陳炯彰：《近代農業改良思想》，第 191—194、187、188 頁。
93　D. H. Perkins, *Agricultural Development in China, 1368-1968*, p.16.

　　與日本相較，根據大川一司（Kazushi Ohkawa）及羅梭夫斯基（Henry Rosovskg）的研究，1878—1918 年，日本農業快速發展。1878—1882 年、1913—1917 年，日本農田單位面積生產力增加 8%，單位勞力生產力年增加 2.6%，所增加的農產一面可以使日本糧食約可自給，人口也以 0.8% 至 1.3% 不等的年成長率成長，並有綠茶大量出口，以獲得外匯，購買機械供日本工業化之用。[94]

農業發展失敗的原因

　　（1）現代農業的提倡太晚且不積極。雖然現代農業在西方至 19 世紀上半葉始具規模，但日本於 1870 年代即展開一連串的農政改革，如成立農業學校、聘請歐美農業技術人員赴日參加美國農業博覽會、購置新式農器、開辦農業試驗場、派遣留學生赴美研究農學、開始調查全國水利分布情形、研究改進桑茶棉等經濟作物的栽培方法、各地陸續舉辦「物產會」、「農談會」等。[95]之後，日本政府又透過地主引導農民實施品種改良。[96]

　　類似日本的農政改革，在中國一直到 1898 年農工商總局成立後才著手進行，而透過地主實施的品種改良從未大規模推展。何況，清末開始推展現代農政之後，農業仍不如工商之受朝野重視，如 1898 年頒訂的《京師大學堂章程》將農學列為 25 種課程中之第 20 種。知識分子方面，鄭觀應、陳熾、張之洞、孫逸仙等雖能體察農業發展的重要，但如王韜、薛福成、馬建忠等則均未論及現代農學的價值。

　　（2）農民一向慣於蹈習故常，一時不願有太大的改變。[97]

　　（3）知識分子實踐的熱忱不夠：清末少數學習現代農學的知識分子，囿於傳統的士大夫觀念，願意親自下田實習的為數甚少。

　　（4）荒歉時起，提倡現代農學的經費籌措不易。

94　Kazushi Ohkawa and Henry Rosovsky, "The Role of Agriculture in Modern Japanese Economic Development," in *Economic Development and Cultural Change*, vol. 9, 1960, part 2, especially pp.56-68.

95　陳炯彰：《近代農業改良思想》，第 182—183 頁。

96　Kazushi Ohkawa and Henry Rosovsky, "The Role of Agriculture in Modern Japanese Economic Development," in *Economic Development and Cultural Change*, vol.9, 1960, part 2, especially pp.56-68.

97　陳炯彰：《近代農業改良思想》，第 188、47 頁。

　　在以上諸因素中，以對現代農業未予適當重視，最為關鍵。而未予適當重視，則與清末中國經濟思想的一大轉變有關，此一轉變，即由傳統的重農輕商或農商並重，轉為重商輕農，深深影響了清末經濟的發展方向。

　　中國傳統商業雖然發達，但以農商兩者相較，農業仍較受政府及一般知識分子所重視。在與西方接觸之後，朝野均有轉重工商而忽農業的趨勢。促成此一轉變的因素之一為政治考慮，國防與財政是政治最為關注的兩大事項。西方侵入及諸多內亂產生之後，國防備受威脅，急需發展軍事工業，此為清政府重視工業之由來。再者，中西貿易拓展之後，財富之締造以商業及民生工業較為快速，政府收入亦由以往之以田賦為主轉為以工商稅收為主。[98] 根據王業鍵的統計，乾隆十八年（1753），田賦收入占清政府總稅收之73.5％，至1908年則減到35.1％。1908年，全國稅收除田賦以外，鹽稅占15.4％，常關稅占2.3％，關稅占11.3％，釐金占13.6％，雜稅占22.3％，[99] 可資證明。

　　清末戶部郎中陳熾以財稅說明中國重商之必要：「夫中國舊制，崇本抑末，重農而輕商。今日釐稅兩宗，數與地丁相捋。京協各餉，挹注所資。假使無商，何能有稅。」鄭觀應建議：「稽古之世，民以農為本。越今之時，國以商為本。」[100] 此處所言之商業包括工業在內。由於重商，中國士大夫乃逐漸揚棄諱言牟利的傳統。[101] 此一觀念轉變，實亦中國往現代經濟發展之一重要起步。

　　此種重工商而忽略農業的思想轉變，乃是落後經濟與西方經濟接觸之後常有的現象。《發展經濟學》一書的作者哈根（E. E. Hagen）認為這主要是為了消除因本國工業不振而產生的不如人的心理而造成的。此外，工業較農業不僅能產生外部經濟（external economy），如鐵路、電報等基本設施，從而也能訓練出許多可為他業援用的技術人才，而且可以透過連鎖作用帶動很多產業的發展；工業之中每個工人的產值大於農業每個工作者的產值。[102] 上述工商

98　參見吳章銓〈洋務運動中的商務思想——以李鴻章為中心探討〉，李恩涵等：《近代中國——知識分子與自強運動》，第39—88頁

99　Yeh-chien Wang, *Land Taxation in Imperial China, 1750-1911* (Cambridge: Harvard University Press, 1973) , p.80.

100　王爾敏：〈商戰觀念與重商思想〉，氏著《中國近代思想史論》，華世出版社，1977，第339頁。

101　吳章銓：〈洋務運動中的商務思想——以李鴻章為中心探討〉，李恩涵等：《近代中國——知識分子與自強運動》，第39—88頁。

102　E. E. Hagen, *The Economics of Development*(Homewood, Illinois: Richard D. Irwin, Inc., 1975) , pp.456-457.

業的好處常引起落後國家的憧憬，而使其忽略了本身是否有發展工業的能力。事實上，工業發展有其條件，即需要有農業發展的配合，否則一味發展工業，不是像清末一樣因為基礎不穩固而不成功，就是像蘇俄一樣要使老百姓付出極大的代價。

　　清末重工商輕農思想的產生，除了政治考慮、消除自卑及急於經濟發展等因素外，也與下文所述雙元經濟之形成有關。

四、雙元經濟問題

　　威廉姆森（J. G. Williamson）曾根據很多研究指出，義大利、巴西、美國、加拿大、德國、瑞典、法國等，在 19 世紀至 20 世紀的經濟發展初期，都有區域不均衡發展的現象，到經濟發展的第二階段才有所改善。赫希曼（A. O. Hirschman）認為促成這種現象的原因是：在經濟發展的第一階段，人才、資金都會流向經濟較為發展的精華地區。因為精華區有較完善的金融與交通設施，也有較大的市場，投資環境較落後地區為佳，人才在這個快速發展的地區也較能發揮所長並得到較好的報酬。因此精力充沛而有企業心的人、受過較高教育的人、有一技之長的人，以及壯年人紛紛集中到經濟精華區來。就國家而言，在經濟發展初期，為了及早獲致經濟發展的成果，也著重在精華區投資；相對的，其他落後地區也較無人才表達本地的需要。加上在經濟發展初期，技術傳播與社會變遷的幅度較小，交通仍不完善，所得的乘數效果可能運作的範圍也較為狹窄，致使精華區與落後地區的連鎖較為欠缺，兩者之間遂有脫節的現象，此即雙元經濟（dual economy）之所以形成。如果這個國家幅員廣大，或是精華區本身有相當多的農產供應，那麼這種脫節的現象將更嚴重，直到經濟發展的第二階段，兩０區之間的交通改善了，落後地區的投資環境較為健全了，人才、資金才會回流到落後地區，政府也轉而注意落後地區，兩區經濟的懸殊與脫節才得以緩和。[103]

　　就中國而言，自 19 世紀中葉現代經濟開始發展以來，也有明顯的雙元經濟現象。這種現象，早在 1920 年代雷默（C. F. Remer）已經指出，他把距離鐵路、大河兩天行程以內，而便於對外貿易的地區稱為外層中國（Exterior

---

103　Jeffrey G. Williamson, "Regional Inequality and the Process of National Development: A Description of the Patterns," *Economic Development and Cultural Change* 13(1965) :3-45.

China），把該範圍以外的地區稱為內層中國（Interior China），他認為兩個中國宛如兩個經濟單元。[104] 如此界定的內層中國（即中國境內的落後地區），可能在中國西北內地各省，也可能是沿江沿海各省交通較為不便的地區。如交通便利的江蘇南部是全國精華區所在，交通不便的蘇北則為落後地區。這種界定比一般討論此一問題的學者以沿江沿海地區與內地相對稱來得準確。但因外層中國基本上仍以沿江沿海地區為主，所以很多有關此一問題的資料亦以此種方式對分，故本節仍沿用沿江沿海與內地的對分法，只是本節所指的內地則是指內地及沿海距離鐵路兩天行程以上的地區。

中國此一雙元經濟的形成，原因有四。

其一，中國經濟重心自宋以後南移。中國主流文化源起於晉陝豫黃土高原東南角，直到東漢遷都洛陽以前，中國經濟重心仍在西北，至東漢以後始遷黃河下游沖積平原。經三國魏晉南北朝之經營，南方雖已急起直追，但直至唐代，經濟重心仍然在北方。經唐末藩鎮、五代之亂，北方殘破，加上宋、遼、金、元、清歷代北方外患不息，而適合南方氣候的水稻、桑棉等大量種植，南方經濟自宋以後遂超前於北方。而南方經濟之重心，魏晉時猶在兩湖，南宋以後已在江南。[105]

其二，列強在中國設立的租界主要分布於沿江沿海，而中國幅員廣大，現代經濟不易擴散。由於自唐宋之際經濟重心南移以來，沿江沿海地區原為中國的經濟精華區所在，因此 19 世紀中葉中國對西方開放貿易以後，列強很自然地要求在最有生意可做的沿江沿海地區設立租界。19 世紀末，列強在中國設立租界的地點計有上海、廣州、廈門、福州、天津、鎮江、漢口、九江、煙臺、蕪湖、重慶、杭州、蘇州、沙市、鼓浪嶼、長沙。[106] 這些租界的所在地一方面是列強侵華的據點，同時也是西方現代技術在中國散播的一個中心，而中國幅員遼闊，由這些中心輻射而出的現代經濟並不能普及中國各個角落，而以沿江沿海地區為限。以工業資金為例，上海一港之金屬冶煉、棉紡織、繅絲、麵粉製造、榨油、印刷、蠟燭、肥皂等企業均居全國首位。1895—1913 年，中國

104　C. F. Remer, *Foreign Trade of China* (Shanghai: Ch'eng-wen Publishing Company, 1967), p.240.

105　詳見錢穆《國史大綱》，「國立編譯館」，1952，第 38 章〈南北經濟文化的轉移〉；〈中國歷史上的地理與人物〉，韓復智編《中國通史論文選輯》下冊，南天書局，1978，第 499—513 頁。

106　嚴中平等編《中國近代經濟史統計資料選輯》，第 49—53 頁。

所發展的現代工業，其創辦資本在上海、武漢、天津、廣州的即占 52.06%，而就全部通商口岸的創辦資本言，則占全國創辦資本之 66.24%，內地企業僅占 33.76%。[107] 此一相對比例似仍差距不大，但內地的面積遠較沿江沿海地區廣大，而由貿易影響一節論及此時城市人口約占全人口 6%，更可見現代經濟影響的範圍很小。

　　其三，中國沿江沿海地區對內地的農業依存度較低。如威廉姆森指出，如果精華區的農業自給能力較高的話，現代經濟發展初期雙元經濟的問題將較嚴重，中國正是這樣一個國家。在開放通商之前，此等精華區與落後地區尚有經濟上的有無相通關係。精華地區供應落後地區資本、手工業產品、技術知識和財政援助，落後地區則供應精華區糧食與原料。[108] 其後中西貿易開放，兩區間經濟上的有無相通雖然還持續著，但是精華區所需的糧食、原料還可以由外國進口。由於外國的原料、糧食是由海運進口，因此往往較由交通落後的內地購買反來得便捷、穩當，而外國進口的糧食、原料品質也較劃一。如果內地發生戰亂、災荒，其原有的依存關係可能式微。[109] 如墨菲指出，1870 年代到 1930 年代往往有華北地區鬧飢荒而天津貿易依然繁盛的情況。[110]

　　其四，由於沿江沿海地區現代經濟的超前發展，現代人才亦多出身於此。根據汪一駒統計，1909 年全國大學生的分布，河北占 24%，江蘇占 16%，廣東占 8%，湖南占 7%，湖北、福建、浙江各占 5%，四川占 2%，其他占 29%。[111] 1903—1911 年，中國留美學生的籍貫分布，廣東占 46%，江蘇占 19%，浙江占 10%，安徽占 7%，江西占 6%，湖北占 5%，福建占 4%，其他各省均在 0—1%。[112] 這對中國廣大農村的建設，以及中國經濟的現代化都有很不利的影響；對中國農業現代化極為致力的沈宗瀚即指出這一問題，他引

107　〔美〕費維愷：《中國近百年經濟史》，第 46 頁、表 15 頁。

108　王業鍵：〈近代中國農業的成長及其危機〉，《中央研究院近代史研究所集刊》第 7 期，1978 年 6 月，第 355—370 頁。

109　Chang Kia-Ngau（張嘉璈），*The Inflationary Spiral: The Experience in China, 1939-1950* (Cambridge, Massachusetts: The Massachusetts Institute of Technology, 1958).

110　Rhoads Murphey, "The Treaty Ports and Transformation," Mark Elvin and William Skinner, eds., *The Chinese City Between Two Worlds* (Stanford, CA: Stanford University Press, 1974), pp.17-73.

111　Y. C. Wang, *Chinese Intellectuals and the West, 1872-1949* (Chapel Hill, N.C.: The University of North Carolina Press, 1966), p. 367.

112　Y. C. Wang, *Chinese Intellectuals and the West, 1872-1949,* p.158.

用潘光旦的調查說：傳統中國的領袖人物來自城市與來自農村者各半，讀較多書的人，即使在年輕力壯時，也有很多留在農村。但到近代以後，受過現代高等教育的人多半攜家帶眷移居城市。[113] 除此之外，較為瞭解現代經濟的買辦人物主要也是住在城市。這些主要住在城市的現代領袖人物，必然較為側重城市的發展。而現代教育的學費很貴，即使是農業教育也多半是城裡的人才能負擔。但城裡的人受過現代農業教育之後，由於自小對農村普遍缺乏瞭解，也較缺乏感情，願意下田率領農民改進農耕技術的人較少。[114] 而中國傳統經濟既以農村經濟為主，要使中國經濟現代化，將農村經濟加以轉型自為最關鍵的一環。

中國自從清末形成雙元經濟之後，由於內戰不斷發生，並沒有像其他國家一樣，進入經濟發展的第二階段而使雙元經濟的情況有所改善，反而更為惡化。到了抗戰時期，全國精華地區的淪陷使政府更難承載戰時的財政負擔，戰時及戰後通貨膨脹隨之爆發。

故清末形成的雙元經濟問題實為近代中國的一個根本問題。

綜上所述，清末 70 年間，中國已有若干現代經濟的發展。如國際貿易的拓展、城市人口的增加、國內零星市場的統合、鄉村市集活動的日趨頻繁、傳統金融組織的現代化、現代金融機構的設置、現代機械工業與交通的創設及發展、現代農業教育的推廣、現代農政機構的建立、經濟思想上悟解到發展工商致富的重要等。這些成就自為民國時期的經濟發展奠定了基礎。

但這些基礎是薄弱的，如現代農學遲至 1898 年才由理論的宣導轉移到實務的推行，推行又不積極，整個農業並未因之而顯著改善。而現代工業，即使就發展較多的工業部門而言，其在 1911 年前後的自給率也仍不到 1/3，全國之中也只有不到 2.5％ 的人加入現代工業的行列，中國有日本 8 倍的人口、28 倍多的面積，而工業產值才有日本的 57％，城市人口只占全人口的 6％，國際貿易總值不過占國民所得的 9.2％。再以 1912 年中印兩國鐵路比較，中國版圖為印度之 2.2 倍，人口為印度之 1.3 倍，但該年印度鐵路里長為中國之

113　沈宗瀚：《中國農業資源》上冊，中華文化出版事業委員會，1952，第 169 頁。潘光旦的調查詳見，〈科舉與社會流動〉，《社會科學》第 4 卷第 1 期，1947 年，第 10 頁。

114　Y. C. Wang, *Chinese Intellectuals and the West, 1872-1949*, p.367.

109 倍，載運旅客數目為中國之 147 倍。[115] 在現代經濟進展不大的情況下，整個中國經濟仍以傳統經濟為主。

　　而另一方面，清末的經濟發展也為民國時期的經濟發展帶來一些負擔。由於通商口岸的開放，唐宋以來原較富庶的沿江沿海地區的經濟更加快速發展，遂與內地的經濟對比更為強烈；又因口岸地區另可由外國進口取得所需，所以在動亂發生時，口岸與內地之間，甚而彼此脫節，而有雙元經濟的產生。雙元經濟形成之後，人才、資金大量流向口岸地區，口岸地區的經濟以工商為主，國家經濟發展方向也因而偏重工商而忽略農業。然農業現代化乃是所有沒有大量外資投入、大量外貿機會的低度開發國家經濟發展的必經途徑。農業未能大幅發展，非但使工業無法順利擴張，也使清初以後迅速大量增加的人口，在清末無法得到妥善扶養。這項人口壓力由清末推向民國，是民國經濟發展的最大負擔之一。除此之外，清末國際貿易的拓展，固然是一種現代經濟的表徵，但國際貿易拓展之後，人民並未改變以往消極的國際經濟態度，而去主動開拓國際市場。結果在只知被動因應市場波動的情況之下，國際經濟一不景氣，國內經濟反而較已往易受打擊。如絲、茶出口不順以後，絲農、茶農的生計立即受到嚴重的影響。此外，隨著國際貿易的拓展，貨幣發行量也增加了，但這些增加發行的貨幣很多來自外國或是民間，這對民國時期貨幣發行權的統一也形成障礙。

　　在此由傳統蛻變為現代的過程當中，原有的傳統對於現代究竟有何阻礙作用？又有何助長作用？

　　就清末而言，傳統的確是很大的包袱。清初以後所滋生的眾多人口是負擔之一；中國歷代為了維繫大一統政權所孕育的官僚作風是負擔之二，清末的軍事工業與官督商辦工業證明，此種作風之不利於現代企業的發展；傳統農業社會的人際關係較為側重血親與同鄉關係是負擔之三，它使清末新興工業不能大量引用專才而引用很多私人；在傳統農業經濟下，土地投資與高利貸投資的觀念是負擔之四，它減少了工業發展可以籌集的資金；傳統的士大夫措心於人際關係的協調，而甚少親操耒耜，是負擔之五，他們使清末接受現代農學的知識分子一時未能習慣於下田實際操作。這些由傳統農業經濟所衍生的傳統，必

115　由 Rhoads Murphey, *The Outsider*, p.110 算出。

在現代工商經濟取代傳統農業經濟之後才能被根除。而現代工商經濟如何在傳統經濟裡建立起來？

就近代而言，很多現代經濟都立基於傳統之上，如貿易拓展之後，進出口商品主要還是循著傳統的商業網絡在輸進輸出，出口商品很多也是以傳統的賣青方式賣出，中國的行會制度在清末之所以有強大的力量抗拒外商，錢莊、信局之所以隨著貿易的擴張而發展，正因為整個社會仍是傳統社會，仍植基於血緣、地緣關係之上，而這些商業組織也正建立在這些關係之上。中國最早的幾種現代工業—如繅絲、紡織、採煤都是在傳統工業比較發達的地方發展起來的。最早有機器繅絲的廣東海南，原是傳統繅絲業極為發達的一個地區。中國最早的一家機器軋花廠開辦於寧波，是由舊式軋花廠轉變而成的；這家工廠，先是由手工操作，轉而使用踏板操縱的手搖軋花機，再用蒸汽發動機，最後用由英國買入的新型發動機和鍋爐，全廠工人人數隨之增加，規模也隨之擴大；在寧波一地，如此轉化的工廠還有很多。很多採礦工廠也是在「舊瓶之內裝上新酒」，如山東嶧縣、直隸臨城、徐州利國驛，都是以土法開井，機器汲水。[116]現代農學引入時，土化植物之學所以較受重視，也是因為土化植物之學與傳統著重增加單位面積產量的技術發展方向較為吻合。[117]

研究過很多國家經濟發展經驗的經濟史家格申克龍（A. Gerschenchron）曾經指出：「在由傳統轉變為現代的過程中，要認識傳統的存在，並試圖在傳統之中找到力量，才不會遭遇很多悲劇。」[118] 就清末 70 年而言，正是中國由傳統經濟要過渡到現代經濟的時期。其是否認識傳統的存在，以及是否能在傳統之中找到力量，乃是決定其是否順利通過此一過渡時期的關鍵所在。

一個幅員廣大、人口眾多的國家，除非像印度那樣接受外國統治而付出很大代價，否則光憑外匯收入，必不足以使其在短時間內有很多的現代經濟建設。[119]這種國家顯然要在傳統之中找到可以與現代經濟配合的力量來除去傳統的包袱。一個歷史悠久的國家更需如此。如前所述，清末中國這些植基於傳統

---

116 《中國近代國民經濟史》，第 234—235 頁。

117 林滿紅：〈中國傳統經濟的特徵〉，《人文及社會學科教學通訊》第 2 卷第 5 期，1992 年，第 59—108 頁。

118 A. Gerschenchron, *Economic Backwardness in Historical Perspective* (Cambridge, Mass. : Harvard University Press, 1962) , p. 30.

119 Subramanian Swamy, " The Response to Economic Challenge: A Comparative Economic History of China and India, 1870-1952," *The Quarterly Journal of Economics* 1(1979) : 25-46.

之上的發展顯然不夠。而由農業之未能快速現代化更可以看出，整個傳統可能發揮的力量在清末 70 年並未被充分掌握。所以，清末現代經濟發展的幅度及其為民國經濟所奠定的基礎也因而相當有限。

第十五章　悸動的農村與農民

　　近代中國進入了歷史上一個最為重要的轉型期，在這個滄桑巨變的時代，農村與農民可以說是變化最小的部分，也可以說是變化最大的部分。直到新中國成立前夕，中國大部分農村保持著與傳統社會相似的情景模式—小農經濟的生產組織形式、與百年甚至千年前一樣的農具、依靠畜力和人力的耕作方式、地主與農民相對立的生產關係；而同時，城市中卻出現了完全不同的景象—現代的工廠、交通工具、金融機構、商業企業……城市中的工商業早在明代，有些甚至在宋代就已相當發達，近代儘管有外國資本的進入和巨大影響，但很多變化事實上是一種在原有基礎上的水到渠成。也就是說，城市的變化是一個高起點的漸變的過程。而農村不同，看起來，農村的變化很小，但由於這些變化發生在一個低起點、超穩定的基礎上，因此在一定意義上可以說是突變。

一、農民的經濟生活

自耕農的經濟狀況

　　在中國傳統社會中，地主階級是一個主導階級，地主經濟也是主導經濟。然而，這並不意味著租佃制始終占主要地位。事實上，在近代中國，自耕農經濟占了相當大的比重。

　　1. 自耕農在全體農民中所占比例

　　清代初期，與中國封建社會歷史上每一次改朝換代一樣，地主階級受到沉重打擊，新王朝的統治者又採取各種鼓勵農業發展、扶植自耕農的政策，使

---

* 本章由史建雲撰寫。

自耕農得到相當廣泛的發展。不過，土地集中達到什麼程度，自耕農與佃農的比重如何，都很難做出全面估計。許滌新、吳承明主編的《中國資本主義的萌芽》一書估計嘉慶時地主占有全部耕地的 70% 左右，土地集中的程度可以說相當高。但我們知道，這並不意味著耕種這些土地的人口—佃農的比重也是 70%，通常，自耕農人口戶數的比重是要高於他們擁有土地的比重的。

羅崙、景甦的《清代山東經營地主經濟研究》一書提供了迄今為止僅有的清代農村階級構成的調查。據該書數字計算，光緒二十三年前後，山東省 41 個縣 191 個村 25896 戶農家中，自耕農占 63.6%，佃農占 13.9%，雇農占 16.1%，出租地主占 1.9%，經營地主占 1.1 %，其餘占 3.4%。佃農比例不但遠低於自耕農，而且低於雇農。[1]

1936 年的一個統計表明，全國自耕農占農業總戶數的百分比為 46%，內蒙古和西北為 51%，華北為 67%，其中比重最高的山東省為 75%；華中和華南自耕農的百分比平均只有 30%，最低的廣東省為 21%。[2]

2. 自耕農大量發展的原因

近代自耕農大量發展的原因是多方面的。從政治方面看，清政府曾採取一些保護小農經濟的措施，民國政府更從立法上規定了保護自耕農，特別是在河北省，1000 餘萬畝旗地經處置成為農民的產業，這加速了自耕農的發展。當然，除處置旗地外，無論是清代的政策措施還是民國時期的立法，實際上都沒有觸及地主對土地的所有權，它們只是一方面起到了一些扶持保護小農經濟的作用，另一方面或多或少抑制了土地集中，從而幫助了自耕農的發展。

從社會原因看，清代中期開始，人口迅速增長，人均土地面積隨之下降。誠然，人口增長本身並不能阻礙土地的集中，但有些地方確實由於地少人多，造成了土地積累不易。清後期，地權分散的情形更為明顯，有些地方「地寡人眾，惜地如金」，出現了「雖有豪強，無由兼併」的情形。[3]同時，中國傳統社會中諸子均分的財產繼承制常常使已經集中起來的土地重新分散，也造成土地集中的規模較小，少數比較大的地產往往是家庭為避免土地分散，努力維持

---

1 據羅崙、景甦《清代山東經營地主經濟研究》（齊魯書社，1985）第 162—176 頁表格計算。原表題為「山東 42 縣 191 村階級構成一覽表」，表內實際列出 41 縣 191 村的數字。

2 嚴中平等編《中國近代經濟史統計資料選輯》，科學出版社，1955，第 262 頁。

3 同治《黃縣志》卷 3。

三世、四世甚至五世同堂的結果。

第三方面是經濟原因，也是最主要的原因。清中期以後，經濟發展加快，農業、農村工業和商業都有了長足的進步。農業方面，經濟作物的發展使土地收益提高，而種植經濟作物對技術、肥料要求較高，所需勞動力也較多。對小農來說，一方面，土地收益提高意味著可以用少量土地養活較多的人口；另一方面，勞動力市場的活躍吸收了一部分小農的多餘勞動力，使缺地的小農不必租入土地。鄉村手工業的發展同樣一方面增加了小農的家庭收入，一方面使農家失業人口獲得了新的就業機會，因而改善了小農的再生產條件。特別是當發生自然災害時，手工業生產更起到了減少小生產者破產的作用。此外，近代城市經濟和交通運輸業的發展，一方面造成對農產品的更大需求，促進了農村商品經濟的發展；另一方面本身也吸收了一批農村勞動力，農民進城經商做工，將收入帶回農村，有助於農民家庭經濟的穩定。因而在許多地方的鐵路公路沿線的農村中，自耕農比重一般都比較高。

　　3.自耕農的構成及經濟狀況

近代的地權形態多種多樣，並不是簡單地分為地主、自耕農、半自耕農幾個等級。國民黨政府的全國經濟委員會所做的《全國土地調查報告》將1930年代的地權形態分為10類：（1）地主，土地全部出租；（2）地主兼自耕農，部分土地出租，部分土地自營；（3）地主兼自耕農兼佃農，既出租土地，又租入土地，還有部分土地自耕；（4）地主兼佃農，耕種租入的土地，同時有土地出租，將部分租入土地轉租出去的二地主可能也包括在這一類中；（5）自耕農，全部土地自耕；（6）自耕農兼佃農，除自有土地外，尚要租入土地；（7）佃農，依靠租入土地維生；（8）佃農兼雇農；（9）雇農；（10）其他，指無耕地又不從事耕作者。[4]

上述各類地權形態中，（2）、（3）、（5）類都可以歸入自耕農範疇。當然，地權分類不能代表階層的區分，各類地權形態內部實際是極不平衡的，如所謂的地主兼自耕農中，有些可能有相當多的土地出租，自己經營少量土地，有些則完全相反，絕大部分土地自耕，只將自己不便耕作的零星土地出租。另外，自耕農兼佃農，也就是通常所說的半自耕農，在許多地方的比重都高於佃農，

4　《全國土地調查報告綱要》第23頁表注，《全國經濟委員會報告彙編》（10），1937。

占有重要地位。這部分農民就人口來說，全部處於租佃關係之中，但若就其耕種的土地來說，只有一部分處於租佃關係中。為了簡單起見，我們把農業生產部分主要依靠自有土地的農戶都歸入自耕農研究，無論其是否另有少量土地出租或租入。在對自耕農進行分類時，也不再考慮其地權形態，只就經濟狀況將其分為三個層次。

其一，富裕自耕農。

富裕自耕農擁有充足的生產資料（包括土地）和資金，一般有較強的勞動力，經常使用農業長工或較大數量的短工從事農業和副業生產，收入比較高，擴大再生產的能力也較強。

富裕自耕農是個模糊概念，具體標準很難確定，有些自耕農土地雖不多，但家庭人口少或副業生產發達，可能相當富裕；有些自耕農土地雖多，但人口多、勞力少或土地貧瘠等，仍有可能貧困。

1934年，交通大學研究所組織調查團調查了平漢鐵路沿線河北、河南和湖北三省24處1690戶農民。調查結果由陳伯莊寫成《平漢沿線農村經濟調查》一書，書中資料全由實地調查得來，並運用一些經濟學理論做了整理分析，因而比較可靠。這一調查特別注意了各地經營百畝以上農田的大戶，表15-1即是根據該調查提供的資料製作。

表15-1中農業淨收入是自農業的收入中減去農作物留用、工料支出和購入糧值而得。淨收入中再減去地稅或田租便為淨所得。從表中數字看，自耕農的農業淨收入低於佃農，這是由於自耕農的農作物留用值高於佃農，工料支出也高於佃農。農作物留用與購入糧值相加，自耕農平均每人21.60元，佃農為15.97元，說明自耕農的糧食消費水準遠高於佃農。自耕農的工料支出較高，則說明自耕農用於雇工和購買肥料種子等的現金支出較高，亦即投入土地的資金更多。在繳納過地稅田租之後，二者在淨所得上的差距立即拉開。副業生產方面，自耕農所占優勢更大，平均每人收入達22.53元，佃農則只有2.27元。這是不難理解的，自耕農既有充足的資金，便可從事收益較高但需本金也較多的副業，自耕農雇傭的農業長短工中，可能有一部分參與了副業生產。富裕佃農則不同，耕種的田地雖多，卻無力雇傭較多的工人，勢必要把家庭勞動力盡量投入農業，所以副業收入就相當少。就農業淨所得

加副業淨收入後形成的貨幣購買力而言，自耕農為佃農的 4.25 倍。兩者雖同稱富裕戶，富裕程度卻相去甚遠。在 1930 年代的中國農村來說，這樣的自耕農的經濟實力是相當雄厚的。

由表 15-1 中的人均耕作面積和農業收入可以算出，自耕農平均每畝的收入為 6.25 元，佃農為 5.5 元，前者比後者高出 13%，說明富裕自耕農在農業生產水準上高於富裕佃農。

表 15-1 平漢鐵路沿線百畝以上農戶平均每人農業收支

單位：元

		序號	計算公式	自耕農	佃農
人均耕作面積（畝）		①		10.53	10.32
農業收入		②		65.78	57.05
農業支出	農作物留用	③		20.70	15.02
	工料支出	④		11.66	3.83
	購入糧值	⑤		0.90	0.95
	合計	⑥	③＋④＋⑤	33.26	19.80
農業淨收入		⑦	②－⑥	32.52	37.25
地稅田租		⑧		2.68	27.20
農業淨所得		⑨	⑦－⑧	29.84	10.05
副業淨收入	農作幫工	⑩		0.24	0.01
	農村副業	⑪		11.02	0.40
	其他副業	⑫		11.27	1.85
	合計	⑬	⑩＋⑪＋⑫	22.53	2.27
貨幣購買力		⑭	⑨＋⑬	52.37	12.32

資料來源：據陳伯莊《平漢沿線農村經濟調查》附表 3、19A、19B、20A、20B 及第 41—42 頁有關內容計算。

其二，一般自耕農。

一般自耕農在 20 世紀二三十年代通稱為中農，與土地改革中規定的中農大體一致，只是後者中還包括相當一部分佃農。這部分農民擁有的耕地通常相當於或略高於當地平均水準，農業收入可以自給，有時略有節餘。他們一般不需雇傭長工，但在農忙季節常要雇傭短工。在完成自己土地上的工作後，他們也有可能出外作短工以增加一些收入。

表 15-2 是平漢鐵路沿線農戶的收支狀況，與表 15-1 來源相同，只是剔除了百畝以上的大戶，比較符合我們這裡討論的情形。比較表 15-2 中各項數字可知，我們對表 15-1 所做的分析及結論基本上都適合於表 15-2，即自耕農平均每畝農業收入、人均糧食消費水準、用於土地的資金、農業淨所得、副業淨收入和貨幣購買力都高於佃農，換言之，在一般農戶中，自耕農的生活水準和生產能力也都高於佃農。

表 15-2　平漢鐵路沿線自耕農、佃農人均農業收支（剔除百畝以上大戶）

單位：元

		序號	計算公式	自耕農	佃農
人均耕作面積（畝）		①		2.92	2.93
農業收入		②		9.43	18.02
農業支出	農作物留用	③		10.28	7.21
	工料支出	④		1.45	0.79
	購入糧值	⑤		1.82	3.16
	合計	⑥	③＋④＋⑤	13.55	11.16
農業淨收入		⑦	②－⑥	5.88	6.85
地稅田租		⑧		1.02	6.79
農業淨所得		⑨	⑦－⑧	4.86	0.07
副業淨收入	農作幫工	⑩		0.30	0.42
	農村副業	⑪		2.53	2.32
	其他副業	⑫		5.20	4.18
	合計	⑬	⑩＋⑪＋⑫	8.03	5.92
貨幣購買力		⑭	⑨＋⑬	12.89	6.99

資料來源：據陳伯莊《平漢沿線農村經濟調查》附表 3、19 A、19B、20A、20B 及第 41—42 頁有關內容計算。

表 15-1、表 15-2 的結論雖完全一致，但若將兩表加以比較，便可明顯看出一般自耕農和富裕自耕農的差距。一般自耕農的人均糧食消費水準只相當於富裕自耕農的 56.02%，貨幣購買力只相當於後者的 24.61%。如果說富裕自耕農有相當的擴大再生產能力的話，一般自耕農就只能維持溫飽而已。

其三，貧苦自耕農。

自耕農中處於最低層的是那些只有很少土地、農田收入不足以維生的小

農，有些人的經濟狀況遠遜於耕作土地較多的佃農。在近代中國，這部分小農占的數量相當大，他們靠耕種自有田地不足以維生，必然要尋求其他收入。他們尋求其他收入的方式大體有三種：租入土地而成為半自耕農；家庭中多餘的勞動力出外做短工甚至長工；從事手工副業，在農業部門之外開拓就業領域。

　　近代農村中，各階層農民普遍從事各種副業和手工業生產，這並非自耕農的特徵。不過，在農村手工業蓬勃發展的地區，大批只擁有很少土地的小農轉而依靠手工業生產維生，避免了進一步喪失土地、淪為佃農的命運。

佃農與租佃關係

　　前文在述及自耕農的經濟狀況時，已經涉及佃農的情形，這裡主要通過地租來分析佃農與租佃關係。

　　在中國地主制封建社會中，租佃關係可以說是最基本的經濟關係之一，這種關係到了近代是如何發展的，在什麼樣的條件下會減弱？在並不發達或者說已經減弱了的租佃關係中，佃農經濟的形態如何？對這類問題的探討將有助於我們對近代中國農村社會經濟的全面理解。

　　佃農的經濟活動與地租形態和地租率息息相關，地租率決定著佃農的收入，地租形態影響著佃農的農業經營。

　　近代中國的地租形態形形色色，包括勞役地租、實物地租、貨幣地租等。在西方歷史上，這些地租形態是次第取代的，標誌著租佃關係的不同發展階段。而在近代中國，這些地租形態並存，一方面，固然是因為近代中國處於變革的過程中，各地的發展不一致；另一方面，這些不同的地租形態在近代這個大背景下也帶上了時代的特點。

　　1.實物地租

　　實物地租有分成制和定額制兩種。

　　（1）分成租制

　　分成制俗稱分種、份種、佃地、種地、客種、夥種等，收穫物由主佃雙方按一定的比例分配。

　　分成制的地租率可以從分成比例直接看出來，近代地租分成比例多種多樣，有二八（佃戶得二成，地主得八成，地租率為80％）、三七、四六、

五五、倒四六（佃戶得六成，地主得四成）、倒三七等，極少數地方有佃農只得一成。分成採用何種比例，與土地肥沃程度、作物種類、主佃雙方各自負擔的生產費用有關，亦與各地習俗有關。

各種分成比例可分為三大組，一九、二八、三七為一組，其特點是除土地外，其他主要生產資料亦由地主承擔，如畜力、運輸工具、大農具、種子、肥料等，有時包括佃戶住房，有時還預借雇工工資等。

倒四六和倒三七是另一組分成方式，這一組的特點是地主除土地（有時包括住房）外，一般不再提供其他生產資料，如果提供種子，收穫後要先扣除種子後再按比例分成。倒四六的情形稍多，倒三七較少見，實行這類分成的一般多為較貧瘠或易受災害的土地。

近代最常見也最複雜多樣的是四六分成和五五分成。這一組之中，既有地主提供大部分生產費用的，又有主佃雙方分擔生產費用的，還有生產費用完全歸佃農承擔的。

這一組分成方式在地主對生產過程以及佃戶的控制方面也是相差較大。如下文的大地主莊園中，地主對佃農的農業經營以至家庭經濟都嚴密控制的情況，一般是四六或五五分成。而與這種情況截然相反的親友互助，地主對佃戶基本不干涉的租佃關係，最常見的分成比例也是四六或五五。

分成制下的主佃關係主要有三類。

第一，大地主莊園中帶有人身依附的主佃關係。近代農村中存在一些大地主，這些地主有財有勢，土地集中程度較高，往往整個村莊成為這些地主的佃戶村。有些村莊根本就是這種地主一手建立，房屋均歸地主所有，佃戶見田主在身分、禮儀上都等於奴僕見主人，地主對佃戶農業經營的控制比較嚴，主佃雙方地位極不平等，地主不但支配著佃戶的農業經營，而且干涉佃戶的家庭經濟。

第二，主佃平等的契約關係。在這種關係下，地主對佃戶生產經營的干涉程度全在於承擔生產費用的多少，與雙方的身分和社會地位無關。

第三，分成地租還常常發生於親鄰戚友之間，帶有互相幫忙的性質。出租者常常是由於缺乏勞動力和資金，無力自己經營土地。在這樣的租佃關係下，田主對佃戶的經營通常都不加任何干涉。

（2）定額制

實物定額租的內容比較簡單，租地之初，主佃根據土地作物品種及產量預定每畝應交實物額，收穫後照約定數目交納。亦有個別地方在作物將屆成熟時再確定當年租額。

各地的實物定額租租額高低懸殊，低者如河北的固安、灤縣、遵化等縣，最劣等地每畝租額只有 3 升，高者如山東諸城縣，每畝租額可達 15 斗。江南地區還有更高的租額。需要注意的是，如此懸殊的地租額並不意味著地租率的懸殊，因為各地不僅地租水準有高下之分，土地肥沃程度、畝產量也有高低不同，更重要的是各地的畝制和量器極不一致。因此，僅有地租額尚不能確切知道定額租的負擔程度，還必須進一步計算定額租制下的地租率。

根據嚴中平等編《中國近代經濟史統計資料選輯》，抗日戰爭前，各省實物定額租的地租率，最低者為 29.8％，最高者超過 100％，然大部分在 50％上下。[5] 據此可以說，定額租的地租率與分成租大體相當。

只要是實物地租，地主對佃戶的農業經營或多或少都要實行干涉監督，但兩相比較，定額租制下，這種干涉降到了最低程度。分成制下，地主對佃農干涉較強，不但規定作物品種，甚至具體規定每畝播種多少，耕多深，鋤幾遍，上多少肥料，即使是干涉最弱時也要規定作物品種，收穫前要到地裡觀察作物長勢，收穫時要監督打場。而在定額租制下，地主只規定品種，有時甚至連品種亦不規定，如瓜地菜園的實物地租通常是糧食，佃農種何種瓜菜甚至是否種瓜菜自然全由自己決定。

2. 貨幣地租

近代特別是清末民初的幾十年間，隨著糧食作物商品化、經濟作物種植面積擴大、農村工業商品生產諸方面的發展，貨幣地租也隨之日漸普及。

貨幣地租由實物定額租發展轉化而來，有些地方還保留著這種轉化的痕跡，例如，同一個地主同一塊土地可以第一年行貨幣地租，第二年採取實物定額租；還有一些貨幣地租實際是實物定額租按市價折為貨幣交納，極個別情況下也有分成地租折為現金交納的現象。不過，總的來看，處於這類轉化形態中的貨幣地租並不多。

5　嚴中平等編《中國近代經濟史統計資料選輯》，第 304—305 頁。

與實物定額租一樣，貨幣地租的地租額亦參差不齊，如 1920 年代河北省的統計，庚等地錢租最低者每畝只有 0.1 元，甲等地最高者可達到每畝 15 元。[6]青島李村區貨幣地租最高者達到每畝 18 元。[7]

至於地租率，據記載，1930 年代河北清苑縣貨幣地租的租率為 26%，[8]河南省武安縣地租普遍用現金，約為產值的 1/3。[9]而據《中國實業志·山東省》的記載，山東省水田貨幣地租率在 11.7%—15.6%，旱地貨幣地租率則為 8.4%—12.1%。[10]

全國平均計算，每畝地普通租額，分成租為 4.6 元，定額租為 4.2 元，貨幣租為 3.6 元。[11]

從上面的數字看，相較於實物地租，貨幣地租下農民的負擔似乎更輕一些，但事實並非如此。首先，貨幣地租以預租為主，地主所得實際包含了租金半年至一年的利息，事實上，佃農常常需要借高利貸來預付租金。其次，即使是秋後交租，由於租金額先定，所交又是貨幣，則物價的因素又加入其中，如糧價上漲對佃農當然有利，但一般情形下收穫季節糧價都會下降，佃農急於交租，不能囤糧待售，無形中增加了負擔。再次，當遇到自然災害時，分成制下實行的是多產多分，少產少分，不產不分。定額租制下雖然租額預定，但是自然災害較重時，主佃雙方常常可以商量酌減定額，有時可臨時將定額租改為分成租，有時可緩交或做工補償，有時甚至全免。必須照約交租的所謂鐵板租在全國範圍並不普遍。而貨幣地租條件下，遇災害減緩免的情況則絕無僅有。這是因為，一來貨幣地租多為預交，地主已將租金收到手，自無退出的可能。二來貨幣地租的租率較輕，本身即已包含自然災害的風險。

3. 地租外的負擔

（1）勞役地租殘餘

近代一些地方，佃戶除交租外，每年還要為地主提供一些無償勞動（有

6　《河北省省政統計概要》（1928 年），「河北省各縣田租額數統計表」，京華印書局，1930。

7　李宗黃：《考察江寧鄒平青島定縣紀實》，正中書局，1935，第 171 頁。

8　張培剛：〈清苑的農家經濟〉，《社會科學雜誌》第 7 卷第 1 期，1936 年，第 28 頁。

9　《河南統計月報》第 1 卷第 12 期，1935 年。

10　實業部國際貿易局編《中國實業志·山東省）（乙），宗青圖書出版公司，1934，第 40 頁。

11　嚴中平等編《中國近代經濟史統計資料選輯》，第 309 頁。

時有很低的報酬，如地主提供午飯），各地對這種勞動有不同的名稱，如送工、撥工、幫工、出差等，這類無償勞動可以視為勞役地租的殘餘。

　　勞役地租殘餘從工作性質講，有農業勞動，也有非農業勞動。農業勞動主要是一些地主除出租土地外，留一部分土地自己經營，農忙時不雇短工，強迫佃戶「幫工」。

　　勞役地租殘餘中更多的是非農業勞動，舉凡地主生活中各種需要人力的地方，都可能要佃戶服役。如地主收租後佃戶幫助晒糧、揚場、看倉庫。地主家家人出行、親戚來往時，由佃戶套車接送或推車隨行。地主修房、壘牆、打柴、伐樹、婚喪大事以至年節慶典，可以叫佃戶來幫忙，地主家中的家務活如做飯、挑水、帶孩子、洗衣服等也可以叫佃戶家的婦女來做。個別地方佃戶家的婦女要為地主紡線織布。

　　從工作量來講，有些地方的勞役有大致規定的數量，一般與佃戶租種土地成比例。有些地方雖規定勞役數量，但與租種土地數量無直接關係。還有一些地方並不規定天數，地主家中有事便叫佃戶去幫忙。另有些地方，若佃戶住地主房屋，則需服勞役。由此看來，勞役地租的殘餘，在某些地方似乎構成租佃制度的一個部分，或者說成為佃農租佃土地的條件之一。但需要說明的是，首先，勞役地租殘餘一般出現在分成租制中，有時定額租制中也有殘存，而貨幣地租條件下通常沒有任何勞役。其次，勞役地租殘餘往往與主佃間的不平等地位相關，或為旗地上沿襲下來的農奴制殘餘，或因地主在鄉間有一定的權勢，如鄉保長、軍閥地主、官僚地主、豪紳地主之類。

　　（2）正租之外的實物副租

　　有些地方，佃農除按規定的成數或定額交地租外，還要交納一些零星的物品或給地主送禮。這類副租可分數種。一是林產品，如耕地上有棗樹、栗子樹、核桃樹之類，有些地方要把乾果分給地主一部分。二是土地上的正產品，如租種瓜地、果園、菜園，定額地租通常是穀物，有些地方習慣當瓜果下來時，先送給地主嘗新，數量並無一定。三是農民家庭手工業品，多為秸稈製品，如席、刷帚、笤帚等。四是逢年過節或地主家婚喪大事，有些地方佃農須向地主送禮，禮物可以是豬肉、雞、魚、月餅或細點、粉條和蝦皮之類。

　　實物副租並不普遍，在貨幣地租條件下，在親鄰互相幫助的租佃關係中，

在存在永佃制或不完整的永佃制，因而佃農的租佃權有保障的條件下，實物副租一般都不會發生。一般來講，副租的有無，一看當地的習慣，二看田主的權勢，三還要看出租土地的供求關係。如果供不應求，佃戶為得到或保住租佃權，就可能向田主送較重的禮，田主亦可趁機勒索；反之，如果供過於求，招佃不易，縱然當地有納副租的習慣，田主也可能免收。出租土地供過於求的情形雖然不多，但有時田主要選擇自己熟悉可靠的佃戶也並不容易。

（3）押租

地主為防止佃農拖欠地租，有時要佃農在租地時交納押金，一旦佃農欠租，即可從押金中扣除所欠租額，這種押金稱作押租，又有保證金、押地錢、攬地錢、借頭、頂首、借款、禮錢等不同名稱。

分成制地租一般都是地主監督佃戶收穫，在田場或晒場上直接分配，除佃農有特殊困難經地主允許外，通常不會出現欠租問題。貨幣地租以預租為主，種地前地租已交，不虞欠租，因而實際上各地的押租主要存在於實物定額租中。

押租租額的確定標準不外兩種：一是根據田價定，相當於田價的若干成數；二是根據地租定，相當於一年之租額或其倍數，或一年租額之成數。據 1930 年代初的統計，全國各地普通押租額為每畝 7 元，[12] 每畝普通地租額全國平均為穀租 4.2 元。[13] 也就是說，以全國而論，押租通常為地租額的 1.7—1.9 倍。

押租的特點是，無論地租形態為實物還是貨幣，押租都要交納貨幣。押租的作用只是保障正租不受損失，佃農如無拖欠地租，則退佃時地主應退還押租，所以押租本身不構成地主的收入，地主真正所得乃是押租產生的利息。但從佃農一方來說，租地之前先要籌措一筆現金，往往要借高利貸，從而背上沉重的債務，秋後除交納地租外，還要付出高額利息。如果不退佃，押租就不能收回，就無法歸還高利貸的本金，就要繼續負債，繼續付息。但如退佃，押租雖可收回，下一年租佃別的地主土地卻仍要籌措押租，所以押租對佃農來講，實在是一個沉重的負擔。貨幣地租發展起來後，押租順理成章地成為預租。所以，貨幣租制中流行的預租很可能從押租轉化而來，換言之，押租似可視為實

12　國民政府主計處統計局編《中國租佃制度之統計分析》，正中書局，1946，第 88 頁。

13　《中國租佃制度之統計分析》，第 79 頁。

物地租向貨幣地租轉化的一個表象，一旦轉化完成，押租便消失。

地主階級的構成及其經營方式

地主經濟的最根本特徵是地主掌控了大量的土地，用雇工或出租的方式進行經營。因而本節從地主階級的土地兼併開始，繼之以地主的土地經營方式，最後是地主的工商業活動。

1. 地主階級的土地兼併

近代地主階級的構成方式與傳統社會相比，發生了一些微妙的變化，影響到了土地兼併和土地的經營。這些變化包括紳權的擴大、商人地主和經營地主的增加。

清後期紳權擴張的原因之一是軍閥豪紳勢力的加強。清中期以降，軍隊戰鬥力日漸衰弱，太平天國時期，大批士紳成為擁兵自重、權傾一方的軍閥，他們的家族以至於他們本人解甲歸田後，都比過去的士紳有著大得多的權力。辛亥以後，北洋軍閥政府時期，軍閥勢力更強。各地出現了不少軍閥地主占有大片地產的情形。如袁世凱在河南彰德、汲縣、輝縣等地曾有田產 4 萬畝左右，徐世昌在輝縣有 5000 多畝地，曾任雲南總督的羅山縣地主劉楷堂擁有土地 25000 畝，官僚出身的羅山地主呂莘祿亦曾有土地 12000 畝。[14] 在河北省，曹錕弟兄是靜海縣一帶最大的地主，不但占有大片田地，而且壟斷了當地的水利事業。[15] 至於一些中小軍閥和地方豪紳，其兼併土地的規模雖不能與上述大軍閥相比，但也相當可觀。

商人把商業利潤投入土地，轉化為地主，在中國封建社會中是比較常見的情形。近代以來，隨著社會經濟狀況的變化，這種情形也開始改變。一方面，很多商人已不再把商業利潤投入土地，而是擴大商業經營，或投資於工業企業；另一方面，地主中有更多的人兼營商業，一部分人在商業獲得成功、逐漸轉化為商人的過程中，仍然不斷進行土地積累。

近代地主土地積累的速度與規模，一般說來，以官僚地主和軍閥地主為最，商人地主次之，一般地主最低。如山東省章丘縣經營地主太和堂李家，在 1761—1905 年的 144 年中，積累土地 515.92 畝，平均每年購入 3.58 畝；

14　行政院農村復興委員會編《河南省農村調查》，商務印書館，1934，第 89—90 頁。
15　彭明主編《中國現代史資料選輯》第 1 冊，中國人民大學出版社，1991，第 2 頁。

而同在章丘縣的商人地主矜恕堂孟家，1854—1935 年的 81 年裡，積累土地達 857.27 畝，平均每年購入 10.55 畝。山東濟寧的官僚地主玉堂孫家嘉慶年間兼併土地 3 萬餘畝，咸豐、光緒年間又兼併土地 6000 多畝，即以嘉慶元年（1796）至光緒三十四年（1908）共 112 年算，平均每年兼併的土地也有近 321 畝。[16] 至於袁世凱，在光緒末年到民國初年短短十幾年的時間裡，其占有的土地就從 4000 畝增到了數萬餘畝，這是其他幾類地主都無法比擬的。

需要說明的是，儘管清末民初紳權擴大，軍閥眾多，官僚地主和軍閥地主集中土地的規模大，速度快，但這並不意味著土地有集中的趨勢。軍閥地主積累土地的特點是集中快，分散也快，一旦軍事政治上失勢，可能立刻傾家蕩產。如張敬堯死後，其在天津小站的 40 萬畝稻田全為政府沒收出賣。袁世凱在河南的數萬畝土地也由民國政府沒收。前引河南省幾個曾擁地數萬畝的軍閥地主，到 20 年代末，由於分家或出售，都只剩幾千畝地。至於官僚地主和縉紳地主階層，在清末民初的政治大變革中，其固然增加了不少新的成員，但也有大批舊的官紳地主沒落。

2. 出租地主的經營方式

地主把土地出租給佃農後，並非完全不聞不問，只待收租，地主對出租土地有幾種不同層次的管理方式。

（1）一些大地主在土地集中的地方設立佃戶莊，全莊房屋均為地主所建，農民均為該地主之佃戶。莊田設莊頭管理佃戶，佃戶有死佃、活佃之別，活佃為自由契約，死佃不能自由脫離主佃關係，遇主人有事時須供役使，類似僕人，受到一定的人身束縛。莊園式的管理方式到民國時期已不多見，其原因有二：一是清代的特權地主在政治經濟上失勢，無法保持對佃農的人身束縛；二是地權漸次分散，大地主的數量減少，而中小地主無論有無政治地位，其在經濟力量上都無能力採用莊園形式。

（2）近代中國農田日趨零細化，即使是較大的地主，其耕地也比較分散，不容易大面積連成片，所以許多大地主用帳房和長工監督管理出租的土地，主要監督農作物收穫，至於生產過程有無干涉、程度大小，視地主除土地外尚提供多少生產資料而定。

16　羅崙、景甦：《清代山東經營地主經濟研究》，第 65—69、98—102、110 頁。

（3）一些中小地主特別是剛從自耕農上升而來的地主，自己懂得農業生產，經濟力量又不容許另雇管理人員，因此土地出租事宜都由地主家庭成員親身管理。這類地主對佃農生產過程通常干涉較多，但這種干涉是由於地除土地之外，還提供了相當一部分生產資料，地主與佃戶之間關係則較為平等。

（4）一些地主對佃農如何使用土地完全不聞不問，他們對土地的經營管理只限於定約出租和收租，在預交租金的情形下，這兩道手續合為一道。這種方式通常出現在貨幣地租、永佃權、在外地主或地主家中只有老弱婦孺等情形下，少部分實物定額租制中也有這種方式。

3.經營地主的經營特點

經營地主指主要依靠雇工而非依靠出租來經營土地的地主。這一階層的經濟活動與富農十分相似，區分二者的依據只在於富農家庭中有人從事主要農業勞動，而經營地主不直接參加農業勞動。

（1）經營地主的經營方式

經營地主除利用雇工生產外，有些也出租部分土地。雇工經營的土地並沒有一定的比例，而每戶實際經營面積卻有一定的限制，大約要受地主占有土地面積、地塊零散程度、距離遠近、生產力水準高低以及農作物品種等的影響。

經營地主雇工有只雇長工者，大部分是長短工兼雇，並且短工數量很大。長工較多時，通常有一個地位最高的負責全盤計畫農耕事宜，有時兼負指揮監督生產之責。農忙時雇用的短工都由長工帶領生產。顯然，長短工兼雇可以最好地利用勞動力，取得最經濟的效果。

（2）經營地主經濟的商品化狀況

經營地主經濟的商品化程度明顯高於其他農民階層。

小農經濟的零細性使生產資料和勞動力不能得到充分利用，因而勞動生產率低下，這是眾所周知的小農經濟的弊端。而經營地主由於集中了一定數量的土地，可以達到適度的規模經營，加之使用雇傭勞動，因此能最大限度地利用勞動力；同時，由於經營地主有齊備的農具和較多的大牲畜，有充足的流動資金用於農業生產，因而其農田上的勞動生產率一般較高，化肥、農藥、近代

農機具、人工灌溉等，一般也都是由經營地主和富農開始使用。而由於農業經營規模較大，勞動生產率又高，故而經營地主可以有較多的剩餘商品出售。

另外，雖然中小農戶常以犧牲糧食作物面積的方式種植經濟作物，但他們只是依靠大量投入勞動力，而許多經濟作物不僅費工較多，而且需要大量肥料以及必要的水利條件。所以，即使同是種植經濟作物，中小農戶與經營地主和富農的生產條件也是不可相提並論的。

還有一種情況是，經營地主經營著油坊、酒坊、粉坊等糧食加工作坊，他們安排農業生產時，優先種植可以作原料的作物，一般情況下，凡從事糧食加工業的農家，都不能只靠自己生產的原料，還要從市場上購買一部分或大部，所以這類農戶，即使是較大的經營地主，一般也沒有糧食可出售，但他們的農業仍然應該被視為商品生產。

4. 城居地主的土地經營

城居地主可以分為兩大類，一類居住在城市中，但完全靠土地上的地租生活；另一類除在鄉村中有土地外，在城市中另有職業，近代以前，這類地主主要由商人和官吏構成，而政府官員除世代為官、久居城市者外，一般離職後也往往回原籍鄉居。

近代以來，城居地主的成分逐漸發生變化。首先，隨著旗地轉化為民有地，許多旗人喪失地主身分，這使完全依靠土地為生的城居地主人數減少。其次，由於軍閥勢力膨脹，軍閥地主成為城居地主中重要的組成部分，亦有不少尚稱不上軍閥的軍官，在家鄉置有田產。再次，隨著城市的發展，在城市中工作居住的人增多，除政界、軍界、商界人士外，企業界、教育界、文化界等都可能有人在鄉村擁有一定數量的田產。最後，隨著農村經濟的發展，農村與城市間有了越來越多的聯繫，一些地主的經濟活動逐漸由農村向城市發展，並最終遷居城市，這類城居地主的商業活動往往成為小市鎮發展和城鄉聯繫的一個要素。

城居地主絕大部分採用租佃制經營土地。地產較多者大致有四種管理方式。其一，設立佃戶莊，由莊頭全權負責監視佃戶工作、收租交租等事宜，《紅樓夢》中烏進孝交租一段對這種方式有生動的描寫。近代農村普通民地亦有用莊頭管理佃戶莊者，莊頭權勢不能與旗莊相比，但亦對佃戶生產負全責。

　　其二，地主雖居城，但在原籍仍有住宅，設有帳房，由帳房負責收租。地產比較集中的地方也設佃戶莊，有莊頭，但莊頭的權限要小得多，僅對佃戶負監督之責。

　　其三，城居地主於秋收時派人下鄉，到佃戶集中的地方就地收租，如山東章丘縣商人地主矜恕堂孟家，在鄒平縣境內有千餘畝棉田，秋收時由孟家在濟南的商號派人下鄉在田野中設收租房，向佃戶就地收取棉租。[17]

　　其四是包租，即將大片耕地包給一人，承包人再將土地分租出去，成為二地主，交租時由承包人將地租送到地主家中。

　　以上所說為大地產，若中小地主，家中既無管家、帳房，鄉村又無莊頭，佃戶直接和地主打交道，收租方式或於秋收時地主下鄉至佃戶家收取，或由佃戶直接將地租送進城。這類地主以採用貨幣地租者為多，並多為預租，主佃立約時佃戶即先交下年地租，下一年耕種情況如何，地主可全不過問。

　　5. 地主兼營工商的活動

　　地主兼營工商業有兩種情形，一是在大城市中經營工商業，事實上，中國近代的資本家，無論其資本為商業資本還是產業資本，不少人在原籍都保有一部分土地，其家庭成員中亦有部分人在農村過地主生活。這些人與其說是地主兼營工商業，不如說是資本家兼地主。這些人的工商活動與地主所在農村的經濟活動沒有多少直接聯繫。

　　二是地主在本地—縣城及其以下的市鎮以及村莊中經商或從事農村手工業。如清末山東省的經營地主從事的商業有雜貨店、藥鋪、酒店、茶莊、布鋪、綢緞莊、絲店、棉花店、鍋店、鹽店、鹼店、醬園、糧店、估衣店、菸店、麻鋪、皮襖鋪等；手工業有粉坊、油坊、酒坊、木匠鋪、鐵鋪、絲坊、機坊、氈帽坊、繡花店、漆坊、點心鋪、煤礦、製香、草帽辮莊等；金融業有錢店、銀號、當鋪等；此外，還有棧房、客棧、飯店等服務業，以及專孵小雞的暖雞坊。[18] 這幾乎包括了近代山東農村中小商小販之外的一切商業行業，以及農村手工業中絕大部分採用作坊式生產的行業。

　　出租地主的工商業活動同樣活躍。如山東棲霞縣古鎮牟氏地主家族，清

17　羅崙、景甦：《清代山東經營地主經濟研究》，第 104 頁。
18　羅崙、景甦：《清代山東經營地主經濟研究》，第 116—117 頁附表。

末六兄弟分家，分為六個堂。1930 年代，長房日新堂主人均為婦女，住在煙
臺，家中土地實行租佃經營，在棲霞城裡開設錢莊、雜貨鋪，在本村開粉坊、
藥鋪、油坊。二房寶善堂，1920 年代開有四座油坊，雜貨鋪、藥鋪各一處。
三房和四房沒有工商業。五房南忠來堂，在本村開油坊一座，棲霞城內開錢
莊、藥鋪各一，在煙臺開花邊莊一座。六房師古堂，本地有油坊、藥鋪各一，
煙臺有花邊莊兩座，接受外國洋行訂貨，在當地鄉下雇傭婦女編織。[19]

　　值得注意的是，隨著近代中國資本主義生產關係的發展，一些地主在其
工商業活動中開始具有資本主義色彩。我們這裡說的不是在城市經營近代商業
和工業企業的地主，那些地主實際上已是資本家。近代農村手工業中有多種行
業出現了資本主義性質的家內工業，而在農村手工業中充當包買主或包買主與
工人之間的中間人的，多為鄉村富戶，主要是地主和富農。棲霞縣牟氏地主所
開花邊莊，即是利用包買制雇傭農村婦女工作，所以他實際上是包買商。

二、異軍突起的鄉村工業

　　在中國漫長的歷史上，農村手工業一直是農村經濟的一個組成部分，鴉
片戰爭以後，農村手工業和中國其他經濟部門一樣，以前所未有的規模和速度
發展，到 19 世紀末 20 世紀初，中國農村很多地方出現了各種各樣的新興手
工業區，這些手工業區的共同特徵是，為遠方以至國際市場生產，生產力有了
長足進步，有些行業引進了以人工為動力的機器，有些地區有些行業出現了資
本主義性質生產組織形式。農村手工業生產的收入有大幅度增長，成為農民家
庭經濟的一個重要組成部分。這種種因素綜合在一起，使農民家庭經濟發生了
很大變化。這個時候的農村手工業，已經可以稱為鄉村工業。

　　農民家庭手工業中，最普遍也最具自給性的是棉紡織業，因而耕織結合
往往被視為自然經濟的典型形態。然而，正是農民家庭生產的棉布，在鴉片戰
爭前的中國國內市場上成為占主導作用的工業品。在各個棉布集中產區，都有
大量為市場進行生產的農民織戶，棉紡織業對於他們來說，已不再是一種可有
可無的農家副業，也不只是解決家庭成員穿衣問題的手段。在他們的家庭經濟
中，棉紡織業與農業的地位並重，有時甚至超過農業。

19　棲霞縣政協文史資料委員會編《牟墨林地主莊園》，山東人民出版社，1990。

　　一種觀點認為，中國封建地主制經濟中的基本經濟單位不是一家一戶，而是相當於過去采邑的一個鄉里或邑縣，在這個範圍內，農民依靠地方小市場進行的互通有無、調劑餘缺的交換，仍然屬自然經濟範疇。基本經濟單位的範圍可以不論，地方小市場的交換的確應該屬於自然經濟，但這並不能否定農民家庭為地區以及本地區之外的遠方市場進行的生產是真正的商品生產。鴉片戰爭以前，全國棉布的長距離運銷約有 10 路，進入長距離運銷的棉布有 4500 萬匹，其中有一部分用於出口。[20] 這些布均產於各個集中產區，因而多屬於農民織戶專為市場生產的商品，而不是自給有餘的部分。

　　鴉片戰爭以後，農民家庭手工業商品生產有了進一步發展。以河北、山東、河南三省為例，鴉片戰爭前，三省進入長距離運銷的棉布全年各約 100 萬匹。到清末，河北省各縣棉布輸出省外的有數字記錄的共 500 餘萬匹。[21] 洋紗進入農村後，織布業發展更快。加以民國初期各地提倡實業，到 1930 年代初，河北省全年輸出省外的手織棉布達 2000 萬匹，山東省僅濰縣織布區年產量最高時就達 1000 萬匹。這一時期，在比較集中的織布區中，織業基本上成為織戶的主業，織戶不僅為市場而生產，而且越來越受到商業資本的控制。

　　隨著近代商品經濟的發展，不僅棉紡織業，農村中其他一些家庭手工業也突破了地方性市場的限制，開始為全國乃至國際市場生產。如山東省的柞絲綢業，自同治初年開始向國外出口，19 世紀末 20 世紀初得到迅速發展，絲織業在一些農民家庭中成為主業，無論是所用勞動力還是經濟收入都超過農業。草帽辮本來只是一種地方土產，近代隨著對外貿易的發展而成為出口商品，在華北農村經濟中起了重要作用。這樣的生產很難說是自給自足的自然經濟。一些農產品加工業如榨油、製粉絲粉皮等，其產品在近代也開始出口，並對農村經濟產生重大影響。此外，各地還出現了一些為國際市場進行生產的新興的農村手工業，如花邊業和髮網業，都是用進口原料進行生產，產品專供出口。這一類生產根本不存在自給性，無論它們在農民家庭經濟中的作用是大是小，它們都是完全為著市場而生產的。

20　吳承明：《中國資本主義與國內市場》，中國社會科學出版社，1985，第 260—263 頁。
21　參見《中國農村》第 1 卷第 3 期，1934 年；張世文《定縣農村工業調查》，四川民族出版社，1991，第 113 頁；民國《任縣志》卷 1，華新印刷局，1915；光緒《威縣鄉土志》、《平山縣鄉土志》；天津市檔案館編《天津商會檔案彙編》，天津人民出版社，1989，第 920—972 頁；等等。

鄉村工業收益與農業之比較

由於農業經營受土地數量的限制，在一定的生產力水準上，小農家庭中的農業生產部分會是一個相對穩定的常量，而手工業副業生產卻有較大的伸縮性。如果副業生產的原料不限於自家土地上的生產，還可以從市場上買到，副業生產擴大的可能性就會遠遠超過農業。在中國，大多數傳統農村手工業部門在近代以前就已具備了這一條件。近代，隨著國內外貿易的發展，鄉村工業產品的市場空前擴張，再加上人口增長對土地造成的巨大壓力，鄉村工業在農民家庭經濟中的作用日漸增長，地位也越來越重要。在一些新興的手工業區中，工業生產成為農民家庭的主業，更多的情況下，手工業已達到和農業並重的地位，即使是在一些手工業不夠發展的地區，手工業生產也成為部分農民家庭中必不可少的經濟來源之一。為使這一問題更加明瞭，不妨把農村手工業和農業的收益做一個比較。

鄉村工業中最重要的部門是棉紡織業，棉紡織業的收益在不同時期、不同地點差異很大。19 世紀末到 1930 年代，河北省高陽縣是中國最著名的棉布手織區，1915—1920 年，這裡的織布農戶全年收入在 75—300 元。當時高陽農民平均每戶占有土地不足 15 畝，平均每畝淨收入為 1.47 元，即農業收入每戶每年不足 30 元，工業收益為農業的 2.5—10 倍。[22] 織布工人的年工資在 1930 年代初為 40—60 元不等，1920 年代布業興盛時則可達 60—80 元之多，而同時期農業雇工中，男性長工的年工資平均在 40 元上下，[23] 也就是說，從事織布業的農民，無論是織戶還是出賣勞動力的工人，其收入都要高於農業勞動。

山東省的濰縣（今濰坊），也是近代一個十分著名的新興鄉村工業區，20 世紀二三十年代這裡的織布收入是每匹 1 元上下，如以一戶一年織 150 匹計，收入為 150 元。濰縣在近代農業生產水準比較高，經濟作物種植較多，但當地人多地少，每個農戶年平均農業總產值在 100—170 元，淨收入自然要少得多，織布業收入與農業相比，應該說處於更為重要的地位。[24]

高陽縣和濰縣織布區都屬於近代新興的鄉村工業區，生產力水準較高，

22　吳知：《鄉村織布工業的一個研究》，商務印書館，1936，第 6—7、16—17 頁。

23　吳知：《鄉村織布工業的一個研究》，第 133、142 頁。

24　膠濟鐵路管理局編印《膠濟鐵路經濟調查報告》分編，1936。

江南（長江三角洲及其周邊地區）棉紡織區歷史悠久，明清時已有相當發展，到 20 世紀初發展程度反不如高陽織布區，但棉織業收入仍相當可觀。20 年代前後，上海郊區一個農家婦女一年要織 200 多匹布，淨收入在 40—60 元。一些缺乏織本的農家婦女到別人家中做工織布，一天可得工資 2 角，一月也有 5—6 元收入。[25]

　　無論是河北高陽縣、山東濰縣，還是上海郊區，織布業都已經變成農民家庭的主業。其他很多地方，織布業仍然是農家副業，收益比高陽織戶要低得多，但與農業收入相比，仍是相當可觀。如河北省定縣的紡織戶，年收入在 26—91 元。[26] 三河縣的羅莊一帶，每家一張織機，全家婦女及老幼不能下地幹活者從事織布，每月除全家食用外，可得利潤 10 元。以每年工作 8 個月計，全年可獲利 80 元，相當於當地 16 畝農田的收入。[27]

　　絲織業也是一項重要的鄉村工業，近代農村絲織業的產品有桑絲綢、柞絲綢和人造絲，桑絲綢和柞絲綢以出口為主，人造絲則是利用進口原料為國內市場生產。1919 年前後，山東省周村鎮的個體織戶，平均每年收益為 270 餘兩白銀，按當時的物價水準，可購買小麥 160 餘擔，相當於 100 多畝地的產量。到 30 年代初，山東柞絲綢業進入衰退期，織戶收益下降，個體織戶平均每年的收益仍達 420 餘元，可購買小麥 80 餘擔，相當於 50 畝地的產量。而同時期山東全省平均每農戶耕地只有 18 畝多，大部分小農實際占有土地面積還達不到這一水準。[28]

　　絲織業收入最低的是河南省南陽附近的柞絲綢業，直到 1930 年代初，一直是用大繀絡絲，用舊式木機織綢，生產效率低下，這裡的織戶多接受包買商的訂貨，織一機綢的工資為 7—11 元不等，而織一機綢的生產週期為 40—45 天，[29] 以此計算，織戶平均日工資在 0.16—0.28 元，與周村相比，可謂天壤之別。但南陽柞絲綢產區位於大別山區，自然條件較差，交通不便，風氣閉塞，農業生產力水準相當低，經濟不夠發達，這樣的收入水準與當地的農業相比，應該說還是相當可觀的。

25　徐新吾：《江南土布史》，上海社會科學出版社，1992，第 242—244 頁。
26　張世文：《定縣鄉村工業調查》，中華平民教育促進會，1935。
27　民國《三河縣新志》卷 15，中華印書局，1935。
28　從翰香：《近代冀魯豫鄉村》，中國社會科學出版社，1995，第 392—394 頁。
29　貊菱、李召南：《南陽之絲綢》，河南農工銀行經濟調查室刊印，第 4—5 頁。

紡織業中影響較大的還有針織業和麻紡織業。1920 年代，浙江省的平湖、嘉興、石門等地形成了一個針織工業區，從事針織業的多為農村婦女，她們向商人雇主租賃針織機，領取原料，織成成品後得到計件工資，一個工人的月工資一般在 5 元以上。近代麻紡織品較著名的是四川省和江西省的夏布，四川省的夏布收益較低，1930 年代，績麻女工月收入不過 1 元上下，織麻工月工資在 2.6—8.0 元。有一架織機的農戶，每月淨收入不足 14 元。但這裡扣除了工資支出，而只有一兩架織機的農戶通常是不雇外工的，所以這樣的農戶每月實際收入可以達到二三十元。江西、湖北等省的夏布業收益要比四川高一些。[30]

鄉村工業中另一個重要的部門是糧食加工業，遍布全國農村，主要有釀酒、榨油和製粉絲粉皮等，都屬於作坊手工業，需要一定的設備和較多的資金，通常設在集鎮上或由比較富裕的農戶從事。其中製粉業應該說是獲利較少的行業，在不少地方，正產品幾乎無利可圖，如河北定縣 1931 年有 3114 家農戶製粉，共贏利 5064 元，平均每戶只有 1.44 元。但該業的副產品用處卻很大，製粉農戶家家都要利用粉渣養豬，粉漿倒入豬圈漚肥，每圈全年出糞肥即可值 70 元，加上賣豬的收益，獲利也不算少。[31] 河北邯鄲縣製粉業的主要收入是以粉渣養豬，一家粉坊常養十幾到二十頭豬，養肥後出售，可獲利三四百元。[32] 19 世紀末 20 世紀初，粉絲成為一種重要出口商品，凡生產出口粉絲的地區，收益一般都比其他地區為高。如山東省有一個以煙臺為中心的粉絲出口生產基地，在這個基地的黃縣，製粉農戶獲利最多者一年可得洋 1000元；在招遠縣，利潤最高時，一戶粉坊贏利竟可高達 3000 元。[33]

近代中國農村較重要的手工業還有草帽辮業，從事這一行業者全為農村婦女。1920 年代初，河北滄縣、靜海一帶編草帽辮日收入銅元 40 枚上下，折合銀元不過一角多，但如能長年生產，一人一年可有三四十元收入。而在河南省的南樂、清風和山東省的觀城，婦女編織草帽辮收入日值 1 元，技術最好的婦女一天可掙 1.5 元，這種收入水準是農業勞動無論如何也無法達到的。

30　史建雲：〈鄉村工業在近世中國鄉村經濟中的歷史作用〉，《中國經濟史研究》1996 年第 1 期。

31　張世文：《定縣鄉村工業調查》，第 152—156 頁。

32　從翰香：《近代冀魯豫鄉村》，第 430 頁。

33　史建雲：〈鄉村工業在近世中國鄉村經濟中的歷史作用〉，《中國經濟史研究》1996 年第 1 期。

在這一產區，據說有不少人靠編織草帽辮而發家。[34]

花邊、髮網（用人的頭髮編織而成，用途亦是罩在頭髮上作為裝飾）、刺繡等手工業在農村中影響也較大。這些行業的產品主要供出口，從業勞動力均為女子，尤以十幾歲的女孩為主。花邊髮網業在最興盛時，日收入都曾高達1元。1919年，山東省農村從事花邊業的婦女，每人每日約可得工資 0.3—0.5 元不等，而同一年山東省各種行業中，工資最高的金銀器業工人日工資也不過 0.5 元，工資水準最低的只有 0.18 元，且不供伙食。[35] 花邊女工的收入明顯高出於大多數工廠和作坊工人的收入。

一般說來，越是缺乏土地、農業收入低下的小農家庭，對鄉村工業生產的依賴性越強。如著名草帽辮產區南樂、清豐、觀城一帶，貧苦農民幾乎完全依靠草帽辮業為生，中農和富裕中農該業收入相當於農產收入的一半，富農要部分依靠草帽辮業收入，地主婦女中則有不少人靠此得些零用。在河北寶坻棉織區，織布收入占佃農全年收入的 80％，占自耕農全年收入的 42％。但這並不意味著土地較多、生產條件較好的農民家庭較少從事鄉村工業生產，恰恰相反，如果從絕對數量觀察，較富裕的農家通常可以得到更高的工業收入，只是由於他們的農業收入和其他方面的收入都較高，鄉村工業才顯得不那麼重要。例如，1934 年交通大學研究所調查了河北、河南和湖北的 1690 戶農家，平均每戶工業收入分別為自耕農 40.7 元、半自耕農 34.5 元、佃農 28.48 元。1933 年對廣西鬱林縣的調查則表明，自耕農家庭工業的收入無論是絕對值還是百分比都遠遠高於其他各階層農民。[36] 至於絲織業、榨油業、造紙業等作坊手工業，由於占用資金較多，更是只有富裕農戶才能從事。

鄉村工業生產不僅提高了從業農民家庭的收入，而且由於鄉村工業中廣泛存在雇工生產，因此雇工的家庭收入也隨之提高。誠然，在雇工生產中存在著程度不等的剝削，但同時也應該看到，雇工生產為一些既沒有充足的土地經營農業，也沒有足夠資金獨立從事鄉村工業的鄉村失業人口提供了就業機會，這些人作為鄉村工業工人得到的工資對他們的家庭經濟具有相當重要的意義，

34　史建雲：〈鄉村工業在近世中國鄉村經濟中的歷史作用〉，《中國經濟史研究》1996 年第 1 期。

35　從翰香：《近代冀魯豫鄉村》，第 414 頁。

36　史建雲：〈鄉村工業在近世中國鄉村經濟中的歷史作用〉，《中國經濟史研究》1996 年第 1 期。

鄉村工業工人的工資通常也都高出同類型農業工人的工資。

工業生產在農村經濟中的地位

上面我們介紹了幾種行業的收入水準，不過，這些數字只能說明鄉村工業在從事各個具體行業的小農家庭中的作用，至於其在農村經濟中的作用，還需要更為廣泛的資料，為此，筆者統計了河北、山東和河南三省 286 個縣的工農業生產狀況，表 15-3 即是這一統計所得結果之一。

表 15-3　1930 年代華北三省 286 縣農村工業基本狀況

		河北省	河南省	山東省	合計
統計縣數		129	111	46	286
農戶數（千戶）		4395.7	4607.2	3551.6	12554.5
農業	農業總產值（千元）	555450.3	498536.7	393273.3	1447260.3
	戶均農業產值（元）	126.36	108.21	110.73	115.28
農村工業	農村工業總產值（千元）	72725.5	31466.3	73058.0	177249.8
	從事農村工業戶數（千戶）	560.9	1604.7	151.5	2317.1
	從事農村工業戶占農戶比重（%）	12.76	34.8	4.27	18.46
	戶均工業產值（元）	129.66	19.61	482.23	76.50
工農業生產總值（千元）		628175.8	530003.0	466331.3	1624510.1
工業產值占總產值比重（%）		11.58	5.94	15.67	10.91
平均每農戶工業產值（元）		16.54	6.83	20.57	14.12

資料來源：《民國二十年河北省統計年鑑》；《中華民國統計提要》；《河北省實業統計》；《膠濟鐵路經濟調查報告》；《河南統計月報》。計算過程比較繁複，這裡不詳細介紹。

表 15-3 的資料顯示，河北、山東兩省從事鄉村工業的農戶中，工業收入平均都超過了農業收入，在河南省，鄉村工業收入水準較低，但也並非無足輕重。

儘管在有鄉村工業生產的農民家庭中，鄉村工業的重要性一般都很明顯，但從農村總的情況看，它所處的地位似乎並不高。從表 15-3 中可以看到，1930 年代初，華北三省鄉村工業產值比重最高的山東省，從事鄉村工業的農戶只有 4.27%；從事鄉村工業農戶比重最高的河南省，工業產值比重只有

5.8％。而且，表 15-3 中的農業產值只計入了農田和果木的產值，沒有計入畜牧業，如果加入後者，鄉村工業產值所占比重還會下降。

然而，需要指出的是，這裡的鄉村工業產值基本上是商品生產，屬於自給生產的一般沒有計入，而農業總產值中卻包括了全部商品和自給部分。如果從商品生產和商品交換的角度看，鄉村工業的經濟意義要重要得多。以河北省為例，1931 年河北省農業總產值約 55545 萬元，各縣輸出的農產品價值為 6374 萬元，占總產值的 11.5％；鄉村工業總產值 7273 萬元，各縣輸出的鄉村工業產品價值為 5873 萬元，占總產值的 80.8％。在輸出的工農業產品總值中，工業產品占到了 48.0％。[37]

另外，我們在計算農業總產值時，沒有計入畜牧業，但農產品輸出中卻包括了雞、豬等副業產品和一部分中藥材，如果只計農作物和乾鮮果品，農產品輸出值及其比重還要更低一些。

再如山東省，1932 年，膠濟鐵路沿線 46 縣區農業總產值為 39327 萬元，輸往外省及本省大城市的農產品價值為 7834 萬元，占總產值的 19.9％；鄉村工業總產值為 7306 萬元，輸往外省及本省大城市的鄉村工業產品價值為 3588 萬元，占總產值的 49.1％。在輸出的工農業產品總值中，鄉村工業產品占到了 31.4％。[38]

1930 年，建設委員會調查了浙江省的十幾個縣，表 15-4 根據已發表的 9 個縣的資料而作，這 9 個縣是浙東的臨海，浙西的壽昌、淳安、建德，浙西南的雲和、松陽，浙北的富陽和餘姚。其中除餘姚位於富庶的杭嘉湖平原外，其餘各縣均位於山區或半山區。一般來說，山區交通不便，但林業資源豐富，林產的價值和商品率都應該較高，而表 15-4 卻顯示出這 9 縣的鄉村工業總產值僅次於農業，商品輸出值和商品率都高居首位。如果進一步計算鄉村工業在農村經濟中所占比重，可以看到，手工業占總產值的百分比是 25.3％，手工業商品輸出占全部商品輸出的百分比則為 56.0％。

37　據河北省政府祕書處編印《民國二十年河北省統計年鑑》「各縣家庭工業調查表」、「各縣大宗產品產銷統計表」，河北省實業廳編印《河北省實業統計》「農業分類統計表」計算。

38　據《膠濟鐵路經濟調查報告》總編、分編計算。

表15-4　浙江9縣1930年農村各業產值及商品率

單位：萬元，%

	總產值	商品輸出	商品率
農業	55473.7	7561.5	13.6
林業	16750.0	7370.0	44.0
畜牧水產	14293.2	2870.0	20.1
手工業	29239.3	22654.4	77.5
合計	115756.2	40455.9	34.9

資料來源：建設委員會調查浙江經濟所統計課編《浙江經濟調查》1—9冊，1931年。

鄉村工業對農民生產觀念的影響

上面我們在說明近代鄉村工業收入狀況的同時，把它與農業收入進行了比較。這些比較表明，鄉村工業不僅增加了農民家庭收入的數量，而且使農民家庭經濟在結構上發生了變化。這種變化對農民的生產觀念產生了多方面的影響。

首先，投資觀念發生變化。本來，土地在傳統社會中一向被視為最可靠的財產，世世代代依賴土地為生的農民執著地追求土地，是中國傳統農業的一個特色。但近代鄉村工業收入逐漸接近甚至超過農業收入，有成為農民家庭主業的趨勢（事實上在一些新興鄉村工業區已經成了農民家庭的主業），更重要的是作為商品生產，它把農民引入了市場機制之中。逐漸習慣於商品貨幣關係、成為商品生產者的農民，對於新工具、新技術乃至新的商品品種都表現出了極大熱情。在這一方面，鄉村工業比封建社會中的城市作坊手工業更為開放。城市中的手工業，有些受行會規章制約，不能任意招收徒弟、擴大生產、改變商品的品種規格；有些則是把生產技術保留在家庭內部，祕不外傳，造成中國歷史上不少精湛的手工業技術和工藝失傳。鄉村工業中則很少有這些限制。

自20世紀初開始，手工業生產中陸續從國外引進了一些效率較高的工具，如鐵輪織布機、提花機、軋花機、彈花機等。這些機器使生產效率成倍乃至成數倍地增長。這些機器和工具最初都是為城市的作坊手工引進的，它們的造價也比傳統的農村手工業工具昂貴得多，但很快就在農村家庭工業中得到推廣，特別是在一些新興工業區中，其普及之廣，更新換代之快，即使用今天

的眼光來看，也是令人吃驚的。例如棉紡織業中所用的鐵輪織布機，高陽縣、濰縣等近代著名棉手織區都只用了 10 年左右的時間就全部淘汰了舊式木機。

在江蘇南通織布區，鄉村織戶原用拉梭機織布，1930 年冬季，南通通華織布廠由上海購入了 20 臺鐵輪織布機，送機器來安裝的機匠與當地一位木工合作，在南通建立了布機裝配工場，到 1932 年 6 月，鄉村鐵輪織布機已達萬臺之多。[39] 江蘇省的江陰縣，1924 年剛開始推廣拉梭機，鐵輪機的使用還要更晚，而到 1930 年代中期，全縣已有拉梭機 3 萬餘臺，鐵輪織布機近 1.3 萬臺。[40]

在植棉區，新式軋花機的推廣速度也相當快。河北省廣平地區 1910 年從日本引進足踏軋花機，僅一年時間，廣平府屬的曲周縣就有了 500 多架軋花機，永年縣臨洛鎮附近有 100 多架，肥鄉縣有 400 餘架。[41] 民國以後，軋花業發展更快，一些產棉大縣常有數千架軋花機。

如果說上述機具還是鄉村工業原有部門中工具的更新換代，農民比較容易接受，毛巾和針織品生產出現在農村家庭工業中，卻意味著鄉村工業增加了新的部門，農民迅速接受了新產品的生產和新機器的使用。中國傳統紡織品中並無針織品，直到 19 世紀末，針織品才在城市中較時髦的喜愛西裝的人群中流行。20 世紀初，一些大城市引進了針織機，到 1920 年代，浙江省平湖、嘉善、嘉興、石門和硤石一帶的城鎮和鄉村中，已形成了一個針織手工業區，其中僅平湖一縣在 1926 年就有針織機一萬架。[42] 在全國各地農村中，織毛巾比織針織品還要普遍得多。

以上事實說明，在鄉村工業充分發展的地方，農民對土地的追求逐漸變得不那麼強烈，而是更多地把收入用於工業的擴大再生產。特別是在鄉村工業生產力發生較大變革的情況下，工業生產使收入增加的速度更快，工業生產所需資本明顯較多，收入流向工業生產而不是農業生產的趨勢也更為明顯。

其次，農民家庭經濟結構的變化、收入的增加、投資流向的改變、新機器工具的使用等綜合在一起，逐漸引起了勞動者的變化。以鄉村工業中最重

39　林百舉：《近代南通土布史》，南京大學學報編輯部內部本，1984，第 243—253 頁。
40　徐新吾：《江南土布史》，上海社會科學院出版社，1992，第 473—474 頁。
41　《直隸實業雜誌》第 7 期，1912 年。
42　彭澤益編《中國近代手工業史資料》第 2 卷，中華書局，1962，第 377 頁；第 3 卷，第 154—155、180 頁。

要的紡織業為例，隨著近代紡織業中鐵輪織布機的推廣，數千年來男耕女織的傳統觀念發生了變化。這種機器以人工為動力，需要織布工人有較強的體力，要懂一些簡單的機器原理，會一點鐵木工活，織布技術則相對簡化，只要會接頭即可。所以，鐵輪織布機的操作者幾乎都是男子，往日紡織業的主要勞力婦女和兒童變成了輔助工人。

鄉村工業對勞動者的另一個較重要的影響是，大批婦女勞動力進入了雇傭勞動行列。雖然傳統的農村家庭手工業一直就以婦女勞動為主，但女性雇傭勞動比較少見。近代鄉村工業幾乎所有的部門中都出現了雇傭勞動，像編草帽辮這樣完全由女性從事的行業，雇工自然也只會是女性。在紡織業中，特別是在引進了新式織機的地區，由於織布和織綢工序生產率較高，而整經、絡緯等輔助性工序仍以婦女和兒童手工操作為主，因此對女工和童工的需求擴大，織戶常常在需要時一次雇傭多名婦女和兒童突擊工作。婦女勞動力進入雇傭勞動行列，打破了婦女不能離開家庭、不能拋頭露面等傳統觀念，凡近代鄉村工業有所發展的地區，城市中的近代機器工業在雇傭農村婦女做工人時，都很少受到這類傳統觀念的阻撓。

最後是農業生產觀念的改變。由於一些鄉村工業以農產品或其副產品為原料，而其收入又遠遠超過農產品本身的價值，這就使從事該種鄉村工業生產的農民不再以農產品本身的產量為目標。最明顯的例子是草帽辮業。草帽辮的原料是麥稈，即小麥生產的副產品。據史料記載，在河北省大名縣一帶，農民為了草帽辮生產的需要，選擇適合於編草帽辮的小麥品種，撥出專門的土地進行密植，以獲得細長白軟的麥稈，對小麥產量則全然不顧，形成了原料生產專業化。[43] 河南省的南樂、清豐和山東省的觀城，也是用專門種植的細麥作為草帽辮原料。[44] 其他草帽辮產區亦常見到為了獲得優質草帽辮原料而犧牲小麥產量的情況。眾所周知，小麥產量和品質與其收割時間有密切關係，最理想的收割時間是麥穗成熟的前一天和當天，但編草帽辮用的麥稈收割最佳時間卻是麥穗成熟的前四五天。在兩者不可兼得的情況下，草帽辮產區的農民常常會寧願少收小麥而提前收割以獲得優質麥稈。

43　《河北月刊》第 3 卷第 8 期，1935 年。
44　《解放日報》1946 年 5 月 24 日。

農民消費觀念的變化

近代鄉村工業作為商品生產，在生產和交換方面都與農業有很多不同，這些不同之處在影響農民的生產觀念的同時，也必然影響農民的消費觀念。

在近代鄉村工業發達地區，有兩個特點值得注意，一是農村商業格外發達，二是近代工業品大量進入農村。如河北省高陽織布區一個重要集鎮莘橋鎮，鎮上不但有布線莊、染坊、雜貨鋪、飯館、鐵器鋪，有好幾家點心鋪，有專製燒雞的作坊，有郵局，甚至有加工大米的碾坊（當地不產稻米），還有歸國留學生開的西醫診所。在高陽縣的小王果莊，300 戶的村子裡有 3 家雜貨鋪，各種日雜商品、乾鮮果品樣樣齊全，還有 3 家肉鋪，幾家飯館，3 家專賣燒雞的鋪子。不僅高陽城裡的商品，甚至保定城裡的商品，小王果莊的街上都有的賣。該村並無集市，織布業雖發達，但織布戶買線賣布都要去縣城，村內並無布商，所以這些店鋪主要的顧客還是農民。小王果莊還有一個引人注目的現象，即織布戶進城買線賣布，普遍使用自行車。1937 年前，全村有日本進口的「僧帽」牌自行車 100 多輛。[45] 騎車既比步行速度快、負重多，又比乘汽車靈活省錢，當時的農民雖未明確提出「時間就是金錢」的口號，但時間與金錢的關係他們是知道得很明白的。

工業生產對農民消費觀的影響在紡織品市場上表現得相當明顯。在一個農村棉紡織業發達的地區，人們會認為，當地的農民近水樓臺，理所當然以穿用當地產品為主。事實也確實如此。但同時，在近代的幾個著名農村紡織業區，洋布（機織布）和呢絨綢緞等較為高檔的紡織品都有相當大的消費量。

近代農村消費的工業品不止紡織品。以河北省定縣為例，1933 年，定縣輸入的近代工業產品價值達 192.3 萬元，占第一位的是紡織品，達 97.85 萬元；其次是各種燃料（煤、炭、火柴、煤油、汽油等），達 52.54 萬元；再次是捲菸，達 14.21 萬元；其他毛革製品、鹼、糖、味精、酒（各種瓶酒、啤酒、白蘭地等）、汽水、罐頭、西藥、自行車及零件、抽水機、梳毛機、車床、鐘錶、各類鐵器、農機具、玩具、文具、染料、油漆、電筒、電池及其他電料、玻璃器皿、圖書、紙張、化妝品、衛生用品及照相器材等，共 27.71 萬元。[46] 當然，這些

45　河北大學地方史研究室、政協高陽縣委員會編著《高陽織布業簡史》（《河北文史資料》
　　第 19 輯），河北人民出版社，1987，第 39 頁。
46　李景漢等：《定縣經濟調查一部分報告書》，河北省縣政建設研究院，1935，第 17—64、

工業品不會完全用於農村，但定縣經濟在 1930 年代以農業和農村棉紡織手工業為主，無論是縣城還是集鎮，都沒有什麼規模較大的手工業作坊或工廠，非農業人口僅限於政府各部門、鐵路及郵局的職工、中小學教職員工和學生，再就是商人。而定縣的商業繁榮恰恰是源於農村土布生產的發展，除了布商之外，定縣的商人並不多。所以定縣的工業品市場應該是以農村為主的。

我們知道，農業生產是以年為週期的，收穫以後，要以產品供應一年的消費，或者至少到下一季收穫。因此，農民家庭必須儲備夠一年使用的生產資料和生活資料，若有盈餘，才可能進一步改善生活。

近代中國社會滄桑巨變，城市居民的收入不再以年為單位，而是以月、周甚至日為單位，但農業生產始終要以年為週期，主要依靠農業的農民也仍然以年為時間單位安排生活。鄉村工業的發展改變了這種狀況，大部分工業生產不受季節限制，全年均可進行；社會分工的發展使生產過程中的各個環節可以分開進行，每一個環節的生產週期縮短到只需數天，最短的可以只有一天；商業和商人資本的發展，則從原料和生活資料的供給以及產品銷售兩方面提供了便利條件。這種情況下，生產者用不著儲備全家全年所需生產生活資料，他們的經濟狀況亦不許可這樣做，而更重要的是，從爭取最大利潤角度出發，他們也不應該這樣做。

在生產週期縮短、收入又有所提高的情況下，農村中出現了不同於以往的消費模式。其實，這種情況早在清前期就已經在一些農村手工業商品生產較發達的地區出現了。如在清代江南棉紡織手工業區，從事手工業的小農家庭不再追求家有蓋藏，他們「往往家無斗儲而被服必極華鮮」，[47]「不論貧富貴賤，在鄉在城，俱是輕裘，女人俱是錦繡，貨愈貴而服飾者愈多」，[48]「往往有鄉村婦女，簪必金瑁，衣必錦繡」。[49] 這是因為生產週期的縮短必然會引起消費週期的縮短。如果說一個以農業為生、生產週期以年計算的小農，家中至少要有夠一年半或兩年以上生活的存糧，才可以考慮溫飽之外「奢侈」一點的消費，那麼一個以手工業為主業、生產週期以集期（當地每兩次集市

131—133 頁。

47　甘汝來：〈請酌定家禮頒行疏〉，《皇朝經世文編》卷 24。

48　錢泳：《履園叢話》卷 7。

49　道光《蒲溪小志》卷 1。

之間的間隔）計的農民家庭，只要有兩個集期的生產生活資料儲備，就盡可以放心花錢了。

在近代史料中，我們很少看到類似上述清前期史料中那樣的描寫，似乎近代鄉村工業的致富作用還不如清前期。其實不然，傳統社會的文人對於農民的「奢侈」生活不能理解，或大驚小怪，或作世風日下的感歎；而近代的知識分子更多的是關注農村的貧困、農民的艱辛，由此出發，他們往往會把一些現象作消極的理解。而其中最為錯誤的就是把近代工業品進入農村市場視為破壞農村經濟、降低農民生活水準的負面因素。

例如，在幾乎所有清末和民國時期的地方志以及 20 世紀二三十年代大量的報刊文章中，都有洋紗洋布入侵農村後，農民放棄了自己紡紗織布，轉而到市場上購買，造成了農村棉紡織業的衰退，加重了農民負擔的記載。還有不少議論說，洋貨充斥農村市場，農民十之八九身上有洋貨，利為外人所得，農村必然因之貧困等。甚至至今仍有一些研究近代經濟的文章，引用這些資料來說明近代工業對鄉村工業乃至農村經濟的衝擊，說明外國資本對中國農村的掠奪。這些文章都忘記了一點：如果洋布進入原來就沒有農村手工紡織業的地區，自然另當別論，但如果當地農村中原來有棉紡織業，農民要放棄自給生產改而在市場上購買，其前提條件必然是農民把原來從事棉紡織業的時間投入農業或其他鄉村工業，能夠獲得更高的收入。換句話說，農民家庭由此所得的收入，在購買與原來由自己生產的棉紡織品同量的商品後仍有剩餘。

同樣，如果農民用捲菸取代了自種的菸草，可以肯定農民把原來種菸的土地用來種其他作物，或把種菸草的勞動力用來從事其他工作，得到的收入比原來更高。農民使用任何近代工業製品—無論農村中原來有沒有手工生產的同類產品，必要的前提條件都是農民有購買這些東西的錢。所以，工業品和其他非生活必需品進入農村，實際上反映了農民家庭經濟結構的變化和生活品質的提高。

三、發育中的要素市場

農業生產要素包括勞動、資本和土地，近代中國，除了典當業、高利貸、合會之類傳統的金融行為，銀行、合作社等近代金融機構也開始進入農村，但

這些資本僅僅是向農村投資，還談不上資本市場的形成與發展。所以，這裡我們只分析土地市場和農業勞動力市場。

土地市場

土地是農業最重要的生產要素之一，土地市場問題，特別是地權轉移自由與否，關係著農業生產的性質甚至農村經濟的性質。

1. 土地買賣受到的制約

地權轉移是否受到限制或保護，在多大程度上受到制約，直接與要素市場是否自由相關。從制度方面看，清代和民國的立法對於私有土地——民田，都是允許繼承、轉讓和自由買賣的，法律規定不可買賣的土地主要是官田和公田。官田的所有權為政府，不能在私人之間任意轉移是必然的。公田指公共所有或集團所有的土地，如義田、寺田、族田、書院社學的學田等。這些土地中，只有族田屬於家族或家庭的私有財產，清律把子孫盜賣公共祖墳山地或祖遺祀產視為犯罪，對此有處罰規定。法律強調「子孫」、「盜賣」，顯然是承認家長或家族主事者出賣族田、墳山的合法性的。

有學者認為，近代中國農村存在親族或鄰居的「優先購買權」及其他習俗的制約，因而土地市場尚不夠自由。[50]

所謂「優先購買權」，是指土地出售時，賣主的親族、地鄰、土地典主以及該土地原來的賣主等人有權優先購買，賣主應該先盡讓這些人，這些人都表示不買後，方可售與他人。清初，法律上雖無明文規定土地買賣有優先購買權，但在發生糾紛時，有優先購買權者卻可據此提起訴訟。這種習慣法在中國有相當長的歷史，對地權自由轉讓有很大阻礙。然至遲到清雍正年間，國家就開始限制土地優先購買權，雍正三年（1725），河南巡撫田文鏡在河南發布規定，禁止土地買賣先盡業主；雍正八年，清政府正式禁止濫用優先購買權拆散已成交土地，規定對已絕賣的土地，如有人仍「執產動歸原先盡親鄰之說，藉端掯勒希圖短價者，俱照不應重律治罪」。[51]

這些措施反映了歷史發展的客觀要求。在優先購買權流行的時代，土地

50　如黃宗智《長江三角洲小農家庭與鄉村發展》，中華書局，1992，第 109—110 頁；姜守鵬《明清北方市場研究》，東北師範大學出版社，1996，第 194 頁。

51　《光緒會典事例》卷 755。

買賣契約上通常要寫明已盡過本族地鄰、俱無異議之類字眼，而近代保存下來的地契以及通行的契約格式中很少有這類文字，通常只籠統地寫上「若有爭議，概由賣主承擔」，有些地契上連這類文字都沒有，說明優先購買權在近代已很少起作用。

不過出賣田房時先問本族和鄰居作為一種風俗習慣，在有些地方直至民國時期仍然存在。有人認為，「這些規定無疑妨礙了土地自由買賣的發展，它也是宗法關係在土地市場上的反映」。[52] 其實，在近代，棄產先問親鄰和優先購買權已經不能畫等號。首先，先問親鄰只是一種習慣，賣主可以遵從，也可以不從，不問親鄰會受到鄉風指責，會引起有關人員的不滿，但僅此而已，實際上並不能阻礙地權轉移。其次，問過親鄰，親鄰又答應購買，如他人出價更高，仍可賣給他人。所謂優先購買權，實際只是優先出價權。還要指出的是，對於農民來說，如果能夠買到與自己土地相鄰的耕地，就可讓耕地連成片，如能買到與自己房屋相鄰的住宅，父子、兄弟可以比鄰而居，也可以把院子打通，形成大宅院，這對買主來說，相當有益，所以他們往往願意出比他人高的價錢，這應該也是形成宅鄰和地鄰優先權的原因之一。

至於出賣田地先問典主，是指典主可以優先出價，但真正出售時，仍然要看哪個買主出價更高。典主的優先出價權與親鄰不同，不是出於習俗或制度的制約，而是由於經濟權力的關係，因為典主對這塊土地已經付出了部分價值，有了一部分所有權。

在近代土地買賣中，另一種普遍存在的習慣是中間人。中間人大約有三種類型，第一種是交易雙方或其中一方的熟人、親友或鄰居等，他們作中人只是由於和交易者的這種特殊關係。第二種是里長、甲長、村長、保長之類，有些地方習慣由這些人作中。第三種是專業的中間人，稱經紀人，又稱牙人、牙紀。在清代，凡在政府有關部門登記註冊的經紀人稱官牙紀，未經政府批准者為私牙紀，民國時期官牙紀改稱監證人，其具體職責與清代官牙紀有所不同。

中間人在交易中所起的作用並不都一樣，有時交易雙方彼此相熟，直接協商交易，確定價格，一切談好後，在立契時請一兩位中間人在契約上簽字，此時，中間人的作用只是證明這一筆交易。有時交易雙方互不相識，由雙方共

52　姜守鵬：《明清北方市場研究》，第 194 頁。

同認識之人從中牽線搭橋，中間人的作用主要是介紹雙方相識。但在大部分情形下，不管交易雙方是否相識，都要通過中間人說合，中間人參與交易過程，並在價格磋商中起很大作用。此外還有一種情形是中間人受賣方或買方委託，成為全權代理人。

中間人的作用與中間人的類型之間有一些相關之處，但並不固定。大約凡由村保甲長作中人以及民國時期的監證人，較少直接參與交易過程，主要是起證明人的作用。鄉鄰做中人可以只起證明人作用，也可以程度不等地參與交易過程，但很少全權代理。全權代理的中間人通常不是至親就是專門的牙紀。至於官私牙紀，其可能在交易中承擔各種角色，不過一般來說，在自行協商的情形下交易雙方很少請牙紀做中人，他們或依當地習慣請村保甲長作中，或遵從政府法規在監證人處登記，大部分場合是請親鄰作中，尤其是當交易發生在同族或鄰里之間時，如兄弟或堂兄弟之間的交易請叔伯作中證，與左鄰的交易請右舍作中證。

我們可以把中間人視為一種制度，或者更明確地說，是一種非正式規則。無論是相關立法還是清代和民國時期的契約、刑事案件檔案，目前都沒有證據證明中間人制度對地權的轉移造成了阻礙。

2. 土地市場的供求關係

土地市場的供求關係，可以通過土地買賣的成因表現出來。

為什麼要買賣土地，這個問題看起來很簡單，即貧苦農民為生活所迫不得不出售土地，富裕農民拚命要上升到地主階層，地主、官僚和商人則致力於集聚土地。中國傳統社會中地權不斷從分散到集中，似乎就是這樣一個過程。但在現實生活中，土地買賣的成因是多種多樣的。

從買方來說，首先是出於對土地這一農業生產中最重要的生產資料的需求，這是土地購買成因中最主要、最普遍的。其次是把土地作為一種最穩妥、最保險的財產，用來保值，做後備。土地是一種最保險的財產這一觀念在農業中國深入人心，但以保險為目的而購買土地則僅限於商人和官僚。商界和政界同樣風雲變幻，一些商人在家鄉置買土地，主要的目的不是為了地租，而是防備商業風險，一旦經商虧本，不至於沒有後路，還有東山再起的餘地；一些官員廣置族產、祭田、墳地，則是為防官場風波，留作退步。因為按照清代法律，

官員犯罪，族產、祭田等類土地是不予沒收的。最後是為捐獻或贈送而買田，如捐學田、廟產、義地，為孤兒院、濟貧院捐產，為女兒出嫁而贈送土地等。

　　土地出賣的成因比較複雜，其中最普遍、最重要的當然是田主需要貨幣。而缺錢的原因則多種多樣，有因天災，有因人禍，有因婚喪嫁娶，有因捐納買官，有為子弟讀書應試，有為經商籌本，亦有大家族敗落，後人變賣祖傳家產。

　　除上述對貨幣的種種需求外，賣地的成因尚有如下幾種。

　　（1）賦稅沉重。清代田賦除雍正朝實行「耗羨歸公」算是一次正式增賦外，一直都較穩定，應該不會有賦稅過重的現象，但地方政府常以各種方式變相加重田賦。「耗羨歸公」之後，又加徵新的耗羨；當徵本色，卻以高價折收銀錢；當收紋銀，卻以高出市價許多的比例折收制錢等。民國成立後，新增各種苛捐雜稅，軍閥混戰時派糧派款，徵車徵伕，無不按照地畝攤派。所有這些浮收勒折、捐稅徵派，即使完全照地畝均攤，大土地所有者亦比小土地所有者負擔輕，而實際上較大的地主常能倚勢將這些負擔轉嫁到小農頭上，一些擔任區長、保長的地主還可藉機加碼，從中漁利，使小農負擔更重，所以，小農為不堪重稅而出售土地的情形時有發生。

　　（2）移民和遷居亦是農民放棄土地的原因之一。例如近代山東、河北兩省有大量農民離鄉背井前往東北謀生，很多人春去秋還，把家鄉土地出租給他人耕種，其中一部分人在東北立起家業，舉家移往關外，將原有土地即出售。此外，一些較富裕的農戶遷居都市，其原有土地因不易管理也可能被變賣。

　　（3）土地距離田主住處遙遠，自耕或收租多有不便，此時田主也會出售土地。《中國農村慣行調查》收集的一些地契中，即有載明賣地原因是「自種遙遠」或「耕種不便」的。

　　（4）田主家中只有老弱病殘，無力經營，有時也成為賣地的原因。

　　以上所列土地買賣的成因只是大略情形，實際情形要複雜得多，土地買賣定會有很多具體的至今不為人詳知的原因。這些五花八門的土地買賣成因，也從一個側面說明了土地買賣有相當的自由。

　　有一點可以初步肯定，在近代，儘管土地作為一種商品有自己的市場，其價格也根據供求規律變動，但就近代中國大部分時間、大部分地點來說，土地市場基本上是個賣方市場，並沒有出現一般商品流通中常有的賤買貴賣、

囤積居奇等現象。也許有人為買而賣，如賣掉遠地買近地，賣掉壞地買好地；但少有人為賣而買，雖然在災荒年分趁地價下降時大片購入者有之，但此後待地價上升時再將這片土地賣出者則少見。但這並不能說明土地沒有商品化，因為土地本來就不是一般商品，它是生產要素，是資本商品，沒有人囤積土地與沒有人囤積廠房、囤積勞動力的道理是一樣的。

3. 土地買賣的規模

土地買賣的規模並不固定，多者可以一次數千畝，少者可以一分二分，甚至以釐計。儘管如此，土地買賣的規模還是有一些規律可循，我們依據幾種史料略做分析。

第一種，《清代山東經營地主經濟研究》。該書收有一戶經營地主和一戶租佃地主的土地積累過程。經營地主山東章丘縣太和堂李家，乾隆二十六年（1761）至光緒三十一年（1905），共購入土地 515.92 畝，計文契 105 張，其中最小的一筆為 0.11 畝，最大的一筆為 30 畝，低於 1 畝的有 4 筆，高於 10 畝者 5 筆，其餘均在 1—10 畝之間，平均每筆交易 4.91 畝。租佃地主章丘縣矜恕堂孟家，咸豐四年（1854）至民國 24 年共積累土地 857.266 畝，分 74 次購入，其中最小的一筆為 0.467 畝，最大的一筆為 145.299 畝，1 畝以下的有 3 筆，10 畝以上有 18 筆，其餘 60 多筆都在 1—10 畝，平均每筆交易 11.58 畝。[53] 這兩戶地主的差異是較明顯的，前者為經營地主，依靠農業經營起家，土地積累慢，規模小；後者為商業鉅子，商號遍及京、津、滬、煙臺、濟南、青島等大城市，土地積累規模大，速度快。但這兩戶地主有一點是共同的，即他們一次購買土地的規模最常見的是在 1—10 畝，低於 1 畝和高於 10 畝的次數都比較少。

第二種，人民出版社 1975 年影印出版的《武訓地畝帳》。該書裡面既有地契存根，亦有地畝帳單，剔除重複的和殘破損壞分辨不出土地畝數的，共有 75 筆交易，計地 296 畝有餘。其中規模最小的為 0.29 畝，最大的為 18 畝，平均每筆約 4 畝。規模低於 1 畝的有 9 筆，高於 10 畝的有 7 筆，其餘均在 1—10 畝。

第三種，滿鐵在 1930—1940 年代對河北、山東一些村莊所做農村慣行調

53　羅崙、景甦：《清代山東經營地主經濟研究》，第 65—68、98—102 頁。

查，收錄了大批地契資料，經對《中國農村慣行調查》第 6 卷集中收錄的 70 份賣契進行統計可知，只有 8 筆交易超過 10 畝，餘均在 1—10 畝，在這 8 筆規模較大的交易中，有 5 筆屬於民國期間旗地和寺田的處置。[54] 該書各卷尚分散收錄了不少地契，也都以 1—10 畝的規模最多。

以上幾種資料的趨勢大體一致。此外，第一歷史檔案館和中國社會科學院歷史研究所合編的《清代土地占有關係與佃農抗租鬥爭》一書中收集的乾隆刑科題本檔案，在 66 件明確記載了土地交易畝數的檔案中，共涉及 77 筆交易，規模最小的 1 筆為 0.5 畝，10 畝以下的有 37 筆，10—100 畝的有 28 筆，100—400 畝的有 11 筆，4000 餘畝的有 1 筆（這是規模最大的一筆）。平均每筆交易達 85.54 畝，這是由於有 4014 畝一筆大數，若去掉規模最大和最小的兩筆，則平均每次交易規模為 57.88 畝。這是清前期的情況，與近代的情況相比，交易規模明顯較大。根據上述資料，可以認為，在近代，土地買賣的規模明顯趨於下降，且以 1 畝以上 10 畝以下為最普遍。

4. 土地買賣的一般過程

（1）從土地所有權證書看土地買賣

土地所有權的證書可以分為三大類：由政府頒發的土地執照；各種私人文書；地權轉移過程中形成的官私契約文書。

政府頒發土地執照，主要發生在國家授田、官有土地出售、普查清丈土地、國有荒地放墾、農民開墾無主荒地向政府報墾升科和土地改革等情況下。

私人文書主要有遺囑、分單、贈予文書、養老文書等。這幾種契約文書，都可作為土地所有權的憑證，不過，當這些土地的所有權通過買賣發生轉移時，一般不會隨土地一起轉移。

地權買賣過程中形成的官私契約通稱賣契（民國時期有一種官方統一制定的契約稱買契），有白契、紅契、草契、推契、典契等不同名目，它們不僅說明了土地買賣的一般過程，有時也體現了土地市場的一些特性。

在清代，民間田土買賣成立後，由賣方書立賣契，交買方收執，即為白契。其內容一般包括買賣雙方姓名、中人姓名、賣地原因、土地類別、坐落位置、

四至、面積和價格，有時要寫明田賦數量，如土地上有樹木之類也需寫上。白契完全是民間契約，一旦發生田土糾紛，不受法律保護。在各種買賣契約中，白契是相當常見的一種，更明確地說，除下文所述紅契和官府統一印製的買（典）契外，其他各種契約都與白契相似，即為民間手書，沒有官方正式承認。儘管如此，這些契約卻成為公認的地權證書。這種情況一方面固然說明近代的土地市場尚不夠規範，缺乏明確的法律程序做保證；另一方面卻也暗示出土地買賣的普遍性和地權關係的簡單明確，買賣雙方都確認交易不會受到他人的破壞和干擾，不會產生意外的糾紛，能夠被周圍有關的人承認—只有在這種情況下，他們才不必到官府備案。這也可以說是習俗的力量，習俗承認白契，承認不經過官方備案的交易的合法性，這種習俗對土地市場的發展起的應該是促進而不是阻礙作用。

民國成立以後，土地買賣的制度漸趨完善，出現了官方統一印製的買契。買契印成表格形式，由買主填寫。欄目依次為：買主姓名、新樹糧名、不動產種類、坐落、面積、四至、賣價、應納稅額、賣主姓名、原有糧名、原契張數、原納糧額、推收糧額、推收年月日、立契年月日，最後是賣主、買主、監證人簽押。[55]

中國傳統社會中，田賦是國家財政收入最主要的來源，清末民初，隨著經濟的發展，海關、工商等稅收變得越來越重要，但田賦仍是各級財政收入的重要來源之一。地權轉移直接影響到田賦的徵收，同時，無論何種社會，土地都是一種重要的不動產，所以清政府和民國政府都制定了地權轉移的制度，這些制度中最重要的環節就是稅契和過割。

稅契指民間土地交易成立後，到縣政府有關部門納稅備案。在清代，納稅後由縣府發給契尾粘貼於賣契之後，加蓋官印，使白契成為紅契。民國時期，納稅後由縣政府填發正式的買契。經過稅契過程後，這一筆交易為政府所認可，得到法律的保護。

田賦是由田主繳納的，包括納稅人姓名糧名，土地買賣成立後，買主代替賣主成為新的納稅人，應該在政府登記，改變糧名名稱，以便用自己的名義納稅，這一行為叫作過割。稅契與過割本來應該是同一個過程，即買主在投稅

登記的同時，更改納稅人的姓名，民國時期縣府統一印製的買契中，「原有糧名」和「新樹糧名」兩個項目，指的就是原納稅人和新納稅人。政府規定田房買賣成立後必須稅契，一是為了徵收交易稅，二是為了完成田糧過割手續，以便更好地控制田賦徵收。買地人願意到縣府稅契，一方面是為了使產權得到保護，另一方面也是為了明確納稅關係，避免糾葛。

　　一般情形下，稅契過割是訂立土地契約時不可缺少的手續，但民間土地交易不稅契者大有人在。不願繳稅是一個原因，但不是主要原因，直到 1908 年以前，不動產交易稅的稅率一直較低，給百姓造成的負擔有限，百姓難以承受的是很多雜項使費。如清代縣政府的吏胥在業主稅契時常常藉機需索，以種種名目收取手續費，一次稅契手續往往遷延多日，以致業主視投稅為畏途。清代另一弊病是銀錢折算，如山東省徵收田房契稅時規定每京錢二千作價銀一兩，地價百千即折合價銀 50 兩，按 3.6％的稅計算，應收稅銀 1.8 兩，吏胥收稅時將銀再折合成錢，卻不按每兩二千算，而是照當時市價折。清末山東省銀錢比價一度達到一兩換 4000 餘文，1.8 兩稅銀折錢 7000 多文，原來地價百千本應收稅三千六百文，現在則無形中稅收增加了一倍。清末稅率增長到 9％，照如此折算，則業主要付 18％的契稅，負擔就相當沉重了。[56]

　　民國時期各項制度日趨嚴密，縣府機構職有專責，程序明確，可以減少無端的拖延，但吏治未見清明，苛捐雜稅又多，正稅稅率雖比清末略低，但清末加稅不過幾年時間，而且名目上是抵補他項稅收不足，並非正式加稅。與此前多年形成的 3％的稅率比，民國時期契稅的稅率等於翻了一番，且正稅之外又有附加，買主所付各種費用往往超過地價的 10％。在這種情形下，業主逃避稅契是完全可以理解的。

　　不履行稅契過割手續還有一個相當常見的理由，即產權關係簡單清楚，買賣成交順利，買主有把握不會發生爭產糾紛。這種交易，如非有意作弊規避錢糧，買主同樣要代替賣主負起納稅的責任來。

　　綜上所述，近代中國大部分地區的土地買賣在法律和習慣上實際都不受制約，有比較自由的土地市場。五花八門的土地買賣成因、每一筆土地交易的零細、中間人不同的身分和作用，都表明土地買賣有著相當大的自由度。各種

56　光緒《山東通志》卷 83〈雜稅〉。

各樣的土地所有權證書，特別是白契的廣泛存在，在說明近代土地市場不夠規範的同時，也暗示出土地買賣的普遍性和地權關係的簡單明確。至於稅契和過割不能完整實行，加上白契和其他民間手寫契約的普遍存在，在一定程度上意味著政府關於土地交易的法令和賦稅徵收的方式—這些本來都是最直接與土地交易相關並有可能對土地買賣形成制約的—實際上都不能限制地權的轉移。

農業勞動力市場

與土地市場相比，勞動力市場顯示出更為普遍而自由的狀態。我們從農業雇傭勞動力的需求、農業雇傭勞動力的供給和勞動力的交易場所與交易方式三個方面來說明。

1. 農業雇傭勞動力的需求

農業生產需要大量的雇傭勞動，首先是由於土地分配不均。儘管近年來學術界越來越多的人提出，近代中國的地權不像過去認為的那樣集中，但地權分散只是相對的，地權分配不均卻是絕對的；且由於自耕農經濟的發展，雇傭關係成為勞動力與土地結合的主要方式之一。不僅經營地主和富農有雇長工的需要，土地稍多的中農有時也需要雇傭長工。此外，經營土地較多的半自耕農和佃農，對雇傭勞動也有相當大的需求。

其次，農業生產的特點和中國大部分地區四季分明的氣候，造成了對農業勞動力強烈的季節性需求。農業的生產週期與勞動時間之間存在巨大差別，農作物的播種、施肥、灌溉、中耕和收穫等不同環節都需要在一定的時間內集中完成，而在這些環節之間，勞動力或多或少會出現閒置。氣候又使農業勞動的投入更加不均衡，如華北地區春天易乾旱，春季作物要搶墒播種；夏季多雨，小麥恰於此時收穫，要搶收搶晒，春季作物則要及時中耕鋤草；秋收時節，玉米紅薯等尚可稍緩，豆類穀類如不及時收割，就會炸殼掉穗，造成減產失收。即使南方的亞熱帶地區，也仍然存在季節差異。在南方水稻種植區，插秧、收割等環節對勞動力的需求也相當集中。這種勞動力強烈的季節性集中，造成對短工的巨大需求，不僅經營較多土地、雇傭長工生產的經營地主和富農，需要短工作為長工的補充，而且土地適中、無須長工的農戶也需要短工，甚至一些只有很少土地、家庭經濟相當貧困的小農，在農忙時也需要短工補充家庭勞動力的不足。

再次，經濟作物的發展加強了對勞動力的需求。近代主要經濟作物棉花、菸草和花生用工都高於各種穀物，尤其菸草和棉花用工更多。1935 年的一個統計表明，在山東，每畝小麥一年用人工 15 個，大豆 12 個，高粱 18 個，小米 21 個，花生 24 個，棉花 60 個，菸草高達 135 個；河南省每畝小麥一年用人工 11 個，大豆 8 個，高粱 12 個，小米 13 個，花生 10 個，而棉花每畝要用到 30 個工，菸草則用到 90 個。[57] 所以，在經濟作物種植區域，對長短工的需求都要更大。

最後，鄉村手工業商品生產的蓬勃發展也是造成雇傭勞動需求的一個因素。近代中國幾乎各個農村手工業行業中都存在雇傭勞動，同時，手工業生產還會引起對農業雇傭勞動的需求。在手工業比較發達的地區，有些農戶雇傭自己的家庭成員從事手工業，雇傭長短工經營農業；有些長工農忙時從事農田工作，農閒時從事手工業工作；更多的情形是，從事手工業的農戶在農忙季節雇傭較多的短工。要之，手工業生產最初可能只是利用農家季節性閒置勞動力的一種方式，但當手工業發展到有較高收益時，就會使用越來越多的勞動力，最終使一部分農業勞動力轉到手工業中來，從而引起對農業雇傭勞動的需求。同時，手工業帶來的經濟收入也使農家在農忙時雇傭較多的農業工人集中生產成為可能。

2. 農業雇傭勞動力的供給

近代農村存在大量失業、半失業和季節性失業的農民，他們構成了雇傭勞動供給的主體。

失業和半失業人口的存在，首先是由於地權分配不均，無地的農民固然是失業者，一些土地比較少的農民，看起來有業可事，實際上家庭勞動力過剩，也處於失業或半失業狀態。這些無地少地的農民常常要出賣勞動力來補充家庭經濟的不足，甚至以出賣勞動力作為家庭主要經濟來源。

其次，農業生產的季節性需求同時造成了農民的季節性失業，即勞動力的季節性閒置。這就不僅僅限於無地少地的小農，大部分農戶都存在這種情況。而且，除了少數相當富裕的農戶外，大部分農民也都要盡力利用閒暇時間

57　上海社會科學院經濟研究所編《英美菸草公司在華企業資料彙編》第 1 冊，中華書局，1983，第 399 頁。

尋求額外收入，出賣勞動力就是解決這一問題的一種重要方式。

在農忙季節，同樣有可能出現勞動力閒置的情形，如勞動力多而土地少的農戶，有較強牲畜力的農戶，都有可能在農忙季節未結束時已經做完自己農田裡的工作，而此時正是短工工資較高的時候，帶耕畜和大農具打工工資更高，所以這兩類經濟地位懸殊的農民都有可能出賣勞動力。

自然條件的差異和作物種類的不同，也會造成一部分農民處於農忙而另一部分農民處於農閒的情形。如華中小麥比華北成熟得早，華北的小麥又比東北和西北成熟得早，豫魯兩省農民往往在麥收之後北上到河北打工收麥，河北的農民則在夏收後出張家口或山海關，到熱河、綏遠或東三省做工。在黃河流域，當時稱這些季節性流動的農業工人為「麥客」。[58] 不僅各省之間，即使在同一地區甚或同一村莊內，都可能出現這種情形。不同的土質、土地的不同肥沃程度、地下水位的高低、土地的不同位置、田地所處的小環境，對同一種作物的播種期、生長期和成熟期都會產生影響，使其在時間上不完全一致。至於不同作物對勞動力的需求在季節上不一致更是不言而喻。種植不同的農作物，使農忙時期交錯開來，以便盡可能均衡使用勞動力，本來就是近代農民經常採用的減少農業勞動力季節性閒置的一個方法。但是，選擇農作物種類受多種因素限制，不是所有農戶都可以通過作物種類多樣化來消化閒置勞動力，所以即使在農忙季節，仍會有相當數量可供出賣的勞動力。

最後，人口對土地的壓力也是勞動力過剩的一個重要原因。自清代中期起，人口上升很快，無地少地的農民日益增多，土地集中和農民的兩極分化只是原因之一，人口壓力也起著巨大作用，即使地權分配能夠更為均勻，過剩勞動力仍會大量存在。

在地權分配不均和人口壓力的作用下，加以市場上對農業雇傭勞動的需求，近代農村出現了一個雇農階層。

在清前期史料中，有關農業雇工的記載頗多，但很少涉及雇農的家庭經濟狀況，加以缺乏各類農戶的統計，所以很難估計雇農階層在農民中的比重。儘管如此，清代已存在這樣一個階層是可以肯定的。

清後期，目前僅有的雇農比重統計來自羅崙、景甦所著的《清代山東經

58　《中山文化教育館季刊》第 1 卷第 1 期，1934 年，第 363—364 頁。

營地主經濟研究》，該書對雇農的定義是「主要依靠出賣勞動力為生」。據該書所記，清末（1897 年前後）山東省 41 縣 191 村農戶中，雇農比重約為 16.1%，比佃農比重高出 2.2 個百分點。[59]

民國成立後，有關農村經濟的各種統計調查資料日多，但在雇農經濟方面，問題也較多。首先，不少統計資料中沒有雇農的數字，其中一個原因可能是有些雇農擁有少量土地，或其家庭租佃部分土地，故而未被計入自耕農或佃農，有些統計中甚至把有少量土地出租而主要靠傭工生活的農戶計入地主項下。所以，對於根本沒有雇農數字的統計資料，只能認為它們設計統計專案時未列此項，不能認為不存在雇農階層。其次，在有雇農專案的調查統計中，雇農標準亦不一致。有些調查按戶主的職業而定，戶主為長工者即算雇農；有些只把全無土地的雇工算作雇農；有些把自己不經營土地而出賣勞動力的農戶（包括無地戶和有地而出租與人的農戶）都算作雇農；還有一些調查不計雇農戶數，而只計農業工人的人數及其在全體農業人口中的比重。

1927 年國民黨農民部在對全國農民狀況做的估計中認為，全國農民中有 3000 萬雇農，占農民人口的 8.9%，這些雇農全無土地。[60] 1933 年，中山文化教育館進行了全國農工雇傭習慣調查，這一調查的結果列為表 15-5。

表 15-5　　三大區域雇農比重

區域	調查地區數	人口	雇農數	雇農占比（%）
長江流域各省	112	91214	8455	9.27
珠江流域各省	50	74820	6082	8.13
黃河流域各省	192	228361	28070	12.29
總計	354	394395	42607	10.80

資料來源：《中山文化教育館季刊》第 1 卷 1 期，1934 年，第 368 頁。

從上面的分析中可以看到，引起農業雇傭勞動力需求的某些因素與形成勞動力供給的因素是一致的，如地權分配不均造成部分農戶勞動力不足、部分農戶勞動力過剩，此因素對供求雙方所起的作用相同，由此形成的供給和需求可以互相滿足。農業生產的季節性使勞動力在一部分時間內集中，一部分時間內閒置，這一因素引起的勞動力供求關係是矛盾的，農忙時雇傭勞動

59　據羅崙、景甦《清代山東經營地主經濟研究》第 162—176 頁表格計算。
60　《第一次國內革命戰爭時期的農民運動資料》，人民出版社，1983，第 1—4 頁。

供不應求，農閒時則供過於求。不過，由於前文所說的自然環境、氣候、農作物生產方面的種種差異形成農忙季節內的忙閒交錯，因此勞動力的供求之間尚存在一定的平衡關係。另外一些因素對勞動力供求的影響則是單一的，或只引起需求，如經濟作物的種植和鄉村手工業的發展；或只增加供給，如日益密集的人口。

以上所述，只是從農業生產的角度討論勞動力的供求，事實上影響勞動力市場供求的還有許多社會經濟因素。1930 年代初的一個調查，把農業工人供不應求的原因分為 10 類，並按其影響力的大小排列，占第一位的是農工當兵，第二位是農工出境，以下依次為地方匪患、農工改業、共產革命、地方糧價下降、人口減少、農工入民團、鴉片之害和其他。

對於各地農業工人供過於求的原因，上述調查列出了 12 類，依次為地少人多和天災、出境者返境、穀賤、農村經濟衰落、入境者眾、兵匪災害、捐稅重、穀貴、城市工業衰落、手工藝衰落、其他。[61]

3.勞動力的交易場所和交易方式

勞動力的交易場所—市場，有「人市」、「工市」、「工夫市」等名稱，通常在這類市場上交易的只有短工和月工。凡設有集市的集鎮上，勞動力市場像其他商品市場一樣有自己的專門地段；在普通村莊裡，勞動力市場常設在主要道路、村頭麥場或寺廟門前。出賣勞動力的農民每天集中在勞動力市場上等待雇主雇傭。一般村莊中的勞動力市場通常只在清晨開市，至遲到中午便散去；較大集鎮上的市場有時持續一整天，因為農忙季節農民雇短工雖以日計價，但並不都是每日雇傭一次，他們通常在找到合適的短工之後，就連續雇傭數日，直到本季的農業工作結束，所以可以在中午或下午與農工定約，第二天再上工。

大部分市場上短工工資由雇主與雇工雙方協定。有時雇主喊出工作種類和工資價格，如無人應徵，則增加工資，如應徵者多，則選擇身強力壯者雇傭；有時雇工喊出價格以求雇主。有時市場中第一筆交易成交後，後來的交易皆以此為標準。有些地方勞動力市場推定一家店鋪，逐日登記市場上各種勞動力

61　《中山文化教育館季刊》第 1 卷第 2 期，1934 年，第 759 頁。

的價格，以供雇主參考。[62] 有些市場上有中間人按當日勞動力供求狀況評定工資，中間人常把當日工價寫在紙上，標於市場中，如雇工認為工資過低或雇主認為工資過高，中間人可酌量增減。若雙方俱不同意，則由中間人獨斷，雙方均須遵守。中間人通常是村長、鄉長、閭長、僧侶等在鄉村社會生活中有一定地位之人，[63] 有時也由村民或鄉勇中選出，經地主們認可。[64] 據中山文化教育館 1933 年的調查，全國有勞動力市場的縣中，約 10.7% 有這類中間人。[65]

　　勞動力市場的分布普遍而又不均衡，如據 1933 年的統計，河北、山東兩省80%以上的縣有勞動力市場，而同時期全國平均 37% 的縣有勞動力市場。[66] 不過，有勞動力市場的縣未必村村都有市場，更不意味著勞動力必須上市交易。通常勞動力市場只設在集鎮和較大的村莊，距市場較遠或沒有勞動力市場的地方，短工的雇傭方式有如下數種。一是雇主在本村或鄰近村莊雇傭短工，同一村莊的農戶，誰家有多少土地、多少勞力、農活完成得如何、何時有多餘勞力出雇，互相都知道得很清楚。二是農業工人結夥遊行於鄉間道路上以待雇傭，或上門求雇，這樣的農工多為外鄉人，於農忙時或三五成群，或結成50—100 人的大團夥，從一村到另一村尋找工作。若路上有勞動力市場，便停留在市場上待雇。有時需要雇工的農民在路上遇到這類工人，也會邀回家中工作。[67] 這一類農民尋找工作的地方，有些為農事比自己家鄉稍晚的地區，如前文所說的黃河流域；有些是因種植經濟作物因而季節性勞力需求較多的地區。他們白天工作，夜晚睡在鄉村旅店，當勞動力市場上供過於求時，他們往往只求雇主供給食宿便可做工，直至農忙完畢，方才各自返鄉。[68] 市場外短工雇傭的第三種方式是預定，多為農戶在冬春季將糧食借給雇工，約定農忙時做工償還。短工工資或為預定，或依時價，大致依據短工的供求關係而定。

　　上面所述都是短工的交易場所和交易方式，至於長工，一般並無專門的交易場所。長工的雇傭，或雇主與雇工直接商洽，或通過中人介紹，商定雇傭期限、工資和其他待遇。有些地方有在集市的茶館中定約的習慣，但在上茶館

62　《中山文化教育館季刊》第 1 卷第 1 期，1934 年，第 333 頁。

63　《中山文化教育館季刊》第 1 卷第 1 期，1934 年，第 333 頁。

64　章有義編《中國近代農業史資料》第 2 輯，三聯書店，1957，第 263 頁。

65　《中山文化教育館季刊》第 1 卷第 1 期，1934 年，第 333 頁。

66　《中山文化教育館季刊》第 1 卷第 1 期，1934 年，第 333 頁。

67　章有義編《中國近代農業史資料》第 2 輯，第 262—263 頁。

68　千家駒編《中國農村經濟論文集》，中華書局，1936，第 529—530 頁。

之前，雙方往往已經有雇傭與受雇的意向，並非長工們待在茶館待雇，雇主們到茶館去挑選，所以這類茶館還不能視為勞動力市場。

有人認為，近代中國農村要素市場的運行處於種種約束下，作為農業生產要素之一的勞動力雇傭關係中講究私人關係和中間人，從而限制了勞動力市場的空間範圍。[69] 從本章的論述可以看出，在近代，短工市場發展得相當充分，短工的雇傭關係已經很少受到限制。雖然某些地方，短工交易中存在中間人，但既不普遍，更沒有形成制度，只是一種習慣而已，其約束力也只發生在雇主與雇工對工資達不成一致意見時。當然，長工雇傭關係中還有較多的私人關係，勞動力市場相對發展不足，在空間上也還受到一定限制。但對於資本主義農業的發展來說，更重要的並不是長工的雇傭是否自由，而是短工階級是否形成。如馬克思所說，在資本主義租地農場主出現之前，必然會出現一個無產的、為貨幣而受人雇傭的短工階級。[70]

過去的一些研究較多注意長工狀況，似乎只有到長工完全沒有人身隸屬關係、可以自由出賣勞動力、勞動力市場形成時，農業生產中才可能出現資本主義。之所以出現這種看法，是由於中國近代農村中，長工通常沒有土地，是真正的無產者，而短工家庭或多或少會有一點土地。這種觀點強調了「無產」，卻忘記了「為貨幣而受人雇傭的短工階級」這幾個字。前文談到，農業生產週期與勞動時間之間存在差距和氣候原因會造成對農業勞動力強烈的季節性需求，使農業勞動的投入極不均衡。這種情形不但中國如此，世界各地也是大同小異，資本主義生產要求生產要素得到最充分的利用，以追求最大的利潤，所以必須有一個能夠隨時雇傭又隨時解雇的短工階級。至於短工擁有少量土地，沒有達到純粹的無產境界，對資本主義能否產生並不是十分重要的事情。事實上，在資本主義發展的早期階段，工業工人在農村中擁有少量土地也並不是十分罕見的現象，更遑論農業工人。當然，儘管如此，還不能夠說近代中國農業中已經出現了資本主義生產關係，但我們可以說，至少在勞動力市場方面，阻礙農業資本主義關係產生的因素已經基本不存在。

69　黃宗智：《中國農村的過密化與現代化：規範認識危機及出路》，上海社會科學院出版社，1992，第 152 頁。

70　馬克思：《資本論》第 3 卷，中共中央馬克思恩格斯列寧史達林著作編譯局譯，人民出版社，1975，第 900 頁。

第十六章　二十世紀初的收回利權運動

　　利權，主要指經濟上的權利以及一系列與之相關的權益。利權一般都是相對國家而言，即國家的經濟權利與權益，在某種程度上也涉及國家的主權。清季的收回利權運動，是由愛國工商業者積極主導、社會各界（包括一部分清朝官員）踴躍支援，抵制外國列強對中國利權的瘋狂掠奪，採取各種方式從列強手中收回喪失的利權，發展民族資本主義的一場運動。這場運動不僅具有鮮明的反帝愛國運動性質，也兼有一定的反封建色彩，在中國近代歷史上譜寫了值得重視的篇章。關於這場運動的時代特點，有學者曾指出：「20世紀初年由紳商所推動、社會各階層踴躍參加的收回利權運動，是旨在挽救民族危亡與列強抗爭的聲勢浩瀚的國民運動。」、「與缺乏廣厚社會基礎的戊戌變法運動不同，清末收回利權運動是從社會中下層噴發而起的民族抗爭風潮；與19世紀基於『華夷之辨』的文化隔膜而形成的反洋教鬥爭有別，收回利權運動屬於20世紀中華民族覺醒和成熟的時代內容。在自然世紀流轉的過程中，時代的更新便寓於其中了。」[1]

　　20世紀之初的中國，為何會爆發聲勢浩大的收回利權運動？收回利權運動的主導者和參與者是哪些社會階層？這場運動興起與發展的歷程是怎樣的？運動的結局與影響如何？以下即對這些問題分別予以論述。

一、收回利權運動的興起

　　收回利權運動的興起，首先是由於19世紀末20世紀初外國列強加深對

中國的政治控制與經濟侵略，使中國急劇喪失大量利權，面臨空前嚴重的民族危機。

1894 年爆發的中日甲午戰爭以中國戰敗而結束，腐敗的清王朝被迫簽訂了前所未有的賣國條約，不僅向日本支付 2 億兩白銀作為巨額戰爭賠款，割讓臺灣全島，增開商埠，而且允許日本人在通商口岸自由開設工廠，「從事各項工藝製造」，產品運銷中國內地，只交所定進口稅，並可在內地設棧寄存。隨後，歐美各國列強援引「利益均霑」的特權，也得以在中國自由開設工廠。於是，諸國列強紛紛爭先恐後地在華建立工礦企業，修築鐵路，開採礦山，直接對中國進行瘋狂掠奪。

與此同時，世界資本主義發展到帝國主義新階段，壟斷資本在主要資本主義國家均取得了支配地位。帝國主義最重要的特徵是，資本輸出取代商品輸出成為對外侵略的主要方式。甲午戰爭和《馬關條約》的簽訂，為帝國主義列強對華輸出資本洞開了方便之門。在此之後，各帝國主義國家競相向中國大量輸出資本，並通過輸出資本奪取中國的各項利權。

攫取對華鐵路的投資和修築權，是當時列強對華輸出資本的重要方式之一，也是列強鞏固和擴大其在華勢力的有力工具。甲午戰爭後，列強在華爭奪鐵路投資和修築權的競爭十分激烈。1896 年 3 月，俄國用強制手段通過簽訂不平等的《中俄密約》，奪取了中東鐵路的建造和經營權。其他國家則大多是利用清政府因支付對日巨額賠款，急需舉借處債之機，採取貸款的形式，爭奪盧漢、津鎮、粵漢等幾條重要鐵路。例如美英法德俄都竭力爭奪盧漢鐵路，1897 年 7 月，比利時在俄法支持下與清政府簽訂了《盧漢鐵路借款合同》，取得了從北京蘆溝橋至漢口的鐵路投資、修築和經營權。英德之間起初竭力爭奪津鎮路，後達成妥協，於 1899 年 5 月強迫清政府簽訂《津鎮鐵路借款合同》，規定山東南境以北由德國修建，山東南境以南由英國修建。美國於 1898 年 4 月脅迫清政府簽訂了《粵漢鐵路借款合同》，攫取了從漢口至廣州的鐵路借款、承築和控制權。1899 年 2 月，美英達成協議，美國允許英國投資粵漢鐵路，英國允許美國投資廣九鐵路。於是，中國路權喪失殆盡，其危害極為嚴重。時人即已意識到：「蓋自帝國主義發生，世界列強拓土開疆，莫不借鐵道以實行其侵略主義。……是故鐵道者，通商之後援，而滅國之先導

也。」[2]

　　開礦設廠，是當時列強對華輸出資本的另一種重要方式，其危害也不僅僅只是涉及經濟方面。例如「清季外資在中國開辦礦業，其所涉及的問題，至為複雜。礦業並不是一項單純的經濟企業。辦礦必有礦地，礦地的面積不能太小；辦礦必用礦工，一處較具規模的礦廠，工作人員也不會太少。而且，新式礦業必賴近代化的生產技術以從事於生產，又必須輸入近代化的生產方法和觀念。一處辦有成效的礦區，可以很自然地成為一個獨立的社區（community），像一處城鎮一樣。如果此一社區被置於外人的控制之下，加之，外人在華又享有多項政治上和經濟上的特權，其將發生的後果，自非單純。所以，外資辦礦一事，在實質上，並不僅僅屬於投資牟利甚或礦冶技術的範疇，其中實包含有錯綜複雜的政治意義」。於是，「外資辦礦常為各國對華全盤政策中的一個環節，其政治性的意義，遠超過於投資本身所具有的經濟意義」。[3]當時，列強強行奪取鐵路修築權，即可以控制鐵路沿線地區的大片土地和資源，以及行政、軍警、司法和開礦開工廠等一系列特權，鐵路所經地區實際上成為其勢力範圍。甲午戰爭之後，列強除取得上述在所築鐵路沿線的開礦權之外，美國又首先以與華商「合辦」的名義，取得門頭溝煤礦開採權。其他列強唯恐落後，也紛紛以各種方式奪取中國的開礦權。從 1895 年至 1899 年，列強各國迫使清政府簽訂了為數甚多的礦務合同，使中國各地的礦權大量外溢，礦區也成為鐵路沿線之外的另一種外人控制區域。與此同時，列強在華設廠數量猛增，其中紗廠尤多，得以利用中國的廉價勞動力和原料，獲取高額利潤。為配合資本輸出，列強還爭先在華設立銀行，不僅控制了中國的金融命脈，而且通過貸款、投資、發行貨幣等手段，控制了中國的經濟命脈。

　　伴隨著利權的大量喪失，還出現了帝國主義在華劃分勢力範圍的瓜分狂潮，嚴重加深了中國的民族危機。在資本輸出階段，列強對一個地區和行業的投資利益無不要求獨占，不再像商品輸出時期那樣允許競爭對手同時存在。1897 年 11 月，德國以山東鉅野教案中兩名德籍傳教士被殺為由，派軍艦強占膠州灣，次年 3 月迫使清政府簽訂《膠澳租借條約》，山東成了德國獨占

2　〈滇越鐵路贖回之時機及其計畫〉，《雲南雜誌》第 4 號，中國科學院歷史研究所第三所編《雲南雜誌選輯》，科學出版社，1958，第 480 頁。
3　李恩涵：《晚清的收回礦權運動》，中研院近代史研究所，1978，第 2、4 頁。

的勢力範圍，德國享有在山東境內修築鐵路以及鐵路沿線 30 華里內開礦之權。俄國奪取中東鐵路修築權之後，又強迫清政府簽訂《旅大租地條約》，租借旅順口、大連灣及附近水面，並劃出大片「中立區」，面積幾乎包括整個遼東半島，從而將東北地區劃為自己的勢力範圍，後又獲得修建中東路支線南滿鐵路（從哈爾濱至旅大）的權利。法國則強行租借廣州灣，租界之內全歸法國管轄，並奪取廣州灣赤坎至安鋪修築鐵路及敷設電線權。日本除強占臺灣之外，又強迫清政府承諾不將福建租借他國，使福建變相成為日本的勢力範圍。英國不僅保持在長江流域的勢力範圍，而且強迫清政府同意租借九龍半島、威海衛及附近水面，在華南和華北設立了新據點。當年的愛國志士，曾滿懷憤激憂患之情描述帝國主義瓜分中國的危機：「俄虎、英豹、德法貔、美狼、日豺，眈眈逐逐，露爪張牙，環伺於四千餘年病獅之旁。割要地，租軍港，以扼其咽喉；開礦山，築鐵路，以斷其筋絡；借債索款，推廣工商，以朘其膏血；開放門戶，劃勢力圈，搏肥而食，無所顧忌。官吏黜陟，聽其指使，政府機關，使司轉捩。嗚呼！望中國之前途，如風前燭、水中泡耳，幾何不隨十九世紀之影以俱逝也。」[4]

顯而易見，中國利權的喪失，是與帝國主義列強在中國劃分勢力範圍，掀起瓜分狂潮相輔相成的。時人有言：「比年以來，各國勢力範圍之劃定，實借攘奪鐵路礦產為張本。」[5]因為列強在華劃分勢力範圍的主要目的之一，即是為了資本輸出。例如列強在華攫取鐵路修築權，既是資本輸華，又是在中國劃分勢力範圍。另外，利權又是國權的重要組成部分。利權的大量喪失，後果極為嚴重，不僅使中國經濟利益受到極大損害，也使中國的主權進一步遭受極大破壞，導致前所未有的民族危機，必然會激起中國人民的強烈憤慨，轟轟烈烈的收回利權運動也隨之興起。

其次，19 世紀末 20 世紀初中國民族資本主義獲得初步發展之後，工商業者經濟實力有所增強，思想認識有所提高，組織程度有所發展，這也是促使收回利權運動興起的重要因素之一。

甲午戰爭之前，中國民族資本主義雖然已經產生，但商辦企業為數不多，資本額較小，由官辦、官督商辦企業居主導地位。甲午戰後，隨著民間社會中

4　李書城：〈學生之競爭〉，《湖北學生界》第 2 期，1903 年，「論說」，第 1—2 頁。
5　宓汝成編《中國近代鐵路史資料》第 3 冊，中華書局，1963，第 983 頁。

「設廠自救」的呼聲越來越高，這一情況逐漸發生變化。1895 年至 1900 年間，商辦民營企業不僅數量明顯增加，而且資本額所占比例顯著提高，開始在整個中國的近代企業中居於主導位置。於是，工商業者的經濟實力迅速增長。據不完全統計，1895 年至 1900 年，中國新設工礦企業共計 122 家，其中商辦 107 家，占資本總額的 83.3%，官辦、官督商辦 15 家，占資本總額的 16.7%。[6] 20 世紀初，民族資本主義又獲得進一步發展，其特點同樣是商辦民營企業的發展更為迅速。這一時期不僅民間開設廠數和投資金額大大增加，而且投資的範圍也較前更為廣泛。除原有的繅絲業、棉紡織業、火柴業有很大發展外，菸草、肥皂、電燈、玻璃、鍋爐、鉛筆、化妝品等行業也都有民族資本投資的工廠出現。

民族資本主義雖然在 19 世紀末 20 世紀初獲得了發展，但也面臨著日益嚴重的帝國主義經濟侵略，尤其是利權的大量喪失，使民族資本的生存發展舉步維艱。亡國滅種的民族危機，對廣大工商業者而言同樣也是迫在眉睫的重大問題。在此情況下，工商業者的思想認識也逐漸有所提高，開始將眼光從一己之身家財產移注於國家和民族的存亡，萌發出近代民族主義思想。19 世紀末，即有商界人士指出：「愛國非可空言，其要尤在聯合，一人之愛國心甚微，合眾人之愛國心其力始大。」[7] 到 20 世紀初，工商界有識之士更大聲疾呼：「凡我商人，宜發愛國之熱忱，本愛國之天良。」在 1905 年由商會聯絡發起的全國性抵制美貨運動中，「伸國權而保商利」也成為頗具號召力和影響力的重要口號。當時的工商業者，對利權喪失的嚴重危害也有較為深刻的認識。例如對鐵路修築權的重要性，江蘇商人即曾指出：「路權一失，不啻以全省利權盡歸外人掌握，及此不爭，將來切膚之痛，不獨吾省受之而直接，在商界尤屬不堪設想，此萬萬不可不出死力以抵抗者也。」[8]

新興商人團體─商會的誕生，是 20 世紀初工商業者組織程度明顯發展的重要標誌。明清時期中國的工商業者雖已成立會館、公所等具有行會特徵的團體，但這些團體主要是為防止競爭、排除異己和壟斷市場而建立的一種非常狹隘的組織。公所主要由同行業者聯合而成，會館更兼有同鄉會的色彩，由在異

6　杜恂誠：《民族資本主義與舊中國政府（1840—1937）》，上海社會科學院出版社，1991，第 33 頁。

7　陳頤壽：〈華商聯合報序目〉，《華商聯合報》第 1 期，1909 年。

8　章開沅等主編《蘇州商會檔案叢編》第 1 輯，華中師範大學出版社，1991，第 785—786 頁。

鄉的同籍者組成。因此，會館無行業之分，但有地域的限制，公所無地域限制，卻有行業幫派之別，均非各業商人或手工業者的統一機關。新成立的商會，則不限籍貫和行業，是聯結工商各業的統一組織。商會「登高一呼，眾商皆應」，能夠將分散在各行業的商人和手工業者凝聚成為一個相對統一的整體。與此相適應，商會的活動內容及特點也與公所、會館大不相同，其宗旨是「聯絡群情，開通民智，提倡激勵與興利除弊，並調息各業紛爭」。[9] 因此，商會誕生之後，工商業者的政治能量與社會形象均大為改觀，能夠聯合起來在收回利權運動中發揮更為突出的作用與影響。

再次，19 世紀末 20 世紀初，清政府的改革以及相關政策的變化，對收回利權運動的興起與開展也產生了雙重複雜影響。

甲午戰爭的慘敗，不僅促使民間人士愛國救亡熱情急劇高漲，而且給清朝統治者帶來了較大的刺激，迫使其不得不思有所振作，尋求變革。清廷上諭表示，「疊據中外臣工條陳時務，詳加披覽，採擇施行，如修鐵路、鑄鈔幣、造機器、開各礦」等，如能「實力講求，必於國計民生兩有裨益」；同時，還宣稱要「以恤商惠工為本源」。[10] 與此同時，清朝統治者對利權外溢的嚴重危害也有一定程度的認識。出使美、日大臣伍廷芳曾指出：「中國地大物博，各國環伺，乘間要求，非第利其土地，實亦羨其礦產。我誠定計於先，廣為籌辦，既可貽我民之樂利，亦可杜他族之覬覦。」[11] 朝廷對此也表示關注，認為「馬關商約於我華民生計，大有關礙，亟宜設法補救，以保利權」。其具體補救辦法，就在於大力發展民族工商業：「振興商務，為富強至計，必須講求工藝，設廠製造，始足以保我利權。」[12] 在此之後，清政府開始實施鼓勵民營商辦企業發展的新政策，具體內容包括頒行有關章程，設立商務局和農工商局，聯絡工商，創辦銀行、興辦農工商學等。

20 世紀初，清政府又大力推行「新政」改革。經濟方面的改革主要是振興商務，獎勵實業，在很大程度上改變了歷代封建王朝奉行不替的重農抑商政策，鼓勵發展民族資本主義工商業。清廷上諭明確闡明：「通商惠工，為古今

9　〈廣東總商會簡明章程〉，《東方雜誌》第 1 年第 12 期，1905 年，「商務」，第 154 頁。
10　朱壽朋編《光緒朝東華錄》第 4 冊，中華書局，1958，總 3631 頁。
11　《礦務檔》第 1 冊，中研院近代史研究所編印，1960，第 42 頁。
12　中國史學會主編《中國近代史資料叢刊・戊戌變法》第 2 冊，神州國光社，1953，第 3、39 頁。

經國之要政。自積習相沿，視工商為末務，國計民生，日益貧弱，未始不因乎此。亟應變通盡利，加意講求……總期掃除官習，聯絡一氣，不得有絲毫隔閡，致起弊端。保護維持，尤應不遺餘力，庶幾商務振興，蒸蒸日上，阜民財而培邦本。」[13] 1903 年，清政府設立商部（1906 年將工部併入商部改組為農工商部），作為執掌農工商路礦事務的中央機構。隨後，商部和農工商部陸續制定頒布了一系列章程法規，包括《商人通例》、《公司律》、《公司註冊試辦章程》、《鐵路簡明章程》、《礦務暫行章程》、《商會簡明章程》、《獎勵華商公司章程》等，由此在當時形成了投資興辦實業的熱潮。《國風報》第 1 年第 1 號刊登的〈中國最近五年間實業調查記〉一文稱：「我國比年鑑於世界大勢，漸知實業為富強之本，朝野上下，汲汲以此為務。於是政府立農商專部，編纂商律，立獎勵實業寵以爵銜之制，而人民亦群起而應之……不可謂非一時之盛也。」

　　然而利權的不斷喪失，對民族工商業的發展始終都是一大障礙。因此，清朝統治集團內部越來越多的官員提出應該採取具體措施維護利權。例如劉坤一、張之洞在聯名所上的奏摺中指出：外人久已垂涎我礦山鐵路，「知我於此等事務，尚無定章，外國情形，未能盡悉，乘機愚我，攘我利權。」、「各省利權，將為盡奪，中國無從自振矣。」欲籌措挽救辦法，只有「訪聘著名律師，採取各國辦法，秉公妥訂礦路劃一章程」。[14] 當時，朝廷對這道奏摺也十分重視，「責成各該督撫等，認真興辦，查照劉坤一、張之洞原奏所陳，各就地方情形，詳籌辦理」。[15] 稍後，會辦商約大臣盛宣懷也說明，在商約談判中各國均欲強占我礦權，中國必須參酌各國礦律，自行妥定章程，「以期主權無礙，利權無損」。[16] 商部成立之後，更是以維護利權為己任，並向朝廷奏陳：「路礦兩端，實為各國富強之根本，事屬相因，政宜並重，所有各省礦產，業由臣部酌定表式，並擬妥定章程，奏明請旨辦理。……統計三年之內，如查有切實辦事，確遵臣部定章，於路務大有起色者，應准由臣部擇優獎勵。」[17] 正是基於這樣的認識，在清季收回利權運動興起之初，清政府各級官員也給予了一定

13　朱壽朋編《光緒朝東華錄》第 5 冊，總 5013—5014 頁。
14　朱壽朋編《光緒朝東華錄》第 4 冊，總 4762—4763 頁。
15　朱壽朋編《光緒朝東華錄》第 5 冊，總 4803 頁。
16　朱壽朋編《光緒朝東華錄》第 5 冊，總 4941 頁。
17　朱壽朋編《光緒朝東華錄》第 5 冊，總 5415 頁。

程度的保護與支援，產生了積極的作用與影響。

復次，鑒於利權喪失的諸多危害，20 世紀初各種報紙雜誌幾乎都無一例外地登載了大量呼籲收回利權的言論，形成一種具有相當影響的社會輿論，從而對於收回利權運動的興起也產生了不可忽視的引導與號召作用。

19 世紀末的維新變法運動期間，是近代中國報紙雜誌興盛的重要階段，公共輿論的社會影響也隨之日益彰顯。20 世紀初，其又在原有基礎上獲得更進一步發展，不僅各地報紙雜誌的數量明顯增多，而且往往會對社會關注的重要問題集中進行報導和評論，所產生的影響也更大，收回利權即是當時諸多報刊的重要論題之一。具體而言，從各種角度揭露利權喪失的嚴重危害，以警醒國人，激發社會各界對利權問題的高度重視，是當時各種報刊載文談論最多的話題。有的還上升至國家與民族生死存亡的高度，對利權喪失的惡果進行了十分深刻的分析。例如《四川》雜誌刊登的一篇文章即指出：「彼列強各挾其最陰毒最猛辣之手段，層出不窮，以集中我國之經濟界，而大飽其鯨吞蠶食之野心。……此不特經濟喪失之問題，實國家存亡之問題也。何則？經濟為國家之生命，生命之權既操縱於外人之手，彼更進而以開港場，施行政治，侵我主權，以保護路線，屯置軍隊，縛我手足，一旦勢力鞏固，由經濟界之瓜分，以逮及於國土之瓜分，此亦埃及、印度覆亡之秩序前鑑未遠也。」[18]《大公報》發表的一篇山東旅京學界同人公啟也深刻地闡明：列強「昔之滅人國也以兵力，今之滅人國也以利權；昔之滅人國也奪其土地，今之滅人國也攫其鐵路。鐵路存則國存，鐵路亡則國亡，鐵路者，固國家存亡之一大關鍵也」。[19] 如此發聾振聵的大聲疾呼，當然會對國人產生極大的警醒作用。不僅如此，當時的報刊輿論還一致呼籲社會各界共同努力，收回喪失的利權，挽救民族危亡。有的強調：「今欲言自立於強權之漩渦中，非先保其路權，以漸復其國家主權不可。」[20] 有的則發出警世危言，闡明中國若不亟起抗爭，則「二十世紀之中國，將長為數重之奴隸矣！」[21] 這樣的呼籲，對於收回利權運動的興起自然也會產生比較

18　南溟子：〈中國與世界之經濟問題〉（續第 1 號），《四川》第 3 號，1908 年，第 32—34 頁。

19　〈為津鎮鐵路敬告山東父老文〉，《大公報》1905 年 10 月 30 日，第 2 版。

20　〈山西留學日本學生為同蒲鐵路敬告全晉父老書〉，《東方雜誌》第 3 年第 1 期，1906 年，「交通」，第 7 頁。

21　〈二十世紀之中國〉，《國民報》第 1 期，轉引自章開沅、林增平主編《辛亥革命史》上冊，人民出版社，1980，第 123 頁。

明顯的推動作用。

　　不僅如此，大眾傳媒對收回利權運動的發展也不無影響。運動的主導者對此也有所認識，並積極創辦相關報刊作為號召和動員民眾的工具。例如「川人知道報紙勢力，就在爭路時代」。[22] 四川保路運動期間，川路公司即曾撥出專款，先後創辦《蜀報》、《白話報》等，保路同志會也曾編輯印行《四川保路同志會報告》作為會刊，開闢「報告」、「紀事」、「著錄」等欄目，專門登載四川保路運動的消息和評論，受到各界普遍歡迎。《四川保路同志會報告》第13號「報告」透露：「本會報告日出萬紙，尚不敷分布遠甚。今更與印刷公司再三籌商，苦心設法，每日多出五千張。」由此不難看出其受到各界歡迎之程度，其影響也相應可知。在湖南保路運動發展過程中，領導者也專門創辦發行《湘路新志》，發揮了十分重要的作用。

　　綜上所述，19世紀末20世紀初帝國主義各國對中國利權的瘋狂掠奪，不僅嚴重阻礙了中國民族資本主義的發展，也隨之造成了中國前所未有的民族危機，引起社會各界對利權問題的高度重視。新興的民族工商業者一方面出於自身生存發展的迫切需求，另一方面緣於思想認識的提高，對嚴重的民族危機深表關切，提出了維護利權的強烈要求，並積極投身於收回利權運動。此外，在甲午戰爭之後處於內憂外患危局中的清王朝，為了維護其統治地位，不得不開始尋求變革。從戊戌變法到清末「新政」，清廷都推行了鼓勵發展民族資本主義工商業的新舉措，在此情況下清朝統治集團內部也有不少官員對利權喪失的危害有所認識，並主張維護與收回利權。20世紀初，收回利權的相關論說在各種報刊也屢見不鮮，成為頗有影響的社會輿論。於是，在上述幾個方面因素的交相影響與推動之下，20世紀初的收回利權運動即因勢而起，並不斷深化發展，在當時產生了較為廣泛的社會影響。

二、收回利權運動的主導者和參與者

　　早期的相關論著一般都認為收回利權運動是資產階級領導的反帝愛國運動，換言之，即資產階級是收回利權運動的主導者。到1990年代末，有學者對這種傳統觀點提出了不同看法，認為「如果僅僅依據收回利權運動的結果、目標有利於資產階級或體現資產階級利益的判斷而加以定性的話，那末，這無

22　隗瀛濤：《四川保路運動史》，四川人民出版社，1981，第227頁。

疑是低估了這一運動的作用。事實上，作為民族抗爭的收回利權運動，無論就
其鬥爭目標還是就其結果而言，它體現的是全民族的利益，不僅僅是資產階
級的利益。而且，民族資產階級從來不是一個抽象的存在，而是有著具體內涵
的可以把握的社會實體力量。收回利權運動究竟是否資產階級領導的愛國運
動，應該依據具體史實去考察占據這一鬥爭中心地位的社會力量的屬性和特
質。……收回利權運動並非是某一社會階級（包括資產階級）利益和意願的
集中表現，而是全民族面對國權、生存權喪失殆盡而奮起救亡的民族鬥爭」。
至於說在收回利權運動中，究竟是何種社會力量居於發動、組織、指導的中心
地位，這位學者指出：「儘管勃興於各省區的收回利權運動的規模不同，方式
有別，進程不一，但作為鬥爭發起者的社會力量卻主要都是由紳士或『紳商』
集團來擔負的。」在收回利權運動中，為了更好將各階層的力量有效地聚集在
「民族抗爭」的旗幟下，使鬥爭取得最終勝利，各地都相應地成立了組織領導
機構，在這些組織領導機構中居於中心地位的也不是資產階級，而是紳士階
層。[23]

　　還有學者認為，紳商是收回利權運動的中堅力量。「紳與商在晚清社會
中進一步相互滲透、合流的結果，是在 19 世紀末 20 世紀初形成了一個與半
殖民地半封建過渡社會形態相適應的特殊的紳商階層。這一新興社會階層既有
一定的社會政治地位，又擁有相當的財力，逐漸取代傳統紳士階層，成為大中
城市乃至部分鄉鎮中最有權勢的在野階層。他們集紳與商的雙重身分和雙重
性格於一身，上通官府，下達工商，構成官與商之間的緩衝與中介，起到既
貫徹官府意圖，又為工商界請命的『通官商之郵』的作用。紳商階層的形成，
既是明清以來紳與商長期對流的結果，更是近代社會歷史變動的產物，具有鮮
明的時代特徵。」至於紳商的社會階級屬性，不能忽視「近代紳商業已開始從
事相當規模的實業投資，同近代經濟發生了千絲萬縷的聯繫，並開始接觸和使
用新的資本主義營運方式，其生活方式和思想意識也開始出現了帶有近代趨向
的微變。」因此，可以「將近代紳商階層的社會階級屬性確定為：中國民族資
產階級的早期形態」。[24] 由此推論，我們也可以說在收回利權運動中居中堅力
量的是中國早期民族資產階級。

23　王先明：《近代紳士：一個封建階層的歷史命運》，第 212、216—217 頁。
24　馬敏：《官商之間：社會劇變中的近代紳商》，天津人民出版社，1995，第 93、205—206 頁。

　　但是，也有學者認為「『紳商』並不具備資本家集團或者資產階級的典型特徵。『紳商』沒有屬於自己的雄厚的資本，它只是動員或組織社會資金的主要社會力量」。[25] 另外，學界對清末紳商一詞的內涵也存在一些爭議。具體說來，「紳商」一詞究竟是分指紳士與商人，還是單指紳士與商人融合生成的一個新階層，學界的見解並不完全一致。有的認為，在清末文獻中頻繁出現的「紳商」一詞，「分指紳士與商人的例證較多」，而「單指性較明顯的例證則較少，且或多或少存在一些疑點」。[26] 但也有學者認為，文獻中的「紳商」一詞，在多數場合是對紳與商的合稱，但有時也是對亦紳亦商人物的單稱。「所謂紳商，狹隘地講，就是『職商』，即上文所說的有職銜和功名的商人；廣義地講，無非是由官僚、士紳、商人相互趨近、結合而形成的一個獨特社會群體或階層。」[27] 還有學者以清末廣東的情況為例，指出在廣東雖然形成了一個人數頗多且在社會上有很大影響的「亦紳亦商」的群體，「但『紳』與『商』遠未合流，兩者的界限與競爭也是很明顯的。總的來看，很可能界限和競爭更是主要的方面」。[28] 既然對紳商一詞的內涵存在這樣的爭議，那麼簡單地認定紳商是收回利權運動的主導者或中堅力量，就會存在指向不是十分明確的情況，即究竟是指紳士還是指商人，似乎並不能完全確定。

　　筆者認為，在收回利權運動中起主導作用的可以說是新興的工商業者。收回利權運動實際上包括兩個層面的具體內容，一是收回被列強攫取的鐵路、礦山利權，二是自行集資修路與開礦，二者相輔相成，不可分離。收回利權運動的組織者與主導者，絕大多數除採取各種方式爭取收回利權之外，同時又都積極參與了集資修築鐵路或開採礦山的經營活動，不管他們原來是紳士，或者原本即是商人，抑或是所謂的紳商，在投資參與商辦鐵路和開礦之後，都可以說是新興的近代工商業者。

　　還需要說明的是，1906 年以後的「預備立憲」期間，立憲派成為一支十分活躍並具有相當政治號召力和社會影響力的政治力量。尤其是具有地方議會和自治議會色彩的各省諮議局的成立，使立憲派擁有了一個議決地方應興應革事件和議決地方財政預算、決算、稅法、公債的合法代議機關，立憲派的政

25　王先明：《近代紳士：一個封建階層的歷史命運》，第 238 頁。
26　謝放：〈「紳商」詞義考析〉，《歷史研究》2001 年第 2 期。
27　馬敏：〈「紳商」詞義及其內涵的幾點討論〉，《歷史研究》2001 年第 2 期。
28　邱捷：〈清末文獻中的廣東「紳商」〉，《歷史研究》2001 年第 2 期。

治能量和社會影響也隨之更為突出。維護利權，發展實業，是絕大多數諮議局一直關注的重點內容。在許多地區的收回利權運動中，諮議局都曾議決相關議案，在很大程度上成為重要的代議機關。[29] 特別是在保路運動期間，許多諮議局的「中心活動就是保衛路權」，諮議局成為「保路運動的領導核心」。[30] 於是，在清季收回利權運動後期，立憲派借助諮議局這個新的代議機關，也成為收回利權運動的另一支重要政治主導力量。有學者強調：「清末的立憲派直接產生於紳商階層，有的雖服務於學界，但或出身於紳商家庭，或與紳商階層關係密切，所以他們直接反映著紳商階層的利益與要求。立憲運動反映他們的政治要求，收回利權運動反映他們的經濟要求。立憲派理所當然地成為這兩個運動的領導者。」除此之外，「立憲派之能夠在收回利權運動中起領導和中堅的作用，除了因其掌握輿論，有政治經驗和組織能力以外，還因他們有集股的能力。他們有的本身就是富家巨室，有的則以其清望甚高，有穩定的社會地位，令紳商信服」。[31]

　　資產階級革命派在收回利權運動中的影響也不能忽視。有關論著在論及收回利權運動時，一般都較少談到資產階級革命派的作用與影響，似乎革命派與收回利權運動沒有什麼關聯，實際上並非如此。儘管革命派主要是從事反清革命活動，但在收回利權運動中同樣也發揮了一定的作用。具體而言，革命派在收回利權運動中的作用與影響，主要表現在以下兩個方面：一是輿論宣傳，革命派創辦的諸多報刊都曾闡明帝國主義經濟侵略與利權喪失的嚴重危害，大聲疾呼收回利權；二是實際參與，福建、廣西、雲南、山西、浙江、江蘇、湖北、湖南等地的革命黨人，都曾積極參與了所在省分的收回利權運動。不僅如此，革命派在收回利權運動中的主張與行動往往更為激進，因而有學者稱之為收回利權運動中的激進派。[32]

　　收回利權運動之所以能夠成為一次頗具規模和影響的愛國運動，除了主導者的作用之外，還在於這場運動具有廣泛的社會參與性。換言之，亦即收回利權運動的參與者具有相當的廣泛性，涉及諸多社會階層和社會力量，甚至

29　侯宜傑：《二十世紀中國政治改革風潮——清末立憲運動史》，人民出版社，1993，第245頁。
30　林增平：《資產階級與辛亥革命》，湖南出版社，1991，第215頁。
31　耿雲志：〈收回利權運動、立憲運動與辛亥革命〉，《近代史研究》1992年第2期。
32　李宗一：〈資產階級革命派在清末收回利權運動中的作用〉，《中國社會科學》1982年第6期。

可以說「社會各階層幾已全部捲入」。[33] 這場運動之能夠形成這一特點，其原因很簡單，因為收回鐵路修築權與礦山開採權在當時是「一個深得民心的運動」。[34]「收回利權運動並非是某一社會階級（包括資產階級）利益和意願的集中表現，而是全民族面對國權、生存權喪失殆盡而奮起救亡的民族鬥爭。她所擁有的社會成員的廣泛性是任何旨在為某一階級奮鬥的社會運動所難以比擬的。」另外，19 世紀末 20 世紀初是中國開始民族覺醒的重要歷史階段，「20世紀屬於民族覺醒的世紀」，收回利權運動的領導者用以呼喚、動員群眾的精神武器，「是以國權、生存權為實際內容的民族精神」。因此，「聚集在這面旗幟下的社會力量的廣泛性、社會性，以及由此而形成的反抗力量的持久性，都是空前的」。[35]

　　有學者指出：「近代中國不缺乏投資資金，而是缺乏一種將剩餘集中起來轉化為投資的機制。……廣泛的社會動員是商辦鐵路集資成敗的關鍵。川路公司、粵路公司、浙路公司成為集資的前三名，得益於廣泛的社會動員，多管道籌集資金。」[36] 事實確實如此。例如在較早興起的收回粵漢鐵路修築權與集股商辦的鬥爭中，湖南各界都相繼積極參與，產生了較大的聲勢與影響。「城鄉廣大居民，包括學生、農民、手工業者、小商人、軍營、學校教職員、下級公職人員和一些開明地主分子」，均積極「通過踴躍認股，投入了保路鬥爭」。[37] 據《湘路新志》記載，「湘路自去冬諮議局議決後，多方集股，得學界歡迎，去冬周氏女塾各學生向集股會繳入路股二千餘元」。修業小學還發起成立成城社，「以勸集路股為目的，聯合全體學界，討論方法……俾湘路早日完成」。數月之後，「即已繳入公司路股洋銀四千餘元」。商會等團體專門成立了集股份會，負責辦理招股、換票、發息，動員廣大商人和社會各界踴躍認股，「數日之內，集股已多」。凡屬湘籍公職人員、軍營、學校還曾以廉薪酌

33　林增平：《資產階級與辛亥革命》，第 215 頁。

34　費正清、劉廣京編《劍橋中國晚清史》下卷，中國社會科學院歷史研究所編譯室譯，中國社會科學出版社，1985，第 489 頁。

35　王先明：《近代紳士：一個封建階層的歷史命運》，第 213、225 頁。不過，也有個別學者指出對收回利權運動中「普通民眾的參與程度不容高估，光緒三十三年王廷揚致函沈陨民稱：『如此大風潮，不知者尚多，即知者亦莫名其妙，毫無感覺。以不知他辦（指英帝國主義者辦路）之害，並未知鐵路之利故也』」（沈陨民：〈浙江拒款保路運動的群眾鬥爭及其他〉，《浙江文史資料選輯》第 2 輯，1962 年，第 29 頁）。參見蘇全有《對清末利權回收運動的反思—以郵傳部收回京漢路為個案》，《歷史教學》2008 年第 6 期。

36　尹鐵：〈晚清商辦鐵路公司的集資問題〉，《浙江學刊》2007 年第 4 期。

37　林增平：《資產階級與辛亥革命》，第 212 頁。

量入股，「各局所、學堂、軍營莫不鼓舞從事」，很快即獲得廉薪股款近萬元。此外，下層民眾也激於愛國義憤，節衣縮食爭相入股。「農夫、焦煤夫、泥木匠作、紅白喜事杠行、洋貨擔、銑刀磨剪、果粟攤擔、輿馬幫傭，亦莫不爭先入股以為榮。」[38] 在社會各界的積極回應之下，湖南出現了集股自辦鐵路的高潮。

湖北地區的情況也是如此。鐵路協會成立時，「農夫演說，洋洋數千言，士兵斷指，血淋漓，以及星士解囊，以助協會之用費」。[39] 在收回粵漢路權、商辦鐵路日益高漲之際，湖北「軍學紳商各界認股者異常踴躍。然上等社會之於公益已見熱心。昨有金壽幫土工紳首徐雨亭等會議於六也茶園，擬定辦法，除將公款七百餘串悉數附股外，其作坊十六家各認十股。該幫藝徒計八百二十一人，每人勸定捐集一股，由各主東在工資項下按月抽提，以便繳納。今下等社會亦熱心公益如此，足見國民程度之進境也。」稍後，該幫又舉行大會，議定「由各作坊每家認洋三十元，散工每各認洋一元，合籌現洋一萬元，限冬月十五以內繳齊，由徐雨亭呈交公司，認作優先股二千股」。據報載，「當鐵路協會開辦之初，人人咸抱一路存鄂存、路亡鄂亡之心，所以一時認股如風發潮湧，不數月間已獲百萬」。[40]

四川保路運動中由於川路公司採取獨特的「租股」形式籌措股金，[41] 涉及的各階層民眾更為廣泛，包括鄉村的農民等各個階層均包括在內，保路運動也隨之擴展至更廣闊的縣鎮區域。「無男無女，無老無少，無富貴貧賤，無智愚賢不肖，無客籍西籍，莫不萬眾一心，心惟一的，惟知合同失利，惟知破約保路，直提出其靈魂於軀殼之外，以赴破約之一的。」[42] 類似社會各界萬眾一心共同致力於維護路權的情景，無疑是前所未有的現象。又如筠連縣保路同志會成立時，「無論老者、弱者、智者、愚者，咸知川路為吾人生命財產，勢必同歸於盡。萬眾一心，誓死進行，連日報名者紛至沓來，爭先恐後，吾筠連歷

38　詳見林增平《資產階級與辛亥革命》，第 212—213 頁。

39　〈湘路紀事〉，《中國近代史資料叢刊·辛亥革命》第 4 冊，上海人民出版社，1957，第 548 頁。

40　參見武漢大學歷史系中國近現代史教研室編《辛亥革命在湖北史料選輯》，湖北人民出版社，1981，第 494、498 頁。

41　川省工商業不發達，川路公司不得不採取獨特的招股辦法，股本來源有四種，即認購之股、抽租之股、官本之股、公利之股，其中以租股為大宗，涉及廣大的自耕農與佃農。因此，川漢鐵路集股社會面廣，成效也較為可觀。

42　《四川保路運動史料彙纂》，中研院近代史研究所，1994，第 362 頁。

年設會，鮮有如此神速者」。成都華陽保路同志會建立時，「鄉農到會尤多，聞路權盡失，則莫不切齒，異常悲憤。」[43]

　　需要特別指出的是，在積極參與收回利權運動的社會各階層中，學生界是最為活躍、作用與影響也最為突出的一個階層。20 世紀初的中國，全國各地設立的各種新式學堂已為數眾多，學生數量也隨之日益增加，從而形成一個新興的學生群體。他們的特點是具有新知識和新思想，特別關注國家與民族的前途命運，而且眼界開闊，反應敏銳，行動迅速，加之較少受到既得利益與傳統因素的羈絆，其思想和行動也相對比較激進，態度更堅決，具有義無反顧的精神。上述這些特點，使學生界在收回利權運動中的表現顯得尤為積極，其作用與影響自然也令人矚目。

　　學生界在收回利權運動中的具體表現與作用，首先是積極採取各種方式向下層民眾進行廣泛宣傳，啟發民眾的國民意識，號召民眾踴躍認股，參與收回利權運動。他們通過集會演說、報刊載文、廣發傳單，發揮了顯著的號召與鼓動作用。例如有的「遍發傳單，邀集女界同胞」開會演說，闡明「凡我女界皆屬一份子，各宜節省服飾，酌買路股，以盡一份之義務」。有的邀請家長，「特開父兄懇親會，演說路權喪失，利害切身。各學生及該父兄有頓足諮嗟，淚涔涔下者，於是相繼認股」。不少學校的學生還利用假期回到城鎮鄉村廣泛宣傳勸募，如河南河內高小學生擔任汴路勸股，計畫分途進行，每路正副各 4 人。「學生皆慷慨爭先，全堂遂為一空。」信陽師範學堂學生「亦到處演說，提倡集股」。[44] 其次是踴躍認股，積極籌措股金，支持商辦鐵路。在江浙兩省收回路權運動中，各學堂學生均盡全力帶頭認股，如上海復旦公學等 4 校學生共認股 29600 元，高等實業學堂學生認 1000 餘股，杭州 36 家學堂的師生認股合洋 230220 元，金華中學和嘉興府學堂學生各認 10000 元和 3000 元，江寧兩江師範學堂認股 20000 元。由於自身缺乏經濟收入，學生的認股數額並不大，但卻體現了高度的愛國熱情。「同學節糕點餅果餌之資及一切無謂之費，共謀公益。」還有學生表示：「我學生入股之法，亦惟有減我一時口腹之供，以保我萬世子孫之業而已矣。」[45]

43　《四川保路同志會報告》第 24、16 期，轉引自鮮於浩〈試論川路租股〉，《歷史研究》
　　1982 年第 2 期。
44　詳見桑兵《晚清學堂學生與社會變遷》，學林出版社，1995，第 257 頁。
45　詳見桑兵《晚清學堂學生與社會變遷》，第 255—256 頁。

　　清政府以及一部分官員在收回利權運動中的作用與影響也值得注意。客觀地說，在收回利權運動的初期階段，清政府相關部門以及一部分官員都或明或暗、或多或少地起到了促進作用。以收回路權運動為例，清政府於 1903 年底頒布了《重訂鐵路簡明章程》，規定民間集股設立鐵路公司承辦鐵路為合法，並予以獎勵和保護，凡「查明路工實有成效者」，由商部「專摺請旨給予獎勵」。該章程的頒行，實則為收回路權運動的興起開了綠燈。緊隨其後，許多省分的商人根據這一章程，提出集股自建鐵路的要求，他們中的絕大部分在起初都受到所在省分督撫和商部的支持，各省京官也都主動聯絡，內外呼應。從有關記載可以看出，各省工商業者籌建鐵路的要求，大多是通過督撫奏請清廷諭允批准，各省的商辦鐵路公司，也是經商部大力協助上奏清廷諭允成立，至於粵漢、廣澳、津鎮、京漢等鐵路修築權的贖回，同樣是官商共同努力所取得的結果。時論有稱：「張之洞、岑春煊首從鄂湘粵三省民意，以美金六百七十萬元贖回粵漢鐵路，歸三省自辦。我國收回利權之舉，以此為嚆矢。」[46]

　　但是，清政府外務部與商部的態度略有不同，該部因擔心收回利權會引發新的中外交涉與衝突，故往往不敢予以支持，甚至有時還對收回利權之舉予以阻撓。另外，在收回利權運動後期，清政府一方面屈服於列強各國的壓力，另一方面為取得列強的貸款以緩解財政危機，轉而主張對外借債修路開礦，並對商辦鐵路採取高壓政策，這又嚴重破壞了收回利權運動的成效與進一步發展。為此，清政府也成為收回利權運動後期社會各界抗爭的對象，並使這場運動演變成為反對帝國主義經濟侵略與反抗清王朝封建專制統治相結合的民族民主運動。隨後爆發的聲勢浩大的保路運動，甚至還成為引發辛亥革命的導火索。

三、收回利權運動的若干案例

　　「收回利權運動的主要目標有二：第一，在收回各國所攫獲的鐵路修築權；第二，在收回既失的各處礦權。其初步發動，始自光緒三十年四月，湖南、湖北、廣東三省官紳力爭收回美國合興公司承築粵漢鐵路的權利。此後數年，

46　凡將：《十年以來中國政治通覽‧交通篇》，《東方雜誌》第 9 年第 7 期（紀念增刊），
　　1913 年，第 94 頁。

收回路權運動，很快便延及津浦、滬寧、滬杭甬、道清、京漢各路，結果或將路權贖回，或將原訂的築路合同改訂新約，而收回一部分的利權。同時期內，收回礦權運動，亦在直隸、山東、山西、河南、安徽、浙江、四川、雲南、福建等省，分別發動，一時自甲午戰後以迄日俄戰前期間各國在中國所攫獲的諸處礦權，均成為各省『收回自辦』的目標，礦權問題成為中外交涉的重要項目，為各省官紳所特別著意。」[47] 由於收回路權運動持續的時間更長，後來又發展為規模更大的保路運動，鬥爭鋒芒直指清政府，這需要更多的篇幅予以介紹。這裡我們首先簡要論述收回礦權運動的若干案例與發展歷程。

　　山西的爭礦運動，是當時產生較大影響的鬥爭之一。1898 年，英國福公司即賄賂清朝官吏，以借款給山西商務局為誘餌，簽訂承辦晉礦合同，攫取了山西盂縣、平定、潞安、澤州、平陽等州縣煤、鐵和石油諸礦的開採權，期限為 60 年。但合同雖訂，福公司卻一直沒有勘查開採。義和團運動後，山西工商界人士即與福公司交涉，力圖收回已失礦權，屢遭拒絕。1905 年，收回利權的社會輿論日見高漲，山西商人乘勢集資購買礦地，自行開採。英國侵略者聞訊，立即橫蠻照會清政府外務部，聲稱非經福公司允許，「無論華洋何人何公司，皆不准在該處開採煤礦」；同時，還逕自到處插旗勘探，無理地要求山西商務局封閉各地已開之礦。

　　面對英國侵略者的威逼恫嚇，山西各界人士堅持鬥爭，決心廢除合同，將礦權收回。清朝外務部起初擔心激成事變，同時也屈從於英方的壓力，認為「晉礦由福公司承辦，迭經奏准，便成鐵案。晉省紳商於訂立合同數年後，始議拒絕，徒以不准開辦為阻止之計，斷難有濟」。[48] 但山西工商界不僅不妥協，反而聯合各界人士將鬥爭進一步推向深入。1906 年，以工商業者為主體發起組織「保晉礦務公司」，一面與福公司交涉收回礦權，一面集股籌備開採。1907 年，公司正式立案成立。曾投資創辦雙福火柴公司等山西最早一批新式工業企業的票號鉅賈渠本翹，被推舉為第一任總理。在此之前的 1906 年 12 月，潞安府屬各州縣工商業者也籌集商股，發起成立「潞安礦產公會」，訂立章程 8 條，擬定收買礦地自行開採，「永遠不准私售外人」。

　　在山西各界堅持數年的堅決抵制與全國各地愛國者的聲援下，英國福公

47　李恩涵：《晚清的收回礦權運動》，第 69—70 頁。

48　李慶芳編《山西礦務檔案》，晉新書社，1907，第 85 頁。

司意識到，如果當地人民聯合一致拒賣礦地和拒當礦工，即使強行開礦也無利可圖，遂轉而尋求轉圜之計。1908 年 1 月，福公司不得不與山西商務局訂立《贖回英商福公司開礦合同》，同意其所占礦產由山西工商業者用銀 275 萬兩贖回自辦。雖然付出了代價，但山西工商業者終於聯合各界取得了收回礦權的勝利。

收回安徽銅官山礦權的鬥爭，也取得了積極的成效。1902 年，英國倫華公司通過各種手段與安徽巡撫聶輯槼簽訂合同，攫取了歙縣、銅陵、大通、寧國、廣德等州縣的煤鐵礦開採權。報紙披露此消息後，安徽工商界和留日學生一致表示反對，安徽籍京官也呼籲爭礦廢約。經過力爭，於 1904 年使礦區限於銅陵縣 400 平方公里的銅官山一處。但該公司卻屢次逾限，自違約期，並仗勢欺壓中國民眾，致群情憤激。1905 年，安徽工商業者發起成立礦務公所，宣布原訂合同作廢，決心自辦礦務。

英商倫華公司當時並無充足資金開礦，又不甘放棄已奪取的礦權，陰謀與日商勾結合辦銅官山礦，並蠻橫迫令清廷外務部承認。這一行徑受到安徽工商各界人士的強烈抵制。1908 年路礦工會成立，提出「堅持廢約自辦」的主張，並推舉代表赴京交涉。1909 年，鬥爭愈益高漲，各界集會層見疊出。4 月，由路礦工會主持召開大會，旅居南京、上海、江西、蕪湖等地的皖籍工商業者也派代表參加。大會致電清廷外務部，態度堅決地表示：「皖人均抱廢約自辦為唯一宗旨」，以「上保主權，下衛民生」。[49] 5 月，蕪湖商務總會也召開大會，堅決要求廢約。可以說，收回銅官山礦權在清末成為安徽工商業者和社會各界最重要的一次鬥爭。這場鬥爭持續了多年，直到 1910 年 2 月，英國倫華公司見安徽工商業者和各界人士群情激昂，毫不妥協，只得在勒索 52000 鎊「賠償費」的條件下，承認中國贖回銅官山礦權。

四川工商業者推動收回江北廳礦權的鬥爭，同樣值得肯定。1904 年，開闢川江航路的英國侵略分子立德，與四川礦務總局訂立《江北廳煤鐵礦務合同》，奪取了江北廳煤鐵礦的開採權及運煤短程鐵路的修築權，並於次年設立「華英煤鐵有限公司」，接著大肆擴占土地。為了抵制英國侵略者的擴張，以楊朝述為首的江北、巴縣工商界人士籌設江合礦務公司，展開收回礦權的鬥

49　〈記皖紳力爭銅官山礦案事〉，《東方雜誌》第 6 卷第 5 期，1909 年，第 109—110 頁。

爭。川漢鐵路公司也給予江合公司積極支援，允於公司股本內撥銀 10 萬兩作為江合的股金。

江合公司利用華英公司與礦務總局所訂合同第 5 條「所指之地如有華商開辦，該公司不必重指」的規定，「將英商未經指定各地，設法購歸自辦」，搶先以銀 300 兩買下石牛溝礦山，派人「星夜馳往石牛溝加工開鑿」。立德眼看在四川不能得逞，轉赴北京外務部也未如願，「料難遂進取初心，爰漸萌退讓主義」。[50] 隨後，經過長年談判，英國侵略者在索取銀 22 萬兩後，在《江北廳礦收回合同》上簽字。可見，收回利權的鬥爭有效地遏止了英國侵略者在四川的滲透。

浙江地區的收回礦權鬥爭也開展得有聲有色。衢州、嚴州、溫州及處州四府是浙江省的重要礦區，1903 年，義大利惠工公司通過其買辦高爾伊，以矇騙手段竊取了上述四府煤鐵各礦的開採權，激起浙江人民義憤。浙籍留日學生率先號召保衛礦權，浙江工商界接著在杭州西湖集會，堅決要求收回礦權。上海的浙籍工商業者也聯名發表〈為杭紳高爾伊盜賣四府礦產事敬告全浙紳民啟〉，揭露高爾伊「既非四府紳民所委託，又不商諸全浙之紳商，擅盜公產，借肥其私，而不顧民業之喪於外人，權利之失於外人」。公啟呼籲：「吾浙同胞，激發公憤，阻其成約，同謀保全利權之法。」[51]

1905 年，高爾伊悍然不顧浙江各界的反對，與惠工公司正式簽訂借款合同，激起浙江人民更大憤怒。工商界在斜橋商務局召開抵制大會，一致譴責高爾伊出賣礦權。杭州、上海等地報紙紛紛發表文章，支持浙江人民的反抗鬥爭。在強大社會輿論的壓力下，清廷外務部未敢批准新訂借款合同，並以前奏辦礦期限已逾兩年，撤銷原訂合同，收回四府礦權並准予商辦。

除上述各地收回礦權鬥爭取得勝利外，福建工商各界收回建寧、邵武、汀州三府礦權，河南收回懷慶府及黃河以北諸礦，雲南收回澂江、福安、開化等七府礦權，山東收回鐵路沿線和嶧縣中興煤礦及茅山等五處礦權的鬥爭，也都不同程度地達到了目的。

收回路權的鬥爭，較諸收回礦權更為激烈，以下介紹有關的幾個重要案例。

50　汪敬虞編《中國近代工業史資料》第 2 輯下冊，科學出版社，1957，第 755 頁。

51　浙江省辛亥革命史研究會等編《辛亥革命浙江史料選輯》，浙江人民出版社，1981，第291—292 頁。

　　較早發端的是 1904 年至 1905 年間收回粵漢鐵路主權的鬥爭。1898 年，美商合興公司與清廷簽訂《粵漢鐵路借款草合同》，不僅奪取了粵漢鐵路的「讓與權」，並連帶攫得沿線礦產的開採權。根據合同規定，合興公司應在五年內將全路修成，修築權不得轉讓他國。但該公司因資本有限一再拖遷。到 1904 年底才修築了粵漢路南端廣州至佛山的數十里支線。不久，該公司將股票的三分之二轉賣給比利時商人，由比商承擔建造粵漢路北段。這種延宕路工、暗售股票的違背合同做法，激起湘鄂粵三省人民的強烈不滿，並由此觸發三省的「廢約爭路」鬥爭。

　　1904 年，湖北工商界人士即上書張之洞，闡明：「美商違約，全楚受害，眾憤莫遏，公懇挽回，以泯巨患。」[52] 與此同時，湖南工商業者也聯名駁斥美商的狡賴，「力請廢約，歸湘自行承辦」。[53] 三省留日學生更是大力聲援，組織「鐵路聯合會」，提出「路存與存，路亡與亡」的口號。美商為阻撓中國人民收回路權的鬥爭，又從比利時商人手中購回股票，聲稱不允中國廢除合同。面對侵略者的蠻橫無理，三省人民更為憤怒，紛紛表示「萬眾一心，有進無退」。湖廣總督張之洞對三省的收回路權鬥爭，給予了一定支持，但出於策略考慮，提出改廢約為贖路。1905 年抵制美貨運動爆發後，全國反美情緒更加高漲。8 月，美商不得不應允中國的贖路要求。

　　粵漢鐵路修築權雖然贖回，但若不抓緊自建，仍有復失的危險。三省工商各界對此不無認識，踴躍集股成立商辦鐵路公司。廣東總商會、七十二行和九大善堂等工商團體，積極勸募廣大工商業者和社會各階層認股，率先成立商辦廣東粵漢鐵路有限總公司，掌握了商辦鐵路權。兩湖地區商辦鐵路公司成立較晚，並一度遭遇某些挫折。1908 年，張之洞調任軍機大臣兼粵漢鐵路督辦大臣。英國侵略者提出「商借」貸款修築粵漢路，德、法、美等國也乘機介入。次年 3 月，簽訂湖廣鐵路借款合同。三省人民堅決反對借款築路，特別是兩湖各界人士，一邊抵制奴役性貸款，一邊加緊籌股成立商辦鐵路公司。湖北的工商業者在商會領導下多次集會，痛斥借款築路之種種危害，並聯合學界、軍界成立鐵路協會，派代表赴京陳述商辦鐵路要求，主張不借外債、不招洋股，設立湖北商辦粵漢、川漢鐵路股份有限公司。工商界的要求得到社會各階層積

52　宓汝成編《中國近代鐵路史資料》第 2 冊，第 759 頁。
53　宓汝成編《中國近代鐵路史資料》第 2 冊，第 758 頁。

極支持，「軍、學、紳、商各界，認股者異常踴躍」，[54] 在短時期內即籌得數目可觀的款項。湖北工商各界的堅決鬥爭，終於迫使清政府於 1910 年 3 月准允湖北成立商辦鐵路公司，集股自辦本省鐵路。

湖南工商各界的鬥爭也十分堅決，而且興起更早。1905 年粵漢鐵路收回時，湖南的工商業者即已開始積極籌款商辦。1906 年 5 月，新成立的商務總會作為組織者，發起召開集股大會，與會者達千餘之眾。商會協理陳文瑋倡議集股 2000 萬元，設立商辦湖南全省鐵路公司，會上即有商、學兩界認股 200 萬元。會後，又由陳文瑋等 36 人聯名具文，呈請商部代奏立案，但清政府只批准官督商辦。1908 年，張之洞與英、法、美等國簽訂湖廣鐵路借款合同的消息傳出，湖南工商各界再次掀起拒款保路運動，首先發起召開「湘路股東共濟會」籌備會議，設立事務所，作為領導保路運動的臨時組織機構，接著刊行《湘路新志》，由工商界代表人物龍璋任主編。湖南諮議局成立後，也很快成為保路運動的領導核心。

集股籌款是湖南工商各界為達到完全商辦目的而採取的一項具體措施。商會等工商團體設立集股份會，負責經辦招股、換票等各項具體事宜，「數日之內，集股已多」。在集股保路的號召下，湖南出現了前所未有的集股高潮。「湘人現在情形，所爭者借外債，所急者廢草約，並不患其不籌股款。免危亡之禍，正所以鼓踴躍之機也。夫修路固必保主權。拒款即應籌自款，而欲以完全商辦為目的。」[55]

1910 年 3 月湖北商辦鐵路公司獲准設立後，湖南各界頗受鼓舞，遂推舉諮議局粟戡時、陳炳煥等四人赴京請願。當時主管路務的郵傳部尚書徐世昌表示：「湘路既有的款，工程亦進行迅速，自可允如所請，當以公司為主體，須由公司加遞呈詞。」但隨後又傳來四國銀行代表來京交涉鐵路借款，催促清廷迅速簽字的消息。湖南各界群情震撼，堅決反對，強烈要求清政府「嚴詞拒絕，註銷草約，宣示天下，以保路政，而定人心」。[56] 1911 年 4 月，湖南各界又成立了湘路協贊會，致力於「趕修湘路」。在社會各界的大力支持下，湖南的

54　《辛亥革命在湖北史料選輯》，第 494 頁。
55　《長沙日報》1909 年 11 月 28 日，轉引自林增平《資產階級與辛亥革命》，第 212 頁。
56　粟戡時：〈湖南反正追紀〉，湖南文獻委員會編《湖南文獻彙編》第 2 輯，上海書店，1996 年影印本，第 31 頁。

商辦鐵路取得了明顯成效。至 1910 年，每年用於修路的款項已實籌四五百萬元。湘路公司的局面，自保路運動開展以來，也為之一新。[57] 1909 年 8 月，以商股為主導的湘路公司即正式動工修建長株段鐵路，工程進展順利，一年後全線修通，試車之日「觀者駢集，甚形熱鬧」。接著，南段株郴線和北段長岳線也於 1911 年 1 月破土動工。

廣東的收回路權運動雖然不及兩湖地區持續的時間長，但各界民眾也積極參與，表現出高度的愛國熱情。廣東商辦鐵路公司能夠於 1906 年即較早成立，除「粵省商民，籌集路股，眾情踴躍」之外，[58] 與其他各界民眾的大力支持也密切相關。當年 2 月在總商會召開集股大會，得到與會各界人士的積極回應，當場認股多達 180 餘萬股，隨後認股者仍源源不斷，共認股金 4400 餘萬元，後來實收 1510 餘萬元。1906 年 4 月底，商辦廣東粵漢鐵路有限總公司即正式成立，並獲清政府立案批准。於是，粵漢路權收回之後，由廣東承辦的鐵路實現了完全商辦，成效十分顯著。正如有學者所說：「收回粵漢鐵路的鬥爭，雖由湖南首倡，但鬥爭最堅決、結局最好的還是廣東。只有廣東才真正實現了商辦的目的。究其原因，係由於當時廣東民族資本主義發展的水準比兩湖為高，廣東民族資產階級與封建勢力力量對比的不同，導致了三省不同的結局。」[59]

江浙兩省爭取商辦蘇杭甬鐵路的鬥爭，也書寫了收回利權運動史上卓有成效的篇章。

蘇杭甬鐵路的修築權，係由怡和洋行代表英國銀公司於 1898 年誘使清朝鐵路總辦盛宣懷訂立草約而攫取的。但是，該公司並未按照規定的期限勘測路線。1903 年，浙江工商界人士即醞釀設立商辦鐵路公司，呈請清廷批准，但因遭怡和洋行干預而未果。盛宣懷曾於是年催促英公司即行勘路，並聲明如 6 個月內再不勘路，前議草約即作廢。然而直到 1905 年，英方仍未著手進行，亦未簽正約。

同年 7 月，浙江工商界看到江西、安徽商人籌設鐵路公司的申請先後得

57　林增平：《資產階級與辛亥革命》，第 216 頁。

58　宓汝成編《中國近代鐵路史資料》第 3 冊，第 1206 頁。

59　廖偉章：〈廣東人民參與收回粵漢路權鬥爭的經過及其作用〉，《河南師範大學學報》（哲學社會科學版）1985 年第 2 期。

到批准，再次在上海集議商辦全省鐵路事宜，要求廢止蘇杭甬鐵路草合同。會上議決成立浙江鐵路公司，公舉湯壽潛和劉錦藻為正、副總理。清政府一方面迫於當時全國方興未艾的收回利權輿論，另一方面正推行「新政」，鼓勵創設公司，發展實業，遂准允浙路公司成立，集股修建本省鐵路。

　　商辦浙江鐵路公司的成立對江蘇社會各界是一個很大的鼓舞。緊隨其後，江蘇工商界也要求援例設立蘇省商辦鐵路公司，收回路權自行修建。當時，英國侵略者眼見江浙兩省商辦鐵路日趨高漲，不甘到手的權益喪失，屢屢由其駐華公使向清政府施加壓力，逼迫訂立蘇杭甬鐵路正約。當時，清政府對商辦鐵路基本上是採取了支持態度，沒有應允英方的要求。清廷外務部諮照江蘇巡撫，說明原訂草約第 4 條載：草合同先由督辦大臣畫押，俟公商撫部院，有地方窒礙之處，即行更正，仍俟訂正約時，即行會同入奏。蘇撫轉而飭令蘇省商務局照會蘇州商會，請核議詳複。蘇州商會十分重視，立即舉行特別大會商議，並及時回覆照會：「會商就地紳董，僉謂浙江鐵路已由浙省紳民自行籌辦，江浙既係鄰省，蘇杭又屬咫尺，現在寧滬鐵路正籌挽利權，其窒礙情形不言可喻，應請毋庸訂立正約。」[60] 於是，蘇撫在呈遞朝廷的奏摺中表示：「蘇杭甬鐵路現准商務總會紳董查明窒礙，請將草約作廢。」同時，他還向蘇商保證，將「諮請外務部諮商督辦鐵路大臣盛，查照速將草約作廢，以順輿情而維大局」。稍後，蘇州商會即派尤先甲、吳本善、王同愈等人，會同學界代表章珏專程赴滬，與浙路公司總理湯壽潛及上海工商界人士籌議設立蘇路公司的具體事宜。

　　在保存下來的蘇州商會檔案中，可以看到蘇州商會就成立商辦鐵路公司與商部往來的幾封密電，披露其內容，可以發現當時蘇州工商界與商部為爭取江蘇鐵路商辦的共同努力與成效。1906 年 2 月，蘇州商會致商部「乙密」電云：「蘇浙鐵路已定商辦，浙已開辦，蘇亦宜辦自蘇達浙一段，以期交通，路線百里，費約二百餘萬。紳商現先認定底股三十萬元，餘再訂章招股。乞大部俯賜註冊，名曰『蘇省商辦蘇南鐵路有限公司』。」2 月 27 日，商部即回覆「感電」稱：「路政重要，急宜鄭重以圖。希即轉諸紳商，妥籌改為『蘇省鐵路公司』，仍俟公呈到部再行核奪。」3 月 5 日，商部又致蘇州商會「鎮電」云：「速舉總、

60　章開沅等主編《蘇州商會文件案叢編》第 1 輯，第 767 頁。

協理，擬簡章，請代奏。」[61] 根據上述三電，可知江蘇工商界在 1906 年 4 月前後公開呈請設立商辦鐵路公司之前，暗地即已就此與商部有過多次磋商，說明當時的商部儘管也害怕開罪列強，但確實對江蘇商辦鐵路運動給予了一定的支持。之所以採取密電的方式聯繫，自然是擔心英國侵略者過早獲悉消息，從中加以阻撓破壞。1906 年 5 月，商辦江蘇鐵路公司獲准成立，王清穆擔任總理，張謇、王同愈、許鼎霖為協理，總公司設於上海，在蘇州另設駐蘇公司。

江浙兩省商辦鐵路公司先後宣告成立後，英國侵略者眼看到手的權益即將喪失，馬上向清朝外務部大興交涉，要求清廷即刻與銀公司訂立蘇杭甬鐵路正式合同。兩省工商各界聞訊堅決表示反對，強烈呼籲廢除草約，收回主權。清政府一時進退兩難，英國公使進一步大肆恫嚇說：「若任聽各省紳民皆照浙紳半年來之莠言而行，中外無法相安。」[62] 當兩省鐵路公司開始修築蘇杭甬鐵路的杭嘉、滬嘉路段後，英國侵略者更是惱羞成怒，接連向清廷施加壓力，企圖迫使清廷收回商辦成命，飭令江浙兩省停工。面對英國的強大威脅，清廷似有妥協之意，所發上諭聲稱：「外交首在大信，訂約權在朝廷」，「英人迭次執言，自未可一味拒絕，盡棄前議，致貽口實，別生枝節」。[63]

不過，清廷仍然擔心完全接受英國的要求，會激起兩省人民更強烈的反抗，影響東南漕運，於是令外務部右侍郎汪大燮與英方商計一個所謂的兩全其美之策。汪大燮挖空心思提出借款、築路「分為兩事」的辦法，即築路之事不載入合同，表明係「中國自辦」，但向英國借款 150 萬英鎊，按九三折扣繳納，常年五厘利息，經郵傳部轉手撥給蘇浙兩公司，由兩公司負擔各項折扣和利息。此外，還規定必須聘請英人為總工程師，並由英方代購器材，將蘇杭甬路的起點改為上海，與英國已攫取的滬寧路相連。

這個所謂的兩全其美之策，只不過是變直接出賣蘇杭甬路權為借款築路，因而受到英方歡迎，清廷也以擁有「中國自辦」的貼金表示同意。1907 年 10 月，中英雙方簽訂滬杭甬鐵路五厘利息借款合同，清廷即強行諭令江浙兩路公司接受英國貸款。消息傳出，兩省工商各界憤怒異常，馬上掀起大規模的拒款保路鬥爭浪潮。至此，江浙兩省的收回路權運動也開始從最初的廢約自辦，

61　章開沅等主編《蘇州商會檔案叢編》第 1 輯，第 769—770 頁。
62　宓汝成編《中國近代鐵路史資料》第 2 冊，第 844 頁。
63　《清德宗實錄》卷 579，中華書局，1987，第 15 頁。

發展為反對封建專制統治者強行借款築路，體現出明顯的反封建鬥爭色彩。[64]

借款合同一經公布，蘇州商會即致電農工商部，說明：「自辦鐵路，喘汗集股，稟蒙鈞部奏准，始克信用。今翻全域，逼借外款，民心一失，恐東南商務，從此解體。」商會協理倪開鼎和議董杭祖良等人，還以蘇路公司全體股東名義致電同鄉京官，憤而表示：「借款造路，滬寧前車，已可痛哭。今又勒借指抵，貽害實巨。路權即國權，商辦早經奏准有案，一失心，誰與圖存。」[65]與此同時，蘇州商會接連舉行拒款保路特別大會，闡明「商會宗旨，在勸各紳以集股保路為第一義」，並致電清廷農工商部和外務部，聲明「不認商借商還，力拒外款」。[66]「不做則已，做則必求達其目的，誓死不回，以期終於有成。」[67]浙路公司股東也一致通電表示：「寧死不借外債」，「路之存亡，即浙之存亡，亦國之存亡」。

江浙兩省的拒款保路運動，得到社會各界的大力支持和回應。在浙江，「商賈則議停貿易，佃役則相約辭工，杭城鋪戶且停繳捐款之議。商市動搖，人心震駭」。在江蘇，蘇州學界發起組織拒款會，編印各種抵制借款傳單，四處廣為散發，並與商界聯合行動，集會演說，使人人知曉此中之利害，及早籌款，「切實聲明拒款即保路權，保路權即保兩省，不能拒款即失路權，失路權即失兩省」。[68]連遠在日本的留日蘇府同鄉會也表示：「此路係吾省命脈所在，路權一失，不啻以全省權利均歸外人掌握。及此不爭，將來切膚之痛，固不獨我省受之，而直接在商界尤屬不堪設想，此萬萬不可不出死力以抵抗者也。」[69]為了抵制借款，兩省各階層民眾均積極向商辦鐵路公司認股，「各處設會集股，甚為踴躍」。各學堂學生「莫不勉力，數日之間，已積成巨數」。[70]

64　關於清末的借款修築鐵路問題，近十年來史學界有一種看法認為其後果具有兩面性：除了為帝國主義擴大對華經濟侵略創造了便利條件之外，也具有一定的積極作用，即促進了中國鐵路事業的發展。另外，在當時民間集資嚴重不足、政府財政極為困難的情況下，借債築路不失為可行的方式之一。參見張九洲〈論甲午戰後清政府的鐵路借款〉（《史學月刊》1998 年第 5 期）、孔永松〈晚清鐵路外債述評〉（《中國經濟史研究》1998 年第 1 期）、張華騰〈晚清借債築路活動的再評價〉（《殷都學刊》2005 年第 2 期）。

65　墨悲編《江浙鐵路風潮》第 1 冊，「兩省拒款函電」，中國國民黨中央委員會黨史史料編纂委員會，1968，第 7 頁。

66　墨悲編《江浙鐵路風潮》第 2 冊，「兩省拒款函電」，第 31 頁。

67　章開沅等主編《蘇州商會檔案叢編》第 1 輯，第 799 頁。

68　墨悲編《江浙鐵路風潮》第 1 冊，「兩省開會紀事」，第 5 頁。

69　章開沅等主編《蘇州商會檔案叢編》第 1 輯，第 785—786 頁。

70　墨悲編《江浙鐵路風潮》第 1 冊，「開會認股匯記」，第 31 頁。

此外，「傭販女婦，苦力賤役，亦皆激於公憤，節衣縮食，爭先認購」。「民氣之感奮，實所僅見。」[71]

顯而易見，自從清政府在出賣蘇杭甬鐵路的借款合同上簽字以來，江浙兩省的收回鐵路主權運動，即由廢除原訂草約、爭取商辦，迅速進入反對清王朝與帝國主義相勾結、拒款保路的新階段，鬥爭的鋒芒不僅直指帝國主義，同時也指向了出賣國家主權的清王朝，因而顯得更加激烈。兩江總督和蘇、浙兩撫在聯名呈請軍機處代奏的電文中也說明：「自鐵路借款一事宣布以來，人心大為騷動，各處紳士商民……奔相走告，誓不承認。」雖迭經勸諭，「無如萬口一詞，無從曉譬」。為此而不得不「合詞籲懇天恩俯念群情迫切，飭下外務部竭力設法斡旋，以順輿情而維大局」。[72]

為了平息江浙兩省的鐵路風潮，清政府於 1908 年 3 月與英方商定，將借款由「商借商還」改為「部借部還」，即英國銀公司借款 150 萬鎊存於郵傳部，再用郵傳部名義轉借給蘇浙兩公司，以京奉鐵路的餘利作抵，江浙鐵路仍歸商辦，但在借款期內必須聘用英人為總工程師。按照這一協定，拒借外債的根本目的仍未實現，但江浙兩省鐵路保留了「商辦」名義，而且不以兩省鐵路作抵押，也可以說是江浙兩省拒款保路運動取得了一定的成效。另外，江浙兩省鐵路公司對所謂「部借部還」也仍然予以抵制，相約不用部撥借款，不讓英國工程師過問路事。

1910 年 8 月，清政府藉機將浙路公司總理湯壽潛革職，「不准干預政事」，又一次激起了鐵路風潮。浙路全體股東召開特別會議，堅決反對清廷革斥湯壽潛的詔文，並經由巡撫增韞代奏，為湯壽潛全面申辯，表示朝廷無權撤銷鐵路公司總理。寧波數萬人齊擁至道署，「聲稱若不收回成命，必暴動云」。[73] 1911年 2 月，蘇路公司「先斬後奏」，呈報郵傳部辭退英國總工程師，同時聲明公司因郵傳部強迫借款之影響，致使停工蒙受損失，故將前領部款作為賠償費用。一週之後，浙路公司也如法效仿。清政府鑒於江浙工商各界拒款鬥爭十分堅決，只得與英方協議，將蘇杭甬路款轉而移作開封、徐州鐵路借款。至此，持續六七年之久的江浙鐵路風潮才逐漸平息。

71　《政藝通報》卷 5，1907 年，第 4 頁。
72　墨悲編《江浙鐵路風潮》第 2 冊，「廷寄奏章」，第 3 頁。
73　宓汝成編《中國近代鐵路史資料》第 2 冊，第 866 頁。

　　四川工商各界為防止川省鐵路修築權落入外人之手，力爭商辦鐵路，也進行了多年鬥爭。1903 年，四川總督錫良奏請設立官辦川漢鐵路公司。公司成立之後，為官僚豪紳所把持，毫無成效。有鑑於此，一部分工商業者號召「我川人同心協力，以實行不買股票，不納租捐之策」，以「破壞野蠻官立之舊公司，建設文明商辦之新公司」。[74] 錫良為緩和工商各界對官辦公司的指責，於 1905 年奏准改官辦為官商合辦，但公司實權仍操在官僚集團手中，腐敗現象依然如舊，因此川省工商界仍要求川路公司實行商辦，社會輿論也多方給予支持。1907 年，由於工商各界的堅持努力，川路公司終於改為商辦。至 1909 年，川路集股總額多達 1170 餘萬兩，在宜昌至秭歸 300 里間同時興工，從而杜絕了帝國主義對川省鐵路的覬覦。

　　在此前後，其他許多省區的工商各界都曾開展爭取商辦鐵路的鬥爭，並成立了商辦鐵路公司。據統計，從 1903 年至 1910 年，全國各地先後有潮汕、湖南、江西、新寧、安徽、浙江、福建、滇蜀、同蒲、江蘇、廣東、廣西、四川、河南、西潼、湖北等鐵路公司成立。有些省分雖未成立鐵路公司，但也有要求自辦鐵路的組織出現。例如 1908 年成立的吉林公民保路會，1909 年成立的山東煙濰路招股公司等。

　　1911 年，正當許多省區收回路權運動取得明顯成效，相繼動工興建之際，清政府頒布了「鐵路國有」政策，宣布「從前批准幹路各案，一律取消」，由此剝奪了各省商辦鐵路的權利。清政府將鐵路修築權收歸國有，主要目的之一仍是為了方便向列強貸款，在某種程度上也可以說是以路權換取外債。[75] 時人即已看出：「以路抵款，是政府全力奪自百姓而送與外人。」[76] 不到半月，清廷就與英法德美四國銀行團簽訂有關粵漢、川漢兩大幹線鐵路的借款合同，將兩湖境內粵漢、川漢鐵路的修築權出賣給帝國主義。因此，「鐵路國有」政策及借款合同宣布後，爆發了更為激烈的反抗封建專制政府的保路運動。[77]

74　〈建立川漢鐵路商辦公司建議書〉，轉引自章開沅、林增平主編《辛亥革命史》中冊，人民出版社，1980，第 473 頁。

75　在清朝統治集團內部，主張借款築路者一直不乏其人，有的甚至還強調借債築路是「救亡之要著」。例如 1910 年 9 月錫良與瑞澂聯名上密奏曰：「中國將亡於不借債，即今圖之猶可及也，失今不圖，濡遲其時，更數年後，恐欲借而人將不我許矣。臣等所謂借債造路乃中國救亡第一策者，此也。」見《錫良遺稿》第 2 冊，中華書局，1959，第 1204—1205 頁。

76　《四川保路同志會報告》第 21 期，1911 年。

77　近十餘年來史學界對「鐵路國有」政策的評價也有一些新觀點，認為這一政策的頒布具有一定的合理性，不應簡單地一味予以否定。有的指出：該政策是在商辦鐵路普遍存在嚴重

　　湖南工商各界人士以鐵路公司、諮議局為核心，奮起保路，堅決要求巡撫楊文鼎「請命朝廷，明降上諭，收回成命，仍遵歷次諭旨，准與商辦」。湖北各界也在諮議局領導下，多次召開大會，堅決反對鐵路國有政策，並推舉諮議局議長湯化龍赴京，向清政府痛陳鐵路商辦不可取消。

　　四川的保路鬥爭聲勢最為浩大，也最激烈。起初，川路公司召開股東大會，集議聯合各工商團體，群力爭路，同時要求川督代奏，籲請清廷收回成命，結果遭到朝廷訓斥。不久，四國銀行團借款合同寄到四川，川省各界異常憤怒，反抗清政府的態度也由以前的溫和轉變為日趨激進。6月，川路公司聯合工商各界開會，籌商抵制之策，「到會者數千人」，一致認為：朝廷「收路為他國所有，川人死不能從。」同時還表示「決非從前和平態度的文字爭辯所能生效」，必須「另採擴大急進手段」。經磋商，決定成立保路同志會，作為「保路廢約」的領導機構，會址設在鐵路公司內。此後，四川保路運動迅速高漲，「全蜀響應，風潮尤為劇烈」。[78]。

　　在清政府一再壓制之下，四川保路運動愈演愈烈。8月24日，成都商人率先罷市。次日，罷市浪潮很快波及全川，學生則罷課回應。地方官府「勸解無效，防止無從」。[79]清廷三令五申命四川店鋪「照常營業」，也無濟於事。川督趙爾豐不得不向清廷急奏：「此次罷市、罷課，人心堅固。」[80]31日，四川各商會聯合會發布通電，闡明：「今日人心既失，禍機已伏，警告全蜀，欲挽大局，宜從根本上解決。」否則，「路事風潮萬無或息之一日」。[81]9月1日，川漢鐵路公司股東會議決不納糧稅，通告全省施行，公開向清朝統治者挑戰。隨後，抗糧抗捐在各地普遍開展起來。趙爾豐下令逮捕保路同志會、諮議局和鐵路公司領導人，社會各界及民眾群情憤激，齊赴督署請願抗議，

的困難，效果不佳的情況下推出的，其目的是為了加快鐵路的建設。參見陳曉東〈清政府鐵路「幹路國有政策」再評價〉，《史學月刊》2008年第3期。還有學者認為，鐵路「收歸國有有它的正當性，但時機選錯了」。參見馬勇〈辛亥百年溫情回望：一個王朝的隱退〉，《文史參考》2011年第14期。當年奏請清廷實施「幹路國有」的給事中石長信闡述其理由時，也曾說明商辦鐵路的弊端，包括資金不足、枝節為之、管理不善、租股擾民、妨礙國防等。參見〈奏為遵議給事中石長信奏鐵路宜明定幹枝路辦法事〉，《宣統政紀》卷52。

78　詳見隗瀛濤主編《四川近代史稿》，四川人民出版社，1990，第608─609頁
79　戴執禮編《四川保路運動史料》，科學出版社，1959，第244頁。
80　戴執禮編《四川保路運動史料》，第277頁。
81　陳旭麓等主編《辛亥革命前後──盛宣懷檔案資料選輯之一》，上海人民出版社，1979，第137─138頁。

要求釋放被捕者，趙爾豐命軍隊開槍鎮壓，製造了死傷多人的「成都血案」。革命黨人乘此危急形勢聯絡鼓動，組織四川各地保路同志軍相繼起義，成為武昌起義爆發的導火線。

四、收回利權運動的影響、作用及相關問題

　　清季持續數年之久的收回利權運動，取得了比較顯著的成效。在當時的歷史條件下，它「既是維護國家主權，抵制侵略的重大課題，而且具有爭取民族解放，促進社會發展的積極意義」，[82] 在許多方面都產生了重要的作用與影響。

　　第一，收回利權運動是近代中國人民反帝反封建鬥爭史上，具有重要意義的一次反對帝國主義掠奪和清朝封建統治者出賣國家主權的民族民主運動。收回利權運動的開展，使社會各界民眾的近代民族國家觀念得到明顯增強。「收回利權運動的唯一目的並非要爭回紳商對於路礦的經營權，而是要從根本上爭回被列強竊取掠奪的國家主權。『國權』即主權觀念，是 20 世紀民族主義精神的內核，也是收回利權運動的根本要求。」[83] 當時的民眾，已經普遍意識到利權即國權，關係到國家和民族的存亡絕續，因而以高漲的愛國熱情，態度堅決地積極投入收回利權運動，並使這場運動具備了顯著的新時代特徵。即如時人所言：「吾所謂利權思想之發達者，不奇於少數之新黨志士，而奇於多數素無學識素無意識之眾人。猶是礦也，向之引明季故事以為戒，謂鉅資擲諸虛牝者，今則公司廣設，市井投資，嚴屏外人之入股矣。猶是路也，向所指為弊政病國病民者，今乃視為利國利民之要舉，已入外人之手，以全力爭回而自辦，各省既同時舉行，而投資踴躍，不數月而股數已盡。粵漢尤為先聲之奪人，賈豎鄉愚亦知權利資本之輸，曾不少吝，此固非少數之新黨志士，所能隨其後而概加以鞭策也。」[84] 收回利權運動雖然也具有排外色彩，但並非如同以往盲目落後的仇外運動，而是屬於理性的民族民主運動。「各省收回礦權運動，如與同期間內各省進行的收回路權運動，綜合起來看，實為一普遍而深入民間的社會運動，具有十分濃厚的排外性。不過，該項排外運動具有正當的目的，

82　章開沅、林增平主編《辛亥革命史》中冊，第 482 頁。
83　王先明：《近代紳士：一個封建階層的歷史命運》，第 223 頁。
84　勻士：〈論中國近日權利思想之發達〉，《東方雜誌》第 3 年第 9 期，1906 年。

也採用了適當的手段，既足以表達當時民族自覺的願望，又不違背現行國際法的原則，與以前中國官紳迭次進行的反外仇外運動，大相徑庭。」[85]

第二，收回利權運動的開展，明顯促進了 20 世紀初期中國民族資本主義的進一步發展。例如在收回礦權鬥爭的刺激下，中國近代的採礦業有了較大發展。在安徽，呈請開辦礦務者接踵而起，「一年之間，商人承辦者二十餘起」。[86]全國各地著名的商辦近代煤礦，如山西陽泉保晉煤礦公司、山東中興煤礦公司、安徽涇銅礦務公司、四川江合公司等，都是在收回礦權運動中集資創辦的。收回路權運動不僅一定程度地遏止了帝國主義大肆掠取中國路權的陰謀，而且促進了中國商辦鐵路的發展。1903 年至 1911 年，全國成立了 16 個商辦鐵路公司，集股達 5977 萬元，興築鐵路 422 公里。[87]雖然已修鐵路仍很有限，但畢竟開創了中國自建鐵路的先河，因而具有重要意義。商辦鐵路還帶動了一些與路工有關的民族工業的創辦。「從總的方面看，可以說，收回路礦利權鬥爭帶動了路礦的商辦，而路礦的商辦又促進和引發了其他民族企業的創辦，在此意義上講，1905 年至 1908 年的興辦實業高峰即是收回利權運動的產物。」[88]如為籌備鐵路器材，浙路公司等在漢口發起創辦了揚子機器製造廠，張謇等人在通州擴建了資生鐵廠，蘇浙皖贛四省鐵路公司在上海合辦了橋車廠。收回利權運動在這方面的連帶作用與影響，甚至於外人也意識到：在收回利權運動推動之下，「一方面民間有志之士認為，經營企業是收回利權的最好手段，關係國家命運的興衰，因此大聲疾呼：苟有愛國之心，應起而回應股份之招募。看清了利害的中國人民，當然更不計較金錢上的利害，相信能認購一股就等於收回一份權利。於是爭相認購股份，引起了全國到處創辦起股份、合夥或獨資經營的新企業」。[89]當然，中國收回路礦主權也支付了大量贖款，付出了較大的經濟代價。[90]但是，在當時特定的歷史條件下，這一付出既促進了中國民族

85　李恩涵：《晚清的收回礦權運動》，第 367—368 頁。
86　《皖礦始末通告書》，第 2 頁，轉引自章開沅、林增平主編《辛亥革命史》中冊，第 483 頁。
87　宓汝成編《中國近代鐵路史資料》第 3 冊，第 1149—1150 頁。
88　劉世龍：〈略論收回利權運動對於民族資本主義發展的推動作用〉，《歷史教學》1985 年第 5 期。
89　〔日〕根岸佶：〈收回利權運動對中國的影響〉，汪敬虞編《中國近代工業史資料》第 2 輯下冊，第 737—738 頁。
90　有論者指出：時人即已對贖回利權的代價與效果表示懷疑，並進而「開始有人對贖路中的文明排外的手段也產生懷疑」。參見馬陵合〈文明排外與贖路情結〉，《安徽師範大學學報》（人文社會科學版）2003 年第 3 期。另還有學者認為：「在今天看來，不計代價的利權回收運動並不可取，學界一味對之頌肯，是缺乏理性的表現。」參見蘇全有〈對清末利

資本主義的發展，同時也具有難以估價的政治意義，有效地遏止了帝國主義通過攫取利權而控制中國經濟命脈的侵略行徑。因此，不能單純以一時的經濟得失，來衡量和評估收回利權運動的長遠影響與作用。

　　第三，收回利權運動對於工商業者的成長，尤其是對於工商業者思想認識的提高，也產生了較為突出的影響。首先，工商業者的愛國激情得以高漲。他們深刻地意識到利權即國權，維護利權即維護國權。蘇州工商界人士闡明：「國家之權利，莫重於路政，而權利之競爭，亦莫亟於路政。誠以路線所到之處，即國權所植之處，亦即利權所握之處。」基於此種認識，他們特別強調：「自行籌辦，則保路權以保國權，亦即以保利權。」[91] 由此可見，工商業者維護利權的思想動機，同時也在於維護國家主權，是其高度愛國熱情的集中體現。其次，工商業者對利權得失與民族工商業盛衰，以及對其切身利益的緊密關聯，也有了比較深刻的認識。他們意識到只有維護國家和民族的利益，才能使自己的利益不受侵犯，因而在收回利權運動中態度堅決，行動積極。再次，通過開展收回利權運動，工商業者的人民自主觀念也顯著增強。工商界人士曾明確表示：「國家為人民之集合體，人民為國家之一分子，既擔一分子義務，應享一分子權利。雖拔一毛其細已甚，而權利所在，亦不能絲毫有所放棄。苟人人有此觀念，國家何患不強？從前膠州、廣州、威海各口岸之分割，皆不明此義，甘受政府、外人之愚弄所致，甚堪痛惜。今日拒款風潮如此激烈，足見我民氣民權發達之一徵，於數千年專制政體上放一光明，誠不禁為前途賀。」[92] 這樣的言論，可以說集中反映了收回利權運動促進了工商業者思想認識的提高。

　　第四，收回利權運動與清末同時開展的其他政治運動相互促進，共同推動了近代中國民族民主運動的高漲。例如，「人民權力意識的覺醒是立憲運動與收回利權運動的內在根據，也是兩個歷史運動同步相連的深層原因」。雖然收回利權運動主要是經濟上謀求自立的民族主義運動，立憲運動則是政治上謀求改革的民主主義運動，但兩者聯繫密切，「相互激盪」。一方面，「立憲派的政治勇氣提高，直接有利於推展收回利權運動」；另一方面，「收回利權運

權回收運動的反思—以郵傳部收回京漢路為個案〉，《歷史教學》2008 年第 6 期。
91　章開沅等主編《蘇州商會檔案叢編》第 1 輯，第 772 頁。
92　章開沅等主編《蘇州商會檔案叢編》第 1 輯，第 797 頁。

動的高漲，反過來又明顯地促進了立憲運動的進一步發展」。不僅如此，收回利權運動、立憲運動與辛亥革命也存在著內在關聯性。[93] 從整個進程看，收回利權運動與立憲運動幾乎是「同時發生，同步進展，並彼此呼應，在 1911 年合為一流」。1911 年 5 月，「皇族內閣」與「鐵路國有」相繼頒布之後，推翻皇族內閣與取消鐵路國有令即成為立憲運動與收回路權運動互為關聯的任務。「立憲派一面呼籲改組皇族內閣，一面發動保路運動；他們明揭保路旗號，暗行倒閣之實，將保路運動納入了爭取憲政鬥爭的軌道。」[94] 很顯然，保路運動與立憲運動合流之後，聲勢和影響均更為突出。

第五，隨著收回利權運動的發展演變，尤其是「鐵路國有」政策頒布之後，立憲派以及工商各界對清政府的不滿與憤怒也與日俱增，成為武昌起義之後推翻清王朝的重要社會力量。收回利權運動興起之初，其主要鬥爭目標是從帝國主義手中收回被其攫取的鐵路和礦山主權，清朝各級官府包括中央的商部、農工商部和一些地方督撫大員，曾對此給予了一定的支持。但在收回利權運動不斷發展的後期，清政府的態度卻發生了變化，轉而頑固推行借款賣路的倒行逆施政策，激起立憲派和工商各界的憤怒與反抗。「鐵路國有」政策頒布後，社會各界更是堅持抵制，並且與清朝統治者的矛盾日益加劇，將鬥爭鋒芒直指清王朝，使收回利權運動發展成為抵制清政府出賣路權和帝國主義奴役性貸款的反帝反封建鬥爭。立憲派和工商各界認識到清王朝的腐敗反動本質，對其幻想逐步破滅，不僅堅決反對清王朝的賣國政策，而且在辛亥革命爆發後，有相當一部分很快轉向支持革命，由此成為孤立和推翻清王朝的重要力量。

以上主要從五個方面對清末收回利權運動的作用與影響進行了簡要論述，下面再對兩個相關問題略做說明。

首先是 20 世紀初收回利權運動的鬥爭範圍問題。長期以來，相關著述在論及收回利權運動時都只談到收回路權與礦權問題，本章的具體介紹同樣也是如此。於是，給人的印象是收回利權運動僅僅只包括收回路權與礦權的鬥爭。實際上，這種印象與歷史實際不無偏差。確切而言，20 世紀初的收回利權運動除了聲勢浩大的收回路礦主權鬥爭之外，還包括有收回郵政權、電政權、航運權等方面的交涉與鬥爭，只是其聲勢與影響遠遠不及收回路礦主權鬥爭，

93　詳見耿雲志〈收回利權運動、立憲運動與辛亥革命〉，《近代史研究》1992 年第 2 期。
94　閭傑：〈清末兩大社會運動的同步與合流〉，《近代史研究》1993 年第 3 期。

因而容易被人忽略。

　　晚清的郵政一直附設於海關，而海關又係外人控制，因此郵政權也在很大程度上被外人掌握。19 世紀末，國人即意識到應自設郵政專局以收回郵政權，張之洞、劉坤一稍後也曾在聯名奏摺中論及郵政收回事宜。1906 年，郵傳部設立，以收回郵政權為己任，然而「事歷多年，屢議收回自辦，皆無結果」。輿論對此不無批評，認為「收回郵政，正旦夕間事」，「雖設有專部，仍不急行收回，授權於外人」。[95] 1909 年徐世昌繼陳璧擔任郵傳部尚書之後，攝政王載灃曾表示：「郵政為交通要政，現在預備立憲，諸事均須整頓，應將郵政速行設法收回自辦，若常屬外人，殊與行政有礙。」[96] 在各方面因素推動之下，郵傳部對收回郵政權更加積極，擬定了接收郵政的具體步驟與方法。但在徐世昌任上，郵政權之收回仍未實現，再次引起了社會輿論與資政院議員的不滿。直至「宣統三年春間，郵傳部尚書盛宣懷奏請收回郵政，歸部直轄，並竭全力爭之」，才「決計收回，定於五月初一日起實行」。[97] 隨後，郵傳部正式設立郵政總局，開始辦理郵政事務。在向海關交涉收回郵政權的同時，郵傳部還曾採取措施限制和取消列強在華所設郵政業務。1907 年，「郵傳部議將全國郵政收回自辦，所有外洋郵件均歸中國郵局傳遞，而英、美、德、法、俄、日各使亦照會外務部，定期會議郵政辦法」。[98] 隨後，中日之間先達成協議。「郵傳部宣布，凡日俄二國郵件，不許私由鐵路遞送，應照光緒二十九年三月清日郵件條約第八章一律付寄清國郵局。」[99] 至 1909 年，「凡各國在內地所設郵便局、書信館，關於華文往來信件報交華人者，不得再由各國代收代遞，均歸大清郵政局自行收遞」。[100]

　　電政權主要指的是電話、電報線的修建及其經營使用權。在清末的最後幾年間，中國曾與俄國、日本、德國、英國相繼交涉收回電政權事宜，並取得了一定成效。與俄國的交涉主要是北滿軍線、京恰線派工程師及傅家店違約寄電問題，經多次談判，俄國允許將東清鐵路界外軍線電局交還中國管理；

95　〈論中國推廣郵政之所有事〉，《盛京時報》1909 年 6 月 18 日。

96　〈徐尚書預備收回郵政〉，《申報》1909 年 10 月 3 日。

97　蘇全有：《清末郵傳部研究》，中華書局，2005，第 329—330 頁。

98　《外交報》第 194 期，〈交涉錄要〉，第 13 頁，轉引自蘇全有《清末郵傳部研究》，第 333 頁。

99　〈郵部限制日郵〉，《中國日報》1907 年 11 月 22 日，第 2 頁。

100　《外交報》第 283 期，〈外交大事記〉，第 15 頁，轉引自蘇全有《清末郵傳部研究》，第 334 頁。

與此同時，中國要求日本也將東清鐵路界外之軍線撤除，但日方置若罔聞，郵傳部「諮行東三省總督，飭知滿洲中國各電局，不與日本電局交接」。後通過多次交涉，中國付給一定數額的贖金，與日方議訂接收南滿洲電線合同，宣統元年（1909）正月開始接收，「歷時三月，始克竣事」。1907 年，中德簽訂青煙滬水線交接辦法合同，規定所有德營電話電報線售還中國，具體包括塘沽至津京電報線、塘沽車站至白河口林白格住宅之電話線及天津電話線，1909 年交付完畢。與英國的交涉主要是阻止英商在上海租界外擅設電話和無線電報，「以維電政」。此後，清政府反覆強調：「無線電報，無論何國何人，均不得在中國境內設立，業經按照各國定章，奏明通行在案。」[101]

航運權是指各國列強通過不平等條約在中國沿海和內河從事航運的權利。從鴉片戰爭締結《南京條約》到 20 世紀初訂立中外通商行船續約，其間清朝政府與各國簽訂了諸多涉及航運權的不平等條約，使中國不僅喪失了沿海與各商埠的航運主權，而且連非屬通商口岸的內河航運權也一併旁落外人之手，帶來了極其嚴重的惡劣後果。[102] 當時，即有人意識到此種危害，提出收回航運權的主張。宣統元年（1909）十一月，清朝郵傳部為爭取利權，制定《各省大小輪船註冊給照暫行章程》，規定華商輪船向該部註冊獲取執照，海關不得徑發船牌或執照，其目的是以此接管海關的航運行政權。不過，近代中國航運權的收回，經歷了較長的過程，在清季僅僅只是一個發端。

第二個問題，是繼清季收回利權運動高潮過後，進入民國時期收回利權思想與行動的長期延續，由此也可看出收回利權運動在近代中國的持久影響。

以往的中國近代史論著，談到收回利權運動都只限於 20 世紀初期的 10 年範圍，似乎在此之後收回利權已不再為人提及。實際上，收回利權運動在清季經歷了發展高潮之後，到民國時期仍然一直是社會關注的重要話題之一。

例如，1926 年趙祖康發表縱論中國交通權喪失之系列長文，將 1912 年至 1921 年劃為「利權重創時期」，呼籲國人繼續重視利權喪失之嚴重危害，挽回利權。[103] 南京國民政府建立之後，仍不斷有人提出中國宜振興土貨以挽回

101　參見蘇全有《清末郵傳部研究》，第 335—343 頁。

102　參見李國華〈近代列強攫取在華沿海和內河航行權的經過〉，《史學月刊》2009 年第 9 期。

103　趙祖康：〈從利權得失觀劃分中國近世交通史之時期〉（收回交通權芻議之四），《南洋季刊》（經濟號）第 1 卷第 3 期，1926 年。

利權，「蓋土貨一興，即能抵制外來之貨，外溢之利，皆可挽回，而利權不失矣」。[104] 在 1928 年召開的全國經濟會議上，又有代表提交「振興國外貿易以興利權案」，闡明三大具體措施。一是「自開航路」，「中國航業不出國門一步，而欲謀對外貿易者，從何做起？應請財政部發行航業無記名股票二千萬元，由財政部負責保息，組織對外航業公司」；二是「請財政部令飭國家銀行指定基金，擴充國外押匯，優待押匯事業，以利國際貿易之匯兌」；三是「辦國際貿易之檢查所，凡運銷於國外物品，物質上之是否合乎買主定貨單，度量衡之是否準足，非經檢查給據，不得起運，以固貿易之信用」。[105]

　　收回航運權的呼籲與行動，在民國時期甚至呈現出日益高漲的趨勢。「吾國海岸線之長，逾七千浬。長江可直航輪船之水道，達一千六百浬，而支流相通之水道，復滿布全國，故沿海內河之航權，實為吾人之生命線。此項權利，倘一日不收回，匪特剝奪我資源，制我經濟之命脈，抑且影響國防，阻我民族之復興。」[106] 民族資本航運業的呼聲尤為強烈，民國《海事》等雜誌曾經刊載大量相關的文章和報導，從中可見一斑。航運業闡明「中國各海口及長江引水權，操諸外人，與各種不平等條約，同一危害」，要求政府「速制定法規，將國內引水業務，按國際通例，迅行收回，以保主權」。[107] 有的還提出收回航運權的具體步驟，定三年期限，分為三期，逐步收回航運權。第一期收回內港航行權，第二期收回江河航行權，第三期收回一切沿岸航行權。與此同時，中國應預先制定船舶國籍法。[108] 還有人特別指出收回航權之重要意義：「最近收回航權運動，亦隨中日改約而起，在此運動期中，吾人不可不細察各國在華享受航業之特權。」列強各國大肆攫取航權，「凡我國沿海內河外航足跡之所到者，均為其間接的投資地，彼等貨物之運轉暢銷，實為我國經濟被榨取之一大原因，間接的，則使中國內亂不息，與工商業之不發達，故我國航權收回，實有急不容緩之勢」。[109]

　　交通部也曾表示：「中國航業衰落，實受外航壓迫影響，今後當本國際

104　顧駿昂：〈中國宜振興土貨以挽利權〉，《錢業月報》第 7 卷第 7 期，1927 年。

105　〈振興國外貿易以挽利權案〉，《全國經濟會議專刊》，1928 年，第 462—463 頁。

106　王洸：〈航權收回之前後〉，《交通建設》第 1 卷第 1 期，1943 年。

107　〈船業呈請收回引水權〉，《海事》第 4 卷第 11 期，1931 年。

108　陳柏青：〈關於航權收回之商榷〉，《航業月刊》第 1 卷第 3 期，1930 年。

109　〈航權收回運動應有之認識〉，《國立中央大學半月刊》第 1 卷第 11 期，1930 年。

平等原則，收回航權。」[110] 其所設想的具體辦法為：外商在中國領海內航業公司，出價收回；或由中國出資，暫時合營，但名稱及主權，由中國支配，外股定期還清。海軍部、交通部以及考選委員會還曾聯合擬定引水人考試辦法，並創辦引水傳習所，以此辦法培養本國之引水人，改變「外人喧賓奪主之情勢」，「期於最短時期能完全收回」。[111]

　　1929 年，南京國民政府有關各部召開收回航權會議，商討實施大綱。1931 年 7 月，交通部設置各地航政局，將海關代辦之船舶登記檢查丈量等事務，收回自辦。「自此以後，我國始略有航政可言。」但是，海關兼辦之航路標誌、港道工程以及引水管理等事務，仍未能一併收回。直至第二次世界大戰期間的 1942 年 10 月，國際形勢出現新變化，對中國較為有利，交通部才又提出收回航權節略，內容包括收回沿岸貿易權、內河航行權、收購英美在華船舶棧埠、收回引水權。隨後中國與英美簽訂包括上述內容在內的新約，終於基本上收回了喪失數十年的航運權。於是，「主權歸來，我航界同人，亦一舒往日窒息之氣，前途光明，燦爛無窮」。但時人也意識到：「然一念如何振興之道，百端待理，百事待舉，誠非一蹴可幾〔就〕。」為此需要「加強航政機構」，「儲養人才」，「樹立造船基礎」，「商定發展航業方案」，「準備自辦引水管理」。[112]

　　上述情況表明，在論及近代中國的收回利權運動時，不能僅僅只是關注清末這一運動高潮時期，還需要將時段向下延伸，重視對民國時期收回利權運動的延續與發展。

110　〈出價收回內河航權〉，《海事》第 4 卷第 8 期，1931 年。
111　〈海交兩部積極準備收回引水權〉，《工商半月刊》第 3 卷第 16 期，1931 年。
112　王洗：〈航權收回之前後〉，《交通建設》第 1 卷第 1 期，1943 年。

第十七章　清季人口與社會

　　清代人口統計制度的變革始於乾隆六年（1741）。在此之前，清王朝所實行的是所謂的「人丁戶口」，即以納稅法人為單位做統計；而在此之後，才開始有「天下民數」，也即基本近實的人口統計。本章的敘述，就從人口統計制度的這一變化開始。

一、清中葉以降的人口統計與估計

太平天國戰爭前

1. 從「人丁」到「民數」

　　清代初葉從 1644 年到 1740 年，也就是從順治元年始，歷經順治、康熙、雍正三朝，直到乾隆五年的近百年，是中國人口由銳減到緩慢恢復進而迅速增長的時期。但這一變化，在清朝的官方統計中卻沒有得到如實的反映。這是因為，清代初葉所實行的「人丁戶口」統計並非真正的人口統計。

　　康熙時的戶部尚書張玉書說：

> 其載諸冊籍者皆實輸丁糧之人，而一戶之中，生齒雖盛，所籍丁口，率自其高曾所遺，非析產不增丁，則入丁籍者，常不過數人而已。其在仕籍及舉貢監生員與身隸營伍者皆例得優免，而傭保奴隸又皆不列於丁，則所謂戶口登耗之數於生齒之贏絀總無與也。[1]

　　乾隆初年的御史蘇霖渤也在奏議中說：

---

* 本章由姜濤撰寫。
1　張玉書：〈紀順治間戶口數目〉，《皇朝經世文編》卷 30〈戶政〉。

> 向例五年編審，只係按戶定丁。其借糶散賑，皆臨時清查，無從據此
> 民數辦理。[2]

可見，清朝當局也沒有將編審人丁看作真實的人口統計。

編審人丁的實質究竟是什麼？有人認為：它既不是人口數，也不是戶數或納稅的成年男子數，而只不過是賦稅的單位。這一看法部分反映了真實的情況，那就是，在攤丁入地以後，「丁」確實已演化為計稅的單位與尺度。證之以清代若干地方志的記載，「丁」以下還有分、厘、毫等單位。如光緒浙江《分水縣志·食貨志》即記載：「乾隆九年實在人丁六千三百六十九丁二分四厘四毫八絲三忽」，[3] 這裡，人丁顯然已轉化為計稅的單位。但在順治初年直到雍正朝的近百年間，官府所統計的編審人丁卻還不是抽象的計稅單位，因為它必須落實到具體的人戶，即前引蘇霖渤所說的「按戶定丁」。據某些地區承糧花戶名冊中的人名歷經雍正、乾隆、嘉慶三朝近百年而不變的事實，[4] 我們可以判定：編審人丁的統計實質上是納稅法人而不是自然人的人數統計。它的總數由於往往是預定的，所以有別於正常的人口統計；又由於它必須轉化為具體的人戶姓名，即落實到具體的人戶，所以又不是丁賦本身。所謂編審，即是州縣地方政府核准、登記或變更納稅法人的過程。正是編審人丁的這一納稅法人的屬性，才使得州縣以上官府將其彙總層層冊報，並赫然以「天下人丁戶口」的名義載於《清實錄》之中。

順治、康熙、雍正三朝，即 1651—1734 年的人丁統計（包括 1713—1734 年的「滋生人丁」的統計），絕不能用來表示同時期的人口變動狀況。經計算，《清實錄》每年所載的「人丁」與「地畝」之間有著極強的正相關關係。大體為每丁 30 畝，與「一夫百畝」的古制約略相合。[5] 康熙時人盛楓所作〈江北均丁說〉指出：「總一縣之丁課編戶為籍，人賦之得若干，其丁課之數常不及田稅三十分之一。」同時代人李光坡〈答曾邑侯問丁米均派書〉也指出：「夫今之編審，皆因米添丁，則已計田矣，何嘗就丁乎？」[6] 於此可見，所謂

2　〈清高宗實錄〉卷 133，乾隆五年十二月。
3　光緒《分水縣志》卷 3〈食貨志·戶口〉。
4　參見民國《雙流縣志》卷 2〈戶口〉。
5　相關係數 r = 0.960。如以 y 表示人丁（百萬丁），x 表示田地（百萬畝），可得回歸方程：y = 5.229+0.025x（290.4 ≤ x ≤ 897.0），參見姜濤《中國近代人口史》，浙江人民出版社，1993，第 22 頁。
6　以上二文均載於《皇朝經世文編》卷 30〈戶政〉。

的「人丁」與「地畝」，實際上同為法定的納稅單位，並且前者因後者的變動
而變動。

　　清代自乾隆六年開始有民數的統計，在《清實錄》中的用語是：「會計
天下民數，各省通共大小男婦若干名口。」這一統計，從原則上說，已屬於全
民人口統計的範圍。然而所謂「天下民數」，並不是指居住在中國境內的全體
人口，而只是指各直省的漢族人口以及部分已入編氓的少數民族人口。但這部
分人由於已占全國的人口絕對多數，將其近似地看作全國人口的統計還是可以
的。「民數」統計之賴以實現的基礎是清初即已實施而於雍正年間雷厲風行的
保甲制度。

　　清代的民數統計自乾隆六年起，直到光緒二十四年（1898）止，歷經乾
隆、嘉慶、道光、咸豐、同治、光緒六朝，計 158 年。其中，以乾隆、嘉慶、
道光三朝的統計較為完全。根據《清實錄》的原有記載和戶部《彙奏各省民數
穀數清冊》（以下簡稱為《民數冊》）、《清朝文獻通考》、嘉慶《大清會典》
等資料的補充、修正，我們可將乾、嘉、道三朝，也即 1741—1850 年的民數
統計（參見表 17-1）分為四個階段進行考察。[7]

表 17-1　　1741—1851 年民數統計

年度	西元（年）	民數（人）	校正數
乾隆六年	1741	143411559	
乾隆七年	1742	159801551	
乾隆八年	1743	164454416	
乾隆九年	1744	166808604	
乾隆十年	1745	169922127	
乾隆十一年	1746	171896773	
乾隆十二年	1747	171896773	
乾隆十三年	1748	177495039	
乾隆十四年	1749	177495039	177538796
乾隆十五年	1750	179538540	
乾隆十六年	1751	181811359	
乾隆十七年	1752	182857277	

7　1741—1850 年民數統計的分期，考慮到統計的連續性，各階段分期的節點均應為同一年，
　　但乾隆三十九年與乾隆四十年，因統計口徑有變化，前一年為上一階段的末年，後一年為
　　下一階段的始年，這是不同於其他階段的特殊例外。

乾隆十八年	1753	183678259	
乾隆十九年	1754	184504493	
乾隆二十年	1755	185612881	
乾隆二十一年	1756	186615514	
乾隆二十二年	1757	190348328	
乾隆二十三年	1758	191672808	
乾隆二十四年	1759	194791859	
乾隆二十五年	1760	196837977	
乾隆二十六年	1761	198214555	198214553
乾隆二十七年	1762	200472461	201013344
乾隆二十八年	1763	204299828	
乾隆二十九年	1764	205591017	
乾隆三十年	1765	206993224	
乾隆三十一年	1766	208095796	
乾隆三十二年	1767	209839546	209749547
乾隆三十三年	1768	210837502	
乾隆三十四年	1769	212023042	
乾隆三十五年	1770	213613163	
乾隆三十六年	1771	214600356	214647251
乾隆三十七年	1772	216467258	
乾隆三十八年	1773	218743315	
乾隆三十九年	1774	221027224	
乾隆四十年	1775	264561355	
乾隆四十一年	1776	268238181	268238182
乾隆四十二年	1777	270863760	
乾隆四十三年	1778	242965618	
乾隆四十四年	1779	275042916	
乾隆四十五年	1780	277554431	
乾隆四十六年	1781	279816070	
乾隆四十七年	1782	281822675	
乾隆四十八年	1783	284033785	284033805
乾隆四十九年	1784	286331307	
乾隆五十年	1785	288863974	
乾隆五十一年	1786	291102486	
乾隆五十二年	1787	292429018	
乾隆五十三年	1788	294852089	294852189

乾隆五十四年	1789	297717496	
乾隆五十五年	1790	301487115	301487114
乾隆五十六年	1791	304354110	304354160
乾隆五十七年	1792	307467279	
乾隆五十八年	1793	310497210	
乾隆五十九年	1794	313281795	313281295
乾隆六十年	1795	296968968	
嘉慶元年	1796	275662044	
嘉慶二年	1797	271333544	
嘉慶三年	1798	290982980	
嘉慶四年	1799	293283179	
嘉慶五年	1800	295237311	
嘉慶六年	1801	297501548	
嘉慶七年	1802	299749770	
嘉慶八年	1803	302250673	
嘉慶九年	1804	304461284	
嘉慶十年	1805	332181403	
嘉慶十一年	1806	335369469	
嘉慶十二年	1807	338062439	
嘉慶十三年	1808	350291724	
嘉慶十四年	1809	352900024	
嘉慶十五年	1810	345717214	
嘉慶十六年	1811	358610039	
嘉慶十七年	1812	333700560	363695492
嘉慶十八年	1813	336451672	
嘉慶十九年	1814	316574895	
嘉慶二十年	1815	326574895	
嘉慶二十一年	1816	328814957	
嘉慶二十二年	1817	331330433	
嘉慶二十三年	1818	34820037	
嘉慶二十四年	1819	301260545	371580173
嘉慶二十五年	1820	353377694	373773394
道光元年	1821	355540258	
道光二年	1822	372457539	
道光三年	1823	375153122	380619569
道光四年	1824	374601132	382439631

道光五年	1825	379885340	387026888
道光六年	1826	380287007	386081958
道光七年	1827	383696095	388608215
道光八年	1828	386531513	390755718
道光九年	1829	390500650	
道光十年	1830	394784681	
道光十一年	1831	395821092	
道光十二年	1832	397132659	
道光十三年	1833	398924036	
道光十四年	1834	401008574	
道光十五年	1835	401767053	403052086
道光十六年	1836	404901448	
道光十七年	1837	405923174	406984114
道光十八年	1838	409038799	
道光十九年	1839	410850639	
道光二十年	1840	412814828	
道光二十一年	1841	413457311	
道光二十二年	1842	414686994	416118189
道光二十三年	1843	417239097	
道光二十四年	1844	419441336	
道光二十五年	1845	421342730	
道光二十六年	1846	423121129	
道光二十七年	1847	424938009	425106201
道光二十八年	1848	426737016	426928854
道光二十九年	1849	412986649	428420667
道光三十年	1850	414493899	429931034
咸豐元年	1851	432164047	431894047

資料來源：「民數」一欄的資料出自《清實錄》中歷年有關各卷卷末；「校正數」據
　　　　第一歷史檔案館藏《彙奏各省民數穀數清冊》所記。

第一階段，乾隆六年至三十九年（1741—1774），民數由 14341 萬人增加到 22103 萬人。在這一階段中，乾隆七年較六年增加 1600 餘萬人，增幅過大（增長率高達 114‰）。其後則大體以較為平緩的速率逐年增長，平均年增長率為 10.2‰左右。

曾有論者強調 1741 年人口資料的重要性。因為清政府於此年第一次清查

了全國人口，然而方志材料向我們顯示，若干地區是在 1741 年後的數年中才逐戶清查人口並有準確數字上報的。這一事實表明：1741 年後的幾年的人口統計資料的大幅度上升，並不是實際人口突然飛躍增長，而是各地陸續清查人口並將其上報的結果。

第二階段，乾隆四十年至五十九年（1775—1794），民數由 26456 萬人增加到 31328 萬人。這一階段因 1775 年舉行了全國規模的人口清查，而使該年民數比 1774 年猛增 4000 餘萬人（年增長率高達 197‰），與第一階段形成一個陡坡。但本階段其後各年的增長也相當平緩，大體保持年增長率 8.9‰ 左右。唯一的例外是 1778 年，因比上一年少約 2790 萬人而形成一個明顯的統計缺口。

對於 1775 年人口統計的大增長，曾有論者認為是疆吏們為迎合乾隆帝的意願而多報的結果。在此後歷年編造的戶口統計中，可能也未及時將這些虛報數字修正。及至今天，有些學者，尤其是海外的一些學者，仍堅持認為 1775 年後的人口統計有虛報成分，應該予以刪減。根據現在所能搜集到的 1771 年和 1776 年兩年的分省統計資料，我們不難發現：各省的增長幅度並不相同。增幅較大的有四川、廣東、湖北、湖南等省。其中，四川由 307 萬人增加到 779 萬人，增長率高達 154%。增幅較小的有浙江、廣西、奉天（含吉林）、陝西等省。其中陝西由 743 萬人增加到 819 萬人，增長率為 10%。最引人注意的是山東省，竟然出現了負增長。該省由 2600 萬人降至 2150 萬人，增長率為 -17%。值得指出的是，各省人口增幅的大小與各省移民人口（即「流寓」）的多少密切相關，人口增幅較大的幾個省，都是清初以來有大量移民遷入的省分；而出現負增長的山東，恰好是一個人口遷出大省。山東早在康熙年間即有 10 多萬人遷往口外的內蒙古地方墾地。但當時規定，仍由山東巡撫「查明年貌、姓名、籍貫」造冊，以防這些人「將來俱為蒙古矣」。[8] 遲至乾隆年間，遷移至東三省、內蒙古等地的原山東人當不會少於數百萬。若再仔細推敲乾隆帝的相關上諭，我們更可發現它與 1741 年的規定有著原則性的差別：1741 年的規定明確要求各地上報民數時將「流寓」人口除外，1775 年的諭旨卻強調必須將各地的「實在民數」通核上報。[9] 顯然，這種由「本籍主義」向「現

8　《清聖祖實錄》卷 250，康熙五十一年五月壬寅。

9　《清高宗實錄》卷 995，乾隆四十年閏十月丙寅。

住主義」指導原則的改變，才是 1775 年統計人口大幅度增長的主要原因。換句話說，正是 1741 年將「流寓」人口除外的不合理的「本籍主義」規定，造成了 1741─1774 年統計人口與實際人口相比有較大幅度的偏低。

第三階段，乾隆五十九年至嘉慶十七年（1794─1812），民數由 31328 萬人增加到 36370 萬人。這一階段的統計缺口較多。由於這一時期戶部《民數冊》現已大部缺失，《清實錄》的記載又過於簡略，我們無法準確判斷出現這些統計缺口的具體原因。據現存道光朝的《民數冊》推斷，應是災荒或戰亂影響到有關地區，未能及時將人口查報。如果排除這些缺口的干擾，則可以看出，這一階段民數的變動基本上仍是呈現平穩上升的增長曲線：平均年增長率約為 8‰，即每年增加近 270 萬人。

第四階段，嘉慶十七年至道光三十年（1812─1850），民數由 36370 萬人增加到 42993 萬人。這一階段的增長速率已明顯減緩。由於鴉片戰爭和災荒，部分地區民數缺報。雖然按規定，這些地區事後都必須補造（補造的民數附於上報之年的《民數冊》中，而不再對原《民數冊》加以訂正），但因現今留存的《民數冊》殘缺，我們無法將缺失的統計一一修訂補全。根據業經修補校正的資料來看，這一階段人口大體仍呈上升的趨勢，但平均年增長率已下降到 4.6‰。

像 1775 年的全國規模的人口清查，此後直到 1850 年大動亂的前夕沒再舉行過。乾隆帝則寄希望於地方官員平時對保甲編查的盡心盡職。1775 年，他在一則上諭中指出：

> 現今直省查保甲，所在戶口人數，俱稽考成編，無難按籍而計。嗣後各督撫飭所屬，具實在民數上之督撫，督撫彙摺上之於朝。朕以時披覽，即可悉億兆阜成之概，而直省編查保甲之盡心與否，即於此可察看。其敬體而力行之，毋忽！[10]

在乾隆帝治下的最後 20 年，清政府未再對保甲查報人口制度做任何實質性的變動，而一些新規定則進一步完善了這一制度。如乾隆四十九年規定：「各州縣編查保甲，即注明每戶口數。每年造冊送臬司查核。至外來雇工雜項人等

10　《清高宗實錄》卷 992，乾隆四十年十月乙酉。

姓名，各臚列本戶之下……」[11] 這一規定的貫徹也在地方志中得到了反映。據民國陝西《洛川縣志》所載，乾隆五十一年戶口，「流寓、客商、兵丁、軍流、雇工、僧道等，一例編入」。不僅包括定居的全部「土著」、「寄著」人口，連短期停留的所謂「往來無常者」也在統計之列了。[12]

至此，乾隆初年開始形成的建立在保甲體系基礎上的人口統計制度，在形式上已臻於完備，以至於乾隆帝的後繼者，沒有對此做任何進一步的規定。幾十年後，當西方人的足跡越來越多地印在東方這塊古老的土地上時，他們起先是為中國的人口眾多而震驚，繼而懷疑人口統計的準確性。但在他們對中國的人口統計制度做進一步瞭解後，認識到：中國在人口統計方面享有西方所沒有的種種方便，而最主要的就是利用了組織嚴密的保甲制度。中國人是完全可以得到可靠的人口資料的。當時中國的政論家也一致認為：「理戶口之法，莫善於保甲。」[13]

為避免「法久必怠，怠久必弊」，嘉慶、道光兩朝的統治者仍將相當多的精力花在對保甲制度的整頓上。這首先當然是出於維護社會治安的需要，但同樣也反映了統治者要求掌握人口實數的願望。

清中葉所確立的建立在保甲編查基礎之上的人口統計制度，有著極其重要的歷史地位。從名不副實的所謂「人丁戶口」，發展到包含「大小男婦」的全體「民數」，這是一個根本性的轉變。它使得中國的人口統計第一次徹底擺脫了賦稅的束縛，從而能夠更為準確地反映人口變動的實際情況。以組織嚴密的保甲制度作為人口造報的基礎，是清代統治者對人口統計的一大貢獻。它使得地方政府部門可以得到相當可靠的分門別類的人口統計資料，也使得一個數億人口大國的統治者可對全國人口的規模和分布隨時胸中有數。這在世界人口統計史上可謂一個奇蹟。當然，由於統計制度本身存在的缺陷以及其他種種原因，統計人口與實際人口之間還存在著一定程度的偏離。

在前述對人口統計制度考察的基礎上，我們可以就 1741—1850 年的 110 年間，也就是乾隆、嘉慶、道光三朝的統計人口對實際人口的偏離程度做一估

11　席裕福等輯《皇朝政典類纂》卷 30〈戶役一〉，文海出版社，沈雲龍主編《近代中國史料叢刊續編》第 88 輯。

12　民國《洛川縣志》卷 6。

13　轉引自聞鈞天《中國保甲制度》，商務印書館，1936，第 287 頁。

量，並依此推測當時實際應有的人口規模。

對於 1741—1774 年的統計人口，我們不難做出判別。因為它不包括所謂「流寓」人口在內，很顯然，這是一個比實際人口有較大幅度偏低的不完全統計。但對 1775—1850 年的統計人口，我們要做出一個明確的判斷卻較為困難。從我們所掌握的材料來看，這一時期的統計人口較實際人口仍有一定程度的偏離。其中有些可能偏高，更多的卻是偏低，總的趨向則是偏低。這和目前一些研究者認為這一時期的統計人口比實際的偏高的觀點正好相反。

造成統計人口愈益偏差的原因之一，是統計報告中「人為編造」現象的愈演愈烈。所謂「人為編造」，也就是乾隆帝所批評的「約略開造」，正如前文所說，其實是地方當局對本地人口及其變動的一種估計。人口運動有一定的規律性，只要沒有突發性的天災人禍造成較大的人口變動，由地方當局做出的這種估計一般不會偏離實際太遠。而一旦有較大變動時，對人口的重新清查，以及冊籍的重造、核實等工作也就開始了。因此，冊報人口對實際人口的偏離程度，取決於各地方當局對人口清查的頻率和認真程度：如果兩次清查的間隔時間較短，州縣當局工作認真，其偏離度就會相應小一些；反之，就要大一些。如果清查的時間間隔過大，或乾脆沒有清查，那麼冊報人口的可信度就很成問題了。

有證據表明，乾隆年間人口統計資料的可信度比嘉慶、道光年間為高。而道光朝前 20 年（1820—1839）的有關統計又比後 10 年（1840 年鴉片戰爭後）要略好一些。有兩種形式的統計失實是較易察覺的。一是長期襲用同一冊報數字。這在嘉慶、道光年間有所表現。如四川省之瀘州，嘉慶十六年（1811）冊報人口為：148470 戶 446055 口；而 12 年後的道光三年（1823），該州冊報人口仍為此數。另一就是長期沿襲同一（或大致相同的）增長數字，如每年都比上年增長 200 人或 300 人等。這主要表現於全國大動亂的咸豐年間以後，在嘉慶、道光年間還不突出。

造成統計人口失實的另一原因，是統計報告中少報、漏報、缺報等現象相當嚴重。一些邊遠省分存在著大批保甲編查未及的地方。西南地區，如雲南、貴州、四川、廣西等省，有大量的少數民族居住或與漢族混居。這些人口，或是完全沒有上報，或是嚴重缺報。有人估計，1850 年前後，僅雲南、貴州

及四川南部地區，至少有 500 萬以上的人口沒有登記造報。[14] 東三省，是滿族發祥之地，曾嚴禁漢人移居，但禁而不能止，以至於每查報一次，總會增加數千戶新來流民。大量漢族人口也因非法移居，而無法以正常管道清查上報。其他省分的邊遠山區，如廣東、福建、江西、浙江、安徽以及湖北、陝西、四川等省邊界毗鄰山區，有大量棚民、寮民居住，對這些人口的查報，也有相當的困難。

　　即使是人口較為稠密、保甲編查較嚴的地區，缺戶、漏口（尤其是婦女、兒童）也是常事。乾隆時的官僚陳宏謀就曾建議：保甲編查可將婦女、兒童除外。這一建議遭到清廷的否決。但在各地人口造報中，實際注重的往往仍是成年男子。比如，江蘇各地在乾隆以後編纂的方志中，很多就只載男丁數。《嘉慶重修一統志》中，江寧布政使司所屬的江寧、揚州、淮安、徐州、通州、海州等 4 府 2 州的所謂人口數，實際上只是對男丁的統計。有些地方人口雖然男女並造，但婦女、兒童遺漏很多。如廣東新寧縣道光八年統計，男子 128863 人，女子僅為 68109 人，性比例竟高達 189。[15] 又如江蘇青浦縣嘉慶二十一年統計，男丁 82898 人，婦女 72854 人，幼童 40456 人，其中，幼女 12886 人。成人的性比例尚屬正常，但兒童中女孩所占比例太低，顯然是少報了。[16] 若兒童性比例也按成人的比例計，僅少報的幼女人口一項，即可達總人口的 10% 以上。

　　道光中期曾任直隸鉅鹿知縣的黃育楩說過，百姓已將保甲編查視為具文。造冊時，有一戶漏數口的，也有一村漏數戶的。抽查時，戶漏數口的或許能查出，村漏數戶的就沒法查出了。[17] 咸豐初年在戶部任職的王慶雲，對道光以前人口統計的總體看法是：「各省冊報民數固不能一無舛漏，大抵有少開而無多報。」乾隆年間的詩人袁枚也說過類似的話。[18] 有趣的是，英國外交官約翰‧包令（J. Bowring）爵士在應倫敦人口統計局局長之請專函討論中國人口時，也表示了同樣的見解。在這封發表於 1855 年的信函中，包令提到，五個通商

14　〔美〕李中清：〈明清時期中國西南的經濟發展和人口增長〉，《清史論叢》第 5 輯，中華書局，1984，第 70—71 頁。
15　光緒《廣州府志》，第 70 頁。
16　光緒《青浦縣志》卷 6。
17　黃育楩：〈破邪詳辯〉，《清史資料》第 3 輯，中華書局，1982，第 60 頁。
18　王慶雲：《石渠餘紀》卷 3〈紀丁額〉，北京古籍出版社，1985；袁枚：《小倉山房文集》卷 15〈上陳撫軍辦保甲狀〉，上海古籍出版社，1988。

口岸的人口全比政府統計的數目多。寧波是五個口岸中人口增長最緩慢的，但其實際人口已遠遠在官府統計之上。當時的官吏以得到交通便利、人煙稠密地方的民數而知足，偏僻鄉間的民數則常常缺漏。[19]

還需要指出的是，在清政府對人口統計資料進行匯總的過程中，常有部分地區人口缺報。雖然，在戶部《彙奏各省民數穀數清冊》中，對這些缺報地區都有明確記載，但在《清實錄》等文獻中卻大多得不到反映，一般研究者也往往將之忽略。最後，我們不可忘記，還有不在民數統計之中的滿族宗室貴族，八旗、綠營兵籍人口，蒙、藏等少數民族人口，他們的總數雖然不多，卻始終占全國總人口的一定比例。

將上述因素都考慮在內，我們估計，至1850年前後，實際人口至少應達到4.5億。

至於1741—1774年的統計人口，則應先將「流寓」人口所占的比例考慮在內。這可按1775年統計人口的增長幅度即約20％進行推導。如此，則1740年前後包括「流寓」人口在內的民族，應不少於兩億。這就是說，早在乾隆初年，全國的實際人口就已經大大超過明代盛年了。

生活在清代中期的人們始終感受到人口的沉重壓力。我們所接觸的地方志和其他資料中，就有很多乾隆以後「人滿為患」的記載。統治者為緩解人口的壓力採取了一系列措施。如開放封禁山區，允許開荒歸己、免於升科，適當鼓勵向某些邊遠地區移民，等等。但「人滿」的陰影始終籠罩著中華大地。正如兩位遠在歐洲的評論家馬克思和恩格斯於1850年所指出的，在中國，「緩慢地但不斷地增加的過剩人口，早已使它的社會條件成為這個民族的大多數人的沉重枷鎖」。[20]

2. 戰前的人口分布與遷移

清代全盛時疆域達1300萬平方公里，但人口分布卻極不均衡。在1820年前後，全國人口約為3.9億，其中近98％居住在18省及奉天地區。而上述地區合計面積約440萬平方公里，僅占全國總面積的1/3強。中國地處北溫帶，

---

19 參見王士達《近代中國人口的估計（初稿）》（上），《社會科學雜誌》抽印合訂本，北平社會調查所，1931，第109頁。
20 馬克思、恩格斯：《國際述評》（一），《馬克思恩格斯全集》第7卷，人民出版社，1959，第264頁。

疆域遼闊，自然條件複雜多變。根據中國自然條件不均衡性的綜合表現，一些科學工作者將中國概分為三個範圍十分廣闊的自然區域和若干較小的自然單元。三大區域及其主要特點是：東部季風區域，季風氣候、雨熱同季、局部有旱潦，以糧食生產為主；西北乾旱區域，乾旱、水分不足限制了溫度發揮作用，只能以牧業為主，間有綠洲發展農業；青藏高寒區域，高寒、溫度過低限制了水分發揮作用，以高原牧業為主，僅在溝谷及低海拔高原有農業。[21] 18 省及奉天地區，除西北的極少數地方外，都處於東部季風區域，屬於宜農地區，有著悠久的農耕文化傳統，因而孕育和形成了占全國人口絕對多數的華夏─漢民族。

中國古代的人口遷移運動，主要有兩種表現形式：一是波浪式離心運動，即漢民族人口由黃河中下游人口稠密地區逐漸向四周擴散，而且在多數地區還呈現波浪式推進的特點；二是北進南退運動，即北方民族不斷向漢民族居住的黃河流域推進，並迫使漢民族人口大規模南遷。[22] 在中央政權強盛，人民較長時間享受政治安定的條件下，大致以前者為主；在連年戰亂或幾個政權對峙、鼎立的情形下，則以後者為主。這兩種人口遷移運動形式共同作用的結果是，中國人口稠密地區南移，並最終形成了中國人口分布南重北輕的局面。

清初以來的人口遷移運動，表現出一些新的特點。

清帝國是由北方少數民族─滿族入主中原而建立起來的中央集權的龐大帝國。清軍入關本身就是一次具有相當規模的人口遷移運動。據記載，順治元年（1644），僅入山海關與李自成軍隊作戰的清軍主力就達到 14 萬人。定都北京後，滿族人差不多全部入關，許多蒙古人和早年降清的漢人也隨之「從龍入關」，估計入關總人數可達百萬。清軍由北向南、由東向西，以高屋建瓴之勢擊潰了農民起義軍和南明軍隊，迅速控制了全國的戰略要地。由於南明的幾個政權相繼敗亡，未能形成與清廷對峙的局面，也由於滿洲貴族與各地（首先是北方）漢族上層人士相結合，清政府迅速穩定了局勢，加之當時北方人口損失嚴重，南方人口大大超過北方，中原人大量南遷的局面沒有再現。

康熙中期，原居住於漠北地區的喀爾喀蒙古三部，在厄魯特蒙古準噶爾

21　全國農業區劃委員會中國自然區劃概要編寫組編《中國自然區劃概要》，科學出版社，1984，第 70—71 頁。
22　參見胡煥庸等《中國人口地理》上冊，華東師範大學出版社，1984，第八章。

部的侵襲和壓迫下，曾一度大舉內徙。由於清王朝的強盛和妥善安置，加之準噶爾勢力很快被擊退，這次內徙並沒有波及廣大漢族人居住的地區。此後，一些少數民族人口遷徙，如 18 世紀中葉清廷平定新疆後，南疆部分維吾爾族人北遷，原住東北的索倫兵、錫伯兵及其眷屬向新疆地區西遷，厄魯特蒙古土爾扈特部萬里來歸等。雖然這些都是清代人口遷移史上的重大事件，但由於發生在邊疆地區，其人口絕對數又很少，對全國人口分布的基本形勢並沒產生什麼影響。

相反，由於大一統帝國的建立，多年相對安定的政治局面，原本就占全國人口絕對多數的漢民族人口有了較大幅度的增長，使得人口由稠密地區向相對稀疏地區尤其是向邊疆地區的遷移運動逐漸發展起來。然而，漢民族的人口遷移運動，也不再表現為以中原為唯一中心的「波浪式離心運動」，而是以「秦嶺—淮河」一線為界，相當明顯地區分為北方和南方兩大地域系統。「秦嶺—淮河」線是歷史上形成的中國北方與南方的重要的自然及人文地理的分界線。從自然地理來說，此線是東部季風區域內亞熱帶濕潤地區與溫帶亞濕潤地區的分界線；從歷史上看，此線又多次成為南北政權對峙（例如南宋與金）的分界線。此線的南北，雖然都屬於宜農的東部季風區域，但南方多稻米，北方多旱作。民情習俗等，也都有一定的差異。北方地區的人口遷移，很少越過此線而轉向南方；南方地區的人口遷移，更少越出此線而向北。「秦嶺—淮河」線雖然沒有天險和人為因素的禁阻，卻像一道無形的屏障，分隔了南北兩側人口遷徙的洪流。

（1）北方

橫貫於東部季風區域北方地區的黃河，是華夏文明的搖籃。黃河的中下游流域，古稱中原。華夏民族的人口分布與人口遷移，是以自己的母親河—黃河為中心而展開的。

清代北方的人口遷移，基本仍是古代以中原為中心的輻射狀外遷運動的繼續，只是少了向南方的遷徙。這一地區，在清代包括直隸、山東、河南、山西、陝西以及甘肅東部等地，是中國歷史上農業經濟最早發展和文化最為發達的地區，也曾是中國歷史上人口最為密集的地區。這裡與東北、內蒙古地區壤地相接，並以河西走廊與新疆地區相通。中原地區曾經林木茂盛，土地肥沃，

自然條件十分優越，但經過數千年的開發，又屢經戰亂，加之氣候條件長期以來由暖轉冷、由濕轉乾演變，生態環境遭到嚴重破壞。明清之際，直隸、山東、河南等省已是每遇天災人禍往往赤地千里。進入 19 世紀後，山西、陝西及甘肅東部等地區的自然條件也開始明顯惡化。在人口增殖和生態環境惡化的雙重作用下，上述地區成了清代中國北方人口外遷的主要源地。

清王朝出於統治集團自身利益的考慮，對漢民族人口的外遷基本上不持鼓勵、歡迎的態度。長期以來，黑龍江及新疆的邊遠地區，只是作為罪流充軍等強制性移民的處所。對向長城以北內蒙古地區的人口遷移，雖能網開一面，但也嚴格加以控制。對向西北新疆地區的移民，政府是提倡的，卻因新疆本身自然條件的限制，加之路途遙遠，交通不便，沒有取得實質性的效果。這一狀況，直到第二次鴉片戰爭清政府為列強所敗，又喪失了東北和西北的大片領土後，才有所轉變。

對向奉天、吉林的人口遷移，除清初一個短時期外，清廷對此一直加以限制或禁止。但漢族移民仍不斷非法前往。陸路上，直隸、山東等省流民不斷由山海關、喜峰口、古北口等處「闖關」；海路上，山東登、萊二府與遼東半島一衣帶水，順風揚帆，一日可至，偷渡者絡繹不絕。而每遇內地災荒之年，貧苦流民便拖家攜眷，紛紛到關外求食，當局又不能不網開一面。各種關卡乃至柳條邊，均形同虛設，連乾隆帝也自嘲「其設還與不設同」。[23]

在對漢族移民人口嚴加控制的同時，為解決京城及附近地區閒散旗人的生計問題，清政府曾先後數次組織「京旗移墾」活動。這是一項耗資甚巨收效卻並不顯著的移民措施。這些閒散旗人由於過慣了城市寄生生活，不善於也不屑於從事耕作，多將屯墾視作畏途。只是在政府給予優厚的補貼，又准許契買奴僕，或覓長工代其耕作的情況下，才勉強往該地陸續安置了一些人。據統計，從乾隆初年到道光年間，即 1740—1840 年的一百多年裡，移住東北各地（主要為中部的阿城、五常、雙城地區）墾殖的旗人計 5185 戶。不過，為之所吸引的漢人，據認為已數十倍於「京旗移墾」的人口。[24] 事實上，東北社會經濟生活的正常運行，根本離不開由關內遷來的漢族人。1748 年，僅吉

23　《盛京通志》卷 13〈柳條邊詩〉。
24　參見石方〈清朝中期的「京旗移墾」、漢族移民東北及其社會意義〉，《人口學刊》1987
　　年第 4 期。

林、寧古塔及船廠等地聚集的商賈、工匠、傭工等已達三四萬人，他們多來自直隸、河南、山東、山西等省。[25]

然而總的說來，在 1850 年代太平天國戰爭爆發以前，東北地區內地移民最多、開發程度最高的，仍僅是南部奉天的一隅之地。這是清政府對漢族移民的既成事實加以承認但又設法予以限制的結果。儘管如此，吉林西部還是先後設立了吉林廳、長春廳和伯都訥廳，以便管理日益增多的漢族移民。而吉林東部的濱海地區和整個黑龍江流域，則繼續維持著人煙稀少的情形。

直隸、山西等省長城各口以外的內蒙古地區，清初時已有華北各地的漢族人前往墾地、經商或從事手工業勞動。「闖關東」（出古北口、喜峰口和山海關）的行列中，有不少人實際上只是到內蒙古東部的昭烏達盟等地，還有不少人則以「走西口」（出山西之殺虎口）的方式來到歸綏與河套地區。先是春去秋歸，謂之「雁行」客戶；久了，也有不少人定居下來。

到口外的內蒙古地方謀生的漢民中，首以山東人為多。早在康熙五十一年（1712），山東人往來口外者，就已多至 10 餘萬。其後，直隸、山西人也大批來到口外。陝西的延安、榆林二府，緊鄰內蒙古的伊克昭盟，地處沿邊，多為沙漠，農民全靠耕種口外的田地維持生計，春去秋歸，習以為常。

根據對 19 世紀初歸化城六廳、赤峰地區、豐鎮廳等處漢族人口的不完全統計，有人估計當時在內蒙古地區（按現政區）的漢族人最少也有百萬，與分布在該地區的蒙古族人約略相等。[26] 漢族移民集中居住的上述三個地區，離長城各口不遠，與直隸、山西壤地相接，且在行政上受這兩省管轄。

西北的新疆地區，與東三省遙遙相對。在西迄巴爾喀什湖和蔥嶺的廣大區域內，由橫貫東西的天山山脈將其一分為二。天山以北為準部，為厄魯特蒙古準噶爾部的游牧之地；天山以南為回部，主要分布著以綠洲農業為生的維吾爾族人等。18 世紀中葉，清廷平定準、回二部以後，除在巴里坤、烏魯木齊等地置鎮西府、迪化州內屬甘肅省外，特設總統伊犁等處將軍，統轄天山南北各新疆地方官兵調遣事務，又設參贊大臣、辦事大臣、領隊大臣、章京、糧員同知及滿漢營官負責具體管理。對於準、回二部的「恭誠投順者」，清廷

25　傅恆：〈清釐奉天流民以培風俗議〉，《盛京通志》卷 129。
26　《中國人口・內蒙古分冊》，中國財政經濟出版社，1987，第 49—50 頁。

還給予封爵，准許世襲，並設分理回務諸扎薩克、伯克以統理其眾，分境鈐轄，一如內地。

乾隆二十四年，清廷統一全疆時，所統計的回部人口有約 26 萬人。[27] 準部人口在極盛時曾有民眾 20 餘萬戶 60 餘萬人。據魏源《聖武記》記載，清軍平準部時，「料數十萬戶中，先痘死者十之四，繼竄入俄羅斯哈薩克者十之二，卒殲於大兵者十之三」。[28] 照此說法，存者僅六七萬人。此後由於駐軍和內地移民屯墾，新疆人口有所增加。1820 年前後，統計的民戶已達 9 萬餘戶 47 萬餘人。[29] 另有記載表明，伊犁將軍直接統轄的兵員及其眷屬已達 9.8 萬人，其他地區駐軍約 1.2 萬人。若再加上大量未經統計的各族人口，總人口應在 100 萬人以上，已超過準部極盛時該地區的人口規模。[30]

乾隆帝在其晚年談及當時人口日增、耕地日蹙的情形時曾自詡，「猶幸朕臨御以來，闢土開疆，幅員日廓，小民皆得開墾邊外地土，藉以暫謀口食」。[31] 然而他當政時所開闢的只是西域新疆地區。由於該地的自然條件並不理想，加之距內地過遠，交通不便，接納人口極為有限。

（2）南方

「秦嶺—淮河」一線以南的南方地區，其人口自唐宋以來，已逐漸超過北方。在政區的設置上，南方也是逐漸增多，而且愈分愈細。清代前期設置的 18 省中，位於南方的就有 12 個。南方各省氣候暖濕，自然條件優越，再加上開發相對晚，土地所能承受的人口容量要比北方各省大得多。因而在人口增長方面，也表現出明顯的南北差別。如以山東、河南、陝西、甘肅及其以北地區的北方和以江蘇、安徽、湖北、四川及其以南地區的南方相比，可以發現：南方人口的增長速度要大大超過北方。與此相應的是，南方人口比重不斷上升，北方人口比重連續下降。1749 年，南方各省人口占全國總人口的 58.8%；1776 年，比重上升至 63.3%；1812 年，上升至 66.8%；1850 年，

27　據《西域圖志》卷 33。按，俄國軍官 A. N. 庫羅派特金認為此時南疆人口約 37.5 萬，見氏著《喀什噶爾》，中國社會科學院近代史研究所翻譯室譯，商務印書館，1982，第 106 頁。

28　魏源：《聖武記》卷 4〈乾隆蕩平準部記〉；昭槤：《嘯亭雜錄》卷 3〈西域用兵始末〉。

29　據嘉慶二十五年戶部《民數冊》，是年巴里坤、烏魯木齊人口已達 184045 人。

30　據 A. N. 庫羅派特金的估計，1825 年，僅南疆（即回部）人口已達 150 萬，但他的估計有偏高之嫌。見氏著《喀什噶爾》，第 113 頁。

31　《清高宗實錄》卷 1441，乾隆五十八年十一月戊午。

更增至 70.8%。至此，南方與北方人口比為 7：3。南北人口比重如此懸殊，這在中國人口史上空前絕後。

然而南方各地區人口的分布與經濟發展的程度很不一致，再加上明清之際以及康熙年間平定「三藩」之亂兩次大規模戰爭所造成的區域性人口損失，使得南方地區的人口遷移表現出與北方種種不同的特點。

首先，南方地區沒有一個明顯的人口遷出的中心源地。與北方人口始終以中原地區（在清代主要是山東、直隸、河南三省）為源地，向邊疆地區擴散的表現不同，南方地區不存在這樣一個明顯的、相對持續穩定的人口遷出中心。清代南方人口最為稠密的江蘇、浙江、安徽三省（同時也是全國人口最為稠密的地區），人口外遷的比重要比上述北方三省小得多。不僅如此，由於位居三省中心地帶的江南地區商品經濟及文化發達，城市化程度極高，反而吸引和容納了大量外來人口。湖南、湖北、江西三省，一方面有大量人口遷往西南的四川、雲南、貴州等省；另一方面它們各自的邊遠山區也接納來自鄰省和各該省平原地區的相當多的人口。真正的純人口遷出地區，不是在南方的腹地，而是在福建、廣東的沿海地區。除了向各內地省分，主要是西南方向遷移外，這裡的人有很多搭上了向臺灣地區和海外遷徙的航船。但它們在整個南方地區的人口遷移運動中也遠未占據主導地位，最多只能算是向海外遷移的「中心源地」吧！

其次，相應的，南方地區也沒有長期穩定的移民遷入區域。南方 12 省面積有限，只占清代全盛時期總面積的 21% 左右，不存在像北部邊疆地區那樣極其廣袤且人口密度極低的區域可供長期開發。南方的一些人口遷入區域，如臺灣等地，往往都只能維持一個不太長甚至極短時期的人口入遷局面。四川是清代前期歷時最長，容載量最大的人口遷入地區，但官方公開招徠移民的時間也很有限，僅康熙一朝而已。雍正時已不提倡對四川移民。乾隆初年，政府對移民不再負責安排。乾隆末年，四川人口已有外遷的記載。因此，自乾隆後期起，在向四川、臺灣等地遷移人口的高潮已過，而海外遷移又長期處於非法、不暢的狀態下，南方人口大量自發地向西南少數民族地區和各省邊遠山區遷徙，從而使整個南方地區的人口密度在太平天國戰爭前達到了歷史最高水準。

南方多丘陵、山地，由於南方地區開發相對較遲，再加上氣候條件較好

（暖濕的東南季風影響強度大），這些丘陵、山地在清初時植被覆蓋仍良好。明代中後期，美洲高產作物玉米、番薯相繼傳入中國；清代乾隆年間，又得到進一步廣泛傳播。由於這些作物對土地的要求不高，也為清代南方人口向各省邊遠山區的遷移提供了物質的基礎。

　　從各省邊遠山區的人口構成來看，客民占多數甚至絕對多數。以陝西興安府為例，乾隆五十三年（1788），「各縣查報戶口冊籍……三十八萬一百二十名口之多，較國初多至數倍」。嘉慶年間，已是「深山邃穀，到處有人，寸地皆耕」。[32] 嘉慶二十五年（1820），該府登記人口為 121.4 萬人。32 年增長了 2.19 倍。該府西鄰的漢中府，據稱「老民十隻二、三」，其餘都是乾隆以後移入的「新民」。[33] 嘉慶二十五年，該府統計人口為 154 萬多人，則移民人口至少有 100 萬人以上。鄂西鄖陽府屬竹溪縣，縣志也稱：「土著只占其二，其餘均為客籍。」[34]

　　向臺灣地區和海外的人口遷移，主要限於東南沿海的福建、廣東二省。

　　閩、粵二省，均多山地和丘陵，依山傍海，山多田少。而閩南之漳、泉二府與粵東之潮、惠、嘉應三府州，尤其「人稠地狹，田園不足與耕」。由於自然條件的制約，這些地區的真正優勢不在陸地而在海洋。從交通上看，閩粵沿海赴臺灣及南洋諸島，遠比赴內地的陸路方便、快捷。從廈門到臺灣，水路六百餘里，順風兩天兩夜可達。特別是泉州之蚶江與臺灣彰化之鹿港對渡，順風半日就可到達。從廣東的汕頭到菲律賓的呂宋島北岸，若利用季候風，三日也可到達。

　　清初，閩粵沿海和臺灣一帶是抗清鬥爭的重要地區，並曾取得南洋方面的支持。為此，清廷數次下遷海令與禁海令，以切斷閩粵沿海地區與海外的聯繫。禁海令在形式上一直維持到光緒十九年（1893）才被豁除，在此之前的相當長時間內，造成閩粵沿海人民的生活極為困苦。兩省人民在戶口增殖、食者愈多的情形下，開始向外流遷。一是如前所說，流向四川、廣西等內地省分和其他邊遠山區；一是在臺灣內附開禁後大批湧入臺灣；還有一些則冒禁私渡之險到海外謀生。

32　乾隆《興安府志》卷 10〈食貨志・戶口〉；嘉慶《續興安府志》卷 2〈食貨志〉。
33　嘉慶《漢南續修府志》卷 21〈風俗〉。
34　同治《竹溪縣志》卷 14〈風俗〉。

　　向臺灣的較大規模的人口遷移，始於明末天啟年間（1621—1627）。清初，鄭成功統治臺灣時，曾從大陸帶去數萬官兵及其眷屬。清廷下遷海令，鄭氏又招沿海居民不願內徙者近十萬人東渡臺灣。[35] 清政府統一臺灣後，很多鄭氏官兵被遷回大陸，不少百姓也回大陸與家人團聚，臺灣人口一度減少，但不久即有大批閩粵貧民渡海至臺。乾隆三十四年（1769），已有「閩人約數十萬，粵人約十餘萬，而渡臺者仍源源不絕」。[36] 據統計，臺灣人口在康熙初年約有 20 萬，乾隆中期增至百萬。嘉慶十六年（1811），全臺灣漢人約為 24 萬餘戶 200 萬人。[37] 這是大陸人口遷臺的高潮。在臺移民人口中，以福建人占優勢，其中又以閩南漳、泉二府人居多。嘉慶十七年後，戶部《民數冊》不再有臺灣的人口統計。但據連橫《臺灣通史》記載，道光二十三年（1843）臺灣人口約 250 萬，建省後不久的光緒十三年（1887）約 320 萬。[38] 平均年增長率為 7%（1811—1843）和 5.6%（1843—1887）。雖然較大陸同期人口平均年增長率稍高些，但勢頭已大不如 18 世紀。臺灣在 19 世紀中期並沒有遭到大陸那樣嚴重的天災人禍，這樣的增長率應該說是相當低的。它反映了臺灣此時已沒有或很少有人口遷入。一些有去臺人員記載的宗譜資料也表明：這些家族的去臺人員一般止於嘉慶末年，以後的道光、咸豐年間，家族成員多流向南洋各地。臺灣已不再是閩粵人口外遷的主要地區。

　　南洋，即今東南亞，是閩粵人又一傳統的外徙地。閩南人是南洋地區最早的拓荒者。菲律賓、印尼以及馬來亞最早的華人移民都以閩南人為大多數，其次才為粵人、客家人等。清初雖頒有禁令，但下南洋者屢禁不絕。雍正五年（1727）浙閩總督高其倬等奏報：每當商船出洋之時，每船所報人數，連舵手客商總計，多者不過七八十人，少者六七十人，其實每船皆私載二三百人，最多的私載至四五百人。到達目的地後，私載之人，就留下不再回來了。偷渡者中，福建人占十之六七，廣東與江浙等省則占十之三四。此時的噶羅巴（即今之雅加達）已有華人數萬人之多。[39]

35　沈雲：《臺灣鄭氏始末》卷 4，轉引自連橫《臺灣通史》卷 2，商務印書館，1947。

36　《清高宗實錄》卷 845，乾隆三十四年十月癸酉。

37　參見連橫《臺灣通史》。

38　連橫：《臺灣通史》卷 3〈經營志〉、卷 7〈戶役志〉。

39　〈雍正五年九月初九日浙閩總督高其倬等奏〉，陳翰笙主編《華工出國史料彙編》第 1 輯，中華書局，1985，第 2 頁。

閩粵沿海自發性的人口遷移逐漸與西方殖民主義者有計劃地對廉價勞動力的掠奪攪和在一起。這在 1840 年鴉片戰爭以後，開始變得更加突出了。一些活躍在南洋及閩粵沿海一帶的人口販子，客觀上也助長了閩粵沿海人出洋的潮流。

要對清代閩粵向海外遷徙人口做估計，是一件很困難的事。截至鴉片戰爭時，海外華僑、華人人數最高時應在 100 萬人左右。[40] 這在絕對量上僅有當時臺灣漢族人的一半。之所以如此，是因為大部分海外移民是青壯年勞力，他們極少攜眷出洋，「根」還在中國大陸。南洋群島各地的華人經常回國探親，與妻子團聚，生育子嗣留在本鄉傳宗接代。

太平天國戰爭後

1. 虛應故事的戶部《民數冊》

清代末期自咸豐元年（1851）到宣統三年（1911）的 60 年，是中國人口由銳減而逐漸恢復的時期，也是人口統計嚴重短缺、嚴重失實，並最終重新舉行全國規模的人口調查的時期。

道光三十年十月（1850 年 11 月），洪秀全等人於廣西桂平縣的金田村起義。短短數年，這一革命便席捲了大半個中國。在太平天國戰爭的影響下，各地各族人民的反清起義風起雲湧。清政府動用自身的全部力量，對造反的各族人民實施血腥鎮壓。外國侵略勢力也趁火打劫，或發動戰爭，以攫取更多在華利益和特權；或鯨吞蠶食中國領土，奴役壓迫邊疆人民。嚴重的饑饉、瘟疫也隨之暴發，交替襲來。如果以咸豐二年十二月（1853 年 1 月）太平軍攻克第一座省城武昌作為內戰全面大爆發的標誌，那麼到光緒三年十一月末（1878 年 1 月）清軍收復除伊犁之外的新疆全境，全國的戰亂整整延續了 1/4 世紀。若再加上光緒三年至四年間北方的大饑饉和隨之而起的瘟疫，實際上要到光緒六年才基本扭轉中國人口連遭損失的嚴重局面。

中國的疆域在這一時期已大為縮小。19 世紀五六十年代，沙俄通過中俄《璦琿條約》、中俄《北京條約》等一系列不平等條約，先後割占中國東北、西北 140 多萬平方公里的土地，之後又不斷侵吞蠶食，到 1911 年，中國實際

40　轉引自鄭明編著《海外赤子─華僑》，人民出版社，1985，第 202 頁。

領土面積約 1130 萬平方公里，為 1820 年的 87%。清末的政區設置也有一些變化。光緒十年（1884），新疆置省，原屬甘肅的迪化州及鎮西、哈密、吐魯番三廳劃歸該省建置。次年，原屬福建的臺灣府升置為省，即以原福建巡撫為臺灣巡撫。光緒三十三年（1907），東三省罷將軍，置東三省總督和三省巡撫，正式改為行省。這些新置行省，也相應地增置了一批府、州、廳、縣。

　　大規模的戰爭動亂，直接影響到戶部《民數冊》的人口統計。自咸豐二年（1852）起，歷年的人口造報每缺數省。缺報最多時可達 10 個省區，占應造報地區總數的一半。直到全國平定多年後的光緒二十四年（1898），即現存最後一本《民數冊》彙造時，仍有 7 個省區缺報（參見表 17-2）。

表 17-2　1851—1901 年民數統計

年分	西元（年）	民數（人）	年分	西元（年）	民數（人）
咸豐元年	1851	431989047	光緒元年	1875	305013714*
咸豐二年	1852	379180257	光緒二年	1876	306599491
咸豐三年	1853	318227800	光緒三年	1877	308803939
咸豐四年	1854	318845626	光緒四年	1878	307985578
咸豐五年	1855	318845752	光緒五年	1879	309907620
咸豐六年	1856	297967493	光緒六年	1880	288558494
咸豐七年	1857	291601981	光緒七年	1881	283110942
咸豐八年	1858	314626071	光緒八年	1882	307431956
咸豐九年	1859	291148743	光緒九年	1883	284914114
咸豐十年	1860	281892743	光緒十年	1884	318174684
咸豐十一年	1861	287963857	光緒十一年	1885	319775239
同治元年	1862	276591592	光緒十二年	1886	326880782
同治二年	1863	258076889	光緒十三年	1887	328430922
同治三年	1864	256744109	光緒十四年	1888	337766160
同治四年	1865	260697717	光緒十五年	1889	331698300
同治五年	1866	255957082	光緒十六年	1890	333243259
同治六年	1867	256236827	光緒十七年	1891	307903851
同治七年	1868	257925204	光緒十八年	1892	335134795
同治八年	1869	258908049	光緒十九年	1893	336708854
同治九年	1870	271698461	光緒二十年	1894	337137463
同治十年	1871	273110849	光緒二十一年	1895	338335751
同治十一年	1872	274636014	光緒二十二年	1896	312656060
同治十二年	1873	277133224	光緒二十三年	1897	346168395

| 同治十三年 | 1874 | 302610944 | 光緒二十四年 | 1898 | 319719613 |
| | | | 光緒二十七年 | 1901 | 426447325** |

＊《清史稿‧食貨志》記載的是年人數為 322655781。

＊＊據朱壽朋編《光緒朝東華錄》（中華書局，1958）記載的資料。

資料來源：戶部《彙奏各省民數穀數清冊》。除咸豐元年外，歷年統計均缺數省。

　　很顯然，這種不完全統計已不能用來說明全國人口的變動情況，而且需要明確指出的是：這一時期即使是已有的人口造報也極不可靠。戰爭對建立在保甲基礎上的整個人口統計制度產生了極大的衝擊。由於戰爭，大量人口死亡流失，眾多地方州縣殘破，冊籍盡毀。對於多數地區來說，戰亂的後果，是地方保甲制度的普遍廢弛。州縣官吏無從掌握民數，對戶口的冊報只是「意為增損」，完全成了紙上談兵。江蘇省自同治十三年（1874）起恢復向戶部造報人口，但所報的僅是江寧布政使司所屬人口。湖北自咸豐八年（1858）恢復造報，但基本上屬於省級官員的臆造。是年，該省上報民數為 3057 萬人，僅比戰前少 320 萬，以後便每年平均遞增約 10 萬人，光緒二十四年已達 3472 萬人，甚至比 1953 年人口普查數還多 700 萬人。湖南、河南則偏向於少報人口。湖南每年淨增僅幾百人，儘管它的實際人口在戰後已超過湖北，但在「帳面」上始終只有後者的 2/3。河南在光緒六年（1880）後，年增額常固定為 402 人或 403 人。換句話說，該省 107 個州縣廳，平均每縣每年增加不到 4 人。福建則表現為虛報人口。咸豐元年（1851）該省上報民數為 2010 萬人，光緒二十三年（1897）增至 2683 萬人，但據 1953 年人口普查，該省人口僅 1314 萬，為 1897 年冊報數的 49%，為 1851 年的 65%。四川也屬於多造報人口的省分。該省明目張膽地採用了在若干年內保持一個固定增長額的做法。至光緒二十四年（1898）時，該省統計人口已高達 8470 餘萬，平均年增 100 萬人。如果這場「帳面」遊戲得以繼續下去，只需再過 15 年，該省人口就會高達 1 億了。而實際上，四川在 1953 年人口普查時只有 6230 萬人。

　　由於人口缺報的省分過多，已報省分亦多失實，戶部《民數冊》的民數合計已無實際意義。自同治十三年（1874）起，《清實錄》便不再於年末登載全國民數。這實際上是宣告了自乾隆六年（1741）建立起來的一整套人口統計制度的終結。

2. 兵燹天災下的人口劇變

太平天國戰爭期間，大動亂幾乎遍及全國。在這場被人稱為「世界史上規模最大的內戰」中，人口損失及隨之而起的飢荒、瘟疫，使得大批人口死亡和逃散。很多昔日的繁華之地，只剩下頹垣荒草，成了豺獾出沒的場所。以江南地區為中心的江、浙、皖、贛等省是太平天國的主要活動區域。全國的經濟中心一變而為兩個政權生死搏鬥的主戰場。在清王朝多年反覆征剿而終於將太平天國血腥鎮壓以後，城鄉受到的破壞和人口的損失也達到了空前的程度。

同治二年（1863），時任江蘇巡撫的李鴻章在向清廷彙報江蘇南部情形時說：

> 查蘇省民稠地密，大都半里一村，三里一鎮，炊煙相望，雞犬相聞。今則一望平蕪，荊榛塞路，有數里無居民者，有二三十里無居民者。有破壁頹垣，孤嫠弱息，百存一二，皆面無人色，呻吟垂斃……[41]

同年，兩江總督曾國藩自安慶沿江東而下，視察了皖南的情形，稱：

> 自池州以下，兩岸難民，皆避居江心洲渚之上……壯者被擄，老幼相攜，草根掘盡，則食其所親之肉，風雨悲啼，死亡枕藉。……徽、池、寧國等屬，黃茅白骨，或竟日不逢一人。[42]

次年，曾氏又向清廷彙報了皖北的情形：

> 舒、廬、六、壽、鳳、定等處，但有黃蒿白骨，並無民居市鎮，或師行竟日，不見一人。

總之，

> 安徽用兵十餘年，通省淪陷，殺戮之重，焚掠之慘，殆難言喻，實為非常之奇禍，不同偶遇之偏災。縱有城池克復一兩年者，田地荒蕪，耕種無人，徒有招徠之方，殊乏來歸之戶。[43]

閩浙總督左宗棠初入浙江時，寫信給兒子說：

> 浙江夙稱饒富，今則膏腴之地，盡成荒瘠。人民死於兵燹，死於飢餓，

---

41 李鴻章：〈籌賑收復地方並酌情免漕銀片〉，吳汝綸編纂《李文忠公全書‧奏稿》卷 3，光緒三十一年刻本，第 44 頁。
42 曾國藩：〈沿途察看軍情賊片〉，《曾文正公全集‧奏稿》卷 18，光緒二年傳忠書局刻本。
43 曾國藩：〈豁免皖省錢漕摺〉，《曾文正公全集‧奏稿》卷 21。

死於疾疫，蓋幾靡有孑遺，縱使迅速克復，亦非二三十年，不能復元，真可痛也！ [44]

同治三年（1864），他在給清廷的奏報中說：

計浙東八府，惟寧波、溫州尚稱完善，紹興次之，台州又次之。至金華、衢州、嚴州、處州等處孑遺之民，則不及從前二十分之一矣……其浙西三屬，惟嘉善、石門、平湖、桐鄉等縣素賴蠶桑為生計，數年之後或可復元，其近山各縣情形亦與金、嚴等處相似。 [45]

　　由於人口損失過於慘重，戰爭結束後，江南地區除流亡者陸續歸來外，還開始接受外來移民。但這一過程進行得十分緩慢。由於該地區賦稅負擔過重，「佃戶既畏歸耕，業主亦畏賠糧，往往脫籍徙業，不敢承種」。 [46] 在清政府減輕負擔，又下墾荒令招徠兩湖和河南的客民後，情況才有所轉變。

　　然而，外省移民的遷入沒能改變江、浙、皖三省在人口發展上的頹勢。若將 1850 年和 1953 年的人口統計資料相較，對比十分強烈：當全國人口從 1850 年的統計數 4.32 億上升為 1953 年的 5.83 億（即從 1850 年的 100 上升為 1953 年的 135）時，江、浙、皖三省（以清代政區為準）雖有上海的崛起，人口卻從 1.12 億下降為 1.01 億（即從 1850 年的 100 下降為 1953 年的 90）。三省所占全國人口的比重也從 26％下降為 17％，絕對數減少 1165 萬餘人。當然這期間還有民國年間戰亂災荒等因素，尤其是受日本侵華戰爭的影響，但中國經濟最發達地區的人口，竟然到 1950 年代還不能恢復至 1850 年太平天國戰爭前的水準，這本身就已是觸目驚心的了。

　　西北的陝甘地區，是回族等少數民族起義的活動區域。戰前，陝西回族人極多，由甘肅向西直到新疆哈密地區也多有分布。由於反動統治者煽動民族仇殺，漢、回等民族人口損失極為嚴重。陝西巡撫劉蓉奏報：

西、同、鳳三府地最沃饒，今土地之開墾者十不二三，而人民之死亡者十居六七，或行數十百里不見一椽一屋一瓦之覆。炊煙盡絕，豺獾夜嗥，氣象殆非人境。 [47]

44　轉引自陳恭祿《中國近代史》上冊，商務印書館，1935，第 212 頁。
45　左宗棠：〈浙省被災郡縣同治三年應徵錢糧分別徵蠲招〉，《左文襄公全集・奏稿》卷 9。
46　金蓉鏡：《均賦餘議》，民國刊本（不著紀年），第 18 頁。
47　劉蓉：〈陳陝省凋敝情形疏〉，《劉中丞奏議》卷 10。

同治八年（1869），時已改任陝甘總督的左宗棠奏報在甘肅東部作戰見聞時說：

> 陝回竊踞以來，遠近城邑寨堡慘遭殺掠，民靡孑遺。平、慶、涇、固之間，千里荒蕪，彌望白骨黃茅，炊煙斷絕，被禍之慘，實為天下所無。

他的追兵經過甘肅慶陽及其屬邑安化、合水、寧州，以及涇屬崇信、鎮原等六城，除崇信尚有居民，其餘皆為空城，人煙斷絕。[48]

同年，他又在奏報中提到甘肅漢民的人口損失：

> 甘肅之民，漢回雜處，昔本漢多於回，近則回多於漢。若寧、靈一帶，周數百里，則漢民幾無遺類。固原州一城，回民北徙後，漢民存者不過十數。靈州一城，漢民存者，不過數家。[49]

但經過左系湘軍的剿洗，回族人口也很快凋零了。

災荒和饑饉造成的人口損失，甚至超過戰爭行為。光緒初年，尤其是光緒三年和四年（1877、1878年），黃河中下游的陝西、山西、河南、山東、直隸等省連遭大旱，人口損失以千萬計。《清史稿》稱：「飢民死者日近萬人。」[50] 民國《續修陝西通志稿》記載道：

> 西、同、鳳、乾各屬，古三輔地，百餘年來休養生息，雞犬相聞，至道咸時戶口稱極盛焉，同治初回變起，殺傷幾五十餘萬，亦云慘矣。重以光緒丁丑、戊寅奇災，道殣相望，大縣或一二十萬，小縣亦五六萬，其凋殘殆甚於同治初元……[51]

光緒《山西通志》也說：

> 晉省戶口，素稱蕃盛，逮乎丁、戊大祲，頓至耗減。當時見於章奏者，飢民至六百萬，而次年之疾疫死亡不與焉。[52]

光緒二年（1876）該省冊報人口1642萬，光緒九年（1883），銳減至1074萬，僅為前者的65.4%。

48　左宗棠：〈追剿逆回大勝蕩平董志原慶涇各屬一律肅清摺〉、〈遴員署理府州縣辦理賑墾撫輯事宜摺〉，《左文襄公全集・奏稿》卷31。
49　左宗棠：〈覆陳查明劉松山各情摺〉，《左文襄公全集・奏稿》卷33。
50　《清史稿》卷121〈食貨二〉。
51　民國《續修陝西通志稿》卷31〈戶口〉。
52　光緒《山西通志》卷65〈田賦略八〉，附〈戶口〉。

英國人李提摩太（Timothy Richard）當時正在山東、山西等省調查瞭解災
情，並參與賑災救援工作。他在自己的日記中記下了 1878 年 2 月在山西南部
目睹的恐怖情景：清晨，當他來到城門口時，只見城門的一側有一堆裸體男屍，
像屠宰場的豬一樣摞在一起；城門的另一側，是同樣的一堆裸體女屍。他們的
衣服都被別人剝掉用於換取食物了。幾輛大車正把這些屍體拉到城外，分別拋
進兩個大坑中去。政府賑濟組織的一個成員告訴他：洪洞縣約有 25 萬人口，
其中 15 萬人已經死亡。李提摩太認為：在這場從 1876 年到 1879 年持續四年
之久的空前大飢荒中，中國 18 省中大約有一半遭此劫難，有 1500 萬—2000
萬人死亡。這一數字相當於一個歐洲國家的全部人口。[53]

　　另一位在華的美國傳教士哈巴安德（Andrew P. Happer）力圖對從太平天
國戰爭到北方五省大饑饉期間的人口損失做具體的量的估計。他認為，損失的
人口總數可達 6100 萬—8300 萬人。到了 1930 年代，中國學者陳恭祿進一步
指出：「外國人常居於商埠，不知內地死亡者之多，估計不免偏少。」太平天
國之亂，合中原捻軍、關隴滇回民、貴州苗民起事，又加上各省城鎮土匪之劫
掠，飢餓疾疫的「死者殆有全國人口總數三分之一，約一萬萬人以上」。[54] 此
處，陳氏對中國人口總數的估計卻有過低之嫌。

　　綜合時人的各種估計，這一時期中國人口的損失至少在 8000 萬以上，超
過歷史上任一動亂時期。然而由於中國人口總數的增長，損失人口占總人口
的比重已明顯下降了。即使按陳恭祿對損失人口的偏高估計也只占總人口的
1/3。歷史上曾多次發生的「人口減半」的情形已不再出現。

　　3. 太平天國戰爭後的人口遷移

　　太平天國戰爭後，中國的人口遷移呈現了若干新的特點。首先是江南地
區由於人口凋零，一度成為外來客民的入徙地；其次是向邊疆地區和海外的人
口遷移，不僅在力度上大大加強，而且開始取得合法地位。

　　浙西的杭、嘉、湖地區，除有浙東的溫、台、寧、紹等地客民遷入定居外，
又有河南、江北及兩湖地區之人遷入，「爭墾無主廢田」。[55]

　　皖南地區，戰前人民聚族而居，村莊絡繹。「村之大者數萬家，至數十

53　Richard Timothy, *Forty-Five Years in China: Reminiscenses* (Biblio Life, 2009) , chapter 4, 5.
54　陳恭祿：《中國近代史》上冊，第 217 頁。
55　同治《湖州府志》卷 18。

萬家，小者亦必數百家至數千家。」戰後當地人口稀少。據《申報》記載，同治年間，兩湖客民「趾踵相接，蔽江而至。至則擇其屋之完好者踞而宅之，田之腴美者播而獲之。不數年，客即十倍於主」。[56]

蘇南西部的江寧、鎮江等府，起初採取招募江北窮民佃耕的辦法。可是開荒之人「因利息無多，往往棄田而歸，業主莫可如何」，後來也採取和浙江類似的辦法，以無主之田招人認墾，官給印照，永為世業，又從湖北、河南招徠了一些移民。[57]光緒《句容縣志》記載道：「自同治初，溫州、台州、安慶等處棚民寄居於此，即以墾山為事。至光緒十四年，荊、豫客民又來開墾耕種，兼開諸山……」[58]蘇南東部的蘇、松、太地區，則不見有荊、豫客民的記載。可能因為該地區人口損失相對較小，加之水田耕作技藝要求高、強度大，遠來客民無法適應。

從整個江南地區來說，外省客民所能占據的，主要是其西部的山區。由於山區農業人口的容載量較低，這些外省移民不久就和當地原有居民發生衝突，以致地方官府很快停止了這類招墾活動。因此，太平天國戰爭後向江南地區的人口遷移，在強度上是不能與同期向海外和向東北的人口遷移運動相比的。

福建、廣東向海外遷徙人口的劇增是在鴉片戰爭五口通商以後，尤其是在 1850 年太平天國戰爭爆發以後，其表現形式為契約華工的大量出國。究其主要原因，一方面是東南亞和美洲各地都需要中國廉價勞動力；另一方面中國國內的動亂也加劇了人口的外流。

據統計，1845—1852 年，西方國家從廈門共掠走苦力 6255 人，到 1853 年增加至 11811 人，一年之內掠走 5556 人。同為五口岸之一的廣州，1849 年被掠往加利福尼亞州的苦力為 900 人，1850 年為 3118 人，1851 年為 3502 人，1852 年上半年即猛增為 15000 人。從 1851 年 1 月 1 日到 1852 年 1 月 1 日的一年間，由香港運往三藩市的苦力為 7785 人；1852 年 1 月 1 日到 3 月 25 日，運走人數為 6342 人，而同年從 3 月 25 日到 7 月 1 日，猛增

56　《申報》光緒九年六月十六日。
57　馬新貽：《馬端敏公奏議》卷 7，第 50—53 頁。
58　光緒《句容縣志》卷 6〈水利〉。

至 15275 人。[59]

　　據估計，1801—1850 年出國的契約華工約 32 萬人，平均每年 6400 人；而 1851—1875 年間竟猛增至 128 萬人，平均每年達 5.12 萬人；1876—1900 年，則有較大幅度的下滑，共計 75 萬人，平均每年 3 萬人。[60] 1851 年後華工出國人數猛增，主要表現為赴美洲的人數激增，同時赴東南亞和澳洲、紐西蘭的華工人數也有了成倍的增長。1876 年以後，美國由於經濟危機，排斥華工並嚴禁華工入境，古巴、秘魯也先後禁止華工入境，赴美洲華工人數驟減。但此時赴東南亞華工人數仍保持穩定，並略有增長。這說明南洋一帶仍是容納閩粵人的主要地區。

　　東北地區，尤其是黑龍江與吉林地區移民人口的較快增長是在第二次鴉片戰爭之後。

　　道光三十年（1850）太平天國戰爭爆發後，清廷曾多次徵調駐守在吉林、黑龍江邊防的旗兵南下與太平軍作戰，結果造成了邊備空虛。沙俄侵略者趁虛而入，利用清政府在第二次鴉片戰爭中戰敗，採取軍事訛詐的手段，輕易地從清廷手中奪走了黑龍江以北和烏蘇里江以東大約 100 萬平方公里的土地。

　　面對擁有近代先進武器和輪船的俄國船隊，中國的黑龍江守軍卻只能以長矛、弓箭自衛。一個曾在黑龍江地區活動過的英國人挖苦說，中國駐軍只滿足於仔細點數過往的俄國船隻。[61] 近年一位美國學者則是這樣敘述的：

> 正當清政府繼續追求把漢人移民排除在北滿以外這一目光短淺的目標時，俄國政府則把俄國移民移居到這個地區。這樣，到了 19 世紀 50 年代末，北黑龍江流域和濱海的領土上已經大部分是俄國人的了……在與蒙古和滿洲接壤的俄國邊境，駐有 16000 名俄國軍隊，配備著 40 門大炮。另一方面，黑龍江的旗兵一直沒有超過幾千人。例如，璦琿「有能容納幾千名士兵的造得很好的營房，但沒有看到一名士兵，一甚至崗亭也是空的」。

　　其結果，「清帝國喪失了最東北的廣袤而寶貴的土地」。但也正如這位學者所指出的，「這是一個寶貴的教訓。一個愈來愈著眼於全中國的清政府汲

59　參見陳翰笙主編《華工出國史料彙編》第 4 輯，第 181—190 頁。
60　參見陳翰笙主編《華工出國史料彙編》第 4 輯，第 240—241 頁。
61　〔俄〕拉文斯坦：《俄國人在黑龍江》，陳霞飛譯、陳澤憲校，商務印書館，1974，第 103 頁。

取了這個教訓，於是大開方便之門，讓漢族移民進入帝國的其他邊境」。[62]

黑龍江由中國的內河一變而為中俄的界河。該地區亟須移民以加強實力。黑龍江將軍特普欽指出：以前因招墾恐與防務有礙，今天因防務反而不能不亟籌招墾。地方財政拮据，私墾之民也難以驅逐，不如開禁，招民試種。既可增收租賦，寬裕財政，又可借助移民，預防俄國人窺伺。黑龍江在清末開放最早。而移民首先開墾的便是特普欽在奏報中提及的俄國人曾窺伺的呼蘭地區。

吉林的放墾區最初集中在西部平原，稍後也將重點東移。清廷在給吉林將軍的命令中指出：烏蘇里江、綏芬河空闊地方，應儘早招民開墾，使俄國無所覬覦。據戶部《民數冊》的不完全統計，1861 年吉林人口為 33 萬，1897年已上升為 77.9 萬，平均年增長率為 24.1‰。到 1907 年，整個東三省的統計人口已高達 1445 萬。宣統三年（1911）戶口調查時，東三省已有 278 萬戶 1842 萬人。[63] 進入東北的各省移民仍以山東為最多；其次為直隸，其中又以冀東為多；再次則為河南、山西兩省。[64]

19 世紀末，在東北地區因面臨沙俄侵略的威脅而大舉移民實邊後，內蒙古地區也以同樣理由放墾。但這一時期的漢族移民舉措，除東部靠近東三省地區以及後套地區增長較快外，並沒有取得預期的效果。

4. 王朝之末的人口復甦

全國性的大動亂逐步平息以後，中國人口進入了復甦時期。人們對這一時期的中國總人口規模做了種種估計。1879 年 4 月，中國駐英公使曾紀澤在倫敦會見來訪者時指出：中國人口約為 4.2 億。[65] 次年，英國原外交官阿禮國（R. Alcock）也提出：儘管有戰亂、災荒所造成的人口損失，但中國人口仍在4 億以上。德國地理學家貝姆（Ernest Behm）與瓦格納（Hermann Wagner）特別關注中國這個世界第一人口大國的人口狀況。在他們主編的《世界人口》的各卷中，曾根據來自中國的意見，多次修訂了有關中國人口的記載。1872 年《世界人口》第 1 卷出版，他們主要根據旅行家們的意見，將中國人口定為44700 萬人。1874 年修訂為 40500 萬人，因為熟悉中國情形的人，「全認為

---

62 費正清、劉廣京編《劍橋中國晚清史》上卷，中國社會科學院歷史研究所編譯室譯，中國社會科學出版社，1985，第 372—373、379 頁。
63 1907 年人口資料參見徐世昌《東三省策略》，1911 年調查數為陳長蘅之修正值。
64 參見田志和《清代東北流民》，《東北史研究》第 1 輯，1983 年。
65 曾紀澤：《曾惠敏公手寫日記》第 4 冊，學生書局，1965，影印本，第 2163—2165 頁。

4 億是最好的估計」。1880 年出版的第 6 卷又提出：中國包括各藩屬在內共 43462 萬餘人（內含朝鮮半島人口 850 萬人）。到了 1882 年的第 7 卷，在參考了學者、旅行家關於中國人口已大為減少的意見後，他們終於將中國人口向下做了大幅度的調整，修訂為 37100 萬餘人。但這一遲到的修正顯然已落後於 1880 年代中國人口正以較快速度恢復的實際情況。

到了 1890 年代，中國人口已大致恢復到戰前道光年間的水準。中國的另一位外交官薛福成於 1891 年指出：「自粵捻苗回各寇迭起，弄兵潢池，已皆蕩定。今又休養二十餘年，戶口漸復舊觀。」他當時估計「中國人民在四萬萬以外」。[66] 整個 1890 年代，尤其是維新運動高漲時期，中國國內有關「四萬萬同胞」的提法已不絕於書。與此同時，沉寂了數十年的「人滿為患說」也重新興盛起來。1894 年，孫中山在〈上李鴻章書〉中強調：「蓋今日之中國已大有人滿之患矣，其勢已岌岌不可終日。」[67] 1897 年，章太炎發表議論說：「古者樂蕃遮，而近世以人滿為慮，常懼疆域狹小，其物產不足以冪衣食。」[68] 梁啟超在〈農會報敘〉中也提到：「中國今日，動憂人滿。」[69]

當時的「人滿為患說」多少受到馬爾薩斯主義傳入中國的影響，但首先是中國人口逐漸恢復到太平天國戰爭前舊觀的直接反映。

稍遲，光緒三十一年（1905）編纂的安徽《霍山縣志》說：

> 墾山之害，舊志已歷言之，謂必有地竭山空之患。閱數紀而其言盡驗。
> 道咸之劫，人無孑遺，而山於此時少復元氣。故中興以來，得享其利
> 者四十年。近以生息益蕃，食用不足，則又相率開墾，山童而樹亦漸盡。
> 無主之山，則又往往放火延焚，多成焦土。[70]

安徽是人口損失較重的地區。《霍山縣志》的記述從側面表明：戰後該地區人口的恢復大約用了 40 年時間。

清政府於光緒二十七年（1901）曾公布了一個官方人口統計數字。據《光緒朝東華錄》載：是年民數為 426447325 人。我們不知道這一統計中，有哪

66　薛福成：《出使四國日記》，湖南人民出版社，1981，第 237—238 頁。
67　《孫中山選集》，人民出版社，1981，第 11 頁。
68　湯志鈞編《章太炎政論選集》（上），中華書局，1977，第 51 頁。
69　梁啟超：《飲冰室文集》卷 4。
70　光緒《霍山縣志》卷 2。

些省是當年冊報的人口，有哪些省是舊有人口資料的照抄或略作修正，但它作為全國人口統計數已肯定無疑。同樣可以肯定的是，這一人口統計數並沒有建立在人口清查的基礎之上。因此，它只表示清朝官方對全國人口的估計或認識。官方的這一數字，已很接近 1851 年的人口記錄。這表明清朝官方相信：1900 年前後，中國人口已基本恢復到太平天國戰爭前的水準。根據 1953 年第一次全國人口普查資料推算，1900 年前後全國人口約為 4.43 億。這一立足於可靠統計基礎上的回溯估算表明：1901 年公布的中國人口總數，還是大致可信的。

這裡不妨探討一下中國人口重新回升至 4 億的最可能的時間。結合前文的敘述，尤其是 1870 年代後期北方地區發生大饑饉的事實，我們可以肯定：這一時間不可能早於 1880 年。而從 1900 年的 4.43 億人回溯推算，並且考慮到全國 1892—1894 年再次發生較為普遍的饑饉和甲午中日戰爭期間奉天等省遭受較為嚴重的人口損失，致使 1890 年代人口增長率不可能很高的事實，這一時間又不應遲於 1890 年。因此，我們可以大致判定：這一時間是在 1885 年前後。考慮到太平天國戰爭期間的人口損失主要集中於 1860 年代中後期，西南、西北回族及其他少數民族起義的人口損失也集中於 1870 年前後，加之兩者的損失大大超過 1870 年代後期北方大饑饉死亡的人口，我們還可以大致推定 1870 年為人口谷值的時點。於是，我們由此得出了 1850—1900 年中國人口變動的最簡略的模式。

面對不斷增長的全國人口，清政府終於在宣統年間（1909—1911）舉辦了全國規模的人口調查。清王朝末期的這次調查，是中國近代意義上人口普查的雛形。

光緒三十四年（1908），清廷宣布用 9 年時間預備立憲。民政部為此辦理戶口調查，提出自當年始，以 5 年時間辦理完竣。各地方當局奉命調查各地人口的性別、年齡，以及統計成人與學齡兒童人數。由於政治形勢的變化，這項工作被壓縮在 4 年內完成。宣統二年（1910），各省先後進行了戶數的調查（有的同時調查了口數）。宣統三年，各省又陸續進行了口數的調查。同年，辛亥革命爆發，打斷了這次人口調查的進程。此後直到清王朝覆滅，仍有一些省分未上報口數調查的結果。民國元年（1912），由當時的民國政

府內務部將各省在辛亥年（即宣統三年）上報民政部的報告加以收集，彙總公布。據《清史稿・地理志》載，是年全國各地區上報人口總計 62699185 戶，341423897 口，這一統計是明顯偏低的。而在同書〈食貨志〉中，該項統計又變為 69246374 戶，239594668 口。戶數略有增加，口數則更為偏低。1930 年代初，人口學者王士達、陳長蘅曾先後根據原統計冊籍對這次調查結果重新加以整理。戶數上升為 7000 萬戶，口數則上升為 37000 萬左右。[71]

　　宣統年間的人口調查品質是不高的。由於當時社會秩序混亂，人心浮動，調查多是草草了事，缺報、漏報現象相當嚴重，尤其是口數部分的調查，缺失太多。但此次人口調查仍有它的歷史意義。因為它畢竟在清末數十年的動亂之後，第一次大規模地調查了全國的人口。其中的戶數調查，由於先期採取了派員調查制，資料全，可信度較高，時點的統一性也較好，對瞭解清末中國人口分布狀況及人口發展變化的趨勢，具有相當重要的價值。

二、人口結構及其變遷

性別與年齡結構

　　所謂人口結構，又稱人口構成，是從一定的規定性來看人口的內部關係。這些規定性是客觀存在的反映，體現了人們對人口本質屬性的認識。性別與年齡結構，屬於最基本的人口結構，也即人口的自然結構系統。

　　人口性別結構的劃分，也即男女兩性的區別，是極為顯見的事實。中國特有的陰陽學說，強化了男女性別之間的差異。傳統習俗中的「男尊女卑」、「夫為妻綱」等，都與這種學說有關。人口年齡結構的劃分則具有一定的模糊性。因為幼年與成年、成年與老年的界限是相對的，只能以某些特定的年齡為界，進行人為的劃分。對於年齡，中國有自己傳統的計算方法：以出生當年為 1 歲，即所謂「落地虛一歲」，以後每過一次新年便增加 1 歲。這種「虛歲」計算法方便、實用，有利於官府對同年出生的人口也即出生同批人的掌握，因而一直沿用下來。

　　對於成年，以及與之相應的幼年和老年的劃分，歷代王朝並不完全一致。但自漢至清的兩千餘年中，大體上是以 15 歲以下為幼年，16 歲到 60 歲為成

71　參見姜濤《中國近代人口史》，第 82—84 頁。

年，60歲以上為老年。這種劃分，適應傳統時代的生產力水準和人口發展狀況，即使在今天看來也仍較為合理。歷代的成丁，都要負擔一定的賦役。而對於不是成丁的老年人和幼兒，則注意有所養或有所長。對於70歲以上的老人，歷代王朝一般都有若干優惠的奉養政策。因此，漢樂府〈紫騮馬〉歌詞中「十五從軍征，八十始得歸」的名句，極有可能是「十五從軍征，六十始得歸」在傳抄中的筆誤。因為年過60歲的老人，極少被徵發服役，更不待說年屆八旬的耄耋之人了！

到了清代，成丁的服役早已變為代役性的丁賦。而自雍正年間「攤丁入地」後，人頭稅實際上已被取消。與徵收丁賦有關的人丁編審制度也於乾隆年間被廢止。乾隆以後的戶口統計，通常多為「大小男婦」的合計數，而較少有按性別，尤其是按年齡指標的詳細分類。根據筆者盡力搜集的資料，尤其是省級政區的若干統計資料，大致可以得出這樣的結果：清代中期（太平天國戰爭爆發前）中國人口的性別比為113—119（即每100位女性人口相應有113—119位男性人口），15虛歲以下兒童人口占總人口的31%—42%。

清末宣統年間的人口調查，如能按規定執行，是應能取得關於當時人口性別年齡結構的完整資料的，可惜草草了結，無法加以取用。民國時期的各種人口調查統計，多有性別年齡結構的資料。但除一些抽樣調查的資料外，可信度也或多或少存在一些問題。較為可靠的調查資料表明：1932—1939年中國人口的性別比約為112.2。另據抽樣調查，截至1932年底，中國鄉村人口的男女性別比為109.5（其中成人為109.1，兒童為110.4），兒童占總人口的34.5%。抗日戰爭勝利後，據當時國民政府的調查統計，1946年全國人口的性別比為110.00，1947年上半年為110.01，下半年為109.52。這與1949年的性別比108.16已相當接近了。

如果比較一下清代與民國時期中國人口的性別比，就會發現：清時男性人口比例要略高一些。究其原因，一是傳統重男輕女的觀念。很多地區溺棄女嬰成風，而成年女子因衛生條件差，死亡率也較男子為高。二是女性人口的少報、漏報。不少地方出於安全等方面的考慮，保甲門牌中甚至不列出婦女人數，以致人為地造成登記人口中男性偏高的現象。民國時期的性別比呈下降趨勢，原因也有兩個方面：一是有關調查，尤其是抽樣調查的結果相比清代而言

較為準確，從而減少了女性人口人為的統計誤差，而這與民國時期風氣漸開，女性地位相應有所提高的大環境也有關係；二是由於多年戰爭的影響，成年男子的死亡率有所增長。如受戰爭影響程度最深的山東、江西等省，1949年人口性別比都在100以下。山東甚至僅為93.6，直到1955年後兩性人口才漸趨平衡。當然，除戰爭因素外，山東省參軍、支前者多，南下幹部多，也是造成該省性別比大幅度下降的重要因素。

對於近代人口的年齡結構，因為既有的可信資料太少，我們只能大約地得出：清代中期人口中，兒童所占比例要略高於民國時期，從而更接近「前進型」或增長型人口結構。

婚姻與家庭

家庭是基於婚姻關係、血緣關係和收養關係而形成的社會生活共同體，是人口再生產的單位。而婚姻，是男女兩性結合的社會形式，是建立家庭實現人類自身生產的前提。婚姻與家庭，是緊密聯繫在一起的一對範疇。

婚姻　中國傳統社會所通行的基本婚姻形式是一夫一妻、男婚女嫁。締結婚姻關係一般都必須經父母之命、媒妁之言，並需要舉行一定的儀式。歷代王朝，上自皇帝，下至平民百姓，明媒正娶的妻只能有一個。多妻則為法律所禁止。傳統禮教與法律強調男尊女卑，夫為妻綱，婦人有三從之道，即「幼從父兄，既嫁從夫，夫死從子」等。不過在名義上，夫妻的地位仍是對等的。按照《說文解字》的解釋，妻即「婦，與夫齊者也」；而婦，「服也，從女持帚灑掃也」，其職責是主內，即操持家務。現代婚姻法理視為一夫多妻的納妾制，按傳統的習俗和法律並不被認為是多妻，因妾的身分地位低下，不被認為是家庭的正式成員。正如瞿同祖在《中國法律與中國社會》一書中所分析的：「古人說聘則為妻，奔則為妾，妾是買來的，根本不能行婚姻之禮，不能具備婚姻的種種儀式，斷不能稱此種結合為婚姻，而以夫的配偶目之。妾者接也，字的含義即指示非偶，所以妾以夫為君，為家長，俗稱老爺，而不能以之為夫。所謂君，所謂家長，實即主人之意。」[72] 因此，傳統中國社會的法律只禁多妻，而不禁納妾。

民國時期，1929年公布的《民法》中禁止重婚，凡妾都屬不合法，但在

72　瞿同祖：《中國法律與中國社會》，中華書局，1981，第133頁。

司法實踐中又默認妾的存在。這就充分體現了這一時期婚姻法制的過渡性特點。在人口登記時，妾被列入「同居家屬」，但對其身分則不予注明。直到1950年《中華人民共和國婚姻法》公布施行，明令禁止重婚納妾，才結束了這種事實上的一夫多妻習俗。

中國傳統的婚嫁年齡普遍較低，早婚已成習俗。但在三千年前的周初，男子的婚齡大概還是很高的。據《周禮・地官》的記載，周人的婚嫁年齡為：「男三十而娶，女二十而嫁。」男子婚齡之高，很可能是周初生產力低下的反映。因為據人類學家在20世紀初所搜集的資料，那些生產力迄今仍很低下的原始民族，其男子幾乎都有晚婚的習俗。不過至遲在春秋時代，周人的晚婚習俗已開始被早婚所替代。據記載，齊桓公曾下令：「丈夫二十而室，婦人十五而嫁。」當時的一些思想家，如墨子，也竭力主張早婚，以儘快增殖人口。這顯然是小農經濟開始在「禮崩樂壞」中產生，本身迫切需要勞動力，而社會生產力的發展，又確實能夠供養較多人口的表現。此後，自漢唐直至明清，法定婚齡大體維持在男16歲、女14歲。清代的平均婚齡，據估計，女子在17—18歲，男子在21—25歲。

民國時期法定婚齡提高為男子年滿18歲，女子年滿16歲。男女平均婚齡，據抽樣調查，男子約為20歲，女子約為18歲。其實際結婚年齡，20歲以前結婚的男子超過70%以上，女子則接近90%。出於經濟和社會等方面的原因，男子有過30歲以後才結婚的，但女子很少有超過25歲才出嫁的。

中國人口的婚姻率，一般認為是很高的。民國時期甚至有人認為中國是世界上「最高婚姻率國」。而根據既有的初步研究，清代中期以前的婚姻率，可能比民國時期還要高些。

家庭結構　家庭是社會的細胞。作為人口再生產的基本單位，家庭一般還必須具有物質財富再生產的功能。而生產、分配、繼承、消費等，都要通過家庭才能得以實現。不同的社會往往形成不同的家庭制度。中國傳統社會以宗法思想為指導，以男性家長占統治地位的家庭制度，是在土地私有和小農生產方式的基礎上發展起來的，從而具有自身的結構特點。

考察家庭結構，通常有三個指標：家庭類型，可分為核心家庭（由一對夫妻及其未婚子女所組成）、直系家庭（父母和一個已婚子女及其配偶、後代

所組成，又稱主幹家庭）、複合家庭（父母和兩個或多個已婚子女及其配偶、後代所組成，又稱聯合家庭）等；家庭世代，可分為一代人家庭、二代人家庭、三代乃至多代人家庭等；家庭規模，也即家庭人口的多少。這三者密切相關，相互制約。

在清代，複合家庭是家庭發展的最高階段和主要價值取向。一對年輕男女結婚建立小家庭後，通常會歷經核心家庭、直系家庭至複合家庭等不同類型家庭的發展階段，而以複合家庭為其最高表現形式。複合家庭形式的存在，可以追溯到三千年前的周初。體現中國先民智慧結晶的《周易》中，就有題為「家人」的卦，其卦象為離下巽上（☲），表示一家之人。此卦的初、三、五、上均為陽爻，代表家庭中的男性；二、四為陰爻，代表家庭中的女性。具體地說，上九為父，九五、六二為長子夫婦，九三、六四為次子夫婦，初九為長孫。那麼，「家人」卦所表示的正是一個典型的複合家庭。家長制下的複合家庭受國家法律的保護。清代《戶部則例》規定：「凡祖父母、父母在，子孫不准別立戶籍，分異財產。其父母許令分財異居者聽。」《清律例・戶律》中還有對「別籍異財」處罰的具體規定。

累世同居的複合式大家庭為社會所尊重。但一般的複合家庭很少超過三代。祖父母一逝世，子孫就可分居，此時，家庭又只包括父母及其子女了。因此，複合家庭在絕對數上並不比核心家庭、直系家庭更占優勢。有人曾對咸豐年間山東寧海州的各類家庭進行統計分析，得出結論：核心家庭約占總戶數的35.5％，直系家庭占29.4％，複合家庭占33.0％，殘缺家庭僅占2.0％。[73] 若略去殘缺家庭不計，三類完整家庭三足鼎立，大體上各占1/3。

從家庭規模來看，所謂「八口之家」大約是普通農家的理想模式。戰國時代的孟子鼓吹過：「百畝之田，勿奪其時，數口之家可以無飢矣。」清代仍以八口之家為典型代表，如同治《萍鄉縣志》說：「八口之家，耕不過二、三人，田不過十數畝，收不過數十石。」[74] 有意思的是，太平天國早期領導人蕭朝貴在假借「天兄」下凡時，竟情不自禁地流露出他本人也即普通農民的生育意識及其所憧憬的理想家庭模式：「朕有三子二女：長子十八歲，次子十五歲，三

73　許檀：〈清代山東的家庭規模與結構〉，《清史研究通訊》1987 年第 4 期。
74　同治《萍鄉縣志》卷 6。

子十三歲；長女十六歲，幼女十一歲一還未安名也。」[75] 可見，他所希望擁有的是一個由夫妻及三子二女組成的七口之家。而子與女的數目及其年歲間隔，也都是理想化的：長子、長女已屆婚齡，行將娶嫁，次子、三子在農田耕作中已可得力，膝邊還有一弄瓦的幼女以點綴天倫之樂。

然而，清代家庭的平均規模和歷代一樣，仍只是五口左右而不是八口。據統計，全國平均戶量在 1820 年時約為 5.4 人，1911 年時約為 5.2 人。「一夫挾五口」反映了傳統時代生產力水準的制約。民國建立以後，全靠宗法制維繫的複合大家庭失去了為之提供法律保護的政治基礎。加之社會動盪加劇，複合大家庭也無法適應外界環境的劇烈變化，小規模的以一夫一妻為主的核心家庭逐漸成為社會的趨勢，從而導致了民國時期平均戶量的進一步縮減。據有關方面的抽樣調查，1920 年代末 1930 年代初為每戶 5.2 人，至 1930 年代末1940 年代初降為每戶 4.8 人。中華人民共和國成立後，各新老解放區均經過土地改革，分門另立的核心小家庭數目劇增，從而導致了戶均人口的再次大幅度下降。1953 年第一次人口普查時，中國大陸共有 13411 萬戶 58060 萬人，平均戶量為 4.33 人。此後歷年迭有增減，最少時為 1961 年的 4.30 人，最多時為 1971 年的 4.84 人。再後則因計劃生育政策，而又呈逐年減少的趨勢了。

鄉村人口的階級結構

人口的階級結構，屬於人口社會經濟結構的範疇。自清代以來，中國鄉村社會中主要對抗的兩大社會經濟集團，即地主和農民，開始具備了新的特點。其一，縉紳地主的特權壟斷地位有所削弱，無功名官爵的庶民地主（多為中小地主）大為發展。鄉居的地主中絕大多數是庶民地主，他們以及與他們直接對立的佃農還有廣泛存在的自耕農同屬於四民中「農」的行列。鄉村中原有的賤民等級，如一些地區的奴僕、伴當等，也在清代相繼得到開豁。雇工的法律地位，則因庶民地主的大量存在而有所提高。因此，就一般情形而言，自清代至民國，鄉村中的地主與農民，已沒有明顯的社會等級上的差異。其二，與小農經濟相適應的土地占有及使用方式，也在這一時期得到了最為充分的發展。土地的私有與自由買賣，使得地權的轉換變得極為頻繁。所謂「人之貧

75　王慶成編注《天父天兄聖旨：新發現的太平天國珍貴文獻史料》，遼寧人民出版社，1986，第 9 頁。

富不定，則田之去來無常」，「田地無定主，有錢則買，無錢則賣」，反映的都是清代的情形。[76] 地主與農民之間，尤其是那些處於邊緣的中小地主與富裕農民之間，沒有什麼不可逾越的鴻溝。土地的所有權與使用權進一步分離，還使得不少地方出現了地主與佃戶分掌「田底」與「田面」的現象，地主對土地的任意支配權也受到抑制。

　　以上所說的新特點，使我們有可能擺脫社會等級因素的干擾，從而更合理地從經濟的角度對清代以來的鄉村人口做階級結構的劃分。而在實踐中，已經形成了一些行之有效的分類方法。一是直接根據每戶土地占有的多少，分為大戶、中戶、下戶，或大農、中農、下農。二是根據土地占有與使用方式，分為業戶、佃戶，「業戶輸賦，佃戶交租」。民國時期，又有自耕農、半自耕農及佃農的劃分。三是根據擁有的土地、工具、活動資本等生產資料的多少，剝削收入與勞動收入占其生活來源的多少，是否出賣勞動力以及生活水準的高低等綜合指標，將鄉村人口區分為地主、富農、中農、貧農及雇農等。這一劃分的基準是處於中間狀態的中農（基本上是自耕農）：中農一般不剝削別人，也無須出賣勞動力。地主與富農因為占有生產資料的富餘，以剝削收入作為生活的主要來源；他們的區別又在於地主以土地出租為主，自己不參加勞動或只有輔助性勞動，富農以雇工剝削為主，自己也參加勞動。貧、雇農因為生產資料匱乏，必須部分或全部出賣自己的勞動力。是否出租或佃進土地已不再是劃分的唯一或主要依據。

　　對於清代各時期鄉村人口的階級結構，現有研究還只能通過對土地占有的狀況進行分析。有關記載表明：即使在清代前期，土地占有的兩極分化也是時時處處存在著的。康熙四十三年（1704）的一份上諭揭示：大地主占有大部分土地，鄉居的有田產的農戶（應包括一部分中小地主）占鄉村人口的30％—40％，佃農約占 60％—70％。[77] 乾隆年間的官員楊錫紱說：「近日田之歸於富戶者，大約十之五六；舊時有田之人，今俱為佃耕之戶。」[78] 這一段論述常被人們用以說明清代中期土地集中的趨勢，但它同時表明，乾隆年間富戶所占土地仍不過 50％—60％。江蘇江陰縣與湖南巴陵縣的材料也一致表

76　引文分別參見李光坡〈答曾邑侯問丁米均派書〉，《皇朝經世文編》卷 30；戴兆佳《天台治略》卷 6〈告示〉，康熙六十年刊本。
77　參見《清聖祖實錄》卷 215，康熙四十三年正月辛酉。
78　楊錫紱：〈陳明米貴之由疏〉，《皇朝經世文編》卷 39。

明：農業人口中佃農占60%。[79] 土地並沒有更多地集中到地主手中。值得注意的是，即使像太平天國戰爭這樣的全國性大戰亂，也沒有從根本上改變鄉村人口的階級結構以及土地占有的高度分化現象。根據經濟史學家李文治搜集的資料，[80] 1871—1905年，佃農或無地戶占全體農戶的比例，最大者為江蘇蘇州，達80%—90%；最小者為直隸武清，占30%；多數地區為50%—60%。經計算，均值為55%。這一比例與清代前中期大致相同。可見，土地並沒有更多地分散到廣大農民手中。

民國時期對鄉村人口階級結構有關機構有了較多的調查統計。如果僅從租佃關係的角度考察，那麼金陵大學農業經濟系卜凱（J. L. Buck）教授主持的調查最具代表性：1921—1924年，以全國37處地方平均計算，佃農占60%。[81] 而若從諸方面因素綜合來考察，則當推毛澤東的一系列鄉村調查。他於1927年初提出的調查結論是：鄉村人口中，貧農占70%，中農占20%，地主和富農占10%。這一結論得到了其他一系列調查，尤其是20世紀40年代末50年代初土地改革運動中大量調查情況的印證。[82] 1947年底，毛澤東曾估計地主富農在鄉村人口中所占比例為8%左右（以戶為單位計算），其所占的土地則占全部土地的70%—80%。[83] 他提出的人口構成基本上得到了證實，但地主富農占有土地的比例最後證明僅為50%—60%。不但與民國前期相比無變化，而且與清代相比也沒有任何明顯的變化！土地同樣沒有更多地集中到地主、富農之手。

以上事實表明：自清初以來，儘管隨著人口總量的不斷增長，中國的人均耕地也已呈下降的趨勢，並且土地的占有權與使用權變動非常頻繁，但鄉村人口的階級結構卻始終維持穩定。這似乎與我們所熟知的「土地不斷向地主階級集中」、「貧者益貧，富者益富」的常識相悖！可是我們也不要忘記：在土地集中的同時還存在著反向的土地分散。這就是在土地私有的前提下的分家析產。漢代以後，財產繼承上的長幼嫡庶之別雖已趨於淡化，但到元明之

79　光緒《江陰縣志》卷9〈風俗〉；〈巴陵志田賦論〉，《皇朝經世文編》卷29。

80　參見李文治編《中國近代農業史資料》第1輯，三聯書店，1957，第195頁。

81　參見章有義編《中國近代農業史資料》第2輯，第66頁。

82　〈湖南農民運動考察報告〉，《毛澤東選集》第1卷，人民出版社，1991，第20—21頁。
　　另參見余霖〈中國農業生產關係底檢討〉附表，薛暮橋等編《《中國農村》論文選》上冊，
　　人民出版社，1983，第155頁。

83　〈目前形勢和我們的任務〉，《毛澤東選集》第4卷，第1251頁。

時，嫡庶諸子所得家產的多少仍有差異，真正徹底地實行「諸子均分」原則，是清代才有的事。財產均分的繼承原則保障了家庭中同出一父的每個男性後代享有均等的生存與發展機會，同時也抑制了富裕家庭財產的不斷積累與擴張。

土地的不斷集中與分散，只是各階級、階層具體成分不斷變更的一種折射。鄉村人口階級結構在總體上的穩定性，應當在它的內部探討原因。我們注意到：劃分鄉村人口階級結構的基本單位是戶而不是個人。由於戶是鄉村社會中組織生產、安排生活的基本單位，以戶為單位的劃分要比以個人為單位更為合理。然而以戶為單位的劃分同時也掩蓋了另一個極其重要的基本事實：富裕之家的人口規模要大大高於貧苦之家。鄉村家庭的財產主要反映於它所占有的土地，鄉村家庭人口的多少與占有土地的多少二者密切相關。[84] 就是說，人口多的家庭占有土地也多；而占有土地少者，其人丁也不可能興旺。

擁有大量土地的富裕之家有能力養育更多的人口，從而增殖分化出更多的家庭。土地集中過程的本身就已成為其日後再度分散的條件。失去土地的貧寒之家只能是宗嗣綿延的生存競爭中的失敗者。正是這一「自然」但卻十分殘酷的變動過程，保證了鄉村人口在總體的階級結構上的穩定。

人口的城鄉結構

人口的城鄉結構屬於人口地域結構系統。由於傳統時代城市和鄉村居民在社會職業分工上的顯著差異，人口的城鄉結構體現了人口社會經濟結構的若干性質。

星羅棋布、蔚為壯觀的城市已成為地球上最為突出的人文景觀。然而城市的出現只有短短數千年的歷史。城市的產生需要有兩個先決條件：一是十分發達的農業，以供養眾多的非農業人口；二是超越家族或血親以外社會關係的文明。就是說，城市只能產生於社會大分工之後和血緣關係轉變為政治關係之後，以及野蠻時代過渡到文明時代之後。在中國，城市的出現可追溯到約在四千年前興起的夏王朝。城市一經出現，就與被稱為鄉村的廣大非城市地區形成了對立統一的關係。城市是相對永久性的、高度組織起來的人口集中的地方。漢語的「城市」，是由「城」與「市」這兩個不同的概念組合而成。《說文解字》說：「城，以盛民也」；「市，買賣所之也」，正好揭示了城市的

84　參見馮和法編《中國農村經濟資料》，黎明書局，1933，第 18 頁。

人口集中和工商業發達這兩大基本特點。早在先秦文獻中，人們已將「城市」連稱，以表達上述概念。

城市與鄉村在居民成分上也有很大的差異。古已有之的四民的劃分，就體現了這一差異。

四民的提法出現得很早，首先明確四民為士、農、工、商四大社會集團的，是春秋時代齊國的管仲。四民既是職業的劃分，也是社會地位的標誌。《漢書‧食貨志》對四民的定義是：「學以居位曰士，闢土殖穀曰農，作巧成器曰工，通財鬻貨曰商。」[85] 四民的劃分，一直沿襲到清末，歷時兩千數百年之久。管仲本人主張，「定民之居，定人之事」，不僅將四民按住地嚴格分開，而且必須世任其業。這一做法，在後世已被打破。但士、工、商主要居住於城市、農民居住於鄉村的基本格局，卻一直沿襲下來。

士居四民之首，屬於社會的上層，享有種種特權。秦漢以後，士的內涵不斷演化，明清時已專指尊奉儒家經典為圭臬的衿紳集團。士階層始終是歷代王朝官僚政治的主要支柱。他們不僅以其正統的意識形態教化人民大眾，且本身也隨時為官僚隊伍輸送人才。士人在總人口中所占比例很小，但流動性強，社會活動能量很大。

商是四民中另一流動性強、活動能量大的社會集團。商業活動是社會生活中極其重要的組成部分，但在強調以農立國的中國傳統社會中，商被貶抑為四民之末，不能像士人那樣取得優越的政治地位。儘管如此，他們當中的若干人仍可通過經濟活動而發財致富。早在西漢前期，謀臣晁錯就說過：「今法律賤商人，商人已富貴矣；尊農夫，農夫已貧賤矣。」[86]

「作巧成器」的工匠，也即手工業勞動者，構成了主要居住於城市的第三個社會集團。工匠一般都有一技之長，因此官府對他們的控制也較嚴。他們通常被單獨編為「匠戶」，須對官府盡應差的義務。清代自雍正年間起實行賦役制度的改革，匠籍才最後被取消。

農是四民中唯一主要居住於鄉村的社會集團，但在總人口中占絕對多數。農民以土地為謀生手段，安土重遷，在通常情形下很少流動。受生產力水準的

85　《漢書‧食貨志第四上》。
86　《漢書‧食貨志第四上》。

限制，農業生產需要勞動力極多，所以歷代王朝都無一例外地採取重農政策，使農民能夠附著於土地，即所謂「理民之道，地著為本」。從表面上看，農民的政治地位要高於工、商。比如說，在相當長的時期內，四民之中只有士、農子弟准許參加科舉考試。然而在實際生活中，大多數普通農戶極易因遭受天災人禍而陷於貧困，也很少有機會進入社會的上層。

　　四民的劃分，只是對城鄉人口結構差異的一種大致的勾勒。事實上，中國傳統社會中始終存在著若干游離於四民之外的其他人口。比如僧道醫卜，這些仍屬良民之列；又如倡優隸卒等，是所謂操賤業者，也即賤民。有些服務業，如剃頭、轎夫、鼓吹、裁縫、仵作等，習慣上也被認為是賤業，只能由賤民承擔。這些四民之外的人口，往往被認為是社會的寄生成分。其中操賤業的賤民，更為社會所輕蔑，遭到法律和習俗的種種歧視性限制。

　　中國傳統社會的人口城鄉結構，具有高度的穩定性。這反映為城市人口與鄉村人口在總人口中的相對比重，總是維持在一個相當接近的水準上。

　　在西方工業革命之前，中國城市的發展，曾長期居於世界的前列。中國著名的六大古都（西安、南京、洛陽、開封、杭州、北京）在歷史上都曾達到或超過百萬人的規模，成為當時世界上最大的城市。其他的工商業城市，很多也是「世界級」的水準。中國城市的熙來攘往的繁盛景象，給那些境外來的觀察家留下了特別深刻的印象。

　　中外學者對春秋戰國以來中國城市人口的比重進行了考察。結果是很有意思的：

　　　春秋時期，齊國的城市人口約占總人口的 8.5％，鄉村人口約占 91.5％；[87]

　　　漢代，非農業人口約占總人口的 10％；[88]

　　　唐代，城市人口的比重為 10％；[89]

　　　宋代，城市人口至少占總人口的 10％以上。[90]

87　參見吳申元《中國人口思想史稿》，中國社會科學出版社，1986，第 15 頁。
88　徐揚傑：〈漢代的農業生產水準問題淺探〉，《史學月刊》1982 年第 3 期。
89　胡煥庸等：《中國人口地理》上冊，華東師範大學出版社，1984，第 248 頁。
90　Elvin Mark, *The Pattern of the Chinese Past* (Redwood City, CA: Stanford University Press, 1973) , p.176.

　　清代城市的發展，尤其是市鎮的發展，在規模和數量上都遠超過宋代。然而由於清代鄉村人口同樣有了突飛猛進的增長，城市人口占總人口的比重卻不比宋代更高。從總體上看，清代城市人口的比重不低於 10％。

　　考察人口的城鄉結構，除城市人口比重這一指標外，非農業人口所占比重尤其值得注意，而且，由於人們對城市人口劃分標準的認識不一，非農業人口比重的指標顯得更為重要。清代著名經濟思想家包世臣就曾對四民人口所占比重提出過自己的見解。他認為：「三民（士、工、商）居一，而五歸農，則地無不墾，百用以給。」[91] 就是說，在正常狀態下，農業人口應占總人口的 5/6 或 83.3％，非農業人口應占 1/6 或 16.7％。

　　包氏的這一結論，得到了清末以至於民國時期若干統計資料的印證。據有關《鄉土志》整理而得的清末光緒及宣統年間對 9 個省區 22 個縣（府、州、廳）約 190 萬人口的調查統計，農業人口約占 83％，其餘非農業人口共占 17％，與包氏的結論極為接近。[92] 金陵大學農業經濟系於民國初年曾對 168 個縣的全部人口進行過抽樣調查，其中分布村莊者 79％，市鎮者 11％，城市者 10％。[93] 由於這裡的村莊人口都是農業人口，市鎮人口中也有相當一部分從事農業生產，則全部農業人口比重應為 80％—85％，與包氏得出的結論大致相符。中華人民共和國成立後，更為可靠的統計表明：1949 年全國城市人口占總人口的 10.6％，非農業人口占總人口的 17.4％。此後由於按城鎮行政建制的口徑進行統計，全國城市人口的比重迭有增加，至 1978 年已上升為 17.9％，但非農業人口除 1958—1961 年的特殊情況外，都沒有突破包氏所提出的 16.7％的比重，而 1949—1978 年 30 年的平均值更僅為 16.4％。[94] 中國大陸能在 1949 年以後長達 30 年的時間內保持非農業人口與農業人口相對穩定的比重，固然有其具體的歷史原因，但這一人口比重竟與 100 多年前包世臣的結論驚人的一致，就不會僅僅是一種巧合了。

　　中國人口的城鄉結構是相當穩定的，但城市人口和鄉村人口一樣，總是

91　包世臣：《安吳四種・中衢一勺》卷 7 下〈說儲上篇後序〉。

92　據楊子慧主編《中國歷代人口統計資料研究》（改革出版社，1995，第 1200 頁）原表重新歸算改製，並增補了河南淅川等三廳州縣的資料。原表係據清末各有關《鄉土志》綜合而成。

93　〔美〕卜凱主編《中國土地利用》，金陵大學農學院農業經濟系，1941，第 501 頁。

94　參見《中國人口年鑑（1985）》（中國社會科學出版社，1986，第 811—812 頁）原表。該表不包括臺、港、澳地區的人口。

處於不斷地變動之中。在 1850 年到 1949 年的一百年裡，也即從太平天國戰爭爆發直到整個民國時期，中國城市的人口，不僅在數量上有過極其激烈的變動，且在作為人口本質屬性的社會結構上也有了深刻的變化。

士、商與工是中國傳統社會城市居民的主要成分。在清末城市體系急劇變動之時，這些成分也開始有了相應的轉換。

傳統的士屬於社會的上層，作為一個自為的社會集團，始終懷有以天下為己任的強烈使命感。清代末期在外國資本主義及其先進生產力的強烈衝擊下，中國社會發生了「亙古未有的變局」，使得傳統的士首先分化出一批具有嶄新視野的人物。他們迫切地試圖瞭解對於廣大中國人來說還是相當陌生的西方文明體系。有一些人發奮鑽研西方的自然科學知識，更有人遠涉重洋，徑赴歐美，直接汲取西方文明的精華所在。隨著歐風美雨的不斷侵襲，清政府於 1905 年採取了「立停科舉以廣學校」的行動。新式教育拓寬了人才培養之路，新型知識階層的人數迅速擴大，而近代化事業的發展，使得這一階層就業的範圍也大為擴展了。除從政者外，從軍、經商、興學校、辦實業，都大有人在。有些學有專長的人士，擁有了前所未有的稱謂—自由職業者。傳統的士的濃郁而狹隘的集團意識大大被沖淡了。

商人扮演了更為活躍的角色。清末的社會變動使他們的活力得到了空前的激發。他們中的一些人早就有了與外商打交道的經驗。受雇於外商充當譯員或經濟事務助理的所謂「康白度」（comprador，源於葡萄牙語），也即買辦，在鴉片戰爭前夕業已出現，而在戰後開始形成一個職業集團。由於西方資本主義世界的經濟入侵愈演愈烈，買辦階級的勢力也愈益壯大。其中一些具有較強民族意識的人士，便竭力鼓吹開展對西方列強的「商戰」，強調以商為國本。經商成了時髦，而商人的自為意識及其社會地位自然也大為提高。雖然在公開的宣言中，他們只將自己從「士農工商」四民之末提升為「士商農工」，位居第二，但實質上他們早已自以為時代的中心而雄視天下了。

作為一種社會職業，工在近代的變動要比商深刻得多。因為它直接與近代工業、與先進生產力的發展緊密聯繫在一起。中國的近代工業首先是由外國資本興辦並掌握的。清末一些富有的官僚、紳士、商人也紛紛投資興辦實業，加上清朝官方的興辦，從而初步形成了中國自己的近代工業體系。由於近代工

業具有較大的生產規模，往往需要投入巨額的經營資本，需要有先進的管理知識，興辦工廠的實業家與產業工人之間的階級差異，已是傳統時代的工廠主與工匠的差異所無法相比的了。

　　隨著近代城市的發展，或者毋寧說，隨著中國城市的近代化成分的不斷擴大，傳統的既體現社會等級又代表職業分野的士、商與工，終於逐步演變為具有近代意義的社會職業分類。

第十八章　大變局下的生活世界：
洋貨流行與生活啟蒙

　　清朝由興而盛二百年，直至鴉片戰爭被挾堅船利炮越洋而來的英國所打敗，求和簽約，割地賠款，開口通商，西洋各國勢力進入中國，原來的「一統天下」格局被打破。這一變故對清朝統治者而言，是喪權辱國，在臣民面前大失威信，帝制根基開始動搖，進而引起統治秩序、政治格局與社會制度等一系列變動，皇權統治日趨末路；對廣大民眾而言，則是生存環境和生活資源結構發生巨變，進而引起生活方式的根本性改變。正因為如此，晚清與西方世界相遇而遭逢的變故，對於社會上下，皆可謂「數千年一大變局」。變局之下，是死是生，或亡或興，皆取決於社會上下如何對應。

　　西洋人跨海挾帶而來的不僅僅有堅船利炮，還有他們的洋貨、洋教、生產方式及生活方式。這些乘著近代工商業大潮洶湧而來的西洋文明，倚仗槍炮與血腥、強權與強勢，以勢不可當之力衝擊著中國社會，由通商口岸波及內地，從城鎮傳至鄉村，從社會結構、統治秩序延伸至廣大民眾的衣食住行、日常生活。由此，中國民眾的生活世界面貌大變，中國人千百年來沿襲傳承的生活方式，開始發生根本性改換，中國社會的發展方向也隨之而扭轉。

　　那麼，在晚清 70 年社會大變局之下，中國民眾的生活世界究竟發生了怎樣的變化？我們首先從民眾生活世界的基層─衣食日用消費領域來略作觀察即可發現，貫穿這半個多世紀的一個突出社會現象，就是「洋貨流行」，由此而引發了廣大民眾生活方式乃至文化觀念的一系列變化，對於中國社會近代轉型產生了深遠影響。下面我們對此做一回顧與考察。[1]

---

* 本章由李長莉撰寫。

一、洋貨初銷、流行與普及

「洋貨」作為一個名詞，一般指由外國商船運來的海外物品，多為歐洲商品。明末清初以後，歐洲商船往來開始頻繁，運進中國的「洋貨」也漸增多。起初主要是鐘錶、音樂盒、晴雨錶、玻璃器皿、呢羽、骨角皮革等工藝製品，因其製作奇巧，為中國所無，一般稱為「西洋奇器」或「西洋奇貨」。又因數量有限，價格昂貴，多為供人觀賞而少實用性的「玩好之物」，即所謂「玩貨」，故被視為域外方物、珍稀奢侈品，或為豪商富宦購買珍藏，或貢獻於皇帝供其賞玩與賞賜，一般百姓難得見到，更無力購買。

鴉片戰爭後開口通商，西方各國商船開始自由往來各口，各類洋貨也隨之源源不斷成批量地輸入中國，並運往各地市場銷售，「洋貨」遂逐漸成為在街頭商鋪裡也可以看到的貨品。1842 年開口通商至 1912 年清朝滅亡的 70 年間，洋貨從開始批量輸入銷售，到日漸推廣行銷而流行開來，最後普及至城鄉民眾的日常生活，經過了一個持續發展過程。這一過程大致可分為三個時期，在不同時期洋貨在人們生活中的地位有所不同，在人們心目中的形象也隨之變化。

洋貨初銷時期（1840—1860 年代）：作為奢侈品與高檔品

鴉片戰爭前，僅有廣州一口允許海外商船來往，且只能通過「公行」進行有限貿易。鴉片戰爭後，廣州、廈門、福州、寧波、上海等五口開放通商，且允許外國商人上岸居住、自由貿易，中西通商首先從東南沿海豁然洞開，英、法為首的歐美各國商人，持開拓東方市場的夢想與熱望紛紛湧入中國，開始大批向中國輸出商品。第二次鴉片戰爭後，東北沿海和長江流域又增開多處通商口岸，中外貿易管道大幅拓寬，形成了覆蓋中國東部和中部廣大地區的洋貨輸入主管道。在此二三十年間，進出口貿易逐年增長，洋貨輸入的數量和種類持續增加。據統計，僅從主要對華出口國英國每年輸入中國的商品量來看，1845 年時輸入總值為 240 萬鎊，1860 年增至 436 萬鎊，到 1869 年增至 800

---

1 對「洋貨流行」問題，李長莉在以前的論著中曾就若干側面做過一些討論，參見李長莉《晚清上海社會的變遷—生活與倫理的近代化》（天津人民出版社，2002）、《中國人的生活方式：從傳統到近代》（四川人民出版社，2008）的有關章節，以及〈洋布衣在晚清的流行及社會文化意義〉（《河北學刊》2005 年第 2 期）、〈近代交通進步的社會文化效應對國人生活的影響〉（《學術研究》2008 年第 11 期）等。

萬鎊，20 多年間增加兩倍多。[2]

　　但是，千百年來，在小農和家庭手工業相結合的自然經濟條件下，中國一般民眾的衣食住行日用物品，基本上自產自用、自給自足，少量不能自產自製的物品，通過本地集市交換補充也基本可以滿足，因而對外來生活日用品需求甚少。又由於人們普遍不富裕，對超出生活必需品的需求十分有限，所以外來洋貨進入中國市場起初並不順利，銷售只有小幅增長。通商初期進口的洋貨，如此前即有的鐘錶、玻璃製品、毛織品等非實用的「玩貨」，仍然只是少數人問津的「奢侈品」，輸入量增加不多。鴉片由於具獨占性而沒有土貨的市場競爭，吸食人數不斷增多，因而通商初期一直是進口洋貨的大宗，占一半左右。後來，輸入日用雜貨種類增多，特別是棉織品及其他一些低端日用雜貨批量輸入，市場逐漸擴大，銷量日增。如價廉物美的洋布手帕，1859 年由上海口岸進口約 9 萬打，1869 年時增至 10 萬打。[3] 另如價低實用的洋針，1867 年時由上海進口 2100 萬枚，兩年後增至 8900 萬枚。[4]

　　在通商城市裡出現了專門售賣洋貨的洋貨行和洋雜貨店，在一些舊式商鋪裡的貨架上，也開始有日用「洋貨」與舊式「土貨」並列擺放售賣。如上海開埠後，租界地區中外商行店鋪裡擺放著各種奇巧洋貨。1850 年代一位上海居民記述道：「闤闠間所陳西洋奇器……如觀星鏡、顯微鏡、寒暑針、風雨針、電氣秘機、火輪機器、自鳴蟲鳥、能行天地球之類，下至燈瓶盂碟一切玩具，製甚精巧，亦他地所無。」[5] 這些還屬於觀賞性的「玩好之物」，屬奢侈品。而在一些日用雜貨零售店鋪裡，則可以看到某些實用性的日用洋雜貨。如 1862 年《上海新報》上刊登一家商行售賣「外國雜貨」的廣告，開列有「新到什錦餅乾、酸果、洋醋、呂宋菸、罷（白）蘭地、小面鏡仔、東洋竹籃仔等」。[6]

　　但是，在開埠初期的一二十年間，像洋布、洋皂、玻璃製品等日用洋貨，雖多製作精緻，外觀漂亮，有的也比土貨更好用，但由於售價貴，普通人家還很少購用，人們只是把它們看作有錢人為好奇炫新才會買的奢侈品、高檔品。所以，這一時期洋貨大多銷售不旺。例如作為洋貨中比較普通的洋布，直至開

2　姚賢鎬編《中國近代對外貿易史資料（1840—1895）》第 1 冊，中華書局，1962，第 637 頁。
3　上海百貨公司等：《上海近代百貨商業史》，上海社會科學院出版社，1988，第 5 頁。
4　《上海近代百貨商業史》，第 5 頁。
5　王韜：《瀛壖雜誌》，上海古籍出版社，1989，第 22 頁。
6　《上海新報》1862 年 6 月 26 日。

埠七八年後，上海才出現了第一家專門賣洋布的清洋布店。[7] 再如洋襪最初也不受人們歡迎，由於洋襪襪口緊，穿著不如土布襪方便，價格又比土布襪高，因而只是少數富戶子弟穿著以學時髦。[8] 到了 1850 年代末，特別是 1860 年代以後，洋貨的銷售才開始大幅增長。

洋貨流行時期（1870—1890 年代中期）：作為高檔品與時尚品

進入 1870 年代以後，一方面洋貨市場不斷開拓，一方面洋貨製造和運輸成本降低，使零售價普遍下降，洋貨銷售進入了暢銷期，洋貨的輸入量呈激增態勢。據一項統計，1870 年進口洋貨總值 6400 萬海關兩，比 6 年前增長了近 38%；1880 年增至 7900 萬海關兩，1890 年更增至 12700 萬海關兩，比 1870 年增加近一倍。貨物品種的比例也有變化，初期一直占進口貨物大宗的鴉片比例有所下降，棉織品及其他雜貨的比例上升。[9]

這一時期洋貨暢銷表現在銷售量增大且種類增多。一些適用而又廉價的日用洋貨，因銷售量增大而進口量大幅增加。前述洋布手帕進口量為 1879 年猛增至 35 萬打，10 年內增加了 2.5 倍，到 1889 年又增至 40 萬打；[10] 洋針進口量 1869 年激增至 8900 萬枚，1874 年更增至 13300 萬枚，短短 7 年間，就增加了約 6 倍。[11] 日用小洋貨日見暢銷，隨之而來的是經銷洋貨的商家店鋪越來越多。如 1870 年代僅上海一地專門經營進口貨的洋廣雜貨店就不下百十家。[12] 人們在市場上可以見到的日用洋雜貨花色品種也日益豐富。如從 1872 年 4 月 30 日《申報》創刊號，刊登的「衡隆洋貨號」的廣告上可以看到，這個洋貨號所售的有鏡子、洋紡織品等日用洋貨，洋紡織品的品種即有哈喇大呢、哆囉彩呢、羽毛、嗶嘰、花素羽紗、羽繭、羽縐、羽綾、新式五彩花布、各樣牌子原布、粗細斜紋、洋標布等十多種。長期在上海經商的鄭觀應於 1880 年代末 1890 年代初寫的一篇文章中，就歷數當時常見的各色日用洋雜貨，一口氣列舉了日用、衣物、食物、器物、玩好等洋雜貨 57 種。其中食物類如洋酒、洋糖、洋鹽、洋藥、洋菸、洋肉脯、洋餅乾、咖啡等，用物類如洋布、

7　葛元熙：《滬遊雜記》，上海古籍出版社，1989，第 79 頁。
8　《上海近代百貨商業史》，第 19—20 頁。
9　張仲禮主編《近代上海城市研究》，上海人民出版社，1990，第 107—123 頁。
10　《上海近代百貨商業史》，第 5 頁。
11　《上海近代百貨商業史》，第 5 頁。
12　葛元煦：《滬遊雜記》，第 28 頁。

洋綢、洋呢、洋被、洋毯、洋手巾、洋花邊、洋火、洋油、洋燈、洋針、洋線、洋鈕扣、洋皂、洋釘、洋傘、洋牙刷、洋牙粉、洋顏料、洋紙、洋筆、洋墨水等，玩好類如洋鐘錶、寒暑表、電氣燈、自來水、照相玻璃、眼鏡片、五金製品等，此外「零星莫可指名者亦夥」。[13] 這些「洋貨」不僅製作精緻，美觀適用，而且價格隨著技術工藝的改進和運輸的便利而不斷降低，堪稱物美價廉，因而人們爭相購用，銷量日廣。如鄭觀應所說，這些洋貨「各種類皆暢行各口，銷入內地，人置家備，棄舊翻新」。[14] 洋貨開始在城鄉居民中流行開來。

　　洋貨的流行從地域上來說，是沿著商貿運輸銷售路線，由沿海沿江通商城市向內地、由城市向鄉村層層擴展。首先是通商城市，居民因地緣的便利及消費能力較高而購用洋貨日多，呈現洋貨日益流行之勢。上海是通商首埠，領洋貨流行風氣之先自不待言，其他通商城市也隨之而起，成為洋貨流行的地域中心。如武漢於 1860 年開埠後，雜貨行號也廣泛經銷日用五金、鐘錶、眼鏡、火柴、肥皂、假珠寶、化妝品、玩具、針織襪等日用洋貨。[15] 通商城市的周圍地區，因商賈販運之便和受城市風氣的影響而隨之出現洋貨流行之風。有記上海周邊地區洋貨流行情況，如松江府：「上海番舶所聚，洋貨充斥，民易炫惑。洋貨率始貴而後賤，市商易於財利，喜為販運，大而服食器用，小而戲耍玩物，漸推漸廣，莫之能遏。」[16] 1880 年代中期，有人記鄰近天津的玉田，人們日常所需洋貨「至不可勝數」，甚至說一般居民「飲食日用曰洋貨者，殆不啻十之五矣」。[17] 到了七八十年代以後，日用洋貨流行之風也及至內地村鎮。在深居腹地的四川，就有從武漢沿長江運來的洋貨銷往各地。1870 年代後期，在鄰近四川的偏僻地區雲南昭通，一位外來遊客看到商店裡陳列著不少洋貨，有洋布、鐘錶、鈕扣、玻璃、洋鐵器等。[18] 某些物美價廉、經濟適用的日用洋貨，這一時期已漸有取代土貨而主導市場之勢。如進口機織洋布，由於比土布細密平滑、色彩鮮豔，且售價漸低甚至低於土布，因而廣受人們歡迎，在各地城鄉

13　鄭觀應：《盛世危言・商戰上》，夏東元編《鄭觀應集》上冊，上海人民出版社，1982，第 587 頁。
14　鄭觀應：《盛世危言・商戰上》，夏東元編《鄭觀應集》上冊，第 587 頁。
15　章開沅等主編《湖北通史・晚清卷》，華中師範大學出版社，1999，第 173 頁。
16　博潤等修、姚光發等撰《松江府續志》卷 5《疆域志・風俗》，黃葦、夏林根編《近代上海地區方志經濟史料選輯（1840—1949）》，上海人民出版社，1984，第 342 頁。
17　姚賢鎬編《中國近代對外貿易史資料（1840—1895）》第 3 冊，第 1106 頁。
18　姚賢鎬編《中國近代對外貿易史資料（1840—1895）》第 3 冊，第 1106—1107 頁。

市場暢銷。1889 年有大臣上奏說到洋布大銷取代土布之勢：「棉布為中國自有之利，本無須取給於外洋，乃洋人以機器織成，幅寬質細，價廉而適於用，人皆便之，反棄土布而不用」。[19] 同時期鄭觀應也說到洋布流行的情形：「自洋紗、洋布進口，華人貪其價廉質美，相率購用……迄今通商大埠及內地市鎮城鄉，衣大（土）布者十之二三，衣洋布者十之八九。」[20]

但這一時期，多數洋貨還被視為時尚物品和中高檔用品，在城市和鄉鎮中上層社會流行。在內地特別是鄉村社會，由於民眾購買力有限，一般生活日用品還大多沿用成本極低的土貨舊物，購用洋貨仍被人們視為趕時髦、追時尚的過度消費。

洋貨普及時期（1890 年代中期至 1911 年）：作為物美價廉的生活實用品

甲午中日戰爭後直至清王朝滅亡，又增開了數十處通商口岸，全國通商口岸達到百餘個，遍布南北，洋貨通過這些口岸源源輸入，數量持續增長，銷售地域也更廣。同時，這一時期中國出現辦實業熱潮，本土商人設廠仿造一些低端日用機製品—後稱「國貨」，如火柴、洋布、紙菸等。這些本土「仿造洋貨」成本比輸入品低，因而價格更低廉，雖然往往品質比輸入品差，但功能仍優於舊式手工製土貨，因而受到消費能力較低的下層民眾歡迎。這一時期民間習稱的「洋火」（火柴）、「洋布」等一些日用機製品，其中已有國產品，這些名稱已經成為某種物品的類稱。一般老百姓作為消費者，在市場上購買生活日用品，大多只認物品而並不辨其產自何處。但多數生活日用品，進口洋貨仍然以其物美價廉的優勢而占據大部分市場到 1890 年代後已日漸普及廣大城鄉，有的基本取代了土貨而成為人們的日用必需品。

這一時期日用洋貨的普及，首先體現在無論城鄉上下各個階層民眾，普遍購用洋貨作為生活日用品。如 1904 年某報有文論道：

> 自通商以來，洋貨之灌入中國者，幾不可以數計，大約外自各城巨鎮，內至窮鄉僻壤，上自豪商巨賈，下自窮戶小民，惟一日三餐或猶守其

---

19 〈光緒十五年奕劻奏〉，姚賢鎬編《中國近代對外貿易史資料（1840—1895）》第 3 冊，第 1359 頁。

20 鄭觀應：《盛世危言‧紡織》，夏東元編《鄭觀應集》上冊，第 715 頁。

舊俗，不盡喜食西人之物，其餘則身之所衣，手之所用，殆無一不於洋貨是賴……竊謂近人喜用洋貨之習業已滔滔皆是，不可復挽，而洋貨亦實有可以暢銷之理，更非人力所能禁過。[21]

　　洋貨普及的另一表現就是，進入人們生活的洋貨不僅數量多，而且種類豐富多樣，幾乎遍及人們衣食住行用等日常生活的各個方面。據在北京的日本人 1905—1906 年調查，北京市場上的日用雜貨只有少部分土產品，多數是來自上海、廣東、天津等通商口岸的進口機製品，即俗稱的「洋貨」。其種類繁多，常見的生活日用品有火柴、洋燈、鐘錶、棉布、衣服、帽子、毛巾、手帕、鈕扣、洋針、顏料、紙菸、蠟燭、香皂、香水、玻璃鏡、洋傘、紙類、文具、機械類、皮包等。[22] 除了這些生活日用品之外，其他涉及人們生活各個方面的洋貨物品也日漸流行。1911 年《東方雜誌》的一篇文章列舉當時人們普遍日常購用的洋貨，除洋麵、洋布、煤油等日用必需品之外，還有生活享受品，「若洋酒、紙菸等，雖屬嗜好之品，然近年銷行之趨勢，亦有日盛一日之觀」；教育用品如石板、石筆、鉛筆、堊筆等；化妝用品如香粉、香水、牙粉、牙刷之類，「所銷甚多」；還有一些原來主要是土製品的市場，也開始出現洋貨，如洋瓷、洋傘、洋紙等。「其餘大宗零星之洋貨，受我國人歡迎者，尚屬不勝枚舉，更僕難終也」。這篇文章還述及一些低端生活日用洋貨在社會各階層普及的情形。

　　洋布：「吾國人無論男女用此製夏衣者，幾有普及上中下三流社會之勢。蓋吾國原有之絲紗及葛布，非質粗，即價貴，反不若洋紗布之價廉物美，故大受國人之歡迎。」

　　煤油燈：「自煤油盛行以來，而洋燈之用，亦遂普及於各級社會之間矣。試觀店肆人家，其不用洋燈者，殆十無其一，流行之盛，於此可見。」

　　肥皂：「我國往昔洗濯器物，用以蕩滌污濁者，惟天然鹼而已。自洋皂盛行以來，堅淨潔白，大受國人之歡迎……此物銷路亦頗繁盛，我國現在雖有仿製者，然多屬普通之品，且出貨不多，行銷亦未大盛，亟宜推廣經營。至精

21　〈論上海速成女工師範傳習所〉，《濟南報》1905 年 2 月 1 日。
22　〔日〕服部宇之吉等：《清末北京志資料》，張宗平、呂永和譯，北京燕山出版社，1994，第 353—356 頁。

良肥皂即所謂香皂者，現亦遍用於各流社會之間。」[23]

城鎮居民由於缺乏自產自製條件，生活日用品大多需購自市場，因而購用洋貨最為普遍。特別是通商城市居民，由於是洋貨集散地，銷售點多，衣食起居生活日用更是普遍購用洋貨，有的品種已經成為日常生活必需品。時人有記云：「家居都會商埠者，則起居、衣服、飲食及一切日用品、奢侈品，更無一而非洋貨，其心目中，固以為非舶來之品，無一適用也。」[24]

日用洋貨的普及由城市日漸擴展到鄉村。有人記上海附近的嘉定縣自光緒中葉以後洋貨逐漸普及的情形：「取火之物，向用火石……光緒乙未（1895）、丙申（1896）之際，始改用火柴，俗稱『自來火』，為歐洲之輸入品……洗衣去垢，曩日皆用本地所產之皂莢，自歐美肥皂行銷中國後，遂無用皂莢者……窗格舊用蠣殼，亦有以紙糊者，光緒中葉以後，則多用玻璃矣。」[25] 一些低檔細小、花費不多的生活日用品已經廣為普及，即使是窮鄉僻壤也可見到。清末時人記云：「晚近以來……洋貨進口日增月盛，人之起居衣食，無論富貴貧賤，幾無一人不用洋貨。」文中列舉火柴、洋布、食糖三種外洋輸入的日常用品，謂「雖窮鄉僻壤，求之於市，必有所供」。[26] 另有人記道：「洋貨盛行於中國，凡鄉僻之地吾人苟能涉足者，如香菸、洋燈、珠絨、面巾等類皆能具之。」[27] 清末時洋布已成為城鎮居民日常穿用的主流布料，包括一些邊遠地區。如廣西貴縣：「清光緒中葉以前，衣料多用土貨……光緒季年，衣料浸尚洋貨，即線縷巾帶之微，亦多仰給外人。」[28]

清末雖然洋貨在全國各地日益普及，但城鄉之間、大城市與邊遠鄉村之間還有差別。一些比較偏遠、交通不便的內地鄉村，購用洋貨種類既少，數量也有限，特別是生活貧困的下層鄉民，維持基本的衣食生存之需尚且困難，更無力有其他消費。由此沿海沿江與內地、城市與鄉村之間的消費方式及生活方式拉開了距離。

23　〈今日亟宜振興應用工業以裕生計論〉，《東方雜誌》第8卷第7號，1911年，第2—9頁。
24　〈專用洋貨者非國人〉，徐珂編《清稗類鈔》第4冊，中華書局，1986，第1690頁。
25　陳傳德修、黃世祚、王燾曾等纂《嘉定縣續志》卷5〈風土志·風俗〉，黃葦、夏林根編《近代上海地區方志經濟史料選輯（1840—1949）》，第343—344頁。
26　〈專用洋貨者非國人〉，徐珂編《清稗類鈔》第4冊，第1690頁。
27　汪康年：《汪穰卿筆記》，上海書店出版社，1997，第212頁。
28　廣西《貴縣志》（1935年本），《中國地方志民俗資料彙編·中南卷》（下），書目文獻出版社，1991，第1070頁。

　　洋貨的運輸銷售，以沿海沿江通商城市為中心，向周邊及內地城鎮鄉村輻射展開，形成以城市為中心、以分層市場為範圍的「多層市場圈」，並伴隨洋貨的輸入量持續增長、售價逐步下降，而從初銷到流行又至普及，逐步推進。洋貨逐步流行的過程，是機製品大市場開拓與形成的過程，也是中國民眾接受洋貨、引入日常生活，最終成為日用必需品的過程。在洋貨逐步流行的不同階段中，作為消費者的中國人也形成了一些消費風氣，體現了人們消費方式的演變。

二、洋貨流行對消費方式的影響

　　千百年來，中國廣大民眾過著小農生活，日常生活消費品大多自產自給、自製自用，並有本地集市貿易互通有無、相互補充，向外市場需求很小。城鎮居民雖對市場依賴較多，但也多在本地域內即可基本滿足，且人數有限，難以形成大規模的外向型市場需求。「洋貨」作為一種通過市場行銷的外來商品，是怎麼打破中國人世代相沿的自產自用的消費屏障，取代人們祖輩相傳的自製自用物品，成為城鄉千家萬戶的生活日用品呢？在此過程中中國人的消費方式發生了怎樣的轉換？人們沿襲已久的消費規則和消費觀念是否也發生了一定變化？回答這些問題需要沿著中國人的消費方式所體現的消費原則在新的時代背景下，去尋求答案。

　　人們的生活消費可分為維持基本生存所需的「必需消費」和超出生存所需的「剩餘消費」兩個領域。千百年來，中國廣大民眾依農而生，且大多物質資源緊缺，衣食難得溫飽，因而其消費往往是僅能維持生存所需的衣食住行用等最低程度的「必需消費」。與這種「生存型」消費相對應的消費原則即是「經濟實用原則」，即以有限資源應付基本生存需求，由此形成崇尚「節儉」的消費倫理。一些富裕人家如還有消費餘力，則會尋求享受及增加社會價值等消費需求，可稱之為「剩餘消費」。與「剩餘消費」相對應的消費原則是「增值原則」，即能夠增加心理需求的滿足。「必需消費」基於滿足人維持生存的生理需求，在一定物質條件和一般平均消費水準的基礎上有一定的限度；而「剩餘消費」則是基於人追求享樂和占有欲的心理欲求，因而是無止境的。人如果過度追求「剩餘消費」的擴張，追求奢侈，便會損害「必需消費」以至危及人們的基本生存之需。正因為如此，對於「剩餘消費」，中國傳統消費倫理提倡「適

度」與「戒奢」，與「必需消費」領域的「尚儉」相對應。由於等級制度和禮制的存在，民間實際生活中，一般有「剩餘消費」能力的人是有一定社會身分和資財的中上階層，他們往往依自己的身分和財力而適度消費，以使這種「剩餘消費」既有「增值」效果，又無危及「必需消費」的弊害。最初作為外來奢侈品的「洋貨」，正是首先從「剩餘消費」領域，在「增值原則」的驅動下，由上層開始進入中國人的消費生活之中的。而洋貨由流行到普及，最終取代原有「土貨」而成為人們的生活日用品，又是憑藉「經濟實用」的傳統消費原則而走進「必需消費」領域的結果。這一過程表現為洋貨消費風氣的幾度變化，反映了人們消費方式的轉換。

炫耀性消費洋貨之風

洋貨被中國人接受，首先是作為奢侈品進入「剩餘消費」領域，與富貴人群「炫耀性消費」需求相契合。

在通商以後洋貨初銷時期，進口洋貨因量少價高，被人們視為奢侈品，普通人無力購買。最初熱衷購用洋貨的是通商城市從事進出口貿易的買辦商人，他們往往出身低微，由於從事貿易而快速致富，並急於向外界展示自己的富有、成功與能力，以及所掌握的「發洋財」這一新資源。作為奢侈品的洋貨，製作奇巧精緻、光怪陸離，又新鮮稀少、價格昂貴，一般人不易擁有，他們遂不惜高價購用洋貨，並樂於向外界炫耀，用以擺設、展示、穿著、佩戴、贈送等，希圖以此提高自己在別人眼中的分量，獲得社會增值效果，這些人中率先興起炫耀性消費洋貨的風氣。有人批評買辦商人流行使用洋貨，不僅購買高檔奢侈品，而且日常生活中也不惜金錢而購用洋貨，謂：「甚至與西人往來者，雖平居亦復如此，以示其多財。」[29] 起初這些買辦、商人喜用洋貨的風氣，往往被主流社會視為「崇洋媚洋」、「棄土從洋」、「忘本」，甚至被罵為「洋奴」、「漢奸」，但他們購用洋貨所顯示的財富、成功等意味又引起人們的羨慕，因而一些家資富有的紳宦商賈也開始購用洋貨以為炫耀。1890 年代有人追溯通商初期買辦商人首先興起炫耀性消費風氣的情形道：「溯當立約互市之初，濱海大埠，富商巨賈與西商懋遷有無，動致奇贏。財力既裕，遂於起居服食諸事鬥異矜奇，視黃金如糞土，見者以為觀美，群起效之……其始通商大埠

29　〈論西貨近日消流甚廣〉，《申報》1888 年 1 月 1 日。

有此風氣，繼而沿及內地各處。」[30]

　　隨著富商紳宦競購洋貨以炫耀形成風氣，通商城市文人、商賈及一般市民中也開始追逐此風。商人富紳購用洋貨，主要是作為炫耀富有的奢侈品，一般市民、文人財力有限，大多出於社交需要，購買一些低端小洋貨作為饋贈、招待親友的禮品。如在上海通商初期來滬在西人書館助西人譯書的文士王韜，1860 年記往某友人家做客，友人「特出西洋名酒為餉，味極甘淳可口」。[31]可見洋酒成為當時上海文人雅聚的時尚飲品。王韜喜歡交遊，他雖收入不多，但也購買一些西洋玻璃杯、洋皂贈送親朋好友。如他由上海返鄉應試，去訪友時即贈以玻璃杯、洋皂。[32]他攜友人訪妓，「饋以西洋退紅布一端，（妓女）阿珍喜甚，即寶藏於篋」。[33]在洋貨還被視為奢侈品之時，購買這些日用洋貨作為饋贈親朋的禮品，成為當時的時尚。

　　隨著洋貨銷售地域的擴展，這種炫耀性消費洋貨之風也由通商城市擴展到內地。1890 年代初有人回顧通商後洋貨消費風氣的擴展情形道：「道光季年，中外通商而後，凡西人之以貨物運至中國者，陸離光怪，幾於莫可名言。華人爭先購歸，以供日用。初只行於通商各口岸，久之而各省內地亦皆爭相愛慕，無不以改用洋貨為奢豪。」[34]

　　在洋貨初銷時期，洋貨由於數量種類較少、售價較高而被視為奢侈品和高檔品，首先在通商城市買辦商人中興起炫耀性消費洋貨風氣，然後向有一定「剩餘消費」能力的中上階層及內地擴展。這一風氣後來在奢侈品和高檔品洋貨消費領域一直持續存在，並且隨著洋貨品類日多、售價日降，越來越多的洋貨逐漸退去奢侈品光環，進入普通消費領域，越來越多的人追隨炫耀性消費風氣，形成更大規模而成為流行時尚。

時尚性消費洋貨之風

　　進入 1870 年代以後，洋貨日漸流行，購買使用洋貨者從原來買辦、商人、富人擴展到通商城市市民及內地鄉鎮中上層社會，人群日益擴大，形成流行時

30　〈論服色宜正〉，《申報》1894 年 3 月 16 日。
31　《王韜日記》，中華書局，1987，第 157 頁。
32　《王韜日記》，第 94 頁。
33　《王韜日記》，第 161 頁。
34　〈中國宜造洋貨議〉，《申報》1892 年 1 月 18 日。

尚性消費風氣。所謂流行時尚消費，即在較短時間內，在較大規模的人群中形成對某種商品種類或式樣等群起崇尚、競相仿效、爭趨購用的群體消費效應，時尚品往往是人們可普遍購用並有一定觀賞性的物品。

1880 年代以後，洋貨已由通商城市及沿海一帶，流行到北方和內地廣大地區，尤其是那些適用廉價的生活日用品，在廣大內地城鎮鄉村也受到廣泛歡迎，銷路日廣。日用洋貨被人們視為高、中檔品，受到人們崇尚，在通商城市裡日漸流行，購用洋貨成為時尚，一些物美價廉的日用品在市民中流行開來。這種風氣還日漸擴展到鄉鎮，人們皆以購用洋貨為時尚，形成了洋貨流行之風。如上海附近的嘉定縣真如人所說：「中外互市以來，洋貨充斥，絢彩奪目，喜新厭故者流棄其已有，群相購置」。[35] 這一記述反映了由城市到鄉村洋貨時尚風氣蔓延的景象。

這一時期人們競相購買而形成流行時尚的洋貨，往往是一些美觀且兼實用的日用品。如 1850 年代還只是通商城市少數富人作為奢侈品購買使用的鐘錶，由於其計時功能在城市生活裡有實用價值，所以到 1870 年代以後，已成為通商城市一般市民中流行的時尚品。在這時期上海中等以上菸館、酒樓、妓館等大眾化娛樂場所，牆上都掛有鐘錶。同時中流社會以上還流行佩戴懷錶，來往於街頭的士商往往衣服上掛一塊懷錶，既是一種時尚裝飾，也是一種實用工具。1870 年代初有人記上海人流行以掛懷錶為時尚：「時辰錶掛於襟頭，俗式也。」[36] 還有人以竹枝詞描述這一時尚情景道：「腰懸小錶輪金輪，巧比銅壺刻漏真。相約只憑鐘幾點，不勞子午標時辰。」[37] 後來在上海婦女中還流行女子專用的精緻小型「金錢錶」，有記道：「光緒中葉，婦女有以小錶佩於衣衽間以為飾者，或金或銀，而皆小如制錢，故呼曰金錢錶。」[38]

這一時期通商城市人們以購用洋貨為時尚，競相仿效，流行成風。如1872 年有人記述在街頭看到的上海人的時髦裝束：「撐洋傘於路上，掛時錶於身旁。」[39] 有人記光緒中葉婦女時興戴眼鏡：「自光緒中葉以後，婦女之好

35 洪復章輯（嘉定縣）《真如里志・風俗》，黃葦、夏林根編《近代上海地區方志經濟史料選輯（1840—1949）》，第 342 頁。
36 海上逐臭夫：〈滬北竹枝詞〉，《申報》1872 年 5 月 18 日。
37 邗江以湘甫草於滬寓之留耕硯室：〈滬遊竹枝詞〉，《申報》1874 年 6 月 11 日。
38 〈婦女佩金錢錶〉，徐珂編《清稗類鈔》第 13 冊，第 6228 頁。
39 〈上海洋場序・仿滕王閣序〉，《申報》1872 年 9 月 13 日。

修飾者，亦皆戴之以為美觀矣」。[40] 又有記洋紙菸的流行：「光緒中葉，都會商埠盛行雪茄菸與捲菸，遂鮮有吸水煙者矣」。[41] 有人記這時期時髦的上海人一身流行打扮：「時新衣服剪紗羅，傾瓶香水渾身灑」，「一段洋菸插口斜，墨晶眼鏡避塵沙。」[42] 到了 1890 年代，人們以用洋貨為時尚的風氣仍不稍減，《申報》刊文諷刺上海富家子弟喜用洋貨而趕時髦趨時尚的風氣道：「一衣服也，綢緞綾羅非不華美，而偏欲以重價購洋綢。一飲饌也，山珍海錯非不鮮肥，而必欲以番菜為適口。圍棋、象戲亦足消閒，而獨以打彈（指西式檯球、保齡球—引者注）為娛樂。水煙、旱煙素所呼吸，而獨以昔加（即雪茄紙菸—引者注）為新奇。甚且衣襪、眼鏡、手巾、胰脂，大凡來自外洋者，無不以為珍貴。」[43] 1880 年代初，有人描述天津街道上可見的有洋式裝飾的時髦打扮：「原廣東通商最早，得洋氣在先，類多效泰西所為。嘗以紙捲菸葉，啣於口吸食之……更有洋人之侍僮馬夫輩，率多短衫窄絝，頭戴小草帽，口啣菸捲，時辰錶鍊，特掛胸前，顧影自憐，唯恐不肖。」[44] 武漢也是華夷雜居的通商城市，市民穿戴洋式裝飾之風也頗為盛行。有竹枝詞詠當時流行洋式裝飾和香水的情形道：「不男不女不華洋，愈出愈奇時樣妝。花露滿身過土壋，一塘臭水也生香。」[45]

以購用洋貨為時尚的風氣後漸延及內地鄉鎮。如湖南興寧縣光緒初年有記衣飾時尚變化過程，以往鄉民皆穿用自家織的土布，但此時卻以穿洋布為時尚，「嗶嘰、哆囉大呢，相習成風，而於婦人尤甚」。[46] 時人有記內地人也以用洋貨相尚的情形道：「如羢布、羽呢、鐘錶、物玩、銅鐵煤斤、機器製作，無不取之於泰西，更有不憚其遠而往購者。」[47] 還有記北京市郊的順義 1900 年後衣飾時尚化、市場化，並棄土布而用機織布的情形道：「自庚子變法，效仿外洋，服布多用洋貨或愛國布。」[48]

40　〈眼鏡〉，徐珂編《清稗類鈔》第 13 冊，第 6220 頁。
41　〈吸水煙〉，徐珂編《清稗類鈔》第 13 冊，第 6355 頁。
42　黃式權：《淞南夢影錄》，上海古籍出版社，1989，第 131—132 頁。
43　〈中國宜造洋貨議〉，《申報》1892 年 1 月 18 日。
44　〈衣兜菸捲〉，張燾：《津門雜記》卷下，天津古籍出版社，1986，第 137 頁。
45　徐煥斗、王夔清：《漢口小志 · 風俗志》，1915 年鉛印本，第 31 頁。
46　（湖南）《興寧縣志》（光緒元年本），《中國地方志民俗資料彙編 · 中南卷》（上），第 525 頁。
47　〈論西貨近日消流甚廣〉，《申報》1888 年 1 月 1 日。
48　（北京）《順義縣志》（1933 年本），《中國地方志民俗資料彙編 · 華北卷》，書目文獻出版社，1989，第 23 頁。

以洋貨為時尚的流行消費風氣，反映了洋貨通過市場流通影響了更多人們的生活。以往土貨流通市場，由於運輸成本等原因而形成自然的地域限制。一種土貨製品，大多只是在本地域內小範圍流通，即使某種物品受到消費者喜愛而流行，也往往以流通地域小範圍為限。洋貨的市場流通則形成跨越地域、全國連通的大市場，機製洋貨商品的類型化、批量化，使不同地方、不同階層、成千上萬的人們，購用一模一樣的商品，由此而形成在各地一致流行的消費時尚。這種跨地域的流行時尚消費模式，只有在大機器生產和大市場流通的條件下才有可能形成，而在中國，這種全國性的流行時尚消費風氣，就始於洋貨流行。正是這種大市場，把全國各地、不同身分的消費者連為一體，而由此形成的跨地域的流行時尚消費風氣，也使不同地方、不同階層的人們，第一次如此廣泛地形成同一的消費愛好和同一的消費方式。

在洋貨消費時尚風氣之下，洋貨成為萬千民眾群趨追逐、競相仿效的流行時尚，洋貨代表著精緻、奇巧、美觀、舒適，又代表著流行、時尚和享受，這種消費大眾追逐時尚的消費風氣，意味著由市場聯結起來的萬千民眾對洋貨所代表的美好生活的嚮往與追求，這種消費心理及消費方式的變化，對於社會發展方向具有深遠影響。而是否追隨這種洋貨時尚，也成為一種新的劃分社會群體的標準，據此可將人們區分為「洋氣」與「土氣」，「新潮」與「守舊」，或「城裡人」與「鄉下人」等。新的消費方式，無形中影響著社會結構的悄然變動。

實用性洋貨消費

到清末，洋貨由流行而日漸普及，許多低端小洋貨成為廣大城鄉居民日常生活必需品，進入「必需消費」領域。這時期市場流通的機制商品數量、種類已相當多，人們有較多的比較和選擇餘地，購買這類日用洋貨，人們也已經不再注重其新奇、時尚、高檔等非實用性價值，而更多地依據「經濟實用」原則做選擇。在這種延續傳統的消費原則下，對一般消費者而言，商品產自何處、洋貨還是土貨已不再重要，人們更看重的是其價格與實用性，及與同類商品的「性價比」。

洋貨進入人們的日常消費領域，一般民眾要到市場去選購日用必需品，這就要回歸市場理性態度，按經濟實用原則，對洋貨與土貨做比較與選擇。許

多日用洋貨與土貨相比具有「物美價廉」的優勢，因而人們自然選擇洋貨而放棄土貨，洋貨替代土貨成為必然之勢。如清末時人所述：「自與各國通商以來，迄今不過七十餘年，而洋貨充斥各處，已有洪水滔天之勢。蓋吾國工業素不講究，各種物品皆粗劣不堪，既不適用，又不悅目，一旦光怪陸離之物雜陳市肆，國人任意選購，儼有拋棄本貨沉溺洋貨之勢。大者佳者無論矣，甚至零星雜物，亦惟洋貨是用。」[49]

　　一部分作為日用生活用品的洋貨之所以流行，是因為其既適於用，價格又低廉，符合人們「經濟實用」的消費傳統，人們自然樂於購買使用。火柴的流行普及即是一個很好的例子。人們居家生活離不開取火，中國的傳統取火工具是火石（或稱火鐮），用鐵片敲擊出火星，引燃紙媒而取火。火石雖經久耐用，但取火時需要反覆敲擊，不易引燃。而自西洋輸入的機制火柴則以小小木棍，一頭粘上少許硫黃，在藥紙板上輕輕一擦即燃起火苗，可直接引火點用，遠比傳統火石輕巧方便，故人稱「自來火」，因來自西洋，故又俗稱「洋火」。火柴成本低、價錢便宜，所以頗受人們的歡迎，很快便廣為使用，日益取代舊火石而成為普及開來的日用品。1872 年浙江寧波海關的一份商務報告說：「進口火柴在大部分城市已經侵奪了火石和鐵片的地位，而且火柴的使用正在一年比一年更為普遍。」[50] 據其所說，這時每盒火柴僅批售一文，價格確實十分低廉，一般下層人也買得起，這樣實用經濟的東西自然受到人們的歡迎，因而其輸入量和銷售量迅速增加。1880 年的一份海關商務報告說：「中國輸入的外國製造品中，任何東西都不及火柴這樣受到人們的歡迎並如此迅速地增加的。」據其觀察，由於洋貨銷售市場所限，「使用火柴的中國人幾乎還只限於住在通商口岸及其附近的一部分人口；雖然火柴還沒有成為廣大人民的家用必需品，但它卻是一年比一年地更為普及了，它正緩慢地但卻肯定地代替著原來的打火石和鐵片」。[51] 1882 年在北方遼寧通商口岸牛莊也有報告說：「火柴貿易情況很好，它已完全代替了原來的打火石和鐵片的地位。」[52] 據統計，1870 年代以後，各口岸火柴的進口量逐年增加，1867 年進口量為 8 萬簍，1870 年增長 1 倍，為 16 萬簍，1880 年為 142 萬簍，1890 年達 415 萬簍，

49　〈今日亟宜振興應用工業以裕生計論〉，《東方雜誌》第 8 卷第 7 號，1911 年，第 2 頁。
50　姚賢鎬編《中國近代對外貿易史資料（1840—1895）》第 3 冊，第 1402—1403 頁。
51　姚賢鎬編《中國近代對外貿易史資料（1840—1895）》第 3 冊，第 1403 頁。
52　姚賢鎬編《中國近代對外貿易史資料（1840—1895）》第 3 冊，第 1403 頁。

1894 年時是 662 萬簍。[53] 當時火柴包裝，每一簍為 144 盒，到 1894 年一年進口 662 萬簍，則總計約 9.5 億盒，如按當時 4 億人計算，則年平均每人兩盒多，足見這時火柴銷售量之大。火柴輸入的增多表明市場擴大，由於火柴原料豐富，投資少，技術要求低，製造簡單，1880 年代以後，在國內也開始有華洋商人設廠製造火柴。至 1900 年前，在上海、天津、重慶、太原、廣東南海、長沙、漢口、福州等地，相繼有火柴廠開辦，僅華商在各地開辦的火柴廠就有十餘家。[54] 國內創辦的火柴廠所製火柴比遠洋輸入的火柴成本更低，價格也更便宜，雖然品質稍遜，但不影響使用，因而也易於銷售。

　　洋針的流行與普及也是如此。針是家家戶戶婦女縫補衣物的必備日用品，舊式土針是手工製作的，把鐵絲磨細、銼尖，再一個個地鑽針眼，這樣的土針針桿粗，針尖鈍，而且柔軟易曲，不耐磨損。而西洋輸入的機製洋針，針桿細，光滑而堅硬，針尖銳利，縫製起衣物來遠比土針好用。洋針的價格剛輸入時比土針高，因而銷售不廣，但後來大幅降價，每 100 枚僅售大洋二分五厘，這個價格比土針還要低廉許多，[55] 人們當然樂於放棄粗笨而又價高的土針而購用洋針，因此洋針很快暢銷起來。1860 年代以後洋針的進口量快速增長，據統計，1867 年時是 2.07 億枚，兩年後即增加了三倍多。1870 年代，平均每年進口量為 8.57 億枚，1880 年代升至 19.58 億枚，增加了一倍多。1890—1894 年的年均進口量為 26.94 億枚。[56] 1879 年的一份報告也說：「由於價錢便宜品質優越，洋針已逐漸成為中國人的日常用品，並且似乎已經大量地代替了土貨了。」[57] 到了 1880 年代，在通商城市裡洋針已經普遍取代了土針，成為人們的日用品。漢口 1887 年的一份商務報告說：「針的進口數量也有大量的增加。我聽說現在幾乎沒有人再使用土針了，英國針、美國針、德國針一齊出現在市場上。」[58] 江蘇鎮江 1887 年的一份報告說：「洋針穩步地代替了中國人用鐵絲造的土針。」洋針在這些城市銷售開來後，也擴及周邊鄉村。鎮江曾有報告說：洋針「進口數量似乎還要增加，因為大商業中心附近的各個

53　據姚賢鎬編《中國近代對外貿易史資料（1840—1895）》第 3 冊，第 1402 頁。
54　杜恂誠：《民族資本主義與舊中國政府（1840—1937）》，上海社會科學院出版社，1991，第 366—367 頁。
55　《上海近代百貨商業史》，第 6 頁。
56　據姚賢鎬編《中國近代對外貿易史資料（1840—1895）》第 3 冊，第 1401 頁統計表。
57　姚賢鎬編《中國近代對外貿易史資料（1840—1895）》第 3 冊，第 1398 頁。
58　姚賢鎬編《中國近代對外貿易史資料（1840—1895）》第 3 冊，第 1399 頁。

村鎮都有肩挑小販去串街零星售賣」。[59] 到了 19 世紀末，隨著洋針進口量的持續大幅增長，其銷售日漸推廣，在廣大城市及許多鄉村已開始普及。

　　火柴和洋針的流行與普及，是由於其物美價廉的優勢，適應「經濟實用」的消費原則，因而被中國人接受為必需日用品，從而進入維持生存的「必需消費」領域。這只是兩個典型例子，其他還有一些日用洋貨的流行，也都有著類似的過程。稍後有人述及上海開埠後數十年間，人們生活日用洋貨取代土貨的情形道：「優勝劣敗，適者生存，而不適則歸淘汰，此天演之公例也。不必徵諸遠，徵諸四十年來滬上淘汰之種種事物可矣。試略舉如下事，多不煩引也。如有輪船而沙船淘汰，有洋布而土布淘汰，有洋針而本針淘汰，有皮鞋、線襪而釘鞋、布襪淘汰，有火柴而火石淘汰，有紙菸、雪茄而水煙、旱煙淘汰。」[60] 日用洋貨就是憑藉著其物美價廉的市場優勢，在市場的作用下而進入中國人的日常生活領域，取代了中國人祖祖輩輩沿續下來的傳統土製生活用品，人們的日用生活也隨之開始發生改變。

　　日用洋貨進入人們的日常生活「必需消費」領域後，人們延續「經濟實用」的消費原則，接受了大工業製品和大市場經濟的消費制度。人們通過這種消費方式與市場相連接，通過瞭解市場，比較品類，理性選擇，由機製品和大市場而聯結為社會整體消費群體，日常生活方式日益趨近並連為一體，從而有了對市場和產品的相同要求，產生了共同的消費願望和經濟要求，成為推動市場發展，進而推動工商業發展的民眾基礎和生活消費動力。

　　「經濟實用」消費原則是市場理性消費方式，也是與近代機器大生產和大市場相適應的消費方式。從「必需消費」領域適用「經濟實用」原則這一意義上來說，這種「近代」的消費方式與中國「傳統」消費方式的原則是相通的，並未發生根本改變，發生改變的只是商品本身和市場形式。商品由數量少而品類各異的手工土貨，變為大批量生產、同一樣式的機器製品，市場則由封閉狹小而變為開放與大流通。人們面對這樣的市場，形成理性實用的消費方式，那些經濟實用的日用機製洋貨，便進入了千家萬戶，成為億萬民眾衣食日用不可離的必需品。這就是洋貨由流行到普及所帶來的人們消費方式的巨大改變，也由此引起人們生活方式的根本改變。

59　姚賢鎬編《中國近代對外貿易史資料（1840—1895）》第 3 冊，第 1399 頁。
60　胡祥翰：《上海小志》，上海古籍出版社，1989，第 44 頁。

　　洋貨進入中國人的生活，最早是作為奢侈品而進入高端的「剩餘消費」領域，在中國人的生活消費領域打開了缺口。然後又以不斷趨近中國人「經濟實用」消費原則的市場優勢而進入日常生活消費領域，直至普及到「必需消費」領域，從而使洋貨所代表的工業機器製品，進入民眾的日常生活當中，在民眾日常生活中紮下了根，形成了近代工業和市場經濟的民眾生活基礎。機製洋貨從進入人們的消費生活，到逐漸流行直至普及，日漸替代舊式土貨而成為人們日常生活消費品，改變了萬千民眾的日常生活面貌，也改變了人們的消費方式，進而影響到人們的生活觀念乃至文化觀念。

三、洋貨符號意義的演變

　　自明中葉以後歐洲商船開始往來中國，運來西洋貨品，人們遂用「洋貨」這個詞來指稱這些來自外洋的「舶來品」。洋貨並不僅僅是這些域外物品本身，它還是西洋文明的承載物，並隨著此後洋貨輸入增多，對中國社會及人們的生活逐漸發生影響。因而「洋貨」一詞除了其字面實指的意思之外，人們在不同時期、不同語境下，從不同的立場和角度，還賦予其一定的社會意義內涵與意指，形成一定的「符號」意義。人們對於洋貨及其社會意義的認知，既有普通民眾的感性體驗，也有文化精英的理性思考，其內涵意指由洋貨在人們生活中的角色及作用而定，又為人們的價值觀念及認知方式所左右，還受社會風氣、社會思潮乃至政治情勢等影響。在一定時期這些因素綜合作用下，社會輿論及文化精英話語中，洋貨具有某種特定的「符號」意義，成為某種文化觀念的象徵，從而對社會輿論及人們的觀念產生影響。從開口通商前後洋貨開始進入中國人的生活，對中國社會產生影響，到後來洋貨日益流行而影響擴大，直至清末洋貨普及而成為社會經濟的重要成分，在晚清 70 年間，洋貨在社會生活中的作用與意義發生著變化，社會輿論及精英話語中洋貨的「符號」意義也發生著變化，大致經歷了前後三個既有交織又有不同的變化階段，反映了不同時期中國人對於洋貨及其社會意義的認知，這些「符號」意義的變化對社會輿論、社會思潮及人們的觀念也產生了一定影響。

「奇技淫巧」說

　　1. 開口通商前的洋貨觀：「西洋奇器」與「奇技淫巧」

　　鴉片戰爭以前，從廣州口岸輸入的洋貨數量還有限，主要是一些製作精

巧的「玩貨」、奢侈品。雖然當時一般人還不易見到，但凡見聞過洋貨的人，對於這些「舶來品」已形成了一些初步印象。這些多為機械製作的洋貨，其技術工藝往往超出中國人的經驗與想像，如自鳴鐘、音樂盒能自行轉動並發出悅耳音樂，玻璃製作的寒暑表、杯盤瓶盞等如水晶般晶瑩剔透，這種種奇巧之製，往往令初聞乍見的中國人倍感神奇，感到不可思議。因此，洋貨在中國人心目中，除了其來自外洋的域外色彩之外，還往往與「奇巧」、「機巧」、「奇妙」、「神奇」等種種新奇感受相連，「奇巧洋貨」成為人們對洋貨形成的初步觀感。同時，稀少、昂貴而奇巧的洋貨，也成為富商官宦爭相購買的高檔奢侈品，或用來炫耀把玩，或作為交際禮品，漸至成為富貴階層中的時尚。

　　洋貨時尚這一新社會現象，引起一些有心人士注意，開始思考「洋貨」對於中國社會的意義。鴉片戰爭前在江浙一帶頗有文名的管同，曾在安徽巡撫衙門遊幕，素有經世之志，關心國計民生，他注意到這時出現以洋貨為時尚的現象，並敏感地意識到這一現象將給中國帶來危害。他對此深感憂慮，撰寫了〈禁用洋貨議〉一文，對洋貨的危害及應採取的對策做了闡述。他指出：「凡洋貨之至於中國者，皆所謂奇巧而無用者也。而數十年來，天下靡靡然爭言洋貨。雖至貧者，亦竭蹶而從時尚。」雖然他說的「至貧者」也爭購洋貨的情形可能僅限於局部地區，且未免誇張，但「天下靡靡然爭言洋貨」，可能在一些地區已初現風氣。他指出，洋貨雖然製作「奇巧」，但皆屬「無用」之物，洋人將這些無用的東西運來中國販賣，是居心叵測。他說：「是洋之人作奇技淫巧以壞我人心，而吾之財安坐而輸於異域」。在這裡，他用「奇技淫巧」來指稱洋貨，並認為洋人向中國販賣洋貨，一是「壞我人心」，二是掠取中國之財，因而對中國有陰險的「謀國」之心。所以他提議，中國的應對之策是斷絕與西國通商，禁止一切洋貨輸入：「宜戒有司，嚴加厲禁。洋與吾，商賈皆不可復通。」甚至對已流入的洋貨也要採取嚴厲手段，予以全部銷毀：「其貨之在吾中國者，一切皆焚毀不用。違者罪之。」亦即與西洋完全斷絕通商，將這些只是「奇技淫巧」的洋貨徹底阻擋在國門之外。在這時的管同看來，外洋輸入的洋貨都是些「奇巧而無用」、供人賞玩的「玩貨」，有害人心世道，因而應當禁絕。「奇技淫巧」這個詞，就是開口通商前管同給予「洋貨」的一個文化符號。[61]

61　管同：〈禁用洋貨議〉，鄭振鐸編《晚清文選》，生活書店，1937，第 27—28 頁。

　　「奇技淫巧」這一名詞古已有之，意指過分追求新奇機巧、徒飾外觀而無裨實用的技藝與器物。古來人們談到「奇技淫巧」，往往與「賣弄機巧」、「玩物喪志」、「奢侈靡費」等惡德相聯繫，若天下人競相追逐「奇技淫巧」，則往往被視為世風衰壞、由富趨貧、天下將亂的末世之象，這類言論在歷代史書上常可見到。管同將這時期輸入的西洋「玩貨」視同於「奇技淫巧」，即為此意。而這種禍亂天下的「奇技淫巧」—洋貨，又是來自外洋人，在管同看來，則更增添了外洋人欲通過此一手段而「壞我人心」、掠我資財、奪取我天下的「謀國」之意，對如此險惡用心，中國朝廷當然應當高度警惕並嚴厲禁絕之。管同將西洋「玩貨」視為「奇技淫巧」的這一認識，是依循傳統經世理論的思路所做的分析與判斷。但是，這位熟讀經史、頗具文名、堪稱文化精英之士，卻不知道如今洋貨這種「奇技淫巧」，已經與中國以往所指全然不同了。這些「奇巧洋貨」已經不再是單純徒耗心機而追求「機巧」的手工藝製品，而是近代科學技術革命所帶來的大機器生產製品，洋貨的這一特性，決定了其在中國的命運不會按照管同依傳統經世思路所設想的路徑而終結。

　　就在管同提出洋貨皆為有害無用的「奇技淫巧」而應當禁絕的言論後不久，英國以擴大貿易為主旨而向中國發動鴉片戰爭，並且用西洋「機巧」製造的堅船利炮，輕而易舉地打敗了中國的弓箭刀矛，中國人這才嘗到了西洋「奇技」的用處及厲害，人們對於西洋器物的認識也隨之發生變化。

　　鴉片戰爭時曾在兩江總督幕府參與抗英戰事的經世派士人魏源，受主持禁菸抗英而遭貶黜的林則徐囑託，編撰介紹西國情況的《海國圖志》。他在〈籌海篇〉中闡述了對於西洋「奇技」的看法，與前人「奇技淫巧」之說有所不同。他閱讀了大量有關西方的書報資料，因而對西方情況有所瞭解。他反省並批評以往中國對於西洋「舶來品」的態度，指出：「廣東互市二百年，始則奇技淫巧受之，繼則邪教毒菸受之，獨於行軍利器則不一師其長技。是但肯受害，不肯受益也。」在這裡他也用「奇技淫巧」來指稱以往人們所喜愛購買的洋貨—主要是「玩貨」，而且認為這是「受其害」。但他在親歷戰事後感受到「堅船利炮」的威力，因而深知「技巧」也有巨大的功用，他還瞭解到「英夷船炮在中國視為絕技，在西洋各國視為尋常」。而且西國的「奇技」不僅能製造用以強兵的「戰艦」和「火器」，還能製造「有益民用」的器具，他舉出「量天尺、千里鏡、龍尾車、風鋸、水鋸、火輪機、火輪舟、自來火、自轉碓、千斤秤之

屬」。所以，他不再認同把西洋器物一概視為「奇技淫巧」的通行說法，而是以其對富國強兵是否有用為標準，對「奇技」與「淫巧」做了區分，由此斷言：「有用之物，即奇技而非淫巧」。因此他主張「師夷長技」、「習其技巧」，設局仿造這些有益富國強兵的船炮器械。[62]

與管同將西洋器物全然稱為「奇技淫巧」相比，魏源對西洋器物則根據其是否有益於富國強兵而做了區分，船炮火器等有益強兵的軍械，及「有益民用」的工農業機器，都是「有用之物」，因而是「奇技而非淫巧」，只有除這些之外無益「富國強兵」的西洋器物，才屬於「奇技淫巧」，為中國所不需之物。這種將「奇技」與「淫巧」區別看待的認識，是近代中國人開始認識和肯定西方近代科學技術和機器製造的先聲。由於當時輸入的洋貨，主要是鴉片及「玩貨」，並非人們生活日用所需，因此魏源將其歸於無用的「奇技淫巧」一類，也屬合理，這也是當時社會輿論的一般通見。

2. 開口通商初期的洋貨觀：「以洋為尚」與「奇技淫巧」

開口通商以後，洋貨開始大批量輸入中國，並出現在通商口岸日益增多的洋行、商鋪的貨架上，甚至運往周邊及內地的其他地區。洋貨不再只是少數富商官宦才能見到的稀有之物，而成了面向社會大眾的市場銷售品，一般百姓也開始看到這些來自外洋的五光十色的「奇巧洋貨」了。但是，在通商初期的一二十年間，洋貨中輸入和銷量最多的是鴉片，這種戕害人身、敗人家產的毒品流布日廣，使人們對於洋人洋貨抱以相當的惡感。除此之外的一般洋貨仍價格較高，普通人視之為高檔物品而不會輕易購買，因此人們對洋貨還普遍抱有新奇之感，購用洋貨也成了令人羨慕而可炫耀的時尚。

這一時期通商城市擺滿洋貨的洋行商鋪，是市民及外地遊客常來遊覽觀賞的地方，種種新奇精巧、五光十色的洋貨，往往令人目眩心搖。有記人們對上海滿街洋貨的觀感：「上海番舶所聚，洋貨充斥，民易炫惑。」[63]上海開埠後不久就來這裡的文士王韜，就經常與朋友一起去洋行「縱觀奇器」，還經常購買一些「晶杯」、「洋皂」、洋布等贈送親友。[64]1874年一位來遊上海的

62　魏源：《海國圖志》卷2〈籌海篇三・議戰〉，光緒六年，第5—6、11頁。
63　博潤等修，姚光發等撰《松江府續志》卷5〈疆域志・風俗〉，黃葦、夏林根編《近代上海地區方志經濟史料選輯（1840—1949）》，第342頁。
64　《王韜日記》，第167頁。

文士，記述他在這裡洋行所見種種洋貨的觀感：「洋行所陳貨物，百怪千奇，真有目所未見，耳所未聞，如入波斯之國者。」[65] 新奇之下，人們購買一些洋貨用以炫耀或作為饋贈禮品，洋貨遂開始成為流行時尚。在這種風氣之下，洋貨成為人們競相追逐的高檔時尚品，以至於由洋貨而引申出人們把「洋」字作為對時尚、新潮、高檔、貴重、美觀、精緻等含義的指稱。清末時有人記述自道光年間興起的這種風氣道：「道光年間，凡物之極貴重者，皆謂之洋：重樓曰洋樓，彩轎曰洋轎，衣有洋縐，帽有洋筒，掛燈名為洋燈，火鍋名為洋鍋，細而至於醬油之佳者，亦呼洋秋油；顏料之鮮明者，亦呼洋紅、洋綠。大江南北，莫不以洋為尚」。[66]「以洋為尚」的流行風氣，反映了人們接受洋貨、崇尚洋貨的心態及消費行為，同時也是從這個時期開始，「洋」字成為時尚、新潮、高檔生活的標誌，也成為社會的流行語，被人們所津津樂道，口耳相傳，將「洋貨」、「洋風」的氣息擴展得更為廣遠，滲入人們的生活之中，沉入人們的潛意識裡。伴隨著社會生活中洋貨流行之風，「洋」這個「大眾語」也一直流行不衰，直至百年之後仍然活在街頭巷尾男女老少的口語裡。

在民間伴隨洋貨流行而出現「以洋為尚」的普遍心態，並出現以「洋」字作為時尚、高貴生活象徵的流行語之時，文化精英對這種新社會現象又是如何看待，對於洋貨又有什麼認識呢？

在人們目睹那些奇巧精緻、五光十色的西洋奇器驚歎連聲而欣羨不已之時，一些有心之士開始注意思考這些西器洋貨流行之風對於中國的意義，探究其將給中國社會帶來何種影響。在那些固守聖賢說教、沿襲傳統思維的人們看來，崇尚洋貨而競相購用以為時尚，是「崇洋棄土」、「喜新好異」、奢侈靡費的惡劣風習，勢將導致人心敗壞、道德淪喪，有害世道人心。在那些稟承經世思維的人們看來，洋貨流行勢必造成中國財富外流，將致民困國窮，後果堪憂。還有一些已經對西國情況瞭解較多、思想比較開通活躍的人士，也開始從一些新的視角思考西洋器物對於中國的意義，提出了一些與上述陳舊思維不盡相同的新認識。

王韜在上海居住十餘年間，日與西人相處共事，閱讀有關西方書刊，見

65　〈論上海繁華〉，《申報》1874 年 2 月 14 日。
66　陳作霖：〈洋字先兆〉，《秉燭里談》卷上，陳作霖、陳詒紱編《金陵瑣志九種》（下），南京出版社，2008，第 307 頁。

西人日常所用洋貨及印書機、縫紉機等奇巧之器，又常常到洋行「縱觀奇器」，購買洋貨贈送親友，在當時人看來，是一個熟知西方、喜好洋貨的新潮人物。他還素懷經世之志，喜歡交遊，好發議論，常與友人詩酒縱談天下之事，所以他的看法具有一定的代表性和影響力。他在 1859 年的日記中，就有多處記述與友人、西人談論對西洋器物的看法。他在這年寫給一位在兩江總督幕府的友人的一封長信中，就對此做了集中闡述。他充分肯定西洋機器技術的先進，但對是否適合引進中國則態度謹慎。他指出，西洋火炮、輪船可以強兵，故應當引進，而其他火車、工農業機器等，雖然有裨生產實用，但不適用於中國。他說：這類西洋「器械造作之精，格致推測之妙，非無裨於日用者」，但如果引入中國則會侵害工農生產，奪小民生計，因而「我中國決不能行」。至於其他供生活日用的洋貨，他認為多不適用於中國，如「鐘錶測時，固精於銅壺沙漏諸法」，但由於價格昂貴，「貧者力不能購」，因而是「玩物喪志」的無用之物。至於那些零星日用洋雜貨，他則仍沿用「奇技淫巧」這一說法，謂：「至其他奇技淫巧，概為無用之物，曾何足重。」[67] 可見他仍然沿著傳統經世思路，從傳統民生的角度來看待西洋器物，因而認為生活日用洋貨純屬消費，無益國計民生，用機製代替手工、洋貨取代土貨則會奪小民之業，所以這些日用洋貨是不適用於中國的「無用之物」，因而是「奇技淫巧」。在王韜這年的日記中，還有多處記述了他與友人、西士等對這一問題的討論，反覆申論上述觀點。[68] 可見，即使這位西學名家，在現實生活中又喜愛洋貨的開明之士，仍然是從傳統經世、民生的思路來看待洋貨，而並沒有對追逐洋貨成為流行時尚這一新社會現象的原因及其影響做更深入的探究，因而得出了日用洋貨無益民生，是無用的「奇技淫巧」這一結論，這種認識與開口通商前的管同、魏源等的認識並無本質不同。

　　第二次鴉片戰爭，英法又挾堅船利炮打入京城，咸豐帝出逃熱河，國基震動，朝野驚駭，敵強我弱之勢已昭然天下，同時太平天國直接威脅清廷統治，內憂外患之下朝野人士急謀自強自救之道。朝中有洋務官僚開始引進西方技術，設廠仿造西洋船炮以為強兵之策。也有在野人士思考引進西方技術問題，如在上海的退職翰林馮桂芬，在此期間撰寫了〈采西學議〉和〈製洋器議〉

67　〈與周弢甫徵君〉，王韜：《弢園尺牘》卷 2，光緒六年香港重刻本，第 25 頁。
68　《王韜日記》，第 113 頁。

兩篇論說，對於引進西洋技術器物問題提出了自己的看法。他認為除了船艦槍炮應當仿造，西洋工農業生產機器如水利機器及「農具、織具，百工所需，多用機輪，用力少而成功多，是可資以治生」，認為這些都是「有益於國計民生者」，所以中國也應當學習仿行。這與王韜強調中國國情與西國不同而拒絕仿行西洋農機具的看法不同，但他與王韜相同的是，他也提出「奇技淫巧不與焉」，[69] 即不應當引進無用的「奇技淫巧」。什麼是無用的「奇技淫巧」呢？他在文中並未指明，但在另一處說：「五洲之內，日用百須，無求於他國而自足者，獨有一中華」。[70] 所謂「日用百須」，也就是人們的日常生活用品。由此可知，他所說的「奇技淫巧」，就是指那些船艦槍炮、工農製造機器之外，中國自足而無須外求的「日用百須」之物，亦即作為日用生活消費品的洋貨。在這點上，他與王韜的認識相同。

可見，即使是在已開口通商二十年，洋貨滿街，流行的洋貨中心上海，王韜、馮桂芬等思想開通的有識之士，仍然是從傳統經世理論來看待日用洋貨，只將其看作供百姓生活「日用百須」的消費品，並從傳統民生觀念出發而判定這些洋貨無益國計民生，是不應引進的「奇技淫巧」。

在現實生活中出現崇尚洋貨之風，而文士筆下、主流輿論卻將洋貨一致貶斥為「奇技淫巧」，究其原因，在於這一時期雖然洋貨日增，出現以洋貨為時尚的風氣，但一般洋貨價格高於土貨，仍被視為高檔品，屬有錢人「奢侈靡費」的「剩餘消費」對象，還未進入普通人的「必需消費」領域。正是洋貨的這種市場定位，決定了其被視作無益民生的「奇技淫巧」。直至 1895 年維新運動興起時，康有為、梁啟超聯合一千多應試舉人簽名的「公車上書」中，還對洋貨流行現象做了評論，並仍以「奇技淫巧」指稱洋貨，認為它是導致國民困窮的一大原因，文中說：「外國奇技淫巧，流行內地，民日窮匱，乞丐偏地。」文中還仿效鄭觀應《盛世危言》，也列舉了各種日用洋貨，如洋布、手巾、花邊、鈕扣、針線、傘、燈、牙刷、牙粉、肥皂、火油、紙菸、鐘錶、玻璃鏡、照相等共計 50 餘種，指出這些「玩好淫巧之具，家置戶有，人多好之」，即洋貨流行現象，是損耗中國財力的一大弊端。[71] 可見，直至這時，把

69　馮桂芬：《校邠廬抗議・采西學議》，中國史學會主編《中國近代史資料叢刊・戊戌變法》（以下簡稱《戊戌變法》）第 1 冊，神州國光社，1953，第 28 頁。

70　馮桂芬：《校邠廬抗議・製洋器議》，《戊戌變法》第 1 冊，第 29 頁。

71　康有為等：《上清帝第二書（公車上書）》，《戊戌變法》第 2 冊，第 140、145 頁。

日用洋貨稱為「奇技淫巧」，在一般文人學士、文化精英中仍是一種通說，並含有西洋侵略、掠我資財、引人靡費、壞我人心等負面意義，而人們爭購洋貨而形成洋貨流行之風，也相應地被視為喜新厭舊、為之眩惑、人心衰壞、世風日下的徵象。

「漏卮」、「利權」說

1. 對洋貨消費市場的認識：「漏卮」與「利源」

1870 年代以後，隨著南北沿海及沿江多口開放通商，洋貨輸入大幅增加，暢行各地，洋貨流行之風已由沿海延及內地。人們對於洋貨已不再新奇，有些洋貨雖然價格仍高於土貨，也不如土貨耐用，但喜好時尚的人特別是年輕人還是競相購用。1890 年代初《申報》載文評論道：「洋貨之價較土貨倍之，且數倍之。外觀雖五色迷離，用之實易於窳敗。」但人們仍然爭相購用，「厭故喜新，人情大抵如此也」。文中還提到保守的老年一代與喜歡追求時尚的年輕一代對於洋貨的不同態度：「在老成拘謹者，謂我堂堂中國，自有朴而耐久之物，足供人之取求，何必忘其本原，轉以銀錢易此瑰奇之貨。而少年喜事者，往往侈耳目之新奇。」[72] 除此之外，一些物美價廉的低端日用品如洋火（火柴）、洋布、洋油、洋針、洋釘等，則已開始成為廣大城鄉居民的日常生活用品。對於洋貨流行之風愈演愈烈的趨勢，另有一文也以無奈的口吻說：「西人以其所有易我中國之所無，中國之人喜新厭故，無不趨之如鶩。」[73] 這些民間議論中對於人們爭購洋貨所反映的「喜新厭故」、追逐時尚的心理，雖然有從道德上否定的意味，但也不得不承認這是出於「人情」，無法阻止。這種貼近民眾生活的民間輿論，比那些高談道德倫理的學究之論要客觀得多。

實則人們所無奈承認的造成洋貨流行的所謂「喜新厭故」的「人情」，是市場交換中人們依實用需求和心理需求而產生的自然消費心理，也是市場流通的自然規則，非人主觀所能阻止。伴隨著洋貨流行範圍的擴展，人們對於這一點也日益明瞭。所以，面對洋貨流行的社會風氣，已經認識到無論是從物美價廉的實用角度，還是從人們喜新厭故的本性，洋貨受到人們歡迎而日益流行已是不可阻擋之勢，如有人所言：「欲禁民人不用洋貨，勢所不能」。[74] 洋貨

72　〈中國宜造洋貨議〉，《申報》1892 年 1 月 18 日。
73　〈論中國洋務之效〉，《申報》1890 年 3 月 4 日。
74　〈中國宜造洋貨議〉，《申報》1892 年 1 月 18 日。

流行的實際後果，就是造成了日益擴展的洋貨消費市場，銷售洋貨成了商家的一大財路。

　　洋貨流行所造成的洋貨消費市場，對於中國意味著什麼呢？一個直接後果就是洋商賺走了中國人的錢財，造成中國財富外流，這是人們早就意識到的危害，如管同所言是「吾之財輸於異域」，這也是洋貨一直被人們貶斥為「奇技淫巧」且於中國有害無益的一個重要原因。這種財富外流狀況伴隨著洋貨的日漸流行而日益嚴重，有心人士對此的憂慮也隨之加深。因此自 1870 年代開始，有人從市場角度看待洋貨流行現象，把造成財富外流的洋貨銷售市場稱為「漏巵」。早先在上海洋行做買辦，後來又經營官辦洋務企業的商人鄭觀應，熟悉中外市場及商情商道，他批評國人對西洋器物引入種類失當，無奈地說：「今行於中國者，輪船、槍炮之外，如鐘錶、音盒、玩好等物皆有損無益者，而華人愛之購之；如電線、火車、耕織、開礦諸機器，皆有益無損者，而華人惡之詆之。以故振作難期，漏巵莫塞，識者傷之。」[75] 他認為人們出於新奇而喜愛購用「有損無益」的玩好洋貨，致使國人錢財流入洋商口袋，成為中國財富外流的「漏巵」，而中國官民上下對此卻渾然不覺，不知抵禦與設法阻止，致使「漏巵莫塞」，因而有識者認為如此任由財富外流，中國勢將日趨貧窮衰弱，前途堪憂。

　　「漏巵」即漏洞，指中國財富外流的漏洞和通道，顯然是一種負面的評價語彙。此後社會輿論中便多以「漏巵」來指稱洋貨流行現象。1888 年《申報》載文〈論西貨近日消流甚廣〉，評價通商以來中國所受洋貨之損害的情況道：

> 自泰西諸國東來，西國之物日見其消流，而於中土之所生產，中國之所製造，日形其壅滯，此亦足以損民而病國……購用西國之物日益多，則錢財之流於外者日益廣，而上日益損，下日益窮，幾何不如漏巵之難塞也，豈獨一鴉片而已哉！[76]

　　直至 1890 年代，洋貨流行以致「漏巵」難塞，仍然是人們常常議論而深感憂慮的一大社會問題。1892 年《申報》一文論道：洋貨流行「以至漏巵難塞，銀錢之流出良多……似此年復一年，將何底止？豈不令中國有限之膏血，

75　《易言・論機器》，夏東元編《鄭觀應集》上冊，第 89 頁。
76　〈論西貨近日消流甚廣〉，《申報》1888 年 1 月 1 日。

漸至衰敗不堪耶？」[77]鄭觀應也撰文痛論洋貨廣為流行的情形及其危害道：「各種類皆暢行各口，銷入內地，人置家備，棄舊翻新，耗我資財，何可悉數！」[78]洋貨流行造成財富外流，勢必引起民窮國困，這種憂慮成為盤繞於人們心中的一個病灶，「漏卮」這個詞也成為洋貨流行的一個標誌語。

　　已經懂得了一些市場規律的人們也認識到，洋貨流行造成的日益龐大的洋貨消費市場，從洋商賺錢一面來看，是中國財富源源流入洋人口袋的「漏卮」，但從另外一面來看，也是一個蘊藏著豐厚商業利潤可以掘取的「利源」。因而這一時期在社會輿論中還出現了「利源」一詞來指稱有豐厚利潤的洋貨消費市場。如 1890 年《申報》有文所說：西人製造洋貨運來中國銷售，「以其所有易我中國之所無，中國之人喜新厭故，無不趨之如鶩，是不啻以中國之利源，悉聽西人之取攜，而我亦莫之抗也。」[79]洋貨的流行，使人們發現了中國存在的「利源」—洋貨消費市場。這就意味著，中國商人亦可設法從洋商手中奪回這一「利源」，使中國財富流入中國人之手，以成為富民強國的資源。

　　這一時期這些有了市場意識的人士，已經認識到洋貨流行形成了難以阻遏且利潤豐厚的新消費市場，他們用「漏卮」、「利源」來指稱。「漏卮」即財富外溢的漏洞，「利源」則是指洋貨流行所形成的有豐厚利潤的消費市場。這兩個詞雖然一反一正，但都反映了人們從市場角度對洋貨流行的認識，與以往從道德角度稱洋貨為「奇技淫巧」相比，更加客觀，也更切近實際。人們明白占有了市場，就占有了「利源」，就可以獲取豐厚的市場之利，這就是中外通商洋貨流行造成的市場法則。西人就是用物美價廉的洋貨來占領中國的消費市場，因而獲取大利，將中國的財富源源不斷地攫取而去。由此推導，既然洋貨市場已經形成，無法阻止人們爭購洋貨，中國的對應之策就應當是用自製產品來占領這一新市場，從而奪回被洋商攫取的「利源」。由此，社會輿論開始出現呼籲仿製洋貨、大興工商，以自製洋貨取代外來洋貨而奪回「利源」的呼聲。

　　2. 洋貨市場競爭意識：「利權」與「商戰」

　　中國的「利源」被外人所攫取，中國的消費市場被外來商品所占領，以

77　〈中國宜造洋貨議〉，《申報》1892 年 1 月 18 日。
78　《盛世危言‧商戰上》，夏東元編《鄭觀應集》上冊，第 587 頁。
79　〈論中國洋務之效〉，《申報》1890 年 3 月 4 日。

致形成中國財富外流的「漏巵」。為什麼會形成這種狀況呢？人們不禁追問，「誠何故歟？豈己國之物不足於用歟？而必取資於外歟？抑豈中國之所產遠不及泰西歟？」而事實正是「中國之所產遠不及泰西」，土貨確實比不上洋貨的物美價廉、精巧適用，所以洋貨才取代了原有土貨而受到人們歡迎，因此，論者憤而疾呼：「苟以為不及，則何不亟行仿而效之，何乃甘以錢財輸之於外域也？」[80] 人們由此自然得出進一步結論，中國人應當起而仿行西法，自造洋貨，發展自己的工商業，以自己的優勢去與西人爭奪市場，爭奪「利源」，以奪回「利權」。所以，這時期「深通時務者多創為以彼之矛刺彼之盾之法」。[81]如有人所說：「欲禁民人不用洋貨，勢所不能，則莫如中國自行籌資，逐一仿造，庶幾將中國之貨易中國之錢，富者可便於購求，貧者更開無數謀生之路。按之和約亦所准行。而來華之洋貨日稀，即銀錢流出日少矣。」[82] 另有報刊文章論道：「夫中國之出產並不遜於泰西，泰西之貿易未必工於華人……中國自安苟且，而利權不能自主，反為西人所奪，此其故蓋可知矣。」[83] 文中明確提出「利權不能自主」，可謂抓住了洋貨流行造成危害的根本。由「漏巵」到「利源」，直至「分洋人之利」，爭取「利權自主」，人們對於洋貨市場的認識逐步加深，並開始走向思考如何依循已有的市場規則，反其道而用之，與西人展開市場競爭，爭取「利權自主」這一新的富強之路。

　　到 19 世紀七八十年代，社會輿論已開始出現積極呼籲大力發展中國自己的洋貨製造業，仿造洋貨去占領市場，從與洋人「分利」，直至要求「利權自主」，這才是阻止財富外流、挽救國家貧弱的富強之道。比如，洋布到 70 年代以後已日漸流行，成為洋人大賺中國人錢財的一大利源。這一時期輿論出現了呼籲中國仿行機器織布，以與洋人爭利。1876 年《申報》就中國是否應仿行機器織布進行了一場討論，連續發表多篇文章，大加宣導。該報主筆在一文中說，他早在數年前就提出：「中國之人既皆喜用洋布，何不於上海附近之地集一公司，蓋造機房，購齊西國織造各布機器，延請西國織匠來滬，以教授華人織造之法，仿織洋布，定易銷售，此實生財之大道也，其獲利也必能過於西人。」但在當時他的這一看法卻遭到別人嘲笑，有人諷刺他是「但欲為西國出

80　〈論西貨近日消流甚廣〉，《申報》1888 年 1 月 1 日。
81　〈論中國洋務之效〉，《申報》1890 年 3 月 4 日。
82　〈中國宜造洋貨議〉，《申報》1892 年 1 月 18 日。
83　〈論開平創開鐵路事〉，《申報》1882 年 5 月 4 日。

售機器，不顧有害於中國女工」。現在他又與友人談到這一看法，則受到友人的支持，友人也認為：「廣購機器仿織洋布者，非奪中國之利，實分西人之利也。有此大利之事，竟置之無人肯辦，又何怪錢財之日流出於外洋乎？」論者對於中國至今沒有人致力於這一「生財之大道」而深為痛惜。[84] 正是在民間輿論的呼籲下，1878 年官方開始在上海招集商股籌辦機器織布局，買辦商人鄭觀應被委任襄辦。在籌辦織布局期間，《申報》又發表多篇評論大力支持，一文中寫道：「海外洋布之販入內地者，華人莫不爭購之，西人獲利而去，財源即流入外洋，今若在中國織成，則中國之財仍留於中國。」[85] 中國人自操「利權」，則中國之「利源」將會成為富國之源。

　　身為商人、熟悉中外商情、深知市場情勢的鄭觀應，在 1880 年代末1890 年代初增補撰寫《盛世危言》，其中多篇專論商務，他直接以〈商戰〉為題，提出「商戰」口號。他認為，當今之世，西洋各國皆「以商立國」，「以商為戰」，舉國上下全力支援機器製造和發展商務，向外開拓市場。他說：「歐洲各邦，以通商為大經，以製造為本務……泰西各國，舉凡利之所在，趨之如狂。」[86] 他指出：「泰西各國以商富國，以兵衛商，不獨以兵為戰，且以商為戰。」[87] 他認為「商戰」已經成為各國之間競爭的主要形式。「商戰」就是市場競爭，就是向他國推銷商品，占領他國市場，以攫取他國的資源財富。鄭觀應指出，洋商向中國傾銷洋貨，造成中國洋貨流行，使中國財富源源流入西國，這就證明「彼族善於商戰之效」。中國要「奪回利益」，也必須學會「商戰」，即自行設廠仿造西洋物品，用自製新貨取代進口洋貨，占領現今被洋貨霸占的國內外市場，以自掌「利源」，挽回「利權」。他大聲疾呼政府要放棄過時的「以農立國」國策，而仿效西國「以商立國」，大力鼓勵商民設廠仿造洋貨，變進口洋貨為自造之貨。他指出：「應興鐵路、輪舟、開礦、種植、紡織、製造之處，一體准民間開設，無所禁止。或集股，或自辦，悉聽其便。」[88] 他還針對洋貨在中國暢銷的市場情況，提出相應仿造各種機器製品，與洋貨競爭，展開各類「商戰」。他列舉了十類商品之戰，包括：自種鴉片菸的「鴉

84　〈論廣購機器仿織洋布之利〉，《申報》1876 年 3 月 17 日。
85　〈論機器織布事〉，《申報》1882 年 7 月 3 日。
86　《易言・論商務》，夏東元編《鄭觀應集》上冊，第 73 頁。
87　《盛世危言・商戰下》，夏東元編《鄭觀應集》上冊，第 595 頁。
88　《盛世危言・商務二》，夏東元編《鄭觀應集》上冊，第 612 頁。

片戰」；廣購機器自織各色布匹的「洋布戰」；購機器織絨、呢紗、洋襪、洋傘，仿造鐘錶和玻璃器皿等「用物戰」；機器製造紙、捲菸和釀酒、製糖等「食物戰」；製造香水、洋胰等「零星貨物戰」；開礦、五金、煤等礦物戰；廣製煤油、自造火柴等日用品之戰；製造瓷器運銷歐洲的「玩好珍奇」戰；仿織外國縐綢運往各國的「零星雜貨」戰；鑄金、銀錢的「洋錢」戰等。[89] 他指出，在當今世界各國都「以商為戰」即世界市場競爭的情勢下，「我之商務一日不興，則彼之貪謀亦一日不輟」，中國的對策「以一言斷之曰：『習兵戰不如習商戰！』」[90]

鄭觀應以其在上海從事中外商務活動二十多年積累的經驗與體認，指明在當時各國通商、形成世界市場的狀況下，「商戰」已是比「兵戰」更為重要、更為長遠的國家之間的實力競爭，自行仿造洋貨、搶占洋貨市場，才是堵塞「漏卮」、自掌「利源」、奪回「利權」而使民富國強，最終能夠抵禦外國侵略的必由之路。鄭觀應以商人身分，以市場觀念和市場分析的新思路，從不同於文人思想家以書本為依據的新角度，立足市場而深入分析中外情勢，思考富強之道，發出了發展商務與西國進行「商戰」即進行市場競爭的時代先聲。他闡述「商戰」等改革主張的《盛世危言》一書，在中日甲午戰爭期間刊行問世，後被上呈光緒帝，飭令總署刷印兩千部分發內外官員閱看，書中提出的爭奪「利源」、進行「商戰」等主張，在朝野上下產生了廣泛影響。

在 1870—1890 年代洋貨流行日益加劇時期，一些與洋貨流行相伴的標誌性名詞，由「漏卮」到「利源」，由爭取「利權自主」到進行「商戰」，作為「洋貨市場」的文化符號，開始為人們所熟知，使人們對於日漸走入千家萬戶日常消費生活的洋貨，對於洋貨流行所反映的市場變動逐漸形成理性認識，並開始依「市場觀念」來思考走向富強之路，尋求以「市場競爭」這一近代經濟方式來抵禦西國侵略的道路。這正是促使此後不久維新運動及清廷新政，皆標舉發展工商為改革自強主導的社會基礎。在此後一二十年間，「利權」成為社會言論中的流行語，其含義也由早期的市場占有權而擴展至「路權」、「礦權」等資產所有權，至清末甚至形成了民眾廣泛參與的「收回利權」運動。

89　《盛世危言·商戰上》，夏東元編《鄭觀應集》上冊，第 589—590 頁。

90　《盛世危言·商戰上》，夏東元編《鄭觀應集》上冊，第 586—589 頁。

「洋貨」與「國貨」

1. 義和團「滅洋」與銷毀「洋貨」

甲午一役，大清朝被效法西方變法維新而迅速崛起的東鄰小國日本一舉打敗，屈辱簽約，割地賠款，增開口岸，同意設廠。由此，清廷君臣的昏聵無能及國家的貧弱衰壞昭然於世，內外共知。隨之西洋各國如蟻附膻，爭先恐後，紛紛加緊對中國爭搶掠奪，瓜分之聲甚囂塵上，劃分勢力範圍，大肆傾銷商品，爭奪中國市場。由此洋貨輸入愈增，洋貨銷售益廣，漸普及於城鄉上下，有些甚至成了普通民眾的生活日用品，如火柴、洋布、洋油、洋麵、紙菸等，幾乎人置家備，日不可無之。

洋貨普及給社會生活帶來多面影響。一方面，人們因洋貨而得以享受更加便利舒適、豐富多彩的生活，因而洋貨受到人們喜愛並廣為人們所接受，成為人們日常生活中的重要成分；另一方面，洋貨取代了土貨，機器擠掉了手工，大批手工業工人失業，舊有工商體系遭破壞，成千上萬原本依此為生的人口失去生計，而民眾生活成本增高，財富外流不止，民生日益困厄。因而，洋貨對於廣大民眾而言，既是帶來舒適方便生活的可愛之物，又是民生困苦之源；既是人們嚮往追求的美好生活的標誌，又是外國掠奪中國財富的工具。又由於洋貨來自正爭先恐後侵奪欺侮中國的外國列強，人們對於洋貨愛恨交織的感受，更凝結成民族屈辱的象徵。洋貨的這些多重屬性，使它對於不同人群、在不同的情境下具有不同的意義。伴隨著洋貨對人們生活影響日益廣泛，它所承載的社會意義及對人們生活的影響也日益突顯。特別是在清末社會動盪、社會矛盾激化之時，洋貨這一嵌入廣大民眾日常生活的外來物，也就成了人們表達某種意向或訴求的象徵物及文化符號。

首先把洋貨作為一種「外國罪惡」的負面文化符號而突顯於社會的是義和團運動。自 1898 年秋冬起首先在山東、河北等地由民教衝突而激起的義和團運動，以「滅洋」為宗旨，以反洋教、驅洋人為號召，到處燒教堂、殺洋人、打教民，觸發了民間長期以來受外國勢力欺壓而積聚的反洋仇洋情緒，並迅速蔓延開來。山東、河北、山西，義和團遍地蜂起，由鄉村到城鎮，規模不斷擴大，行動日趨激烈，到 1900 年春夏，蔓延至天津、北京。義和團民由燒教堂到燒一切洋房，由殺洋人到殺中國教民，由「仇洋」、「滅洋」而擴展到毀壞

一切洋人之物，扒鐵路、拔電杆、燒洋房，城鎮裡商家店鋪及住戶人家隨處可見的各種洋貨，也成了義和團民仇視及毀滅的對象。

義和團民進入天津後，在這個北方通商大埠看到洋房排列、洋貨充斥，自然甚感刺眼，遂大加毀壞。時人記道：義和團民所到之處，「洋燈、洋磁杯，見即怒不可遏，必毀而後快。於是閒遊市中，見有售洋貨者，或緊衣窄袖者，或物仿洋式，或上有洋字，皆毀物殺人」。[91] 義和團民進入北京以後也是如此，有的見到洋貨及售賣洋貨的商鋪即加搗毀，有當時人記道：「凡賣洋貨者均皆逃閉，否則團民進內，將貨物打碎，然後將房焚毀。住戶亦是如此。」於是人們紛紛將家裡的洋貨自行銷毀，以免被義和團民查出而惹禍。各家所用的洋油燈成了最招人眼的洋物，於是「各街巷拋棄煤油如潑髒水一般，各種煤油燈砸擲無數，家家戶戶尤恐棄之不及，致貽禍患」。有的團民責令商鋪撤換洋貨招牌，去掉「洋」字，時人記述道：「城內城外各行鋪戶與各街住戶，義和團民俱飭令避忌『洋』字，如『洋藥局』改為『土藥局』，『洋貨』改為『廣貨』，『洋布』改為『細布』，諸如此類甚多。」[92]

義和團在京城毀滅洋貨最具標誌性的事件是燒毀前門外西藥房。前門外大柵欄是京城最繁華的商業區，各類商鋪林立，華洋各貨雜陳，如時人所說：「凡天下各國，中華各省，金銀珠寶、古玩玉器、綢緞估衣、鐘錶玩物、飯莊飯館、菸館戲園，無不畢集其中。」有老德記西藥房是京城最大、最著名的西藥房，義和團民遂認為其售賣西藥，應遭神靈誅滅，欲將其焚毀，並警告周圍市民不許撲救，謂團民會施法術不使延燒他處。據時人記，點火燒起來以後，「團民法術無靈，火勢甚猛」，遂向周圍商鋪延燒，因團民不許撲救，致使大火延燒開來，由大柵欄周邊街巷，至前門箭樓、東交民巷，大火持續一天一夜，延燒幾十條街巷，後據地面保甲統計，「約略延燒鋪戶一千八百餘家，大小房屋七千餘間」。京城商鋪最集中的繁華之區，中外貨物屯集之地，化為一片灰燼。時人謂為「真從來未有之奇災」，並痛惜：「京師之精華，盡在於此；熱鬧繁華，亦莫過於此。今遭此奇災，一旦而盡。」[93] 在此期間，義和團在北

91　佚名：〈天津一月記〉，中國史學會主編《中國近代史資料叢刊・義和團》第 2 冊，上海人民出版社，1957，第 146 頁。

92　仲芳氏：《庚子記事》，中國科學院歷史研究所第三所編輯《庚子記事》，科學出版社，1959，第 13 頁。

93　仲芳氏：〈庚子記事〉，《庚子記事》，第 14 頁。燒毀店鋪數目有不同說法，如另有佚名〈綜

京各處焚燒洋貨商鋪，據時人記載：「義和團焚燒西單牌樓鐘錶鋪，連及四鄰鋪戶被燒一百八家。」一些洋貨店鋪被搗毀搶掠，如：「騾馬市大街廣升店因其代賣洋貨，團民將欲焚燒，被土匪乘間搶劫一空。」後來不僅商鋪，連住家也因有洋貨而遭搶掠：「凡存有洋貨等物，搜搶一空，飽載而歸，謂之淨宅。此壇團民才去，彼壇團民又來。城內城外居民鋪戶，遭逢此難者，每日數十起。」[94]

在義和團運動中，「洋貨」被視為外國勢力—洋人罪惡的替代物，在仇洋、滅洋的風暴之下，在義和團民夾雜著民族義憤與愚昧無知的暴烈排外行動中，遭到義和團的掃蕩與搗毀。但是，畢竟洋貨已經普及於民間，嵌入普通百姓的生活日用之中，難以剔除淨盡，也不可能與人們的正常生活相剝離。因此，義和團焚毀洋房，可能一般百姓還沒感到與自己有多大關係，而到大肆搜掠搗毀洋貨洋物，則人們已經感到自己的日常生活受到了損害與威脅，因而對義和團的過火與愚昧，自然產生了抵觸與惡感。洋貨與人們的日常生活已經連為一體，難以剝離。這種一味搗毀、禁絕洋貨的態度，已經不可能為人們所接受，這也是一般民眾對於義和團產生惡感，視之為愚昧、野蠻的一個重要原因。

2.「抵制美貨」與「文明拒外」運動

義和團的暴力排外及清廷的應對失據，最終招致八國聯軍侵華而釀成巨禍。朝野上下痛定思痛，清廷開始仿行西法實行新政，民間也興起學習西方以自強救亡的社會運動。在這種社會上下一齊轉向學習西方的社會氛圍裡，社會風氣也為之大變，「西洋」成了眾所嚮往的「富強」、「文明」、「先進」的榜樣，洋貨則成為「文明生活」的標誌，更加受到人們崇尚。即使一直風氣保守的北京，也出現了以用洋貨為時尚的風氣。有記云：「庚子巨創以後，都人心理由輕洋仇洋，一變而為學洋媚洋。婦女出門必銜一香菸以為時髦美觀。」[95]消費趨洋成了文明、趨新的標誌，受到人們特別是時髦青年的追逐。而一些低端洋貨也更為普及，深入廣大城鄉民眾日常生活之中，上至腦筋保守的老夫子，下及窮鄉僻壤的鄉村小民，生活中幾乎都離不開洋貨了。

論義和團〉記此事，謂燒毀店鋪 4000 餘家。見中國社會科學院近代史研究所近代史資料編輯部編輯《義和團史料》（上），中國社會科學出版社，1982，第 164 頁。

94　仲芳氏：〈庚子記事〉，《庚子記事》，第 16、22 頁。

95　夏仁虎：《舊京瑣記》，遼寧教育出版社，1998，第 116 頁。

　　但是，洋貨來自正掠奪欺侮中國的外國列強這一「原罪」性質，又使這一已經深深嵌入普通民眾日常生活的外來物，同時也是外國侵略欺侮的象徵，人們對於洋貨所糾結的這種矛盾情感在義和團運動後並未消解。就在短短五年之後，這種矛盾又以另一種形式，以更為突顯的方式再次爆發。這就是 1905 年由美國華工續約問題而引發的波及全國、轟動中外的「抵制美貨」運動。在這場規模更加宏大，但面貌已完全不同的民眾抵制外侮運動中，一個特定外國的洋貨—美國貨，成為運動的核心，受到舉國上下萬眾矚目。

　　這一運動的起因，本來與美貨，甚至與國內民眾都沒有直接關係，乃是由於十年前美國與中國訂立限制華工條約，後美國據此對來美華工乃至華人採取種種歧視、迫害政策。到了 1904 年此約十年期滿，美國又試圖續訂。消息傳到國內，首先在上海，以華工人數最多的福建、廣東兩省商人為主導發起抵制運動，試圖阻止續訂條約，遂掀起了一場以「不用美貨」為口號、波及全國的大規模抵制美貨運動。

　　以不買外貨來對抗外國這一市場抵制方式，早在十年前就有人提出過。1894 年 9 月，在中日甲午戰爭爆發之際，提倡「商戰」的鄭觀應就曾致書協助李鴻章辦洋務的盛宣懷，提出抗擊日本的〈管見十條〉，其中有一條：「不買東洋貨，絕其來貨不與通商。」[96] 這是鄭觀應以市場為武器進行「商戰」思想的具體實施手段。但在當時，一是戰事緊迫，二是政府對外貿易不能自主、民間社會力量不發達，因而「抵制日貨」無論是官方還是民間都難以實施，這只是鄭觀應的構想而已。

　　時隔十年，迭經甲午戰敗、維新變法、義和團運動、八國聯軍侵華、實行新政等一系列劇變，天地已然變色，社會風氣、文化氛圍、人心所向也已全然改觀。在此背景之下，這次自下而上從民間商界、學界勃然而興的「抵制美貨」運動，已經是一場一呼百應、蔓延全國、聲勢浩大的民眾和平抵抗運動，而「美貨」這個看似不起眼的外來瑣屑之物，則驟然成了這場浩大運動的標誌物，作為美國乃至列強欺侮中國人的象徵而成為舉國民眾一致排拒的對象。

　　「抵制美貨」運動最早起於上海。1905 年 5 月間，首先是上海商務總會發起倡議，以美國迫害華工，實為歧視欺侮華人，號召商民以「不用美貨」

96　見夏東元《鄭觀應傳》（修訂本），華東師範大學出版社，1985，第 288 頁。

進行抵制。上海發行而在全國有廣泛影響的《申報》，於 1905 年 5 月 10 日刊登上海商務總會發布的〈籌拒美國華工禁約公啟〉，揭露美國排斥、迫害華人的種種行徑，指出華工條約「違害國家之尊榮」、「玷辱國民之人格」，號召全國民眾起而抵制：「事關全國之榮辱，人人有切膚之痛，合群策群力以謀抵制。」後議定以兩月為期，至 7 月 20 日（華曆六月十八日）前敦促美國廢除禁約，否則將號召國民「不用美貨」，以為抵制。隨後上海商會將此決議電告全國各埠商會，並登報呼籲各界響應。此後，上海以及全國各城鎮商、紳、學、女各界紛紛起而響應，召集會議、議定辦法、宣傳演說、組織團體、印發傳單、互致電函等各種活動此起彼伏，相互呼應，一致以「不用美貨」為口號，一時聲勢大起，形成轟轟烈烈的民眾運動。

　　此後至 7 月 20 日的兩個多月為抵制運動的發起動員階段。首先是上海商界、學界、女界等人士紛紛召集會議，號召定期實行「不用美貨」以抵制美約。如 5 月 21 日滬南商學會集議抵制美約，議定如期實行「不用美貨」。[97] 7 月 9 日，上海務本女塾師生等女界發起集會，多位女士發表演說，提議一致「不用美貨」。[98] 其他商埠城鎮商、學界等也紛紛起而響應。如廣州商會在 6 月初集議「不用美貨，抵制華工條約」。[99]《香港日報》1905 年 7 月 8 日報導：「廣州大街小巷盡是大幅黃色標牌，上面印有運動領導者的圖像和講話，號召民眾團結起來拒絕使用美貨。」蘇州女界也在蘭陵女塾召開集會，號召女界響應抵制運動，「不用美貨」。[100] 甚至在皇帝腳下、官僚充斥、風氣保守的京師重地，也出現了民眾響應抵制美貨的活動。天津《大公報》6 月中旬報導：「各埠商人於美國禁華工一事迭次開會，提議以不用美貨為抵制之一端……惟北京官場對此事淡然處之，若與己無甚關係。而學堂之學生及有志之紳商大為憤激，近日宣武門內一帶地方忽貼有白紙匿名揭帖，用雙鉤法大書『大清國民公認不買美國貨物』十二字，圍觀者頗多。」[101] 在各地商界、學界、女界宣導下，抵制美貨運動迅速向全國各地擴展開來。

　　「不用美貨」對於人們意味著什麼？將對人們的生活帶來何種影響？當

97　〈滬南商學會請會議實行不用美貨傳單〉，《申報》1905 年 7 月 20 日。
98　〈彙錄各埠女士籌拒美禁華工約・上海女士抵制禁約之辦法〉，《申報》1905 年 7 月 19 日。
99　〈餅行禁銷美貨之實施（廣東）〉，《申報》1905 年 6 月 10 日。
100　〈彙錄各埠女士籌拒美禁華工約・蘇州女士會議抵制禁約〉，《申報》1905 年 7 月 19 日。
101　〈公認不買美貨（京師）〉（錄《大公報》），《申報》1905 年 6 月 20 日。

時在中國最為暢銷、人們消費最為普遍的美貨是麵粉、洋油、洋布、紙菸、肥皂五種商品，其中機磨麵粉是城鎮居民日常主食，煤油是夜晚照明煤油燈的燃料，洋布是人們衣物的普遍用料，紙菸已是城鎮菸民的必需品，肥皂也是家居日用之物，這些涉及人們吃穿日用的生活物品皆以美貨為佳，因而銷售甚廣，普及城鄉，幾乎是家家戶戶必備、男女老少皆用。如無錫商民所言：「美貨中如洋油、洋布、肥皂等均家常日用之物，即紙菸亦行銷甚廣。」[102] 所謂「不用美貨」，對於民眾來說，自然會帶來生活的不便，對於商家而言，即不訂、不售美貨，當然是斷了這條財路，甚至蒙受損失。但是，無論商民，在這場運動中都甘願接受這些不便和損失，以犧牲私利益，而成就公利益，內含的意蘊已經遠遠超出了這小小美貨本身。

臨近兩月期限，美國並無改約意向，抵制美貨運動開始進入實施階段。先是 7 月 18 日，「上海城廂各處有人遍發抵制工約不用美貨傳單，演成白話，約有數百言，大旨謂：實行不用美貨之期，本定六月十八日（注：即西曆 7 月 20 日）為兩個月期滿，十八日後各店鋪務須實行此辦法。」[103] 次日，上海滬學會、商務總會、商學會及學界、商界、工界人士，還有外地各埠派來的代表等共計 1400 餘人，在西門外務本女塾大講堂召開特別大會，公議實行不用美貨辦法，上海商界各行會如洋貨行、絲業、火油業、雜貨業，及海味業廣幫、建幫、漢口幫、山東幫等都有代表董事出席，並一致表示不用美貨。[104] 會後將此決議電致外部、商部及各埠商會。

7 月 20 日後，各地更是頻繁展開集會、宣傳等活動，推動正式實行「不用美貨」。此後數月間，各報刊紛紛報導各地開展「不用美貨」活動，如《申報》每天都刊登各地抵制活動的報導、論說、外地商民來電來函、各種相關消息等。僅從 7 月 20 日至 7 月 31 日短短 11 天之內，《申報》就報導了全國19 個城鎮抵制美貨活動的消息，地域涉及上海、江蘇、廣東、浙江、河南、安徽、江西、湖北、遼寧等 9 省，北至遼寧營口，南到廣東番禺，甚至還有暹羅（今泰國）的廣東會館。上海是抵制運動的中心，各界活動也最為集中。僅在此 11 天內進行集會等活動的就有商務總會、滬學會、商學會、四明同鄉、

102　〈無錫東林學校學生擬抵制華工禁約善後事宜〉，《申報》1905 年 7 月 30 日。
103　〈實行不用美貨傳單〉，《申報》1905 年 7 月 19 日。
104　〈公議實行不用美貨之特別大會〉，《申報》1905 年 7 月 20 日。

在滬粵商、志成堂、麻袋業、荳米業、洋貨幫、廣洋貨業、洋廣海味業、南北貨業、雜貨業、花業公所、內河報關行、煤油洋雜貨業、上海女界等 17 個團體組織，有的大型集會參加人數達一兩千人。這些活動皆以「不用美貨」為口號，活動形式有組織集會、發表演說、簽名承諾、分發傳單、張貼標語、函電聯絡、登報宣傳、檢查店鋪、收集美貨、勸說親友等多種，完全以民間力量組織推動，形成了全國各地彼此呼應、商紳學女各界協同、廣大民眾廣泛參與的規模聲勢空前浩大的全國性抵制美貨運動。

這場以「不用美貨」為口號的抵制運動首先由上海商人團體發起，學界、女界繼起響應，後擴展到全國各地。進行組織宣傳活動的人員包括商人、士紳、教師、學生、記者、編輯等，而參與實行「不用美貨」活動的人則從商家店鋪、販夫走卒，遍及城鄉一般居民，涉及上下階層、男女老幼。據《南華早報》1905 年 9 月 2 日報導，廣東的抵制運動深入社會下層，甚至賭場的賭徒們也開始抽國產香菸而非先前的美國香菸，擺渡的船婦也拒絕裝有美貨的箱子上船，一個理髮匠也表示不給美國人理髮。[105] 這場運動聲勢之浩大也是空前的，從各地各團體集會演講、宣傳鼓動、電函交馳，到報刊報導、街衢標語、傳單流布、街談巷議，甚至民間人員走街串戶、宣導勸說、清查收繳，人們目之所見、口之所談，皆為此事，一時間「不用美貨」之聲響徹全國，彙集成一場由商界、學界精英發起宣導，各地、各界、各階層民眾廣泛參與，無論從規模還是聲勢上都空前浩大的全國性、群眾性和平抵抗外侮運動。

正是由於小小美貨已經成為城鄉普通民眾日常生活消費品，以「不用美貨」為形式的「抵制美約」運動才可能將成千上萬的普通民眾連為一體，從而形成如此浩大的規模和聲勢。平凡而具有象徵意義的「美貨」，在這場運動中扮演了一個特殊角色，成為美國（乃至外國）欺壓華人（中國）的標誌物。而「不用美貨」則成為「愛國禦侮」、「外爭國權」的標誌，作為這場運動的旗幟，被無數民眾宣之於口並付諸行動。同時，「不用美貨」作為這場運動的標誌符號，也衍生出豐富而深刻的文化意涵。在圍繞這場運動的社會輿論中，關於「不用美貨」的討論，出現了「民權」說、「義務」說、「女權」說、「文明方式」說等一系列論題，並借助運動的聲勢而廣泛傳播，民眾從中得到思想

105　參看〔新加坡〕黃賢強《1905 年抵制美貨運動：中國城市抗爭的研究》，高俊譯，上海辭書出版社，2010，第 55—57 頁。

觀念的啟蒙，其意義重大且影響廣泛而深遠。

（1）「民權」說

人們通過參與「不用美貨」運動，體驗了個人自主權與民權意識。買不買美貨，本來只是個人的生活小事，看似微不足道，但人們通過這種自覺自主的消費行為，以表達一種共同的政治訴求，並希冀以此影響政府及外國決策，甚至期望改變外國人對中國人的態度，這是一種前所未有的體驗。人們從中認識到自己手中的消費權也是一種自主支配的個人權利，而且可以通過行使這一權利，表達對國家公共事務的態度，以及對抗強權壓制。當時許多言論強調個人自由及自主權利，反映了民權意識的覺醒。如在上海一次各界 1400 人參加的大會上，著名教育家馬相伯演說時就強調：「不用美貨係我人自主之權，無論美人不能干預，政府亦不能禁止。」[106]《外交報》的一篇社評也指出：「樂用何國之品，樂定何國之貨，此權操之商民，外人不能強，即政府亦不必助也……不再用美國之貨，原為個人之自由，不能成為國際交涉。」[107]《申報》一篇評論中也指出：「貿易之道純任自由，從未有強人以必買者。今以不用美貨為抵制，既為個人之自由權，美人亦豈能責我以必用乎？」[108]

特別是在清政府表示對民間抵制美貨運動進行壓制甚至發出懲辦威脅的情況下，民間輿論更是強調人民的自主權利，不懼政府威脅，甚至出現對抗政府壓制民權的言論。如一位淮安人士致上海商務總會的來信中提到「雖有政府命令不准倡言抵制」，但「美貨之用不用，則人人自有之權，政府從何干涉？即使政府媚外，將約私行畫押，而我全國同胞萬不承認。訂約自訂約，禁貨自禁貨，俾海外各國知中國有無用之政府，而有有用之國民」。[109]這段話公然把矛頭指向壓制民意的清政府，指責「政府媚外」，甚至提出「中國有無用之政府，而有有用之國民」。這些擲地有聲的響亮語言，體現出以民權對抗君權的氣魄，反映了當時人們民權意識的覺醒，不僅針對外國欺侮我民族，而且針對壓制民權的清政府，這一抵制運動是外爭國權，內爭民權。8 月底清廷頒布上諭，以「有礙邦交」等為由諭令商民「不應以禁用美貨輒思抵制」，並以「從

106　〈公議實行不用美貨之特別大會〉，《申報》1905 年 7 月 20 日。
107　〈論抵制美貨〉，《外交報》1905 年 8 月 5 日。
108　〈恭讀本月初二日上諭〉，《申報》1905 年 9 月 3 日。
109　〈彙錄抵制美禁華工各函〉，《申報》1905 年 7 月 19 日。

嚴查究」相威脅。《申報》連續發表兩篇評論對上諭內容進行辯駁，並對政府壓制民眾抵制運動表示不滿，指出：「此次抵制，舉國一心，實為我國民能力膨脹之萌芽，中國轉弱為強之大關鍵。」[110] 認為政府不予鼓勵反行壓制，是「遏絕我國民能力發達之萌芽，摧壞其轉弱為強之基礎，是則可慨也」。[111] 這種維護民眾權益、公然對清廷表達不滿的輿論，反映了這次抵制美貨運動也是一次民權意識的倡說與啟蒙運動，人們的認識由抵抗外侮而外爭「國權」，進而向對抗清政府而內爭「民權」的方向趨進。

對於這場抵制運動對民權啟蒙的意義，當時一份雜誌的評論中說：「今者，抵制禁約之潮流，風動商會矣，波及學界矣，由商埠而省會，內地而海外矣……『拒美貨』、『拒美貨』之聲，且譁然於全國。一人唱而百人和，銅山崩而洛鐘應。美哉！吾民氣未有發達如是速者，吾民志未有堅忍如是久者。識者曰：此吾國民權實行之先聲歟！」[112] 這段評論可謂對這場運動與民權觀念啟蒙的生動而真實的寫照。

（2）「義務」說

還有不少言論指出，「不用美貨」作為維護民族共同利益的共同行動，人們作為國民應當參與，這是國民應盡的「義務」，反映了國民責任意識的覺醒。如《外交報》社評中指出：「此次抵制美人之事，實為吾人之義務」。[113]《申報》在一篇關於廈門拒約會的報導中說，他們印製抵制美貨的書冊傳單分送四處，「城廂多粘廣告」，並分派人到內地村鎮宣傳，「務使家喻戶曉，個人自知國恥、團體、民權、抵抗種種義務」。[114] 把「不用美貨」，犧牲個人的生活方便與生意利潤而爭取民族尊嚴和國家主權，視為應盡的「國民義務」，這一觀念反映了國民責任意識的覺醒。

（3）「女權」說

這次抵制運動中，「女界」活動尤為引人注目，以往從未以獨立的群體面貌在社會上活動的女性，這次則結為團體，與商界、學界並肩活動，並發出自己的聲音，提出女子責任，伸張女權，受到社會關注並贏得社會的尊重。

---

110 〈恭讀本月初二日上諭〉，《申報》1905 年 9 月 3 日。
111 〈恭讀本月初二日上諭續〉，《申報》1905 年 9 月 5 日。
112 初我：〈婦女社會之對付華工禁約〉，《女子世界》第 14 期，1905 年。
113 〈論抵制美貨〉，《外交報》1905 年 8 月 5 日。
114 〈廈郡華商社會拒美禁約（廈門）〉，《申報》1905 年 7 月 20 日。

社會活動向來是男子壟斷領域，女子以往分散在千家萬戶之內，從未結成群體參與社會公共事務，此次以女學校教師、學生以及紳商夫人等為先導，結成女界團體，以獨立姿態和平等的社會角色，積極活躍地參與抵制運動。她們不僅在進行集會、演說、刊發傳單等活動方面不輸男界，而且由於女性主持家務、是生活日用品主導消費群體這一特性，特別突顯了女性群體對於「不用美貨」運動所起的獨特作用。這是女性第一次以群體形式在社會活動中扮演引人注目的角色。

在女界進行的集會演說等活動中，女子往往表達與男子平等參與社會活動的願望，突顯了「女權」意識。如蘇州蘭陵女塾「放足會」發起的一次女界抵制美貨集會上，一位女士演說道：「女界極應及今與男界平等，四萬萬同胞，女居其半，抵制美貨，女界自當一律，共表同情，不用美貨，實屬和平辦法。」另一位女士說：「中國女子向日幾不以國民自居，務須乘此機會，結成團體，為二萬萬有用之人。」到會的百餘位女子反應熱烈，「聽者感動，義形於色」，「均簽名贊成」。[115] 她們在演說中強調女子「與男界平等」、「以國民自居」等，反映了女權意識的覺醒。

女子主持家政、是購買家庭生活日用品的消費主體這一特性，在女界演說宣傳時常常被強調，並作為號召女子對抵制美貨應承擔更大責任、發揮更大作用、做出更大貢獻的理由。如南翔女學堂舉辦的集會上，發起人演說中指出：「用美貨者女界較男界為多，故不用美貨我女界尤當竭力。」[116] 蘇州女界一次集會議定的「不用美貨辦法」中，即有：「吾等操持內政，凡日用細布、香煙、洋油等項，須親自辨明牌號，庶免美貨假冒別國商標之弊」。[117]

關於這場運動對於女權運動的意義，當時影響頗廣的《女子世界》雜誌發表〈婦女社會之對付華工禁約〉一文指出：「婦女居男子之〔對──引者注〕半部分，美貨之消流亦視此，而普通衣食料之外，尋常化妝日用之物品（香皂、香水、脂粉及一切妝飾品，洋紗布尤為大宗）多過之矣。此增一分之抵抗，即彼分一分之責任，合大群以謀抵制，女權之於男子，固又為相成者，而非相侵者也。」作者認為，女子消費美貨多於男子，故也應參與男子發起的抵制運動，

115　〈彙錄各埠女士籌拒美禁華工約‧蘇州女士會議抵制禁約〉，《申報》1905 年 7 月 19 日。
116　〈南翔女學堂籌議抵制美約〉，《申報》1905 年 7 月 22 日。
117　〈紀蘇郡女士抵制禁約辦法（蘇州）〉，《申報》1905 年 7 月 24 日。

並認為這一女權對男權是支持而非侵害。作者說，聽到上海女界已開始發起抵制美貨的集會，「不禁狂喜而頂祝曰：此女權發達之第一聲！」[118]

在這期間有關抵制運動的報刊上多有「女界」活動的報導，報導、評論及演說等文字中也頻繁出現「女界」、「女士」、「女權」、「女子之責」等詞，反映出女性群體以獨立的社會角色參與社會活動，以及社會輿論對於女性參與運動的尊重與讚賞，這是女性群體參與社會公共事務的開端。

（4）「文明抵制」說

「不用美貨」是人們在自由交換的市場上，自主運用消費權和銷售權，由民眾自願採取一致行動，以表達抵制訴求，這是一種和平的、非暴力的抵制方式。當時輿論突出強調其「文明方式」、「和平抵制」，指出不會給外國以干涉藉口，不會給清政府造成「對外交涉」問題。顯然發起和參與運動的人們，是要與幾年前發生的義和團運動「野蠻排外」而招致戰爭災難相區別。

在當時報刊評論及集會演說中，「不用美貨」是「文明抵制方式」這一點常常被突出強調，與所謂「野蠻方式」相區別。如蕪湖士商在集會演說中強調：「大家齊心，群謀抵制，商業中不購美國貨。這樣和平辦法，不必與他爭鬧，不要用些野蠻，他自然也無法了。」[119]上海一家造紙局在《時報》上刊登的抵制啟事中稱：「今為抵制美約，不用美貨，辦法文明，民志齊一。」[120]有一個群眾組織的抵制團體名稱就叫作「文明拒約社」，以強調其「文明」的特點。《申報》有一文對這一「文明抵制」方式的意義評價最為深刻，文中說：「夫我國處今日之地位，應抵制外人事不可勝數也，昔也以不知文明之辦法，故除野蠻之暴動外別無抵制之術也。今則民知〔同「智」——引者注〕日漸開，知權利之不可讓人，侵侮之不甘順受，而和平抵制一法，尤足折衝於樽俎之間，於是以美約一事先為之萌芽。」[121]

針對清政府發布上諭，以抵制美貨運動將「有礙邦交」而意圖壓制，《申報》有評論指出：「所謂抵制者既不以口舌爭論，又不以暴力從事，自不致牽累於國際上交涉，而於兩國交誼絕不相關……故有礙邦交之說亦不必絲毫顧慮

118　初我：〈婦女社會之對付華工禁約〉，《女子世界》第 14 期，1905 年。
119　〈蕪湖士商抵制禁約不用美貨之演說〉，《申報》1905 年 8 月 7 日。
120　〈倫革造紙局啟事〉，《時報》1905 年 8 月 4 日。
121　〈論抵制美約之結果〉，《申報》1905 年 8 月 2 日。

者也。」[122] 一位淮安人士給上海總商會的信中，也強調應堅持這種文明抵制方式：「此乃文明抵制，並非野蠻抵制……政府之命萬不可遵……惟有堅持不用美貨，為獨一無二之宗旨」。[123] 一些言論還在強調「文明抵制」的同時，指責美國禁約為「野蠻」。如上海糖洋廣南北海味雜貨各業舉行 1800 人大會時，擬定辦法六條，其中一條即為：「此次各埠同胞相約不用美貨者，以工禁之野蠻也，欲責人野蠻，必先自居文明，切勿輕舉暴動，釀成意外之交涉。」[124] 甚至京師的五城學堂學生在致上海商會函中也說，美國苛待我華工，「彼愈行野蠻，我則力求文明，不涉國際，無礙政府」。這些言論視美國行徑為「野蠻」，而自稱「文明」，在當時社會上下正在奉西方為「文明」榜樣而大力學習的語境下，頗有些諷刺意味。這種對比反映了人們在義和團野蠻抵抗的悲劇之後，對國際規則以及對「和平抵抗」的認識已經更加成熟。[125] 這次以「不用美貨」為抵制形式，是人們在反省義和團野蠻抵抗外侮的基礎上，自覺選擇的文明、和平抵制方式，反映了人們對於民間群眾運動形式的自覺意識大大提高。

在這場抵制美貨運動的言論中，「民權」、「義務」、「女權」、「文明抵制」等詞被人們頻繁使用，人們從親身參加這一運動的實踐中，體驗了這些概念所包含的意義，因此，可以說，這場運動也是一場貼近民眾生活的思想觀念啟蒙。

以「不用美貨」為號召的抵制美貨運動，是民間第一次以市場手段，商民群眾利用自主行使的洋貨購買權和銷售權，對外國強權進行和平抵制，表達民眾的政治訴求，波及全國、聲勢浩大的抵抗外侮運動。這一運動在社會上造成了空前巨大的影響，對美國和清政府都形成了強大的民間壓力，雖然最終並未能阻止美國與清政府續訂華工條約，卻顯示了民間社會和民眾團結的力量。運動開始半年之後，商民又掀起收回鐵路利權風潮，此後「抵制美貨」運動逐漸平息。前後歷時約一年的「抵制美貨」運動，開啟了以「拒用外貨」為方式的民眾抵制外國強權、表達主權訴求的和平抵制形式，對於民眾的「民權」、「自主」、「國民責任」與「國民義務」意識具有啟蒙作用。由商界、學界精英主導，各階層民眾廣泛參與的全國性抵制運動，也使民眾認識了組織起來、

122　〈恭讀本月初二日上諭〉，《申報》1905 年 9 月 3 日。
123　〈彙錄抵制美禁華工各函・淮安士商致曾少卿函〉，《申報》1905 年 7 月 19 日。
124　〈記點春堂會議抵制美約〉，《申報》1905 年 7 月 27 日。
125　〈北京五城學堂學生上商會函〉，《申報》1905 年 8 月 7 日。

團結一致所形成的力量。人們還由這一「文明抵制方式」而找到了一種以市場為途徑的和平表達訴求、參與社會公共事務的可行方法，成為近代民眾和平抵抗運動的起源。

　　3.「抵制外貨」與「提倡國貨」

　　「抵制美貨」運動使商民群眾獲得了一次運用市場方式，聯合起來抵禦外侮、反抗強權的實踐經驗，成為此後民間表達抵禦外侮訴求的一種範本，也開啟了此後「抵制外貨」運動的先例，後人多有效仿。如1908年，廣東水師捕獲日軍火走私船「二辰丸」，由此引發廣州、香港商民發起「抵制日貨」運動，發動者就明確聲明，是仿效此前的「抵制美貨」運動。當時《外交報》刊發的〈論粵民謀抵制日貨事〉一文說：「二辰丸私載軍火一案……粵人激於義憤……將謀以昔者抵制美約之舉施之於日。」文中感歎：「嗚呼！吾民之愛國也，不可謂不摯」。[126] 進入民國以後，更有多次「抵制外貨」運動。由1905年「抵制美貨」運動而開啟的以市場為手段的和平抵制方式，成為此後民眾抗議外國壓迫、爭取國權的一種常見形式。因此「洋貨」的名聲也更多地與「外國侵略與欺侮」相聯繫而更具負面意義。

　　「洋貨」是指來自外洋的舶來品，作為與其相對稱的中國自產物品，起初人們稱為「土貨」，意為產自本土。土貨最初由於皆為傳統工藝手工製品，與洋貨機製品相比有明顯劣勢。1890年代以後，中國商人設立機器製造廠日多，仿造機製產品也日漸增多。為與進口「洋貨」及舊式手工「土貨」相區別，人們又用「國貨」一詞來指稱這種國產機製品，於是「國貨」漸成為與「洋貨」相對應的詞。

　　在「不用美貨」運動中，人們首先遇到的問題就是用什麼貨來替代這些千家萬戶作為生活日用品的美貨。人們提出了兩種辦法：一是以其他外國貨替代，另一個就是以自產「國貨」替代。由此而出現購買「國貨」的聲音。如在上海各界舉行的一次1800人參加的大型群眾集會上，議定的抵制辦法中就有一條指明：「不用美貨並不為難，盡可易以本國及他國之貨，如花旗粗細布改用我國紡織洋布、花旗麵粉改用我國機器麵粉、美孚煤油改用咪吔牌、品海香

126　〈論粵民謀抵制日貨事〉，《外交報》1908年3月27日。

菸改用龍鳳牌、美國鐘錶改用德法日本鐘錶」。[127] 其中可見「我國紡織洋布」和「我國機器麵粉」被作為替代美國洋布和美國麵粉的首選品，這些國產日用品已經可以在市場上與洋貨並立，而且借這次抵制美貨之機而擴大了一定的市場。如當年由兩位南洋華僑兄弟在香港剛成立的南洋紙菸公司，就趁這一時期各地抵制美國紙菸之時，以自產「國貨」紙菸進行宣傳推銷，一時聲名鵲起，市場大為擴展。

由提倡用「國貨」取代「美貨」，又進而出現了呼籲仿造「美貨」的呼聲。如 1905 年 7 月 20 日實行抵制的當天，上海各界舉行的 1000 人參加的群眾大會上，就有人提議在實行「不用美貨」的同時，「擬組織仿造公司，仿造美貨。贊成者甚多，即日將定章招股」。[128] 上海速成女工師範傳習所，是專門培訓女子工藝技能的新式學校，在該校師生發起的一次抵制美貨大會上，就有人提議：「急宜將女子所用美貨自行製造，為中國興工藝」。由校長所擬定的抵制辦法中，就專門列出兩條當下就可實行的女子仿造「女子所用之美貨」辦法，一條是：「美貨可以仿造者極夥，即如各式洋線領頭、洋線雲肩、各色洋線花邊、洋線衣服、臺毯等件，又絨線帕、帽子、雲肩、衣服、鞋襪，又機器織各式斜紋洋布等件，皆可自製，廉價出售，務期實行抵制。」另一條是：「擬請速成女工師範傳習所於暑假後，添設一特別科，仿造女子所用之美貨。」[129]

在這次「抵制美貨」運動中，中國產的「國貨」與美國產的「美貨」，開始成為兩個相對的政治符號，用「國貨」還是用「美貨」，也成為「愛國」與「不愛國」的標誌。自此以後，「國貨」成為社會輿論中具有「愛國」含意的一個流行詞。同時，清末開始的服制改革，又引發了更激烈的「提倡國貨」運動。

清末新政時期，軍隊、員警、學校等陸續開始服制改革，軍人、員警和學生推行穿西式制服。由於製作西式制服最適合的布料是具有挺括、厚實、平滑、美觀等特點的進口呢絨等，中國原來視為上品的綢緞因太薄軟而被摒棄不用，造成傳統絲綢紡織業市場大大縮小，由此引發「制服用外國布還是用國產布」的爭論。一些絲綢商界人士為保護本國布業而呼籲用國產布，由此發起

---

127 〈記點春堂會議抵制美約〉，《申報》1905 年 7 月 27 日。
128 〈商學會實行不用美貨之大會議〉，《申報》1905 年 7 月 21 日。
129 〈不用美貨之女子大會〉，《申報》1905 年 7 月 28 日。

「提倡國貨」運動。在清廷倒臺前夕的 1911 年秋，首先由江、浙、滬絲織業團體牽頭，聯合典業、衣業、繡業、帽業等團體，在上海發起成立「中華國貨維持會」。各地同業紛紛起而回應，相繼成立地方支部，與上海總部配合行動，聯合進行抗議活動。這次的抗議對象，則直指政府，且由清政府而一直延續到辛亥革命時期及此後的民國政府，更由於辛亥革命後實行「斷髮易服」，制服、西服更加普及，絲綢「國貨」面臨的形勢更為嚴峻，紡織業商人紛紛向總統及地方官員上書請願，呼籲新服制應用「國貨」而放棄「外貨」，由此「提倡國貨」運動更加高漲，終於使 1912 年 10 月國民政府參議院通過並頒布的《服制案》中規定國民禮服等皆須用國產布，這場持續年餘、橫跨清末民國的商界針對政府，以「國貨」取代「外貨」的抗爭運動，以取得暫時勝利而告終。[130]

此後，在民國時期，因國內外政治、經濟形勢的波動，大大小小的「抵制外貨」與「提倡國貨」運動，又屢次上演，這些平凡微小而又連著千家萬戶的生活日用品的銷售與消費，將普通民眾的日常生活與國家政治和民族利益聯結起來，廣大民眾思想觀念由此得到啟蒙，成為近代國民意識形成的來源之一。

晚清自開口通商到清廷覆滅走過了 70 年，經歷了所謂「數千年未有之大變局」。歷史已經證明，清統治者在這一大變局下應對失當，因而被時代和人民所拋棄，被順應「變局」、承載著社情民心及時代趨勢的民國所取代。清統治者「應對失當」的表現之一，就是在這數十年「大變局」之下，始終以維護舊統治秩序及統治制度為重心，而忽視民眾生活世界及生活理想已經發生了巨大變動，如生活環境的變化、生活方式的改變、經濟生活的趨向、生活追求的轉變、生活願望的訴求等等，亦即「民生」與「民心」，而這兩者恰恰是支撐統治的基礎。

由以上對晚清洋貨流行這一經濟生活現象及「洋貨」文化符號這一社會現象的互動流變所做的考察，我們可以看到，「洋貨」這一來自西方的機器製品所承載的先進物質生活方式，在大市場流通中循著市場規律而一步一步、自自然然又不可阻擋地進入民眾的生活之中，改變著人們的生活方式和消費方式，改變著人們對生活的態度和理想，甚至改變著人們的交往方式，改變著人

130　參看王翔〈辛亥革命期間的江浙絲織業轉型〉，《歷史研究》2011 年第 6 期。

們的社會理想，以及自身的權利和價值觀念。市場意識、市場規則、市場生活也使人們學會了新的社會生活方式，如群體聯合及和平抗爭。人們對於「洋貨」從視為「奇技淫巧」的鄙視與敵視，到領悟其「利源」與「利權」的覺醒，直至「國貨」意識萌發所蘊含的民族利益與國民權利的覺悟，洋貨流行的過程，也是生活給人們思想啟蒙的過程。

正是這種民眾基本生存狀況的變動，使民眾產生了追求現代生活的要求、發展近代工商的要求、維護民族經濟利益的要求、追求國家富強及人民權利的要求等。清統治者沒有對民眾生活世界這種變動予以準確把握及積極回應，更沒有將此作為社會改革的基礎與依據，而只是因循守舊、被動應付，遂成為民眾生活追求及願望的阻礙，「民生」和「民心」日益與之疏離，其統治也就走向了末路。這段歷史啟示我們，民眾生活世界是社會穩定與發展的基礎，特別是在社會變動時期，只有注重瞭解與把握民眾生活世界的變動，體察民眾的生活追求與願望，並積極有效地進行與此適應的社會改革，才能使民眾生活與社會制度之間保持良性互動，從而使社會穩定、健康而持久地發展。

第十九章　晚清士紳階層的結構性變動

一、鄉土權威：士紳的地位與角色

　　社會是一個永遠運動著的複雜的人與人的結合體，它以某種不可推拒的力量，使每個人都在這一特定的結合體中定位，獲得屬於個人其實最終也屬於社會的尊卑有等、貴賤有別、貧富有差的社會位置。清代仍然是一個以等級或等第為梯階的社會結構模式。「所謂等級，是指奴隸制國家和封建制國家中一定的社會集團，這些集團由國家的成文法或不成文法規定其成員享有某種權利，承擔某種義務以及加入或排除於該集團的條件。」[1]法權身分基本相同的同一等級成員，因其經濟、政治等各方面情況所形成的差別，又分為不同的等第。作為具有封建法典所認可的特殊身分的紳士集團，在清代整個社會結構中處於什麼樣的地位呢？

「四民之首」

　　「紳士為四民之首，為鄉民所仰望。」[2]這是一位身居二品的巡撫大員張貼在顯要處的布告的內容。如果說嚴格的身分等級結構是封建社會中人們社會關係地位的法律表現，那麼「四民」之分就是它的社會表現。「士農工商」的四民劃分及其社會地位的確認，是在社會行業（也是社會分工）意義上封建等級身分的表現。因而，這一有序的社會結構，就成為整個封建社會秩序

---

* 本章由王先明撰寫。

1　經君健：〈試論清代等級制度〉，《明清史國際學術討論會論文集》，天津人民出版社，1982，第 286 頁。
2　呂實強：《中國官紳反教的原因》，中研院近代史研究所，1966，第 165 頁。

賴以穩定的基礎。在傳統的「士農工商」結構中，蘊含著兩大社會內容：一是社會成員的社會地位，二是社會分工的時代特徵。但是，社會地位的不平等，又是伴隨著分工的發展而形成的。職業的劃分是社會分工的直接表現，而社會分工又是階級或階層形成的前提。「士農工商」結構體系也就從根本上突出並保障著紳士們獨特的社會地位，使之穩定地居於「四民之首」，並成為「一鄉之領袖」。[3] 因而，在「士農工商」結構中，既展示著歷史時代社會分工的基本特徵，又浸透著等級地位的封建法權精神，也凝聚著封建社會文化的價值取向，形成為一個「假以禮貌，使有別於齊民」的紳士階層：「紳士們有一派紳士風度來表明他們的身分—長袍，長指甲，能詩善賦，有欣賞藝術的閒情逸致，彬彬有禮。」[4] 在社會生活中，紳士們的特權地位常常以各種外顯的禮儀而區別於平民，如在拜見地方官時，可免除一切平民所需要的限制與禮節。平民對地方官必須稱大老爺，同時也必須稱「沒有官銜的紳士即舉人、貢生、生員、監生等為老爺。」[5] 平民一旦取得生員身分，即可出入乘肩輿，受人尊重，成為「四民之首」。

封建王朝也從法典上保障著紳士的獨特的社會地位。不僅紳士們享有賦稅和徭役的優免權，「至於一切雜色差徭，則紳衿例應優免」，[6] 而且，徭役的優免權還可餘澤其家族成員。[7] 嚴格說來，田賦作為封建王朝的財政基礎，紳士並不享有優免權。但是，在等級身分的庇護下，紳士們常常以拖欠或轉嫁於平民的手段，少納或不納田賦，享有某種意義上的「法外特權」。此外，在法律方面，紳士享有特別保障權。封建制度通過律例、諭旨、成例所規定的刑罰、法律程序的成文法或不成文法，突出了紳士階層的地位。紳士犯罪，一般不會上刑，如果所犯罪行很重而必須懲治，則首先要革去其紳士身分，然後才能加以治罪。身分較高的紳士姑且勿論，即使是舉貢功名，知縣也無權隨意判處並革去其身分。對紳士的處置，必須按照嚴格的特定程序，否則地方

3　〈丹陽縣勸捐查戶章程〉，王仁堪：《王蘇州遺書》卷 7，1934 年仿宋排印本。

4　費正清、劉廣京編《劍橋中國晚清史》上卷，中國社會科學院歷史研究所編譯室譯，中國社會科學出版社，1994，第 17 頁。

5　張仲禮：《中國紳士—關於其在 19 世紀中國社會中作用的研究》，李榮昌譯，上海社會科學院出版社，1991，第 30 頁。

6　素爾訥等纂修《欽定學政全書》卷 32，第 2 頁。

7　貴州黎平府學所立碑石銘文記述：「凡生員之家，一應大小差徭概行永免。」見俞渭等修《黎平府志》卷 5（上），清光緒十八年刻本，第 72 頁。

官就可能因其擅權而被參劾。在法律面前的不平等，正是中國封建社會不平等的本質特徵：「生員犯小事者，府州縣行教官責懲。犯大事者，申學黜革，然後定罪。如地方官擅責生員，該學政糾參……生員關係取士大典，若有司視同齊民撻責，殊非恤士之意。今後如果犯事情重，地方官先報學政。俟黜革後，治以應得之罪。」[8] 在身分社會裡，任何昭示尊貴等級的身分，都具有該社會制度所給定的經濟、政治、法律的特權，也只有因此，擁有身分的人才能在現實社會生活中擁有特別的地位和權勢。「是以一遊饗序，即為地方官長所敬禮，鄉黨紳士所欽重，即平民且不敢抗衡，廝役隸人無論矣……故一登科甲，便列縉紳，令人有不敢犯之意，非但因其地位使然，其品望有足重也。」[9] 身分等級的差別必然包含著嚴酷的法律不平等的內容，而法律的不平等又必然要社會化為身分的差別。

紳士居於「四民之首」的社會依據及其文化根據是什麼？清代著名的經世學者包世臣有一段並不觸及其根本的文字：「夫無農則不食，無工則無用，無商則不給，三者缺一，則人莫能生也。至於士，若介介無能為人生輕重者，而位首四民。則以生財者農，而勸之者士，備器用者工，給有無者商，而通之者士也。然則修法以勸農，使國富而主德，抑先求士而已。」[10] 有時學者們的閃爍其詞或條分縷析，遠不及平常的社會生活事實能夠直白地表達出社會現象的本質內容。社會歷史的真理往往就宣露於簡單的社會事實之中：「乾隆元年，福建發生一起吏卒辱罵舉人的案件，判處中把舉人比照六品以下長官對待。」[11] 嚴格說來，官僚作為國家機構的代表屬於政治範疇，紳士作為統治階級及其社會基礎，則屬於社會範疇。清朝在執法中將紳士的地位及特權比照官僚對待，無異揭示了一個封建社會普遍的原則：官本位是人們社會地位確認的基本根據。無論封建王朝在改朔移姓的「六道輪迴」中怎樣頻繁地興衰枯榮，但封建傳統文化在揚棄汲取中卻始終展示出一個不可動搖的歷史趨向：高揚士的地位而貶黜商的價值。四民的劃分及其「士首商末」社會地位確立的根本標準，就是「士能明先王之道，佐人君治天下」。[12] 一言以蔽之，乃因「士能應試為

8　素爾訥等纂修《欽定學政全書》卷31，第2頁；卷32，第1頁。
9　葉夢珠：《閱世編》卷4，上海古籍出版社，1981，第83頁。
10　包世臣：《安吳四種》卷7（下），光緒十四年重印本。
11　經君健：〈論清代等級制度〉，《明清史國際學術討論會論文集》，第293頁。
12　靳輔：〈生財裕餉第一疏〉，《皇朝經世文編》卷26〈戶政〉。

官故也」。[13] 科舉制度下，紳士的身分具有雙重性質，即「士」，讀書的功名者；「仕」，為官或準備為官者。士為四民之首的根本原因就在於紳士是整個封建官僚或國家機器的社會基礎。科舉制度以其具有外顯標誌和社會文化內容的「功名」身分，把紳士同官僚緊密結合在一起。

相對於社會大眾的平民而言，紳士階層確是「精選」出來的人數有限的社會集團。「州縣最多有生監三、四百人。」[14] 紳士的地位來源於人數極為有限的功名身分，而功名越高，其人數越少，「士少則貴」，[15] 而最終歸結為入仕做官。但無論是官僚，還是功名，其地位高下或尊卑貴賤，都以其等級為標誌。由於在封建等級結構中，皇帝屬於「超等級」的頂點，因而，人們的社會地位及其等級的差別便呈現著唯一的趨向：越靠近皇權，其地位越高，其身分越尊貴。在「皇冕」靈光照視下的獨特地位，不正是從某種意義上集中體現了中國古老文明和封建文化的深層意蘊麼？

社會角色

紳士這一具有等級性的社會階層的形成，是封建社會制度發展的必然產物。功名、頂戴等名器，是封建法典所認定的特定社會地位的標識，也是藉以維繫封建綱常秩序的工具。法定的社會地位是確定不移的，而現實的社會角色卻因其動態的變化而具有極度的豐富性。社會上的每一種身分和地位，都有一套被期待的行為模式、義務和特權；這種社會期待受一定文化背景的影響，並作為社會規範的具體內容，為特定身分和地位的人確定了具體的行為界限──這就是「社會角色」。僅從規範要求而言，地位與角色應該是一致的；二者在生活中的區別則又是簡單而清晰的：你所占據的是地位，但所扮演的是角色。因此，這是同一個問題的兩個方面。對於「四民之首」的紳士，王朝當然不只是給予特權和地位，而且還從社會秩序穩定的最高目標出發，提出必要的規範要求。統治者所期待的紳士的角色，是既不干預公事，把持官府，又能「上可以濟國家法令之所不及，下可以輔官長思慮之所未周」。[16] 但是，即令是欽定的皇家臥碑，在歷史時光的剝蝕下，也會失去開初的威嚴而形同具文。他們

13　〈各省推廣工局議〉，《皇朝經世文四編》卷 42〈工政〉。

14　謝澄平：《中國文化史新編》（5），青城出版社，1985，第 274 頁。

15　〈四民論〉，《申報》同治壬申十二月九日。

16　徐棟：《牧令書》卷 16〈教化〉，江蘇書局官刻本，1868。

不僅往往干預公事，甚至在一些地區發展為同封建官府相抵牾的勢力。紳士作為一個居於地方領袖地位和享有特權的社會集團，在維繫正常社會秩序的官、紳、民三種力量中，靈活地也是謹慎地逐步突破法定的限制，使自身所扮演的角色更為重要也更為多樣。一般說來，紳士從事的地方社會活動主要有三大項（地方學務、地方公產和地方公務）。封建官府辦理地方事務，只能借助於紳士的力量。因而，「凡地方公事，大都由紳士處理……紳士之可否，即為地方事業之興廢」。[17]

在封建社會結構中的官、紳、民三種社會力量中，紳士是官、民發生聯繫的中介。紳士並不像官員那樣擁有欽命的權力，卻擁有基層社會賦予的「天然」權威；以社會權力在社區實踐中的功能而言，「蓋官有更替，不如紳士之居處常親。官有隔閡，不如紳士之見聞切近」。[18] 在正式的權力體系中，皇權保障著權力擁有者和實際行使者的一致，在實際生活中，權力擁有者和行使者常常發生分離，皇權卻不能直接深入到鄉村社區。一個屬於朝廷命官的知縣，要順利地完成屬下的各項公務，唯一的依靠力量就是紳士。面對幅員廣闊而又相互隔絕的鄉村社會，只有借助紳士階層這一非正式權力力量，皇權的統治才能延伸到社會底層。尤其在晚清，由於中央集權的弱化，各級官府行政權威銳減，紳士們幾乎控制了地方事務的主要方面。「至今各省雖以官治為主，而地方公事無不酌派紳士襄辦……」[19] 對於關切地方利弊的大事，權非操諸紳士，其事斷不可舉。結果形成這樣一種局面：「官不過為紳監印而已。」[20]

皇權是神聖的，卻不是萬能的。在皇權羽翼下生長起來的紳士階層，既是皇權向基層社區延伸的中介，也是皇權力量在民間實施的阻隔。這似乎表明，紳士階層所擁有的不容懷疑的「權威」，有著更為廣厚和深刻的社會文化根基，而不僅僅依存於「皇權」本身。

鄉土權威

就權力的本質屬性而言，封建專制政權不會容忍任何無視其權威的社會力量的發展。為了防阻明季紳士力量坐大現象的重演，也為了摧抑士大夫的

17　《浙江潮》第 2 期，1903 年，第 8 頁。

18　惠慶：〈奏陳粵西團練日壞亟宜挽救疏〉，《皇朝經世文續編》卷 82，第 45 頁。

19　《大清宣統新法令》第 2 冊，商務印書館，1910，第 20 頁。

20　李輈：《牧沨紀略》卷下。

民族意識，清王朝以凌厲寒峻之勢挫削紳士的力量。「清之所異於明者，在摧挫士氣，抑制紳權。」因而，對於地方紳士的嚴厲懲治，是清王朝入主中原後的基本政治手段。1652年清廷由禮部頒天下學校臥碑，以規範紳士的行為；1660年由禮部嚴飭學臣約束士子，不得妄立社名，糾眾盟會，違者嚴加治罪。朝廷的嚴厲措施，確使「各地帖伏，無復明代紳士囂張之勢矣」。[21] 然而，這也只是削減紳士力量於一時，而未能從根本上弱化紳士對地方社會控制的能力。咸同以後，地方紳士的權勢已日見擴張：「近來紳士往往不安本分，動輒干預地方公事，甚至藉端挾持官長，以遂其假公濟私之計，於風俗人心大有關係，亟應認真查究以挽澆風。」[22]

　　終究，在社會生活的最廣闊範圍內，在千年如斯的基層社區內，離開紳士的社會權威力量，皇權也只有象徵的意義。代表皇權執行政務的官府，謹慎而又有分寸地「禮遇」紳士，求得官權與紳權的合作共治。「各省州縣之待所轄紳士，假以禮貌，使有別於齊民。」[23] 通常情況下，「地方官到任以後的第一件事，是拜訪紳士，聯歡紳士，要求地方紳士的支持。」否則，「地方官往往被紳士們合夥告掉，或者經由同鄉京官用彈劾的方式把他罷免或調職。」[24] 縣官到任的第一件事，就是要號房探明「地方大紳士生日號行，均要寫明，貼於辦公之處」。因為「紳士為一方領袖，官之毀譽，多以若輩為轉移」。[25] 如果說「溥天之下，莫非王土，率土之濱，莫非王臣」是皇權一統權威的法定依據，那麼「天高皇帝遠」則是對紳權地方權威的社會認可。在以「士農工商」簡單社會分工為基礎的農耕社會裡，技術知識及其進步是微不足道的。社會秩序的維繫和延續依賴於「倫理知識」。因此，無論社會怎樣的動盪變亂，無論王朝如何的起落興廢，維繫封建社會文明的綱常倫理中心卻不曾變更。然而，居於這個社會文明中心位置的卻恰恰是紳士階層。

　　在傳統農耕社會裡，紳士階層是唯一享有教育和文化特權的社會集團。如何使一個幅員廣大而又彼此隔絕的傳統社會在統一的儒學教化下，獲得「整合」，使基層社會及百姓不致「離軌」，是任何一個封建王朝必須面對的重大

21　柳詒徵編著《中國文化史》下冊，1988，第670頁。
22　張壽鏞等輯《皇朝掌故彙編》內編卷1，第104頁。
23　張壽鏞等輯《皇朝掌故彙編》內編卷1，第78頁。
24　吳晗：《論紳權》，吳晗、費孝通等：《皇權與紳權》，天津人民出版社，1988，第50頁。
25　蔡申之：《清代州縣故事》，龍門書店，1968，第16、26頁。

課題。清王朝所面臨的思想意識統治任務艱巨而繁複，每半月一次的「宣講由十六條政治—道德準則組成的『聖諭』的目的，是向百姓灌輸官方思想。」[26] 然而，這一帶有「宗教」形式卻毫無宗教內容或宗教情感的活動僅僅依靠地方官就根本無法實行。地方紳士事實上承擔著宣講聖諭的職責。「十六條聖諭」以「重人倫」、「重農桑」、「端士習」、「厚風俗」為主旨，成為農耕時代浸透著濃郁的東方倫理道德色彩的行為規範。它的內容是一個古老民族文化在那個生存方式中的基本需求：「敦孝弟以重人倫，篤宗族以昭雍睦，和鄉黨以息爭訟，重農桑以足衣食，尚節儉以惜財用，隆學校以端士習，黜異端以崇正學，講法律以儆愚頑，明禮讓以厚風俗，務本業以定民志，訓子弟以禁非為，息誣告以全良善，誡窩逃以免株連，完錢糧以省催科，聯保甲以弭盜賊，解仇憤以重身命。」[27] 重要的是，反覆向村民百姓宣講這一規範的是紳士。

　　紳士擁有文化，擁有知識，成為農耕時代一個文明得以延續發展、社會秩序得以穩定的重要角色。等級制度和農耕社會的生存方式，排斥著農民享有受教育和擁有文化的權利，也因此而處於被治者的地位。在一個「禮法」社會中，只有「知書」才能「識禮」，也才配「識禮」。對於文化和教育的占有，使得紳士集教化、倫理、法規、祭祀、宗族等一切社會職責與權力為一體，成為鄉土社會的實際權威。在農耕社會「日出而作，日落而息」而又遠離文化知識的農民寬厚的肩膀上，頂立起一個鄉土社會的領袖集團—紳士階層。「我們的帝國是由幾百萬個農村聚合而成的社會。數以千萬計的農民不能讀書識字，全賴乎士紳的領導，村長里長的督促，他們才會按照規定納稅服役。」[28] 紳士的權勢來源於一個文明或時代的根本需求，它以一個社會權威的姿態矗立在厚實的農耕社會的根基之上。同權力直接源於「皇權」的賜予的官僚不同，他們只對皇權負責，而紳士卻還肩負著社區的利益。因而，「民之信官，不若信士」，是無論皇權還是官府，都難以改變的社會現實。作為一種社會權威力量，紳士在社區中的領袖地位很難被皇權輕易地剝奪，儘管在極端衝突的時期皇權可以憑藉兵威大規模地摧抑紳士的力量。但社會生活的正常組織，社會秩序的正常維繫，又只能依恃於紳士的力量。因此，不論是皇帝繼退引起的

26　張仲禮：《中國紳士》，第 62 頁。
27　《清朝文獻通考》卷 21〈職役一〉，考 5047。
28　〔美〕黃仁宇：《萬曆十五年》，中華書局，1982，第 230—231 頁。

朝政風波，還是王朝易代的江山更色，都很難從根本上觸動紳士階層在鄉土社會中的地位。即使在清替代明朝的既殺戮人身又踐躪人心的異族統治過程中，清王朝也只能適度地撲殺明朝的遺紳，而不能從根本上削弱地方士紳的權勢。農耕文明土壤裡紮根生長著的士紳力量仍然頑強地抵制著「皇權」對基層社區的滲透，保持著自身的領袖地位。

任何一個王朝只能擁有一時之天下，而不能擁有整個文明。文明或體現文明生存方式的根本需求，將超越王朝或皇權的直接利益，而屬於一個特定的歷史時代。一個文明體系的生存和發展遵循著自身運行的必然節律。

二、從保甲到團練：晚清士紳地位的變動

社會控制系統中，控制主體和控制對象的不同，無疑標誌著其社會地位的根本差別。在清代社會控制機制的歷史演進過程中，紳士階層卻由清初的控制對象發展為近代的控制主體。因而，充分揭示這一歷史變動過程，便是我們認識封建社會結構和近代紳士階層的一個饒有興味的課題。

士紳與保甲制

清朝的正式官吏還不足 3 萬名（2 萬名文官，7000 名武官）。其中直接治民理事的「親民之官」還不足 2000 名。如何僅靠這幾萬名封建官吏對高度分散聚居的數億百姓構成的社會生活實施有效的統治，確是一個複雜而龐大的系統工程。在鄉村社會中真正對民眾的生活產生作用的社會控制系統，是遠比官吏制度更為複雜也更為多樣的社會控制形式。清王朝極力推行的基層社會控制組織當首推保甲制。

保甲制的源頭可追溯到商鞅在秦所推行的新法——什伍連坐法。此後，封建社會在不斷的發展過程中逐步完善了保甲制度，時至宋代它已形成以保、大保、都保三級分層的連坐「伍保法」，以株連的方式強制地使平民百姓之間實施橫向的水平監視，以達到有效的社會控制。清承明制，在順治元年（1644）就開始推行保甲制度，「凡保甲之法州縣城鄉十戶立一牌頭，十牌立一甲頭，十甲立一保長，戶給印牌書其姓名丁口，出則注其所往，入則稽其所來。」[29]保甲制度通過株連互保責任連帶的組織系統，力求達到「是以能制一人，以制

29　《清朝文獻通考》卷 19〈戶口一〉，考 5024。

千百人……能使一家以致治於千百家……制一人足以制一家，制一家亦足以制一鄉一邑」的目的。[30] 因而，清王朝著力於保甲制度的組織結構建設，嚴格按照牌、甲、保的十進位單位統一編排，使之成為基本整齊劃一的社會控制組織。

　　在推行保甲制不久，順治三年清政府又在基層社會實行里甲制，成為鄉村社會控制的又一組織形式。里甲制是「以一百一十戶為里，推丁多者十人為長，餘百戶為十甲，甲凡十人，歲役里長一人，管攝一里之事……里長十人輪年應役，催辦錢糧，勾攝公事。」[31] 不過，從功能上看，清代推行的保甲制與里甲制具有明確的分工，「保甲的目的就是監督和控制鄉村居民，帝國政府把它作為不受鄉村社會力量影響的完全獨立的制度。」[32] 而里甲則主要執行「防丁口之脫漏，保賦役之平均」的任務。[33] 因此，清初並行於鄉村社會的保甲制和里甲制，是相互獨立的兩個控制組織。二者的區別是明顯的：（1）在法律地位上，保甲歸屬於刑律，而里甲則歸屬於戶律。（2）在社會功能上，保甲承擔治安、稽察的警防任務，里甲則承擔徵收賦稅、催辦錢糧等行政公務。（3）在組織結構上，保甲之甲由 10 牌組成，里甲之甲由 10 戶組成。作為賦稅系統的里甲的戶是實體單位，甲卻不是真正的實體單位；而保甲之甲卻是防警連保的真正的基本單位。（4）在組織層次上，保甲系統分為三個層次，里甲系統分為兩個層次，如表 19-1。

表 19-1　保甲和里甲系統的組織層次

層次	保甲系統	層次	里甲系統
1	10 戶＝ 1 牌	1	10 戶＝ 1 甲
2	10 牌（100 戶）＝ 1 甲	2	11 甲＝ 1 里
3	10 甲（1000 戶）＝ 1 保		

　　雍正年間實行攤丁入畝後，人丁編審失去了實際意義，里甲的職能被弱化。嘉慶四年（1799），里保合一的趨向已十分明顯，在有關的官方文牘中，已把鄉正、里長納入了保甲系統。因而，乾嘉以後，保甲、里甲實際已合而為

30　聞鈞天：《中國保甲制度》，商務印書館，1935，第 14 頁。

31　《清朝文獻通考》卷 21〈職役一〉，考 5043—5045。

32　Kung-chuan Hsiao, *Imperial Control in the Nineteenth Century* (Seattle : University of Washington Press, 1960) , p.31.

33　《清朝文獻通考》卷 21〈職役一〉，考 5024。

一，保甲的功能也不再局限於「彌盜安良」，而將「一切戶婚田土，催糧拘犯之事」納入自己的控制範圍。[34] 那麼，在清王朝精心建造的保甲控制系統中，具有封建身分的紳士處於什麼樣的地位呢？清王朝的真正目的在於利用這一制度，平衡或制約高度分散聚居的鄉土社會中任何一種社會力量的獨立性發展。因此，自始至終在王朝明令頒布的保甲規制中，都試圖把紳士作為社會控制的對象，而不是聽任其成為社會控制的主體。「紳衿之家一體編次，聽保甲長稽查，如不入編次者，照脫戶律治罪。」[35] 為了保障皇權對鄉土社會的滲透，削減紳士階層的控制力量，清王朝「曾反覆嘗試過將民眾的所有階層納入這一制度，包括地方紳士，他們也要和平民一道登記。可是，各級十進位單位的首領們卻是平民。這一制度的一個特徵顯然是企圖提供一種平衡力量，以制約紳士在地方社會中早已存在的重要影響。」[36] 然而，以一個平民身分的甲長或保長，又如何能有效地履行控制居於「四民之首」的紳士階層的超重的社會職責呢？保甲制推行伊始，就受到了紳士階層強有力的抵制。「大量的事實表明，紳士們阻礙了保甲制度的實施，並拒絕提供登錄他們及其家屬等情況……以至於保甲制在中國南部地區的實施中，無疑地失敗了。」[37] 在反覆而又艱難的嘗試中，清王朝將紳士階層置於保甲控制之下的企圖終難實現。地方官迫於紳士們的強大壓力，也不能不承認他們具有超越保甲控制的事實，「十家保正長俱選自庶民，不及青衿衙役。……其鄉紳舉貢監文武生員在本甲居住者，不必編於十家之內……惟將一戶系某鄉紳舉貢監衿，開明姓諱、籍貫、官職，附編本甲十家之後。」[38]

事實上，紳士們憑藉封建社會所賦予的等級、功名身分，抵制等若「賤役」的保甲長的控制，並非難事。咸豐年間一位知縣劉如玉似乎洞悉到了這一問題的癥結，提出應該提高保甲長的身分，給以頂戴：「本朝軍功品級從事戎行者，隨時以示鼓勵不少。……可否援照此例，酌為變通，於舉充保正甲長時詳請分別給予頂戴……」[39] 不過，這位書生出身的知縣卻未能意識到，由一

34　《清朝文獻通考》卷 24〈職役四〉，考 5063。

35　《清朝文獻通考》卷 25〈職役五〉，考 5073。

36　〔美〕孔飛力：《中華帝國晚期的叛亂及其敵人》，謝亮生等譯，中國社會科學出版社，1990，第 27 頁。

37　Kung-chuan Hsiao, *Imperial Control in the Nineteenth Century*, pp.68, 69.

38　張壽鏞等輯《皇朝掌故彙編》內編卷 53〈保甲〉，第 4127 頁。

39　〈稟編查保甲酌擬變通章程〉，（清）劉如玉撰《自治官書偶存》卷 1（《近代中國史料叢刊》

個文明長久孕育出的等級身分結構，並不會因一時的微議而有所更張。不久，這位知縣的上司就對此請求作了不容置疑的批示：「慎選保正甲長給予頂戴，前人亦曾有論及之者。然其實保正甲長應差當役，鄉黨自好之士必不肯為，雖給以頂戴之榮猶將遜謝不顧，其樂於承充者，保無倚勢橫行鄉里，謂給以頂戴遂能使殫心為公，誠實可倚，恐亦不可得之數也……該令所稟詳情……應毋庸議。」[40] 無論如何，紳士們擁有的文化教養和在家族社會中的地位，絕不是一個非權力化的社會控制系統所能動搖的。清王朝統治者的悲劇在於，一旦把紳士置於保甲控制之下，這種蠢笨必然會泯滅紳士與庶民之間的根本性差別，而這種差別又是在更深層次上支撐著封建社會的統治機制。

士紳與鄉社、宗族

　　即使沒有紳士階層的有意抵制，單一的保甲制度也不能滲透到農耕時代的鄉村社會中去。中國鄉村社會呈現著高度分散聚居和閉守隔絕的狀況，許多地區鄉村的自然單位甚小，根本無法按照十進位的保甲系統統一地「整合」起來。面對「散居之戶不成村鎮者，難以歷舉」[41] 的現實，清王朝一意推行的保甲制度在高度分散的鄉村社會中，事實上很難步調一致地貫徹下去。這不能不導致保甲制度在一些地區類同虛設，「甚至戶絕則本甲受其困，甲絕則本里被其殃」。[42] 因此，甲村不合，人村分離的情況多有存在。在複雜多樣的鄉村社會實際的制約下，任何政權作用下的控制系統，都只能在變通甚至變易的情況下才有可能實施。所以，真正在鄉村中發生作用的組織系統呈多樣性特點，其名稱、規制、職能、分布狀況絕不會如章程擬定的保甲制度那樣規範齊整。「沒有任何東西比保甲制的準軍事準則更能清楚地說明規範和記述實際的這兩者之間的差距：分層次的十進位制編制機構並不反映中國社會中任何實際存在的可用數字表示的區劃，而是在劃分並控制社會的嘗試中強加給中國社會的。」[43] 因而，在鄉村社會生活中，社會控制組織並不依賴於單一的保甲制，官方刻意推行的保甲制未必比依存於鄉村民俗、世情、宗教、血緣、習慣諸因素基礎上形成的民間控制系統更有活力，更為有效。這些多樣化的社會控制形

　　　第 77 輯），文海出版社，1972。

40　〈張中丞批劉如玉章程〉，（清）劉如撰《自治官書偶存》卷 1。

41　見《直隸風土調查錄》，商務印書館，1915。

42　劉賡年重修《靈壽縣志》（同治）卷 1〈地理・社里〉。

43　〔美〕孔飛力：《中華帝國晚期的叛亂及其敵人》，第 34 頁。

式有鄉約、宗族、鄉社等。

宗族制度在清代已發展為以血緣和地緣關係為紐帶的同姓聚落體的主要控制形式。鄉村社會中的農民大都是聚族而居，曾任江西巡撫的陳宏謀說：「直省中惟閩中、江西、湖南皆聚族而居，族皆有祠。」[44] 宗族組織是鄉村社會群體中的重要部分，它所擁有的強固的內部凝聚力，是其他社會群體所無法比擬的，而且宗族組織的民眾化在清代是較為普遍的。中國農村社會中隨處可見的單姓或主姓村落，就極為典型地展露了「聚族而居」的社會文化特徵。然而，控制宗族成員的卻是族長或族正而不是保甲長。族長擁有的權力遠比保甲長的權力要寬泛得多，他不僅主持宗族祭祀和掌管族眾的日常生活，而且還是族眾的法律仲裁者。「民有爭執之事，先經本系族正、房長暨村正與村之賢德者平之」。[45] 宗族群體有著屬於自身特徵的社會控制系統，對此，保甲控制力量的滲透是極為困難的。清政府也只能借助於宗族本身的力量而不是保甲制度，來實現社會控制。道咸之際，朝廷也明確規定：「凡聚族而居，丁口眾多者，准擇族中有品望者一人立為族正，該族良莠，責令察舉。」[46] 賦予族權以一定的政權性質。

「鄉約」也是鄉村社會控制的一種形式。由鄉約法所聚合起來的社會群體，是一種強調傳統倫理的地緣性互助組織，以「原始民主」形式來規範、約束社會成員的行為。鄉約這種民間控制組織，起源於宋代，其主旨是：「凡同約者，德業相勸，過失相規，禮俗相交，患難相恤，有善則書於籍，有過若違約者亦書之，三犯而行罰，不悛者絕之。」[47] 清朝統治者也很注重「鄉約」的控制作用，屢頒「聖諭」推廣於鄉村社會。1679 年官方正式刊發《鄉約全書》後，鄉約組織便具有了官方教化訓俗的職能。直至民國初年，在鄉村社會中仍存留著鄉約制度的社會控制形式，如山西鄉村的〈公議禁約〉、〈息訟會條文〉、〈村話〉等，均是鄉約形式的社會控制。

社，或曰鄉社，也是一種社會控制組織。追溯社的歷史淵源，至少在隋唐之際已經形成了二十五家一社的定制。實際上，社是原始的以祭祀社稷神

44　《皇朝經世文編》卷 58〈禮政〉。
45　胡樸安等編《中華全國風俗志》下篇，廣益書局，1923，第 31 頁。
46　《咸豐戶部則例》卷 3〈保甲〉。
47　《宋史》卷 340〈呂大防傳〉。

為儀式的社群單位的不斷發展。此後，社在穩定的祭祀職能中又融入了更多的社會職能，成為農業事務的準官方機構，至少在元代已是如此。清代的社，在鄉村中是另一種社會組織的劃分單位，如「一社分為十甲」。[48] 有些地區的社事實上成為鄉村社會綜合性控制組織，如山西：「晉俗每一村為一社，若一村有二三公廟，則一村有二三社（表明其以祭祀社稷神為中心而形成的社群的特徵）。社各有長，村民悉聽指揮，因令即以社長為約長，仿古人連村置鼓之法，令其鳴鑼相聞，平日則自我清匪，聞警則互相救援……詳定條規，不令造冊點名，以免吏胥滋擾。」[49] 清末，隨著保甲制度的廢棄，社的作用日見重要：「自咸豐、同治以來，地方多事，舉凡辦防集捐，供支兵差，清理奸宄諸事，各牧令又無不借鄉社之力。」[50]

然而，與保甲系統相反，在宗族、鄉約、鄉社系統中，士紳階層處於絕對控制主體的地位。儘管鄉社首領的產生途徑不一，「有一年一易者，有數年一易者，有輪流充當者，有由地方官箚諭派委者，而以公眾推舉者為多。」但居於其社首者的身分卻集中於紳士階層：「所遴用者，或為生員，或為職銜軍功人員，或為平民」，[51] 並且以有功名身分者為先。至於宗族系統的族長地位，更是突出了紳士階層的地位。「族長以貴貴為主，先進士，次舉貢生監，貴同則長長，長同則序齒。無貴者或長長，或賢賢。族約以賢賢為主，皆由合族公舉。」[52] 在宗族系統中，凡有進士、舉人和品官身分的族人，分到的胙肉比祠堂主事人員還要多，他們在族內享有崇高的地位，甚至族田、宗祠也大都由有功名的紳士掌管著。依存於官方政權的保甲制度，事實上根本達不到控制地方紳士的目的，而紳士階層卻在對地方社會的控制中，既確保了自身的主體地位，又削弱了保甲制的實際作用。

團練與士紳

咸豐三年（1853），在社會秩序空前失控的嚴峻形勢下，面對社會控制系統的衰敗現實，清王朝不得不採取社會動員的手段，借助於團練民眾的方

---

48 見柳詒徵編著《中國文化史》下冊，第 843、841 頁。
49 Kung-chuan Hsiao. *Imperial Control in the Nineteenth Century*, p.36.
50 〈晉撫張之洞疏陳晉省通行保甲並請飭部定就地正法章程〉，張壽鏞等輯《皇朝掌故彙編》卷 53〈保甲〉。
51 〈民政部奏飭各省查報鄉社情形以重治本疏〉，柳詒徵編著《中國文化史》下冊，第 841 頁。
52 馮桂芬：〈復宗法議〉，《顯志堂稿》卷 10。

式，達到社會秩序再「整合」的目的。太平天國戰爭對社會秩序和清王朝的有力衝擊，成為團練普遍興起的歷史契機。面對狂飆突起的農民起義軍，清王朝早已潰爛的政治機制，已難以提供軍事供給方面的保障。「興師十萬，日費萬金，軍興四年，所用不下二千萬……夫以西北之兵而救東南，遠者數千里，動經數旬月，兵未至而賊先去，賊未見而幣已竭矣。」[53] 單憑正式的國家機器來摧挫太平軍咄咄逼人的鋒芒，並從根本上歸復社會秩序的穩定，無疑是朽木待春的奢望。

清王朝所面臨的危機是深刻的，也是全面的：「若河南、江西、安徽等省，門戶尤多。地廣而防不足，防多而兵不足，兵增而餉不足，此三者今之大患也。」[54] 正是在「防不足」、「兵不足」、「餉不足」的百般無奈中，清王朝才「詔令各省興辦團練，以縉紳主之」。[55] 由此，團練才作為一種特殊的社會控制組織遍及全國基層社會之中。不過，單從組織形式及其地域性特徵來看，團練的「組織規模與官僚政治的區劃如保甲、里甲的組織規模相對應，在某些情況下導致行政的和自然的協助單位的混淆和逐漸融合」。[56] 但是，其差異和特徵卻顯然不同：（1）保甲重在清理戶口，防範盜、奸；團練重在防禦、抵制暴力侵襲。（2）保甲具法律性，行於全國，屬於官僚政治的行政體系；團練具自發性，多由地方紳士主持，並未在全國強制推行，屬於社會自助。（3）保甲之法「貴分」，通過分而形成連坐的「互保」；團練「貴合」，通過「合團」而動員村社形成抵禦外敵的「合力」。（4）保甲控制權操諸中央，以牽制紳權；團練之權則操諸紳士，以制衡保甲。

從保甲到團練的根本性變化，實質上表現為紳士階層在控制體系中的地位的變化。在保甲組織中，「保甲長多非紳士，此乃清廷政策，欲藉保甲長之權力以壓制紳權，免得士紳在地方上權勢過大」。[57] 但團練卻完全是紳士所控制的組織，「與保甲形成對照，團練承認並且依賴紳士領導，這一事實表明了中國農村中官僚政治潛在的虛弱以及其它社會組織形式相對的強大」。[58]

53　魯一同：〈與吳中翰論時勢書〉，《皇朝經世文續編》卷 82《兵政・團練下》。
54　孫鼎臣：〈請責成本籍人員辦理團練疏〉，《皇朝道咸同光奏議》卷 55〈兵政類〉。
55　凌惕安：《咸同貴州軍事史》，貴州慈惠圖書館，1932，第 3 章。
56　〔美〕孔飛力：《中華帝國晚期的叛亂及其敵人》，第 107 頁。
57　Kung-chuan Hsiao, *Imperial Control in the Nineteenth Century*, pp.68-69.
58　〔美〕孔飛力：《中華帝國晚期的叛亂及其敵人》，第 64 頁。

　　團練作為地方性區域社會組織，始終是地方名流—紳士—展權威的中心所在。首先，紳士居於團練組織的實際領導地位。儘管清王朝試圖由官府總攬團練大權，但在實際操作過程中，仍然確認紳士擔任團練領袖的必要性。「辦理團練在乎地方官實力奉行，尤在乎公正紳士認真辦理。蓋官有更替，不如紳之居處常親，官有隔閡，不如紳之見聞切近，故紳士之賢否關乎團練之得失甚鉅……」[59] 因此，具有一定的功名身分也因而具有社會權威力量的紳士，最終成為團練組織中不容置換的領袖力量。

　　其次，紳士也是團練經濟力量的支撐者和組織者。團練不像保甲那樣，「可以最小的花費辦理」。它所擁有的地方武裝性質，既需要武器裝備和防衛設施，又需要團勇訓練的供養，因而，經濟來源對於團練組織是至關重要的。在鄉土社會中，「富者出錢，貧者出力」的社會動員原則，既決定了紳士在籌集資金中的號召力，又決定了紳士在捐資中的職責。「由於個人財富和傳統的氏族財源相對來說不易擴充，地方防禦組織的領導轉向更豐足和更深層的供養血脈：幾乎是村社的全部農業和商業財富。」這促使由紳士控制的團練向地方捐稅中滲透。因而，各地普遍實行按土地面積估算也按收成估算的特種稅，來供給團練的必要支出。當然，與政府所掌管的財政系統不同，這種捐稅由團練自己控制，「由紳士而不是由衙門胥吏或衙役管理。」[60] 這種獨立的財政由紳士控制，知縣幾乎不能檢查有影響的紳士通過團練局所操縱的收入和開銷。

　　團練的崛起不僅意味著清王朝基層控制機制的轉變，而且是以紳士階層為代表的地方社會力量的增長及其對團練組織的根本控制，宣告了王朝以保甲扼控紳士企圖的破滅。

士紳：控制主體地位的變動

　　「迨大難既作，各地方人士知官兵之不足恃，起而聯團，捍禦保衛桑梓者極眾。」[61] 社會需求本身推動著士紳階層走上基層社會控制主體地位，成為駕馭地方武裝—團練，從而也成為控制整個地方社會的中堅，儘管這一事實與清廷牽制地方士紳勢力的一貫政策相抵牾。

59　惠慶：〈奏陳粵西團練日壞亟宜挽救疏〉，《皇朝道咸同光奏議》卷55《兵政類・團練》。
60　〔美〕孔飛力：《中華帝國晚期的叛亂及其敵人》，第90、92頁。
61　凌惕安：《咸同貴州軍事史》，第9章。

團練只是一個歷史的起點。它不僅確立了紳士在團練這一特定社會控制組織中的突出地位，而且也使紳士階層擺脫了在保甲系統中的社會尷尬，從而成為近代時期基層社會控制的主體。團練崛起的深刻的歷史影響並不局限於紳士在團練中的領導地位，而是引發了「保甲權力向名流的轉移，以及隨之而來的名流控制地方權力的增強」[62]的確切無疑的發展趨向。無論保甲的組織及其規制如何變遷，近代紳士已儼然成為凌駕於保甲之上的主體力量。「就保甲之法變通，設立守望卡房……其設卡事件不假書役，不由現充之保甲人等，專俾紳士富戶經理，盡絕派累滋擾之弊。」[63]在19世紀末的陝西靖邊縣保甲組織中，士紳已納入其領導主體之內，如表19-2。

表 19-2　1899 年靖邊縣保甲系統表

地區	總紳	散紳	幫查	牌頭	鄉村	戶數
城鎮	1	5	10	76	121	776
東鄉	0	5	5	34	65	352
南鄉	0	4	5	50	153	561
西南鄉	0	5	5	30	110	397
西鄉	0	4	4	40	140	406
西北鄉	0	4	6	60	70	818

資料來源：Kung-chuan Hsiao, *Imperial Control in the Nineteenth Century*, p.71.

在清代保甲—團練—保甲的交錯糾葛的社會易變中，歷史以極其平靜的方式述說著士紳階層社會控制地位的驚人的變故。清王朝精心推行的保甲制度在近代已淪為士紳們的工具。1880 年代武昌知府李有芬推行的保甲制度，同上述靖邊縣的情況相似，把保甲的一切權力明確地交付紳士掌握，只是在保甲的最低兩級（牌和甲）保留了平民的地位，而在此之上（保）則由士紳領導，並設立了總攬全鄉保甲系統的監管總紳。[64]結果，「保甲旁落到地方紳士之手的趨勢，成了咸豐朝及以後農村中國的共同特徵」。[65]

士紳在地方社會中所扮演的多種角色，使團練組織向著多方面綜合職能方向發展，時至清末，團練已成為具有徵稅、地方治安、民兵徵募等職能的行

62　見〔美〕孔飛力《中華帝國晚期的叛亂及其敵人》，第 128 頁。

63　張壽鏞等輯《皇朝掌故彙編》內編卷 53〈保甲〉。

64　李有芬：《武郡保甲事宜摘要》卷 3，第 1—2 頁。

65　〔美〕孔飛力：《中華帝國晚期的叛亂及其敵人》，第 227 頁。

政機構。在廣西，「紳士設（團）局，聲威赫然，生殺之權，操之個人，地方官不敢過問，故人稱團局為『第一重衙門』」。[66] 由團練而引發的近代農村社會組織的一系列變動，不論其變動形式與特徵如何複雜多樣，它的歷史走向及其結局卻是：士紳階層成為基層社會控制的主體。

　　封建功名身分賦予士紳們的特殊社會地位，是封建王朝也是傳統社會秩序的支柱。農耕文明使得紳士的功名與鄉土社會扭結在一起，使士紳成為基層社區的代表。「歷史的、經濟的和血緣的瓜葛在他的自我形象中注進了強烈的地方主義。他故鄉的縣的繁榮和安全，以及比較無形的地方自傲的感情，是他成為地方人士這一角色的動力」。[67]

　　然而，近代士紳權勢的上升是伴隨著清朝中央控制權力的弱化進行的。封建社會秩序的穩定，一定程度上依賴於中央與地方（具體表現為官、紳、民三者關係）的均衡態勢。這種均衡的破壞在中國封建社會歷史上也並不少見，但社會的運行終究會在既有的模式中重新建構起它的均衡態勢。任何社會結構都有它自身發育的再生能力。所以，單純的紳士這一基層社區力量的擴大，對中國社會發展的基本路向不會有根本性作用。問題在於，近代士紳階層潛動中的中國之社會環境，卻處於「千古未有之大變局」。時代的變局最終使這一「失衡」狀態難以在傳統的模式中重構。從而，這一變動本身便擁有了新的意義。

三、流動與分化：士紳與晚清社會結構的變動

　　社會的存續和發展都是一個動態的歷史演變過程。這一歷史過程不僅僅表現為轉折時代社會形態的劇烈更替，而且還表現為更為常見的社會現象—社會流動。社會流動指的是人們在社會結構體系中從一個地位向另一個地位的轉移，它包括了人們的身分、職業、階級、階層關係的變動。社會流動是人類社會發展所生成的一種內在機制，借助於這一機制使得社會階級、階層結構得以不斷平衡和調適，它使社會結構在動態流動中獲得了自我調節的功能。近代以來，士紳階層的社會流動模式也經歷了由傳統向近代的歷史性轉變。這一轉變當然地蘊含著社會結構與制度變遷的歷史內容。

66　〈論粵省經濟界之迫及競爭之必要〉，《粵西雜誌》第 4 號，1908 年。

67　〔美〕孔飛力：《中華帝國晚期的叛亂及其敵人》，第 223 頁。

士紳與傳統社會流動

　　科舉制度作為封建時代社會流動的基本途徑，從表象上看的確是十分公正的，因為它形式上一般是排除貧富、門第、血緣等先賦性因素的。事實上，歷史上也並不乏由貧寒之士榮登榜首而富貴天下的實例。在科舉制度下，「生員由童生考取，讀書子弟除極少數屬於所謂倡、優、隸、卒等戶外，都可應考，因此都有機會登上科舉入仕的榮顯之途。」[68]儒家文化儘管推崇和維繫身分社會，但同時又側重以個人成就因素決定身分。這一似乎矛盾的學說，通過科舉制度得以統一在現實的社會生活中。據何炳棣先生統計，有的州縣在明代約有3/4的生員，清代約有1/2以上的生員出身寒微，祖上乃至未曾有過生員。明清兩代的進士，平均也有40％多出身於從未有過功名的家庭。

　　科舉制度形式上的平等被它所具有的嚴格的淘汰規則和漫長的競爭路途所限制。作為以個人學問成就為取向的科舉制，要求踏入此途的成員必須經年累月地脫離生產和維持生計的活動，而主要地投入於「八股」考試。因而，它最終要求參加科舉的成員必須具備基本的條件：足夠的土地或其他經濟來源；一定的家庭文化教育背景。因此，「在絕大多數情況下，中榜登科的還是士紳階層的子弟」。[69]大多數農民和平民階層事實上很少參與這一縱向流動。通過科舉制進行上升性社會流動的集團力量，主要限於具有功名身分的紳士或紳士家庭。雖然科舉制度具有明確的人才甄拔作用，但同樣以等級累造的科舉功名體系，註定只有極少數紳士可以博取到舉人、進士等中高級功名而躋身於官僚階層。道光甲辰（1844）恩科中舉者為1010人，而其中上升流動為進士者僅有209人，占20.7％。[70]在咸豐元年（1851）的科試中，全國（廣西除外）中舉者1789人，上升流動為進士者249人，占13.9％，後實授官職者317人，占舉人（考取進士者不計）的20.6％，候補者72人，占4.7％，兩者合計共占1/4，尚有3/4仍處於「社會沉澱」狀態。[71]對於大多數紳士而言，他們最終都無法成就「學而優則仕」的社會垂直流動和實現封建社會人生追求的夙願。因此，通過科舉制完成社會垂直流動的紳士僅占3％—4％。當然，這不

68　Ping-ti Ho, *The Ladder of Success in Imperial China: Aspects of Social Mobility, 1368-1911* (New York: Columbia University Press, 1962)，p.40.

69　張德勝：《社會原理》，巨流圖書公司，1998，第282頁。

70　據同治刊本《道光甲辰直省同年錄》統計。

71　據《直省同年全錄咸豐辛亥恩科》統計。

能完全歸咎於科舉制度本身。

　　任何社會都有內在的調節功能，社會流動必然受到封建社會結構的制約。「一個社會中社會流動的程度取決於兩個因素：可以獲得的地位的多少，以及人們從一種地位向另一種地位移動的難易程度。」[72] 因而，在以身分等級為主要結合方式的傳統社會中，較高的身分和等級地位必然受到制度性的嚴格限制。按清朝官制，全國的官僚大約只有 2 萬名文官和 7000 名武官，在職的官吏人數甚少。與此相應的另一情況是，在任何時候都只能有少數合格的功名獲得者：舉人共有 18000 名左右，進士 2500 名左右，翰林 650 人左右。[73] 況且，在 19 世紀中期以後，清王朝出於財政的需要廣泛採用了捐納制度。由此，「官有定價，可以報捐實官與花樣。實官可以捐至府道，而花樣則有所謂捐花翎，捐升銜，捐儘先補用，捐單雙月，捐免驗看，捐封典等等……名器之濫至此而極……是直同貿易矣」。[74] 1860 年以後，通過捐官途徑的四品到七品的地方官竟多於通過科舉的正常途徑得官的人數。[75] 在官吏和有官銜的人當中，捐納的比例高達 66%。[76] 因而，在漫長而在艱難的科舉路途上得以魚躍龍門者，對於每個個體而言偶然因素或許起著重要的作用，但對於士紳階層整體而言，歷史的必然性最終起著決定性的作用。

　　科舉制度或封閉型社會流動，除了其明確的官僚選拔作用外，它的隱形作用就是使 96% 左右的紳士「沉澱」下來，形成封建社會結構中一個相對穩定的社會集團力量。流動中的「社會沉澱」基本以生監為主，他們構成地方紳士的主體，並以高於平民的社會地位，成為基本社區的控制力量。這在動盪時期崛起的地方團練中表現得尤為突出。表 19-3 展現了川楚白蓮教大起義時期各地團練領袖的出身情況。其中平民為團練領袖者 11 人，占 10.7%，紳士 92 人，占 89.3%。

72　〔美〕伊恩‧羅伯遜：《社會學》上冊，黃育馥譯，商務印書館，1990，第 305 頁。
73　費正清、劉廣京編《劍橋中國晚清史》上卷，第 15—16 頁。
74　凌惕安：《咸同貴州軍事史》，第 46—47 頁。
75　Ping-ti Ho, *The Ladder of Success in Imperial China*, pp.47-50.
76　張仲禮：《中國紳士》，第 116—117 頁。

表 19-3　川楚白蓮教大起義時期各地團練領袖的出身情況

出身	進士		舉人		貢生	廩生	監生	生員		捐職	平民	總計
	文	武	文	武				文	武			
人數	0	0	4	9	8	3	32	18	13	5	11	103
占比（％）	0	0	3.9	8.7	7.8	2.9	31.1	17.5	12.6	4.8	10.7	100％

資料來源：趙雲崧《勘靖教匪述編》卷 1─10。

　　社會結構本來就是一個諸因素相關甚密的系統。處於傳統社會結構中心的士紳階層的流動和「沉澱」，對傳統社會結構本身起著重要的穩定和平衡作用。

　　第一，士紳階層的形成和存在，為封建社會的官僚隊伍提供了充足的後備力量。科舉之士一般在 30 多歲步入仕途，60─70 歲告老還鄉，其流動速度和幅度都較大。這既能保證官僚成員每年有一次較大的流動，造成官場中部分新人湧入，又因其補充和流動的新人比例不是很大，而使官員結構保持相對穩定，有利於統治階層的新舊交替，使社會政治處於相對穩定的流動態勢。此外，紳士階層的存在也為退出官場的「富貴者」提供了榮歸的社會場所。「紳出為官，官退為紳」，[77] 官、紳兩個階層之間的流動和不同社會角色的轉換，體現了中國傳統社會政治在適度流動中獲致平衡與穩定的基本特徵。

　　第二，士紳階層的流動與「沉澱」，對於封建社會的基層社會結構的穩定起著重要調節作用。在清代社會組織結構中，士紳是上層社會和基層社會結構的中介。清末基層社會組織，無論是保甲（或里甲），還是團練，抑或是宗族，都兼有政治、經濟、軍事三方面的職能，都是社會的控制系統，其間都離不開士紳階層的參與，因此，整個基層社會控制、社區的穩定，都是借助於士紳的力量來實現的。

　　第三，士紳階層的流動和「沉澱」，成為封建社會權力結構體系正常運轉的基本條件。中國傳統社會是高度集權化的政治體制和高度分散的小農經濟的統一。但封建政權（皇權）事實上不能介入分散的彼此隔絕的小農社會。「在正式的權力機構無法深入社會基層的中國傳統社會中，士紳階層與正式權力機構之間形成了一種相互依存的關係」，[78] 形成了「皇權」與「紳權」對中國傳

77　沈同芳編《江蘇學務總會文牘》初編（下），商務印書館，1906，第 84 頁。
78　吳晗、費孝通等：《皇權與紳權》，第 135 頁。

統社會權力的分割與統一的政治格局。

　　然而，鴉片戰爭後，中國的社會結構畢竟開始發生裂變，穩定的社會分層狀況被打破，社會分工科層化（bureaucratization）。整個社會結構開始由封閉走向開放，因而，它導致了社會流動發生質的變化：由封閉型流動發展為開放型流動；社會流動開始衝破等級身分的阻礙，而在更廣泛的社會階層中發生。

近代社會流動模式的形成

　　近代社會流動伴隨著新的社會職業的出現而發生。可以說最早與商品經濟緊密結合，並與外國資本集團聯結的買辦職業的出現，是近代社會流動的開端。

　　買辦一詞早已有之，但並不具有買辦的近代含義。[79] 在鴉片戰爭前，買辦一般是指管理外國商館內部經濟和事務的人，諸如總管、帳房，銀庫保管以及照管外商貿易、生活等方面事情的辦事人員。早期買辦並不具有階級特徵，而首先表現為一種近代社會的新職業。一種新的職業集團的出現，是社會生活與社會分工發生變化的體現。鴉片戰爭後，在封建社會傳統的「士農工商」結構之外，外商經濟強行打入中國社會市場，適應這種社會生活變動的需要，便產生了買辦這一職業集團。五口通商後，中外貿易活動日趨發展，從事買辦職業的人數也不斷增長，遂於「士農工商之外，別成一業」。[80] 隨著近代買辦職業的興起，導致一部分商販、行商由傳統的「末商」職業向買辦新式職業流動，由此形成了具有近代特徵的社會流動。向買辦職業的流動是近代社會流動的開端。它的時代意義就在於由此衝破了傳統的局限於紳士階層的封閉型社會流動的格局，擴大了社會流動的參與階層。隨著社會結構和社會生活的更深層次的變動，參與流動的人數和社會階層都在迅速地增長和擴大。如此，作為開放性近代社會流動的序幕就正式開啟了。

　　隨著社會生活的進一步變化，隨著近代生產關係、生產技術向中國社會生產領域的引進，社會流動便日益超越傳統的封閉模式而成為最頻繁、最普遍的社會現象。到 1860 年代以後，社會流動的範圍已不局限於「買辦」，其流

79　明朝稱專司宮廷供應的商人為買辦。
80　李鴻章：〈機器局報銷摺〉，《李文忠公全書・奏稿》卷 77，第 56 頁。

向表現為多樣化趨勢。從 1860 年代開始，洋務運動導致了中國社會產業結構的變化，以西方機器生產設備和技術為基礎的近代工業系統的出現，促使傳統的「士農工商」結構發生質的變化。到 1890 年代中期，洋務企業共設立了 40 個，創辦資本約 4500 萬兩，雇傭工人達 13000—20000 人。[81] 1870 年代後，民族資本企業也緩慢生長起來，截至 1894 年，民族資本興辦的近代企業共 136 個，創辦資本約 500 萬兩，雇傭工人約 30000 人。[82] 近代企業及其引發的產業結構變化，導致了社會職業結構和社會分工的細密，並由此推動了兩個方向的社會流動：由官僚、商人、買辦向資本家企業主的轉化；由破產農民、市民、手工業者向近代雇傭工人的轉化。作為同近代中國社會發展起伏緩急密切關聯的社會流動，在它的早期階段呈現出如下幾個特點。

第一，社會流動頻率逐步加快。無疑，從現有史料中科學地、準確地測定社會流動的頻率是很難做到的，但通過新式企業興建的情況也可以理出一個基本的趨向。1860—1890 年代，中國近代企業約有 170 多個，平均每年有 3 個企業出現。在上海，1890 年後的 5 年內，平均每年有近 10 個新企業誕生，再加上外國資本的 100 多個企業，僅由農民、手工業者、市民向雇傭工人的流動人數大約就達到 10 萬人，其中向中國自辦企業工人的流動約有 6 萬人，平均每年約有 2000 人向工人職業方向流動。[83]

第二，社會流動範圍呈現擴大趨勢。最早的社會流動的流向限於買辦，流源限於商人、販夫等，參與社會流動的階層範圍是狹小的。但在近代社會企業推動下的社會流動，其範圍卻日趨擴展，流向不僅由買辦擴展至企業主、資本家、工人，而且流源擴展到官僚、地主、商人、買辦、農民、手工業者、學徒等諸多社會階層。近代開放性社會流動畢竟是中國近代社會生活演進規律的表現，自由流動既已發生，就具有不可遏止的趨勢，它的產生、發展也就為結構性社會流動規劃了基本走向和提供了必要的歷史前提。結構性流動是指由於生產技術或社會方面的變革、革命而引起的大規模的階級、階層或人口地區分布的變化。甲午戰後近代社會流動已從規模和流向上具備了結構流動的特點，從而也導致了中國社會結構的變化。

81　孫毓棠編《中國近代工業史資料》第 1 輯（上），科學出版社，1957，第 565—566 頁。
82　孫毓棠編《中國近代工業史資料》第 1 輯（下），第 1166—1173 頁。
83　《舊中國的資本主義生產關係》編寫組編《舊中國的資本主義生產關係》，人民出版社，1977，第 24 頁。

晚清士紳的多向流動

在近代社會結構的歷史性裂變過程中，「士農工商」的傳統結構發生了根本性錯位，標誌著士紳階層由封閉型社會流動向近代開放型社會流動的過渡。近代商人不甘蟄伏於「四民之末」而努力向紳士階層流動，「惟經營大獲，納資得官，乃得廁身縉紳之列」。[84] 由於對外貿易的興盛，在滬的浙江寧波籍買辦集團自上海開埠後，已逐漸取代了粵籍買辦的地位，如楊坊、陳竹坪、陳裕昌、王槐山、王一亭、虞洽卿、葉澄衷等皆因買辦而致巨富。他們一方面將其資財投向新式企業，一方面以其資財捐納職銜翎頂，向紳士階層流動。浙江南潯是貿易繁盛的絲專業市鎮，因營絲而富的梅鴻吉、蔣堂、劉鏞、周昌熾、龐雲增也都千方百計躋身於紳士階層。近代由商向紳的流動，不僅改變了士紳階層的構成，而且也必然導致傳統身分等級結構的破解。隨著近代中國社會生活的變化和近代新式商業、企業的不斷湧現，由商向紳的逆向滲透很快被「順向滲透」所取代。傳統的功名身分甚至官職爵祿已不再是社會唯一的價值指向，失去了固有的吸引力。「同光以來，人心好利益甚，有在官而兼營商業者，有罷官而改營商業者。」[85] 社會價值指向發生了根本性逆轉。甲午戰爭之前，盛宣懷等一批洋務官紳經營近代企業，是由紳向商流動的開始，而在 1895—1913 年近代民族資本企業創建熱潮中，官、紳向商人（企業主）的流動已是極為普遍的社會現象了。如「湖南諸紳現已設立寶善公司，集有多股，籌議各種機器製造土貨之法，規模頗盛。」[86] 在甲午戰爭後中國民族資本企業大規模發展的過程中，較大型的工廠企業和農牧墾殖公司主要是由紳士們創辦的，比如在新興的近代紗廠企業中，士紳階層的投資者就占有絕對的優勢。歷史表明，「最初一期所謂興辦實業，實在非可憐的小商人階級所能擔任，因此，私人公司也往往先歸處於治者地位的士紳階級」。[87] 擁有百萬元至數百萬元的大資本家企業，一般都屬於那些「通官商之郵」的有封建功名身分的大士紳。披起了青衿紳帶的舉貢生員們，在近代企業發展中尋求著符合時代要求的屬於自己的新的落腳點：江陰有貢生吳聽臚的華澄布廠，長沙有監生禹之謨的織巾

84　〈論整頓茶市〉，《申報》1880 年 5 月 6 日。

85　徐珂：《清稗類鈔》第 4 冊，商務印書館，1917，第 1672 頁。

86　《張文襄公全集》卷 45〈奏議〉，北平文華齋，1928，第 18 頁。

87　瞿秋白：〈中國之資產階級的發展〉，復旦大學歷史系等編《近代中國資產階級研究》，復旦大學出版社，1984，第 4 頁。

廠，巴縣有秀才楊海珊的火柴廠，廈門有生員孫遜的電燈公司，平陸有狄海樓的礦務公司。[88] 由紳向商的社會流動標誌著時代發展的基本趨向，其質的規定性遠遠超越了具體數量統計的意義。

這種自由流動的規模顯然十分有限。但是，正是這種自由流動的逐步發展為紳士階層的結構性流動提供了最基本的社會歷史條件。第一，它突破了封閉性社會結構的模式，促使不容僭越的「士農工商」社會結構發生了互動和互滲。士與商的相互對流和「紳商」階層的出現，標誌著社會由等級身分向平民化方向的發展。由此，近代社會由嚴格的「士農工商」之別向著「士官商民混一無別」的方向發展。[89] 在這一劇烈的社會變動中，紳士所具有的功名身分逐步趨於失落。傳統的以「首」、「末」劃分的「四民」，其等級的鴻溝在階級、階層間的流動中呈現出平均化的趨向，「士農工商，四大營業者，皆平等也，無輕重貴賤之殊」。[90] 第二，它引起了中國社會經濟結構和階級關係的新變化，並有助於傳統社會價值取向的轉移，淡化了士紳階層對功名身分的嚮往。「於是風俗丕變，不重儒，應科試者少，士子多志在通曉英算。」[91] 傳統的「貴義賤利」價值觀念，被「習尚日非」、「嗜利忘義」的風尚所取代。由此，隨著近代社會結構的深層變動，士紳階層便發生了結構性的大規模流動。對於士紳階層而言，20 世紀初年的科舉制度的廢除和新式教育體制勃興的社會變革，必然成為註定其歷史命運的根本性轉折。

士紳的結構性流動：從身分化到職業化

社會流動是一定的社會結構機制的作用。在人們相互作用的社會中，以個人和社會集團的社會地位變動過程為基本內容的社會流動，更為鮮活豐富地揭示出社會結構的基本特徵及其演變趨向。但是，在新舊時代轉換的歷史過程中，士紳階層的社會流動具有怎樣的特徵呢？

第一，傳統功名身分依然是社會流動的起點或基本條件。在傳統社會結構中，士紳階層的社會流動基本依循「由貴而富」（即由社會權力獲取財富）的方向發展。他們通過科舉制度（或其他非制度化途徑）獲取功名、身分，「學

88　參見王先明〈近代中國紳士階層的分化〉，《社會科學戰線》1987 年第 3 期。
89　民國《海寧州志稿》卷四十〈雜誌・風俗〉，第 4329 頁。
90　悲時客稿：〈貴州賤業說〉，《大公報》1902 年 11 月 20 日。
91　民國《定海縣志》第 2 冊，1924 年鉛印本，第 551 頁。

而優則仕」固然可以立於廟堂之上，學而不「優」也可憑藉已有的「功名」身分回到鄉村社會控制基層權力。「二者巧妙的運動使中央和地方都能受到同一階層的支配」。[92] 在近代中國社會的轉型時期，傳統功名身分並未猝然廢棄，它依舊從根本上保障士紳階層社會地位的確立和對社會權力的攫取。不僅流向近代大企業的是那些「通官商之郵」的大紳士，就是商人、買辦也要利用捐納途徑買得翎頂輝煌，躋身於士紳階層。盛宣懷不無感觸地承認：「目前辦理商務，若不願為他人之下，仍可列主事之銜。」[93] 因此，在紳—商之間的互滲互動過程中形成的近代紳商集團，其實就是封建身分與近代資本、傳統士紳與新式商人的膠合。功名身分仍然是個人社會地位變動的基本保障，儘管士紳階層中不乏先覺者率先自願向近代商人流動，形成了跨越階級、階層的社會流動，但對於士紳階層整體而言，仍局限於本等級圈內的流動。

　　20 世紀初年，隨著近代新學堂的興起和科舉制度的衰亡，終於引發了紳士階層整體的結構性社會流動。即使如此，「這個改變並沒有妨害既得階層的優勢。」封建的「功名」身分也並未因此而失去其基本的保障作用。幾乎所有的新式學堂都無例外地把有「功名」的士紳作為最基本的接納對象。

　　第二，社會流動的趨向是職業功能結構取代了身分等級結構。在封建社會結構中「功名」身分既是社會流動的起點和保障，又是社會流動的唯一方向。一般說來，紳士階層傳統的社會流動，只改變個人的社會地位，只改變個人和階級的關係，不能改變社會的階級結構和階級之間的關係。封建社會的價值體系和社會結構的再創造過程，就在社會流動起點和方向的高度一致中獲得均衡發展。但是，近代中國士紳階層的社會流動不是從起點上，而首先是從流動方向上打破了這種均衡態勢，致使傳統的「功名」身分不再是流動的唯一方向。近代社會中新興的「商」、「學」、「法」、「工」乃至各種「自由職業」都成為士紳們選擇的目標。正是在這種具有鮮明時代特徵的社會流動中，傳統的身分等級結構被近代的職業功能結構所取代。地方志中戶口職業專案內容的變化，一定程度上就是這種社會變動的映照。清代地方志中「職業」項目通常分為「官員」、「士紳」、「農業」、「工業」、「商業」、「兵勇」幾項，

或者徑直分為「士農工商」。[94] 在社會流動由傳統的身分等級結構向近代職業功能結構轉向的情況下，士紳階層的社會流動形式自然逐步脫離科舉制度的影響，而主要受到下列因素的制約：（1）以傳授適應某種職業的知識和技能為目的而設置的近代教育體制；（2）制約教育體制的產業組織和社會管理結構及其對勞動力品質的要求等。可以說，這既是清末士紳群趨於學堂的原因，也是近代學堂招收對象又限定於士紳的原因。

社會近代化的一個基本趨向就是由身分等級社會向職業社會的變動，而這種變動本質上也是人的解放過程，是掙脫封建等級束縛，獲取個人自由的歷史過程。無論歷史演變的結果如何，都無法從根本上擺脫它的起點和制約。「人們自己創造自己的歷史，但是他們並不是隨心所欲地創造，並不是在他們自己選定的條件下創造，而是在直接碰到的、既定的、從過去承繼下來的條件下創造。」[95] 在「定貴賤」、「明等威」的封建社會結構裡，「功名」身分必然成為個人或社會集團選擇其未來社會地位的起點。晚清士紳階層就是借助於「功名」身分而走向了「非身分」。「非身分」的社會變動是近代中國社會歷史運行趨向的標幟，卻並不意味著士紳階層社會地位及其作用的減退。對此，我們可以從兩個方面略作分析。

首先，近代士紳階層的社會權力地位得到了明顯強化。在清末士紳階層大規模結構性社會流動中，相當一批士紳得以上升流動進入中央政權機構。[96]清末新式知識分子在權力結構上還未能構成取代士紳階層的基本力量，出身於傳統功名身分的士紳在官員中仍占 88.4％ 的絕對優勢。清末各省的諮議局也幾乎是士紳階層獨占的政治活動天地，士紳議員一般占到議員數的 90.9％ 以上，[97] 各省議長 21 名，紳士竟占了 20 名。[98]

其次，近代士紳階層的社會活動範圍得到了擴展。傳統士紳活動限於地方基層社區，他們依憑士紳身分獨攬地方公務，通過扮演官、民中介的角色，控制基層權力。近代紳士通過多向流動，取得了超越傳統社會角色的資格，致

94　見光緒《束鹿縣志》卷 5〈戶口表〉。

95　馬克思〈《路易・波拿巴的霧月十八日》，《馬克思恩格斯選集》第 1 卷，人民出版社，1972，第 603 頁。

96　內閣編〈宣統三年冬季職官錄〉，見王樹槐《中國現代化的區域研究—江蘇省》，中研院近代史研究所，1984，第 525 頁。

97　〈宣統三年冬季職官錄〉，見王樹槐《中國現代化的區域研究—江蘇省》，第 525 頁。

98　李守禮：〈清末諮議局〉，《中國近代現代史論集》（16），臺灣商務印書館，1986。

使近代社會新興的各項事業如工礦、報刊、社團、學會、學堂、市政皆為士紳階層所把持。「中國文字隱奧，皆民聽命士紳。變法以來，學堂、農礦多屬士紳」。[99] 尤其在展現社會集團力量的近代商會、農會、學會、社團活動中，士紳們自覺的社會活動意識和能力得到了鍛煉，驅動著近代士紳階層從狹隘的社區力量向社團力量發展。因而，在 20 世紀初年的大規模社會政治活動中，如反美愛國運動、收回利權運動、地方自治運動、立憲運動、保路運動乃至辛亥革命都無法排除士紳力量的參與及其影響。

　　無論是對於個人命運，還是對於一個社會階層的歷史歸宿而言，開放型社會流動所帶給他們的只能是超越傳統的社會活力。問題當然不僅如此，在晚清社會結構與制度性變遷進程中，伴隨著士紳階層的流動與分化，還有另一個趨向，即「權紳化」進程。

四、權紳化趨向：士紳與晚清的制度變遷

　　「君權者以一人治萬人也，民權者萬人自治也。」[100] 因而，對「民權」的不懈追求和獲取，不僅體現著近代人主體意識的覺醒，而且也標誌著人類社會一個全新時代的到來。但在近代中國最初的「民權」旗幟上，主要浸染著「紳權」的色彩。

近代「紳權」的發端

　　在強固的皇帝專制制度下，不存在皇權以外的任何權力制衡力量。在傳統社會中，士紳的權勢本質上是對皇權的分割。士紳以身分為紐帶，以功名為憑藉，以特定社區為範圍，以官、民之間的社會空間為運動場所，形成一種具有權勢的地方社會控制力量。雖然皇權必須借助於士紳階層的社會力量才能完成對於基層社會的控制，但以保障「以一人治萬人」的社會制度及其思想文化體系，卻始終高揚著唯一的「皇權」旗幟。但「紳權」的張揚卻是中國社會跨入近代歷史的一個時代內容。

　　「紳權」的正式揭櫫及其較為集中的理論表述，是由維新變法時期的思想家和政治活動家梁啟超來完成的。他說：「欲興民權，宜先興紳權；欲興紳

99　故宮博物院明清檔案部編《清末籌備立憲檔案史料》上冊，中華書局，1979，第 269 頁。
100　孫寶瑄：《忘山廬日記》上冊，上海古籍出版社，1983，第 178 頁。

權，宜以學會為之起點。此誠中國未常有之事，而實千古不可易之理也。夫以數千里外漠不相屬之人，而代人理其飲食、訟獄之事，雖不世出之才，其所能及者幾何矣？故三代以上，悉用鄉官；兩漢郡守，得以本郡人為之，而功曹掾史，皆不得用它郡人，此古法之最善者。」梁啟超把「紳權」的振興看作社會改革和政治近代化的重要一環，並且極為審慎和圓滿地為紳權的提倡尋找著既符合中國文化傳統又迎合世界潮流的客觀依據。他特別強調：「興紳權」不僅是中國「古法之最善者」，而且是「今之西人，莫不如是」的善政良制。[101]梁啟超唯一系統闡述其「紳權」思想的〈論湖南應辦之事〉一文，並不是一篇追求創新的理論論文，而是改革地方政制的具體方略。因此，在梁啟超這篇行動綱領指導下成立的「南學會」及「湖南保衛局」，從實踐意義上說，就是近代「紳權」的真正開端。

南學會是湖南新政的重要成果之一。「如果說時務學堂的目的在於為開民智而育人才；那麼南學會的創立便是為了開紳智和合大群」。[102]這是梁啟超「欲興紳權，宜以學會為起點」主張的具體實踐。南學會是「興紳權」的第一步。興紳權的前提是開紳智；開紳智的具體措施則是組織南學會。只有「紳智」盡開，才能做到集合「鄉紳為議事，則無事不可辦，無款不可籌」，[103]「紳權之興」才有現實意義。因為在當時「紳權被看成逐步達到民眾參政和取得主權的必不可少的踏腳石」，而且「增進紳權也被視為使中國國家強盛的第一步」。[104]南學會是湖南新政的中樞機構，是地方紳士「興紳權」的「智囊團」，它本身還不是權力機構。但是在其稍後成立的湖南保衛局，卻是直接代表「紳權」的一個新興的地方政權機構了。湖南保衛局成立於 1897 年 7 月 27 日。它是湖南紳士仿效西方員警制度而創建的地方政權機構。保衛局設立的宗旨是「參以紳權」，限制官權，打破專制制度下官權獨治的模式，「分官權於民，培養紳民的自治能力」。[105]由黃遵憲手訂的《湖南保衛局章程》，至少明確地從四個方面規定了紳權在「保衛局」中的地位：（1）此局名為保衛局，實為官紳商合辦之局。（2）本局設議事紳商十餘人，一切章程由議員議定，稟請

101　〈論湖南應辦之事〉（1898 年 4 月），李華興、吳嘉勳編《梁啟超選集》，上海人民出版社，1984，第 75 頁。

102　鄭海麟：《黃遵憲與近代中國》，三聯書店，1988，第 400 頁。

103　李華興、吳嘉勳編《梁啟超選集》，第 76 頁。

104　費正清、劉廣京編《劍橋中國晚清史》下卷，第 349 頁。

105　〈臬轅批示〉，《湘報》第 3 號，1898。

撫憲核准，交局中照行。其撫憲批駁不行者，應由議員再議，或撫憲擬辦之事，亦飭交議員議定稟行。（3）本局議事紳士十數人，以本局總辦主席，凡議事均以人數之多寡，定事之從違。議定必須遵行，章程苟有不善，可以隨時商請再議，局中無論何人，苟不遵章，一經議事紳商查明，立即撤換。（4）本局總辦，以司道大員兼充，以二年為期，期滿應由議事紳士公舉，稟請撫憲簡委。議事紳士以二年為其期，期滿再由本城紳戶公舉。[106] 保衛局是近代地方政權在近代化運動中具有示範意義的創造，它的最主要的目的是以「興紳權」的形式來弱化官權，試圖完成向「三權分立」權力制衡的近代政權模式的過渡。譚嗣同認為「紳權」是保衛局的根本特徵：「今之所謂保衛，即昔之所謂保甲，特官權紳權之異焉耳。」[107] 因而，嚴格意義上的「紳權」，只能是中國近代社會發展過程中的產物。

「紳權」的擴展

　　作為政治近代化的社會試驗，也作為康有為、梁啟超發起的戊戌變法內容的一部分，南學會和保衛局的成就很快就在戊戌政變的暗潮衝擊下傾覆了。但作為一種社會思想，尤其是已經被社會所接納的思想的力量，卻不會因政權的人事波動而徹底亡故。戊戌政變後的西太后雖然囚禁了光緒皇帝，屠殺了從事「百日維新」的「戊戌六君子」，但社會變革的浪潮卻難以阻遏，地方紳士要求參政、擴展權力的呼聲在 20 世紀初年後已不再局限於湖南一隅，而是形成了遍及全國城鄉的政治改革的社會運動。1906 年 9 月 1 日，清政府正式頒詔預備立憲，實行政體改革。清末政制改革的側重點是地方政制，而從清末丙午（1906）地方官制組織系統看，地方政制改革的關鍵是引入「紳權」，仿照西方「三權分立」的形式，建立「以行政之事歸官吏，以建言之責歸紳士，庶幾相得益彰，無虞侵越」的政治體制。[108] 其組織系統為：（1）地方行政。基本以傳統的清朝官制為模式，形成以督撫轄制知府（州），知府轄制縣（州）的垂直權力系統，只是在具體職能上略有變動，增加了諸如「勸業」、「警務」等內容。（2）地方立法。以諮議局為最高機構，形成自上而下的各級立法組織。（3）地方司法。建立司法與行政分立的制度，將地方官集審判、司法於

106　〈湖南保衛局章程〉，《湘報》第 7 號，1898。
107　〈記官紳集議保衛局事〉，《湘報》第 25 號，1898，第 97 頁。
108　《清末籌備立憲檔案史料》下冊，第 697 頁。

一身的職能獨立出來，自成系統。具有地方立法形式的「諮議局」，是清末政制改革中的關鍵，清政府對此極為重視。清廷從一開始，就把創建諮議局的責任交付給具有封建功名身分的地方士紳階層，「著各省督撫均在省會速設諮議局，慎選公正達明官紳創辦其事，即由各屬合格紳民公舉賢能作為諮議局議員，斷不可使品行悖謬營私武斷之人濫側其間」。[109] 所以，各處諮議局籌辦處的基本格局不外是官吏任總辦，士紳任會辦。儘管清廷把諮議局限定為似乎是士紳表達意見的機構，但它的成立，畢竟開通了地方士紳正式步入權力系統的合法管道。1909 年，各省進行了第一屆諮議局議員的正式選舉。選舉結果表明，「很多當選者年紀在 40—45 歲間，而紳士占大多數」。[110] 各省士紳在諮議局中所占席位，以最保守的估計，也達到 90％以上。[111]

諮議局只是「紳權」擴展的起點。伴隨著清末地方自治的推行和資政院的設立，紳權已一變昔日「社區」代表的面目，形成了自中央到鄉鎮的系統運營體系。1908 年清政府頒布了統一的《城鎮鄉地方自治章程》，1910 年頒行《府廳州縣地方自治章程》。不管章程所規定的資格的代表性如何，都無法改變「各地的這一選舉活動，實際上均由地方紳士所操縱」的事實。可以說，當時的社會文化背景，決定了任何社會政治活動只能獨屬於士紳階層，尤其在民族工商業尚不發展的基層社會。在清末自治運動中，「大部分被選為自治會會長和鎮鄉董事的人是紳士。的確，清末的地方自治實際是紳士之治」。[112]

沒有理由否認，在近代社會的轉型過程中，士紳階層本身也發生著具有時代意義的變動。但從整體而言，士紳階層畢竟屬於傳統而不屬於未來。「紳權」作為「民權」的代表或具體化，是近代中國社會過渡時期的社會階級結構現狀的表現，它並不具有代表社會發展方向的最終目標的價值。梁啟超「欲興民權，宜先興紳權」的主張，就預言了「紳權」在過渡時代的「暫存」的歷史命運。

紳權擴張與晚清民變

從 1901 年始，湧動於社會底層的「民變」連綿不絕，「幾乎無地無之，

---

109 《清末籌備立憲檔案史料》下冊，第 667 頁。
110 費正清、劉廣京編《劍橋中國晚清史》下卷，第 448 頁。
111 張朋園：〈立憲派與辛亥革命〉，《近代史研究》1990 年第 5 期。
112 費正清、劉廣京編《劍橋中國晚清史》下卷，第 449 頁。

無時無之」，它與王朝的所謂「新政」一起，構成晚清上層力量與下層民眾作用於社會的互動態勢。值得特別關注的一個趨向是，民變風潮中的「紳民衝突」呈現出日趨頻繁和激烈的走向。[113]

晚清以來，地方社會秩序頻繁動盪與失控，尤其「民變風潮」多以紳民衝突的形式展開，作為地方權力主體的士紳階層誠然難辭其咎。此後，「劣紳」之謂流布一時，並在相當程度上成為詮釋鄉村社會變亂的重要因由。然則，紳之所以為「劣」並從普遍意義上與鄉民利益形成日趨嚴重的對立，實與鄉村社會公共利益和權力的制度性變遷密切相關。正是在這種制度性變遷過程中，不僅傳統社會中相對穩定的官、紳、民利益—權力制衡關係猝然破解，而且將士紳階層直接推向權力重構中心，在「新政」的體制更易中，形成了占據地方各項權力資源的士紳—權紳。在傳統社會官、紳、民基本利益 - 權力結構中，無論對於鄉民還是對於官府而言，地方秩序的穩定和利益調節，通常都倚重於士紳階層。「有清一代鄉制未改⋯⋯保正復名鄉保⋯⋯乃傳達州署功令於各村之外，並不知鄉政為何事⋯⋯謂之無鄉政時期可也。」[114]鄉村社會秩序的維繫和生活功能的運轉以及鄉村社會的公共組織，如水會、老人會、堤工局等，也多基於士紳私人威望的構建。享有文化權威和社會權威的士紳階層是這個控制系統的社會基礎。不過，士紳對於地方事務的權力影響或支配作用，儘管不容小覷，卻並未獲得制度化的支持；同時「憑藉私人威望和能力辦理公共事務」，也「不能做到現代行政所要求的常設化、制度化」。[115]

戊戌以後尤其是「新政」以來，紳權獲得空前擴張。相比較而言，傳統時代的士紳 「只是在各種臨時性地方公共事務中起主導作用」，卻「不主持和參與州縣的稅收、訴訟、治安、農工商、教育等經常性、主體性政治、經濟、文化活動」。「也沒有經常性組織，或者說沒有通過某種常設性的機構來實現自己的組織化。」 、「19 世紀中葉以後，清代傳統鄉里組織的性質正在發生

---

113 詳見王先明《士紳階層與晚清「民變」—紳民衝突的歷史趨向與時代成因》，《近代史研究》2008 年第 1 期。

114 仇遠廷等纂《薊縣志》卷 3〈鄉鎮志〉，1944，第 1 頁。相關研究可參見魏光奇《官治與自治——0 世紀上半期的中國縣制》，商務印書館，2004，第 50—53 頁；吳趼人《二十年目睹之怪現狀》，人民文學出版社，1959，第 439 頁；邱捷〈清末民初地方政府與社會控制—以廣州地區為例的個案研究〉，《中山大學學報（社會科學版）》2001 年第 6 期，第 46—58 頁。

115 魏光奇：《官治與自治—20 世紀上半期的中國縣制》，第 53、72 頁。

變化。」這一變化趨向不僅體現為士紳開始成為里社、鄉地組織的首領，也不僅僅體現為鄉里組織職能由應付官差向廣泛介入民事糾紛調解、徵收賦稅、辦理地方武裝的擴展，還突出表現為「不同於傳統鄉里組織、具有近代地方自治性質的各種會所」的興起。有些鄉地組織自身雖然沒有出現明顯變化，但「被置於士紳的領導之下，並開始承擔地方公共職能。」[116] 這一歷史進程延續在「新政」或「地方自治」的制度更易中，並由此獲得了更大的權力空間和合法性基礎，誠如周錫瑞所論：「地方自治會和較早的地方紳權設置之間，存在著意味深長的延續。」尤其是清政府決定推行地方自治後，「這使得士紳不僅可以涉足於地方社會的經濟和文化領域，而且可以進一步涉足其政治領域，公然在『官治』之旁形成另一種公共權力。」地方士紳「以組織化、制度化的形式參與地方政治，主導地方教育、實業、財務和其他公共事務」。[117] 正是在此制度變遷進程中，形成了「今之稱地方自治者，不曰自治，而曰官治；吾則曰非惟官治，亦紳治也」的社會現狀。[118] 而在民眾的「集體記憶」中則呈現另一種走向，即士紳階層「藉機謀利，把持一切，安置僚屬，局所林立」。[119] 借助於體制化的局、所，「土豪劣紳，平日或假借功名，或恃其財勢，勾結官府，包庇盜匪，盤踞團局，把持鄉政，侵吞公款，魚肉良民。凡諸所為，儼同封殖」。[120] 從而，以「興紳權」而「興民權」的歷史進程，推演為愈演愈烈的「紳民衝突」。

與「舊政」相比所不同的是，「新政」以及由此推進的地方自治制度，為日趨擴展的士紳權力提供了合法性和制度性基礎，[121] 並將傳統時代基於習慣

116　魏光奇：《官治與自治——20 世紀上半期的中國縣制》，第 356、79—80 頁。

117　〔美〕周錫瑞：《改良與革命——辛亥革命在兩湖》，楊慎之譯，中華書局，1982，第 111、357 頁。

118　茗蓀：〈地方自治博議〉，張枬、王忍之編《辛亥革命前十年間時論選集》第 3 卷，三聯書店，1960，第 413 頁。

119　〈毀學果竟成為風氣耶〉（時評），《東方雜誌》第 1 卷第 11 號，1904 年，第 78 頁。

120　〈廣東省農民協會重要宣言〉，中國第二歷史檔案館編《中華民國史檔案資料彙編》第 4 輯（1），江蘇古籍出版社，1991，第 578 頁。

121　《城鎮鄉地方自治章程繕具清單》將地方自治範圍規定為：「一、本城鎮鄉之學務：中小學堂、蒙養院、教育會、勸學所、宣講所、圖書館、閱報社，其他關於本城鎮鄉學務之事；二、本城鎮鄉之衛生：清潔道路、蠲除汙穢、施醫藥局、醫院醫學堂、公園、戒菸會、其他關於本城鎮鄉衛生之事；三、本城鎮鄉之道路工程：改正道路、修繕道路、建築橋梁、疏通溝渠、建築公用房屋、路燈，其他關於本城鎮鄉道路工程之事；四、本城鎮鄉之農工商務：改良種植牧畜及漁業、工藝廠、工業學堂、勸工廠、改良工藝、整理商業、開設市場、防護青苗、籌辦水利、整理田地，其他關於本城鎮鄉農工商務之事；五、本城鎮鄉之善舉：救貧事業、恤嫠、保節、育嬰、施衣、放粥、義倉積穀、貧民工藝、救生會、救火會、救荒、義棺義塚、保存古蹟，其他關於本城鎮鄉善舉之事；六、本城

或地方情境的非制度性紳權也合法化和制度化。更多的新興領域及其社會組織也為士紳的權益獲取提供了歷史機遇，「即如近數年間，教育會、商會等，其辦有秩序者，固日進於文明，其貌是神非者，或益叢為詬病，此其所以為難」。從而「賢者有塗炭衣冠之懼，而自好不為，不肖者煽狐鼠城社之風，而路人以目」。[122] 袁樹勛此論雖多非議，卻足證傳統士紳對於新權力領域的掌控情況。從傳統體制走向近代體制，不啻為制度架構（組織層面上即形式）的轉變，更具實質性內容的是權力主體的轉變—「前清變法以前，即流外微秩，亦同屬朝廷命官……」，「乃自光緒之季，舊吏多裁，今之教育、員警等機關……多本縣之士紳」。[123] 即清末一些州縣之財務、實業、警務、教育局所（魏光奇所指「四局」）等權力機構「均以士紳主持辦理」。由此，地方公共事務（即公共權力）的主持不再仰仗於傳統威望型人士（士紳），而更多地依賴於占有公共組織和權力機關的人士—權紳。所以，「新政」啟動的制度嬗變「實際上是將由士紳而不是由官員辦理地方公共事務的傳統做法制度化、機構化」。與傳統時代不同，士紳在主持鄉里公共事務時，「大多已經具有成文的法律法令依據」。[124] 20 世紀前期活躍於鄉村社會權力中心的士紳們，「大多具有城鎮團練局等準權力機構的局紳局董身分，或是議員校董，或是縣政府機關的科長局長，或是區長區董……同時又是民間社會掌握族權的族長，他們掌握了城鄉社會的政治權與經濟權，在他們身上體現了地權、政權、紳權、族權的高度結合，他們是農村社會中的特殊階級」。[125] 因此表面上基於「新政」的「紳民衝突」，實質上是權紳利益的過度擴張影響到鄉民最基本的生存條件所致。由此，傳統時代基於文化、社會身分之等差而形成的鄉民對於士紳階層的社群敬畏，蛻演為基於權力壓榨而形成的對「劣紳」集團的社會性憤恨，基層社會矛盾的激化遂相當普遍地以「紳民衝突」的內容展開。[126] 1909 年 6 月 18 日的《民呼報》報導：「自舉新政以來，捐款加繁，其重複者，因勸學所或警費不足，

　　　鎮鄉之公共營業：電車、電燈、自來水，其他關於本城鎮鄉公共營業之事；七、因辦理本條各款籌集款項等事；八、其他因本地方習慣，向歸紳董辦理，素無弊端之各事。」見《清末籌備立憲檔案史料》下冊，第 728—729 頁。

122　〈山東巡撫臣袁樹勛跪奏，為遵章籌辦地方自治，設立自治研究所開辦情形，恭摺仰祈聖鑒事〉，《清末籌備立憲檔案史料》下冊，第 741—742 頁。

123　任傳藻：《東明縣新志》卷 9「佐治表」，1933。

124　魏光奇：《官治與自治—20 世紀上半期的中國縣制》，第 118、136 頁。

125　朱英主編《辛亥革命與近代中國社會變遷》，華中師範大學出版社，2001，第 686 頁。

126　〈毀學果竟成為風氣耶〉，《東方雜誌》第 1 卷第 11 號，1904 年，第 78 頁。

如豬肉雞鴨鋪捐、磚瓦捐、菸酒捐、鋪房最小之應免者，復令起捐。」[127] 漢口的《公論新報》甚至發表評論直接攻擊新政，指責它「僅僅是一個蒙蔽我們的彌天大謊，以此作為由頭來經常榨取我們的財富而已」。[128]

基於上述，我們可以大致描繪出清末「紳權」演變的基本態勢，即地方權力結構發生了由士紳（scholar-gentry）向「權紳」（power-gentry）的歷史性轉變。新政及其此後一系列制度性變革為紳權的擴張帶來更多的合法性依據，使相對隱蔽操持地方公權的傳統士紳變為了公然的「權紳」。

「新政」給予了傳統士紳權力擴張的制度性、合法性基礎。而權紳在資源的束聚過程中與民眾利益形成直接的衝突；再加之新的權力制衡關係的缺位，[129] 使紳民矛盾和利益衝突缺乏及時和適度的調整而頻繁地走向激化，不斷以「民變」的方式爆發。晚清「新政」構成紳權「體制化」擴展的制度性基礎，而權紳的「體制化」也就構成了「民變」或「紳民衝突」的制度性根源。

晚清以來，無論是士紳階層內在構成的漸次演變還是整體社會結構的劇烈變動，都開始超越了傳統時代的內容而擁有更多的新時代特徵。當然，本質上屬於傳統時代的士紳階層的命運—無論個人如何選擇、如何在時局的應對中有所取捨—作為一個階層整體而言，只能由時代所決定。

127　馬鴻謨編《民呼、民籲、民立報選輯》（1），河南人民出版社，1982，第 188 頁。
128　〔美〕周錫瑞：《改良與革命—辛亥革命在兩湖》，第 138、139—141 頁。
129　已有的研究認為，士紳管理的地方性活動的範圍，從未很清楚地與官方統治範圍劃分開來。所以官方的軟弱必然導致名流的越權，反之則處於無休止的爭議之中。明確劃分「地方人士管理地方事務」的範圍，有可能使地方名流的積極參與和官方的壓制都不至過分。參見 R.Keith Schoppa, *Chinese Elites And Political Change: Zhejiang Province in the Early Twenth Contury* (Cambrige, Mass.: Harvard University Press, 1982) , pp.31—33. 關於山東和江蘇自治機構的詳細情況，見張玉法和王樹槐的論文，《中央研究院近代史研究所集刊》第 6 輯，1977 年 6 月，第 159—184、313—328 頁。

第二十章　中西學之爭：從科舉、學校到學堂

晚清歷時半個世紀的所謂教育轉型，在近代中國的社會變動中起到重要作用。一方面，造就培養新式人才的機制，推動社會各領域的全面更新，使得中國人的知識系統和思維方式根本改變，促進了新文化的產生和發展，中國社會的存在狀態和發展趨向由此截然不同，中國得以進入由歐洲中心所籠罩的世界；另一方面，這一進程所形成的新學，實際上是西學（尤其是以西學為外在形式的東學）戰勝中學並進而整合中學，自古以來一脈相承的中國文化發生形似而實不同的斷裂，被分科所肢解的中學失去了維繫道德倫理的作用，追趕先進開始扮演終極關懷的信仰角色，歐化西化成為時尚。用分科的眼光看待中國的社會歷史文化，難免誤讀錯解，覺得一無是處，從而埋下趕上甚至超越他者之後自我迷失的隱憂，難以發揮中國文化之於人類前途重要選項的潛在價值。超越以變化為進化、以現在為現代的觀念，重新檢討清季教育改革的淵源流變和利弊得失，認識歷史，瞭解現狀，把握未來，已經成為連接歷史與現實的必由之路。

一、教育與「教」、「育」

中國現行的教育體制、學制系統和教育理念開始於晚清，使用與之相應的一整套教育觀念來考察評判中國歷代的相關文本、觀念和行事，也始於晚清。對此，今日通行的教育史和一般通史，大都用之不疑，就連社會大眾也常常將古今教育加以比附，而不能察覺二者形同實異。「教育」一詞，據說出自《孟子‧盡心上》「得天下英才而教育之」。其實這並不是專有名詞，

---

* 本章由桑兵撰寫。

甚至根本不是名詞。古代漢語以字為單位，所以《說文解字》分別解釋「教」與「育」的不同意涵：「教，上所施，下所效也」；「育，養子使所善也」。清末以前，偶然有來華西人以「教育」為對應西文的翻譯名詞。今日通行的含義及用法，為明治維新後日本新漢語所固定，於清季輸入中國，開始專指西式教育，繼而概稱歷代所有教與育的有關行事。

集合概念往往後出，作為方便名詞，尚無大礙。可是如果因此而求定義，好比附，就難免犧牲事實將就概念，造成對於文獻和史事的種種誤讀錯解。有鑑於此，不應以後設的教育觀念涵蓋裁剪形似而實不同的前後史事，削足適履地強古人以就我，而要探求中外本來的理念系統及其相互傳播融會、沿革衍化的歷程，以至於貫通。

清代教育，前期集唐宋以來學校體制之大成，後期開現代教育體制的先河。前期學校，育才教化，貴通不貴專，所重在於養成做人之道和御人之人。後期學堂，分科教學，雖有普通學和國民教育取向，總體上貴專不貴通，所重在於培育治事之人和辦事之才，使人人各得其所。偏於人可以因人而異，偏於才則勢必一視同仁。此一分界，對中國社會歷史文化轉折的影響至深且遠。

中國歷來重視人文教化，上古即有學、序、庠、塾的理想。漢代獨尊儒術，在京師設立太學，在郡國設立學官，後漸立學校。隋唐時期，科舉制形成，逐漸取代與門閥等級制相適應的選舉制，並與學校相連接。唐代在京城設國子監，統轄各學，在各地設郡縣學校。宋代書院勃興，元代廣建社學。至於明代，學校體制大體已備。

清代學校體制遠襲《禮記》遺意，近承明代成法，京師設國子監（亦稱國學），各省設府、州、縣學。又以旗人入主，設宗學、覺羅學，置於國學之上，在京師及各地八旗駐防為滿洲、旗人子弟設立各種官學，實行專門教育，並專闢仕進的特殊途徑，以保障其族性和特權地位。

清因明制，以科舉取士為正途，而科舉必由學校。其規制懸學校之名而導以仕進之路。學校乃教化所從出，以納民於軌物，在王朝統治中地位極崇，作用至大。一方面，學校為天下士子的進身之階，承擔王朝儲才養士的職責，關係人才盛衰；另一方面，學校又是典禮教化的重要場所以及學政、學官整飭士習士風的機構，引導士林風習，端正世道人心，至關重要。

學校有限，學額不廣，遂開設書院，以導進人才，補學校所不及。就實際而言，書院其實是混合當今學校、基金會、紀念館、圖書館、博物館、出版社、實驗室乃至會議廳、賓館及同鄉會等各種功能為一體的基本組織。書院按照功能不同，可分為兼顧授徒與講學；考課；授徒與祭祀、紀念並重；從事特殊教學；不授生徒，以祭祀、紀念為主等類型。書院的地理位置日益近於城市，與行政、經濟中心構成對應關係，逐漸呈現省會書院（或稱省城書院、會城書院）、府郡書院、州縣書院、民間書院的層級。較有影響力的書院往往位於大城鎮，其生源可突破地域局限。偏僻州縣和鄉鎮的書院通常規模、影響較小，生源受到限制。書院與行政系統對應而形成的等級區分，使得低一級書院生童向高一級書院流動。當然，這樣的層級區分只有相對性。書院掌教水準的高下及其依託地域的經濟、文化發達程度，對於書院的學術地位與社會聲譽影響更大。

書院以外，復推廣社學、義學，作為府州縣學的延伸。社學、義學通常較書院層級低，被視為書院之小者，分工、定位也有所不同。社學、義學以端蒙養，重在推廣教化，化民成俗；書院則以育成才，對有一定教養者進行高深教育，積蓄資治人才。社學、義學乃至書院的名實，本來分界不嚴，在不同時期、不同區域往往混用。各州縣及以下地方，社學、義學常有易名為書院者。清中期以後，界限益趨混淆。

學塾（有書房、書塾、書屋、書館、閭學、學館、館學等多種稱謂，各地特有的名稱更是不勝枚舉）的情況最為複雜，涵蓋各種層次、類型，不可一概而論。書院、社學、義學的設立和運轉，每每與朝廷及直省官府發生種種聯繫，故常有政治影響力施加於此。而為數眾多的各種學塾則相對所受干預較少，運作程序依照民間約定俗成者為多。由於學塾名目繁多，星羅棋布，時人難以記之於典簿，或根本不屑於付諸筆墨，故留存後世的系統資料反而稀少，向來少人注意研究，而研究者大都以改良私塾的眼光審視。故而關於學塾的實情，只能概括言之。往往是有如此事，而非皆如此事。

學塾淵源甚早，其設置數量、從教受業人數及社會影響都超過書院、社學、義學等，也大量存在彼此混同、難以區分之例，而且並非全由私辦。其教學的內容形式未必比其他教學機構守舊落伍。用「私塾」一詞指稱歷代儒學、書院以及官立社學、義學以外各種類型的學塾，始於立停科舉前後，趨新人士

借此稱謂被排斥在西式新學堂系統之外的本土學塾，坊間並不通用。直到民國時期，普通百姓仍有不知政府公文與知識人言語中的私塾所指為何事。

國子監、府州縣學和宗學、覺羅學以及各種官學，均由官辦；書院、社學、義學的經費來源多樣，既有官辦，也有民辦，還有官為之倡議，集眾人之力所設。清前期官設社學較多，甚或成為州縣學校的基層單位，由學校教官掌教。學塾名目、形式多樣，既有多種方式個人出資的，也有同族同業同籍共立的。改良私塾，族學、義學也列入其中。

在國子監肄業和歸國子監兼管的生徒主要是貢監生，多為正途，另有八旗官學生和算學生。府州縣學進學者是按照科舉學額通過各級童試取進的生員。就學於書院者，以學校生員為主，舉人、童生也所在多有，程度間有高於學校者。社學、義學，入學者多為童生，部分面向開蒙者。學塾大體有蒙館、經館兩種類型和等次，前者著重於識字發蒙，後者側重於應試和經典學習。這種情形在社學、義學、族學裡同樣存在。更為普遍的則是同一學塾相容各種類型和不同層次的生徒，因人施教。

清代的學校、書院、社學、義學，不能以晚清以來移植模仿外國的新式教育機構相比附。清代一反前明風氣，不尚講學，學校所設各種教官教職以及書院掌教，雖間有講學，但主要是通過考課以各種獎勵激勵、扶助士子向學，以讀書自修和批閱筆記的形式扶掖導進。在較長的時期內和相當普遍的情形下，它們其實並未實施如後來意義上的經常性教學活動，就此而論，它們很難說是實際承載教育的主體單位。只有蒙館的塾師才以日常教學為主。民眾的啟蒙教育多在家庭及各類學塾進行並完成。各級學校以及書院、社學、義學、學塾之間，不存在學制統系的關聯，生徒學習，沒有一定的年限、層級，一般無須逐層遞進的升級升學。即使實施教學，也很少分門別類。學校和書院，還擔負典禮、祭祀、藏書、刻書等事，成為地方的文化中心。也可以說，在教化的一統之下，中國傳統的所謂教育，大體分為追求科考功名和利於日常實用兩個部分。

與此相應，清朝本來沒有專管各類學校學塾的教育行政機構，在京師，主管科舉的禮部主要負責與一般學校相關的事務，國子監、內務府、理藩院等分別負責各種專門學校的事宜；在各省，則派差學政，職掌學校政令。學政不

僅不是地方官，甚至不是實缺官員，名義上承擔教士之責，實際只能以考校定去取。而上自清帝，下至各級官員，都以興學育才、化民成俗的教化為己任。行省是內外相維政治體制中的分地而治，並非一級行政區劃，因而沒有省一級的學校建置。反而書院在實際推廣過程中，逐漸形成依託省會、郡城、州縣的大中小書院，成為清季改制的憑藉。

乾隆朝以後，學校、書院、社學、義學逐漸廢弛，徒具形式，加之白蓮教和太平天國運動的廣泛衝擊，大半頹廢。一些地方的社學轉為自衛結社組織。洋務運動曾力圖振興教育，但學校成效不彰，社學、義學只有短暫中興。新立書院則朝著兩個方向轉變：其一，更加著重於學術傳承，宣導不同的學風，不僅影響一省文風盛衰，而且造成學風轉移；其二，兼採西學新知，甚至改用西法教學，成為導入新式教育的重要憑藉。

二、學堂與學校

鴉片戰爭後，一些開明官紳主張採西學，設學館，以應對山雨欲來的大變局，專門仿效西學的新式學堂應運而生。來華傳教士設立的教會學校，一定程度上起到示範作用。學堂的組織、管理、教學形式和內容，與中國固有的學校、書院、學塾等全然不同。伴隨著自強運動的展開，學堂從學習外國語言文字逐漸擴展到學習工藝、軍事、實業，並派遣學生留學歐美。中日甲午戰爭前後，出現了學習一般西學知識的普通學堂。這一時期的學堂教育，無論一校之中還是各校之間，缺少配套銜接、循序漸進的層級體系，其歸屬和管理，也是五花八門。所學西學知識，為片斷和片面的，只是補充中國固有教育之不足，沒有整體取而代之的規劃目標。管理則多由總理各國事務衙門等相關部門對口負責。是為學堂教育的無系統時期。

明清之際，耶穌會士入華，將天文、曆法、地理、數學、物理、生物等知識導入中國。在徐光啟、李之藻等人的協助下，利瑪竇（M. Ricci）、艾儒略（G. Aleni）、畢方濟（F. Sambiasi）、傅汎際（F. Furtado）、高一志（A. Vagnoni）等介紹了以耶穌會所辦學校為代表的歐洲教育。鴉片戰爭前後，新教傳教士成為西學東漸的要角，辦學是其藉以傳教的重要形式。他們先後在麻六甲、澳門等地創辦了以教育中國學生為主的教會學校。五口通商後，教會取得進入中國傳教的許可，至咸豐十年（1860），天主教會已在五口和香

港開設學校。第二次鴉片戰爭後，教會學校進入內地，逐漸遍布全國，自成系統，構成對中國固有教育體制的衝擊，也成為新式教育的示範。而太平天國戰爭則使得廣大區域的學校、書院受到嚴重破壞。各級官員雖力圖整頓，但收效不顯。

由於和外國人的交涉事件及通商日漸增多，辦事官員深感語言不通，文字難辨，打交道不易。通商為時政之一，要與洋人打交道，必通其志、達其欲，周知其虛實情偽，而後能收稱物平施之效。咸豐八年（1858），《中英天津條約》第 50 款規定，嗣後英國文書俱用英文書寫，遇有文詞辯論之處，總以英文作為標準。《中法天津條約》關於中法外交文件也有相應規定，遇有文詞歧義之處，以西文為準。因此，創設外語學校，培養通事譯員，成為當務之急。

咸豐十年十二月，恭親王奕訢等奏准仿俄羅斯館例，在京師設立同文館，培養翻譯人才，以利對外交涉。令粵、蘇兩地督撫於廣東、上海商人專習英、法、美三國文字語言者，各挑選二人，厚給薪水，並於八旗中挑選天資聰慧，年在十三四以下者各四五人，到館學習。因廣東、上海沒有合適的教習人選，改由外國延訪，聘請英國人包爾騰（J. S. Burdon）任英文教習，只教語言文字，不准傳教；另請人教習漢文，暗為稽查。

同治元年（1862）五月，京師同文館開館。此一般被視為中國近代新教育的肇端。最初僅設英文館，次年，開辦法文館，並將俄羅斯館移入同文館，各有 10 名學生。法國傳教士司默靈（A. E. Smorrenberg）、俄國駐華使館翻譯官柏林（A. Popoff）分別被聘為兩館教習，亦不准傳教。兩館同樣設漢教習監察。

同治五年，奕訢與曾國藩、李鴻章、左宗棠、英桂、郭嵩燾等往返函商，以製造巧法，必由算學入手。郭嵩燾遂上疏保舉專精數學的南海生員鄒伯奇和淹通算術、尤精西法的浙江諸生李善蘭到同文館，與西洋教師會同課習算學。同年十一月，奕訢等奏請於京師同文館內添設天文算學館，招取滿漢舉人及恩、拔、副、歲、優貢，漢文業已通順，年在二十以外者，以及正途出身五品以下京外各官，少年聰慧，願入館學習者，一體與考，錄取後，即延聘西人在館教習，務期天文、算學，均能洞徹根源。

添設天文算學館之議一經提出，引起朝野上下近半年的論爭。焦點在於，

是否設天文算學館、招科舉正途為學生、聘請洋人為教習等事。掌山東道監察御史張盛藻以設立專館，只宜責成欽天監衙門考取年少穎悟之天文生、算學生，送館學習，不必用科甲正途官員肄習。大學士倭仁奏稱：「天下之大，不患無才。如以天文、算學必須講習，博采旁求，必有精其術者，不必師事夷人。」

同治五年十二月，奕訢等再上摺請設天文算學館，堅稱：外人之疑議雖多，當局之權衡宜定。同治六年正月，清帝發布上諭：朝廷設立同文館，取用正途學習，原以天文算學為儒者所當知，不得目為機巧。正途人員用心較精，則學習自易，亦於讀書學道無所偏廢。是以派徐繼畬總管其事，以專責成。不過借西法以印證中法，並非捨聖道而入歧途。駁回張盛藻所奏。倭仁奏請另行擇地設館，保舉人員講求天文算學，亦因無人可保，不了了之。在學堂問題上的中學與西學之爭，由此浮上檯面。

五月，天文算學館設立。由於倭仁等人的反對，京師各省士人聚黨議阻，並以無稽謠言煽惑人心，報考者銳減，僅錄取合格學生 10 名，與原來語言學生合併一館。因天文算學館學生出身正途，特派老成持重、兼知中西之學、足為士林矜式的太僕寺卿徐繼畬充任，總管同文館事務大臣，以專稽查而資表率。

同治八年十月，丁韙良（W. A. P. Martin）任同文館總教習，統管教務。其後，京師同文館學生人數倍增，課程漸趨多樣化，校舍規模不斷擴大，由單純的外語學校變成多學科的綜合學校。十年，增設德文館，並加設醫學和生理學講座。光緒二年（1876），制訂八年課程計畫，建立中國近代最早的化學實驗室和博物館。十四年，開設格致館，建天文臺和物理實驗室，添設翻譯處。二十三年，增設東文館。二十六年，八國聯軍攻占北京，同文館遭受嚴重破壞，師生解散。光緒二十七年十二月，同文館歸入大學堂。歷經 40 年的京師同文館宣告結束。

京師同文館隸屬總理衙門，設總管大臣、專管大臣、監察官以及提調等管理館務，總管大臣即總理各國事務衙門大臣，歷任者為奕訢、寶鋆等；專管大臣為崇禮、袁昶；監察官為赫德（Robert Hart）。同治元年七月，京師同文館訂立章程六條，設滿漢提調各一，由總理衙門司員選任，經理一切館務。

後增為正、幫各提調二人，掌經理訓課及督察生徒勤惰之事。經費主要來自海關船鈔。

京師同文館教習以延訂、選舉、考充三種形式確定總教習、教習、副教習。總教習及洋教習，就各國儒士中延訪。通洋學之漢教習，由各直省選舉。漢文教習，就京師咸安宮、宗室、景山八旗取未傳館之教習招考充當，額3人。總教習額定1人，洋教習視各館學生多寡而定。首任總教習丁韙良，同治四年受聘為同文館英文教習。六年，兼任萬國公法教習，為此，他特返美進耶魯大學研習國際法。八年夏回館，被聘為首任總教習，直到光緒二十年出於健康原因離館，次年正式辭職。接任的愛爾蘭人歐禮斐（C. H. Oliver），光緒五年執教於同文館，任英文、格致教習，曾兼任化學、天文教習。二十年，代總教習，二十一年，正式接任總教習，直至京師同文館結束。副教習由優秀學生擔任，協助教學，分副教習、副教習上行走、記名副教習三種。

漢、洋教習的待遇相差很大。同治元年包爾騰試教時，年薪300兩。次年，法文、俄文館開辦，因洋教習非厚給薪水無人願來充當，故主事者規定洋教習一年庫平銀1000兩，總教習俸銀隨時酌定。漢教習開始月薪只有銀8兩，後增至12兩。漢教習滿二年者，無論舉貢與否，皆奏請以知縣用。又二年，奏請分省遇缺即補，並加升銜。

京師同文館開始主要招收八旗子弟。天文算學館招取範圍擴大到滿漢舉人及恩、拔、副、歲、優貢，以及正途出身五品以下京外各官。同治五年十二月，舉行推廣考試，凡翰林院庶起士、編修、檢討，並五品以下由進士出身之京外各官，俾充其選。因浮言四起，正途投考者寥寥，招生對象又擴大到雜項人等。同治七年五月，總理衙門對所錄30名學生進行面試，取尚堪造就者10人留館學習。次年，同文館共有學生40餘人。在同治九年和光緒四年，同文館又先後招考學生。

光緒十一年，奕劻等以同文館學生無多，奏請推廣招取滿、漢年在15歲以上25歲以下、文理業已通順者，取具本旗圖片及同鄉官印結，遞呈投考。另外，滿、漢舉貢生監平日講求天文、算學、西國語言文字者，不拘年歲，准其取具印結、圖片，一律收考。是年十二月複試，共取漢文80名，幼童雖未全篇而文理明順者10名，天文2名，算學12名，化學3名，翻譯洋文1名，

共 108 名。光緒十三年八月，同文館領受膏火的學生共計 116 名。

除直接招生外，上海廣方言館和廣東同文館還向京師同文館保送學生。

同文館初立時，翰林院人員入學，被視為有辱斯文。光緒中葉，風氣漸開，漢人已有願者，然極容易，不必考試。後想入者增多，考試規定漸趨嚴格。由於不少學生入館後繼續應試科舉，獲取功名，同文館漸為士人所重。

同文館初期主要培植翻譯人才，故僅教授語言文字。又因通商各國，以英、法、俄交涉事務為多，學習外語亦以英、法、俄為要，是以分設 3 館，同時並習。隨著天文算學等各館的增設，陸續開設算學、化學、萬國公法、醫學、生理、天文、格致等課程，但仍以洋語、洋文為要，洋語、洋文已通，方許兼習別藝。夏季洋教習休假期和禮拜休息日，則加添漢文功課。

光緒二年，同文館公布「八年課程表」及「五年課程表」。由洋文而及諸學為期 8 年；其年齒稍長，無暇肆及洋文，僅借譯本而求諸學者，為期 5 年。同文館課程分為文字、天文、地理、算學、化學、格致等門類，各門類又有詳細課目。各科教材主要來自外文原版書、中譯西書和教習自編書。

翻譯為必修課，同治十三年四月，總教習丁韙良呈請譯書，並開具章程 6 條。譯者多為洋教習，亦有學生參與。館中共譯西書 20 餘種，涉及國際法、科技、語言學，如《萬國公法》、《法國律例》、《格物入門》、《化學闡原》、《漢法字彙》、《英文舉隅》等。

同文館學生畢業後，主要供職於外交界。光緒二年，中國開始在外國設立使館，派駐使節。十四年，總理衙門添設翻譯處，同文館學生因而用途漸廣。全部畢業學生 91 人，在外交或涉外部門任職的 40 人，其中任出使大臣或駐外公使的 7 人。還有 27 人任軍政職務，4 人從事教育，20 人供職於鐵路和其他部門。

對於同文館的利弊得失，時人評價各異。鄭觀應認為，廣方言館、同文館雖羅致英才，聘請教習，但學語言文字，天文、輿地、算術、化學，僅初習皮毛。梁啟超批評同文館所聘西人，半屬無賴之工匠，不學之教士；華人則多學而未成或不適用之人。而光緒十一年奕劻等奏稱，自設立同文館以來，迄今 20 餘年，洋教習等均能始終不懈，各學生等因而日起有功，或隨帶出洋，充作翻譯，或升遷外省，及調赴沿海各處差委，已不乏人，實屬卓有成效。

同治二年和三年，上海、廣東也分別開辦同文館（上海後改稱廣方言館），教授英、法等國語言文字，後來又分別增設東文館、普（德）文館。這一時期各地開辦的外國語學堂還有：新疆俄文館（1887），臺灣西學館（1887），琿春俄文書院（1888），湖北自強學堂[1]（1893）。

同文館等以學習外語為主，開設西學課程，目的還是滿足中外交涉的翻譯之需。而開眼看世界的中國人主張「師夷長技以制夷」，逐漸察覺到列強民富國強的祕訣在於教育。咸豐十年以後，馮桂芬等人鑒於西人擅長推算之學，格致之理，制器尚象之法，無不專精務實，各有成書，已經翻譯者十才一二，必須盡閱其未譯之書，方可由粗淺而入精微，提出采西學、設學館。[2]雖然仍是講求翻譯，目的卻是求西學。而一般民眾對教會學校的反應日趨積極，給官紳形成壓力。清政府推行自強新政，對於西方藝學的需求迫切，陸續開辦了軍事技術、技術以及專門實業學堂。

軍事技術學堂主要有福建船政學堂和廣東實學館。前者同治五年開辦，原名求是堂藝局，分設前、後兩學堂，前學堂注重法國學問，專習設計製造；後學堂注重英國學問，專習管輪駕駛。後又增設繪事院、藝圃、管輪學堂、練船等。是為中國近代最早的海軍學校。後者光緒七年正式開辦，原定講求機輪駕駛與一切西學及洋務交涉事宜；後仿福建船政學堂，參酌粵省情形，專習英文，分駕駛、製造兩途。學習優秀者可兼習開礦、製造、槍炮、水雷等學，學習次優秀者則撥為管輪。此外，習外國語言文字，以備出使參贊翻譯之選。

技術學堂包括電報、醫學、鐵路、礦務等，培養通信、救護、運輸、採礦人才。主要有：福州電報學堂（1876，或稱福州電氣學塾，中國最早的電報學校）、天津電報學堂（1880）、天津醫學堂（1881，又稱北洋醫學堂，1893 年增設西醫學堂，是為中國最早自辦的西醫學校）、上海電報學堂（1882）、金陵同文電學館（1883）、兩廣電報學堂（1887）、臺灣電報學堂（1890）、湖北算術學堂（1891）、湖北礦務局工程學堂（1892）、山海關鐵路工程學堂（1895，中國最早的鐵路學堂）、南京陸軍學堂附設鐵路學堂（1895）、江南儲材學堂（1897，分交涉、農政、工藝、商務等 4 門 16 目）、

1　開始分方言、算學、格致、商務四齋。1896 年一律改課方言，分立英文、法文、俄文、德文四門。1898 年，增課東文。

2　馮桂芬：《校邠廬抗議》下冊，1885，廣仁堂刻本，第 67—70 頁。

南京礦務學堂（1898）、上海江南製造局附設工藝學堂（1898）。

　　甲午戰後，開明官紳認為，日本取勝，在於其國遍設各學，才藝足用，中國則專心道德文章，不重藝事，必須培養造就近代工業急需的技術人才，興辦各種專門、實業學堂。後康有為提出：「凡農、商、礦、林、機器、工程、駕駛等人間一事一藝者，皆為專門之學。」他主張各省府州縣廣興學務，凡天文、地礦、醫律、光重、化電、機器、武備、駕駛、鐵路、農業、商業、師範等，均設立專門學校，培養各類專門人才，以適應農工商各業發展及時局的需要。

　　戊戌變法前，各省陸續開辦的實業學堂和專門學堂主要有：1896 年創辦的江西高安縣蠶桑學堂，1897 年創辦的溫州醫學館、直隸礦務學堂，1898 年創辦的杭州醫學館和湖北農務、工藝學堂。

　　戊戌變法期間，光緒帝連降諭旨，要求各地重視興辦專門、實業學堂。鐵路、礦務、農務、工學、商學、茶務、蠶桑等學堂在各地迅速開辦。南北洋分設礦學學堂；江寧設工藝學堂；津榆路設鐵路學堂；京師、江寧設農務學堂，並擬設茶務學堂、蠶桑公院，安慶設課桑園、蒙學館；上海設翻譯學堂，編譯書籍報紙。變法失敗後，包括京師大學堂在內的部分興學措施得以維繫。1899 年，廣西設農學堂。

　　受到日本維新變法成功和甲午戰敗的刺激，全面學習西方和完整學習西學逐漸成為朝野關注的議題。從鄭觀應開始，李端棻、康有為、張之洞等皆主張以書院為基礎，改建一套自京師及各省府州縣鄉，各有期限、逐級遞進的學堂體制，廣設大學、高等學、中學、小學，形成完整的新式學堂系統。戊戌變法期間，朝廷諭令各省府廳州縣現有之大小書院，一律改為兼習中學、西學的學校。省會大書院為高等學，郡城書院為中學，州縣書院為小學。留學之地則由歐美開始轉向日本。

　　甲午海戰之前，中國人開設的各類新式學堂共有 25 處，各種學堂實行分科分級教學，嚴格的考試和獎懲制度，重視實習，但大都只學西文、西藝，囿於一才一藝，缺乏普通學教育。維新人士批評不改科舉，不學西政，不講愛國，不求精深，只用洋人，畢業生只能擔任翻譯、買辦，而不能培養出可備國家之用的實學真才，而且各學堂主要為各地洋務機構的附屬，互不統轄，彼此也沒有依次遞升的銜接關係，多數學堂僅為一級制，下無預備學校，上無繼續研修

機構。

　　隨著對西洋「長技」的認同和對新式教育認識的加深，建立新學制的呼聲時有所聞。傳教士的介紹是中國人最初瞭解西方學制的主要管道。同治十二年，德國傳教士花之安（Ernst Faber）所著《泰西學校論略》（亦名《德國學校論略》或《西國學校》），盛讚德國學校制度。光緒七年，美國傳教士狄考文（Calvin Wilson Mateer）發表的〈學校振興論〉，介紹美國學制；兩年後，丁韙良發表《西學考略》，介紹歐美等國和日本共7國的教育制度，成為朝野上下瞭解、借鑑西方各國學校制度的重要參考。光緒十年，上海江南製造局刊印《西國近事彙編》第1卷，專門介紹西方的學制、教育方針和學校課程設置；三年後，第2卷介紹日本明治維新後興辦的各種新式學校。從光緒十三年始，英國傳教士李提摩太相繼著《新學八章》、《七國新學備要》、《整頓學校》。二十二年，美國傳教士林樂知（Young John Allen）將日本明治初期文部大臣森有禮所輯《美國諸名流振興文學成法》譯成《文學興國策》，分別介紹各國學制。

　　受其影響，中國士人也漸有相關著述。光緒五年黃遵憲《日本雜事詩廣注》和《日本國志》，八年王之春《各國通商始末記・廣學校篇》，十六年湯震《危言・中學篇》，十七年薛福成《出使四國日記》，十八年鄭觀應《盛世危言・學校》，分別介紹了日本、歐洲等地的學校制度。

　　在介紹、吸收外國學制的基礎上，出現了關於中國學制的構想。容閎向太平天國的洪仁玕建言七事，包括設立實業及陸海軍學校、頒定系統學制。這是中國人第一次要求全面引進西學，建立新式教育制度。鄭觀應《盛世危言・考試》擬訂詳備的辦學計畫，以原來各州縣、省會和京師的學宮、書院為基礎，仿照泰西，稍為變通，文武各分大、中、小三等，設於州縣者為小學，設於各府省會者為中學，設於京師者為大學。「文學」分文學、政事、言語、格致、藝學、雜學等六科；「武學」分陸軍、海軍兩科。每科分數班，歲加甄別，以為升科，延聘精通中西之學者為教習，詳訂課程，小學三年優秀者升中學，中學三年優秀者升大學。[3] 不僅要求學堂數量大增，教學內容中西並舉，政藝並重，而且正式提出設立三級學校，以及分層級逐年考試遞升的制度，初步勾

3　《盛世危言》卷1〈考試下〉，夏東元編《鄭觀應集》上冊，上海人民出版社，1982，第299—300頁。

畫出中國學制系統的輪廓。

上海正蒙書院為最早略具普通小學性質的新式書院。光緒四年由上海邑紳張煥綸等創辦，學生分為數班，即後來多級教授制，教科為國文、地理、經史、時務、格致、數學、歌詩等，後添課英法文，旁及體育，尤其注重德育。

甲午戰敗，有識之士大都認為補救之道在於興學，於是紛紛創辦新式學堂。到 1899 年，新開辦的學堂至少有 104 所，分布於 17 省。

學堂漸多，構建學制系統愈加引起關注。1895 年，康有為奏請令各省州、縣遍設藝學書院，招收 15 歲以上學童入院肄業，通過考試，給予秀才出身，並薦於省學；省學通過考試，予以舉人出身，貢於京師；京師中選者給予進士出身，明確了各級學校的銜接關係。次年，刑部左侍郎李端棻奏請自京師以及各省府州縣皆設學堂，並初步擬出各級入學年齡、課程以及肄業年限。這使中國引進西式教育體制的設想更加系統、完備。

戊戌變法期間，為了廣興學堂，培養行法之人，遠取法於德國，近採日本學制，建立新學制的呼聲強烈。清政府相繼派員遊歷日本，考察學務。出使日本大臣裕庚介紹了日本仿照西法設立分科大學的情況及大學科目、初學功課等。管學大臣孫家鼐奏派御史李盛鐸、編修李家駒、工部員外郎楊士燮等赴日，將日本大學、中學的規制課程以及考試之法逐條詳查，彙記成《日本東京大學規則考略》一書。姚錫光奉張之洞之命赴日考察教育，回國後出版《日本學校述略》和《東瀛學校舉概》，詳細介紹日本學制。國內報刊亦刊譯日本學制資料。

光緒二十四年五月，康有為奏請構建普通學堂體系：各省府縣鄉興學，鄉立小學，縣立中學，省立專門高等學、大學，而京師應早立大學。張之洞也主張天下廣設學堂，各省道府州縣皆宜有學，京師省會為大學堂，道府為中學堂，州縣為小學堂，中小學以備升入大學堂之選。府縣有人文盛物力充者，府能設大學，縣能設中學，尤善。總理衙門籌議京師大學堂章程，於大學堂兼寓中小學堂之意，分列班次，循級而升，並請旨嚴飭各省督撫學政速將中小學堂開辦，務使一年之內，每省道府州縣皆有學堂。五月二十二日，頒發京師大學堂章程給各省道府州縣，諭令照章以各級書院改建為各級學堂。

甲午戰後，普通學堂發展最快，1895—1899 年創辦的 100 餘所新式學堂

中，普通學堂占 84 所。其中最重要的為天津中西學堂和上海南洋公學。

天津中西學堂創設於 1895 年，學堂分頭等、二等兩級，又各分為頭、二、三、末四班，依據名次，按年遞升。是為中國近代最早分級設學的學堂，成為新式大學和中學的雛形。上海南洋公學設於 1896 年，陸續設師範院、外院、中院、譯書院、鐵路班、特班、政治班（後改為商務班）及附屬小學。後統一為師範、外、中、上四院，其中後三院的學生各分四班，按年依次遞進。其三級教育體系，為中國近代教育體制樹立模型。

除一些學堂內分兩級、三級外，一些獨立的一級制新式普通學堂，還初步與其他學校形成銜接關係。

光緒二十二年七月，管理官書局大臣孫家鼐提出，各省設學，應抱定中體西用宗旨。各地普通學堂開辦，多注重實學，中西學並舉，政藝學通習，並在西學課程中增添政治倫理，在中學課程中廢除八股詞章，增加掌故、史地、通鑑、律法等。由於不少學堂由書院、學館改建，中西學結合、政治史地與格致算學兼課，實際上是壓縮經學、添設西學，減少甚至廢止八股詞章，增加經世之學。

同年，刑部左侍郎李端棻奏請議設京師大學，選舉貢監生年三十以下者入學，亦准京官願學者入讀，三年為期。管理官書局大臣孫家鼐以京師建立學堂，為各國通商以來僅有之創舉，不能援引官學、義學之例，亦不仿照總署同文館、各省廣方言館之意，又因福建船政學堂、江南製造局學堂及南北洋水師武備各學堂，皆囿於一才一藝，也不仿照辦理。他提出應參仿各國大學堂章程，變通辦理，以切時用，並奏陳六條意見：宗旨宜先定；學堂宜造；學問宜分科；教習宜訪求；生徒宜慎選；出身宜推廣。因恭親王奕訢、大學士剛毅等樞臣奏請緩行，此事暫被擱置。

光緒二十四年，屢有大臣條陳奏設京師大學堂。上諭京師大學堂亟須開辦，其詳細章程由軍機大臣會同總理各國事務衙門王大臣妥議具奏。總理衙門仍以事屬草創、籌劃不易為詞，遲遲不動。

同年四月，下詔變法，以京師大學堂為各行省之倡，尤應首先舉辦。上諭屢次催促軍機大臣、總理各國事務王大臣會同妥速議奏開辦京師大學堂事宜。樞臣繼續敷衍拖延。康有為再度奏以京師議立大學數年，宜督促早成，而

興學養才尤需時日，請立學宜速。五月，朝廷嚴旨下令軍機處和總理衙門從速覆奏京師大學堂開辦事宜，勿再遲延。諸大臣因中國從未有學校之舉，無成案可襲，囑梁啟超代草。梁乃略取日本學規，參以中國情形，草訂規則 80 餘條。總理衙門遂將此章程上奏獲准，派孫家鼐管理大學堂事務。至此，京師大學堂得以正式成案。

　　管理官書局大臣孫家鼐議復開辦京師大學堂之初，即明言應以中學為主，西學為輔；中學為體，西學為用；中學有未備者，以西學補之，中學有失傳者，以西學還之。以中學包羅西學，不能以西學凌駕中學，是為立學宗旨。梁啟超代總署草擬的《籌議京師大學堂章程》，重申宗旨即中學為體、西學為用。六月，孫家鼐奏籌辦大學堂大概情形，對《章程》有所修正，提出具體辦法八條：立仕學院；出路宜籌；中西學分門宜變通；學成出身名器宜慎；譯書宜慎；西學擬設總教習；專門西教習薪水宜從優；膏火宜酌量變通。經孫家鼐推薦，任命張元濟為大學堂總辦（張不久辭職，改任黃紹箕為總辦。黃稍後調職，由余誠格繼任），朱祖謀、李家駒為提調，劉可毅、駱成驤等為教員，原同文館總教習丁韙良為西學總教習，掌握實權，對於科學課程的設置，管學大臣不能過問。

　　最初軍機大臣及總理衙門擬定京師大學堂開辦經費 35 萬兩，常年經費18.868 萬兩。經戶部奏准，以華俄道勝銀行清政府存款利息支付，每年京平銀 20.063 萬兩。光緒二十八年，京師大學堂恢復，張百熙奏請將前項存款本息全數撥歸大學堂，仍存入華俄道勝銀行生息；又以京師大學堂專門正科，本為各省高等學堂卒業生諮送肄業，各省理宜合籌經費撥濟，請旨各省督撫量力認解。

　　京師大學堂校舍，由慶親王奕劻和禮部尚書許應騤負責建造，先撥地安門內馬神廟和嘉公主舊第為臨時校舍。開始報名投考者十分踴躍，原定招生500 名，另附小學堂 80 人。京外投考者逾 700 人，學堂不足容納。

　　戊戌政變後，內閣奉旨：除京師及各省會業已次第興辦外，其餘各府州縣議設之小學堂，應由該地方官斟酌情形，聽民自便；其各省祠廟不在祀典者，苟非淫祠，則一仍其舊，毋庸改為學堂。對於停罷學堂之議，懿旨以書院與學堂，名異實同，本不必定更改，京師大學堂得以不廢。孫家鼐繼續負責籌辦事

宜，於是年底正式開學，規模較原計劃大為縮小，僅設仕學院，以教進士舉人，並附設中、小學堂。學生總共不及百人，講舍不足百間。次年，學生增至近200人。

光緒二十六年，八國聯軍侵入北京，京師大學堂被迫停辦，生徒四散，校舍封閉，藏書損失殆盡。開辦兩年間，學生從未足額，一切因陋就簡。外人往觀者，甚至視同蒙養學堂。

次年，京師大學堂復辦，以張百熙為管學大臣，先設預備、速成二科。預備科分政科和藝科，速成科分仕學、師範二館，均為期3年。後管學大臣改為學務大臣，大學堂事務變成兼管，光緒二十九年，另設總監督，專管該學堂事務，以張亨嘉為首任總監督。

京師大學堂由管學大臣總理其成，下分教務和事務，教務由總教習主管，事務由總辦主管。後孫家鼐上〈籌辦大學堂大概情形疏〉，對總教習的設置有所修正，除原設中總教習外，用丁韙良為總教習，總理西學，仍與之訂明權限，其非所應辦之事概不與聞。

科目設置，分為10科：（1）天學科，附算學；（2）地學科，附礦學；（3）道學科，附各教源流；（4）政學科，附西國政治及律例；（5）文學科，附各國語言文字；（6）武學科，附水師；（7）農學科，附種植水利；（8）工學科，附製造格致各學；（9）商學科，附輪舟鐵路電報；（10）醫學科，附地產植物各化學。

京師大學堂還設有：師範齋，專門講求教授之法，以分派各省學堂充當教習；仕學院，教進士、舉人出身之京官；醫學館，考求中西醫理，兼寓醫院之制（即附屬醫院）；編譯局，編纂大、中、小三級教科書；藏書樓，廣集中西要籍；儀器院，集天算、聲光、化電、農礦、機器製造、動植物各種學問應用之儀器。另附設中小學堂。復辦以後，調整為預備科、速成科、進士館、譯學館、醫學實業館等。

《京師大學堂章程》所定功課，嚴密切實，中西並重。分為普通學和專門學兩大類。普通學者，學生皆通習；專門學者，每人占一門。張百熙掌校後，增加西學課程，縮減經學課。張百熙主持大學堂之始，以總教習非有學賅中外之士，不足以膺斯重任，即謝辭丁韙良，以吳汝綸學問純粹，時事洞明，演貫

古今，詳悉中外，力聘為總教習。

辛丑和約後，新政重開，諭令各省所有書院，於省城均改設大學堂，各府及直隸州均改設中學堂，各州縣均改設小學堂。專設管學大臣，管理京師大學堂並兼管全國學務，效法東西各國，尤其是日本的教育新制，相繼頒布《欽定學堂章程》和《奏定學堂章程》，制定了包括各級各類學堂的壬寅學制和癸卯學制，學堂教育進入有系統時期。

新政復行，各省督撫遵旨紛紛條陳建言。光緒二十七年三月，山東巡撫袁世凱奏請將京師大學堂擴充整頓，並飭各省籌措經費，多設學堂，或仿照各國學校章程，區分等次，以次推廣，務使僻壤窮鄉皆有庠序。五月，湖廣總督張之洞、兩江總督劉坤一會奏變法自強第一疏，指出書院積習過深，必須正名為學堂或各種學校。另參酌中外情形，酌擬設學堂辦法，令州、縣設小學校及高等小學校，府設中學校。計自 8 歲入小學起，至大學校畢業止，共 17 年。為救時計，可權宜變通，先多設中學及高等學，選年少力壯、聰敏有志的生員迅速教授，先學普通，緩習專門。又請飭出使大臣李盛鐸，託日本文部、參謀部、陸軍省代籌，酌擬大、中、小學各種速成教法，以應急需。八月初，諭令督撫、學政將各省所有書院改設學堂，並多設蒙養學堂，切實通籌舉辦。

山東巡撫袁世凱任周學熙為總辦，美國人赫士（Watson Mcmillen Hayes）為總教習，率先改濟南濼源書院為山東大學堂。光緒二十七年八月，袁世凱以各屬應設之中小學堂難以驟成，而省城大學堂又勢難久待，奏請先就大學堂內區分三等：一等為備齋，習淺近各學，如各州縣小學堂，以兩年為期；二等為正齋，習普通學，如各府廳直隸州中學堂，以四年為期；三等為專齋，習專門學，以兩年至四年為期。因無所取才，暫不立專齋，先從備齋、正齋入手。又擬另設蒙養學堂，令幼童自 7 歲至 14 歲，八年內專攻講習經史，兼解中國淺近政治學、地輿學並初級算學，畢業後選入備齋，加習西學。創辦伊始，先以經義史論考選學生，挑入備齋肄業。備齋暫以 300 人為定額，年歲為 15 歲至 23 歲，通解經史，身家清白者為合格。俟備齋學生按照所定年限畢業升入正齋，正齋學生畢業領照後，或量才錄用，或入專齋。又參用初等師範學堂規制，在備齋各班學生內，擇心術端正者，兼令練習初等師範。考取優等，領有師範憑照，即可充小學堂教習。入正齋肄業者，參用中等師範學堂規制，

再令練習中等師範，以備中學堂教習之選。

十月，諭令政務處即將袁世凱原奏並章程，通行各省，立即仿照舉辦。接著諭令各省將小學堂畢業生考取功課合格者，送入中學堂肄業；俟畢業後考取合格者，再送入該省大學堂；畢業後取其合格者，給照為優等學生，由該省督撫學政，考校擇優，諮送京師大學堂複試。

江蘇、廣東等省興辦大學堂，其課程、等級、班次，均照山東模式。課程以四書五經、綱常大義為主，歷代史鑒、中外政治藝學為輔，分設倫理、政法、本國文、外國文、歷史、地理、數學、格致、博物、圖畫、樂歌、體操諸門。廣東大學堂內另設校士館，挑選原書院生徒及近年增設西學生優秀者數十人，入館肄業，學習日文，以備遊學日本。江蘇同時創辦高等學堂，以原南菁書院諸生於經史、政治、輿地、天算、格致各學，門徑已通，可期深造，故專齋、正齋、備齋同時並設。正、備齋學目悉照山東章程，專齋學目原定十科，先立經、史、政治、測繪四科，其餘分年次第興辦。

內地省分聞風而動。陝西宏道大學堂章程及課程設置均仿南菁書院成案，分設內政、外交、算學、方言四科。四川總督奎俊改尊經書院為四川省城大學堂，並將中西學堂併入大學堂，仿照山東章程，先設備齋，二三年之後，再設正齋和專齋。川東、川南各府廳州縣，亦多就地籌款，或就書院改建學堂。貴州巡撫鄧華熙將貴山書院改設貴州大學堂，其章程仿山東，參以黔省情形，略加變通。廣西、安徽、湖南、湖北、直隸、奉天、浙江、福建、山西等省，相繼仿行。與此同時，為宗室、覺羅及八旗等所辦官學亦改為中、小學堂。

專門、實業學堂的發展也大為加速，截至癸卯學制頒布，各地興辦的專門、實業學堂主要有：1900 年設立的福建蠶桑公學，1901 年設立的江蘇鎮江商務學堂、廣東商務學堂，1902 年設立的山西農務學堂、通海農學堂、直隸農務學堂、湖南農務工藝學堂、湖南中等工藝學堂、河南滎陽縣養蠶傳習所、四川蠶桑公社、漢陽鋼鐵學堂，1903 年設立的湖南農業學堂、山東青州蠶桑學堂、上海高等實業學堂、北洋工藝學堂、湖南高等實業學堂、四川工業學堂、廣東路礦學堂、北洋馬醫學堂等。

1862—1902 年，新式教育經過 40 年的努力，初具規模。從 1898 年起，學校類型逐漸完備，京師設大學堂，一些省城設有高等學堂，府、州、廳陸續

創辦了一批相當於普通中等教育的學堂，縣及縣以下地方則開設了類似普通小學和蒙養教育的機構。各學堂通常有具體的規章制度和系統的課程設置，有的已經相當詳備，對該學堂乃至其他同類學堂的發展產生了積極影響，並為制定全國性統一學制積累了經驗。但各個學堂根據自身的情況制定的章程，難以規範全國各級各類學堂，各學堂自成一統，互不銜接，科目課程以及學級設置五花八門，不能形成完整的體系，以循序漸進地培養各級各類人才。隨著學堂數量的增加和學務規模的擴大，制定全國統一學制，規範各級各類學校的宗旨、科目、學級、課程，成為學務發展迫切需要解決的問題。

三、新學制系統的建立

各地學堂數量加速增長，同時又自行其是，散漫無序，在師資比例、中西學課程設置以及學堂與科舉的關係上存在爭議，嚴重影響新式學堂教育的普及，不能滿足朝野上下的期許。來華外國人士和出洋遊歷官紳不斷呼籲劃一學制，以利於學務的發展。

光緒二十七年十二月，派張百熙為管學大臣，負責學堂一切事宜，妥議章程。次年七月，張百熙上溯古制，參考列邦，進呈《京師大學堂章程》並《考選入學章程》，及頒發各省之高等學堂、中學堂、小學堂、蒙學堂章程各一份，共六件。諭准頒行各省。所有章程統稱《欽定學堂章程》。自此，中國近代教育進入有學制系統時期。是年為壬寅，故所定學制又稱「壬寅學制」。

《欽定學堂章程》將學制劃為三段七級。初等教育階段分為蒙學堂和小學堂兩級，兒童自 6 歲起受蒙學教育 4 年，10 歲入尋常小學堂修業 3 年。小學堂主要授以道德知識及一切有益身體之事，分為尋常與高等兩級，各修業 3 年。以州、縣所立為小學堂。中等教育設中學堂一級，主要使諸生於高等小學卒業後加深其程度，增添其科目，涉獵普通學之高深者，為高等專門之始基，修業 4 年。以府治所設為中學堂。高等教育設立高等學堂和大學預科、大學堂以及大學院。學生於中學卒業後欲入大學分科者，先於高等學堂修業 3 年，再行送入大學肄業。京師大學堂之設，在於開通智育，振興實業。大學堂 3 年畢業後經選拔進入大學院，此為研究階段，不設課程，不主教授，不定年限，以養特異之才。自蒙學堂至大學堂，總計約 20 年才能完成全部學業。

　　《欽定學堂章程》還規定了實業和師範教育的系統。實業學堂分為簡易、中等和高等三級，分別對應高等小學堂、中學堂與高等學堂（或大學預科）程度，修業年限各 3 年。師範學堂附設於中學堂，以培養小學堂教習，修業 4 年。師範館附設於大學堂，以培養各地中學堂教習，修業 4 年。另於大學堂附設仕學館，3 年卒業。高等小學、中學、師範、各級實業學堂、高等學堂和大學堂畢業生，分別給予附生、貢生、舉人、進士等功名。

　　官立學堂之外，亦有關於自立蒙學堂、民立尋常與高等小學堂以及民立中學堂的明確條款。

　　《欽定學堂章程》首次正式規劃出新式教育全面發展的藍圖，力求根本改變學堂散漫無序、新舊體制彼此抵牾的狀態，將所有學堂納入類型、層級、科目、教學、管理相互配套的統一體系，解決新舊教育的銜接轉換問題，循序漸進地系統培養各級各類人才。

　　壬寅學制頒布後，朝野上下頗有異議。光緒二十九年正月，命刑部尚書榮慶會同張百熙商議管理大學堂事宜。閏五月，准榮慶、張百熙的聯名奏請，派張之洞會同張百熙、榮慶，將大學堂章程一切事宜再行切實商訂，並將各省學堂章程一律釐訂。

　　張之洞讚許《欽定學堂章程》條理精詳，亟應遵辦，但對讀經、放假、權限、學費數條有異議。他起用陳毅、胡鈞等人主持重訂學堂章程事宜，歷時半年完成。十一月，張百熙、榮慶、張之洞上重訂學堂章程摺，以壬寅學制為基礎，取法日本，以湖北興學經驗為參考而增補修改。該章程以《學務綱要》為總綱，包括《初等小學堂章程》、《高等小學堂章程》、《中學堂章程》、《高等學堂章程》、《大學堂章程》、《通儒院章程》、《蒙養院家庭教育法章程》、《初級師範學堂章程》、《優級師範學堂章程》、《任用教員章程》、《初等農工商實業學堂章程》、《中等農工商實業學堂章程》、《高等農工商實業學堂章程》、《實業教員講習所章程》、《實業學堂通則》、《實業補習普通學堂章程》、《藝徒學堂章程》、《譯學館章程》、《進士館章程》、《各學堂管理通則》、《實業學堂通則》、《任用教員章程》、《各學堂考試章程》與《各學堂獎勵章程》，共 22 章 80 篇。除各級學堂章程是在原有基礎上增補外，其餘 16 章為新添。其主旨為中體西用，調和中西新舊，端正趨向，造

就通才，以忠孝為敷教之本，以禮法為訓俗之方，以練習技能為致用治生之具，尤重考核品行，不廢棄中國文辭，並請遞減科舉，畢業學生由督撫學政並簡放考官考試，使學堂與科舉合為一途。是為《奏定學堂章程》。

新的章程很快獲得批准，著即次第推行，並自丙午科始，將鄉、會試中額及各省學額，逐科遞減，俟各省學堂一律辦齊，確有成效，再將科舉學額分別停止，以後均歸學堂考取。《奏定學堂章程》頒布於癸卯年，所定學制又稱「癸卯學制」。

癸卯學制仿西方幼稚園設學前教育─蒙養院，正式教育縱向分為三段六級。第一階段初等教育，分為初等小學堂 5 年，高等小學堂 4 年。國民 7 歲以上者入初等小學堂，初等小學畢業升入高等小學堂。第二階段中等教育，僅中學堂一級 5 年。高等小學畢業升入中學堂，授以較深之普通教育。畢業後，不仕者從事各項實業，進取者升入各高等專門學堂。第三階段高等教育，包括高等學堂或大學預科 3 年，分科大學 3─4 年，通儒院 5 年。大學堂以造就通才為宗旨，培養各項學術藝能人才。通儒院以中國學術日有進步，能發明新理以著成書，能製造新器以利民用為成效。

普通教育之外，該章程還對各級各類師範、實業學堂的層級、年限等做出明確規定。師範教育分為初級師範學堂 5 年與優級師範學堂 4 年，程度分別對應中學堂與高等學堂。實業學堂分為實業教員講習所（即實業之師範學堂）、農業學堂（附水產學堂）、工業學堂（附藝徒學堂）、商業學堂、商船學堂。各項實業學堂均分為高等、中等、初等三等（統稱則為某等實業學堂，專稱則為某等某業學堂），程度分別為普通高等學堂、中學堂和高等小學堂。水產學堂亦屬中等實業。中小學堂可附設實業補習普通學堂和藝徒學堂。實業補習學堂年限 4 年，初等農工商實業學堂 3─4 年，藝徒學堂與高等小學堂平行，中等農工商實業學堂與中等學堂平行，高等農工商實業學堂以及實業教員講習所與高等學堂平行。

另有譯學館，屬於高等教育階段，修業 5 年。進士館，令新進士用翰林部屬中書者入學，以教成初登仕途者皆有實用為宗旨，以明澈時局，並於法律、交涉、學校、理財、農、工、商、兵八項政事皆能知其大要為成效。仕學館，為已入仕途的官員設立。

《奏定學堂章程》以《學務綱要》為總綱，所規劃的學務體系臻於完備。同時頒布《各學堂管理通則》、《任用教員章程》、《各學堂考試章程》、《各學堂獎勵章程》，以規範管理。各地辦學可依據區域差異因地制宜，變通辦法，辦學形式分為官辦、私辦、公辦。初等、中等教育階段加重了新學內容，高等教育階段則規定了分科教育和專業訓練。著重提倡師範教育，養成師資，調整著重培養技術專才的偏向，適應普及普通教育的需求。

《奏定學堂章程》明確規定設立專職部門管理全國學堂事務。新式教育開始時作為辦理洋務的附屬，總理衙門對各地新式教育機構負有連帶統轄的責任。但內部沒有專司教育的機構和屬官。甲午戰後，維新思潮勃興，廢科舉、興學校成為維新變法的重要內容。1896 年，盛宣懷議設管學大臣，管理新設的文武學堂。戊戌變法期間，康有為提出設制度局，其中學校局位列第三。來華西人即將學校局譯成教育部。清廷派孫家鼐為首任管學大臣，管理京師大學堂事務，並規制各省學堂，此後成為定制。管學大臣對各省學堂的管理，主要通過制定各種章程、規制以及教科書的審定來實施。稍後管學大臣由一人增至二人。《學務綱要》規定，於京師設總理學務大臣，專門統轄全國學務，下設學務處為直屬機構，將學制系統與教育行政系統分開，不僅以往管學大臣兼管京師大學堂和外省各學堂事務的格局根本改變，而且教育行政成為獨立的職能機構。

學務大臣負責整飭各省學堂，編定學制，考察學規，審定專門、普通、實業教科書，任用教員，選錄畢業生，綜核學堂經費及一切有關新式教育的事務。下設屬官，分為六處。專門處、普通處、實業處分別管理專門、普通和實業學堂事務；審訂處主管審定各學堂教科書及各種圖書、教學儀器，檢查私家撰述，刊布有關學務的書籍報章；遊學處負責出洋留學生一切事務；會計處管理各學堂經費。每處設置總辦一員，幫辦數員。六處統稱「總理學務處」或「京師學務處」。

新政展開，官制改革勢在必行，隨著外務部、商部、巡警部相繼設立，設立學部的事宜被提上議事日程。光緒三十一年八月，諭准立停科舉，推廣學堂。九月初一，山西學政寶熙奏請設立學部，上師三代建學深意，近仿日本文部成規，研究教育行政方法，總持全國學務，禮部、國子監兩衙門統行裁撤，

歸併學部。順天學政陸寶忠、翰林院編修尹銘綬等人，亦奏請設立學部或文部，將翰林院歸併學部。

十一月初十，清廷以停止科舉，呼籲亟應振興學務，廣育人才。現在各省學堂，已次第興辦，必須有總匯之區，以資統率而專責成。諭令設立學部，選派榮慶任學部尚書，熙瑛補授學部左侍郎，翰林院編修嚴修以三品京堂候補署理學部右侍郎。國子監事務歸併學部。學部成立後，原設學務處事宜，一律歸併學部，其舊有人員酌量調入學部，以便差委。

學部下設五司十二科一廳三局二所。總務、專門、普通、實業、會計等五司分別主管全國各類學務及相關事宜；司務廳掌開用印信、收發文件，管轄該部各項人役及不屬於五司各科的雜項事件；京師督學局、編譯圖書局、學制調查局，教育研究所和高等教育會議所，分管專門事務。此外，學部還設有視學官和諮議官，以便與社會各界及各省學界溝通聯繫。

1911 年，學部實施分科辦事，各科長官由員外郎改稱科長。皇族內閣成立，學部官制相應改變，學部尚書改為學務大臣。袁世凱組織責任內閣，取消學部左、右侍郎，改設學務副大臣。

清制各省差派學政，新式教育興起，學政亦參與其事。其主要職責有三：一是考試授予學生功名；二是改書院為學堂；三是為學堂選取學生。可是學政仍須巡歷考試歲科，辦理學堂往往力不從心。掌控大權的督撫遂另設專門機構。1899 年，湖北率先於洋務局內設學堂所。1901 年設立湖北學務處。1902 年直隸設學校司。兩江、兩廣、四川、山西等地，仿照湖北學務處或直隸學校司，相繼建立學務處。《學務綱要》規定各省在省城設立學務處，由督撫選派通曉教育之員總理全省學務，並派講求教育之正紳參議學務。直隸學校司即遵章改為學務處，分設六課，各專責成。湖北學務處亦改設六科，名稱職能完全對應於總理學務處。江蘇、江西、湖南、山東、浙江、福建、安徽等省陸續依照規定設立學務處。

立停科舉後，學政的存廢職能引起爭議。經過討論，清廷決定裁撤學政，改設提學使司。每省設提學使一員，原學務處改為學務公所，作為提學使司的辦公機關。學務公所設議長一人，議紳四人，佐提學使參議學務，並備督撫諮詢。學務公所分設總務、專門、普通、實業、圖書、會計六課。提學使司的設

立，標誌著各省教育行政正式建制。提學使下設省視學六人，巡視各府廳州縣學務。

各府廳州縣均設勸學所，設縣視學一人，兼充學務總董，按區域勸辦小學。1911 年，學部奏頒《地方學務章程》及《施行細則》，釐清學務與地方自治的關係，規定：地方學務由學務專員辦理，分設學務員長與區學員兩類，府廳州縣、城鎮鄉三學區以上及鄉學聯合會聯合二鄉以上者，設學務員長一人，另設區學員若干人。學務專員由各地議事會公推曾辦學務、具有經驗人員擔任，在府廳州縣由地方官委任，在城鎮由董事會，在鄉由鄉董，申請地方官委任。學務員長在學務專員內擬推二人，呈由地方官審定。勸學所改為府廳州縣官的教育行政輔助機關，佐助府廳州縣長官辦理學務。

癸卯學制頒行後，學部針對興學進程出現的新問題、新情況，陸續有所調整補充。比較重要的如 1907 年奏定《女子小學堂章程》26 條與《女子師範學堂章程》36 條，將女子教育正式納入學制體系。1909 年奏請中學文實分科，以及統一教授官話，為貧民子弟設立半日學堂，允許民辦法政學堂，停止獎勵實官，審定教科書等。

學部成立後，吸納以國民教育為重的社會輿論，由侍郎嚴修擬訂教育宗旨，仿東、西學制，大體分為專門、普通兩種，而普通尤為各國所注重。普通學不在造就少數人才，而在造就多數國民。欲振興學務，固宜注重普通教育，令全國民眾無人不學，必須明定宗旨，宣示天下。教育宗旨既要兼中國政教所固有，又要補中國民質所最缺，遂擬定為五條：忠君、尊孔、尚公、尚武、尚實。1906 年 3 月，學部奏陳宣示教育宗旨，當日奉旨頒布全國。是為中國歷史上第一次正式頒布教育宗旨。為了普及國民教育，學部還一度試圖推行強迫教育。

《欽定學堂章程》和《奏定學堂章程》相繼頒布後，各級各類新式學堂依照規劃逐步興辦，入學人數穩步上升（詳見表 20-1）。

表 20-1　光緒二十九年至宣統元年學務統計

年分	學堂及教育處所	教員數	學生數	職員數
光緒二十九年	769		31428	
光緒三十年	4476		99475	

光緒三十一年	8277		258873	
光緒三十二年	23862		545338	
光緒三十三年	37888	63556	1024988	59359
光緒三十四年	47995	73703	1300739	77432
宣統元年	59117	89362	1639641	95820

資料來源：參見桑兵《晚清學堂學生與社會變遷》，學林出版社，1995，第 138 頁。

學堂分為官立、公立、私立三種，其中除光緒三十年（1904）外，公立所占比例最大（詳見表 20-2）。

表 20-2　光緒三十年至宣統元年官立、公立、私立學堂比例

年分	學堂總數	官立		公立		私立	
		學堂數	%	學堂數	%	學堂數	%
光緒三十年	4222	3605	85	393	9	224	6
光緒三十一年	8277	2770	33	4829	58	678	9
光緒三十二年	19830	5224	26	12310	62	2296	12
光緒三十三年	35913	11546	32	20321	56	4046	12
光緒三十四年	43088	12888	30	25688	60	4512	10
宣統元年	52348	14301	27	32254	61	5793	12

資料來源：〈宣統元年分第三次教育統計圖表〉，國家圖書館古籍館編《國家圖書館藏近代統計資料叢刊》第 32 冊，北京燕山出版社，2009。

宣統元年，學部統計 7—15 歲學齡兒童就學率，京師學齡兒童共 31798 人，已就學 13411 人，就學率約 42％；雲南學齡兒童 368805 人，已就學 70033 人，就學率約 19％；奉天學齡兒童 1818811 人，已就學 218840 人，就學率約 12％；黑龍江學齡兒童 74094 人，已就學 7970 人，就學率約 11％；山西學齡兒童 849074 人，已就學 221122 人，就學率約 26％。各府廳州縣就學率極不平均，雲南最高者超過 40％，最低者不足 5％；山西就學率最高一縣約 93％，最低不足 1％。

京師以外，各省小學堂由光緒三十三年的 33749 所、學生 872760 人，增至宣統元年的 50301 所、1490008 人。至光緒三十三年，全國共有中學堂 419 所、學生 31682 人。宣統元年，中學堂增至 460 所、學生 40468 人。至宣統元年，學部統計有大學堂 3 所。京師大學堂在校學生有 200 人，北洋大學堂有 114 人，山西大學堂有 435 人，共計 749 人。宣統元年，各省設立女

學堂 298 所，學生 13849 人。

　　各種專門學堂也有顯著增長，光緒三十三年據學部統計，除京師外，各省共計有農業學堂高等 4 所，學生 459 人；中等 25 所，學生 1681 人；初等 22 所，學生 726 人。全國有中等商業學堂 9 所，學生 754 人；初等商業學堂 8 所，學生 363 人。宣統元年，農業學堂增至高等 5 所，學生 530 人；中等 31 所，學生 3226 人；初等 59 所，學生 2272 人。工業學堂增至高等 7 所，學生 1136 人；中等 10 所，學生 1141 人；初等 47 所，學生 2558 人。商業學堂增至高等 1 所，學生 24 人；中等 10 所，學生 973 人；初等 17 所，學生 751 人。光緒三十三年，全國共有實業學堂 137 所，學生 8693 人。三十四年增至 189 所，學生 13616 人。宣統元年達 254 所，學生 16649 人。

　　師範教育在發展中有所調整。光緒三十三年，各省共有師範學堂 541 所，學生 36091 人。其中初級師範完全科 64 所，學生 6390 人；優級師範完全科 2 所，學生 527 人；初級師範簡易科 179 所，學生 15833 人；傳習所、講習科等 276 所，學生 9844 人。至宣統元年，各省師範學堂為 415 所，學生 28572 人。其中初級師範完全科 91 所，學生 8358 人；優級師範完全科 8 所，學生 1504 人。師範學堂總量較前略減，而程度增高，優級師範數目增加。[4]

　　為了加速興學，統籌學務，專設學部，統管全國教育行政，在各省及以下設提學使司與學務公所、勸學所，建立起自上而下的教育行政體制。清廷頒布教育宗旨，推行國民教育，不斷完善各種規制，協調各方教育行政關係，嘗試實行強迫教育，改良私塾。因應全國學務大興的需求，留學日本熱潮出現，後再度轉向歐美，以求學業精深。新興教育團體聯絡朝野上下，興辦學堂，研究教育，輔助教育行政，對擬定教育規制與政令影響深遠。在朝野合力推動下，新式教育高速發展，規模急劇擴大。新式學堂取代學校、書院、學塾，最終成為定局。傳統風教也轉變為社會教育，普及識字，推廣新知。而全盤接受西式教育體制及其知識系統，以至於中國的知識體系前後兩分，影響至深且遠。因操之過急，以及官紳趁機漁利，其間也出現名實不符等諸多弊端，加重了民眾負擔，激化了社會矛盾，導致各地毀學風潮此起彼伏。而大批受西學教育的青年學生聚居在都市城鎮大大小小的學堂，本來為維護清朝統治而實

4　以上敘述參見〈光緒三十三年分第一次教育統計圖表〉、〈宣統元年分第三次教育統計圖表〉，《國家圖書館藏近代統計資料叢刊》第 32 冊。各表數字不能完全重合。

行的教育變革，反而促其速亡。

四、納科舉於學堂

由學堂發展的歷史進程可見，中西學校之爭，本質是中西學問之爭，而所爭實際上可以說是新舊學問的優劣消長。甲午戰前，儘管西學傳入中國已近半個世紀，官辦新式學堂也有 30 多年歷史，但在人才培養與選拔方面，西學仍然只是作為科舉的補充。學校是重要的儲才之所，地位崇高，處於教化體制的中心位置。這既使學校淪為科舉制的附庸，也讓學校成為讀書人學而優則仕的正途。讀書人無論在何處肄業，必須名列學校籍冊，成為生員，才具備參加科舉考試的資格（特科例外），因此人們樂於就學。

道光至光緒四朝，清朝官員先後奏呈過 10 個以上的科舉改革方案，試圖以變常科開特科、納洋學於科目、設經濟特科、廢八股改策論等形式，增廣科目，講求實學，吸取西學之長，廣開取士納賢之途，重新激發科舉制的活力，可是始終不得要領。其實，清初以理學取代王學，正是為了反對陽明心學的空疏。而漢學也旨在進一步求實。然而這些擋不住西洋衝擊的實學，在時人眼中統統成了無用的虛理。

戊戌變法期間，康有為以學校未成，科舉不能驟廢，請罷棄八股試帖楷法取士，復用策論。清廷諭令自下科起，鄉會試及生童歲科各試一律改試策論，以勵實學而拔真才。政變後，恢復舊制，嗣後鄉試會試及歲考科考等，仍以四書文試帖、經文策問等項，分別考試。經濟特科即行停罷。但廢除時，以文取士已成大勢所趨。新政復行，光緒二十七年七月，諭令停止八股取士，自次年始，鄉會試頭場試中國政治史事論五篇，二場試各國政治藝學策五道，三場試四書義二篇、五經義一篇。考官閱卷，合校三場，以定去取，不得偏重一場。生童歲科兩考，仍先試經一場，專試中國政治史事及各國政治藝學策論，正場試四書義、五經義各一篇。考試試差、庶起士散館，均用論一篇、策一道。進士朝考論疏、殿試策問，均以中國政治史事及各國政治藝學命題。所有考試，凡四書五經義均不准用八股文程序，策論均應切實敷陳，不得空衍剽竊。

新政期間，各省督撫紛紛奏請分三科遞減科舉，以期 10 年後取士概歸學

堂。如果學堂育才效果不佳，仍可恢復舊制。儘管癸卯學制的《各學堂獎勵章程》規定，凡在各學堂肄業學年期內，均不得應科舉考試，但仍然擋不住學子們的功名進取之心。光緒三十一年八月，袁世凱、張之洞、端方等鑒於科舉素為外人詬病，學堂為新政大端，而科舉一日不停，士人仍有冀望，無法專心投入學堂肄業，民間更相率觀望，私立學堂者絕少，又斷非公家財力所能普及，學堂絕無振興的希望。一旦棄舊圖新，則風聲所樹，觀聽一傾，群且刮目相看，推誠相與。而留學外洋之中國士子，亦知進身之路歸重學堂一途，益將勵志潛修，不為邪說浮言所惑，顯收有用之才俊，隱戢不虞之詭謀。欲補救時艱，必自推廣學校始，而欲推廣學校，必自先停科舉始。於是請立停科舉，專辦學堂，廣學育才。是年八月初四，諭令立停科舉。

從乾隆九年議改取士途徑，至光緒三十二年停止科舉，專辦學堂，歷時160餘年，學校制度終於從制義取士變為學堂育才。其時各省學堂未能全立，成效也不顯著，章程尤未妥善，須重加訂定，方可培植人才。科舉與學堂的優劣興廢，關鍵還在育才取士的良否。

無論實情如何，當時人和後來者將立停科舉解釋為廢科舉，都與主其事的內外重臣的想法有所出入，後者的願望，只是納科舉於學堂，將科舉與學堂合為一途。科舉與西學之爭，背後起決定作用的仍是中西學的相互角逐和此消彼長。科舉停罷，學堂成為正途，意味著中學的正統地位根本動搖，而中西學之爭的主戰場轉移到學堂內部。儘管納科舉於學堂已經是中學失勢的表現，但學制的規劃設計者還是異想天開地希望學堂以變通的方式繼續承擔科舉的重任，其方式主要有三，一是中學為體；二是育才取士；三是化民成俗。結果當然事與願違，學堂在以上三方面都不能延續科舉制的作用，反而進一步加速了中學的衰頹。

自西式學堂誕生以來，中西學如何一統於學堂就成為問題。在華教會學校為了吸引中國學生，早已注意到加授經學課程。1890年，在華傳教士大會明確提出，教會學校的教學計畫應包括基督教書籍、中國經書和西方的自然科學三個方面。其教學內容雖然各有安排，但大體上經學多習四書，程度較高的兼及五經。山東登州文會館分備齋、正齋兩級，備齋主要學習《孟子》、《詩經》、《大學》、《中庸》，專齋則有《禮記》、《書》、《左傳》、《易》等。

　　同文館初開，「閣束六經，吐棄群籍」，於中國舊學一概不問。[5]但隨後開辦的一些技術學堂增設經學等中學課程。主持其事的官員強調：「可以中國之心思通外國之技巧，不可以外國之習氣變中國之性情。」[6]保存與鞏固中體的問題進入學堂。尤其是甲午戰爭前後，電報、醫學、鐵路、礦務等技術學堂相繼創辦，開始貫徹中體西用思想。兩廣電報學堂規定，學生除學習西學外，兼課四書五經，以知禮義。南京礦務鐵路學堂、江南儲材學堂的學生也要兼習經史，如《春秋》、《左傳》等。

　　起初，無論新式學堂還是書院，課程中的經學、經史等名目，不過是相對西學而提出的中學「代表」，分科的觀念比較模糊。辦學者一面抱有中國傳統不分科的治學取向；一面拼合西學。甲午戰後，朝野上下逐漸接受西方的學術分科觀念，各書院開始制定課程，以大學堂為首的普通學堂明確將中學分科設置。

　　甲午戰後出現的普通學堂，中西學課程的種類大幅度增加，西學課程增添了政治、倫理等科目，中學課程增加了掌故、史地、通鑑、律法等門類。1896年，管理官書局大臣孫家鼐提議復辦京師大學堂，提出學問宜分科，不立專門，終無心得。分科治學，成為朝廷辦學的方針。人們不斷嘗試用分科的辦法來規劃中學，導致中學課程名目漸多。1898年，張之洞的《勸學篇》為應對新學而中學課程過於繁難的狀況，提出以易簡之策救中學。所列舉的中學各門，為經學、史學、諸子、詞章、理學等，並寄希望於學堂專師以之纂成專書，初步顯示了所主張的中學課程分類。大學堂章程將普通學課程分為經學、理學、中外掌故學、諸子學和初級的算學、格致學、政治學、地理學以及文學、體操等十種，為全體學生必修科目。至此，中學分科的課程名目已先後有經學、史學、文學、掌故之學、輿地之學、理學、諸子學等多種。此後，傳統學術在學堂中所分學科大致未脫離這樣的範疇。

　　中學既然已經分科，那麼各科孰輕孰重的問題自然就凸顯出來了。經學地位的重要，在一些學堂的開辦章程和辦法中得到體現。京師大學堂確立以中體西用為立學宗旨，明文規定經學是各學根本，「經學所以正人心，明義理，

5　梁啟超：《變法通議・學校總論》，陳景磐、陳學恂主編《清代後期教育論著選》下冊，人民教育出版社，1997，第 439 頁。
6　《沈文肅公政書》卷 4〈奏摺〉，光緒四年（1878）刻本。

中西學問皆以此為根柢。若不另立一門，何以為造端之地？」[7] 湖南正始學堂章程規定，立學中西並務，以經義為歸宿，故先學群經。不能遍者，則以六經為卒業。但一些學堂設課時，標榜為各學基礎的並不僅僅是經學，而且是經、史等學並列，經學的地位並未凸顯。天津中西學堂的中學課程就強調講讀經史之學。南洋公學章程也規定，所教以通達中國經史大義，厚植根柢為基礎。這固然是由於時人分科觀念模糊，中學的經、史劃分不清，也因為經、史等傳統學問的地位在清季發生了轉變，這在日後的學制章程中得到體現。

對於學堂內部的中西學之爭，清廷最後確立了「中體西用」的解決方案，但實際上，學堂是先有了「西用」之學，然後再逐步確立「中體」。這反映在學堂課程層面，語言、技術類學堂初興之時，重在引進西學，中學並未成為其中的科目。主張純粹西用的學堂，西學不過是補中學之不足。甲午戰後，肄習普通學的新式學堂開始大量出現，分科教學的觀念為官方所接受，中學其實是按照與西學對應的觀念重新分解組合，從整體一塊劃分為經學、史學、文學等科目課程。這也可以說是以西用的規矩尺度來衡量規範中體，一方面，用西學的標準看待中學；另一方面，用西學的分類條理中學，中學自然很難保持其原有形態和意義。

學制頒布和統一學堂系統的設立，使得用西學全面整合中學成為勢所必然。此前朝野上下一直試圖以科舉即中學相容西學，成效甚微。雖然各種學堂嘗試將中學納入分科教學的系統，但總體上中西學仍然處於分立狀態。科舉弊端日益顯現，學校被斥為科舉附庸，徒具形式，所學空疏無用，導致教化廢墜與吏治敗壞。在學制頒行的同時，科舉制也確定以漸停方式予以終結。學堂教育一統天下，分科教學使得中學整體上被西學所相容整合。

壬寅學制、癸卯學制的頒布，使得分科教學成為官方體制。學制框架內的經學，在各階段學堂中有了內容、層級安排的銜接和遞升。壬寅學制秉承清代重理學和書塾大都以四書開蒙的傳統，普通學堂在蒙小學堂階段先讀四書。小學堂至中學堂，讀完五經。中學堂畢業時，則十三經讀畢。高等學堂階段，續講各經自漢以來注家大義。分科大學因未辦理，未定課程，但其預科下的政科與高等學堂程度相同。在分科大學階段，專列經學目。專門學堂中的師範學

7　〈管理大學堂大臣孫家鼐摺〉，《戊戌變法檔案史料》，中華書局，1958，第 285 頁。

堂仿照大學堂師範館章程辦理，列有考經學家家法一項。自小學堂、中學堂而至高等學堂、大學堂預備科，經學的傳授以定鐘點、定內容的方式在學制體系內得到貫徹。

將經學課程系統規劃到各級各類學堂中去，是壬寅學制的首創。因為西方學科中並無經學，所以其全盤規劃只能自我統籌，無成法可資借鑑，而且相較於舊學教育有很大不同。書塾、府州縣學到國子監並無層級的遞升，新學制則將經學課程納入從蒙小學堂到大學堂各階段的系統教學中去，有了教學內容、學時安排與層級次序的遞升銜接，經學成為類似西式教育的課程門類和分科。學堂教習須按照統一規定的程序內容實施教學，不能全部聽塾師、山長的一家之言。

在新學制的框架內，各階段教學安排的重心明顯不同。就課時比重看，層級越低，中學課程的比重越大。隨著學堂層級漸高，西學課程比重相應提高，超出中學課程。吳汝綸等認為習古文才是學堂保存中學的關鍵，中學以國朝史為要，中學的各分科課程、經學在中學的重要性也沒有得到體現，史學和文學的地位卻有所提升。經學的課時安排相對較少，占每週全部課時的比例分別為蒙小學堂 1/6，中學堂 3/37—3/38，高等學堂政科與大學堂預備科政科 1/18，大學堂師範館 1/36。讀經課程的鐘點相較文學與史學持平，甚至不如。

《奏定學堂章程》調整的方面之一，是注重讀經、講經課程的設置，於七科大學基礎上，增設經學科，並置於各科之首。《學務綱要》規定中小學堂須注重讀經。初等、高等小學堂和中學堂各學年每週授課鐘點分別為 30、36、36 個，讀經講經分別占 12、12、9 個鐘點。隨著新學制在各地學堂的實施，經學在「以西方學術之分類來衡量」的路上越走越遠。

立停科舉後，「不廢經學」的責任更多地落在學堂的經學課程上。張之洞規劃學制的經學課程時，曾經自信地表示：「若按此章程辦理，則學堂中決無一荒經之人，不惟聖教不至廢墜，且經學從此更可昌明矣。」但學制執行的效果顯然與他的預期相差甚遠，變成一科的經學，很難擔負維繫聖教和支撐中學的重任。一方面分科太多，減少了學生修習經學的精力，如直隸「中學堂以上學科太雜，於經學反多荒廢」。[8]另一方面，學堂重西學而輕中學，所謂「近

8　劉汝驥：〈丙午召見恭記〉，《陶甓公牘》卷 1〈示諭〉，安徽書局，宣統三年（1911），

來中外學堂皆注重日本之學，棄四書五經若弁髦。即有編入課程者亦不過小作周旋，特不便倡言廢之而已」。[9] 經學在學堂中普遍成為最無聊、最不受歡迎的課程，非但起不到維繫中體的作用，反而成為人們厭倦中學的口實，再度引發人們對於經學消亡的憂慮。於是人們開始重新思考保存舊學的辦法。

《奏定學堂章程‧學務綱要》明示重國文以存國粹之意。光緒三十二年，御史趙炳麟奏請立國學專門學堂。光緒三十三年，張之洞以近日學堂怪風惡俗，於湖北省城設存古學堂，以經、史、詞章、博覽四門為主，輔以普通科學，以求經訓不墜，保國粹而息亂源。擬試辦半年後，如課程條目毫無窒礙，即請旨敕下學部核定，通行各省一律仿照辦理。次年，江蘇仿設存古學堂，以存國粹而造通才。同年，御史李浚以存國粹關乎人心世教，故經學亟宜注重，請飭學部、各直省督撫，於國子監及各省城一體設立存古學堂，以補科舉之不足。所有事宜，悉照湖北、江蘇兩省奏定章程參酌辦理。湖南、貴州、陝西、廣東、四川、甘肅等地相繼奏辦存古學堂。宣統元年，學部擬定分年籌備憲政事宜清單內，列有於宣統二年各省一律設立存古學堂。至三年三月，學部頒布《修訂存古學堂章程》，申明存古學堂貴精不貴多，因經費支絀，取消原定各省一律設存古學堂的規劃，並定修業年限，分為中等 5 年、高等 3 年，以資深造。

存古學堂的設立，在趨新人士看來，反而使普通學堂的經學課程變得無足輕重，社會輿論對中小學讀經的批判日益高漲。1911 年，中央教育會中有人提議停止初等小學讀經講經，其提議得到多數通過。只是迫於反對者態度激烈，學部才未將該議案諮送內閣。民初，教育部通令停止中小學讀經，大學以上的經學課程，只是作為純粹學問。經學進出學堂，成為其退出歷史舞臺的必由之路。

科舉掄才不能應世變，學校培才連帶受到普遍質疑。隨著新式學堂的普及和舊學的衰微，掄才與培才相互分離的局面難以維繫，最後只好幡然變計。新式學堂之設，本來是補學校育才之不足，也就是以西學補中學。而科舉與學堂兩不相容，停罷科舉，獨興學堂，將掄才與培才熔於一爐，雖然確定宗旨為中體西用，實際上卻是以西學取代中學。學堂成為出身正途，舊學機構只能退出。繼書院改制後，國子監及各類官學相繼改為學堂，社學、義學也紛紛改辦

第 1—2 頁。

9 《惲毓鼎澄齋日記》，光緒三十年七月初九日，浙江古籍出版社，2004，第 250 頁。

新式學堂或簡易識字學堂。只有府州縣學確定保留文廟和教官，卻因而失去生源，處於自生自滅的狀態。其尚存的經費多被挪用，場地設施也陸續被新式學務機構改造利用。

科舉在與學堂的競爭中失勢，原有的學校、書院等機構便失去培才的效用，只能逐漸向學堂靠攏，改變課程及教學。癸卯學制頒行之際，決定漸停科舉，形式上為學校留下存身的餘地，以便與學堂比較，其實中學的地位大為降低。各種官學陸續改辦學堂。國子監雖然歸併學部，保留下來，但原來的教學職責不復存在。國子監南學改為新式學堂，學校舊跡完全消滅，僅餘文廟、辟雍等建築以供觀光、憑弔，特設之國子丞專司祭祀，幾同廟祝。

清季設立學堂，大體有改造書院和重新建立兩種途徑，至於各地府州縣學的興廢，因為牽扯科舉和中學，始終予以回避。《奏定學堂章程》頒布，科舉立停，府州縣學的教官除了典守文廟、奉祀孔子以及生員考職、舉報孝廉方正等科舉遺留事務外，無所事事；若教官不存，則府州縣學自成廢署。學部成立後，各州縣學留教官一人以奉祀孔孟。教官雖得不廢，但因其職簡責輕，停選教官一缺，缺出後不再選補，教官數量逐漸減少。

光緒三十二年十二月，山西道御史張瑞蔭鑒於原來教職無以聊生，以致職守盡荒，學宮日壞，奏請對府州縣學和教官加以變通利用，於學宮隙地設立蒙學，令教職轉為蒙學之師，酌給束脩。每年提學使派人稽查學宮，隨時修理。學部議覆，予以否決。在保留文廟和教官而生源盡失的情形下，府州縣學究竟何去何從，內外官員遲遲未能議定統一善後辦法。只是學堂一枝獨秀，學校的整體命運難以改變，實際上處於自生自滅的狀態。一些地方在興辦學堂時，鑒於財政窘迫，資金難籌，遂自行利用和改造府州縣學的場地設施。

各地利用府州縣學改設新式教育機構的情形大體有以下幾類。（1）設置教育行政機構，將學務公所、勸學所等設於學宮內部的明倫堂、崇聖祠等處，或直接就學宮改建，以引領興辦新式學務的風氣。（2）創辦師範學堂、師範傳習所，培養學堂師資力量。（3）創建中學堂及高等、兩等、初等小學堂。學校原有屋宇用地被改建為學堂的教學、會議、體育、食宿等場所，如以明倫堂為自修室兼禮堂，以尊經閣、橫屋、土穀祠、文昌閣改建講堂，利用原址改建西式建築作為學舍，並分別改建學堂會客所、儲藏室、校長職員辦事室、

校友會、職員議事室、廚室、操場等。（4）創辦女學堂，推廣女子教育。（5）改建自治學堂，將文廟作為講授場所。偶而有利用同一學校內場所分別改建多類新教育機構的情形。

不過，清季各地興學過程中，只有部分地方利用府州縣學改辦學堂。進入民國，又有一些地方在原府州縣學內開辦學校，而其他早已成為冷衙閒職的學宮教官，或改名或裁撤，文廟改稱孔廟，祭祀的禮節亦改變。1927 年，國民政府通令廢止祭祀孔子，將每年八月二十七日定為孔子紀念日，由學校組織集會紀念。廟學合一的府州縣學最終成為歷史的遺留物。

戊戌變法和新政復行，兩度諭令將各省府廳州縣現有之大小書院，一律改為各級兼習中學、西學的學堂。隨著學務的推進，各地書院大都改造成為各級學堂。這是舊式教育機構中改造最為普遍徹底的一類。

《欽定蒙學堂章程》規定：凡各省府廳州縣原有義塾，並有常年經費，此後應按照此蒙學課程，一律核實，改辦公立蒙學堂。《奏定學堂章程》規定：各省府廳州縣，如向有義塾、善舉等事經費，皆可酌量改為初等、高等小學堂經費。原有的社學、義學逐漸改為學堂、半日學堂或簡易識字學塾，多數社學、義學經費被挪用於辦理各項新政，無形中消失。但社學、義學仍有繼續設置者。不僅民間如此，有的還由直省及地方學務主管部門所辦。

私塾改良，源於西方傳教士來華後指出中國固有教育的教學內容和方式方法，都已落伍。其說漸為趨新士人及部分官紳所認同。內外官員在興辦新式學堂的同時，認定學塾為私塾，採取程度不一、效果各異的干預行動。但由於經費不足以及學堂多有不適合中國國情之處，直到清亡，一般民眾仍以學塾為受教育的主要選擇，私塾改良的效果非常有限。

1910 年 7 月，學部發布《通行京外學務酌定辦法並改良私塾章程文》，這是第一份全國性的改良私塾章程，要求京師督學局、各省提學司督飭各地勸學所辦理改良私塾事宜。具體分為初等、高等兩種，對應初等及高等小學教科程度。其中又各分為一、二兩級，初等改良第一級課程至少須授修身、國文、讀經講經、算術四課；課目遵用部定之本；各書均須講解，不得專主背誦；學生以各科課本教授完竣為畢業，畢業年期及分配課時應預行規定。在此基礎上，講解詳明，能參用初等小學教授管理法及其施行規則者則為第二級。高等

改良第一級課程在原有四科基礎上，加授歷史、地理兩科，其國文、算術兩科課時酌量增加。第二級課程可酌加格致、體操；參用高等小學教授管理法，並施行高等小學規則；每年期考、年考各一次，由勸學所人員會同考試，給予畢業憑單。學生達到 30 人以上，有一定標準的固定經費，初等、高等改良私塾可改名為初等、高等小學。

宣統元年，學部要求各省將改良私塾成績報部，河南小學堂僅 3296 所，學生 79105 人，而改良私塾則近萬所。以改良者占總數的兩成、每塾平均 11 名塾生計，全省私塾總數達 50000 所，塾生 550000 人。[10] 其時私塾、塾生、塾師的數量遠遠多於學堂、學生、教習。輿論對於朝野大力興學之下，學堂不增，私塾反而日見其多，大感怪異。

在 1911 年第一屆中央教育會第七次會議上，有代表提出《廢止私塾名目一律改稱公私立學堂案》，激烈辯論後表決通過。而學部擬訂的《義務教育章程（草案）》規定：學齡兒童在家塾或私塾就學者不得視為已受義務教育，但該家塾或私塾經府州縣視學員察核，確係遵照部定初等小學課程，用部頒或審定之教科書教授，畢業時由視學員或勸學員考驗及格，發給文憑者，亦可認為已受義務教育。

主張改良私塾者首先是認定中學無用，讀經不能育有用之才，所以主張改習西學。

納科舉於學堂的用意之一，是將學校與科舉分別掌管的培才與掄才合於一途。由於戊戌期間停止殿試之後朝考的諭令於新政時繼續有效，掄才不僅取士，還要試官，學堂教育畢業與就職成為一而二之事。

科舉制的重要價值之一，是以考試作為甄別選拔人才的形式。納科舉於學堂，便要學校同時具備育才和取士的功能，考試自然是重要形式。《奏定各學堂考試章程》規定，國內新式學堂的考試分為五種：即臨時考試、學期考試、年終考試、畢業考試、升學考試。其中臨時、學期、年終三種考試，由學堂自行辦理；畢業考試和升學考試，則模仿科舉歲科試。中等以上學堂的畢業考試照鄉、會試例，高等學堂畢業，屆期奏請簡放主考，會同督撫、學政詳加考試；

10　〈宣統元年京師及各省小學堂表〉，朱有瓛主編《中國近代學制史料》第 2 輯上冊，華東師範大學出版社，1987，第 273 頁。

大學堂分科大學畢業，屆期奏請簡放總裁，會同學務大臣詳加考試。畢業考試中西學並重，分內、外兩場，外場試在學堂舉行，有筆試與口試兩種形式。口試部分按學科門類分日考問，筆試部分則將試題公開，筆答或應演圖者，均當堂在漆牌上寫出。內場試全為筆試，比照拔貢、優貢例，只考兩場，以當日完場為便。每場出論、策、考、說各二題，頭場以中學出題，經史各一，經用論，史用策；二場以西學出題，西政、西藝各一題，西政用考，西藝用說。內外兩場考完，以各科所得分數，並參證平日功課冊、行檢冊所列分數，彙定一總分數，分其高下，以定去取。1907 年 1 月，學部奏准《修改各學堂考試章程》，明確各學堂必須考試經史課目，原來未設經史課目的學堂，也須加試經學一題、中國史學一題。而中學以上之學堂，畢業考試中國文學一科，應試二題，一題就該學堂主要學科命題，觀其知識能否貫通；一題就中國經史實命題，觀其根基是否深厚。經史考試的分數不僅作為一門獨立課目計算，還與畢業考試的平均分數一起計入總分。

留學畢業生也須通過回國考試，才能確認資格並授予相應出身。1905 年 7 月，學務處主持首次遊學畢業生考試，共分兩場，第一場在學務處，及格者再參加第二場的保和殿殿試。題目分為文、理兩科，文科題為策試。殿試不久引薦授職。一等為進士，授翰林檢討、主事、內閣中書；二等為舉人，授七品小京官、知縣。學部成立後，加強對留學生考試的組織，1906 年的《學部奏定考驗遊學畢業生章程》規定，考試分兩場，第一場就各畢業生文憑所注學科擇要命題（每學科各命三題，作二題為完卷）；第二場試中國文、外國文各一題，作一題為完卷。遊學生考試卷由襄校官分閱並評記分數，再由學部大臣會同欽派大臣詳細複校，分別定取最優等、優等和中等。[11]

科舉立停後的各種考試，大致可分為三類，一是為舊學士子疏通出路，考試優貢、拔貢，生員考職等，為科舉考試的延續；二是國內新式學堂學生的畢業考試和留學生歸國考試，成為取士選才的主要途徑；三是法官任職資格和選用巡警的考試。立停科舉後，各種考試章程與獎勵措施相互激勵，考試種類增多，頻率加快，學堂考試的頻繁程度和受試人數遠過於科舉時代，加上為舊學士子寬籌出路而新設的各類專業資格考試，科舉取士的功能不但

11　《學部官報》第 6 期，1906 年，本部章奏欄。

基本延續，而且有過度膨脹之勢。如果畢業與就職合二為一，勢必進一步造成學界的混亂和官場的冗濫。學部後來反省了這一設計的失誤，意識到培才與掄才確應分為兩途。1906 年 10 月，學部的《奏定考驗遊學畢業生章程》正式提出區分「學成試驗」與「入官試驗」，學部組織的考試屬於「學成試驗」，用人部門負責「入官試驗」。隨後文官考試與任用章程相繼頒布，意味著培才與掄才正式分離。

　　培才與掄才難以合為一途，育才取士的標準也大成問題。戊戌變法期間，人們反省此前學堂的弊端之一，便是名為中西兼習，實則有西而無中，且有西文而無西學。由於中西之學未能貫通，故偶涉西事之人，輒鄙中學為無用。各省學堂，以洋務為主義，以中學為具文。所聘中文教習，多屬學究帖括之流；所定中文功課，不過循例咿唔之事。東、西各國學校，未有盡捨本國之學而徒講他國之學者，亦未有絕不通本國之學而能通他國之學者。中國學人之大弊，即治中學者則絕口不言西學，治西學者亦絕口不言中學，兩學互相詬病，水火不容。學堂育才，必須中西學貫通，體用兼備，缺一不可。不講義理，絕無根底，則浮慕西學，必無心得，只增習氣。取士則須中西並重，觀其會通，不得偏廢。

　　中西各有體用，分別學習，也不易掌握，所謂學貫中西，絕無可能。即使普通學常識，要想做到會通中西，也是難上加難。科舉時代，自童蒙時便誦讀經書，以致皓首窮經，仍然不得一當，況且學堂課程繁多，不能兼顧，實際上還是以西學為主。而科舉取士重通人與學堂教育重專才的理念取向相互抵牾，中西新舊的體用與專通相互糾結，成為確定取士標準的一大難題。1906 年 10 月，孫家鼐提出甄別用人的新方案，學堂畢業生考試時，將學生按所學分門別類。第一類僅通語言文字者，日後作為翻譯使用；第二類學習製造等專業知識，應另設職務，不給予「治民之權」；第三類「惟中學貫通，根原經史，則內可任部院堂司，外可任督撫州縣」。[12] 新方案以西學專才辦事，而以中學通才治民。如此一來，從中西會通的新途又回到各行其是的舊軌。

　　孫家鼐的辦法看似中西兼顧，其實偏於中學。因為學堂偏重西學，恐經學荒廢，綱常名教，日益衰微。中國為倫理社會，又少純粹宗教信仰，必須以

12　《德宗景皇帝實錄（八）》卷 563，光緒三十二年八月二十二日，第 5158—5159 頁。

道德維繫，所以三綱六紀為中國文化抽象理想的最高境界，而禮制名教是具體體現。明清科舉制度具有取士、教育、舉業、教化、文化傳承等多種功能。新式學堂注重培養做事能力，與科舉讀書明理的取向明顯有別。科舉停罷，道德教化與文化傳承的功能缺少相應的補救措施。

四書五經作為科舉考試的主要內容，重在對經義的理解闡釋，包含傳統中國文化價值標準的基本元素。學子在應試過程中反覆研習背誦，耳濡目染，日積月累，逐漸內化為其言行的準則依據，並且借助各種教學形式代代相傳。載道之文，本非只有科舉文體，只是明清以來科舉考試日趨程序化，又具有壟斷性影響，使其他文體的應用範圍大為縮小，削弱了道德教化和文化傳承的功能。晚清改科舉，從形式到內容力圖壓縮經義闡釋的分量，增加西學比重，促使學以致用，科舉制的道德教化和文化傳承功用進一步被削弱。西式學堂仍然難以接續這方面的功能。

清代科舉考試雖因內容與形式僵化遭人詬病，但其取士實為選官入仕的預備，所重在於通過儒家經典的薰陶培育道德文章的通人，以便親民教化，並且駕馭深諳辦事門道的師爺胥吏等人員，既非直接造就會做事的能員幹吏，也不能涵蓋一般教養之道。用西方近代功能政府、科層組織以及國民專門教育的標準來衡量，他們當然百無一是。至於形式，對於統治者而言，將科舉視為「掄才大典」，未必僅僅側重士子個人的才幹與文采，抑或檢驗其學習的程度，更主要的是引導社會風氣與趨向，使天下士子風從回應，遵循綱常倫理、修齊治平的大道。這與學堂考試旨在檢驗個人學習的效果大不相同。問題在於，納科舉於學堂後，學部雖竭力調整取向，但掄才與培才並途，仍不免本末倒置，使考試成為學習的指向。而合併科舉與學堂的流弊，雖然一再批判「學而優則仕」的取向，但讀書做官始終是後科舉時代教育的一大癥結。時至今日，對科舉餘毒之類的譴責，大概很難令人信服。這不免讓人懷疑當年廢科舉的義正詞嚴，是否真的理所當然。用中外不同的標準來觀察評判彼此固有文化價值的誤導之甚，由此可見一斑。

戊戌變法時期，即有人懷疑學堂教育難以體用兼顧，獨力擔當兼備中西學之長的重任，中國文化傳承及道德教化必須另行設制。為了在興學的同時保存傳統文化，王照提議分設教、學二部：「以西人敬教之法尊我孔子之教，

以西人勸學之法興我中國之學。特設教部，就翰林院為教部署，以年高之大學士統之，輔以翰詹各官，專以討論經術，維繫綱常。」各省學政改名教政，佐以教職。各邑各鄉增設明倫堂，領以師儒，聚講儒書，生徒之外，許人旁聽，立之期會，令鄉老族長書其品行之優者，具結上陳。教官覆核之，由教政考以四書各經經義，每州縣拔取數人，以至於二三十人，統名為優行生，以備用為教官，並備學部諮取，用作學堂之國文教習，表以章服，樹之風聲。另設學部，以重實用。這樣，衛道與興學可以並行不悖。[13]

　　納科舉於學堂後，西學之「用」通過學堂的分科教學得到實現，而經學文史雖然列為分科，卻失去主導地位，相比之下，變得最不切實用。科舉讓位於學堂，等於中學讓位於西學，退縮為一科的經史，無力承擔傳道與載道的重任，其日趨衰微難以避免。在儒學被視為無用且被有用的西學逐漸取代時，禮的作用地位亦被動搖，主管科舉事務的禮部裁撤問題被提上日程。

　　停罷科舉留給中國兩個世紀性難題，其一，價值標準及道德準則的重建。離開宗教信仰和道德倫理，如何使人們的思維言行自律。其二，在社會劇烈變化與快速發展中，中國文化能否擺脫劫盡變窮的宿命，把握協調繼承與揚棄的關係，盡力吸收外來文化，同時不忘與本民族文化相輔相成，使之綿延永續，再創輝煌。中國傳統文化的精義是否應該保存以及怎樣保存，這一千鈞重擔顯然不能僅僅由學堂教育來承擔。要想在學習先進的同時不迷失自我，保持傳統文化的精髓並能與時俱進，依然任重而道遠。[14]

13　中國史學會主編《中國近代史資料叢刊‧戊戌變法》第 2 冊，上海書店出版社、上海人民出版社，2000，第 354—355 頁。

14　本章參見關曉紅〈晚清議改科舉新探〉，《史學月刊》2007 年第 9 期；〈殊途能否同歸——立停科舉後的考試與選材〉，《中央研究院近代史研究所集刊》第 59 期，2008 年 3 月；〈終結科舉制的設計與遺留問題〉，《中山大學學報（社會科學版）》2011 年第 5 期。朱貞〈清季學制改革下的學堂與經學〉，《中山大學學報（社會科學版）》2011 年第 5 期。此外，還有安東強、霍紅偉、左松濤等人的相關研究成果。

第二十一章　晚清海防與塞防之爭

　　鴉片戰爭後，古老中國的門戶為西洋堅船利炮所洞開，自是而後，一連串外來的衝擊，使中國自覺或不自覺地走上近代化道路。百餘年來歷史的進程就是這種外患的日迫與嚴重及知識分子所從事的變法圖強運動兩股勢力在作平行的發展。中西海上接觸，開中國數千年來未有之變局；東南海疆所受一連串外人的威脅，逼使清廷不得不措意於「洋務」，尤其是講求海防之術，以為「師夷長技以制夷」，使中國自存於世界列強之中。清季的海防議論與海防政策，就是在這種中外會通、開空前未有之巨變的情況下產生的。[1]

　　然而清季政局之動盪與社會經濟之失序，固為外力所促成，但中國國內所隱藏的潛在危機更具決定因素。[2]內亂與外患頻仍，終清之世，成為一種惡性循環的態勢，兩者互為影響，使清廷顛沛困窘，支絀乏力。咸同年間，太平天國、捻軍、西南與西北的回民起事，幾乎都是與外力侵逼同時產生的大規模內部動盪。

　　咸同時代是中國近代史上的多事之秋：內有太平天國、捻軍與回民起事，外有英法兩次聯軍之役，俄人亦在北方蠢動；內政與洋務之措置均極棘手。太平天國之戰使得地方督撫勢力坐大，更嚴重損害清廷固有財源，使得國家財政

* 本章由劉石吉撰寫。

1　關於清季海防論興起之背景，可參看王家儉〈魏源對西方的認識及其海防思想〉〔臺大文史叢刊（9）〕，臺灣大學文學院，1964；〈清季的海防論〉，《師大學報》第12期，1967年。

2　Kuang-ching Liu（劉廣京），" Nineteenth Century China: The Disintegration of the Old Order and the Impact of the West, " in Ping-ti Ho（何炳棣）& Tang Tsou（鄒讜）eds. *China in Crisis*, vol.1, *China's Heritage and the Communist Political System*, book 1, (Chicago: The University of Chicago Press,1968) , pp.93-178.

解體，漸次走上仰賴外債之途。[3]財政困難使清廷無力從事大規模的改革措施；加以內亂未靖，勞師遠征，所費不貲，終有同光年間塞防與海防的爭議。

同治十三年（1874）的海防與塞防之爭有其重要的歷史背景與意義。此爭論之起，實由彼時兩派政治人物對拯救中國所抱持的方策不同：以左宗棠為首的塞防論者強調安定西北的必要，並警覺到俄人在西北邊陲的野心；以李鴻章為首的海防論者則注意到列強在東南沿海的威脅，並敏銳覺察到日本侵略的危險性。彼時朝野上下正掀起自強運動的浪潮，特著重於洋務之講求，海防措施自為其中之要項，是為改革派津津樂道；然西北未靖，俄人虎視邊陲，清廷自不能不會意及此。此二事同為急迫，其決定亦關乎清廷日後命運。在國家有限的財源下，何者應為優先考慮，乃引發一大爭辯，此爭辯之結果，影響到日後對日本、俄國的外交取向，亦將決定中國之為海權國或陸權國的地位。[4]

終清季之世，海防與塞防之爭論一直存在著。本章僅集中就同光之際各地方督撫有關海防與塞防的議論，以及至今中外學者相關的研究與評論綜要分析，並嘗試探討此種議論產生的背景及其所代表的意義。

一、海防與塞防之爭產生的背景

海防與塞防之爭可說是一種「攘外」與「安內」孰為優先之爭，亦是一種「現代」與「傳統」的價值觀念之爭。左宗棠之觀點，可說充分反映出傳統中國一向對中亞草原部族之入侵的戒懼心理；李鴻章的議論卻顯示其對新崛起的日本之嚴重威脅，及中國在國際社會新處境中之敏銳覺醒。塞防論者首重西北之肅清，海防論者重在東南海疆之外患；在本質上，一為內亂，一為外患，所強調者不同，然其重要性則一。

先是，同治三年太平軍肅清後，捻軍、回民相繼起事，波及西北各省，

3　太平天國戰爭後，各省督撫權力增大，政權與財權、軍權集於地方大吏，各省釐金平均只有 20% 解部，1861 年開始舉借外債以應付軍需，終清之世，直到民國初年，外債在中國經濟發展中占極重要地位。關於中國近代之外債，可參看王樹槐〈中國近代的外債〉，《思與言》第 5 卷第 6 期，1968 年；徐義生編《中國近代外債史統計資料（1853—1927）》，中華書局，1962；Chi-ming Hou（侯繼明），*Foreign Investment and Economic Development in China,1840-1937* (Cambridge, Mass.: Harvard University Press, 1965), pp.23-49.

4　Immanuel C. Y. Hsü（徐中約），" The Great Policy Debate in China, 1874 : Maritime Defense vs. Frontier Defense, " *Harvard Journal of Asiatic Studies*, 25 (1965) ,pp.212-228; 費正清、劉廣京編《劍橋中國晚清史》下卷，中國社會科學院歷史研究所編譯室譯，中國社會科學出版社，1985，第 2 章（徐中約撰）。

幾成燎原之勢。捻軍底定後，回勢更熾，陝西、甘肅動亂不安，新疆全境幾乎陷於阿古柏之手。同治十年，俄國更趁勢占領伊黎河流域。清廷於同治五年任命時在東南籌辦海防的閩浙總督左宗棠為陝甘總督，以致力於西北的平定。直到同治十二年，左氏廓清陝、甘全境，完成初步使命，準備率領大軍向新疆推進，繼續掃蕩。[5] 正當此時，日本侵入臺灣，東南沿海警報再起，清廷的海防措施再度面臨挑戰。

東南沿海，自西方新重商主義盛行，列強東來以後，屢次掀起戰火。鴉片戰爭之後，有識之士均洞察到海防的迫切需要，而開始講求「師夷長技以制夷」的洋務；再經過兩次英法聯軍之役，清廷傳統水師的缺陷益為暴露；海防的講求，新式海軍的建立成為當務之急，自強運動就是在此種背景下產生的。同治中興時代的自強運動，固然功虧一簣，成效不大，但卻使國人對西方的認識更進一步，而西人所提供的「合作政策」也在中國帶來短期的和平，使清廷得以全力應付國內亂事，以從事初步的改革運動。[6]

但這種消極的改革運動，在同治十三年日本侵擾臺灣事件中充分顯出其弱點。明治維新以後，日本逐漸向外擴張勢力，朝鮮和中國東北、臺灣均是它侵略的目標。這一年中，日本以懲罰臺灣南部牡丹社生番殺害琉球水手為藉口，派兵入侵臺灣。清廷無力保護臺灣，不願冒戰爭的風險，卻在該年與日本簽訂的專約中承認日本行為正當，並賠款 50 萬兩。[7] 此事件雖得以解決，然而「山雨欲來風滿樓」，這是以後日本對華長期侵略的開端，也是帝國主義國家瓜分中國的一個警號，它也顯示出清廷不完備的海防措施的危險性。對此，恭親王奕訢指出：

> 日本兵據臺灣番社之事，明知彼之理曲，而苦於我之備虛……今日而始言備，誠病其已遲；今日再不修備，則更不堪設想矣。溯自庚申之釁（指咸豐十年英法聯軍之役），創巨痛深，當時姑事羈縻，在我可亟圖振作，人人有自強之心，亦人人有自強之言，而迄今並無自強之實，從前情

5　Arthur W. Hummel , *Eminent Chinese of the Ch'ing Period* (Washington, 1944) II, pp.762-767；郭廷以：〈從張騫到左宗棠〉，《大陸雜誌史學叢書》第 1 輯第 7 冊，大陸雜誌社，1960，第 156—174 頁。

6　Mary Wright, *The Last Stand of Chinese Conservatism : The T'ung-chih Restoration, 1862-1874* (Stanford, CA: Stanford University Press,1957) , pp.21-42.

7　李劍農：《中國近百年政治史》，臺灣商務印書館，1971，第 156—158 頁；郭廷以：《近代中國史事日誌》，正中書局，1963，第 582—593 頁。

事，幾於日久相忘。[8]

他更以為，「日本小國，備禦已苦無策，西洋各國之觀變而動，患之頻見而未見者也」，主張致力於海防建設，以預防來自東南海疆的侵略。

雖然恭親王的言論頗能刺激彼時洋務派官員的心理，使之全力倡議海防，但清廷卻始終不忘情於「聖祖蕃之、世宗畬之、高宗穫之」的「西北周數萬里之版章」。[9] 蓋此地區在清代歷史上有其重要意義，清廷自不能隨意棄守，何況左宗棠的西征軍事已奏捷，正全力向回疆推進呢？在此種府庫空虛，財用極絀，又不可能暫緩西征，節餉以備海防的情況下，清廷之決策實屬為難；其可說是夾在「歷史」與「價值」的張力，亦即「傳統」與「現代」的困局之中，而難以取捨。[10]

海防與塞防之爭議就是在同治十三年這種特殊的政治背景下產生的（這時已是「同治中興」的末期），此兩者不能兼顧，是清朝國力衰微的徵兆；而改革派人物之重視近代化的海防設施，企圖使清廷苟存於強權的世局之中，亦可見這個古老帝國覆滅前「迴光返照」的一面。[11] 另一方面，海防與塞防之爭，可說是在西方帝國主義從陸上與海上兩面侵略中國的情況下，中國有識之士有所感觸而發出的愛國言論；此種言論之分歧，其所持之觀點，頗值得進一步探討。這些救國方策，表示中國近代知識分子在面對西方文化挑戰時，所做的各種不同的反應模式。

二、海防論者所持觀點之分析

日本襲臺事件發生後，同治十三年總理各國事務衙門的奏摺中，極力強調「能守然後能戰，能戰然後能和」，主張講求備禦海防之策，以防西洋各國之挑釁；並詳擬練兵、造船、簡器、籌餉、用人、持久六條，發下各省督撫覆議，

8　《籌辦夷務始末》（同治朝）（以下簡稱《始末》）卷 98，國風出版社，1962 年影印本，第 19—20 頁。

9　魏源：《聖武記》卷 3，世界書局，1962 年影印本。

10　海防與塞防之爭對清廷來說是一種「兩難式」。此處用「歷史」與「價值」衝突的觀念，借自 Joseph R. Levenson，參見氏著 " History & Value: The Tension of Intellectual Choice in Modern China, " in Arthur F. Wright ed., *Studies in Chinese Thought* (Chicago: University of Chicago Press, 1953) , pp.146-194.

11　「同治中興」代表清廷覆滅之前迴光返照的一面。事實上，並沒有一個真正的「同治中興」，它的結果是失敗的。參見 Mary Wright, *The Last Stand of Chinese Conservatism : The T'ung-chih Restoration, 1862-1874.*

這段時期的塞防與海防之爭議於焉開始。[12]

　　主張海防最力者在中央為恭親王奕訢與大學士文祥，在地方則為直隸總督李鴻章、船政大臣沈葆楨、江蘇巡撫丁日昌、山西巡撫鮑源深、署山東巡撫漕運總督文彬、盛京將軍都興阿、兩廣總督英翰、安徽巡撫裕祿、浙江巡撫楊昌濬、福建巡撫王凱泰、閩浙總督李鶴年、兩江總督李宗羲、江西巡撫劉坤一等人。尤以李鴻章的言論最能代表時人的見解，他的眼光敏銳，最能洞識變局，瞭解時代潮流的歸趨。在同治十三年所上〈籌議海防摺〉中，他痛切分析當時的局勢，以為：

> 歷代備邊，多在西北，其強弱之勢，客主之形，皆適相埒，且猶有中外界限。今則東南海疆萬餘里，各國通商傳教，來往自如，麕集京師及各省腹地；陽託和好之名，陰懷吞噬之計，一國生事，諸國構煽，實為數千年未有之變局。輪船、電報之速，瞬息千里；軍器、機事之精，工力百倍；炮彈所到，無堅不摧；水陸關隘，不足限制，又為數千年未有之強敵。外患之乘，變幻如此，而我猶欲以成法制之，譬如醫者療疾，不問何症，概投之以古方，誠未見其效也。[13]

　　中國處於此種「數千年未有之變局」中，其國策自應經過一番檢討，必須變成法以應付新局勢。他根據《易經》中「窮則變，變則通」的道理，以為「不變通則戰守皆不足恃，而和亦不可久」，變通之道，即在於整頓海防；欲整頓海防，捨變法與用人兩者外別無下手之方。可見李鴻章等海防論者是充分將變法的觀念與海防觀念合而為一，即將洋務自強運動的中心思想賦之於海防的爭論上。海防論者的中心觀點即是此種變通「成法」扭轉國策的主張。

　　海防論者之思想言論正合於同光新政運動之時代潮流，其主張毋寧說是必然的。但若全盤分析彼時海防論者所持之理由，或可對此言論之產生有進一步的瞭解。以下試綜合分析海防論者的主要觀點。

　　其一，以為洋人異於內地起事，兩者性質不同。

　　李鴻章指出，「髮、捻、苗、回……皆內地百姓，雖有勇銳堅韌之氣，

12　《始末》卷98，第19—20頁，詳細條文可見《洋務運動文獻彙編》第1冊，世界書局，1963年影印本，第26—30頁；另可參考王宏斌《晚清海防：思想與制度研究》，商務印書館，2005，第80—107、124—131頁。

13　《始末》卷99，第14頁；《李文忠公全集・奏稿》卷24，第11頁。

而器械不及官軍之精備，可以剿撫兼施；外洋本為敵國，專以兵力強弱角勝，彼之軍械強於我，技藝精於我」，[14] 故洋人較難對付，必須全力整頓海防，以抵抗新的外敵，這亦是海防論者主張變更舊制的理由。

其二，以為塞防不若海防重要，海防密邇京師，關係密切；新疆則路途懸遠，鞭長莫及。

此種主張，當與李鴻章個人處境有關：他手下的淮軍於沿海防務上擔任重要角色，他本人亦於同治九年被任命為直隸總督兼北洋大臣，總攬海防及海軍大權於一身，靠著朝廷的支持，以推動其海防計畫。他十分重視京畿安危的「固本」政策。[15] 他認為新疆懸遠，去之不為不可，新疆不復，於肢體之元氣無傷；海疆不防，則心腹之大患愈棘。時山西巡撫鮑源深亦有類似之主張，反對耗費於邊陲而竭財於內地。[16] 蓋關外西征不若海防之重要，此亦李鴻章主撤關外之餉，均移為海防之用的原因。

其三，論者更強調東南沿海為財賦之區，此與「天下根本」的京師同等重要，尤以吳淞一帶更扼長江門戶，必須屯重兵以守。[17]

東南沿海一帶，自唐宋以來，漸成全國經濟重心，亦為全國財賦要區，所謂「輦東南以供西北」是也；[18] 尤以蘇松一帶更為江南財富之核心，國家倚之為外府。元、明、清以來，蘇州、松江、常州一帶，重稅浮糧，累世不變。[19]

14　《始末》卷99，第15頁。

15　1870年後，時任直隸總督的李鴻章，由於局勢演變與外力的入侵，逐漸總攬海防和海軍大權，重視沿海防務，實行一種衛京師的固本政策。參見王爾敏《淮軍志》，中研院近代史研究所，1967，第384—385頁；Kuang-ching Liu, " Li Hung-chang in Chihli : The Emergence of a Policy, 1870-1875, " in Albert Feuerwerker, Rhoads Murphey, Mary Wright, eds., *Approaches to Modern Chinese History*(Berkeley: University of California Press, 1967) , pp.68-104.

16　朱壽明編《光緒朝東華錄》，1963年影印本，第5—7頁；姚欣安：〈海防與塞防的爭論〉，包遵彭等編纂《中國近代史論叢》第1輯第5冊，正中書局，1959。

17　李鴻章以為「自奉天至廣東，沿海袤延萬里，口岸林立，若必處處宿以重兵，所費浩繁，力既不給，勢必大潰。惟有分別緩急，擇尤為緊要之處，如直隸之大沽北塘山海關一帶，係京畿門戶，是為最要；江蘇吳淞至江陰一帶，係長江門戶，是為次要。蓋京畿為天下根本，長江為財賦奧區，但能守此最要次要地方，其餘各省海口邊境，略為布置，即有挫失，於大局尚無甚礙」。參見《始末》卷99，第20頁。

18　王夫之：《讀通鑑論》卷23，廣文書局，1967年影印本，第3頁。

19　參見錢穆《國史大綱》，臺灣商務印書館，1969，第552—563頁；蕭一山《清代通史》下卷，臺灣商務印書館，1963，第675—678頁；吳緝華《明代社會經濟史論叢》上冊，學生書局，1970，第17—32、33—73頁。李鴻章所主持的淮軍自始即以長江下游的東南財賦之區為主要餉源，即使淮軍北上擔負直隸海防任務後仍然如此。參見 Stanley Spector, *Li Hung-chang and the Huai Army: A Study in Nineteenth Century Chinese Regionalism* (Seattle:

太平天國戰爭後，東南財源破壞，故國家財賦亦大受影響，陷入極端困難。李鴻章強調東南為心腹之區，累有財賦之利；西北則荒僻無用，徒增漏卮而已。

其四，海防論者導因於對日本的侵略野心之覺醒，故亦特別強調日本的威脅，及其他西方列強的野心。

浙江巡撫楊昌濬的言論很能表達這種心理，他指出：

> 西洋各國以船炮利器稱雄海上已三十餘年，近更爭奇鬥巧，層出不窮，為千古未有之局，包藏禍心，莫不有耽耽虎視之勢。日本東隅一小國耳，國朝二百年來相安無事，今亦依附西人，狡焉思逞，無故興兵屯居番社，現在事雖議結，而履霜堅冰，難保不日後藉端生釁。且聞該國尚在購器練兵，窺其意縱不公然內犯，而旁擾琉球、高麗，與我朝屬國為難，則亦有不容坐視之理。故為將來禦侮計，非預籌戰守不可；即為保目前和局計，亦非戰守有恃不可。[20]

他已經預見日本對琉球、高麗的侵略野心，並提出西洋各國「包藏禍心」的警語。

大學士文祥亦認為防日本為尤亟，因為「以時局論之，日本與閩浙一葦可航。倭人習慣食言，此番退兵，即無中變，不能保其必無後患……或唆通西洋各國，別滋事端，雖欲委曲將就，亦恐不能」。[21]

他以為未雨綢繆之計，正宜乘此無事之時，認真辦理，不容稍懈，否則一味遷就，後患無窮：「夫日本東洋一小國耳，新習西洋兵法，僅購鐵甲船二隻，竟敢藉端發難，而沈葆楨及沿海疆臣等，僉以鐵甲船尚未購妥，不便與之決裂。是此次之遷就了事，實以製備未齊之故，若再因循泄沓，而不亟求整頓，一旦變生，更形棘手」。

李鴻章亦以為「泰西雖強，尚在七萬里以外；日本則近在戶闥，伺我虛實，誠為中國永久大患」，故極力講究海防，而以日本為其假想敵人。海防論者此種論調，對日後「聯俄抗日」的外交政策，實具深遠的影響。[22]

University of Washington Press, 1964), pp.142-151,195-233, esp. pp.208-213；王爾敏：《淮軍志》，第239—293頁。

20　《始末》卷99，第34—41頁。

21　本段及下段，均見《始末》卷98，第40—41頁。

22　《始末》卷99，第32頁；Immanuel C. Y. Hsü, " The Great Policy Debate in China, 1874 : Maritime Defense vs. Frontier Defense, " *Harvard Journal of Asiatic Studies*, 25(1965) ,pp.212-228.

其五，財政困難，軍事沒法把握勝利，關外實難底定。

山西巡撫鮑源深對此點爭論最痛切，他認為：

> 自古立國之經，必先足用；足用之道，必先充實內地而後以餘力控制邊陲，未有竭內地之藏，供邊陲之用，而能善其後也……今之內地空虛亟矣，自咸豐初年軍興以來，殫竭財賦以佐餉需者，為數已不可勝計；迨髮捻既平，滇黔胥靖，而各省猶協撥頻仍，不遺餘力。以內地甘隴未清，不得不竭力圖維勉資軍食，其實百計搜括，已極艱難；乃自肅州告捷，因出關師行緊要，征餉益繁……蓋關外用兵，驟駝之費，轉運之資，較之關內且增數倍。然其事果有把握，計期可以告藏，各省即設法籌措，尚冀有日息肩；無如邊地荒遐，回情狡譎，恐非克日成功之舉。設遷延歲月，邊外之征需未已，內地之羅掘先窮；萬一貽誤戎機，悔將何及。[23]

關外用兵既有重重困難，且正當國家新創之後，即使勉強支持，亦是剜肉補瘡，其無能勉應者，則早逞捉襟見肘之勢。若果孤注一擲，而令內地空虛，則中原一旦有水旱刀兵之事，其奈之何？此種論調亦充分顯示出海防論者著眼於京畿安危的「固本」主張。

事實上，西北遠征軍除財政上的困難外，所遭遇之阻礙亦很大。此時西方帝國主義浪潮擴張至亞洲各地，國際風雲險惡，日本、英國固紛尋釁於東南，而西北阿古柏勢力已成，並與英、俄、土耳其等國勾結，此時進兵不獨無勝利把握，反可能招致阻撓，牽動全域。且西征軍事之兵力編配、軍費籌措、糧食供給、交通運輸等困難正多，而氣候酷寒，強敵當前，孤軍奮戰，尚在其次。[24]綜合這些理由，又值舉國上下講求海防的時候，新疆軍事之值得進一步檢討，可說是必然的。

其六，以為新疆荒僻，恢復無用；而又強鄰環伺，即使勉圖恢復，將來斷不能久守。

此為海防論者反對西征軍事的重要論點。李鴻章的議論最為理直氣壯：

> 近日財用極絀，人所共知；欲圖振作，必統天下全域，通盤合籌，而後定計。新疆各城，自乾隆年間始歸版圖，無論開闢之難，即無事時歲需

23　《光緒朝東華錄》，第5頁。
24　郭廷以：〈從張騫到左宗棠〉，《大陸雜誌史學叢書》第1輯第7冊，第156—174頁。

兵費尚三百餘萬，徒收數千里之曠地，而增千百年之漏卮，已為不值。
且其地北鄰俄羅斯，西界土耳其、天方、波斯各回國，南近英屬之印度；
外日強大，內日侵削，今者異勢，即勉圖恢復，將來斷不能久守。

他更警覺到新疆問題與英、俄、土耳其等之糾葛交集，以為「揆度情形，
俄先蠶食，英必分其利，皆不願中國得志於西方」，故以中國此時之國力，
實不能專顧西域，否則遷延日久，所費不貲，「師老財痛，尤慮別生他變」。
他主張暫棄關外，專清關內，並設法將塞防之餉匀移為海防之用：

> 今雖命將出師，兵力餉力，萬不能逮。可否密諭西路各統帥，但嚴守現
> 有邊界，且屯且耕，不必急圖進取。一面招撫伊犁、烏魯木齊、喀什
> 噶爾等回酋，准其自為部落，如雲、貴、粵屬之苗猺土司，越南、朝
> 鮮之略奉正朔可矣，兩存之則兩利；英、俄既免各懷兼併，中國亦不
> 至屢煩兵力，似為經久之道………此議果定，則已經出塞及尚未出塞
> 各軍，似須略加核減，可停則停，其停撤之餉，即匀作海防之餉。否則，
> 只此財力，既備東南萬里之海疆，又備西北萬里之餉運，有不困窮顛
> 躓者哉？[25]

由此可看出李鴻章的膽識，他是此時海防論者中唯一明白主張停撤關外
之餉匀移為海防之用的人。他主張西征軍屯田耕戰，以節軍餉，又主裁軍，此
實為一個明顯的退縮政策。他又將西北新疆與西南土司及沿邊藩屬一體看待，
意在維持傳統朝貢制度下「存祀主義」的精神，而不主武力征剿。然此實以清
初諸帝艱辛得來之土地委之於不顧，蓋所謂奉中國之正朔，亦不過欺人之談。
此為李鴻章蒙受後人詆毀及其政策之終於失效，不被清廷採納的原因。[26]

其七，以為緩復新疆，只是一權宜辦法而已。

此點可由上引鮑源深的奏摺充分表現出來：

> （或謂）新疆為高宗開拓之地，正當乘此兵威，力圖收復。第事有宜

---

25 以上所引李鴻章的議論，參見《始末》卷99，第23—24頁；《李文忠公全集・奏稿》卷
24，第18—19頁。
26 山西巡撫鮑源深更具體地主張西征軍屯田以守，他以為有六利：計口授糧，餉少易給；轉
輸便而省費多；易戰兵為防兵，可安邊保境；息勞養銳，奮興士氣；以逸待勞，可制賊之
命；所費者暫，所省者長。如此則內足以固守關塞，外足以懾服羌戎云。參見《光緒朝東
華錄》，第6頁；姚欣安〈海防與塞防的爭論〉，包遵彭等編纂《中國近代史論叢》第1
輯第5冊。

> 審時量力，參酌於萬全者……天下事有先本計而後末圖，捨空名而求
> 實益者，亦唯於輕重緩急間一權衡之耳。夫古之聖人曰善繼善述，於
> 前人未竟之志事乘時而亟圖之，固為繼述之善；於前人難竟之志事審
> 時而徐圖之，亦未嘗非繼述之善。善者，因時變通之謂也。

所以他主張於「邊陲小丑」則暫示羈縻，於內地封疆則先培元氣，而採
取一種固守不戰的政策。他建議：

> 可否請敕下西征各軍，未出關者暫緩出關，已出關者暫緩前進；挑選
> 精銳數千，駐紮安西、敦煌、玉門一帶，防守關塞；北則於河套要隘，
> 相地布紮，扼賊東趨。其業經西進之師，可退者退，不可退者會合其
> 他防兵，固守城池，勿輕遠擊，並仿趙充國屯田之議，令各處駐紮之兵，
> 且耕且守。[27]

可見鮑氏的見解與李鴻章多有相同者，他們同樣認為只有如此消極地削
弱塞防力量，才有助於海防建設。即令如此，亦是一時權宜之計，旨在養精蓄
銳，以海防建設而培國本，以待將來之進取恢復西北。

以上為海防論者所持主要觀點。此外亦有認為海防之利，除拱衛京師外，
尚可揚威海面，使內地奸匪斂跡，而免除外夷之要脅；且外洋水師，無事則分
防洋汛，兵船捕盜，商船載貨；有事則通力合作，聯為一氣，兵船備戰，商船
轉運；如此則海上屹然重鎮，可戰可守，甚是大用。[28]

至於海防論者所提出之解決方策亦甚複雜。其最基本者，當是建立一支
近代化的海軍，事實上，亦即整個自強運動中「兵工文化」的內容。海防論者
有鑒於西洋各國之船堅炮利，故均主張仿求西法，例如李鴻章即力主將沿海各
省之艇船舢板裁併，以專養輪船。同治十一年輪船招商局成立，這是李鴻章主
持之「官督商辦」企業之一要項，亦是他發展海防事業的具體表徵。[29] 他以為
製造輪船未可裁撤，為謀持久，可造商船。同治十三年，他上奏估計開辦海防
計購船、練兵與簡器三項，約需 1000 萬兩，主張停內府不急之需以供應海防

27　《光緒朝東華錄》，第 5—6 頁。

28　此為浙江巡撫楊昌濬的看法，參見《始末》卷 99，第 37—38 頁。

29　關於李鴻章奏設輪船招商局的經過，可參見 Albert Feuerwerker, *China's Early
Industrialization: Sheng Hsuan-huai(1844-1916) and Mandarin Enterprise* (Cambridge, Mass.:
Harvard University Press, 1958), pp.96-188；呂實強《中國早期的輪船經營》，中研院近代
史研究所，1962，第 225—265 頁。李氏所創辦的新式企業甚多，此處不擬贅述。

費用，即在各省無款可存留借抵之情況下，必不得已，應提部存及各海關四成洋稅之款，以為開辦之需，其有不敷，則擬暫借洋款抵用。此外他又主張開礦，以為養船練兵之資；並要求沿海各省整頓貨釐與鹽稅，每省每年限定酌撥數萬兩以協濟海防。李鴻章亦重視到彼時外國鴉片入口驟增，流毒中土的問題。他主張暫弛各省罌粟之禁，而加重進口洋藥之稅釐，使外洋煙土在沒有厚利可圖的情況下根絕，然後妥立規條，嚴格限制，以為戒除，如此則「民財可杜外耗之源，國餉並有日增之勢」，庶幾可籌餉而議海防。[30]

　　李鴻章主張的籌餉方法，除上舉「開源」措施外，又主「節流」，他認為裁艇船以養輪船，裁邊防冗軍以養海防戰士，停宮府不急之需，減地方浮濫之費以裨軍事而成遠謀都是節流的大要，必須在這方面上下一心，局中局外一心，以為全力講求自強之策。他又主張變通科舉，以洋務取士；並派公使駐外，「外托鄰邦報聘之禮，內答華民望澤之誠」，如此則有裨於中外通商交往云。[31]

　　此外，其他海防論者亦有極具體的主張。江蘇巡撫吳元炳認為，「禦外之道，莫切於海防；海防之要，莫重於水師。將領不得其人，有兵如無兵；形勢不扼其要，有險如無險」，極力強調整頓水師的重要。[32]浙江巡撫楊昌濬亦認為海上宜設重兵，即使所費甚巨，亦不得不如此，因為「日本以貧小之國，方且不惜重資，力師西法，豈堂堂中夏，當此外患方殷之際，顧猶不發憤為雄，因循坐誤，以受制於人哉？」[33]故他主張南、北、中三洋宜設水陸軍三大支，分屯於閩廣、江浙與直奉山東，聽命於南北洋大臣節制調遣，無事則分防洋汛，有事則聯為一氣。丁日昌所提出的「海洋水師章程六條」、文彬與王凱泰所擬定的防海策略與部署，均有如是之主張。[34]此外亦多有提出設立製造局，以造輪船槍炮；裁汰老弱兵員，精練水師；切實整頓財政，設立官局，加收鹽釐以為海防之用；並有主張注重江防，以守為戰者；亦有重視東南海防，

30　參見《始末》卷99，第24—28頁；《李文忠公全集・奏稿》卷24，第19—22頁。

31　《始末》卷99，第24—34頁；《李文忠公全集・奏稿》卷24，第19—24頁。

32　《始末》卷100，第43頁。

33　《始末》卷99，第36頁。

34　參見《洋務運動文獻彙編》第1冊，第30—33、35—38、61—62、77—78頁。《始末》卷98，第23—27、31頁；卷99，第37、44—46頁。尤以丁日昌提出海洋水師章程後，議海防者較從前尚實際而少空談；此種「三洋水師」乃一嶄新觀念，以後議論「分洋設防」者大抵以此為根本。參見王家儉《清季的海防論》；王宏斌《晚清海防：思想與制度研究》，第151—168頁。

主將福建巡撫移駐臺灣，以扼海疆門戶者。[35]

　　雖然主張海防者之言論正合於時代要求，海防之重要性亦無可置疑，然來自塞防論者的壓力仍大，彼輩主張重視西北及俄人之威脅，反對將西征軍餉勻移為海防之用。從兩派的爭論中，可見 1870 年代西方帝國主義在東亞擴張的情形，與彼時中國有識之士的覺醒及其提出的救國方案。

三、塞防論者所持觀點之分析

　　同治末年塞防論者最著名的是時任陝甘總督的左宗棠、湖廣總督李瀚章、湖南巡撫王文韶與山東巡撫丁寶楨。其中以左宗棠的言論最為激切，亦較能代表當時多數中國人的看法；他對新疆軍事的認識與貢獻，使他在歷史上享有一定地位，成為一位傑出的政治家與軍事家。

　　19 世紀中葉整個中國真是動盪不已，內有珠江流域的天地會，長江流域的太平軍，黃淮流域的捻與教，西南地區的苗與回，以及西北陝甘、新疆的騷動；加以彼時西法模仿只得皮毛，保守精神濃厚，「清議」逐漸得勢，士大夫虛驕腐化，致使改革人物處境艱難。且要面對帝國主義的侵略：此時英法二次聯軍，北京、天津相繼失守；俄勢東侵，東北領土喪失不少；日人蠢動於沿海，而英、俄更分由南北進入中亞，益令新疆情勢趨於複雜。同時法國已在越南構釁，中國「繕防固邊」的政策面臨嚴重挑戰，結果是無處不失敗，除了西北方面，其餘的失敗均不堪言狀。[36] 塞防論者重視西北之肅清總算收到一定程度之效果，至少在列強蠶食鯨吞中國的情況下，為西北邊陲保持了一片淨土。

　　反對關外西征之論調，雖然為有力者如李鴻章等所倡，但結果終不能阻止清廷及左宗棠等恢復失地之注重塞防政策，這當與西北邊陲在中國歷史上的重要性相關。自漢以降兩千年，歷代嚴防「胡人南下牧馬」之一貫邊防政策。

35　此時所有設立製造局、精練水師、整頓財政、注重海防的主張具散見於《始末》卷 98、
　　99、100；亦可參見《洋務運動文獻彙編》第 1 冊。又沈葆楨更以為「年來洋務日密，偏
　　重在東南；臺灣海外孤懸，七省以為門戶，其關係非輕」，故主張福建巡撫移駐臺灣。這
　　是以後臺灣建立行省的張本。見《道咸同光四朝奏議》（以下簡稱《四朝奏議》），臺灣
　　商務印書館，1970 年影印本，第 2640—2643 頁；David Pong, " Shen Pao-chen and the Great
　　Policy Debate of 1874-1875, "《清季自強運動研討會論文集》上冊，中研院近代史研究所，
　　1988，第 189—225 頁。
36　郭廷以：〈從張騫到左宗棠〉，《大陸雜誌史學叢書》第 1 輯第 7 冊，第 156—174 頁；李
　　劍農：《中國近百年政治史》，第 137—138 頁；費正清、劉廣京編《劍橋中國晚清史》
　　下卷，第 4 章（劉廣京撰）。

可知在傳統的騎射時代中，中原王朝之命運實與西部、北部邊陲之控制與否息息相關。故新疆地區在各朝代國防決策上有其重要性，而中央與西域之關係實為各朝代興衰命運之指標。[37] 清人崛起關外，其國防政策自亦重視北部邊陲，歷代帝王亦是「宵旰籌邊，不遺餘力」，[38] 即使在中西海道會通以後，此種傳統國防政策亦難以輕易變更。由此可見彼時塞防論者之議論自有其深遠歷史背景，其終得清廷之同情與接納，毋寧是意料中事。

但左宗棠等人的議論亦非全是本諸傳統，在某些方面，吾人似可看出其新穎超人的眼光。左氏的經驗使他對中外局勢有進一步的瞭解，而發為識見遠大、理由充足的議論。他並不是一個傳統主義者，他也不反對海防措施；但當沿海承平無事，外人不啟釁端時，西北動亂，此實不得不重視，此亦左氏塞防主張的重要背景。[39]

綜合分析之，塞防論者所持觀點如下。

其一，俄人狡焉思逞，威脅漸形，非西洋諸國可比，故必先注重西陲軍務。此以湖南巡撫王文韶之言論最為明切，他比較海防與塞防說：

> 江海兩防，亟宜籌備，當務之急，誠無逾此。然竊謂海疆之患不能無因而至，其所視成敗以為動靜者，則西陲軍務也。西洋各國俄為大，去中國又最近……而其狡焉思逞之心，則固別有深謀遠慮，更非英、法、美諸國可比也。比年以來，新疆之事，邸鈔所不盡宣，人言亦不足信；然微聞俄人攘我伊犁，殆有久假不歸之勢，履霜堅冰，其幾已見。今雖關內肅清，大軍出塞，而艱於饋運，深入為難。我師遲一步，則俄人進一步；我師遲一日，則俄人進一日；事機之急，莫此為甚。彼英、法、美諸國固乘機而動者，萬一俄患日滋，則海疆之變相逼而來；備禦之方，顧此失彼，中外大局，將有不堪設想者矣。

可見他重視西北俄國勢力甚於東南沿海列強，頗能洞察俄人之野心，故主張全力西征，支持左宗棠的遠征軍，俄患既除，東南威脅自免。他的看法是：

37　見 Immanuel C. Y. Hsü, " The Great Policy Debate in China, 1874: Maritime Defense vs. Frontier Defense, " *Harvard Journal of Asiatic Studies*, 25(1965)，pp.212-228.

38　魏光燾：《戡定新疆記》，臺灣商務印書館，1966 年影印本，〈自序〉。

39　參看 Wen-djang Chu（朱文長）， " Tso Tsung-tang's Role in the Recovery of Sinkiang, "《清華學報》新 1 卷第 3 期，1958 年。

「但使俄人不能逞志於西北，則各國必不致構釁於東南，此事勢之可指而易見者。非謂海防可緩，正以亟於海防，而深恐西事日棘；將欲其歷久堅持，而力有所不逮，勢有所不及也」。[40]

由於清廷餉絀，自不得不要求西征軍速戰速決，否則夜長夢多，貽誤戎機。可見王文韶重視俄國帝國主義的侵略更甚於英、法與美國；此種辯論，在不反對海防的情況下是很巧妙的。左宗棠則不太同意王氏對俄人的看法，他以為俄人未必對回疆有領土野心，但無論如何不能停撤西征軍事，蓋即就守局而論，亦必須先恢復烏魯木齊後，再察看定議。[41]

伊犁將軍榮全指出俄人占領伊犁，漸生異志，不但有久借不歸之態，且欺凌強暴之事層見疊出，故必須大軍之鎮撫，先發制人，否則伊犁終不得催討。[42] 辦理西征糧臺的禮部侍郎袁保恒更上疏痛陳西征軍事的急切，他說：

> 肅州未復以先，外夷遲回觀望而不敢邊肆者，恐我內地既平，移師西邁，不能不存顧忌耳。若內地無事，而遷延日久，外人窺我無進取之心，無恢復之力，勢必益肆恣陵。自肅州蕆事，我軍即聲言出關，而以糧運艱阻，已誤一年，戎心之啟，本在意中。近聞俄患不靖，勢漸東侵，倘白彥虎為所牢籠，安集延被其勾引，大局更難措手矣。況倭夷尋釁臺灣，海防緊要，沿海各省相繼奏停協餉；西事日艱，征餉日絀，如不早思變計，竊恐一誤再誤，邊患棘於西北，財力敝於東南，將非徒新疆一隅憂也。[43]

新疆軍事遷延日久，則內亂外患相逼而至，何況靡費東南海疆，正使西事更難措手，影響所及，實非淺鮮。袁氏的議論也不忘懷於沿海防務，亦瞭解到中國歷史上邊境叛亂，則必有外力乘機勾結入侵的事實，故有如是安內攘外之主張，此種言論可說是極為合理的。

其二，西方各國志在通商貿易，不願啟釁，初無切急之險可言。

左宗棠很明白指出：

> 竊維泰西諸國之所以謀我也，其志專在通商取利，非必別有奸謀。緣其

40　《始末》卷99，第60—61頁。
41　《左文襄公全集‧奏稿》卷46，文海出版社，1964年影印本，第37頁。
42　《始末》卷99，第42頁。
43　〈西征兵事餉事宜專責成疏〉，《四朝奏議》，第2607—2609頁。

國用取給於征商，故所歷各國壹以占埠頭、爭海口為事，而不利其土地
人民……自通商定議，埠頭口岸已成，各國久以為利，知敗約必妨國用
也；商賈計日求贏，知敗約必礙生計也，非甚不得已，何敢輒發難端。[44]

他很明白地看清了列強帝國主義經濟侵略的一面，而不認為其有擴張領
土的野心，自不會輕易開戰，此當然是他一廂情願的想法。湖廣總督李瀚章也
認為東南防務固宜認真圖謀，但西北征軍尤貴及時清理；以為新疆在尚未平定
以前，實難遽議撤兵。[45]

山東巡撫丁寶楨更明白指出俄國之威脅大於日本；前者為心腹之疾，泰
西諸國則只是四肢之病。俄人心存狡黠，意圖窺伺，乘機觀變，不得不預為防
患，因為：

外洋各國與中國水路雖通而陸路不通，且均遠在數萬里外，日本洋面雖
近而陸路尚阻，唯有俄羅斯則水陸皆通中國，而水路較各國為近，陸路
則東北、西北直與黑龍江、新疆各處連環，形勢在在可虞。況該國……
每遇各國與我口舌等事，彼往往兩利俱存，務為見好，此即意存窺伺，
乘機觀變之大較也。臣竊謂各國之患，四肢之病，患遠而輕；俄人之
患，心腹之疾，患近而重。現在東南海防漸次籌辦，而北面為京畿重
地，以東北形勝而論，俄則拊我之背，後路之防，實尤緊切。臣猶慮
將來時勢稍變，各該國互相勾結，日本窺我之東南，俄夷擾我之西北，
尤難彼此兼顧。[46]

比較丁寶楨與李鴻章的見解，吾人可見明顯對比：李氏以為海疆為中國
心腹之區，丁氏則以俄人為中國心腹之患；李氏是對沿海新式外敵的猛省，丁
氏則具傳統心理取向，秉承歷代重視北方國防前線的策略。

其三，新疆為北方屏障，亦為西北國防第一線。重新疆所以保蒙古，保
蒙古所以衛京師。

此點由左宗棠於光緒三年（1877）六月十六日所上〈統籌關外全域疏〉
中可清楚看出：

---

44 《左文襄公全集・奏稿》卷 46，第 32—33 頁。
45 《始末》卷 100，第 12—13 頁。
46 《始末》卷 100，第 41 頁。

> 伊古以來，中國邊患，西北恆劇於東南。蓋東南以大海為界，形格勢禁，尚易為功；西北則廣漠無垠，專恃兵力為強弱；兵少固啟戎心，兵多又耗國用。以言防，無天險可限戎馬之足；以言戰，無舟楫可省轉饋之煩，非若東南之險阻可憑，集籌較易也。周秦至今，惟漢唐為得中策；及其衰也，舉邊要而捐之，國勢遂益以不振，往代陳迹可覆按矣……我朝定鼎燕都，蒙部環衛北方，百數十年無烽燧之警，不特前代所謂九邊皆成腹地，即由科布多、烏里雅蘇台以達張家口亦皆分屯列戍，斥堠遙通，而後畿甸晏然；蓋先朝削平準部，並勘定回部，開新疆立軍府之所貽也。是故重新疆者，所以保蒙古；保蒙古者，所以衛京師；西北臂指相聯，形勢完整，外患自無隙可乘。若新疆不固，則蒙部不安；匪特陝甘山西各邊時虞侵軼，防不勝防，即直北關山，亦將無晏眠之日。況今之與昔事勢攸殊，俄人拓境日廣，由西而東萬餘里，與我北境相連，僅中段有蒙部為之遮閡。徙薪宜遠，曲突宜先，尤不可不預為綢繆者也。[47]

可見左氏充分發揮新疆在國史上重要性的觀念，他也強調保衛京師安全的必要，但他的「固本」政策與李鴻章不同：李氏注意到 19 世紀來自沿海的新式外敵，左氏則著眼於來自塞外草原的傳統外患。清人崛起塞外，具有一種大陸取向式的戰略思想，[48] 加以中國歷代均置國家重心於北方的事實，使左宗棠的激切言論頗能震動人心，而得到清廷的接納。此種思想，有其深遠歷史背景；直到光緒二十五年（1899），魏光燾在他的《戡定新疆記》裡仍然有類似的主張，他說：「朝廷得新疆以遮罩西陲，關隴數千里屹然自成要區；海氛雖惡，一旦率三秦之眾，卷甲東趨，直有建瓴莫禦之勢，匪僅聊固吾圉，以之鞭撻四夷稱雄五大洲不難矣」。[49] 這段話很可反映出清代一般士大夫階級的戰略思想仍然有很濃厚的傳統色彩。

其四，我有利器，則各國必不致啟釁，海疆可晏然。

左宗棠認為沿海西人不敢輕發戰端以毀商約，因西人固無領土之野心，

47　《左文襄公全集・奏稿》卷 50，第 75—76 頁；《四朝奏議》，第 3276—3277 頁。

48　此種戰略思想可說是由於受歷史上中國和西域之密切關係，以及傳統舊式軍事技藝與作戰方式的影響而產生的。參見 Immanuel C. Y. Hsü, " The Great Policy Debate in China, 1874: Maritime Defense vs. Frontier Defense, " *Harvard Journal of Asiatic Studies,* 25(1965) , pp.212-228.

49　魏光燾：《戡定新疆記》，〈自序〉。

我則繕固以守，西人亦不無顧忌。他說：「自輪船開辦，彼挾以傲我者，我亦能之；而我又摶心抑志，方廣求善事利器，益為之備，謂彼猶狡焉思啟，顧而他之，似亦非事理所有。」[50] 可見這是一種「師夷長技以制夷」的心理反應，這在對西方的認識方面，可說仍然有其局限，這也是同光新政運動功敗垂成的癥結所在。

其五，以為海防無須借塞防之餉；塞防之餉奇絀，不得勻移為海防之用。

這是左宗棠爭議塞防最重要的基點，也是西征軍事最感困難的地方。正如魏光燾所說，「塞外用師，籌餉難於籌兵，籌糧難於籌餉；路阻以遠，勞費倍千，百籌轉運更難於籌餉籌糧」，[51] 關外用兵可說十倍艱難於內地。且新疆一向是「協餉」省分，其平時經費即需內地各省接濟，行軍作戰，所需更多；即是後方之甘肅亦不能自給，而各省及各海關應解交左氏之款銀，積欠甚巨；東南各省關以辦理海防為名，亦不肯照數實撥，平均每年仍差二百多萬兩。[52] 在此情形下，西征軍事之艱難可想而知，故左宗棠於此言之最為痛切。他認為，「論者乃議停撤出關之餉勻作海防，夫使海防之急倍於今日之塞防，隴軍之餉裕於今日之海防猶可言也」，但事實並非如此，西征軍餉可謂極度匱乏，每年甚至只發三個月之滿餉；至同治十二年底，欠常年餉達 820 萬兩，而各省關積欠之軍餉則更達 3000 多萬。[53] 在此種財政支絀，出關糧運鉅款欲停不可、欲墊不能的情況下，左氏尚堅持塞餉不可削減，西軍不可裁撤：

> 論者擬停撤出關兵餉，無論烏魯木齊未復無撤兵之理；即烏魯木齊已復，定議畫地而守，以征兵作戍兵，為固圉計，而乘障防秋，星羅棋布，地可縮而兵不能減，兵既增而餉不能缺。非合東南財賦通融挹注，何以重邊鎮而嚴內外之防？是塞防可因時制宜而兵餉仍難遽言裁減也。

此外，他又認為海防建設已能自立更生，需餉有限，不必挪借塞防之餉。他的理由是：

> 海防應籌之餉……始事所需如購造輪船、購造槍炮、購造守具、修建炮臺是也；經常之費如水陸標營，練兵增餉及養船之費是也。閩局造

50　《左文襄公全集・奏稿》卷 46，第 33 頁。
51　魏光燾：《戡定新疆記》卷 5，第 1 頁。
52　郭廷以：〈從張騫到左宗棠〉，《大陸雜誌史學叢書》第 1 輯第 7 冊，第 156—174 頁。
53　《左文襄公全集・奏稿》卷 46，第 34 頁；郭廷以：〈從張騫到左宗棠〉，《大陸雜誌史學叢書》第 1 輯第 7 冊，第 156—174 頁。

船漸有頭緒，由此推廣精進，成船漸多，購船之費可省，雇船之費可改為養船之費，此始事所需與經常所需無待別籌者也。海防之應籌者，水陸練軍最為急務，沿海各口風氣剛勁，商漁水手取才非難，陸路則各省就精兵處募補，如粵之廣、惠、潮、嘉，閩之興、泉、永、漳，浙之台、處、寧波，兩江之淮、徐、鳳、泗、潁、亳諸處，皆可訓練成軍，較之招募勇丁，費節而可持久。現在浙江辦法，餉不外增，兵有實用，台防議起，浙之開銷獨少，似非一無可恃者比也，海防應籌者止此。[54]

隴軍餉缺，海防則尚可自立維持，自無勻移塞餉以充海防經費之理。何況東南為財賦之區，餉籌較易；西北則荒瘠困窘，無餉可籌，無兵可招，故必須相互通融挹注，局面方可維持。[55]

其六，以為險要未扼，不能撤兵；而規復新疆，不特無糜餉之虞，且有節餉之實。

左宗棠於光緒元年三月〈覆陳海防塞防及關外剿撫糧運情形摺〉中，很詳細地分析天山南北兩路的形勢：

天山南北兩路舊有富八城、窮八城之說，北自烏魯木齊迤西，南自阿克蘇迤西，土沃泉甘，物產殷阜，舊為各部腴疆，所謂富八城者也；其自烏魯木齊迤東四城，地勢高寒，山谷多而平川少，哈密迤南而西抵阿克蘇四城，地勢褊狹，中多戈壁，謂之窮八城。以南北兩路而言，北八城廣而南八城狹，北可制南，南不能制北，故當準部強盛時，回部被其侵削，後為所并。高宗用兵準部以救回部，準部既平……回部有之，腴疆既得，乃分屯列戍，用其財賦供移屯之軍，節省鎮迪以東征防縣費實亦不少。

故主張先收復烏垣以駐守，在巴里坤、塔爾巴哈台等路屯重兵以為犄角，

54　《左文襄公全集‧奏稿》卷46，第33、35頁。

55　參見魏光燾《戡定新疆記》卷5〈糧餉篇〉。左宗棠在光緒元年八月十五日〈請敕各省勻濟餉需片〉，認為新疆經費隨時隨地可立辦，而塞餉則需預為籌措；蓋海疆皆富饒之區，為通商利源釐稅之所在，且東南為澤國秔稻之鄉，籌餉較易，而糧與餉可合為一。西北則荒瘠落後，民不聊生，且交通運輸欠便，故其糧價腳價非由官方另籌津貼不可，必須仰賴東南各省之協餉。（《左文襄公全集‧奏稿》卷47，第33─34頁）又西北招兵亦難。伊犁將軍榮全曾指出新招的邊兵，「顛沛流離，技藝生疏，一時尚難成勁旅」，且各地人眾良莠不齊，殊難處置。（見《始末》卷99，第43頁）左宗棠的遠征軍主要是以老湘軍為班底的。

再興辦屯田，招徠人民以實邊塞，而後始可議停餉撤軍。否則必自撤藩籬，「我退寸則寇進尺，不獨隴右堪虞，即北路科布多、烏里雅蘇台等處恐亦未能晏然」。[56] 如此，則停兵節餉固有損於塞防，亦未必有益於海防。

海防論者主新疆荒僻，恢復無用，徒增漏卮而已；塞防論者則反對此說，事實上，以後歷史發展證明新疆邊陲非但不虛靡軍餉，反倒有利於清廷財政。魏源在道、咸年間就已指出新疆不惟未嘗靡餉，而且可節國帑。[57] 光緒四年左宗棠所上〈覆陳新疆宜改行省疏〉中，亦以為新疆利源可開、餉銀可省，何況新疆、甘肅每歲所需餉銀 400 多萬兩，本是承平時預撥估撥常例，即於全隴澄清，西域收復之時照常撥發，於部章亦無不合，況經理得宜亦可節省，於國家經出之費實不無小補。[58]

其七，以為前代帝王經營所得之地，不應輕易放棄。

此點實為清廷始終堅持收復失地最主要的動機。這是一種孝順觀念在作祟，認為只有全力注重西北軍事，收復固有土地，才能安慰祖先在天之靈。[59] 左宗棠的塞防言論固然目光遠大，頗能洞燭機先，但仍然是發揮這種孝順祖先與歷史教訓的觀念，而為一種理性與溫情之微妙糅合。[60] 他的塞防主張固有許多精闢的議論，但仍然念念不忘先帝的績業：

> 高宗先平準部，次平回部，擴地兩萬里。北路之西以伊犁為軍府，南路之西以喀什噶爾為軍府，當時盈廷諸臣頗以開邊未已，耗滋多為疑，而聖意閎深，不為所動，蓋立國有疆制，置方略各有攸宜也。[61]

西北邊陲在清代傳統上有其重要性，康熙帝經營蒙部，乾隆帝亦先後招撫準噶爾（1757）、喀什噶爾（1759），從而奠定其「十全武功」與西北百年和平安定的基礎；故左宗棠的論調，可說是對清廷傳統戰略政策的一個強力肯定。[62] 事實上，清朝祖先成法的約束極嚴，後代帝王稟承祖制遺訓，似不可

56　《左文襄公全集・奏稿》卷 46，第 35—36 頁。
57　參見魏源《聖武記》卷 4。他指出：「西域南北二路地大物淵，牛羊麥面蔬瓜之賤，澆植貿易之利，金礦銅礦之旺，徭役賦稅之簡，外番茶馬布緞互市之利，又皆阡陌內地。」
58　參見《左文襄公全集・奏稿》卷 53，第 35—39 頁；《四朝奏議》，第 3537—3544 頁。
59　參見姚欣安《海防與塞防的爭論》。
60　參見 Immanuel C. Y. Hsü, "The Great Policy Debate in China, 1874 : Maritime Defense vs. Frontier Defense," *Harvard Journal of Asiatic Studies*, 25(1965), pp.212-228. 姚欣安以為左宗棠的觀點全是注意新疆本身重要地位，不是基於孝順祖先觀念，亦非確實。
61　《左文襄公全集・奏稿》卷 46，第 35 頁。
62　參見 Immanuel C. Y. Hsü, "The Great Policy Debate in China, 1874 : Maritime Defense vs. Frontier

能無視歷史傳統而放棄前代帝王經營的成果。

其八，以為為謀一勞永逸之計，必儘先肅清西北。

左宗棠以為西北動亂，甲於天下，是為法所必誅，時不可緩者，為使其永久臣服計，必須全力剿討，使其不致波及內地，一味招撫，反招後患。[63] 蓋西北動亂本質上是一種內亂性質，在中國傳統朝代中，吾人極少看見王師與叛賊妥協的。中國的正統觀念，以為叛賊必稽天討，此可謂名正言順；何況安內所以攘外，清廷必欲先肅清西北動亂，重視邊陲軍務，良有其因。

西征軍事終得到朝廷之正式批准，光緒元年左宗棠被任命為欽差大臣督辦新疆軍務，著手籌辦西征事宜。新疆軍事困艱重重，特別是在清廷財政困絀，軍事頹敝與政治腐敗的時候，更是顯然。正如左宗棠所說，這是「自周秦以來，實亦罕見之鴻烈」。[64] 其成功得利於中原十一省之協餉，戶部大量的撥款與通過他的幕僚胡光墉（雪巖）的借舉外債，以購置戰備，而得以成。[65] 左氏亦採用屯田政策，且戰且耕，以利軍民，他的方法是：

> 於師行地方且戰且耕，隨地招徠難民復業，雜居耕種，比事定後，地已開荒成熟，仍還之民；民歸舊業，各安隴畝，非兵屯，亦非民屯……官軍開荒，於軍食有裨，於哈民故業無損；而哈民復業，得免開荒之勞，尤所心願。所辦屯務，於關內外無殊，是視哈密如關內外也。[66]

但此亦緩不濟急，故仍多以採購為主，如此則需解決後勤補給與交通運輸問題，左氏乃設後路糧臺，由袁保恆和劉典負責籌劃糧運。經過幾年的艱苦征討，乃先後鎮壓了北疆的準噶爾（1876），平定阿古柏建立的喀什噶爾國（1877），同時喀喇沙爾、庫爾勒、庫車、阿克蘇、烏什、葉爾羌、英吉沙爾、和闐均先後歸順。光緒四年，西北邊陲除伊犁一隅為俄勢所據外，大清帝國在

Defense, "*Harvard Journal of Asiatic Studies*, 25(1965), pp.212-228.

63　左宗棠：〈敬陳進兵事宜疏〉（同治十年），《四朝奏議》，第 2308—2310 頁。

64　《左文襄公全集・書牘》卷 20，第 30 頁。

65　參見 Immanuel C. Y. Hsü, "The Great Policy Debate in China, 1874 : Maritime Defense vs. Frontier Defense, "*Harvard Journal of Asiatic Studies*, 25(1965), pp.212-228; See also John K. Fairbank, Edwin O. Reischauer & Albert M . Craig, *East Asia: The Modern Transformation* (Boston, 1965), pp.368-370. 西征軍餉從光緒元年至三年總數為 2674 萬餘兩；光緒四年至六年之經費亦達 2562 萬餘兩。（見《左文襄公全集・奏稿》卷 55，第 52—70、卷 59，第 21—33 頁）左宗棠之西征軍餉亦多賴外債，此係由其幕僚胡光墉籌措。參見 C.John Stanley, *Late Ch'ing Finance : Hu Kuang-yung as an Innovator* (Cambridge, Mass.: Harvard University Press, 1961), pp.12-18.

66　左宗棠：〈敬籌移設糧臺採運事宜疏〉，《四朝奏議》，第 2625—2629 頁。

西域全境之統治再度建立。[67]

四、對塞防與海防論爭之評議

本章前已指出：塞防與海防之提議，表示清季兩派政治領袖對西方列強帝國主義的炮艦政策野心的覺醒，而發為不同方式的救國言論。可見他們的出發點正確，其公忠體國之心不可抹殺，不必以個人野心，意氣之爭，一己私見來解釋。事實上，即使主張塞防最有力的左宗棠也認為當時「時事之宜籌，謨謀之宜定者，東則海防，西則塞防」，必須兩者並重，蓋所有論海防與塞防者，「皆人臣謀國之忠，不以一己私見自封者也」。[68] 以後的歷史已經可以證明：日本與俄國確實對中國海疆與北部邊陲構成嚴重威脅，兩國長期對華所做鯨吞蠶食式的侵略，實已構成 19 世紀以來東亞歷史發展的基調，其對日後世界政局發展的影響亦極深遠。就此意義而言，1870 年代的中國海防與塞防論者是時代的先覺者；他們正視日、俄侵略野心的危險性而適時提出警語，並能擬出具體的解決辦法，他們可說是中國近代民族主義的先驅人物。[69]

李鴻章與左宗棠救國方案固暫有分歧，然兩人同為同治時代的中興人物。吾人檢討中興人才盛衰及其功業之成敗，宜注意到此時代的學術思想背景。李、左兩人都是深受傳統儒家思想影響的人物，他們的思想背景直接關係同治中興的成敗，也影響近代中國知識分子在面臨西方文化挑戰時，所做的各種抉擇。李、左二人均深染理學色彩，此種理學思想，在清季由於今文學的興起，外患的刺激，逐漸具有經世致用的特色；此時的學術思想，亦由「為學問而學問」而導向於「為經世而學問」，自龔自珍、魏源以來，經世學風，一時稱盛。[70] 道咸以後，中興人才如曾國藩、李鴻章、左宗棠、胡林翼等人均推崇理學思想，而本知行合一之精神，扶濟一時之危難，遭逢際會，乘時而興。尤以曾國藩的

67　郭廷以：〈從張騫到左宗棠〉，《大陸雜誌史學叢書》第 1 輯第 7 冊，第 156—174 頁；《近代中國史事日誌》，第 623—641 頁；Wen-djang Chu, "Tso Tsung-tang's Role in the Recovery of Sinkiang,"《清華學報》新 1 卷第 3 期。

68　《左文襄公全集・奏稿》卷 46，第 32 頁。

69　關於中國近代民族主義的興起，參見李恩涵〈論清季中國的民族主義〉，《思與言》第 5 卷第 6 期，1968 年。中國近代形式的民族主義是西方入侵後的產物，在此之前，中國歷史上只發展出一種超民族主義式的文化主義，參見 John K. Fairbank, *Trade and Diplomacy on the China Coast* (Cambridge, Mass.: Harvard University Press, 1953), pp.23-24.

70　參看蕭一山《清代通史》下卷，第 1741—2004 頁；王家儉〈魏源對西方的認識及其海防思想〉，第 1—7 頁。

學術思想，此時代已由早年崇尚義理之學轉為容納宋學、漢學於一家的禮學，由性理而達於經世，可說繼承了清初經世之學的餘緒，這種經世思想，在湖南有其淵源，亦有其影響。[71] 湖南學風自王船山以降，經歷諸儒之闡揚，經世之風，益多瀰漫。[72] 左宗棠受此學風薰陶，李鴻章受曾國藩影響，此種經世思想之蘊積，又適時局動亂，蒿目時艱，自易發為愛國言論與行動。塞防海防之議各殊，然其源於彼時經世致用之學術思想則一。

海防建設是近代中國在面對西方優勢文化衝擊下所遭遇的一項極端重大而嚴肅的課題。終清季之世，海防議論逐漸成為知識分子所講自強論與洋務論的主要內容，[73] 亦為近代中國對西方挑戰的主要反應模式。李鴻章的海防言論本質上可說是中國近代化運動的產物，他極為強調變通「成法」以應付近代世界的大變局，他不但洞察到西方帝國主義的嚴重威脅，也瞭解到東南沿海一帶在中國國防與經濟上的重要性；他的救國方略是為保衛京畿與沿海各省而設計的。他具有正確超然的眼光，並能做一種客觀、冷靜與實際的推算；[74] 他所發出的警語固然有點危言聳聽，但事實證明這不是杞人憂天，中國領土被列強瓜分勢力範圍與幾乎淪為次殖民地之禍已不幸言中。他的議論雖然是低調，但比較合理。[75] 他是一個不為傳統所囿，而能面對現實的人。

李鴻章撤邊防之議固不足稱道，他對新疆經濟利益之低估亦頗可商榷，但這是清朝國勢微弱與此時國人一般世界知識所限使然，原不足獨責李鴻章。近人多有批評李鴻章，以為他的海防議論是基於個人自身權位與利益之考慮，甚至認為他忽視塞防的主張具有一種「投降主義」的意味，企圖避免與俄國開戰以保存其淮軍，鞏固其權勢地位。[76] 這種批評實無甚根據，只是囿於晚清「地

71　蕭一山：《清代通史》下卷，第732—738頁；駱雪倫：〈從曾國藩和魏源的經世思想看同光新政〉，《大陸雜誌》第36卷第1期，1968年。

72　王夫之是湖南衡陽人，為明末清初大理學家，具有濃厚經世思想與民族思想，對日後湖南學風的影響很大。有清一代，湖南大儒如魏源、賀長齡（邵陽），陶澍（安化），賀長齡、唐鑒（善化），曾國藩、羅澤南、李續賓（湘鄉），胡林翼（益陽）等均以研習理學而富經世思想。參見蕭一山《清代通史》下卷，第732—734頁。

73　參見王家儉：《清季的海防論》；戚其章〈晚清海防思想的發展及其歷史地位〉，李金強、劉義章、麥勁生合編《近代中國海防——軍事與經濟》，香港中國近代史學會，1999，第61—78頁。

74　參見 Immanuel C. Y. Hsü, "The Great Policy Debate in China, 1874: Maritime Defense vs. Frontier Defense," *Harvard Journal of Asiatic Studies*, 25(1965), pp.212-228.

75　參見蔣廷黻《中國近代史大綱》，啟明書局，1959，第78—80頁。

76　參見 Immanuel C. Y. Hsü, "The Great Policy Debate in China, 1874: Maritime Defense vs. Frontier Defense," *Harvard Journal of Asiatic Studies*, 25(1965), pp.212-228.

方主義」的成見，而發為不正確的議論而已。[77] 李鴻章自同治九年接任直隸總督，並兼任北洋通商大臣，總攬海防與海軍大權，一身繫國家安危；其權力之演變與坐大均來自朝廷，並非地方官以及地方政府自身權力的擴張；即使李氏權力之執行，亦在符合中央之願望，而非與中央對立與抗拒。他以忠誠之心而承擔國家利害大計與清室政權之命運，他所代表的是中央政府，不是地方權勢。[78] 事實上，同光時代的自強新政固為各省主政者所推動，但通常得到中央有力的支持；只有如此，才是實現新政計畫的主要關鍵。[79]

同治十三年以後，清代的海防措施漸趨積極與主動，而邁向一個新的階段。海防與塞防之爭結果固然塞防主張卒被清廷採納，但海防計畫與建設並非全然停頓；相反的，在光緒元年至光緒二十年甲午戰爭之前，卻是清代海防論最為高潮的時期，海防建設亦最有成績，終在光緒十四年成立北洋艦隊，[80] 海防建設可說是同光新政的中樞。由於塞防與海防的爭議，使朝野上下更重視沿海防務，積極從事海軍建設，使中國近代化運動更向前邁進。

論者或以為同治十三年的海防與塞防之爭的結果是西征軍事得以優先考慮，此舉嚴重削弱了海防用餉而影響海軍建設，亦即認為中國新建海軍之貧弱與西北長期用兵有關，蓋如勻移塞餉充海防之用以建立新式艦隊，加以嚴密組織，則甲午海戰中國或可不敗云。[81] 此論亦可商榷。本章不擬討論近代中國之海軍經費問題，羅林森（J. Rawlinson）研究指出：19世紀後半期中國未能成

---

77 以「地方主義」來解釋晚清地方政局是國外學者的一種偏見，其最典型的譬如 Franz Michael, "Military Organization and Power Structure of China During the Taiping Rebellion," *Pacific Historical Review*,18(1949)：466-483; "Regionalism in Nineteenth-Century China," Introduction to Stanley Spector, *Li Hung-chang and the Huai Army: A Study in Nineteenth Century Chinese Regionalism* (Seattle: University of Washington Press, 1964)．

78 參見王爾敏《淮軍志》，第384—385頁。

79 參 見 Kwang-ching Liu, "Li Hung-chang in Chihli: The Emergence of a Policy, 1870-1875, " in *Approaches to Modern Chinese History*, pp.68-104.

80 參見王家儉《清季的海防論》；戚其章〈晚清海防思想的發展及其歷史地位〉，李金強、劉義章、麥勁生合編《近代中國海防—軍事與經濟》，第65—74頁。其間重要的西法模仿事業有：籌辦鐵甲兵船（光緒元年）；派武弁往德國學習水路軍械技藝，又派遣福建船政學堂學生出洋學習（光緒二年，是年為中國派留歐學生之始）；購買鐵甲兵艦，設水師學堂於天津，又設南北洋電報局（光緒六年）；設開平礦務局，創設公司船赴商貿易（光緒七年）；築旅順軍港船埠，又設商辦織局於上海（光緒八年）；設武備學堂於天津（光緒十一年）等，此皆為李鴻章所經辦的事業。參見李劍農《中國近百年政治史》，第129—131。

81 參見 Immanuel C. Y. Hsü, "The Great Policy Debate in China, 1874: Maritime Defense vs. Frontier Defense, " *Harvard Journal of Asiatic Studies,* 25(1965)，pp.212-228.

功組織一支強大統一的近代海軍之原因，財政與經濟、訓練與裝備的問題尚屬其次，最重要的乃是制度與觀念的問題。此結論很可供我們參考，從而可用以解釋中國近代化遲緩落後的癥結所在。[82]

以左宗棠為首的塞防思想有其深遠的歷史背景，從上文所列的各種議論，不難看出西、北部邊陲在清朝傳統國防上的重要地位。塞防議論的背景本章前已申論，此處不擬贅述。唯左宗棠主西征之言論，固然本之於傳統的價值觀念，但他本人並不是保守主義者，他極具備現代眼光與知識。他的塞防言論對守舊的士大夫來說是極動聽的高調，[83]但他並不反對海防。同治五年他在閩浙總督任內奏請設立輪船製造局於福州馬尾，用以捍衛東南海疆；同治十一年三月在〈覆陳福建輪船局務不可停止摺〉中，他極力主張：

> 製造輪船，實中國自強要著；西洋各國，恃其船炮橫行海上，每以其所有傲我所無，不得不師其長以制之……此舉為沿海斷不容已之舉，此事實國家斷不可少之事。若如言者所云即行停止，無論停止製造，彼族得據購雇之永利，國家旋失自強之遠圖，隳軍實而長寇仇，殊為失算[84]。

可見他的思想亦不是過時的，他並沒有誤用傳統「騎射時代」的觀念於新式的「炮艦時代」。[85]他的塞防政策奠基於傳統，正視中國國內的動亂，但更強調俄帝侵略的危險性與衛護西北門戶的重要性；他在危機重重的時代裡，一片粉飾昇平而講求洋務的風氣中，獨能洞燭機微，預為防患，而主張一種穩健的政策，實在是很高明的。

中西海道會通以後，中國逐漸走上近代化的道路。在近代中國的改革運動中，知識分子（包括在朝與在野者）實扮演極重要的角色，由於他們的出身背景，思想教育與對時局的感觸不同，以至所揭示的救國言論與方策亦頗不一致。即如在內憂外患、危亡無日的情況下，亦頗能刺激全國有志之士，紛紛從

---

82 參見 John L. Rawlinson, *China's Struggle For Naval Development, 1839-1895* (Cambridge, Mass.: Harvard University Press, 1967) ; "China's Failure to Coordinate Her Modern Fleets", in *Approaches to Modern Chinese History*, pp.105-132.

83 蔣廷黻：《中國近代史大綱》，第 80 頁。

84 《四朝奏議》，第 2354—2359 頁；《左文襄公全集‧奏稿》卷 41，第 31—34 頁。

85 徐中約批評左宗棠誤用騎射時代的軍事觀念於現代的炮艦時代，即使左氏的主張是出之於理直氣壯，但本質上可說是過時的。參見 Immanuel C. Y. Hsü, "The Great Policy Debate in China, 1874: Maritime Defense vs. Frontier Defense, " *Harvard Journal of Asiatic Studies*, 25(1965) ,pp.212-228.

各種角度去探討當前面臨的危機，從不同方向去為國家尋找生存的途徑。如此不同的言論與方策，常能蔚為一大爭論，以供朝野之採擇，例如：道光十五、十六年鴉片弛禁與嚴禁之爭議，同治十三年海防與塞防之爭議，光緒十五年津通鐵路之爭議，以及光緒末年宣統初年革命與君憲兩派的論戰。此均可反映彼時思潮，並影響日後政局發展。

　　同治十三年的海防與塞防之爭有其重要意義，此種言論之出現正顯示出西方帝國主義在華擴張之危機，及知識分子所發出之警語。1870年代正是西方資本主義國家鞏固其強權，並肆志向外擴張其帝國主義侵略政策的時代。此時俄國亦致力改革內部，並向中亞與近東擴張其勢力；日本也放棄鎖國政策，開始從事維新運動，漸次向外擴張。中國受制於內亂外患，元氣未復，正勉力從事一個不徹底的改革運動，以圖抗拒來自列強的欺凌。此時代海防與塞防的議論可說是一個防止帝國主義威脅的藍圖。李鴻章、左宗棠等人所做的警語，使中國朝野上下逐漸體會到列強的侵略本質，亦使得日後全國人心逐漸覺醒，民族主義得以昂揚。清廷西北邊陲地區已招致外來帝國主義的威脅，這表示在「傳統」的領域裡已經遭受外來新文化的衝擊。同時，東南海疆的財賦之區逐漸成為全國經濟重心；但這個新工業的發源地帶，亦將蒙受西方列強的侵逼。潮流的歸趨，時局的體認，均使清廷必須變法自強，從事近代化改革，以苟存於強權的世局之中。

　　塞防與海防論者代表清季一批公忠體國並富有新思想的封疆大吏，他們言論激昂，愛國心切，頗能切中時弊，鼓動風潮，其意義深長而影響久遠。但他們的認識亦有不足者，這是時代的限制使然；這種限制，加上清廷所受傳統的約束，尤其處於帝國主義壓迫的情況下，其影響所及，延誤了中國的近代化，也註定清廷覆亡的命運。此種歷史際遇，對知識分子個人與整個國家民族來說，都是悲劇。[86]

86　或有認為左宗棠西征軍事的順利，使中國誤以為傳統文化具有應付近代世界強權的有效性；加以後來曾紀澤伊犁交涉的成功，使清廷信心越增，保守勢力越大，更為抗拒西方文明，故直到1880年代，清廷仍未能從事近代化工作云。（參見 J. K. Fairbank, et al., *East Asia: The Modern Transformation*, pp.324, 368-370.）這種批評並不正確。近代中國知識分子的世界認識固然有其限制，但他們是中國近代化運動的先驅者，其言論思想與事業影響近代中國極大。1880年前，清廷已經從事改革運動，其成就亦頗可觀；如果說中國近代化運動比較歐美與日本遲緩許多，則西方帝國主義對中國的壓制應該是一大原因。清廷重視塞防，得以挽回新疆利權，固然加強清廷的信心，但毋寧說使中國更認清西方文明（帝國主義亦是西方文化的特產），因而刺激清廷從事進一步的改革運動，雖然這種改革是被動與消極的。

第二十二章 「過渡時代」的脈動：晚清思想發展之軌跡

一、傳統的內變：從「理與勢」到「體與用」

從乾隆晚期開始，面臨社會、政治與經濟的內憂外患，清朝由盛轉衰，從昔日「強盛的帝國」逐漸轉為「衰微之季世」。[1] 在內外危機的雙重夾擊之下，一方面，舊秩序因遭遇一連串新的挑戰而日趨式微；另一方面，危機的刺激也促使新思想的興起，開始在舊傳統的內部醞釀發酵。

嘉道以來，以春秋公羊學為核心的今文經學，首先在漢學內部復興。今文學家的代表人物龔自珍和魏源，通過微言大義的方式，以經術作政論，力主「通經」、「明經」，並鼓吹由此而能「經世濟民」。在兩人「指天畫地，規天下大計」[2] 的過程中，對於歷史發展進程中「理」與「勢」的闡釋，逐漸成為他們關懷的重心。通過對儒家「天理史觀」的修正，魏源提出「理勢合一」之說，[3] 強調「氣化無一息不變者也，其不變者道而已，勢則日變而不可復者也」。在魏源的思想脈絡中，從早期《老子本義》的「以道治器」，到中期的

---

* 本章由黃克武、段煉撰寫。

1　關於晚清中國由盛轉衰的宏觀描述，見 Susan Mann Jones, "Dynastic Decline and the Roots of Rebellion," in John K. Fairbank , ed., *The Cambridge History of China*, volume 10 (New York: Cambridge University Press, 1978) , pp.107-162.

2　梁啟超：《清代學術概論》，臺灣商務印書館，1966，第 78 頁。

3　「理勢合一」之說，清初王夫之即有闡述，但限於歷史環境，未能產生更大影響。如王所言「言理勢者，猶言理之勢也，猶凡言理氣者謂理之氣也。理本非一可執之物，不可得而見，氣之條緒節文乃理之可見者也。故其始之有理，即於氣上見理。迨得其理，則自然成勢，又只在勢之必然處見理」等，即與後來論理勢者的看法若合符節。引文見王夫之《讀四書大全說》卷 9，《船山全書》（6），嶽麓書社，1991，第 992 頁。

《詩古微》的「三統說」，再到晚期的天道循環論，雖其中內涵頗多反覆曲折，然脈絡大致是強調「時勢」的變化有其循環規律，「勢」永遠在「道」的軌跡中運轉。[4]當此之時，面對「世變日亟」的刺激，「理勢合一」的論說表現在政治實踐上，是經世之學的興起，即主張由制度的安排、政策的運用以及法令規範的約束以達到儒家所謂的「治平」的理想。[5]不過，清代經世之學的發展不再限於今文經學的脈絡。乾隆年間陸燿編輯的《切問齋文鈔》及其對道光年間魏源的影響，即展現出經世之學發展的另一線索。[6]這兩者的合流蔚成晚清經世之洪流，形成了重視實際事務、因應時局演變的經世傳統，並促成了歷史觀的變革。對嘉道以降的經世學者而言，歷史的發展不再局限於復興三代的理想，而是強調通過對現實的「勢」的認識和把握，解釋天理。

在歷史觀念的轉變之中，受今文經學影響而具經世企圖的學者，轉變最為明顯。他們接受了將「勢」作為歷史演變的動力，故而對歷史發展中「變易」因數更為重視。龔自珍開始借助公羊三世說來認知歷史，正是由對「古史」的詮釋而逐步發展成對未來的預測。[7]由此，三世說中所蘊含的線性演化因素，透過龔自珍和魏源的論述得以強化，積極地影響了後來的士大夫的看法。龔自珍強調應「規世運為法」，從「順/逆」的角度來看待時勢，將「順」與「逆」視為互相矛盾、互相依存又互相取代，從而引起時勢變動的力量。[8]魏源則憑藉今文經學的解釋，指出「天下無數百年不弊之法，無窮極不變之法」。這一變化應勢而生，與氣運之開闔關係密切。因此，「變古愈盡，便民愈甚」。此種變化，在魏源看來，是一個從「天治」到「人治」的過程。這樣，公羊學也從學術上微言大義的闡發，導向了一條實際政制變革的經世之途。此即「以經術為治術」而「通乎當今之務」，聚焦於除舊布新的「變通之法」。[9]

從龔自珍內心瀰漫的強烈的「衰世」意識，到魏源針對時勢而編纂《皇

4　賀廣如：《魏默深思想探究—以傳統經典的詮說為討論中心》，臺灣大學出版委員會，1999，第 229 頁。

5　張灝：〈宋明以來儒家經世思想試釋〉，氏著《幽暗意識與民主傳統》，新星出版社，2006，第 89 頁。

6　黃克武：〈理學與經世：清初《切問齋文鈔》學術立場之分析〉，《中央研究院近代史研究所集刊》第 16 期，中研院近代史研究所，1987 年，第 37—56 頁。

7　孫春在：《清末的公羊思想》，臺灣商務印書館，1985，第 47 頁。

8　〈江子屏所著書序〉、〈乙丙之際著議第九〉，《龔自珍全集》，上海古籍出版社，1975，第 193、6 頁。

9　《魏源集》下冊，中華書局，1976，第 432 頁。

朝經世文編》的努力，當時的士大夫已經敏銳地感知到自己身處的時代特徵—「惟王變而霸道，德變而功利，此運會所趨，即祖宗亦不能不聽其自變」。[10]而「時勢」之變，最直接地帶來了價值觀的修正。龔、魏二人認為，在時勢壓力下，單純依靠傳統「內聖」的道德修養，已經不足以實現經世濟民的目的，尚需外在的事功（政策措施）和專業知識作為補充。[11]換言之，「兼內外」成為嘉道時期經世思想的核心理念，借此而肯定外在事功表現與道德修養相結合的重要性。與此同時，一度為傳統倫理所抑制的個體私欲與個人情欲，也在這一肯定事功的時勢之下被賦予了正面意義。龔自珍說：「情之為物也，亦嘗有意乎鋤之矣；鋤之不能，而反宥之；宥之不已，而反尊之。」魏源則將這種「尊情」的主張，推衍到尊重個人之「私」。他把「利」與「仁」、「命」並列，作為「天人相合」的關鍵，肯定了庶民追求正當利益的合理性。魏源一方面把利作為檢驗義的標準，另一方面又把功利寓於仁義之中。可見，在清中葉今文經學家的思想世界中，功利與道德並非截然兩分，經世思想及其實踐的背後，依然保持著傳統儒家「兼內外」和「體用合一」的理想，同時亦檢討宋明理學利義二分、重天理而輕人欲的思想傾向。[12]

　　嘉道以來，世風漸變。如龔自珍、魏源等學者，借助公羊學說開啟除舊布新的經世思潮，而從戴震、程瑤田到凌廷堪以降的「以禮代理」新思潮，則標誌著儒學思想從宋明理學的形上形式，轉向禮學治世的實用形式。[13]「從理到禮」的思想轉型，在清中葉以來時勢劇變的背景下展開，使宋儒的理學精神也開始了新的自我重整，以回應王朝面臨的內外挑戰。清朝初年的唐甄指出，德性與經世應當並重，修身養性乃齊家、治國、平天下的起步。[14]唐甄的思想受到曾國藩的推崇，而曾氏正是以宋儒義理之學成就經世大業的清代中興名臣。他說：「自內焉者言之，舍禮無所謂道德；自外焉者言之，舍禮無所謂政事。」[15]因此，曾國藩以禮學來代表經世學，也就是古人所說的「修己治人」、

10　《書古微‧甫刑篇發微》，《魏源全集》第 2 冊，嶽麓書社，2005，第 354 頁。
11　李澤厚：〈經世觀念隨筆〉，氏著《中國古代思想史論》，安徽文藝出版社，1999，第 283 頁。
12　黃克武：〈《皇朝經世文編》學術、治體部分思想之分析〉，臺灣師範大學歷史研究所碩士論文，1985 年，第 308 頁。
13　張壽安：《以禮代理—凌廷堪與清中葉儒學思想之演變》，河北教育出版社，2001，第 6 頁。
14　汪榮祖：〈論晚清變法思想之淵源與發展〉，氏著《晚清變法思想論叢》，聯經出版公司，1983，第 53 頁；熊秉真：〈從唐甄看個人經驗對經世思想衍生之影響〉，《中央研究院近代史研究所集刊》第 14 期，1985 年。
15　李細珠：〈曾國藩與倭仁關係論略〉，王繼平、李大劍主編《曾國藩與近代中國》，嶽麓

「內聖外王」的「有體有用」之學。[16]

　　曾國藩上承龔、魏的思想脈絡，一方面肯定「理勢合一」，強調「理勢並審，體用兼備」；另一方面，也認為「禮」不僅指涉禮儀與德性，更包含了制度與政法。禮的意義不僅在於修身處世，也在於治國經世。因此，曾國藩的救國方案大體分為兩個方面：一方面要守舊，通過恢復民族固有美德，以理學精神來改造社會；另一方面要革新，以堅船利炮的實用技術來提升王朝實力。因此，曾國藩既是重視「明道救世」的大儒，也是重視事功的改革者。他主張治世在於「致賢」、「養民」和「正風氣」，[17] 以圖取新衛舊，在新舊之間取得平衡。可見，晚清的理學以捍衛綱常名教為本位，而今文經學則聚焦於以經術為治術的「變通之法」：前者催生的多為時代的「策士、壯士和功名之士」，而後者則為中國社會和文化孕育了求新求變的精神。[18]

　　1860 年代以後，隨著西力衝擊的加劇，「天下」格局逐漸動搖，朝貢關係慢慢鬆動，以國際法為基礎的「萬國」觀念開始成形。此外，在門戶開啟之後，清朝士大夫對於西方的瞭解也日漸深入。有志之士開始注意到「歐洲各國，動以智勇相傾，富強相尚」。[19] 對此，王韜發出「處今之世，兩言足以蔽之：一曰利，一曰強」的感慨。[20] 這種西潮東漸所引起的激烈撞擊，為士大夫帶來「近代思潮之自具特色獨成風氣者……實為富強思想」。[21] 圍繞國家富強願景而展開的思考、論辯與實踐，也成為這一時期經世思想的主要內容。

　　宋育仁在《泰西各國采風記》中注意到，當前「環球大勢，以某國商業盛，即通行某國文，為便用而易謀利」。這種基於商業強盛帶來的「大勢」，是西方諸國超越清王朝的主要原因。因此，宋育仁說，清王朝的「國勢衰微，不能不興功利以自救」。[22] 同時代的薛福成也強調，時勢是歷史前進的動力，

書社，2007，第 387 頁。

16　蕭一山：《曾國藩傳》，中華文化出版事業委員會，1952，第 37 頁；陸寶千：《清代思想史》，廣文書局，1978，第 419 頁。

17　〈原才〉，《曾國藩全集・詩文》，嶽麓書社，1986，第 182 頁。

18　楊國強：〈世運盛衰中的學術變趨〉，氏著《晚清的士人與世相》，三聯書店，2008，第 82 頁。

19　《易言・論公法》，轉引自東元編《鄭觀應集》上冊，上海人民出版社，1982，第 66 頁。

20　王韜：〈洋務上〉，氏著《弢園文錄外編》，遼寧人民出版社，1994，第 49 頁。

21　王爾敏：〈中國近代之自強與求富〉，氏著《中國近代思想史論續集》，社會科學文獻出版社，2005，第 180 頁。

22　宋育仁：《泰西各國采風記》，朱維錚主編《郭嵩燾等使西記六種》，三聯書店，1998，第 402 頁。

是歷史從簡至繁、從陋至華的自然過程，也是天下的「公共之理」。

19世紀後半葉，從王韜、薛福成到李鴻章、丁日昌，關於「變局」的討論，在士大夫的文字中變得極其普遍。對清王朝所面臨的「變局」的判斷，也從最初的「數百年未有之大變局」，擴展為「千年」乃至「數千年未有之變局」。[23] 對清中葉的士大夫而言，《易經》中強調「天地人生變易」之理，與宋儒邵雍對於「運會」的解釋，是他們探討「時勢」的重要理論來源。當時西力的入侵，在王韜看來，就是「天心示變」的徵兆，也是「三千年以來，至此不得不變」的開始。

身處這一「天心」與「人事」愈加變動不居的時代，順應時勢的基本路徑就從龔自珍、魏源時代的「重估功利」，提升為「興功利」以自強。清中葉以後，朝野對於西方國家兵力與商力的理解更趨深入。曾國藩率先將「商」與「戰」連綴，創造「商戰」一詞，[24] 既刻畫出商業在時勢轉移中的重要地位，也折射出當時清王朝所面臨的迫切情勢。薛福成特別談到，商業乃是一國實力的主流，舍此無以自強。鄭觀應則從國家危亡的角度，強調「我之商務一日不興」，西方列強對中國的「貪謀一日不輟」。[25] 與此同時，部分士大夫對「勢」的討論，亦已逐漸超越科學新知、技術以及商務的內容，開始涉及政治制度與民主思想的內容。中國傳統政治思想多著重於「封建」與「郡縣」的討論，而清中葉以來的士大夫則開始議論君主政體、立憲政體以及民主政體。[26]

不過，清代中後期的經世思想家仍大體認為，西方的物質文明和先進的典章制度（「器」），需要回歸到維護中國文明的本體（「道」）之上：「器則取諸西國，道則備當自躬，蓋萬世而不變者，孔子之道也，儒道也，亦人道也。」[27] 1876 年，薛福成在代李鴻章所擬的信稿中也說道：「道之所寓者器，道之中未嘗無器，器之至者亦通乎道。」[28] 可見，在時人眼裡，中西學說並非

---

23 王爾敏：〈十九世紀中國士大夫對中西關係之理解及衍生之新觀念〉，氏著《中國近代思想史論》，華世出版社，1977，第 14 頁。

24 王爾敏：〈商戰觀念與重商思想〉，氏著《中國近代思想史論》，第 238 頁。

25 鄭觀應：〈商戰〉，氏著《盛世危言》，遼寧教育出版社，1994，第 238 頁。

26 關於近代以來民主觀念在中國的傳播、實踐及其思想特徵，參見黃克武〈近代中國轉型時代的民主觀念〉，王汎森等《中國近代思想史的轉型時代—張灝院士七秩祝壽論文集》，聯經出版公司，2007。

27 王韜：〈杞憂生易言跋〉，氏著《弢園文錄外編》，中華書局，1958，第 323 頁。

28 薛福成：〈代李相伯答彭孝廉書〉，氏著《庸盦文編》卷 2，光緒二十八年（1902）石印本，第 39 頁。

扞格難通、無法融會。在近代中國尋求富強的歷程中，受到西潮衝擊的士大夫孕育出了與儒家思想既有聯繫又存在區別的新觀念。[29]「道」與「器」這種一體兩面的關係，正像馮桂芬所說的：「以中國之倫常名教為原本，輔以諸國富強之術。」

到了 1890 年代，張之洞在《勸學篇》裡以「中體西用」一詞，對中學與西學如何融通，做了更系統的闡釋。張之洞是晚清疆吏中積極求變的一員，也是戊戌維新的重要參與者之一。他竭力想要以西方的「器」來求變通，以中國之「道」來固國本。張之洞相信，這樣的變革只會保護而不會瓦解儒家的道德基礎。張之洞「體」與「用」思想的背後，依然貫穿了清初以來經世思想「兼內外」的脈絡，也不難找到 19 世紀中葉以來道器貫通的理念。然而，晚清時期儒家道德價值與西方科學理性之間的緊張關係大大加劇。「中體西用」也意味著傳統儒家的道德價值只能在「體」的層面發揮作用，而在「用」的層面上則不得不採用西力所引入的知識與技術的尺度。「體」與「用」在道德意義上的相關性大為弱化。德性的價值只在「體」的意義上發揮作用，卻必須從「用」的層面悄然引退。中體西用說在實踐意義上的這一變形，其後果張之洞實難估量。面對現實的時勢，張之洞在著力守衛傳統的知識、思想與信仰，卻又同時在傳統上打開了缺口。正如列文森（Joseph R. Levenson）所揭示的那樣：「19世紀的『體用』模式，不僅體現了外來因素所造成的儒教衰落，而且也是儒教本身衰落的象徵。」[30] 然而，體用模式也開啟了未來的改革契機。後來，嚴復批評張之洞的體用觀念，認為牛體不能馬用，中西文化各有其體用。不過，嚴復的理想與張之洞的體用說仍十分類似。兩人均採取調適漸進之取向，只是兩人對傳統中學的比重有不同的看法。對嚴復而言，在現代中國生活的基礎中，傳統的精神價值、家族體系有重要的意義，不過君主專制政體則需改變為君主立憲，再進而為民主共和。[31] 中西、體用、內外等範疇的界定及其相互關係，

29　柯文（Paul A. Cohen）認為，在這些人當中，王韜可能是個例外。在他那裡，「道」並不特指中國文明的本體，而是人類文明的普遍特徵。同時，柯文也指出，王韜將「道」普遍化的結果，並未導致儒學傳統的終結。見 Paul A. Cohen, *Between Tradition and Modernity: Wang T'ao and Reform in Late Ch'ing China* (Cambridge: Harvard University Press, 1974)，pp.152-153.

30　Joseph R. Levenson, *Confucian China and Its Modern Fates: A Trilogy* (Berkeley: University of California Press, 1965)，pp.77-78.

31　Max Ko-wu Huang, *The Meaning of Freedom: Yan Fu and the Origins of Chinese Liberalism* (Hong Kong: The Chinese University Press, 2008)，pp.248-249.

在 20 世紀之後成為中國思想家所思索的一個核心議題。

二、進化論與新宇宙觀

甲午戰爭之後，人們對於儒學的意識形態和帝國統治的信心產生了更加嚴重的動搖。中國人心中天朝上國的形象受到衝擊，士大夫開始非常自覺而積極地改變，以期回應「西潮」的挑戰。1895 年以後，康有為、梁啟超、譚嗣同等人的思想，已經「與自強運動時期頗不相同，自強時期的求變求新，尚是相信中國的道統、中國的文化不可變，故其求變求新僅及於器物層面，而他們已經開始相信精神文化層面亦必須同時有所改變……他們較自強運動派更相信西學，視為是國家民族求富求強的萬靈丹」。[32] 激進的變法者們為了挽救危亡，引入了從達爾文、斯賓塞到赫胥黎的進化理論，為自己的政治行為尋找新的正當性依據，也為解釋「時勢」、順應「時勢」提供了一個歷史目的論的參照體系。換言之，1890 年代以來，進化論在中國知識界之所以備受推崇，關鍵並不在於其科學內涵，而在於它與中國的社會政治變革緊密相連，具備了「宇宙觀」、「世界觀」（道）、「歷史觀」、「倫理觀」、政治發展之規劃等方面的功能，是一個整體的思想體系。[33] 因此，進化論也成為晚清思想界的主流觀念，時人稱之為「天演公理」。[34]

對絕大多數的中國讀書人而言，第一次完整系統地瞭解「物競天擇，適者生存」的進化公理，應當是在嚴復譯述的《天演論》之中，其後才受到日譯書刊之影響。[35] 從西方思想史的脈絡來看，達爾文進化論的歷史意義在於把上帝創世還原為神話，瓦解了神學的信仰基礎；同時，又把包括人類在內的生物

32　李國祁：〈滿清的認同與否定—中國近代漢民族主義思想的演變〉，中研院近代史研究所編印《認同與國家》，1994，第 91—130 頁。

33　王中江：《進化主義在中國》，首都師範大學出版社，2002，第 33 頁；黃克武：〈何謂天演？嚴復「天演之學」的內涵與意義〉，《中央研究院近代史研究所集刊》第 85 期，2014 年。

34　關於進化論在近代中國傳播與影響的研究成果頗多，如 James Reeve Pusey, *China and Charles Darwin* (Cambridge, Mass.: Harvard University Press, 1983)；吳丕《進化論與中國激進主義》，北京大學出版社，2005；王東傑〈「反求諸己」—晚清進化觀與中國傳統思想取向（1895—1905）〉，王汎森等《中國近代思想史的轉型時代—張灝院士七秩祝壽論文集》；王汎森〈近代中國的線性歷史觀—以社會進化論為中心的討論〉，《新史學》第 19 卷第 2 期，2008 年。

35　除了嚴復從西方文本的直接翻譯之外，晚清進化論思潮的興起與日本也有關聯。進化論在傳入中國之前已傳入日本，成為日本現代思想觀念的一部分。清末知識分子和留學生到日本之後，也有意識地通過日本這一管道，間接學習西方思想文化。進化論傳播中的日本中介作用，參見王中江《進化主義在中國》第二章。

物種的生成和發展，視為自然演變的過程，奠定了理性主義自然史觀的科學基礎。因此，「達爾文主義不再是初步的科學學說，而成了一種哲學，甚至一種宗教」。[36] 社會進化論的代表人物斯賓塞，從自然物種的普遍進化出發，以「適者生存」為闡釋依據，把人類歷史等同於物種的自然進化，這是一種關於達爾文主義的延伸推論。所以，柯林武德（R. G. Collingwood）把這種觀點嘲笑為「得自進化論的自然主義並被時代傾向強加給歷史學」的產物。[37] 因此，作為自然主義「進化史觀」的反對者赫胥黎，在其所著《進化論與倫理學》（即嚴譯《天演論》原本）中明確提出：「社會文明越幼稚，宇宙過程對社會進化的影響就越大。社會進展意味著對宇宙過程每一步的抑制，並代之以另一種可以成為倫理的過程」，「社會的倫理進展並不依靠模仿宇宙過程，更不在於逃避它，而是在於同它作鬥爭」，[38] 一再強調人類歷史（以倫理道德為基礎）與自然進化（以物質宇宙為基礎）這兩種過程所依據之原則的不同與背反。

耐人尋味的是，作為一個追求「信達雅」的譯者，1896—1898 年嚴復在翻譯《天演論》時，一直試圖平衡赫胥黎和斯賓塞之間的張力，又用心良苦地「取便發揮」，以圖「達旨」。仔細閱讀《天演論》不難看到，對於社會進化理論，嚴復的態度較為複雜：一方面，他不同意赫胥黎人性本善、社會倫理不同於自然進化的觀點，另一方面卻又贊成赫胥黎關於人不能被動地接受自然進化，應該與自然鬥爭、奮力圖強的主張。他雖然同意斯賓塞認為自然進化是普遍規律，但又不滿意其「任天為治」的弱肉強食的態度。[39] 嚴復既要為民族的自強保種尋找哲學基礎，又不願徹底打破傳統的有機論宇宙觀，因此匯出了「天行人治，同歸天演」的調和式表述。嚴復從老莊那裡尋找進化論的哲學源頭，把赫胥黎的「與天爭勝」和斯賓塞的「任天為治」統一到「天演」之下，一併置於中國「易」的陰陽變化的宇宙模式之中，以期為赤裸裸的強權競爭遊戲尋找一個超越的價值之源。[40] 嚴復思想中的內在緊

---

36 〔英〕W. C. 丹皮爾：《科學史及其與哲學和宗教的關係》，李珩譯，商務印書館，1975，第 378—379 頁。

37 〔英〕柯林武德：《歷史的觀念》，何兆武譯，中國社會科學出版社，1986，第 164 頁。

38 〔英〕赫胥黎：〈進化論與倫理學〉，《進化論與倫理學》翻譯組譯，科學出版社，1971，第 57—58 頁。

39 參見李澤厚《中國近代思想史論》，安徽文藝出版社，1999，第 595 頁。

40 王天根比較詳細地討論了「易學與西學之學理」、「易理與天演」、「易學與人之性理進化」以及「易學與社會興亡盛衰論」的關聯。參見王天根《〈天演論〉傳播與清末民初的社會動員》，合肥工業大學出版社，2006，第 29—38 頁。

張，使具有結構和意義多向性的天演論，在傳播之初就不可避免地發生了變異。而饒有興味的是，進化論一直就以這樣一種「文化誤讀」的方式在近代中國不斷傳播。不過，作為一種時代的精神傾向，中國人對於進化論的誤讀，實際上是一種複雜的文化情感的產物，其目的很明顯是要引出關於當時社會變革的必然性和必要性的價值論證及歷史依據。所以，進化論首先和一套目的論的歷史觀和宇宙觀相互聯繫起來。

對於社會政治起源的歷史解釋，傳統儒家傾向於一種衰微論與循環說，認為人世的和諧秩序是由堯舜禹三代聖王開端，隨後治亂相循，通過一種盛衰的方式深深鑲嵌於中國人的世界觀中。然而，受到進化論影響之後，中國人的歷史觀念發生了重大的改變。康有為承續了自龔自珍和魏源以來重視時勢變易的今文經學歷史觀，依據「公羊三世說」，將「據亂世」和「升平世」稱為小康，而「太平世」則為大同，三者同處於一根朝向未來的時間之鏈上，依次上升。[41]對此，他的弟子梁啟超的解釋是：「今勝於古，後勝於今，此西人打撈烏盈（達爾文）、士啤生（斯賓塞）氏等所倡進化之說也。支那向來舊說皆謂文明世界在於古時，其象為已過，春秋三世之說，謂文明世界在於他日，其象為未來。謂文明已過，則保守之心生，謂文明為未來，則進步之心生。」[42]

進化論賦予歷史的未來趨勢以向上的必然性。面對不斷變動的時勢，一方面，人們自然地相信「新的」總要勝過「舊的」，「未來」必定超越「過去」：「由古世進化而有今世，由今世進化而有來世；今既勝於古，後又勝於今。」另一方面，「變化」成為時勢的主要特徵，一切都在「進步」的旗號下翻新花樣，讓人備感刺激卻又疲於奔命：「古人有古人之時勢，斯有古人之理法；至今日而時勢變矣，時勢變，則理法從之而變。今人有今人之時勢，至後日而時勢又變矣，時勢變則理法又從之變。」[43]所以，楊度才會說：「現在世界何等世界也？舉天下之各民族群起而相競爭，觀其誰優誰劣誰勝誰敗，以待天演之裁判之世界也，而又數千年文明繁盛之支那人種存亡生死之關頭也。」[44]

當超越的價值世界逐步瓦解時，進化論賦予人類推動歷史和創造未來的

41　〈南海康先生傳〉，《梁啟超全集》第 1 冊，北京出版社，1999，第 481 頁。
42　〈論支那宗教改革〉，《梁啟超全集》第 1 冊，第 263 頁。
43　佚名：〈與同志書〉，張枬、王忍之編《辛亥革命前十年間時論選集》第 1 卷上冊，三聯書店，1963，第 403 頁。
44　〈《遊學譯編》敘〉，劉晴波主編《楊度集》，湖南人民出版社，1985，第 73 頁。

正當性。因此，即使強調「天行人治，同歸天演」，當時思想界從嚴復翻譯中讀到的更多的卻是「人治」。這固然與晚清中國在世界競爭中屢遭挫敗的歷史困境密切相關，但同時，進化論直接指向人類在自身歷史中自我主宰的可能性，也為衰亡民族的重新崛起提供了合理的預期。進化論把個人及其生存的意義，與一個合目的性的歷史過程緊密聯繫到一起，因此，進化論既是「泰西諸國」歷史經驗的放大，又是自由競爭時代中國人期望的昇華，從而成為具有普世意義的人類理性主義的理論表達。

那麼，「人治」的基礎從何而來？除了一個通向美好未來的進化歷史觀以外，那就是貫通物質世界和人類社會的「力」的作用。在錢穆看來，對於「力」的理解與使用上的差異，也正是東西方文明的分水嶺：「將西洋史逐層分析，則見其莫非一種『力』的支撐，亦莫非一種『力』的轉換。此力代彼力而起，而社會遂為變形。其文化進展之層次明晰者在此，其使人有一種強力之感覺者亦在此。」[45] 但是，嚴復認為，這樣一種主張極力發揮人的能力的力本論精神，仍然可被歸結為「民力、民智、民德」的綜合標準，因為「浚智慧，練體力，厲德行」才是使人全面進化的途徑。在諸種能力之中，嚴復依然強調「德」在競爭中的重要性。他指出，「西人所最講、所最有進步之科，如理化、如算學。總而謂之，其屬於器者九，而進於道者一」。然而，「社會之所以為社會者，正恃有天理耳！正恃有人倫耳！」[46] 同時代的孫寶瑄也持相似的看法。1898 年，他對嚴復翻譯的《天演論》曾有一段見解：「《天演論》宗旨，要在以人勝天。世儒多以欲屬人，而理屬天，彼獨以欲屬天，以理屬人。以為治化日進，格致日明，於是人力可以阻天行之虐，而群學乃益昌大矣。否則，任天而動，不加人力，則世界終古爭強弱，不爭是非，為野蠻之天下。」[47] 孫寶瑄意識到，如果疏離倫理道德的是非標準，一味放任赤裸裸的權力角逐和弱肉強食的競爭邏輯，人們面對的只能是一個充滿欲望的、野蠻的叢林世界。所以，他把講「爭」的天演論和講「仁」的三世說結合起來。這種基於傳統文化立場的倫理觀念，承認競爭性的「力」在新「時勢」下的決定意義，但又為德性價值留下餘地。

45　錢穆：《國史大綱》，商務印書館，1996，第 24—25 頁。

46　〈論教育與國家之關係〉，王栻主編《嚴復集》第 1 冊，中華書局，1986，第 167—168 頁。

47　孫寶瑄：《忘山廬日記》上冊，光緒二十三年十二月初四條，上海古籍出版社，1983，第 155 頁。

不過，庚子之後中國的危機更趨嚴重，士大夫的言論重心也越來越趨向於民族主義。嚴復式的「天行人治，同歸天演」的調和式平衡被打破。進化論為中國的不斷挫敗做出了合理解釋，也為中國奮力走出挫敗指引了一個可行的方向，推動了革命的進展。歐榘甲在〈新廣東〉一文中說：「夫自存者，爭自立也。不能自立，即不能自存，即為他人所滅，即為天所棄。諸君，諸君，即不欲自立，獨欲自存乎？」所以，「夫欲自存，惟信自己，無天可恃」。[48]既然「無天可恃」，只能「惟信自己」，也就意味著人的價值，不再由道德義理中的「是非善惡」來裁定。

在這樣的背景下，知識分子對於人性的理解也日漸幽暗，因為「夫人之性，去動物不遠，故強凌弱眾暴寡之野心在在思逞，於是以強力為自衛之要點，而因以形成國家」。所以，「智」與「德」是不可靠的，倘若中國想要在生存競爭場中站穩腳跟，唯有依靠一套去除了道德人文內涵的「強力」、「威力」甚至「暴力」：「夫國家組織之目的，在於社會幸福之增進，及伸張個人之自由，其最重要者在具強力，且備其他之暴力，此一定之理勢。」[49]連接人與人的不再是傳統中國充滿關懷與信任的社區社會（Gemeinschaft），[50]彼此之間只有「優劣之無定，故當力占優勢」[51]的利益盤算。推動社會進化的個人能力，揚棄了嚴復、孫寶瑄當年調和德性義理的內涵，只剩下「立於不敗之地」的「力」的邏輯。

20世紀初，傳播《天演論》最為有力者當數梁啟超。梁啟超的思想比較複雜。戊戌期間，他大體相信純粹的「力」在世界競爭中的日趨式微，並且指出：「世界之進化愈盛，則恃力者愈弱，而恃智者愈強。」[52]《新民說》發

---

48 太平洋客（歐榘甲）：〈新廣東〉，張枬、王忍之編《辛亥革命前十年間時論選集》第1卷上冊，第282頁。

49 佚名：〈中國之改造〉，張枬、王忍之編《辛亥革命前十年間時論選集》第1卷下冊，第418頁。

50 社區社會（Gemeinschaft）與結社社會（Gesellschaft）兩者之區分，由斐迪南·滕尼斯（Ferdinand Tönnies）最早強調。一般而言，前者指傳統社會中重視感情與道德，以農業為本的小村生活，後者指因都市化進程而日趨複雜化的市民社會。相對社區社會而言，在結社社會中，道德與人情更加淡漠，組織關係、思想狀況也更加多元。參見〔美〕墨子刻〈二十世紀中國知識分子的自覺問題〉，余英時等：《中國歷史轉型時期的知識分子》，聯經出版公司，1992，第130頁。

51 君平：〈天演大同辨〉，張枬、王忍之編《辛亥革命前十年間時論選集》第1卷下冊，第873頁。

52 〈變法通議〉，《梁啟超全集》第1冊，第10頁。

表以後，由競爭於「力」到競爭於「智」的說法在他筆下消失了，因為「力」較之「理」更具有優先性。梁啟超相信：「昔天演學者通用語，皆曰物競天擇，優勝劣敗。而斯氏（斯賓塞）則好用『適者生存』一語。誠以天下事無所為優，無所為劣。其不適於我也，雖優亦劣；其適於我者，雖劣亦優。」[53] 梁啟超的進化理念，受日本思想家福澤諭吉的文明論影響甚深。在福澤諭吉看來，人類普遍進化的歷史是以文明為軸心，經由野蠻、半開化到文明的進化歷程。文明既有先進與落後，那麼先進者自然就要壓制落後者，而落後者自然要被先進者壓制。[54] 這一理念恰好與晚清以來中國的歷史性遭遇不謀而合。因此，在梁啟超看來，「文明」正好能夠與「富強」一道，共同構建一套普世性的核心義理與規範。[55] 所以，文明是通過競爭才形成的。國際社會是生存競爭的場所，也是適者生存的場所，當時人甚至以你死我活的「戰爭」一詞，來形容激烈的競爭。不但軍事交鋒是戰爭，商業交往、學術交流也都是赤裸裸的「戰爭」。「善爭者存，不善爭者亡，善爭者生，不善爭者死。爭之為道有三：兵戰也，商戰也，學戰也。」[56] 在這個殘酷的「戰場」上，個人的情操與德性的陶冶，社會和國家公共倫理的培養，完全被「以暴易暴」的生存手段異化了。「後此中國乎，則一時有一時之現象，一年又一年之變症，吾不知今日之為如何境況，焉知他日之如何結局也。」[57]

為了生存，各個國家也不斷尋求發展以增進本國的能力。支配這一生存競爭的正是進化論所揭示的「優勝劣汰」法則—優者生存下來並更加繁榮，劣者則被無情地淘汰，文明即是通過此一過程得到發展。在梁啟超看來，文明化不是實現某一目的的過程，而是作為生存競爭的結果而產生的過程。[58] 他說：「夫競爭者，文明之母也。競爭一日停，則文明之進步立止。由一人之競爭而為一家，由一家之競爭而為一鄉族，由一鄉族而為一國。一國者，團體之最大圈，而競爭之最高潮也。」[59]

---

53 〈記斯賓塞論日本憲法語〉，《梁啟超全集》第 1 冊，第 336 頁。
54 〔日〕福澤諭吉：《文明論之概略》，第 100 頁，轉引自鄭匡民《梁啟超啟蒙思想的東學背景》，上海書店，2003，第 63 頁。
55 〈自由書·文明三界之別〉，《梁啟超全集》第 1 冊，第 340 頁。
56 佚名：〈與同志書〉，張枬、王忍之編《辛亥革命前十年間時論選集》第 1 卷上冊，第 394 頁。
57 張繼煦：《湖北學生界·敘論》，《辛亥革命前十年間時論選集》第 1 卷下冊，第 439 頁。
58 〔日〕佐藤慎一：《近代中國的知識分子與文明》，江蘇人民出版社，2006，第 95 頁。
59 《新民說·論國家思想》，《梁啟超全集》第 1 冊，第 663 頁。

事實上，這並非梁啟超一人的轉變。在當時，「力即理也」的說法頻繁出現在報章雜誌中。張鶴齡在〈彼我論〉一文中說：「吾儒者之言，謂論理不論力。庸詎知所據之力，即所據之理，更無力外之理乎？」[60] 極力主張「金鐵主義」的楊度則相信：「西哲之常言曰：『兩平等相遇，無所謂權力，道理即權力也；兩不平等相遇，無所謂道理，權力即道理也。』今日歐洲各國之自為交，與其交於他洲之國，則二者之區別也。」[61] 在帝國主義「不顧天理，不依公法，而惟以強權競爭為獨一無二之目的」的世界上，進化論中重「力」的「優勝劣敗」觀在中國越來越具有說服力。一個崇尚個人欲望與個人權利的時代，也在「力」的推動下來臨：「競爭者，富強之兆也。人之生也，莫不欲充其欲望；夫欲望無限，則其所欲望之物亦無涯矣。土壤有限，生物無窮，則其所欲望之物，亦不能無盡。因之相互欺侮，互相侵奪，而競爭之理，於是乎大開。」[62]

三、以太、心力與個人崛起

隨著以進化論為核心的公理世界觀的確立，傳統的德性世界（包括嚴復肯定道德意義的天演世界觀）在力本論和歷史目的論的影響下受到更強烈的衝擊。1890 年代，一方面，維新派激進的政治實踐與制度變革，順應了危亡時代人們尋求國家富強的廣泛訴求；另一方面，在道德與精神層面上，對於個人意志自主性的肯定也得到維新知識分子的大力宣導。「以太」、「心力」、「自主之權」等語彙及其衍生的新思想，隨著書籍與報刊廣泛傳播，成為清末民初挑戰傳統中國社會倫理觀念的武器。無論是嚴復翻譯的《群己權界論》，還是康有為的《大同書》和譚嗣同的《仁學》，都以個人自由和個人平等作為立論之本。「一人之行為，必由一人之意志決之；一人之意志，必由一人之智識定之。自由者，道德之本也，若一人之行為，不由一人之意志而牽率於眾人，勉強附和，則失其獨立之精神，喪其判斷之能力，而一人之權利，遂以摧殘剝落而莫能自保。」[63]

對於晚清維新派人士而言，這一時期推尊自我、強調心力之風的開啟者，其淵源當可上溯至清中葉的龔自珍。作為嘉道以來在漢學內部復興公羊學的重

---

60 張鶴齡：〈彼我篇〉，鄭振鐸編《晚清文選》下冊，中國社會科學出版社，2002，第 112 頁。

61 《〈遊學譯編〉敘》，劉晴波主編《楊度集》，第 73 頁。

62 佚名：〈權利篇〉，張枬、王忍之編《辛亥革命前十年間時論選集》第 1 卷上冊，第 483 頁。

63 佚名：〈教育泛論〉，張枬、王忍之編《辛亥革命前十年間時論選集》第 1 卷上冊，第 401 頁。

要推動者，龔自珍創造性地借助「三世說」，通過對微言大義的創造性解讀來認知變動不居的「時勢」。更重要的是，龔自珍在向傳統天命史觀的挑戰中，率先將「自我」視為創造歷史的主體：「天地，人所造，眾人自造，非聖人所造……眾人之宰，非道非極，自名曰我。」[64] 顯然，龔自珍已經意識到歷史發展進程中「自我」與「創造」的獨特價值：一方面，歷史是由每個個人（合為眾人）創造出來的，而非如程朱理學基於天理、太極、道等形而上法則的玄虛推演；另一方面，作為與「聖人」相對的芸芸眾生，他們不是歷史發展中被規訓的客體，而是創造歷史的主體。那麼，自我需要依靠什麼來創造歷史？在龔自珍看來，自我所依據的正是「心力」。而「心力」一詞之所以在近代中國成為流行概念，其源實出於龔自珍的大力提倡。[65] 這一概念包括了智慧、情感乃至佛教「業力」、「願」等諸多內容。在不同的語境裡，他的「心力說」也帶有或深或淺的宿命論痕跡。不過，龔自珍借助「心力」一詞，創造性地描繪出自我意志所產生的強大驅動力，實具思想史上的先導之功。因此，個人自由意志足以與傳統「天命」相抗衡，並且成為歷史發展的主要動力。

1890 年代，在龔自珍的崇拜者譚嗣同的筆下，龔氏的「心力說」得到了延續與深化。這位維新運動的代表人物試圖借助更加決絕的意志力量「衝決網羅」，實現「以心力挽劫運」的神聖使命。細讀《仁學》和譚嗣同的其餘文本，不難發現，譚嗣同的「心力說」首先與他的仁學宇宙觀密切相關。而這一宇宙觀的本源，則是由張載和王夫之的哲學發展而來的理學世界觀。[66] 對於理學家來說，仁不僅是一種具體化的道德理想，而且象徵著天人合一的世界觀。而張載所宣導的「氣」的一元論之主張，正是圍繞著天人合一論而建立。張載認為，「氣」既是某種物質性的東西，又具有天賦的活力和道德精神品質。因此，個人在宇宙中的存在與消亡，只是無所不在的「氣」的聚散而已。當個體存在時，「氣」不但充滿了人的身體，而且其中固有的道德與精神品質構成與宇宙相聯繫的生命中心，從而形成一個宇宙共同體。張載的這一哲學主張，在晚明時期得到王夫之的重視。王夫之以道、器兩分的方式，接受了張載以「氣」為基石

64　〈癸壬之際胎觀第一〉，《龔自珍全集》，上海人民出版社，1975，第 12—13 頁。

65　高瑞泉：《天命的沒落—中國近代唯意志論思潮研究》，上海人民出版社，2007，第 11 頁。

66　Hao Chang, *Chinese Intellectuals in Crisis: Search for Order and Meaning, 1890-1911* (Berkeley: University of California Press, 1987), p. 94. 本章以下闡述，參見此書關於譚嗣同的章節，以及氏著《烈士精神與批判意識：譚嗣同思想的分析》，新星出版社，2006。

的一元本體論，但同時也強調「道」只有通過人類社會中具體的道德實踐才能得以實現。這意味著，自我必須不斷地進行道德與精神創新，才能與生生不息的宇宙融合在一起。而這種自新的道德能動力量，就蘊含在「人心」當中。

從張載的天人合一本體論到王夫之的「氣」一元論，譚嗣同接觸到了「仁」的概念。不過，譚嗣同的知識與思想世界，較之宋明時代的張載、王夫之，顯得更加複雜多元。除儒家理論之外，大乘佛教、基督教思想以及西方科學知識在他的仁學宇宙觀與心力說的建構過程中，同樣扮演了十分重要的角色。最值得注意的是，在譚嗣同那裡，對於宇宙萬物「氣」一元論的觀點，已經被新的「以太」的概念取代。「以太」一語出於希臘文，是西方古典思想中所假想的充盈於宇宙之間的一種純粹物質的最小單位，同時也被視為構成靈魂的基礎要件，無始無終而又不生不滅。[67] 然而，在譚嗣同的思想中，以太這一概念的內涵則較為複雜。以太既是「電也，粗淺之具也，借其名以質心力」，又是仁、元、性（儒家）、兼愛（墨家）、性海、慈悲（佛家）、靈魂（耶教）。宇宙的現象界、虛空界、萬物界，都因以太而發生與存在。一方面，在譚嗣同的仁學宇宙觀之中，仁的第一定義是「通」，而以太則是「通之具」。換言之，以太、電、心力都是仁得以「通」的媒介。從這個意義上看，以太是實現仁的工具。另一方面，譚嗣同同時也強調，「夫仁，以太之用，而天地萬物由是以生，由之以通」。也就是說，仁的最終實現必須借助以太的存在才有可能。從這一彼此貫通的關係上看，以太與仁有著互為表裡也互為體用的關聯。如前所述，在《仁學》一書中，譚嗣同還引用不同宗教傳統中的核心概念，賦予「以太」一詞以更加豐富多元的道德與精神內涵。雖然以太這一概念借用的是 19 世紀科學唯物論的語言，但仍然保持了新儒家傳統中「氣」一元論的特色—融合物質性與道德精神性的雙重面向。

在以太與仁彼此交織構建的宇宙觀之上，譚嗣同找到了安放「心力說」的哲學基石。有學者已經注意到，譚嗣同的《仁學》與「心力說」受到傅蘭雅（John Fryer）所譯亨利・伍德（Henry Wood）的《治心免病法》一書的影響。[68]

---

67 劉紀蕙：〈丰其蔀，日中見斗：重探譚嗣同的心力觀〉，《「現代主義與翻譯學」學術研討會論文集》，中研院中國文哲研究所，2006，第 17 頁；李澤厚：〈論譚嗣同的哲學思想和社會政治觀點〉，氏著《康有為譚嗣同思想研究》，上海人民出版社，1958，第 179 頁。

68 Hao Chang, *Chinese Intellectuals in Crisis: Search for Order and Meaning, 1890-1911*, p. 77. 張灝：《烈士精神與批判意識：譚嗣同思想的分析》，第 257 頁。

這本關於心理治療的小冊子所宣揚的精神具有超越肉體的力量甚至能夠治癒肉體疾病的看法，顯然打動了譚嗣同。他相信，人的心靈經過適當的修養和發展，能夠產生一種拯救性的精神力量—「心力」。而這種想法的背後，包含了他在 1890 年代對佛教學說和基督教教義的理解與接受。[69] 所以，譚嗣同強調人尚機心，「心之機器製造大劫」，唯有消除自己的機心，重發慈悲之想法，「自能不覺人之有機，而人之機為我所忘，亦必能自忘。無召之不來也」。[70] 因此，當時的人們在譚嗣同的筆下讀到與五十餘年前龔自珍的感喟非常相似的結論也就不足為奇了[71]：「心之力量雖天地不能比擬，雖天地之大可以由心成之、毀之、改造之。」[72] 那麼，譚嗣同所極力闡發的「心力」，與以太以及仁學宇宙觀之間，究竟存在何種關係？

如前所述，在譚嗣同的思想脈絡中，以太是遍及宇宙的物質乃至道德精神最小的單位。同時，以太也是一種「吸力」。由於這個吸力，大至整個宇宙，小至宇宙中最細微的東西，都得以凝聚結合。另一方面，以太所包含的變化內涵也在譚嗣同的論述中得到強化：以太是動機，是即生即滅，是「日新」，更是宇宙萬物所不能回避的變化。譚嗣同進一步認為，「以太即性」，「一切入一，一入一切」。此處的「一」指無限少，「一切」指無限多，無限少的「一」與無限多的「一切」可以等同。因此，一就是多，就是無限。這一表述的背後，既有儒家道德自主性的思想脈動，也有西方工業文明蘊含的「浮士德—普羅米修士精神」[73] 所帶給譚嗣同的力本論衝擊。而且，譚嗣同從華嚴宗「一多相容」的論點出發，提出「一」即是「多」，「我」即是無限之多的可能。換言之，從以太所具有「一就是多」的特性可以看到，作為推動宇宙的強大道德與精神活動、無遠弗屆的「心力」，具有一種單純物質力量所無法企及的空間上的「無限性」。

除了在範圍上的無限性之外，譚嗣同「心力說」的其餘特徵，還需要從

---

69 譚嗣同思想中的佛教與基督教背景，參見 Hao Chang, *Chinese Intellectuals in Crisis: Search for Order and Meaning, 1890-1911*, pp.78-79.

70 〈上歐陽中鵠〉之十，蔡尚思、方行編《譚嗣同全集》，中華書局，1998，第 461 頁。

71 龔自珍本人也信奉天臺宗。天臺宗的業感緣起學說，強調業力是一切有情眾生乃至佛及其所在世界產生的根源。而所謂業力，就是指眾生的行為和支配行為的意志。從龔自珍、魏源到康有為、譚嗣同這一重視心力與唯意志論的思想脈絡中可知，相當多的人與佛教有著深厚的淵源。參見高瑞泉《天命的沒落：中國近代唯意志論思潮研究》，第 12—13 頁。

72 高瑞泉：《天命的沒落：中國近代唯意志論思潮研究》，第 467 頁。

73 〔美〕史華慈：《尋求富強：嚴復與西方》，葉鳳美譯，江蘇人民出版社，1989，第 232 頁。

仁學宇宙觀的這一角度進行考察。仁的本質是一種道德價值。不過，在《仁學》一書中，譚嗣同給「仁」的第一定義是「通」。以太、電和心力，都是「仁」得以「通」的媒介。[74] 因此，譚嗣同將仁的道德價值的重心落實在「仁以感通為體」的觀念之上。如何實現中外、上下、男女、人我的彼此相通？譚嗣同提出，需要以「心力」來「破對待」。所謂「對待」，意指主體與客體區別差異而聚集同類的原則；而「破對待」，便是破除以命名而區分的主客對立。顯然，只有破除掉橫亙在萬事萬物之間、因名實差異而產生的諸種等級壁壘和主客關係，才能實現譚嗣同對於「仁」所下的第二個定義：「無對待，然後平等。」[75] 為了「破對待」，譚嗣同首先將心力說與「日新」及「三世演進」的進化論主張結合在一起，以為維新張目。「其意以為孔子之教，以革新為要義。」[76] 其次，與以太結合所產生「心力無限」的看法，使譚嗣同將以心力「破對待」的重心放置在了衝決名教與人倫的「網羅」之上。譚嗣同批評中國「亡於靜」，並以佛教所言「威力」、「奮迅」、「勇猛」、「大無畏」與「大雄」等概念，強化心力的雄強剛猛之態。

對譚氏的仁學宇宙觀而言，「心力」的重要性，不僅在於它所生成的一種「衝決網羅」的強大破壞力，還在於它同樣擁有「合群」的能力。「破對待」固然意味著消除等級差異的區分，但這並非「仁」的終極目的，最終需要實現的是「聯合群，結團體，聚種類」。因此，在譚氏對於未來美好社會的願景中，一個建立在具有平等之愛、互相依存關係之上的人類共同體，始終是他的目標。這一目標既來自張載〈西銘〉中的看法、墨子的兼愛觀念以及佛家的平等訴求，也和前述「一多相容」的以太觀以及借助心力「破對待」的努力，存在一體多面、密切相關的聯繫。這樣一個充滿「仁」的道德共同體，超越了國界、性別、階級與種族的差別，是屬於「世界」與「天下」的。而它的建構就建立在每一個體如何最大程度地擴展「心力」之上。

譚嗣同對於「心力」的強調，和當時中國憂患頻仍的歷史情境密切相關。當時，在引進西方技藝與政治改良的方略、尋求國家富強的努力之外，士大夫們同樣關切怎樣通過道德精神乃至宗教的超越力量來重振積弱不堪的國民性。

---

74 《仁學》，蔡尚思、方行編《譚嗣同全集》，第 291 頁。
75 《仁學》，蔡尚思、方行編《譚嗣同全集》，第 7 頁。
76 蕭公權：《中國政治思想史》下冊，聯經出版公司，1982，第 763 頁。

對康有為、譚嗣同等重視超越價值的士大夫來說，最為直接的目標就是挑戰並
衝破為禍至烈的名教的重重網羅，從而獲得道德意識上自我意志的無拘無束，
進而實現「仁」的社會道德理想。在過去種種歷史情境之下，儒家思想獲得
過眾多複雜的解釋，但對於儒家的基本倫理規範，卻未能如康有為、梁啟超、
譚嗣同所處的時代一樣允許人們提出不同角度的詮釋。「這使人們對這些主要
價值觀和信仰產生疑問，這一事實即意味著作為中國信仰核心的儒家正日趨衰
微。」[77]

　　正如余英時指出的，對於儒家名教的反抗，早在魏晉時代便已經發生，
但仍然屬於中國文化傳統內部的批判。[78] 而晚清以來的強調「以心挽劫」、以
「心力」實現「仁」的道德激進主義態度，與此前的「自然」與「名教」之爭
有著根本的不同，其激進之處甚至超過了五四知識分子的反傳統主義。不過，
康有為和譚嗣同通過一種精神性（宗教性）取向的方式將儒家道德中「仁」的
德性內涵予以留存並且試圖將之發揚光大，這是晚清維新知識分子和五四一代
文化批判者的差別所在。從譚嗣同等人對「心力」的深刻洞察與複雜表述中可
以發現，晚清「個人」的崛起與西方現代意義上「個人」的形成不同。西方社
會的現代「個人」的背後，有一套源自羅馬時代的自然法背景。歐洲的啟蒙運
動正是將自然法作為最高法，從而確認了「天賦人權」的神聖理念。古代中國
並沒有西方自然法的傳統，與之相似的是一個源自天命、天道與天理的超越宇
宙觀。因此，晚清個人意識的抬頭，並不是訴諸自然法的主張，而主要是來自
傳統儒家人心與天道相通的理論，以及霍布斯、洛克、穆勒等西方思想家關於
個人自由和個人權利的種種思想。同時，晚清士大夫「回歸原典」的努力，極
大地開掘了先秦諸子（如老莊、楊朱）、佛教乃至基督教當中關於道德自主性、
個人平等的思想資源。多種理論資源的彼此會通，在晚清的歷史情境下促進了
個人主體意識的產生與發展。[79]

　　康有為、譚嗣同等人所闡揚的仁學世界觀，雖然仍舊帶有儒家天理世界

77　Hao Chang, "Intellectual Change and Reform, 1890-8," in Denis Twitchett and John K. Fairbank,
　　eds., *The Cambridge History of China*, volume 11(New York: Cambridge University Press, 1978) ,
　　p.282.
78　余英時：〈中國現代價值觀念的變遷〉，氏著《中國思想傳統及其現代變遷》，廣西師範
　　大學出版社，2004，第 50 頁。
79　楊貞德：《轉向自我—近代中國政治思想上的個人》，中研院中國文哲研究所，2009。

觀的底蘊，但其個人觀念中所凸顯的強烈道德自主性，已經使它初步具備現代個人的色彩。道德實踐的重心逐漸落實到個人的「人心」之上，使「自我」由此獲得了道德自主性和人格自由的正當性。從此以後，「心力」、「心的進化」、「精神救國」等語彙，成為清末民初知識分子廣為討論的話題。無論是康有為在《大同書》中本自由平等之旨而立破除九界之論，梁啟超在《新民說》裡強調的「心力渙散，勇者亦怯；心力專凝，弱者亦強」，還是杜亞泉在《東方雜誌》上所談論的「心的進化」、「精神救國」，五四時期《新青年》的激進化轉型，直至陳獨秀、李大釗、毛澤東所引領的共產主義運動在 20 世紀上半葉的興起，從中都可以看到它們背後隱伏著晚清以來「心力」學說的思想脈絡與「衝決網羅」的革命精神。[80]

四、經學的解構與建構

晚清以來的思想脈動，不僅源自西力與西學的外在刺激，清代學術思想自身包含「以復古求解放」的趨勢，也是另一動因。從某種意義上說，中國近三百年來的學思歷程，乃是一個揚棄先前諸種注解，直接通過「反求經典」，以期發掘聖人微言大義的過程。這一現象出現的原因複雜多元、彼此交織。大體而言，這既源自清初學者出於對宋明理學的反思而形成的「實學」精神，也有因儒學內部程朱與陸王之爭所引發的「智識主義」的發展，還包括因為王權高壓而反向催生的訓詁考證之風。[81] 因此，在「以復古為職志」的清代思潮左右下，無論是乾嘉年間開始復興的諸子學、如日中天的考據學，還是對晚清思想界產生重大影響的今文經學，都可視為其「勢所必然」的結果。[82]

數千年來，儒家經典不僅僅是思想學術的文本，也是傳統中國政治合法性的基本依據。「制度有一定而不可私造，義理衷一是而非能臆說」，[83] 經典

---

80 晚清以降中國思想界「轉化」思想之形成，參見黃克武《一個被放棄的選擇：梁啟超調適思想之研究》，中研院近代史研究所，2006，第 157—194 頁。

81 參見黃克武《清代考證學的淵源—民初以來研究成果之評介》，《近代中國史研究通訊》第 11 期，中研院近代史研究所，1991，第 140—154 頁。所謂「回歸原典」之風，其實發軔於明末清初，入清後方有「懸崖轉石，翻騰一度」之勢。關於此一問題，參見余英時〈從宋明儒學的發展論清代思想史〉及〈清代思想史的一個新解釋〉，氏著《歷史與思想》，聯經出版公司，2004，第 87—120、121—156 頁。

82 梁啟超：《清代學術概論》，復旦大學出版社，1985，第 3、60 頁。諸子學之復興，參見黃克武《梁啟超的學術思想：以墨子學為中心之分析》，《中央研究院近代史研究所集刊》第 26 期，1996 年，第 41—90 頁。

83 皮錫瑞：《經學歷史》，中華書局，1981，第 139 頁。

的權威性正是體現在這一價值神聖感之上。自清代中後期以來，面對深重的時代危機，欲求應付現實挑戰的方略，很大程度上需要到古經中去尋找。而當這一近乎實用主義式的努力，與清代學術發展的內在脈絡互相呼應時，最終則必然導致「非至於孔孟而得解放焉不止」。[84] 可是，復古越徹底，越凸顯經學的功用問題。從清代學者「反求經典」的努力及其後果來看，曾經神聖的經學傳統，在「以復古求解放」的潮流下被步步摧破。當復古到經典的原初形態仍然無濟於事之時，無疑意味著意識形態危機已經迫在眉睫。[85]

　　經學所面臨的這一困境與緊張，從清中葉起，即因其與世運變遷相關聯而逐漸凸顯。儘管並非出於時代危機的直接刺激，常州學派的莊存與在講求名物訓詁之外，已開始發掘微言大義，與此前的戴震、段玉裁的考據學理路已有差異。其後，劉逢祿則在其所著的《春秋公羊何氏釋例》中大力闡發了「張三世」、「通三統」、「絀周亡魯」與「受命改制」等的意蘊。嘉道以來，出於對歷史發展進程中「理與勢」的體察與反思，龔自珍、魏源以「求古」為學術目標，主張「通經致用」，「以經術作政論」，試圖借「公羊三世說」宣講微言大義。從此，復興的今文經學染上濃厚的經世色彩。不過，這些初期與中期的今文經學家們，並未完全背離音韻訓詁之學，他們仍希望在「反求原典」的努力中體察六經的原意。然而，由此所引起的經典辨偽的行為，卻使他們開始意識到，通過古文經仍不足以探求孔子的微言大義。從此，曾經被漢學痛加撻伐的義理之學，在時局憂患的刺激下，通過今文經學重新被引入漢學之中。乾嘉年間，「把漢學推向巔峰的古文經學是以排詆宋學起家的」。然而，到了清代中後期，「繼起的今文經學卻在排詆古文經學的過程中，駸駸乎成了漢學裡的宋學」。[86] 晚清經學正是在這一新舊交錯、迴環往復之中，實現了自我的解構與建構。這一過程，由劉逢祿之分解《左傳》，魏源之割裂《詩》、《書》，龔自珍之欲寫訂群經，直至廖平、康有為斷然宣稱所有古文經俱為劉歆所偽造，一舉否定古文經的可信度，並借此復興今文經學，以重新揭露孔子之微言大義。[87]

　　在晚清中國的思想舞臺上，康有為因其激進的制度改革方案，成為今文

84　梁啟超：《清代學術概論》，第 6 頁。

85　陳少明、單世聯、張永義：《近代中國思想史略論》，廣東人民出版社，1999，第 36 頁。

86　楊國強：〈世運盛衰中的學術變遷〉，氏著《晚清的士人與世相》，三聯書店，2008，第 80 頁。

87　王汎森：《古史辨運動的興起》，允晨文化公司，1987，第 111 頁。

學派在這一時期的核心人物。事實上，康有為對於今文經學的理解與接納，源自 1880 年代末期與今文學派中另一位重要學者廖平的接觸。而廖平的老師，則是當時以治《春秋公羊傳》聞名於世的湖南學者王闓運。廖平著有《知聖篇》與《闢劉篇》，前者宣稱它對聖人的理解才是唯一可靠的（知聖），後者宣稱過去通過古文經來瞭解孔子的理想是問道於盲，因為這幾部書是劉歆偽造的（闢劉）。[88]「知聖」與「闢劉」這兩條路線正好並肩作戰，再加上光緒十七年（1891）問世的康有為《新學偽經考》，聯手對古文經學構成了重大挑戰。[89]如前所述，今文經學所強調的，是一種因時而「變」的改制哲學。在從莊存與到龔自珍的時代裡，不論是復古式的「變」還是循環式的「變」，大體上都還在傳統的典範下盤旋。但到了廖平和康有為的時代，今文經學所重視的方向已經轉向現代或者西方，其內在理路與傳統儒家經典所揭示的社會典範，已經存在不小的差距。因此，隨著晚清時局的日趨危急，康有為在反求孔子原典的目標之下，逐步發展出全盤否定古文經的地位，將其一概說成是劉歆刻意偽造、以便幫助王莽篡位的工具。因此，廖平的著述和康有為的《新學偽經考》，至少給晚清學術思想界帶來了兩個直接後果。其一，由於他們急切地想把孔子的舊形象排除，古文經首先遭到前所未有的攻擊。[90]以偽經的批判衝擊古文經學，造成「清學正統派之立腳點，根本搖動」。其二，廖平在其著作裡，多次通過對上古荒陋的描繪，表現出他對「黃金三代」的徹底懷疑。而到了康有為，則變為由根本否認古文經推演到宣稱所有古文經中的史實皆是虛假的。這造成古代經典與古史的真偽與價值皆需要進行重新評估。廖平、康有為等晚清今文經學者對於古史的辨偽，同樣也顛覆了人們對於上古歷史的美好信念，這在晚清思想界捲起了一場「颶風」。

就在 1898 年維新變法的前夜，康有為推出《孔子改制考》。在這本著作裡，他重新肯定政治改革是儒家的主要宗旨，也是今文經學的精髓。在此前的《新學偽經考》一書當中，康有為指斥作偽的古文經學背離了孔子的本意，劉歆將周公視為儒教的開山祖師，模糊了孔子改制的真相。因此，他在新作中特意凸顯孔子變法救世的形象，以作為當代變法的依據。康有為認為，不但《春

---

88 錢穆：《中國近三百年學術史》下冊，臺灣商務印書館，1990，第 642—652 頁；梁啟超：《清代學術概論》，第 63 頁。
89 王汎森：《古史辨運動的興起》，第 61 頁。
90 王汎森：《古史辨運動的興起》，第 95 頁。

秋》是孔子的改制創作之書，連同六經也都出自孔子之手。正因為「孔子蓋自立一宗旨而憑之以進退古人去取古籍」，[91] 所以孔子不但是儒學的創立者，也是應天之命、為新王朝建制之「素王」，因此今日所知的上古三代的良法美意皆非歷史，而是孔子為後世的創制。那麼，孔子為何要托古改制？按照康有為的解釋，乃是因為孔子生於衰世，有心救時。而劉歆以周公代孔子，破壞了以孔子為教主的傳統，致使與君統共存的師統無以為繼，從而導致兩千年的帝制中國君權獨大，儒教式微。因此，為了救世，必須復興儒教，重建權威。[92]

實際上，在今文經學的框架下，「改制」帶有更多宗教神祕色彩，本來只是意味著禮儀的改變，而非現代意義上的制度創新。[93] 這是劉逢祿、龔自珍諸人無法走出傳統範式的原因之一。但是，康有為卻大膽地賦予「改制」以政治革命、社會改造的現代意味。所以說，康氏名為解經，實則是任意裁定古史，以便適應其政治改革與經世致用的需要。不過，對於康有為對傳統經學思想的破壞與重塑，孫寶瑄就抨擊其偽經之說「欲以新奇之說勝天下，而不考事理」。康有為的弟子梁啟超也承認，乃師之說多難以自圓。同時代的古文經學家朱一新，在與康有為的多次辯難中，則直斥康有為的目的若在學術，則導致「學術轉歧」；若為端正人心，則導致「人心轉惑」。[94] 誠然，對於具有高度權威性的經典而言，其內涵的「轉歧」與「轉惑」帶來的後果都將是災難性的。可見，在一個政治秩序與心靈秩序面臨危機的時代，單純排詆古文、神化孔子，並不足以充分說明晚清改制的必要，反而可能造成儒家政治秩序與心靈秩序的分崩離析。而此時引入的進化論，作為「實理公法」（科學原則）之一，一方面為康有為極力宣導的公羊三世說提供了一個線性發展的歷史圖景；另一方面也暗示進化作為歷史文化發展的一般性規律，乃是放諸四海而皆準的天地公理，中國的變革也必須符合進化理論。於是，在何休對三世意義拓展的基礎上，康有為從公羊三世說所包含的萌芽狀態的歷史進化理論中，推演出了「據亂世」、「升平世」、「太平世」，而且「愈改愈進」的主張。在《新學偽經考》的「颶風」掃過的廢墟之上，《孔子改制考》又彷彿噴發的「火山」，

91　梁啟超：《清代學術概論》，第 64—65 頁。

92　汪榮祖：《從傳統中求變—晚清思想史研究》，百花洲文藝出版社，2002，第 243 頁。

93　Hao Chang, "Intellectual change and the reform movement, 1890-8," in Denis Twitchett and John K. Fairbank, eds., *The Cambridge History of China*, volume 11, p.290; Hao Chang, *Liang Ch'i-ch'ao and Intellectual Transition in China, 1890-1907* (Cambridge: Harvard University Press,1971) , p.53.

94　汪榮祖：《從傳統中求變—晚清思想史研究》，第 237 頁。

以追尋經典本義的面目重新描繪出一幅托古改制的理論藍圖。《孔子改制考》也為康有為在戊戌維新期間提供的一系列改革方案奠定了重要的理論基礎。

康有為抓住公羊三世說，肯定其為孔子的「非常大義」。從學術史意義上而言，康有為對公羊學並無原創性貢獻。他追蹤公羊學詮釋傳統，乃因其最明《春秋》改制之義，足以借此改造中國，實現其烏托邦之夢。[95] 所以，在康有為的思想世界裡，同時包含著借托古改制來實現政治改革與國家富強（短期目的）以及瞻望未來烏托邦世界（長期願景）兩個層次。[96] 對於康有為來說，最終目的不是民族國家，而是天下一統。這就是梁啟超在〈康南海傳〉中所說的「先生經世之懷抱在大同，而其觀現在以審次第，則起點於愛國」。[97] 而康有為於 1901—1902 年旅居印度時完成的《大同書》，最能申發其中深意。雖然此書完成甚晚，然而康有為對此之思考卻頗早。按照梁啟超的說法，康氏在師事朱次琦後獨居西樵山之時，即有此「窮極天人之思」。[98] 不管此論確否，至少在康有為早年所撰的《實理公法全書》中，其已明確展現了「世界化」的思想趨向，嚮往博愛、平等、自由以及民主等，並據為未來理想國的思想信念及主張，打破國界、種族、語言等特殊性障礙，實已發《大同書》之先聲。[99]

由此可見，在何休闡發「三世說」的基礎上，康有為進一步完善了他的大同哲學。正因為康有為的大同理論建立在與進化論緊密結合的「三世說」之上，所以，「三世」理論強調的「時已至則法隨以變，時未至則不能躐等」，[100] 其實是一個接近西方啟蒙理性、重視漸進與不斷完善的進化公式，一種深具普世共通與進步樂觀的理念。因此，達到「太平世」，落實大同之治後，社會還將繼續演進，不止於大同，而是通向一個最完美的烏托邦世界—「一個在民主政府領導下的世界國，一個沒有親屬、民族和階級分別的社會，一個沒有資本主義弊病而以機器發達來謀最大利益的經濟體。簡言之，經由人類的團結和平

95　汪榮祖：《從傳統中求變—晚清思想史研究》，第 234 頁。

96　根據蕭公權之論，康有為的思想歷程大約可以分為兩個時期，1880 年代到 1920 年代初為第一期，在這一時期，儒學和大乘佛學仍為其主要靈感來源；第二期包含康氏晚年，從較超越的立腳點來觀察人與宇宙。參見蕭公權《近代中國與新世界—康有為變法與大同思想研究》，江蘇人民出版社，2007，第 106—107 頁。

97　梁啟超：〈南海康先生傳〉，《飲冰室文集點校》，雲南教育出版社，2001，第 1945 頁。

98　梁啟超：《清代學術概論》，第 66 頁。

99　汪榮祖：《從傳統中求變—晚清思想史研究》，第 308 頁。

100　蕭公權：《中國政治思想史》（下），聯經出版公司，1982，第 736 頁。

等，將出現完全的快樂」。[101] 大同哲學的內涵非常複雜，取自包括儒學、佛學與西學在內的各種不同思想資源。[102] 其中，儒學中「仁」的理想構成了康有為烏托邦思想的基本來源。[103] 一方面，仁不只是一種道德理想，而且是能賦予生命和統一宇宙的力量。仁所具有的這種統一的作用和具有生命力的道德力量，能夠將分裂的人類社會凝聚成一個和諧統一的共同體。其中，當然包括公羊今文中大一統思想的啟示。另一方面，在康有為對於仁的看法中，認為世界充滿宇宙的力量，此與其對「以太」觀念的接受有密切關係。康有為甚至在《孟子微》中開宗明義：「仁者，以太也。」其實，包括康有為、譚嗣同在內的晚清部分思想家，皆將以太視為宇宙構成的最小單位，兼具道德與物質的雙重屬性—仁的無遠弗屆的溝通能力，仰賴於具有「吸力」的「以太」作為媒介。同時，仁的存在又必須借助以太作為基礎。

康有為關於大同世界的烏托邦論說，還受到基督教和墨子哲學中博愛理想的影響，不過其思想根源主要還是來自佛教。1890 年代，他曾經用大乘佛教的用語來描繪大同的景象。梁啟超認為，康有為接受了大乘佛教的信念，認為眾生本一性海。人類一切苦難的根源「皆因九界」，而救苦之道，就在「破除九界」。人類製造了諸如國界、級界、形界、家界等眾多界限與區別，這正是人類之間產生戰爭和世界充滿痛苦的原因。康有為的「九界」涵蓋了世界上幾乎所有的制度和社會關係，因此，「破九界」無異於否定整個世界現存的規範與尺度，其抨擊現狀之徹底與激烈可以想見。與同時代的譚嗣同在《仁學》中主張以佛學的心力來「衝決網羅」一樣，其「世界主義」的精神與理念是貫通一致的。為了把這個世界改變成極樂世界，康、譚二人都主張必須根除各種人為的區別，方能臻於郅治。因此，在康有為構想的大一統的世界國裡，大同理想不僅是儒家仁學理想的一個發展結果，[104] 而且是多重思想的彼此交匯，甚至「與今世所謂世界主義、社會主義者多合符契，而陳義之高且過之」。[105] 這

101　蕭公權：《近代中國與新世界—康有為變法與大同思想研究》，第 344 頁。

102　身處新舊交替的時代，康有為的思想來源及心路歷程非常複雜。關於康有為的思想背景，參見蕭公權《近代中國與新世界—康有為變法與大同思想研究》，第 105 頁；Hao Chang, *Chinese Intellectuals in Crisis: Search for Order and Meaning, 1890-1911*, p.52.

103　如梁啟超就指出：「先生之論理，以『仁』字為唯一之宗旨。以世界之所以立，眾生之所以生，家國之所以存，禮義之所以起，無一不本於仁。」參見梁啟超〈南海康先生傳〉，《飲冰室文集點校》，第 1950 頁。

104　Hao Chang, *Liang Ch'i-ch'ao and Intellectual Transition in China, 1890-1907*, p.53.

105　梁啟超：《清代學術概論》，第 67 頁。

樣的思想體系不僅對晚清思想界有廣泛的影響，更成為未來政治變革的根源。

從思想史的角度看，晚清以來，在「回歸原典」的努力之下，學者從不同的角度展開了對儒家經典的重新詮釋。作為今文經學學者的代表人物，龔自珍、魏源、廖平、康有為，均試圖從「公羊三世說」中推演出變法改制的微言大義。在重估儒學經典價值的同時，一方面，古文經學的神聖性遭遇前所未有的挑戰，對於上古歷史的美好想像也隨之崩塌；另一方面，針對危急的時局，康有為等人的學術取徑，「既不盡依公羊典範，更不秉承今文家法」，「唯取能合用其說者」。換言之，康有為的重估儒學全為變法，然其詮釋出來的蘊義，卻無法受制於原先的意圖。因此，「不在說經，而在救世」[106] 的思想實踐，雖然建構起了一幅改制的藍圖，但是也不自覺地動搖了儒家經典的根基，進而點燃了晚清革命和政治運動的思想導火線。

五、精神困境與宗教渴望

1890 年代末期，因時局變遷所帶來的宇宙觀與價值觀，使中國人的思想世界開始出現某種程度的失落。在這樣的刺激之下，一批較為敏銳的士大夫開始借助儒家之外的宗教或形而上資源，來化解因儒家價值系統的動搖所導致的精神困境。其中，不僅有西方基督教的元素，還有中國本土的老莊、荀學、墨學等諸子學說。不過，在這一時期最值得注意的，則是佛學開始進入一些士大夫視野的中心，並且在不同程度上影響著他們對文化價值與政治行為的抉擇。

梁啟超在《清代學術概論》中談及，前清佛學極為衰微，至乾隆時方才有彭紹升、羅有高等人「篤志信仰」。[107] 而佛學在晚清的復興歷程，大約需要回溯到龔自珍與魏源身上。因為龔、魏二人不僅均受過「菩薩戒」，而且「龔、魏為『今文學家』所推獎，故『今文學家』多兼治佛學」。[108] 不過，按照張灝的解釋，佛教思想本身也有其內部的演變脈絡。嘉道年間，龔、魏二人的佛學思想大部分來自淨土宗，而光緒後期，佛教在知識分子中間的復興主要是受到

106　汪榮祖：《康章合論》，聯經出版公司，1988，第 27 頁。
107　乾隆時代之「士林儒學」的基本狀況，參見陸寶千《清代思想史》，第五章。
108　梁啟超：《清代學術概論》，第 81 頁。魏源所編輯的《皇朝經世文編》（1826）即反映出他受到乾隆時期佛教思想的影響，該書收錄羅有高的《書力命說辯後》，肯定「福善禍淫」，鼓勵「中下為善」。參見黃克武〈《皇朝經世文編》學術、治體部分思想之分析〉，第 219—227 頁。

唯識宗的影響。[109]葛兆光則認為，淨土宗的影響始終存在，但上層知識分子的佛學興趣在光緒年間其實也有所不同：戊戌以前，他們主要受到傳統中國流行的《華嚴》、《楞伽》、《起信》和禪宗的影響，戊戌以後，方才逐步轉向唯識學。[110]

事實上，晚清的佛學復興，與龔、魏二人的佛學愛好以及今文經學的興起並無太多的直接聯繫。以其中的部分關鍵人物而言，楊文會因在病中讀《大乘起信論》而入佛教之門；康有為則是在光緒五年（1879）讀書於西樵山時，開始接觸佛學書籍；梁啟超受到康有為的影響，而後在與譚嗣同、夏曾佑、汪康年等人的過從之中進入佛學的天地，1920 年代，他又從歐陽竟無學佛；譚嗣同則受到康有為與楊文會的兩方影響，才深入探索佛學奧義；至於章炳麟，則是在 1903 年入獄後，受夏曾佑與宋恕的啟迪，開始閱讀《瑜珈師地論》；宋恕本人的佛學興趣，則是由於自幼多病，受其家人指引才開始的。[111]即使是沉浸於西學的嚴復，也在某種程度上受到佛教徒妻子的影響，終生都不排斥宗教經驗。妻子病故之後，他曾親手抄錄《金剛經》一部，在佛教「不可思議」的理念中尋求精神寄託。[112]

從這些人物不同的心路歷程當中可見，晚清這批士大夫所認知與接受佛學的因緣多元並存。大體而言，這群士大夫的佛學興趣主要有兩個來源，一是當時在金陵大力宣導佛教思想的楊文會。因為大力刊刻佛經、傳播佛理，楊氏被當時知識界譽為「當代昌明佛法第一導師」，聲名遠播海內外。二是一度將佛教看成世界所有宗教源頭的康有為。他對佛教的興趣，曾經對他的追隨者產生過很大影響。[113]當然，從晚清思想史的發展脈絡來看，佛學在這一時期從邊緣到中央的復興，至少折射出時人的兩個價值訴求：一方面，在部分士大夫眼裡，單純依靠儒家學說，已經不足以應付眼前的重重危局；另一方面，在尋求富強的過程中，國家力量的「自強」與民族精神的「自振」，需要依靠新的宗

---

109 張灝：〈晚清思想發展試論──幾個基本論點的提出與檢討〉，《中央研究院近代史研究所集刊》第 7 期，1978 年，第 476─477 頁。

110 葛兆光：〈從無住本，立一切法──戊戌前後知識人中的佛學興趣及其思想意義〉，氏著《西潮又東風──晚清民初思想、宗教與學術十講》，上海古籍出版社，2006，第 112 頁。

111 葛兆光：〈孔教、佛教抑或耶教？──1900 年前後中國的心力危機與宗教興趣〉，王汎森等《中國近代思想史的轉型時代》，第 211 頁。

112 黃克武：《惟適之安：嚴復與近代中國的文化轉型》，聯經出版公司，2010，第 28─29 頁。

113 葛兆光：〈從無住本，立一切法──戊戌前後知識人中的佛學興趣及其思想意義〉，氏著《西潮又東風──晚清民初思想、宗教與學術十講》，第 112 頁。

教資源，賦予國民以新的精神力量。

因此，在晚清民初的「過渡時代」裡，許多變法與革命的主要參與者與襄助者也是佛學的愛好者與修習者。對這批士大夫而言，佛學在戊戌前後的思想史意義，是一種追求精神超越價值的美好理想，讓康有為、劉師培等變革者得以描繪出一幅關於未來世界的烏托邦藍圖。在康有為的筆下，儒家的「智」、「勇」、「仁」被視為佛教的「智慧」、「慈悲」觀念和勇敢無畏的精神。康有為按照佛家同一無差別和普遍慈悲的世界觀去詮釋「仁」、「誠」等道德觀念，是一個反覆出現的傾向。另外，佛學對康有為「苦難」觀念的形成也起了一定作用，而苦難的最終化解，也有賴於大乘佛教華嚴宗所描述的「圓滿極樂」世界的實現。[114] 對康有為來說，華嚴宗指明了與儒學所揭示的同樣的真理，即現世道德—精神完善的可能性。

在劉師培的思想世界中，建立個人人格完整的「完全之人」和實現「完全之平等」的理想社會，則意味著追求「至善」的道德理想。[115] 這種對於未來美好社會的觀念，被康、劉二人看作一種在未來理想秩序中自我實現的過程。只不過康氏的「大同」思想被表述為一種歷史三階段進化的觀點；劉氏的「無政府主義」態度，則既是他的「完人」理想，也同樣是他所構想的道德目的之實現。

與此同時，大乘佛學中通過「皆空」或「唯識」對於「我執」的瓦解，又賦予了譚嗣同、章炳麟等少數思想家突破既定價值觀念和固有意識形態的強大力量。如前所述，譚嗣同在《仁學》中運用大乘佛學理論中常用的「心力」一詞，描述人心之中所包含的拯救性的精神力量。正是由於佛教唯識宗及其他非儒家思想傳統的影響，譚嗣同開始從「平等」與「兼愛」的角度，反抗當時社會中普遍存在的以三綱五常框限的等級制度。譚嗣同吸收了佛教教義，並將其對於儒家的精神傾向和基督教的重視糅合到一起，通過發掘內在的潛能，試圖在一個混亂不堪的時代裡「以心挽劫」、「衝決網羅」。

章炳麟對於佛學的接受則非一帆風順。早年的他秉持自然主義世界觀，拒斥佛教的輪迴觀念與「非物質」的價值基礎。然而，在 20 世紀前 10 年動

114　Hao Chang, *Chinese Intellectuals in Crisis: Search for Order and Meaning, 1890-1911*, p. 64.
115　楊貞德：〈從「完全之人」到「完全之平等」—劉師培的革命思想及其意涵〉，《臺大歷史學報》第 44 期，2009 年。

盪不安的歲月裡，他開始細讀佛典，並將大乘佛教中唯識宗的教義與《莊子》的道家哲學相互參證。他認為，大乘佛教和道家哲學使用了自我與感性世界空寂（人無我，法無我）的相同觀念。[116] 因此，佛教思想至少在兩個方面形塑了章炳麟的哲學態度。其一是唯識宗關於人類自身的「種子」（阿賴耶識）可能同時包含善與惡的觀念。章炳麟將社會進步看成是一個善與惡「俱分進化」的混合過程，從而瓦解了進化論所標示的線性觀念與必然向善的道德意義。其二則是阿賴耶識在其自我意識中所產生的唯名論，使章炳麟極力推崇「個體為真，團體為幻」的激進個人主義。章炳麟將人類個體看成是真實的，從而拒絕將任何人類集團或組織自身看得比人類成員的簡單集合體更具真實性。[117] 譚嗣同和章炳麟在表達上風格各異，但其世界觀的基石都是無我同一的主題。

除了上述活躍於上層社會的知識精英之外，民間宗教信仰也隨著近代以來城市的發展，逐漸在中下層讀書人中間傳播，並且與清末民初的中國現代都市社會有著千絲萬縷的聯繫。中國社會民間宗教內容多元，貫穿、包含並且延伸到儒教、道教與佛教之中，但其中以道教為最主要的元素。[118] 根據柯若樸（Philip Clart）、志賀市子及范純武等學者的研究，道光庚子年（1840）之後，中國開始了一波以「三相代天宣化、神聖合力救劫」論述為主導的宗教運動。當時的讀書人如鄭觀應、陳攖寧、王一亭等人，皆在這一波浪潮中積極地「力行善舉，挽回劫運」。[119]

作為民國初年都市道教在家信眾的實踐領導者之一，出生於安徽懷寧的陳攖寧的宗教經歷頗有代表性。陳氏早年接受過正統的儒家教育，因多病修習道家養生法而漸趨好轉，於是深信此道。與此同時，陳攖寧一邊廣泛閱讀各類西方科技書籍，一邊在全國各地的佛道名山旅行，訪求、研讀和修習不同的靜坐法。[120] 這種科學理性與宗教信仰並存的情形，在身處變動社會中的陳攖寧身上並不矛盾地同時存在著。以他為中心，科學團體與道教修習者的社會網路幾

---

116 Hao Chang, *Chinese Intellectuals in Crisis: Search for Order and Meaning, 1890-1911*, p.129.

117 Hao Chang, *Chinese Intellectuals in Crisis: Search for Order and Meaning, 1890-1911*, p.137.

118 陳榮捷：《現代中國的宗教趨勢》，文殊出版社，1987，第 183 頁。

119 范純武：〈飛鸞、修真與辦善：鄭觀應與上海的宗教世界〉，巫仁恕、康豹、林美莉主編《從城市看中國的現代性》，中研院近代史研究所，2010，第 250 頁。

120 劉迅：〈修煉與救國：民初上海道教內丹、城市信眾的修行、印刷文化於團體〉，《從城市看中國的現代性》，第 222 頁；Xun Liu, *Daoist Modern: Innovation, Lay Practice, and the Community of Inner Alchemy in Republican Shanghai* (Cambridge: Harvard University Asia Center, 2009), pp.40-76.

乎同時展開。特別當陳攖寧遷居上海之後，以其為核心的人際網路包括了如呂碧城等一大批知名的文化、政治精英。這些既接受過傳統教育，又沐浴著西方科學精神，同時還篤信道教修行的士大夫，利用新型的印刷傳媒刊刻經典與傳播經驗，在民初上海的都會信眾中創造出一個個活躍的話語空間和獨立社群。

值得注意的是，在陳攖寧身上，道教理論話語及其實踐行為，與清末民初兩種最重要的思想主張彼此交織，那就是科學主義和民族主義。晚清以來，革命的浪潮與科學觀念開始從西方大量引入，扶乩設壇的宗教行為與從傳統走向現代的價值追求似乎格格不入。陳攖寧及其道友對這一現代轉型並不陌生，但耐人尋味的是，在陳氏及其同儕那裡，科學似乎是有些矛盾的知識體系和價值系統。陳攖寧及其道友所撰寫的涉及內丹的書籍，大多將科學概念納入他們的解釋中。不僅如此，陳氏及其友人們還嘗試在丹道傳統中發掘科學的起源，並在道教修行（如外丹實驗）中尋找與現代科學相似的精神和知識。[121] 陳攖寧等人揚棄了科學主義中唯物主義決定論的面向，試圖將科學與傳統內丹論結合，進而導向超脫而不朽的倫理與精神目標。

民間宗教的知識論背景還表現為與晚清以來的民族主義價值訴求的互動。陳攖寧眼中的道家學說，明顯地不同於過去莊子所強調的「清靜無為」，而是強調其中的精神啟蒙和智識主義，重視內丹仙學的實踐內涵，即個人可以借由對肉體的修煉而得以自我轉化。這一態度的轉變，源自對宋代內丹修養傳統的重要創新。晚清民初民族存亡之際，陳攖寧及其友人們強烈的民族主義意識，也使得他們堅持行動與實踐，以此抗拒「清靜無為」的態度。同時，仙學對於救亡提供了實際而有效的養生法，可為復原或轉化民族精神和元氣提供完善的方法，即通過嚴格而艱苦的身心修煉，最後達到強國強民的目的。[122]

從另一角度來觀察晚清民初的宗教渴求，可以注意到，身兼商人、慈善

121　劉迅：〈修煉與救國：民初上海道教內丹、城市信眾的修行、印刷文化於團體〉，《從城市看中國的現代性》，第231、234頁。據葛兆光的研究，晚清以來宗教興趣升溫的直接原因，來自西洋新知識的衝擊和理解西洋新知識的需要。宗教話語在這一過程中起到了比附與格義的重要作用。參見葛兆光〈孔教、佛教抑或耶教？—1900年前後中國的心力危機與宗教興趣〉，王汎森等《中國近代思想史的轉型時代》，第222—228頁。

122　劉迅：〈修煉與救國：民初上海道教內丹、城市信眾的修行、印刷文化於團體〉，巫仁恕、康豹、林美莉主編《從城市看中國的現代性》，第230頁；Xun Liu, *Daoist Modern: Innovation, Lay Practice, and the Community of Inner Alchemy in Republican Shanghai0*, pp.273-276.

家與實業家的王一亭、鄭觀應等人之所以積極救世，其背後的宗教動力也是不可忽視的原因之一。王一亭一生跌宕起伏，接受佛教與他生命中遭遇的喪女、喪妻與喪友的諸多痛苦密切相關。這也使他更能關注他人的苦難，如他在紅十字會以及華洋義賑會擔任領導職務。他從事繪畫創作，所畫主題除了風景、植物、動物之外，還有天災中的受害者以及佛教神祇。此外，他還出售畫作以贊助慈善事業。王一亭擔任中國佛教慈善委員會的職務，並且參與其他宗教的慈善救濟活動。另外，他還創立了中國濟生會。值得注意的是，此會成員經常請濟公降乩扶鸞。[123] 以王一亭為代表的都市精英，常因政商活動被視為現代性的楷模，同時又有宗教信仰影響其言行，[124] 在參與災難救援時，他們大多明顯受到了自身信仰的宗教的激勵。

較之王一亭，名聲更為顯赫的鄭觀應則是晚清自強運動的重要代表人物。他所撰著的《盛世危言》一書，以商戰思想為本，主張富強立國，康有為、梁啟超和孫中山均曾受其思想影響。在致力於「尋求富強」的實業家與變革者的身分之外，鄭觀應曾鑽研南、北派丹經數十種，遍訪丹訣 50 年，從事道經刊刻與整理，出入於各派丹道思想並有所體悟，堪稱清末民初道教史上相當活躍的人物。鄭觀應熱衷於道術，在其 50 年的道教生涯之中，求道與扶鸞大概是最主要的內容。鄭觀應對於道教丹法的認識超越了各派囿見，凡見珍稀丹書，不分派別，無不廣為刊行，這也是他對清末民初道教界的最大貢獻。清末民初的上海宗教界以扶鸞為主流，具有佛教性質的乩壇也有不少。鄭觀應晚年在上海常住、出入三教，與當時盛行的扶乩活動多有接觸。他參與的上海道德會和崇道院則是強調道術修為、扶鸞治病與救劫的宗教團體。[125] 鄭觀應還與經元善等同道一起推動了上海的善堂、賑公所等慈善組織網路的發展。

今人從「科學」與「實業」等語彙當中鎖定鄭觀應的現代身分之時，如何從這些帶有啟蒙色彩的價值默認的背後，理解鄭觀應那個似乎與前者背道而馳的宗教觀與信仰世界？其實，鄭觀應本人多次慨歎，當時的時局乃是爭權

123 〔美〕康豹（Paul Katz）：〈一個著名上海商人與慈善家：王一亭〉，巫仁恕、康豹、林美莉主編《從城市看中國的現代性》，第 276 頁。

124 〔美〕康豹（Paul Katz）：〈一個著名上海商人與慈善家：王一亭〉，巫仁恕、康豹、林美莉主編《從城市看中國的現代性》，第 293 頁。

125 范純武：〈飛鸞、修真與辦善：鄭觀應與上海的宗教世界〉，巫仁恕、康豹、林美莉主編《從城市看中國的現代性》，第 249、253、256 頁。

利不重人道，有強權而無公理；在這樣一個「勢」勝於「理」的時代裡，「非假神力不足以平治天下」。可見，在清末民初動盪的局勢裡，鄭觀應的宗教渴望體現的是士大夫在「尋求富強」之外對於精神價值的訴求。因此，在《盛世危言後篇・道術》一章中，鄭觀應祈求國家在走向富強的過程中，於國民道德水準的實現上也能等量齊觀。所以，他才著意強調富強亦須通過「標本兼治」來實現「學道濟世」。他參與上海和其他地區的籌賑、辦善等各種社會慈善救濟活動，乃是為了實踐積德，求「陰功」以「成仙」。可見，在近代中國，城市化、社會與宗教之間存在著更加複雜與多元的關係。在同一個士大夫身上，也可以看到科學理性與宗教信仰的內在緊張與互動。依據馬克斯・韋伯式的判斷，科學的現代之旅必然伴隨著超越價值的「祛魅」（disenchantment）。然而，在近代中國的轉型時代，這種判斷帶來的可能是關於啟蒙主義與民族主義過於簡化的論述。從陳攖寧、王一亭與鄭觀應身上，可以同時看到歷史與思想的複雜性，以及近代中國士大夫在宗教上的終極關懷與對「現代性」的獨特追求。[126]

六、重建政治正當性：權威與權力的衝突

從甲午戰後到辛亥革命前夕，晚清知識分子所面臨的衝擊，不僅來自心靈秩序的危機，還來自同樣迫切的政治秩序的危機。如前所述，傳統中國的政治架構建立在一個具有超越價值的宇宙觀（天命、天道或天理）之上，古往今來，在這一基礎上所形成的普世王權（universal kingship），[127] 既建構起符合儒家基本價值的政治權力，也完整形塑出一整套具有神聖性的政治權威。然而，晚清中國所遭遇的內憂外患，使這一延續數千年的政治架構瀕臨崩潰。在這「千年未有之大變局」中，傳統的政治秩序需要通過怎樣的變革才能實現國家富強，從而救亡以圖存？這成為清末危急存亡之秋最為突出的公共議題。圍繞此一問題，在晚清最後十餘年間，維新變法與國民革命的實踐分分合合，逐漸形成了兩大思想主潮和政治選項—「變法失敗則轉為憲政，革命成功則建立共和」。立憲派與革命派分別借助重塑權威（君主立憲）與重建權力（民主共和）兩個重心，試圖為未來中國的政治架構尋找一個正當性基礎。[128]

126　黃克武：《惟適之安：嚴復與近代中國的文化轉型》，第 197 頁。

127　張灝：〈中國近代思想史上的轉型時代〉，氏著《幽暗意識與民主傳統》，第 140 頁。

128　關於近代中國政治正當性的歷史變遷及其內涵，參見許紀霖〈近代中國政治正當性之歷

關於政治正當性（legitimacy）的討論是一個現代命題。按照墨子刻（Thomas Metzger）的概括，從傳統到現代的轉型過程，一方面圍繞著工具理性（即俗世化）的現實需要，而另一方面則需要一種「道德性語言」（moral language）或「人文主義」作為文化社會的基礎。[129] 大體而言，前者聚焦的是現代國家現實權力的來源與組合方式，後者關切的是國家權威的價值依據。然而，在超越價值解體的近代中國社會，從傳統政治架構分離出來的政治權威與政治權力又並非截然兩分，而是存在著豐富的彼此關聯和內在緊張。發生在 1905—1907 年的《民報》與《新民叢報》的論戰，之所以成為晚清思想史上的重大事件，正是因為兩大派別圍繞未來國家的政治正當性這一公共議題，展開了一次全方位的對話。

這場論戰由《新民叢報》引起，因《民報》創刊而爆發。《民報》於出版第 3 號之後曾發行號外，揭載〈民報與新民叢報辯駁之綱領〉，並申明從第 4 期以後分類與《新民叢報》辯駁。這項由《民報》所歸納的綱領共分 12 條，其描述雖因黨派意識形態衝突不免有所偏頗，傾向革命派，詆毀立憲派，但從中仍可一窺雙方的基本差異。

> 一，《民報》主共和；《新民叢報》主專制。二，《民報》望國民以民權立憲；《新民叢報》望政府以開明專制。三，《民報》以政府惡劣，故望國民以革命；《新民叢報》以國民惡劣，故望政府以開明專制。四，《民報》以望國民以民權立憲，故鼓吹教育與革命以求達其目的；《新民叢報》望政府以開明專制，不知如何方副其希望。五，《民報》主張政治革命，同時主張種族革命；《新民叢報》主張開明專制，同時主張政治革命。六，《民報》以為國民革命，自顛覆專制而觀，則為政治革命，自驅除韃虜而觀，則為種族革命；《新民叢報》以為種族革命與政治革命，不能相容。七，《民報》以為政治革命必須實力；《新民叢報》以為政治革命只須要求。八，《民報》以為革命事業，專主實力不取要求；《新民叢報》以為要求不遂，繼以懲警。九，《新民叢報》以為懲警之法，在不納稅與暗殺；《民報》以為不納稅與暗殺，

史轉型〉，《學海》2007 年第 7 期。

129　〔美〕墨子刻：〈二十世紀中國知識分子的自覺問題〉，余英時等：《中國歷史轉型時期的知識分子》，第 88 頁。

　　不過革命實力之一端，革命須有全副事業。十，《新民叢報》詆毀革命，而鼓吹虛無黨；《民報》以為凡虛無黨皆以革命為宗旨，非僅以刺客為事。十一，《民報》以為革命所以求共和，《新民叢報》以為革命反以得專制。十二，《民報》鑒於世界前途，知社會問題，必須解決，故提倡社會主義；《新民叢報》以為社會主義，不過煽動乞丐流民之具。[130]

　　論戰雙方均採用兩面作戰的策略，既攻擊清政府，也竭力批評對手。立憲派與革命派的衝突，從表面來看，似乎表現為雙方對於民族、民權與民生這三條變革路徑的歧見。但是，如果深入其思想的底蘊，則不難發現，論戰中這一分歧背後的實質是：在化解晚清政治危機、重建現代中國的政治正當性過程中，「政治權威」與「政治權力」的重要性孰先孰後。按照哈貝馬斯（Jürgen Habermas）在《合法性危機》一書中的說法，政治危機分為「合理性危機」與「合法性危機」。前者意味著行政系統難以合理地協調運轉；後者則關係到行政系統無法維持大眾的忠誠。從論戰的文字中可以看到，以《民報》為陣地的革命派知識分子對於國家觀念合法性的探討，超越了對其合理性的思考。他們努力探索的是一個韋伯式的命題：階級、正當、與利益集團均屬於權力組合，奉行的是「主宰性權力」。在胡漢民、汪精衛、朱執信等人看來，人民主權取代天授君權，國家統治的合法性首先應當來自民眾的贊同。[131] 相較之下，制度規範所形成的權威性則居於次席。但是，以梁啟超為代表的立憲派知識分子卻有著「君主憲政之共同理想」。[132] 在他們看來，現代國家政治正當性的基礎，需要立足於延續傳統與確立憲政，從而從根本上化解國家的合理性危機。簡單地說，立憲派更側重於通過制度層面的憲政設計，強化未來國家的政治框架。這樣一來，未來中國政治框架的重心究竟應該放置在政治權力的組合（人

130　《民報》第 3 號號外，轉引自亓冰峰《清末革命與君憲的論爭》，中研院近代史研究所，1966，第 152—153 頁。

131　根據查理斯・泰勒（Charles Taylor）的論述，「人民主權」是現代性社會想像的重要元素之一。而就國家政治正當性而言，古老的觀念轉化為人民主權，首要的是「切斷與神祕的古老時代之間的聯繫」，將人民主權的建立變成「一種可以在當代的純然的世俗時間裡，透過集體行動完成的事務」。參見查理斯・泰勒《現代性中的社會想像》，李尚遠譯，商周出版社，2008，第 175 頁。

132　對立憲派人士的信仰及其成因的分析，參見張朋園〈立憲派的「階級」背景〉，《中央研究院近代史研究所集刊》第 22 期（上），1993；《立憲派與清季革命》，中研院近代史研究所，1984。

民主權的國體）之上，還是落實在政治權威（君主立憲所代表的政體）之上來凝聚大眾忠誠，就成為雙方矛盾的焦點所在。

正是由於《民報》與《新民叢報》從各自對於政治正當性的不同理解著眼，雙方論辯的民族、民權與民生三大主題雖一，但內涵各異。[133] 在民族問題上，兩者差異甚大。革命派力主排滿，強調「驅除韃虜，恢復中華」的民族主義。立憲派不主張排滿，因此不承認有狹義的民族問題存在。梁啟超與康有為等立憲派創立了保皇會（後來改名為國民憲政會），主張勤王。保皇會所支持的是以皇帝為中心的君主立憲政體，也就是推行君主立憲，來解決政治危機。[134] 在辛亥革命前，民族問題是很大的爭議點。梁啟超援引伯倫知理（J. C. Bluntschli）的學說，指出革命派所持的是「小民族主義」，而立憲派不仇視滿人，採取的是「大民族主義」，認同共和國家是一個共同體，各種民族都有同等的政治參與權利和平等發展的資格。耐人尋味的是，立憲派在論爭中宣導的「大民族主義」，實際上也就是辛亥革命之後孫中山所強調的「五族共和」。對孫中山和革命黨人來說，在革命前夜主張「民族革命」，實際上是出於策略性考慮。因為仇滿心理最能動員廣大的社會力量，達到民族革命「奪回自主之政權」的目的。[135] 革命成功之後，為團結人心，則需要不同的政治綱領。

雙方論戰的第二個議題是民權問題。立憲派與革命派均同意政治革命的必要，但後者主張徹底推翻帝制，建立民主。而前者強調，君主政體對於維持統一和秩序是有用的，而統一和秩序對於當前的變革又是有用的。因此，基於這種現代需求而非復活天命論的看法，[136] 立憲派主張承襲原有制度，並加以改革。換言之，兩者的差異在於實現目標的途徑：是要調適性地從君主專制到君主立憲，再到民主共和，還是直接以革命方式從專制轉變到民主共和？梁啟超和康有為主張前者。這一思路與嚴復的《天演論》傳達的理念有關。如前所

133　以下分析參閱並轉引自張朋園《梁啟超與清季革命》，中研院近代史研究所，1964，第220—221頁；黃克武〈改革與革命—辛亥革命是怎麼成功的？〉，《傳記文學》第98卷第5期，2011年，第52—64頁。

134　梁啟超對於民權與君憲之間關係的看法因時而變，在此無法細論。不過，值得注意的是他對於「政治上之道德」的重視，甚至認為這是「立憲的必要乃至最要條件」。梁氏借鑑歐洲，以為其政治進步之原因，非徒在其人民之「智識」，而實在人民之「品性」。參見蕭公權《中國政治思想史》（下），第813頁。

135　蕭公權：《中國政治思想史》（下），第789頁。

136　〔美〕楊格（Ernest P. Young）：〈廿世紀初期的中國：民族主義、改革和共和革命〉，李國祁等《近代中國思想人物論：民族主義》，時報文化出版公司，1980，第67頁。

述，《天演論》為晚清的思想界帶來兩種觀念，一是鼓勵人們積極地應變圖強；二是主張漸進變革，因為演化的過程是慢慢前進的。這一想法與立憲派重視政治傳統及其權威性的主張較為吻合。立憲派擷取《天演論》中的漸進主張，指出歷史演變必須逐步推進，在嘗試錯誤中慢慢調整。這也和康有為在《孔子改制考》中借「公羊三世說」配合天演觀念所描繪出的從君主專制到君主立憲再到民主共和的政治路徑是一致的。相對而言，革命黨則從另一角度解釋天演，他們相信：「革命者，天演之公例也；革命者，世界之公理也；革命者，爭存爭亡過渡時代之要義也；革命者，順乎天而應乎人者也。」[137] 革命黨的主張更具有突變色彩與樂觀主義，相信徹底推翻清王朝專制制度之後，就能迅速建立一個民有、民治、民享的民主共和國。因此，《民報》宣傳的是一種近乎整全性的革命理論，包含了政治、民族與社會革命的多重內涵，力求「畢其功於一役」。[138] 而清中葉以來的國家危機感，使人們更願意追逐這種有效的、通盤性的救國方案。[139]

論爭的第三點有關民生問題。革命派認為實現社會主義、土地國有之後，民生問題即可解決。而立憲派則認為國家富強之道，必須在尊重現有利益格局的基礎上，發展國家與民間資本。因此，梁啟超主張採取資本主義的道路，比較傾向於提高生產與保障私有財產。而革命派主張以俄為師，通過土地國有來解決分配問題，偏重社會主義的模式。

從晚清最後十餘年的歷史來看，立憲派與革命派表面是對立的兩大群體，相互排詆，直至演變為激烈的論戰。而且，論戰的開局之年（1905），也是晚清政局從立憲派力主的改革轉向革命黨宣導的革命的關鍵點。1905年不但有同盟會的成立，也有科舉制度的廢除。內外因素的相互激盪，逐漸促成了革命思想的高漲與爆發。然而，誠如蕭一山所言，「實而按之，則亦有相反相成之功。蓋不有革命之醞釀，則清廷未必肯實施憲政，不有憲政之宣傳，則人們未必傾心共和」。[140] 1911年轉化為現實行動的革命思想，並非由以孫中山為

137　鄒容：〈革命軍〉，《革命的火種：鄒容、陳天華選集》，文景書局，2012，第4頁。

138　朱浤源：《同盟會的革命理論—《民報》個案研究》，中研院近代史研究所，1985，第228頁。

139　黃克武：《一個被放棄的選擇—梁啟超調適思想之研究》，第193頁。

140　蕭一山：《清代通史》（4），第2262頁，轉引自亓冰峰《清末革命與君憲的論爭》，第9頁。

首的革命派憑空建立，而是他們在此前數年與梁啟超等立憲派人士，通過長期論辯而逐漸形成的。[141]立憲派與革命黨人就民族、民權、民生三大主題的辯論，讓後者的革命理論能夠得到更完滿的建立。可以說，革命黨的革命理論並非汪精衛、胡漢民等人憑空建立，而是在梁啟超等立憲派的挑戰下逐步完善的。[142]

　　辛亥革命雖然建立起了亞洲第一個民主共和國，但現代中國政治正當性的內在衝突並未因此終結。張朋園對於 1913 年第一次國會選舉的研究表明，「民初的國會選舉，有民主政治的外觀，尚少民主政治的實質」。[143] 接踵而來的軍閥混戰、強人政治、稱帝復辟等一系列政治亂象，意味著新生的民國背離了共和精神。為什麼普世王權被徹底顛覆，共和制度也得以實現，然而一套行之有效的憲政實踐卻無法展開？在政治權力的制度框架背後，是否需要共同的倫理價值作為政治權威的來源？為此，民初直至五四新文化運動時期的知識分子，開始從政治制度背後的文化與倫理尋找根源，展開了探尋政治共同體背後的原則、義理和規範的努力。[144] 可以說，這是對《民報》與《新民叢報》論戰所開啟的政治正當性話題的反思與檢討。然而，共同體的聚合僅僅依靠政治層面上的共識是不夠的，還需要有其獨特的文化和公共價值認同作為道德基礎。梁啟超等立憲派人士的政治主張雖然在清末民初的革命風暴中成為「一個被放棄的選擇」，但其中包含的豐富思想內涵，卻具有讓今人深思的歷史價值。

七、「過渡時代」的思想啟示

　　1901 年，梁啟超曾以「過渡時代」一語，描繪晚清「人民既憤獨夫民賊愚民專制之政，而未能組織新政體以代之，是政治上之過渡時代也；士子既鄙考據詞章庸惡陋劣之學，而未能開闢新學界以代之，是學問上之過渡時代也；

141　重新理解立憲派在晚清政治實踐中的歷史角色，有賴於近三四十年來張朋園、汪榮祖、張玉法等一批臺灣學者對於清末社會複雜場景的深度詮釋。同時，這一研究視角的變化，也與周錫瑞、瑪麗‧蘭金等海外學者對於辛亥革命的研究進展有關。他們的研究成果表明，晚清的政治變革直至辛亥革命的最終成功，是彙集了各種社會力量之後共同形成的，而並非如傳統「革命史觀」所論述的那樣，存在著一個完全壟斷性的政治力量。關於辛亥革命研究的學術史背景，參見黃克武〈改革與革命——辛亥革命是怎麼成功的？〉，《傳記文學》第 98 卷第 5 期，2011 年。

142　張朋園：《梁啟超與清季革命》，第 226—230 頁。

143　張朋園：《中國民主政治的困境，1909—1949——晚清以來歷屆議會選舉述論》，聯經出版公司，2004，第 110 頁。

144　「國性」問題是民初政治正當性討論的核心問題之一，參見許紀霖〈個人、良知和公意——五四時期關於政治正當性的討論〉，《史林》2008 年第 1 期。

社會既厭三綱壓抑虛文縟節之俗，而未能研究新道德以代之，是理想風俗上之過渡時代也」。[145] 正如梁啟超所言，在這一過渡時代中，傳統的政治秩序、精神世界與知識結構逐漸拆解又不斷重組，面貌各異的「新政體」主張、「新學界」與「新道德」的實踐在清末民初紛紛登場。從 19 世紀末中日甲午戰爭的潰敗，到 1911 年辛亥革命的成功，圍繞傳統與現代、中國與西方、啟蒙與反啟蒙等不同面向，知識、思想與信仰彼此激盪，呈現紛雜多元的場景。

不過，過渡時代複雜的思想圖景仍呈現出好幾條交織在一起的主軸。首先在整體格局上，它圍繞著從「天下」到「國家」的轉變。在西潮東漸逐步擴張的過程中，新的地理知識伴隨著日漸發達的報刊與出版品等現代媒介，在中國廣泛傳播。與此同時，清中葉以來，一連串由西方列強所發起的「商戰」、「學戰」、「兵戰」，及其給晚清政府帶來的屈辱性後果，有力地挑戰著士大夫思想中的天朝意識與天下觀念。從此，以「世界大勢」為價值標準的新地理觀開始主導知識分子的心靈世界。[146] 一個「萬國」競逐的「國家體系」逐漸代「天下」而起─民族國家取代了帝制王權，國際法下的對等關係取代了朝貢制度，以國力比拚為核心的世界政治秩序取代了「懷柔遠人」式的文明教化。不過，即使有上述的轉變，傳統天下觀中「駕於歐美之上」的理想也始終是現代中國國家主義的一個特色。

在上述背景下，新的地理觀念至少包含了兩層意涵。其一，正因為參與此一新世界秩序的主體是民族國家，而撐其不敗的基礎是國力，因此，「國土」的完整、「國民」素質的整體提升以及「國權」（主權與利權）的確保，成為知識分子思考的重心。其中國民素質最為關鍵，其內容包括了民智、民力與民德，而民德的鑄造，雖需吸收西方之長，然不能脫離傳統之德行。其二，晚清中國因積貧積弱而導致的國家危機，與西方諸國（及日本）順應大勢而實現的國家富強，也反向構築了晚清士人的世界想像。另外，19 世紀末期世界競爭中普遍存在的「公理」與「強權」的分裂、西方列強內外政策的鮮明反差，[147] 也催生了知識分子關於「國家」與「世界」兩歧性的思考，為他們探索

145　〈過渡時代論〉，《梁啟超全集》第 2 冊，第 465 頁。

146　潘光哲：〈中國近代「轉型時代」的地理想像（1895—1925）〉，王汎森等《中國近代思想史的轉型時代》，第 478 頁。

147　楊度在〈金鐵主義說〉中點出此種關係：「今日有文明國而無文明世界。今世各國對於內皆文明，對於外則皆野蠻；對於內惟理是言，對於外惟力是視。故自其國而言之，則

人類文明的願景打開了新視野——在以國家力量為基礎的「世界的國家主義」
之上，有著屬於更高層次的、「人類全體文明」的「國家的世界主義」。

　　地理觀的轉型亦涉及歷史觀的變遷。如前所述，傳統儒家的歷史觀念傾
向於一種退化觀與循環論，認為人世的和諧秩序是由三代聖王開端，隨後，
治亂循環、盛衰更迭，三代之治遂成為儒家歷史觀中理想社會的典型。然而，
隨著轉型時代的思想衝擊，中國知識分子的歷史觀念也發生了改變。延續魏
源、龔自珍以來強調「勢」之力量的歷史脈絡，廖平、康有為、梁啟超等人開
始否定古文經學的意義。傳統歷史觀對於上古三代的美好想像遭到顛覆。他們
將今文經學重視「變易」的「公羊三世說」，與經由嚴復翻譯傳入中國的達
爾文進化理論相配合，提出了有別於循環論的線性歷史目的論。「據亂世」、
「升平世」、「太平世」處於指向美好未來的時間軸線之上，「三世進化」說
與社會進化論在對大同社會的追求上是一致的。在線性歷史目的論的支配下，
推動歷史發展的力量不再是傳統義理中個人道德趨於完美（「止於至善」），
而是一套基於優勝劣敗的競爭進化規律。

　　同樣是出於對傳統歷史觀的顛覆，在占據主流的進化史觀之外，諸子學
與佛學對過渡時代知識分子的歷史觀念也產生了不同程度的影響。章炳麟即從
佛教唯識論出發，認為在社會進化過程中，由於人生來所稟賦的阿賴耶識種
子能同時染上善與惡的因數，因此，道德的善與惡、生計的苦和樂齊頭並進、
彼此交織。章氏認為，為了徹底擺脫進化給人類社會帶來的負面效果，必須
借助「五無」—無政府、無聚落、無人類、無眾生與無世界—予以抗衡。章
氏的「俱分進化論」對晚清的部分知識分子特別是無政府主義者頗具影響力。
不過，在一個以尋求國家富強為政治主軸的時代裡，「五無論」立足於佛教的
虛無主義，缺乏現實意義上的實踐性。同時，它雖然激烈地批評進化史觀的目
的論和烏托邦傾向，但其自身也無法避免烏托邦的虛幻。因此，「俱分進化論」
是過渡時代思想世界中「反啟蒙」的啟蒙主張之一。從歷史觀的多元性中也不
難看到超越宇宙觀瓦解之後知識分子在歷史觀念上呈現出的內在緊張與進退
兩難。[148]

148　文明之國也；自世界而言之，則野蠻之世界也。」參見劉晴波主編《楊度集》，第218頁。
　　章氏的「俱分進化論」甚至還影響到當代中國知識分子對於改革的看法。墨子刻指出，「新
　　左派」一方面同意烏托邦主義行不通，另一方面則以章炳麟的佛教精神為基礎，強調中
　　國在現在的改革過程中有辦法避免傳統儒家烏托邦的缺失。參見〔美〕墨子刻〈烏托邦

　　現代地理觀的傳播、歷史觀的變遷，均指向宇宙觀的變化。從嚴復開始所引進的以天演觀念為中心的科學宇宙觀，衝擊了儒家以陰陽與天地人為基礎的宇宙觀，使作為普世王權價值基礎的傳統理念逐漸發生變化。到 19 世紀中後期，一連串深層次的政治、社會與思想危機，伴隨著世界格局的轉變，開始在晚清中國爆發。在這一時期，傳統天理宇宙觀逐步被現代科學的「公理」和「公例」吸納、轉化。來自「天理」的超越世界開始動搖，中國知識分子必須尋找一條重構心靈秩序與政治秩序的道路。為此，一部分知識分子轉向科學，一部分知識分子訴諸宗教，也有一些人如新儒家，則相對於西方的「外在超越」，從「內在超越」來建構價值之源。[149]

　　宇宙觀的轉向影響到政治社會秩序的安排，以「禮」為基礎的儒家規範倫理，受到「西潮」的衝擊和激進思想家們的抨擊。康有為、梁啟超等對於「君統」的攻擊與譚嗣同在《仁學》中「衝決網羅」的吶喊，標誌著「三綱之說」及其代表的儒家規範倫理不再是主導力量。重視意志自主性的現代個人也隨之在晚清崛起。在這個宇宙觀轉變的過渡時代，傳統的儒家倫理價值再也難以維持舊有自信，儒家倫理與西方個人價值相互激盪，使士人重新思索群己關係的新秩序，進而提出諸種可能。

　　伴隨著過渡時代的急劇動盪，社會重心開始動搖，中國社會出現了權勢轉移與社會空間的重整。在這一進程中，作為傳統社會四民之首的「士」所受到的衝擊最大。特別是 1905 年科舉制度的廢除，一方面切斷了傳統士人的上升管道，使他們開始成為社會中自由流動的社群，而不再是四民之首，這也使得傳統中國社會結構因此解體；另一方面，近代軍人、工商業者和職業革命家等新興階層的崛起，導致傳統士人在中國社會中日益邊緣化。傳統士紳階層的消失和新興知識分子社群的出現，是中國近代社會區別於傳統社會的最主要特徵之一。[150]

　　四民社會的解體將傳統士紳拋擲到了社會邊緣，而一部分士大夫則在近

主義與孔子思想的精神價值〉，《華東師範大學學報》（哲學社會科學版）2000 年第 2 期，第 19 頁。

149　有關「內在超越」與「外在超越」之討論，參見余英時《從價值系統看中國文化的現代意義》，時報文化出版公司，1984，第 23–45 頁。

150　羅志田：〈知識分子邊緣化與邊緣知識分子的興起〉，氏著《權勢轉移：近代中國的思想、社會與學術》，湖北人民出版社，1999，第 193 頁。

代中國的轉型中，蛻變為新知識分子。值得注意的是，士紳階層的邊緣化與
新興知識分子群體的崛起，在此時幾乎是同時展開並彼此交織。在過渡時代，
傳統士紳與早期知識分子之間的界限並不十分清晰。一方面，在晚清主導國內
變革的正是新政之後活躍於政治舞臺的廣大士紳和官僚，他們共同關切的是社
會經濟及地方公共事務的管理。由他們所組成的諸如賑災、慈善等公共空間，
並非與國家權力相對峙的組織，而是基於地方士紳公益精神的「國家權威的政
治性設置」。[151] 另一方面，隨著清末民初眾多報刊、新式學堂、社團（商會、
學會）在北京、上海及其他大城市的出現，現代知識分子開始依託這些新式的
社會建制而活躍。他們不像地方士紳那樣有統一的意識形態，也不再有國家科
舉制度所認同的正式身分。這群知識分子的身分多元，在國家（上層的國家權
力）與社會（下層的市民社會）之間形成了知識生產、流通的文化交往網路與
政治批判的公共領域。[152]

在普世王權解紐的時代裡，這些社會網路的形成，也逐步建立起近代中
國「社會」的雛形。晚清以來，超越的天理宇宙觀被科學的公理、公例滲透，
普世王權「受命於天」的政治正當性逐漸被民族國家「主權在民」的民主觀念
取代。帝國的「臣民」開始向民國的「國民」轉型。[153] 這些具體的議題與民族
國家的建構和政治變革密切相關，也因此形成了晚清中國強有力的公共輿論。
不同的知識分子社群與職業軍人、工商業者等新興階層一道，逐漸成為推動
和參與晚清各種政治、經濟、文化教育改革的主力和新的社會重心，並且共同
引發了 1911 年的革命。觀察晚清過渡時代的複雜演變，會發現它清晰地指向
一個新時代的來臨。辛亥革命帶來了從君主專制到民主共和的巨變，然而在此
之前思想觀念、社會結構的變化所導致的地理觀、宇宙觀、歷史觀、社會觀，
以及政治合法性之基礎的變化，已為辛亥之後的新時代奠定了基礎。

151　楊念群：《中層理論—東西方思想會通下的中國史研究》，江西教育出版社，2001，第
　　　131—134 頁。

152　許紀霖：〈重建社會重心—現代中國的知識人社會〉，王汎森等《中國近代思想史的轉
　　　型時代》，第 143—144 頁；方平：〈清末上海民間報刊與公共輿論的表達模式〉，《二十一
　　　世紀》第 2 期，2001 年。

153　黃克武：〈近代中國轉型時代的民主觀念〉，王汎森等《中國近代思想史的轉型時代》，
　　　第 381 頁。

第二十三章　天下、國家與價值重構：啟蒙的歷程

　　近代中國最重要的啟蒙是國家觀念的變化。國家觀在兩個方面發生了根本性變化，一是外在性關係的變化，即傳統「天下觀」的破滅，二是內在性關係的變化，即個人與國家關係的改變。而國家觀念的根本性變化，自然要導致價值體系的重構。

　　任何一個社會，一種具有顛覆性的新的社會知識、社會觀念的引入、滋生、發展過程，都不是一種純邏輯、純觀念、純知識的發展演進，而是與當時的社會變動、變革、變遷息息相關。因此，研究此種思想、觀念史，不能僅做純文字分析、解說、闡釋，而應將思想、觀念、知識放在歷史的語境中分析考察其發生、發展的過程；文本（text）只有在脈絡（context）中才能顯示其意義，否則洋洋灑灑，宏論迭出，實則游談無根，望文生義，甚至斷章取義。

一、「天下」的破滅

華夏中心的「天下觀」

　　中國傳統「天下觀」的核心是「華夏中心論」，即天下是以中國為中心的，其他都是邊緣，而且由「邊緣」漸成「野蠻」。

　　《尚書・禹貢》把天下分為五個同心而具有階級性的地區，分別是甸服、侯服、綏服、要服、荒服。蠻夷屬於要服，他們需要中國的控制管理，每三個月貢賦一次，而戎狄則屬於荒服，相對於蠻夷離中國更遠，因此他們只需一年貢賦一次。顧頡剛先生在〈禹貢注釋〉中認為，侯服以外四面各五百里喚作「綏

---

* 本章由雷頤撰寫。

服」，這是介於中原和外族間的地區，應當給它安撫和羈縻，所以一方面要在那裡推廣中原文化，一方面又要整頓武備來保護甸服和侯服的安全。綏服以外四面各五百里喚作要服，要服以外四面五百里喚作「荒服」。荒服、要服都是外族所居，同時也是中國流放罪人的地方。「照這般說來，那時的天下（甸、侯、綏、要、荒）共計方五千里，中央政府勢力所及的地方（甸、侯、綏）所謂『中國』也者，是方三千里，而直屬於中央的王畿（甸）則只有方一千里。」[1]對歷史上是否真正存在這樣一個規規整整的區劃，史學界一直有爭論，但重要的是，它說明古代中國人的「天下觀」就是如此。

夷夏對舉始於西周，有四夷、八蠻、七閩、九貉、五戎、六狄之說，嚴夷夏之辨卻是在春秋時期。約至春秋時期，「夏」和與其相對的「狄」、「夷」、「蠻」、「戎」、「胡」等（後簡稱「狄夷」或「夷」）概念的使用開始突破地域範圍，被賦予文化的意義，甚至被賦予一定程度的種族意義，主要用於區別尊卑上下、文明野蠻、道德與非道德。「華夏」代表正宗、中心、高貴、文明、倫理道德；「夷」則代表偏庶、邊緣、卑下、野蠻、沒有倫理道德，尚未脫離獸性。

按照許慎《說文解字》的解釋，「蠻」為蛇種，從虫；「貉」為豸種，從豸；「狄」本為犬種，從犬；「羌」為西戎，羊種，從羊。《左傳》閔公元年：「狄人伐邢。管敬仲言於齊侯曰：『戎狄豺狼，不可厭也，諸夏親暱，不可棄也……』齊人救邢。」《左傳》襄公四年：晉國魏絳主「和戎」，但也是將戎作為「禽獸」看待。晉侯曰：「戎狄無親而貪，不如伐之。」魏絳曰：「戎，禽獸也，獲戎失華，無乃不可乎？」《左傳》成公四年：「非我族類，其心必異。」《國語‧周語》：「夫戎狄，冒沒輕儳，貪而不讓。其血氣不治，若禽獸焉。」、「狄，豺狼之德也」，「狄，封豕豺狼也」。

在現實中「華夏」不能不與「狄夷」接觸，孔、孟都提出要嚴夷夏之防。雖然孔子及後來的孟子主要是從文化意義上歧視「狄夷」，而不是從種族意義上歧視「狄夷」，但這種文化歧視是嚴重的。孔子在《論語》中的名言「夷狄之有君，不如諸夏之亡也」，強調「夷夏之辨」。因此，孔子大力宣揚、高度評價「尊王攘夷」，經過「尊王攘夷」，華夏與狄夷的地理邊界與文化邊界

1　顧頡剛：〈禹貢注釋〉，《中國古代地理名著選讀》第 1 輯，科學出版社，1959，第 1—5 頁。

已清晰劃分。孔子高度肯定管仲輔佐齊桓公「尊王攘夷」之功：「管仲相桓公，霸諸侯，一匡天下，民到於今受其賜。微管仲，吾其被髮左衽矣。」與華夏衣俗不同的「被髮左衽」，成為野蠻的同義詞。對此，《孟子》明確說：「吾聞以夏變夷也，未聞變於夷者也。」、「吾聞出於幽谷，遷於喬木者；未聞下喬木而入於幽谷者。」、「今也南蠻鴃舌之人，非先王之道」，應該被懲罰。

而先秦已有的將狄夷看作「禽獸」、「豺狼」的種族歧視論，依然影響深遠。班固在《漢書・匈奴傳》中云：「是以《春秋》內諸夏而外夷狄。夷狄之人貪而好利，被髮左衽，人面獸心，其與中國殊章服，異習俗，飲食不同，言語不通，辟居北垂寒露之野，逐草隨畜，射獵為生，隔以山谷，雍以沙幕，天地所以絕外內也。是故聖王禽獸畜之，不與約誓，不就攻伐；約之則費賂而見欺，攻之則勞師而招寇。」被陳寅恪先生認為是中國傳統文化重要經典的《白虎通義》乾脆認為：「夷狄者，與中國絕域異俗，非中和氣所生，非禮義所能化。」，「非中和氣所生」實際指人的生理構造，即人種的天生低劣，實際否定了「以夏變夷」的可能。

先秦到兩漢是中國傳統思想、文化的奠基時代，也正是在與其他國家交往中，華夏對其以外的世界或做了「妖魔化」處理；或認為他們是「禽獸」、「人面獸心」，種族低劣；或認為其文明、文化低劣，以此妖魔化的「他者」為鏡像，塑造、形成了自己的種族或文化優越、優秀、高等的形象。以此為基礎建構的華夷二元對立世界觀，對後世產生了極為深遠的影響。

直到 1930 年代，許多少數民族的稱謂多有「犬」旁或「豸」旁。人類學研究表明，宋元以來東北、西北少數民族已少有用蟲獸作偏旁命名者，但西南少數民族仍用蟲獸作偏旁，如猺、猫（今苗）、獞、犵狫、犵獠、犵狑等等。而明清時加「犬」者更多，如猓玀、猓黑、玀緬等近百種。直到 1939 年，國民政府才下令廢除對少數民族的這種帶有嚴重歧視性稱謂，改正原則大體是將此類偏旁改從「人」旁，或改用同音假借字。[2] 這種歧視，從官員的奏稿用詞中也可反映出來。2007 年出版的《李鴻章全集》「凡例」的第十條寫道：「原稿中有少量汙蔑少數民族的用詞用字，如猺、等，整理時根據國家相關規定作

2　芮逸夫：〈西南少數民族蟲獸偏旁命名考略〉，氏著《中國民族及其文化論稿》，臺灣大學人類學系，1972，第 73—117 頁。

了必要改動。」[3] 亦從一側面說明此點。

這種居高臨下地俯視其他文明、文化的華夏中心論在處理、對待與他國的關係中，制度化為以中國為宗主、他國為藩屬的「宗藩體制」，或曰「朝貢體制」，以此規範「華夷秩序」。在這種「華夷秩序」中，中國的皇帝是承受天命的「天子」，天子是最高的道德「天道」在人間的化身、代表，代「天」來執政「天下」。所以，「天下」其他國家只能是中國的「藩邦」、「藩屬」、「屬國」。

從文獻記載來看，較為確實的朝貢體制從周代的五服制發展而來。漢唐時期，朝貢體制已得到確立並進一步發展，自漢武帝起，能否「四夷賓服，萬國來朝」成為統治者是否英明、王朝是否處於盛世的重要標誌，甚至是其權力合法性的來源之一。所以，新王朝建立通常都要「詔諭」屬國向新王朝稱臣納貢。到明清時，有關各種規制已相當精密，其主要內容是藩屬國要按時攜帶特定貢物，按照指定線路（貢道）到中國京城，住在指定館邸，按照指定禮儀，將貢品向中國皇帝呈送。作為宗主國，中國皇帝要對朝貢國「還賜」；如果這些屬國有新統治者即位，要由中國皇帝冊封，即頒發敕文（詔敕）承認其地位。

就在清人 1644 年入關、開始進入「華夏」、成為「天朝」的繼承人因而理所當然地成為「華夷秩序」世界中的「天下共主」不久，一個新的、現代國際關係體系於 1648 年在歐洲形成。1618—1648 年，在歐洲進行了殘酷的三十年戰爭，交戰雙方從 1643 年起開始和談，到 1648 年 10 月簽訂和約，史稱《威斯特伐利亞和約》，從而形成了具有現代意義的國際關係體系。根據這一條約，獨立的諸侯邦國對內享有至高無上的統治權，對外享有完全獨立的自主權。這是世界上第一次以條約的形式確定了維護領土完整、國家獨立和主權平等的國際法原則。根據這一條約，歐洲開始確立常駐外交代表機構的制度，各國普遍選任外交使節，進行外事活動。該條約第一次提出了主權國家概念，確定了以平等、主權為基礎的國際關係準則。在尊重民族國家主權的框架下，基於國家主權的世界秩序開始形成，首先是在歐洲確立了國與國之間的新秩序，此後，歐洲在全球性擴張的同時把主權國家的概念帶到全世界，逐步形成了以後幾百年的國際基本秩序。在長達幾百年的時間裡，它依然是解決各國間

3　《李鴻章全集》，安徽教育出版社，2007，〈凡例〉。

矛盾、衝突的基本方法，因此它的誕生標誌著現代國際關係體系正式形成。

不能忽視的是，在此條約誕生之前，對歐洲影響深遠的「文藝復興」早已在義大利發生，新大陸、新航線已經被「發現」，英國工業革命即將開始，歐洲已經開始其全球性擴張……這些，都預示著以《威斯特伐利亞和約》為標誌的現代性國際體系，遲早會與以中國為中心的傳統的「華夷秩序」發生衝突。乾隆五十八年，西元 1793 年，中英兩國間的禮儀之爭就是這種衝突的先聲和預兆。

這一年，英國經過工業革命，極欲擴大商品市場，派馬戛爾尼（George Macartney）為特使，率領有 700 餘人的龐大船隊從英國來到中國，企圖打開中國市場。這位大英帝國的特使以為大清乾隆皇帝祝壽為名，實想為經濟正在飛速發展的英國開闢一個巨大的商品市場。他有兩個具體目標：一是希望清政府開放市場，擴大與英國的貿易，對中國並無領土野心；二是在中國首都設立常駐外交機構，建立經常性的外交關係。

時處盛世的大清王朝，上上下下沒有也不可能有一個人認識到這件事情的重要，反而滿心歡喜地以為這是「吾皇」天威遠被，使遠在天邊的英國與其他藩屬一樣，因仰慕中華文明、誠乞教化而遠涉重洋來為大清皇帝納貢祝壽，主動成為中國屬國。中國地方官在翻譯英方有關信函時，理所當然地以自己的話語系統將其格式、用詞譯成下對上的稟帖，來華經商的英國商人被譯成「素沐皇仁，今聞天朝大皇帝八旬萬壽，未能遣使進京叩祝，我國王心中惶恐不安。今我國王公選妥幹貢使馬戛爾尼前來，帶有貴重貢物，進呈天朝大皇帝，以表其慕順之心」。「十全老人」乾隆帝閱後大喜，批示：「其情詞極為恭順懇摯，自應准其所請，以遂其航海向化之誠。」[4] 馬氏一路受到中方熱情款待，但其船隊被插上「英吉利貢使」的長幡，他們禮品清單上的「禮物」被改為「貢物」，馬氏「貢單」上原來的官稱「欽差」被清朝官員認為有違天朝體制改為「敬差」或「貢差」……其認知系統決定了「天朝」從皇上到臣民只能從狄夷「向化」、主動要成為中國藩屬的角度理解此事。

然而，雙方最後終因晉見皇上的禮節而發生激烈的禮儀之爭。中國認為，既然是「貢使」來「進貢」，晉見皇帝時當然要像其他屬國的貢使一樣，按「天

4　〈英使馬戛爾尼來聘案〉，故宮博物院編《掌故叢編》，中華書局，1990，第 614、619 頁。

朝」體制，代表本國君主向「萬國之主」的中國皇帝雙膝下跪，行三跪九叩之禮。對此，馬氏堅決不同意。從 7 月下旬到 9 月中旬近兩個月的時間中，雙方一直為是否下跪爭論不休，互不相讓，甚至權傾一時的和珅專門為此會見馬氏，亦無結果。

最終，乾隆帝知道此「夷」並非要來成為屬國，至為不快，命其離開中國。同時，乾隆帝仍以「上」對「下」頒發「敕諭」，對英方派駐使節的要求，乾隆斷然拒絕，對英國提出的通商要求，他也斷然拒絕。馬氏一行最終一無所獲，於 10 月初被迫離京返國。

西元 1816 年，清嘉慶二十一年，時隔 23 年，英國又派阿美士德（W. P. Amherst）為特使來華，根本目的仍是想打開中國市場，建立外交關係。但中方仍認為這是英國「迭修職貢」，誠心向化。然而雙方又因是否跪拜而爭論不休。由於阿美士德仍拒不跪拜，嘉慶帝大怒，也像乾隆帝一樣，給英國國王頒發「敕諭」一封，拒絕了通商要求。

此時距英國發動打開中國大門的鴉片戰爭只有 20 餘年，嘉慶帝給英國國王的「敕諭」中仍滿是「天朝」、「萬國共主」、「輸誠慕化」、「恭順之心」、「傾心效順」、「來朝」、「向化」等華夏中心論觀念，對一個「新世界」的來臨一無所知、一無所感。

若從「歷史反思」的角度出發，乾嘉之際這兩次英國使臣來華要求通商、互派使節，本為中國稍啟大門、與外部世界廣泛接觸提供了一次難得的機會。但由於種種原因，這一歷史機遇喪失。這種禮儀之爭背後潛藏著兩種不同世界體系的碰撞衝突。最後，英國終於按捺不住，悍然發動鴉片戰爭，用暴力同中國對話，迫使朝貢體系一點點屈服，中國終於在血火中被強行納入一個現代世界體系。

中國不「中」

「天圓地方」是中國傳統的地理概念，而且，這種觀念不僅是地理的，更是倫理的，中國位居中央，以「華夏」對「四方之夷」。鴉片戰爭的失敗使天圓地方、中國居中的傳統觀念也隨著現代地理學的傳入開始一點點坍塌。

其實，早在明朝中後期，西方來華傳教士已將「地圓」的現代地理學介紹進來。1602 年，利瑪竇（M. Ricci）繪成的《坤輿萬國全圖》刊行。在這一

地圖中，他向中國人介紹了有關五大洲的知識，第一次將 16 世紀地理大發現的成果介紹到了中國，介紹了「地圓說」。但他知道「中國中心觀」根深蒂固，因此對圖做了某種修改：「為了贏得中國人的好感，他把地圖上第一條子午線的投影轉移，在地圖左右兩端各留下一條邊，使中國正好出現在圖的中央。」[5] 儘管如此，地圓說仍受到激烈批判，被目為邪說惑眾，清初魏濬在〈利說荒唐惑世〉一文中，嚴厲指責利瑪竇介紹的地圓說：「近利瑪竇以其邪說惑眾，士大夫翕然信之……所著坤輿全圖，洸洋窅渺，直欺人以其目之所不能見，足之所不能至，無可按驗耳。真所謂畫工之畫鬼魅也。毋論其他，且如中國於全圖之中，居稍偏西而近於北，試於夜分仰觀，北極樞星乃在子分，則中國當居正中，而圖置稍西，全屬無謂。」、「焉得謂中國如此蕞爾，而居於圖之近北？其肆談無忌若此！」[6] 當法國耶穌會傳教士蔣友仁（Michael Benoist）在 1773 年向乾隆帝進獻《坤輿萬國全圖》時，大儒阮元嚴批這種理論「上下易位，動靜倒置，則離經叛道，不可為訓，固未有若是甚焉者也」。[7] 在此壓力下，現代地理學的傳播非常有限。

　　鴉片戰爭後，開始有少數先進之士「睜眼看世界」，從「悉夷」的角度瞭解、介紹世界。林則徐則是近代中國「睜眼看世界第一人」。

　　1839 年 4 月，身為欽差大臣的林則徐曾擬就給英國國王的照會一件，要求英國政府採取措施停止販賣鴉片，照會仍以天朝上國自居，認為允許外貿是「天朝」對英國的恩惠。1839 年 9 月初，虎門銷菸已近三月。三個月來，由於英方不甘就此停止販賣鴉片，中英矛盾日益尖銳，武裝衝突一觸即發。林則徐身處第一線，對此感受更深，自然不敢掉以輕心。不過，他與兩廣總督鄧廷楨聯銜給道光帝上摺，對有可能發生的邊釁，頗為樂觀地認為中國肯定能夠取勝，其主要原因是：「夷兵除槍炮外，擊刺俱非所嫻，而其腿足裹纏，結束緊密，屈伸皆所不便，若至岸上更無能為，是其強非不可制也。」[8] 近一年後，1840 年 8 月初，此時第一次鴉片戰爭爆發已經兩月，浙江定海已被英軍攻陷。一直在廣東緊張備戰的林則徐憂心如焚，再次上摺，為收復定海出謀

5　樊洪業：《耶穌會士與中國科學》，中國人民大學出版社，1992，第 14 頁。
6　魏濬：〈利說荒唐惑世〉，《聖朝破邪集》第 3 卷。
7　阮元：《疇人傳》卷 46，周駿富輯《清代疇人傳》，明文書局，1985，第 174 頁。
8　〈英人非不可制應嚴諭將英船新到煙土查明全繳片〉，《林則徐集・奏稿》（中），中華書局，1965，第 676 頁。

劃策。他提出可以利用鄉井平民打敗英軍，收復定海。但他的主要理由仍是英軍僅持船堅炮利，而「一至岸上，則該夷無他技能，且其渾身裹纏，腰腿僵硬，一仆不能復起，不獨一兵可手刃數夷，即鄉井平民，亦盡足以制其死命」。[9]

看來，在相當長時間內，林則徐對英國人「腰腿僵硬」、「屈伸皆所不便」因而「一仆不能復起」這一點深信不疑。之所以會有「英夷」腿不能屈竟至「一仆不能復起」之說，乃源於乾隆年間英使馬戛爾尼來華不願向乾隆帝行跪拜之禮，中國官員對不向皇帝下跪確實難以理解。於是有傳言說這些「英夷」不是不願向中國皇帝下跪，而是因為他們膝蓋壓根就不會彎曲，所以不能下跪。此說流傳甚廣，林則徐亦明顯受此影響。在同代人尤其是同時代官員中，林則徐確是對「外面的世界」最為瞭解之人，尚不能不受此影響，適足說明舉國上下當時對世界的認識水準。不過，林則徐畢竟識見過人，認為「英夷」腿不能彎曲並非天生如此，而是其「渾身裹纏」、「腿足裹纏」所致。

不過，他畢竟深感對外瞭解不多，迫切需要瞭解外情，所以南下時就帶一位在理藩院任事，曾在印度受過教育，因此會英文的老人隨行。到廣州後，他又將幾名會英語的華僑、澳門教會學校學生招入己幕，在行轅翻譯西方書報，瞭解「夷情」。今天看來，這是最正常之舉，在當時卻飽受非議。因為那些人的職業如洋行買辦、引水、通事等在當時是為人不齒的卑微行當，社會地位極低；尤其是他們不是曾經學過「夷文」就是曾經「事夷」，在當時幾被目為「漢奸」。堂堂欽差竟將這等人招至幕中，確難為世人理解。為了進一步瞭解敵情，林則徐還直接與「夷人」打交道，1839 年 6 月 17 日在虎門接見了美國傳教士裨治文（E. C. Bridgman），表示想得到地圖、地理書和其他外文書，特別提到想得到英國傳教士馬禮遜（Robert Morrison）所編《華英字典》。這更是突破「夷夏之防」的驚世駭俗之舉。

與「夷」接觸越多，越感對其瞭解不夠。林則徐從招人翻譯《澳門新聞紙》、《新加坡新聞紙》以探悉夷情，著重瞭解鴉片生產、銷售以及西方對中國禁菸的反應起，對外部世界的更廣的歷史、地理、製造等各方面的興趣越來越濃，或許，他已隱約感覺到這比鴉片更重要。他令人將 1836 年英國出版的曾任東印度公司長駐廣州的「大班」德庇時（J. F. Davis）所著《中國人》譯

9　〈密陳以重賞鼓勵定海民眾誅滅敵軍片〉，《林則徐集・奏稿》（中），第 861 頁。

成中文，名為《華事夷言》，成為中國人瞭解「夷情」的重要文獻。

使人更為詫異而且今天更應該重視的是，林則徐居然開始注意到國際法，在 1839 年 7 月組織了對瑞士法學家瓦特爾（Emerich de Vattel）的著作《國際法》（Law of Nations）的選譯，定名為《各國律例》。雖然他仍不曾也不可能放棄中國是「天下之中」、「天朝上國」的觀念，僅僅是從對夷鬥爭策略「以其人之道還治其人之身」的角度翻譯、利用國際法的，但這畢竟是中國注意到國際規則的開始，意義委實重大。

1839 年底，林則徐又開始組織翻譯英國人慕瑞（Hugh Murray）1836 年在倫敦出版的《世界地理大全》（The Encyclopaedia of Geography），譯名為《四洲志》。此書介紹了關於世界幾大洲的新知，對近代中國走向世界起了重要的啟蒙作用。同時，為了克敵制勝，林則徐還組織編譯了有關西方近代船艦、火炮的資料，並試圖「師夷」仿造。

1841 年夏秋，已被革職遣戍新疆伊犁的林則徐路過鎮江，與好友魏源同宿一室，對榻暢談。林則徐將《四洲志》等編譯的有關外夷資料交給魏源，囑其編撰成書。魏源不負重託，於《南京條約》訂立後不久整理成《海國圖志》（1842）出版。一些有關外夷的書，也在這一階段出版，如梁廷枏的《海國四說》（1846）、姚瑩的《康紀行》（1846）、徐繼畬的《瀛寰志略》（1848）。其中影響最大的，當屬《海國圖志》和《瀛寰志略》。

《海國圖志》對世界五大洲和許多國家的歷史、地理做了詳細的介紹，並繪有地球全圖和各洲分圖共 75 幅，界劃非常清晰。後來梁啟超在《清代學術概論》中說「治域外地理者，源實為先驅」，足見其歷史意義之深遠。但或是囿於成說，或是懼怕這種介紹的顛覆性後果會給自己帶來巨大的社會、政治壓力，魏源在《海國圖志》附加的《國地總論》中自己又撰寫了〈釋五大洲〉和〈釋崑崙〉兩篇文章，強以墳典為依據，牽強附會地論證「中國中心」。他認為五大洲就是墳典所說的四大洲，美洲是「西牛貨洲」，而西洋人所說的亞、歐、非三洲應為一洲，即墳典所說「南贍部洲」，另有「東神勝洲」和「北具盧洲」因阻於南冰海和北冰海而未被發現。他又論證亞洲所處的「南贍部洲」為四洲之冠，然後又論證中國在亞洲居優越地位。其理由是墳典說贍部洲有四主，東方人主，南方象主，北方馬主，西方寶主；中國在東方，所以是「東

方人主」，「自古以震旦為中國，謂其天時之適中，非謂其地形之正中也」。[10]

《瀛寰志略》為福建巡撫徐繼畬所著，共 10 卷，約 14.5 萬字，收圖 42 幅，其中只有一幅關於日本和琉球的地圖未用西方所繪地圖，其餘都按西方原圖描摹。在當時，這是大膽的非法之舉。在這部著作中，他首先比較全面地介紹了地球的概貌和各大洲的基本知識、經緯度的劃分等，然後分別介紹亞洲、歐洲、非洲和美洲這四大洲各國地理、歷史和現狀，還介紹了太平洋、大西洋、印度洋及南極的基本情況。可以說，他的著作是當時中國最高水準的世界地理、歷史著作，代表了當時中國人對世界認識的最高水準。

在這樣一幅如實客觀的世界圖景中，中國位於「世界之中」的神話自然破滅，天朝上國的迷夢也將破碎。對此，徐氏實際已有相當認識，但面對現實又無可奈何。所以他雖在初稿中明確寫到「亞細亞以中國為主」，在定稿時卻有所顧忌地將此話改寫成「坤輿大地以中國主」。[11] 由「亞細亞」改為「坤輿大地」，雖只一詞之易，但徐氏內心那種不得已的苦衷，可從中略窺一斑。還是在此書的刻印過程中，他的同鄉好友、地理學家張穆見徐將《皇清一統輿地圖》置亞細亞圖之後深感不安，甚為他擔憂，急忙致書徐繼畬，提醒他應將《皇清一統輿地圖》置於卷首，因為中國傳統的「春秋之例」最嚴內外之詞，嚴守夷夏之防，而且「執事以控馭華夷大臣而談海外異聞，不妨以彼國信史，姑作共和存疑之論。進退抑揚之際，尤宜慎權語助，以示區別」。他特別以明代徐光啟等人在此方面未加注意結果而「負謗至今」為例，要徐繼畬吸取教訓。[12]「負謗至今」的確可怕，徐繼畬立即採取張穆的建議，將《皇清一統輿地圖》放在卷首。同時，徐氏在「凡例」中謹小慎微地申明「此書專詳域外」，於中國情況「不敢贅一詞」，以避免中外對比。因為對比起碼意味著可以並列，而這是主流話語斷難容忍的。因此，在介紹亞洲不得不提及中國時，便不得不將中國說成是「壤盡膏腴，秀淑之氣，精微之產，畢萃於斯。故自剖判以來，為倫物之宗祖，而萬方仰之如辰極」的中央之國。儘管他已知道中國實際位於何處，但仍不得不說中國居於「萬方仰之如辰極」的地位。[13] 的確，諸如「天朝上國」、「世界之中」這類根深蒂固的社會性觀念，並非理性、知識等可輕

10　魏源：《海國圖志》下冊，嶽麓書社，1998，第 1847—1863 頁。
11　徐繼畬：《瀛寰志略》卷 1。
12　張穆：〈覆徐松龕中丞書〉，《月齋文集》卷 3。
13　徐繼畬：《瀛寰志略》卷 1。

而易舉打破的，面對這種巨大的力量，徐繼畬也不得不屈從。而徐的友人劉鴻翱為此書作序時仍強調：「夫中國者，天地之心。四夷，天地之肢。」[14]

這些書出版後，引起極大的非議和激烈的批判、指責。徐繼畬被指「張外夷之氣焰，損中國之威靈」，「聽信夷書，動輒鋪張揚厲」，「似一意為泰西聲勢者，輕重失倫，尤傷國體」。[15]魏源也受到激烈指責。結果，這類書大受冷遇，敢談者甚寡。

鴉片戰爭的失敗是中國的恥辱，是中國的危機，也是中國走向世界、走向現代的一次機會。但是，清朝從上到下仍沉浸在天朝上國的迷夢中，不願正視現實，最多從傳統狄夷邊患的角度理解此事。所以，對外部世界的認識並無根本性變化。在鴉片戰爭時，自古就有的華夏與狄夷人種的生理構造不同論仍大有市場。有人認為是這種生理構造不同導致「立教不同」；有人認為夷人眼睛不能夜視，清軍可以夜襲獲勝；有人認為夷人膝蓋不能彎曲，無法平衡，可以用長竿將其捅倒；甚至林則徐都認為夷人無中國大黃、茶葉即腸塞不通，可以禁止茶葉、大黃出口作為制敵手段⋯⋯本來，戰後以魏、徐之作為代表的一批「睜眼看世界」的書應能開闊人們的視野、改變華夏中心論，但巨大的保守氛圍使他們的心血之作用有限，結果，在 10 年後的第二次鴉片戰爭中，許多官員奏章中的禦敵之策竟與 10 年前類似。從這個意義上說，中國白繳了鴉片戰爭的「學費」，浪費了一次失敗、一次危機和一次機遇。

當 1860 年代初洋務運動興起時，魏、徐之作才受到重視，被大量刊印。越來越多的有識之士突破了「華夏中心論」的樊籬。

1875 年，鄭觀應發表〈論公法〉一文，明確提出中國應拋棄華夷觀念，加入到國際公法體系：現在「各國之藉以互相維繫，安於輯睦者，惟奉萬國公法一書耳。其所謂公者，非一國所得而私；法者，各國胥受其範。然明許默許，性法例法，以理義為準繩，以戰利為綱領，皆不越天理人情之外。故公法一出，各國皆不敢肆行，實於世道民生，大有裨益，然必自視其國為萬國之一，而後公法可行焉」。「若我中國，自謂居地球之中，餘概目為夷狄，向來劃疆自守，不事遠圖。通商以來，各國恃其強富，聲勢相聯，外托修和，內存覬覦，

14　劉鴻翱：《瀛寰志略 · 序》，徐繼畬：《瀛寰志略》卷 1。
15　史策先：〈夢餘偶鈔〉卷 1，《近代史資料》1980 年第 2 期；李慈銘：《越縵堂讀書記》，中華書局；1963，第 480—481 頁。

故未列中國於公法，以示外之之意。而中國亦不屑自處為萬國之一列入公法，以示定於一尊，正所謂孤立無援，獨受其害，不可不幡然變計者也。」

最重要的是，他提出根據：「夫地球圓體，既無東西，何有中邊。同居覆載之中，奚必強分夷夏。如中國能自視為萬國之一，則彼公法中必不能獨缺中國，而我中國之法，亦可行於萬國。所謂彼教之來，即引我教之往。風氣一開，沛然莫禦。」[16]

鄭觀應為中國早期啟蒙者之一，有此啟蒙思想者當是少數，但能公開發表這樣的文章，畢竟說明了時代精神、社會心理的某種變化。當然，此時距鴉片戰爭的爆發已 30 餘年，一代人的時間已經過去。

體制屈從近代國際體系

「華夏中心」的「天下觀」必然要在國家體制中得到反映、體現。其他國家都是中國的藩屬，所以中國對外只有理藩而無外交，管理、接待藩屬朝貢的機構由理藩院和禮部分掌。

但鴉片戰爭開始後，這種狀況不得不漸漸改變。清政府不得不與英、法等國打交道，雖然中國打了敗仗，但清政府自視天朝上國的觀念還很強，仍視此時的西方列強為傳統狄夷，不屑也根本不想與之建交，所以每當有中外交涉事件，由於沒有專門機構和專人負責，朝廷總是因事隨時擇人辦理。但由於中英簽訂了不平等的《南京條約》，中國被迫開放了五口通商，中外交涉邊增。「五口」成為外國人從事各種活動的法定地點，也是中外交涉的法定地點。

列強當然不會同意與理藩院或禮部打交道，於是清政府於 1844 年設置了五口通商大臣，處理這些地方的中外交涉事宜。傳統的對外體制，開始打開一個小小的縫隙。由於這五口都在南方，廣州歷來是對外交往較多的地方，所以五口通商大臣開始由兩廣總督兼任。但隨著上海的開埠，外國人的活動重心向此移動，因此從 1859 年起改為由江蘇巡撫或兩江總督兼任。設立五口通商大臣，其目的是將對外交涉局限在地方，不讓外國人進京，以符中國傳統體制，而且從觀念上說，這樣清政府仍有一種虛幻的滿足感，即中國仍是「天朝上國」，那些「蠻夷之邦」只能與中國的地方政府打交道，而不能（因根本無資

---

16 〈論公法〉，夏東元編《鄭觀應集》上冊，上海人民出版社，1982，第 66—67 頁。

格）與中國的中央政府打交道；同時，還表明清政府認為與西方列強的交涉只是臨時性的，拒不建立統一的常設外交機構。但這畢竟表明清政府還是被迫承認自己同西方列強間已不是傳統宗藩關係。

為了進一步打開中國大門，英、法又發動了第二次鴉片戰爭。這次戰爭又以中國慘敗告終。中國在 1858 年 6 月分別與俄、美、英、法簽訂了不平等的《天津條約》。列強取得了公使駐京的權利，清政府又不得不增加了許多沿海沿江開放口岸，長江以南通商口岸由原來的 5 個增設為 13 個，長江以北新開牛莊、天津、登州三口。俄國早就與中國有來往，以前一直由禮部、理藩院分管俄國事務，但 1858 年的中俄《天津條約》在俄國要求下，規定今後俄國與中國的外交往來不再由禮部、理藩院掌管，而由俄方與清軍機大臣或特派大學士往來照會。與俄國的這種改變，使其他列強也提出類似要求。這樣，清廷不能不建立一個中央級的專門對外機構。

對《天津條約》，咸豐帝一直非常不滿，想以免除全部關稅換取《天津條約》各項條款的廢除，使中外關係恢復到五口通商的水準，但清廷最怕的還是外國公使進京，為避免外國公使到北京換約，清政府提出在上海換約。但是，西方列強堅持公使在北京換約，因此，雙方衝突不斷，列強最終決定用武力達到目的。1860 年 9 月，英法聯軍攻入北京，咸豐帝逃到熱河，指定恭親王奕訢留京與英法聯軍談判。10 月下旬，奕訢代表清政府分別與英、俄交換《天津條約》並訂立《北京條約》。英、法兩國公使終於在武力護送下，來到北京，隨後，各國外交使節也常駐北京。天朝慣例，又被打開一個缺口。

由於各國公使要常駐北京，再加列強要求中國成立一個中央級對外交涉機構，於是清政府在 1861 年成立總理各國事務衙門。這樣，清政府總算有了一個類似於外交部的機構，向現代體系又跨近一步。為了表示對外的輕視，它成立時的規制一切因陋就簡，暗寓不能與原來各衙門相比，以示中外仍有高低之別。所以，總理衙門的衙址也選定一民宅，由於其大門仍是民宅式樣而非官宅，怕外國人抗議，於是僅將大門草草改成官衙式樣。更重要的是，由於是臨時機構，所以從總理衙門大臣到章京、郎中，全都是兼職。

總理衙門的成立改變了中國從來只有理藩而無外交的傳統，是中國與現代國際體系接軌的重要一步，是中國外交制度現代化的重要一步，為 1901 年

正式成立外務部打下基礎。

有外交有關係的國家互派外交使節是現代國際關係慣例，然而當第二次鴉片戰爭後不得不同意外國使節常駐北京時，清政府遲遲不願派中國使節駐外。對外國提出的中國派遣駐外使節的要求、建議，總理衙門的回答總是否定。因為千百年來中華一直是「萬方來朝」，只有其他蠻夷之邦派貢使來中國朝拜之理，絕無中國派使駐外之說。但此時環境大變，最終清政府也不得不非常被動地派駐駐外使節。

1875 年初，雲南中緬邊境突然發生英國駐華公使派馬嘉理（A. R. Margary）到中緬邊境探路，在與當地居民衝突中被殺的「馬嘉理案」。1876 年 9 月中旬，清政府與英國在煙臺簽訂了不平等的《煙臺條約》，答應英國種種要求，結束此案。其中一條是派欽差大臣到英國道歉，並任駐英公使。選來選去，清廷決定派郭嵩燾擔此重任，因為他向以懂洋務著稱。

中國派駐出使大臣的消息傳開，引起軒然大波，大都認為外國使節駐華和中國派駐對外使節都是大傷國體的奇恥大辱。所以，郭嵩燾的親朋好友都認為此行凶多吉少，為他擔憂，更為他出洋有辱名節深感惋惜。當時守舊氛圍極濃的湖南士紳更是群情激憤，認為此行大丟湖南人的臉面，要開除他的省籍，甚至揚言要砸郭宅。可見「華夏中心論」是有深厚民眾—至少是士紳—基礎的，亦說明觀念改變之艱難。在強大壓力下，郭嵩燾幾次以告病推脫，但都未獲准，終在 1876 年 12 月從上海前往英倫，一方面「謝罪」，一方面出任駐英公使。幾乎同時，清政府任命了已在美國負責留美幼童事務的陳蘭彬、容閎為出使美國正副使臣。中國對外派駐常駐使節，以此開端。

雖然成立了總理衙門、對外派遣了常駐使節，但總理衙門本不是專門外交機構，而是一個類似內閣的機構，因此辦理外交並不專業。總理衙門官員至後來仍是多為兼差，辦事自然遷延拖沓。事實說明有成立外務部的需要，外國人也一再提此要求建議，但清政府並不考慮。雖然總理衙門已存在幾十年，權限越來越大，但從建立時就被規定是臨時機構，一旦外國人全部離開中國就立即裁撤，以符舊制。如果一旦設立外務部，而外務部不可能是臨時機構，就意味著再不可能符舊制。因此幾十年後清廷仍無意也無人敢設立外務部。

直到 1901 年 7 月，八國聯軍攻入北京，清廷急於向列強求和時，才頒旨

將總理衙門改為外務部並班列六部之前，並於 9 月 7 日將其寫入喪權辱國的《辛丑和約》。外務部由總理衙門改組而來，但相對於總理衙門，外務部在清中央機構中的地位（至少是名義上）更高，職能更加專門化，是中國外交現代化歷程中的重要一環，是中國從自古以來的理藩最終轉向外交的標誌，是中國與現代國際體系實現接軌的標誌。

從鴉片戰爭開始到 1911 年清王朝滅亡總共 70 餘年時間，而從華夷秩序向現代國際體系的轉軌這一步就走了 60 餘年。而且，每一步都非常被動，都付出了巨大的代價。

「禮儀」屈從近代國際體系

乾隆、嘉慶年間英國兩次遣使來華，引發了觀見皇帝「禮儀」問題的激烈衝突。這種衝突，在鴉片戰爭之後更加激烈，完全無法回避。

在第二次鴉片戰爭的締約談判中，清廷對英法侵略者割地賠款諸條照單全收，但對英法代表提出的向皇帝親遞國書的要求卻嚴加拒絕，激烈抗議道：此事關係國體，萬難允許，表現出少有的堅決。視禮儀重於「地」與「款」，後人可能難以理解。不過幾經英法武力威脅之後，清廷還是不得不同意外國公使駐京，並且中英《天津條約》專有一款對禮儀做了承諾，承認英國是自主之邦，與中國平等，英國欽差大臣作為代國秉權大員觀見大清皇帝時，可不行有礙於國體之禮，而行與英國派到西方各國使臣拜見該國國主時同樣之禮。該條約強迫中國實行現代國際體系之禮儀規範。

雖然簽訂條約，但清政府並不準備履約，不許外國公使駐京。後來不得不允許外國公使駐京，但仍不準備履行有關禮儀的條款。咸豐帝以逃避熱河嚴拒接見西方使節後，不久就病故，由其年僅五歲的兒子載淳（同治帝）即位，兩宮太后垂簾聽政，西方使節觀見皇帝遞交國書之事便暫時擱置下來。但這一條款使「天朝」體制被打開一個不小的缺口，觀見皇帝之禮遲早會提出來。對此，朝廷自然一直擔心不已。

1860 年以後，西方列強便紛紛派遣公使常駐北京，而中國卻一直未曾遣使出洋。因為清政府一直認為，外國使節駐京本就是對幾千年「天朝」體制的破壞；而且，「萬邦來朝」不需「天朝」對外遣使，如果「天朝」再派使臣駐外，更是承認了條約體系，自取其辱。然而，這幾年中外交涉越來越多，負責處

理涉外事務的總理衙門的大臣真切地感到，在與外國交涉、談判中，外國對中國情況非常熟悉，而中國對外國的情況幾乎毫無所知，根本原因就在外國在中國駐有使節，而中國沒有駐外使節。承認近來中國之虛實，外國無不洞悉，外國之情偽，中國一概茫然，其中隔閡之由，總因彼有使來，我無使往。而且，隨著《天津條約》規定的 10 年修約之期將至，清政府對列強是否會趁機「索要多端」擔心不已。修約關係禮儀，各路大臣紛紛發表意見，雖然曾國藩、左宗棠、李鴻章等洋務派持開明態度，但反對意見更加強烈、更有力量。

此時朝廷急欲事先遣使各國瞭解對修約的態度，但又根本沒有具有基本外交常識和國際禮儀官員，找不到能擔此任者。而更重要的是，清政府一直堅持外國駐華使節晉見中國皇帝時必須下跪行禮，而中國是「天朝上國」，中國使節觀見外國元首、皇帝絕不能行下跪禮，況且外國也不要求中國使節行下跪禮；不過，問題接著就來了，本就不願對中國皇帝行跪禮的「化外之邦」就會更加理直氣壯，因為中國使節不對外國元首行跪禮，外國使節同樣也不必對中國皇帝行跪禮。

形勢要求中國必須對外派使瞭解情況，但具有最高權威性的「禮」又使中國不能對外派使。正在這不派不行派也不行的兩難之際，1867 年 11 月，美國首任駐華公使蒲安臣（Anson Burlingame）5 年任期屆滿卸任，來到總理衙門向恭親王奕訢辭行。本來一樁例行公事的外交應酬，卻非常意外地使這一難題迎刃而解。

蒲安臣於 1862 年 7 月作為清政府接納的首批外國公使之一入駐北京。他駐華期間，注意與中方溝通，因此奕訢等對他印象甚佳。所以，在歡送蒲安臣卸任的宴會上，聽到他表示今後中國如與各國有「不平之事」，自己願為中國出力，如同中國所派使節這番客套話時，奕訢靈機一動，認為如真能請他為中國外交使臣，既可達到遣使出洋的實效，又能避免「天朝」往外遣使的體制問題和中外禮儀的糾葛。因為他畢竟是洋人不是「天朝」的臣民，所以他不向外國國家元首行跪禮，不能成為外國駐華使節見中國皇帝時不行跪禮的理由。

在取得蒲安臣的同意和赫德等人的支持之後，奕訢正式向朝廷上奏「請派蒲安臣權充辦理中外交涉事務使臣」，奏摺首先闡明了中國派使的重要性，然後大大讚揚蒲安臣一番，並且說明，由於中外禮儀不同，「用中國人為使臣，

誠不免為難，用外國人為使臣，則概不為難」。[17] 朝廷也認為這是一個既不失中國體統又解決實際問題的兩全其美的辦法，所以立即批覆同意。清廷決定委派蒲安臣作為中國政府辦理各國中外交涉事務大臣率使團出訪。使團隨行人員有 30 多人，其中有一些是同文館學習外語的學生，充任翻譯。中國近代史上第一個外交使團就這樣組成了。

由於蒲安臣畢竟是外國人，又是中國首次派使到外國訪問，清政府對其權限、注意事項都做了一系列規定，但清政府最擔心的仍是禮儀問題，所以對禮儀問題的指示最為詳細，要求中國使團不必見外國元首，「或偶爾相遇，亦望貴大臣轉達，彼此概免行禮。候將來彼此議定，再行照辦」。每到一國，國書並不直接交給該國元首，而是由該國官員轉達，並且要說明將來有約之國給中國皇帝的國書「亦照此而行，庶乎禮節不致參差」。「如有欲照泰西禮優待者，貴大臣不能固卻」，但必須「向各國預為言明，此係泰西之禮，與中國體制不同，因中國無論何時，國體總不應改，不必援照辦理，不得不預為聲明」。[18]

中國自命為「天下之中」的「天朝」，從無國旗之說，但外交使團出訪則不能沒有國旗，所以蒲安臣在出使期間設計了中國有史以來第一面國旗，即黃地藍鑲邊，中繪一龍，長 3 尺，寬 2 尺。作為中國象徵的黃龍旗飄揚在歐美各國，標誌著中國第一次以主權國家面目出現在國際社會之中。在與國際規則接軌的方向上，中國又跨近一步。

1868 年 2 月 25 日，蒲安臣使團從上海出發，橫渡太平洋，於 4 月初抵美國三藩市，6 月初，使團來到華盛頓，蒲安臣率中國使團來到白宮，他並未遵從總理衙門的訓令，而以握手、鞠躬的西方禮儀謁見美國總統，呈遞了中國有史以來的第一份國書。以後在訪問其他國家遞交國書時，自然也是援以西方禮節。9 月，蒲安臣使團來到英國。1869 年 1 月初，使團到達巴黎，後又到德、俄等國。1870 年 2 月 2 日，使團到達俄國首都聖彼德堡。在俄期間蒲安臣突然發燒，病勢有加無減，終至不起，於 2 月 23 日在聖彼德堡病故。2 月 26 日，在聖彼德堡的英國教堂內為蒲安臣舉行了喪禮。蒲安臣病故後，使團由志剛主持，繼續訪問了比利時、義大利、西班牙等國。有意思的是，志剛在

17　《籌辦夷務始末》（同治朝）卷 51，故宮博物院，1930 年影印本。
18　《籌辦夷務始末》（同治朝）卷 54，第 30—33 頁。

觀見三國國君時，也親遞國書，採納國際通行的鞠躬、握手外交禮節。最後，使團在志剛的率領下於 1870 年 10 月回到北京。

蒲安臣使團在一定程度上完成了「籠絡各國」的外交使命，得到了美、英等國政府不借修約之機提更多要求、不干涉中國內政的承諾。但更重要的是，雖然中國的首位外交使臣由美國人擔任，但蒲安臣使團畢竟是代表中國政府出訪歐美的第一個正式外交使團，畢竟蹣跚跨出了晚清官員走向世界、邁向國際社會的第一步，為以後中國近代外交使節制度的建立開闢了道路，為中國外交禮儀、機制的近代化奠定了第一塊基石。

然而，外國使臣觀見中國皇帝不行跪拜之禮，清政府認為有損國體國格，而任命外國人為本國外交使團領導，清政府反不認為有損國體國格。這種愚頑，反映了清廷對「禮」的重視程度，也預示了禮儀的現代化歷程之艱難。

1873 年 2 月，同治帝親政，西方使節再次提出觀見皇帝遞交國書的要求，對中國來說，根本性的禮儀問題再也無法回避。這一次，各國使節採取公使團聯銜照會總理衙門的方法，提出同治帝親政之時，如果他們不代表本國親見皇帝、遞交國書，就是失職。而且，按國際慣例，一國使臣進入某國後，如該國元首不予接見並接受國書，顯係不友好的表示。他們還專門提到《萬國公法》：「茲在泰西各國，向為例准，應有優待之處。觀見之禮，最為崇巨，准否施行，有漢譯之《萬國公法》一書可稽。」[19]

《萬國公法》是一本翻譯著作，由美國在華傳教士丁韙良（W. A. P. Martin）譯自美國人惠頓（Henry Wheaton）的著作《國際法原理》（Elements of International Law），同治三年（1864）京師同文館刊行。此書出版，使清政府對當時的國際法有了最基本瞭解。[20] 使節們要求清政府接受「萬國公法」，亦即迫使清政府屈從現代國際關係體系。

對此要求，總理衙門提出，如要觀見必行跪拜之禮，但又為外國駐華使節嚴拒，於是中外雙方開始了為期 4 個月的有關禮儀的激烈爭執。綜合內外各情之後，清政府終於允許外國公使觀見同治帝，並行西洋鞠躬禮。朝廷在 1873 年 6 月 14 日降諭「著准」各國使臣觀見。經過商談，雙方同意各國使

19　《籌辦夷務始末》（同治朝）卷 89，第 30—32 頁。
20　參見張用心〈《萬國公法》的幾個問題〉，《北京大學學報》2005 年第 3 期。

節按中國要求行五鞠躬之禮。

1873 年 6 月 29 日，日、俄、美、英、法、荷等國使節在紫光閣順序覲見清同治帝，未行跪禮，總共約半個小時。雖只短短半小時，但晉見皇帝／天子不下跪的半小時卻是劃時代時刻，是「天朝」崩潰的標誌。所以，必然引起強烈震撼。許多人不願、無法承認這一現實，於是出現了外國使臣見中國皇帝時恐懼之餘足不能動、口不能言、渾身發顫、汗流浹背，連國書都無法卒讀，甚至國書都數次墜地的種種說法。

當時名士李慈銘日記更說外國使節一見中國皇帝便嚇得爭先跪拜：「上御紫光閣見西洋各國使臣，文武班列，儀衛甚盛。聞夷酋皆震栗失次，不能致辭，跽叩而出。謂自次不敢復覲天顏。蓋此輩犬羊，君臣脫略，雖跳梁日久，目未睹漢官威儀。故其初挾制萬端，必欲瞻覲；既許之矣，又要求禮節，不肯拜跪。文相國等再三開喻，始肯行三鞠躬；繼加為五鞠躬。文公固爭，不復可得。今一仰天威，便伏地恐後，蓋神靈震疊有以致之也。」[21]

對他們來說，最不能忍受的是最高的禮儀—晉見皇帝的禮儀—居然受到了褻瀆。那些屬於化外「生番」的「洋鬼子」作為「貢使」到位居「世界之中」的朝廷拜見皇帝即「真龍天子」時竟然拒不跪拜，而只行鞠躬之禮，「是可忍，孰不可忍？」但在洋人的堅船利炮面前，朝廷最後無可奈何，只得面對現實聽其鞠躬而不跪拜。對此，一些士大夫們更是毫無辦法，卻又不能視若無睹，確比朝廷還咽不下這口氣，只好再次流播這些洋人「一仰天威」便自動「伏地恐後」的神話聊以自慰。這些都反映出一種複雜的心態。

鴉片戰爭後，中國傳統精神世界受到的最大震撼便是華夏中心世界觀逐漸崩塌。這種崩塌不僅僅是國家主權、領土等受到侵犯，而且與以往狄夷的入侵不同的是中國文化受到了空前的挑戰，傳統的綱常倫理、禮儀規範等開始動搖。在「禮儀之邦」、「禮教治國」的「天朝」，最高、最嚴肅、最神聖不可侵犯的「禮」是晉見天子之禮。此禮不得不從「夷」而變，中國終於從「天下共主」成為「萬國」中的一國，放棄「天朝」規則即「天下規則」的觀念，以宗藩體系為核心的華夷秩序終被打破，進入以《威斯特伐利亞和約》為標誌的現代國際關係體系。中國開始與國際接軌而進入國際社會，確實標誌著「天

21　朱德裳：〈錄癸酉談往〉，氏著《三十年聞見錄》，嶽麓書社，1985，第 209 頁。

朝的崩潰」。

二、國家觀念：從身分到契約

兩種國家觀念

所謂國家觀念，實質是關於國家的權力來源，即國家權力的合法性（legitimacy，又譯作「正統性」、「正確性」、「正當性」或「合理性」）問題。政治學中國家權力來源的合法性並非指符合法律條文，不在於統治者自己宣稱統治的合法性，而是指一整套全社會，包括統治者和絕大多數被統治者認可、認同的道理、規則和行為標準體系。馬克斯・韋伯（Max Weber）認為，被統治者服從統治者的支配有暴力、經濟等因素，但是，「除了這些以外，通常還需要一個更深層的要素—對正當性的信仰」。每個權力體系「都會試圖建立並培育人們對其正當性的信仰」。[22]

在人類歷史上，先後出現了兩種國家觀念，即對國家權力合法性的兩種話語。一是傳統的以身分即倫理為基礎的國家觀，由皇權神授推衍出「朕即國家」，而國家（統治者）是家長，被統治者是子民，「家長」對「子民」理論上具有無限的管理權與責任。二是現代以契約論為基礎的國家觀，認為國家、社會主要是以自然法為理論基礎的人民聯合起來訂立契約，出讓部分個人權利而形成的，以保護人的自然權利。

中國傳統的國家觀則是家國同構的身分論即倫理論。長期的農業社會使傳統中國一直處於以宗法為本的社會結構，在這種傳統的社會結構中，任何個人都不是一種獨立的個人存在，而是存在於嚴密的「三綱五常」之中，君為臣綱，父為子綱，夫為妻綱，在這種金字塔形的等級秩序結構中，君主高高在上，位於最頂端，是「天子」，其權力由神授，因此不容置疑，其權威神聖不可侵犯，個體無條件地受其宰控，沒有個性，更沒有自由。這樣，社會關係完全成為一種依附性倫理關係。以儒學為重心的傳統文化從家族倫理中推衍出國家政治秩序，國不但與家緊密相連，且被看作是家的擴大。

這種倫理性國家觀，其理想的國家正如儒家經典《禮記・禮運》所說：「故聖人耐以天下為一家，以中國為一人者，非意之也，必知其情，辟於其義，

---

22 〔德〕馬克斯・韋伯：《經濟與社會》第1卷，閻克文譯，上海人民出版社，2010，第319頁。

明於其利，達於其患，然後能為之。」其意思是，聖人能把整個天下看成是一個家，能把整個國家當成是一個人，他們不是憑主觀妄為的，而是能深入剖析其中的義理，明白其中的利害關係，擅長處理其中的種種弊端，然後才會有所作為。雖然期望「大道之行也，天下為公」，但畢竟是以家來喻國。《尚書》中有「天惟時求民主」，「簡代夏作民主」。意為做民之主，為民之主，且將統治者與被統治者的關係定義為父母與子女的倫理關係：「惟天地，萬物父母。惟人，萬物之靈。亶聰明作元后，元后作民父母。」所謂「元后」就是君主；「天子作民父母，以為天下王」，君主對人民應該「若保赤子」。董仲舒《春秋繁露・郊義》說：「天子父母事天，而子孫畜萬民。」總之，上天將民託付給天子，要天子像父母照顧、管理幼兒那樣照管人民。但這實際上又為帝王將天下視為「家天下」、「一姓之天下」提供了合法性理論。

　　陳寅恪先生在《王觀堂先生挽詞・序》中認為東漢班固的《白虎通・三綱六紀》確立的三綱六紀是對中國文化的定義，意義為抽象理想最高之境「三綱六紀」從「男女有別」生出「夫婦有義」；「夫婦有義而後父子有親，父子有親而後君臣有正」；由父慈子孝推衍出君禮臣忠；從家庭倫理關係逐漸推衍出國家政治原則：個人與國家的關係猶如與家庭的關係一樣，是一種無法擺脫的倫理關係。所以「天之本在國，國之本在家」，因此具有國家家族化的特點。這樣，對家族的盡孝與對國家的盡忠便一以貫之，具有內在的邏輯關係，治國之道便與治家之方等同起來，「修身齊家治國平天下」成為傳統士大夫夢寐以求的抱負。在這種家國一體的體制中，所有人都被納入父子、君臣、夫妻這「三綱」之中，一張倫理綱常之網將個人緊緊束縛、鑲嵌，將全社會緊緊籠罩起來。

　　現代國家觀，是指產生於西方、以契約論和人民主權論為主要內容的國家觀念。西歐中世紀占主導地位的是神權國家觀念。奧古斯丁（St. Augustine）提出了影響極大的「上帝之國」和「人間之國」這種雙國理論。上帝之國即基督教所說的天堂或天國，是上帝建立的光明的「神之都」；人間之國是魔鬼建立的世俗國家，是黑暗的「地之都」。所以上帝之國高於地上之國，教權高於王權，世俗政權必須服從以教會為代表的神權。在奧古斯丁之後，湯瑪斯・阿奎那（Thomas Aquinas）則從國家起源和國家目的這兩方面把國家神化。他認為人天然是社會的和政治的動物，社會和國家正是適應人的天性需要的產

物。但上帝是人和人的天性的創造者，所以從根本上說只有上帝才是國家和政治權威的創造者和最高主宰。另一方面，他認為國家的目的是使人類過一種快樂而有德行的生活，通過有德行的生活達到升入天國、享受上帝的快樂，因此從最終目的來說世俗國家也應服從教權。

但從 13 世紀下半葉起，現代國家觀念開始出現，到 16 世紀末已基本完成。現代國家觀念以理性和經驗論為基礎，其主要內容是使國家擺脫中世紀的神權，反對君權神授觀念，認為國家是人們根據自己的需要創立的，強力才是國家和法律的基礎。這種觀念在馬基雅維利（N. Machiavelli）的《君主論》中表現得非常明顯，而集大成者，則是 16 世紀法國思想家布丹（Jean Bodin）。布丹在《國家六論》中從人類歷史經驗出發，全面闡述了世俗化的國家起源論，認為國家起源於家庭，是許多家庭聯合而成的集合體，所以家庭是國家的基礎。而把家庭團體聯合起來有兩個重要因素：一是暴力，戰勝者通過戰爭成為君主，把各小團體聯合起來形成擁有主權的國家。另一重要因素是契約，他認為僅有暴力遠遠不夠，還不足以建立國家，國家的建立還要有各家庭為了共同利益的相互契約共同承認一個主權才能建立。這種暴力論和契約論混合的國家起源論，否定了國家神創論，並為契約論的發展埋下伏筆。而布丹最重要的貢獻，是對國家主權（sovereignty）理論的闡發。他提出國家主權是在一個國家超乎公民和居民、不受法律限制的最高權力，主權是絕對的和永久的，具有統一性和不可分割性，是國家的最高權力，也是國家的本質特徵，而掌握國家主權的人就是主權者。他進而提出了三種政體，即主權掌握在多數人手中的民主政體，在少數人手中的貴族政體和在一個人手中的君主政體。他認為君主政體是最好的政體形式，因此主張君主集權制，提出一國之君既是主權的所有者又是主權的行使者，為絕對王權辯護，並以此反對教會特權和貴族的封建割據。同時，他認為公民的權利也應得到尊重，其中最重要的是自由和私有財產權，二者是先於國家的自然權利，而不遵守神法和自然法的君主則是可以被推翻的暴君。雖然布丹沒有具體論述君主如何受自然法的限制、約束，但在主權者之上還有一個更高的存在、主權要受神法和自然法約管的思想使後人可以據此得出國家主權要受國際法約束的推論。此點至關重要。

在布丹之後，英國思想家霍布斯（Thomas Hobbes）則從人性論和自然法角度，提出了較為完整的社會契約論。他用理性剔除了布丹理論中仍有一席

之地的「神法」，論證了國家主權的統一性、不可轉移性和不可分割性。他生活在英國資產階級革命時代，國內長期戰亂不已，因此他認為人性是自私、冷酷的，如果沒有一個絕對的「主權者」，社會將陷入紛爭不息的戰亂之中，即人人平等但互相為敵的「自然狀態」，永無寧日。但是，個人有自我保護、維護自己利益的理性，而正是這種理性產生了「自然法」。在這種「自然法」的引導下，人們為了永遠結束戰爭狀態，過上和平寧靜的生活，彼此簽約，放棄自己的權利，產生使所有人懾服的共同權力，形成最高權力，即主權者的絕對統治，如此才可能有和平與安全。雖然霍布斯是個絕對專制論者，但其論點的意義在於：「正是霍布斯第一個確立了政府的合法性來自被統治者的權力而不是來自君主的神權或統治者自然優越的地位。」[23] 實際上，從國家是為了所有人安全的理論中，依然可以推出如果「主權者」不能保證人民的基本生存權時，人民便可棄約或不服從主權者的思想。

雖然布丹和霍布斯都主張絕對君主專制，主張「朕即國家」，但他們理論的意義在於從人的眼光而不是從神的眼光看待國家，把國家看作是實現純粹世俗目的的純粹世俗的政權，重要的是消除了國家的神聖性。主權論和契約論的提出，為以後「主權在民」理論提供了基礎。此後的幾百年間，西方許多思想家以此為平臺，論證了主權在民才是國家合法性的來源。

洛克（John Locke）與霍布斯一樣用自然法理論說明國家起源，但認為自然法的主要內容是人們有保護自己生命、自由和財產不受侵犯的權利，人們訂契約形成國家的根本目的是保護自己的自然權利。同時，被授予權力的統治者也是契約的參加者，也要受契約束縛，如其違約，也要受懲罰，人們有權反抗，甚至重新訂約，另立新的統治者。依據自然法則，伏爾泰（Voltaire）提出「人人自由，人人平等」理論。盧梭（J. Rousseau）的社會契約論明確提出國家主權應該永遠屬於人民。甚至政治觀點一向謹慎的德國思想家康德（Immanuel Kant）也提出國家應建立在三個理性原則之上，即每個社會成員作為人都是自由的，作為臣民彼此是平等的，作為公民是獨立的。因此有關個人與國家間的自由、平等、獨立三原則也是公民承擔國家政治義務的根本依據。

當然，這些思想家的思想、觀點有許多重大不同和差異，但有最基本的

23　〔美〕弗蘭西斯・福山：《歷史的終結及最後之人》，黃勝強等譯，中國社會科學出版社，2003，第 174 頁。

共同點，就是反對王權神授、主張國家的主權在民，從契約論、主權在民論證國家的合法性，這也是現代國家觀念的主導思想。也就是說，如果一個國家的主權不在人民手中，也就喪失了合法性，人民可以重訂契約。

「通上下」

鴉片戰爭之後，現代國家觀隨著西方的堅船利炮的傳入，也由少到多、由淺到深，一點點傳了進來，是從對西方國家現代政治制度、機構的零星介紹開始的。追根溯源，仍要追蹤到徐繼畬的《瀛寰志略》和魏源的《海國圖志》。

在《瀛寰志略》中，徐繼畬對英、法、美、瑞士等國的選舉制、議會制和君主立憲制，甚至對議會的組成、職權範圍等都做了一定程度的介紹。魏源的《海國圖志》的 50 卷本和 60 卷本成書早於《瀛寰志略》，均無西方政治制度介紹，但在晚於《瀛寰志略》的 100 卷本中，他摘錄了《瀛寰志略》中有關西方政治制度的介紹。

徐、魏之書長期遇冷，直到 20 年後，才有人重新提起西方政治。1860 年代初，馮桂芬在《校邠廬抗議》中提出了著名的中國「四不如夷」論，其中一點是「君民不隔不如夷」。至少，他承認中國政治體制在「通上下」方面的確不如夷。但是，他認為解決這「四不如夷」的辦法仍是「惟皇上振刷紀綱，一轉移間耳」。[24] 此書幾無對西方政治體制的介紹，不僅未超徐、魏，甚至不如。從 1860 年代末到 1870 年代初，少數中國官員被派出洋，對外國議會略有介紹，但影響甚微。1876 年，清政府派郭嵩燾出使英國，郭對西方政治制度進行了深入的觀察，他的言論產生了較大影響。他認為英國「官民相與講求國政」、「大兵大役，皆百姓任之，而取裁於議政院」，富強的根本在於本末兼資、君民上下同心。「其初國政亦甚乖亂。推原其立國本末，所以持久而國勢益張者，則在巴力門（parliament，國會—編者注）議政院有維持國是之義；設有買阿爾（mayor，市長—編者注）治民，有順從民願之情。二者相持，是以君與民交相維繫，迭盛迭衰，而立國千餘年終以不敝，人才學問相承以起，而皆有以自效，此其立國之本也。而巴力門君民爭政，互相殘殺，數百年久而後定，買阿爾獨相安無事，亦可知為君者之欲易逞而難戢，而小民之情難拂而

24　馮桂芬：《校邠廬抗議》卷上；《郭嵩燾日記》第 3 卷，光緒三年十一月十八日，湖南人民出版社，1982，第 373 頁。

易安也。中國秦漢以來二千餘年適得其反。能辯此者鮮矣。」[25]

但是，郭恰因為公開主張學習西方而受到迫害。不過，隨著時代的發展，在郭之後出現了越來越多的介紹西方政治制度的文章。

因曾上書太平天國而流亡香港、英國的王韜在英期間專門到議會參觀。他介紹議院是「國中遇大政重務，宰輔公侯，薦紳士庶」群集「參酌可否，剖析是非」之處，「實重地也」。「國家有大事，則集議於上下議院，必眾論僉同，然後舉行。如有軍旅之政，則必遍詢於國中，眾欲戰則戰，眾欲止則止，故兵非妄動，而眾心成城也。」他進一步對西方政體形式做了研究介紹：「泰西之立國有三：一曰君主之國；一曰民主之國；一曰君民共主之國。」對這三種政體形式，他分析了各自利弊：「君為主，則必堯舜之君在上，而後可久安長治；民為主，則法制多紛更，心志難專一，究其極，不無流弊。惟君民共治，上下相通，民隱得以上達，君惠亦得以下逮，都俞吁咈，猶有中國三代以上之遺意焉。」[26] 他的傑出之處在於明確提出了中國也應實行這種政治制度，認為西方的客觀自然條件都遠不如中國，現在卻強於中國，只因中國的政治制度使「上下之交不通，君民之分不親，一人秉權於上，而百姓不得參議於下也」。如果中國也實行西方這種通上下的政治制度，必能自強。[27]

幾乎與王韜同時，生於廣東香山、世居澳門，後到上海為外商當買辦的鄭觀應寫了《易言》一書，於 1880 年出版。在此書中一篇不到 500 字、名為〈論議政〉的文章中，鄭觀應也向國人介紹了西方的議會制度，認為這種通上下的君民共主之制與中國三代法度相符，所以「冀中國上效三代之遺風，下仿泰西之良法，體察民情，博采眾議。務使上下無扞格之虞，臣民泯異同之見，則長治久安之道，固有可預期矣」。[28] 同時代的薛福成、馬建忠、陳虯、陳熾等人也對議會做了不同程度的介紹。這些介紹，使國人對西方的議會制度有了初步的瞭解。但是，他們主要仍是從中國傳統通上下而不是從現代憲政限制君主權力的角度來理解議會制度的。

直到 1894 年，鄭觀應感到十幾年前寫的〈論議政〉有明顯不足之處，專

25　郭嵩燾：《養知書屋文集》卷 11、13。
26　王韜：《漫遊隨錄》，嶽麓書社，1985，第 111—112 頁；〈紀英國政治〉，王韜：《弢園文錄外編》，遼寧人民出版社，1994，第 156—158 頁。
27　王韜：〈與方銘山觀察〉，《弢園尺牘》；〈達民情〉，《弢園文錄外編》，第 96—98 頁。
28　〈論議政〉，《鄭觀應集》上冊，第 103 頁。

寫〈議院〉一文，詳論議院作用與功能。這篇文章表明十幾年後，他對西方議會制度的認識更加完整，也較前更為成熟，代表了那個時期國人對議院認識的最高水準。[29] 他對幾個重要西方國家議院的組織結構、上下院的不同作用、議員選舉方法等都做了空前詳細的介紹。但他仍主要是從通上下的角度來理解議院：「議院者，公議政事之院也。集眾思，廣眾益，用人行政一秉至公，法誠良，意誠美矣。無議院，則君民之間勢多隔閡，志必乖違。」對中國面臨的存亡危機，他強調只有「先立議院，達民情，而後能張國威，禦外侮」，議院的主要作用是「君相、臣民之氣通，上下堂廉之隔去，舉國之心志如一」。

從這些論述中可以看到，隨著時間的變化，一些先進之士對西方議會制度的瞭解逐漸加深，已開始觸及對政府權力的限制。但是，總體上他們仍是從君民通上下而不是從限制君主權力角度來理解議院的，所以認為議會制是使君主制度更加完善的工具性機構而不是與君主專制對立的制度，現代議會制度與中國傳說中「三代」的良法美俗並無本質區別，甚至有人認為就是來源於中國上古。因此，他們的國家觀念仍沒有突破傳統以倫理為基礎的國家觀。或者說，他們是新舊兩種國家觀念的中介，已經走到邊緣，只要往前跨進一步，就由舊入新、從倫理到契約。

權利觀念的引入

從倫理論國家觀到契約論國家觀這關鍵一步，是在戊戌維新時以引入現代權利觀念方式跨出的。

甲午戰爭，中國慘敗於向來以中國為師的「蕞爾小國」日本，給中國人以莫大的心理刺激。日本君主立憲制度促使中國思想界在國家觀念上跨出了本已到邊緣的最後一步。

康有為以日本為例說明變法強國的核心在三權分立：「近自甲午敗後，講求漸深，略知泰西之強，不在炮械軍兵，而在學校。於是言學校者漸多矣。實未知泰西之強，其在政體之善也。其言政權有三：其一立法官，其一行法官，其一司法官。立法官論議之官，主造作制度，撰定章程者也。行法官主承宣布政，率作興事者也。司法官主執憲掌律，繩愆糾謬者也。三官立而政體立。

29　〈議院上〉，《鄭觀應集》上冊，第 311—312 頁。

三官不相侵而政事舉。」[30]

維新時期，梁啟超發表了一系列政治論文，批判舊的國家觀念，介紹西方新觀念。他說中國自秦始皇建立專制體制以後，法禁日密，政教日夷，君權日尊，而個人無權，舉國無權，結果是國威日損。而西方之所以民富國強，關鍵在其興民權、開議院，人人有自由之權，國事決於公論。他認為：「今之策中國者，必曰興民權。」[31]「國之強弱，悉推原於民主。民主斯固然矣。君主者何？私而已矣；民主者何？公而已矣。」[32]「西方之言曰：人人有自主之權。何謂自主之權？各盡其所當為之事，各得其所應有之利，公莫大焉，如此則天下平矣。」相反，中國傳統是：「使治人者有權，而受治者無權，收人人自主之權，而歸諸一人，故曰私……使以一人能任天下所當為之事，則即以一人獨享天下人所當得之利，君子不以為泰也。」他特別強調：「地者積人而成，國者積權而立。故全權之國強，缺權之國殃，無權之國亡。何謂全權？國人各行其固有之權。何謂缺權？國人有有權者，有不能自有其權者。何謂無權？不知權之所在也。」[33]雖然他是從強國的角度來宣傳議院，但強調「人人有自主之權」、「國者積權而立」，可以說開始觸摸到契約論國家觀的實質。在湖南時務學堂的學生課卷批語中，梁啟超更明確就君、臣、民三者關係提出新見解，君、臣都是為民辦事者，君主好比店鋪總管，臣相則是店鋪掌櫃，人民則是股東，國家的真正主人其實是人民。

譚嗣同寫道：「生民之初，本無所謂君臣，則皆民也。民不能相治，亦不暇治，於是共舉一民為君。夫曰共舉之，則非君擇民，而民擇君也。」、「夫曰共舉之，則必可共廢之。君也者，為民辦事者也；臣也者，助民辦事者也。」賦稅都是取之於民，作為「辦民事之資」，「如此而事猶不辦，事不辦而易其人，亦天下之通義也」。但在漫長的歷史中，君主將國變成自己的私有財產，「國與民已分為二，吾不知除民之外，國果何有？無惑乎君主視天下為其囊橐中之私產，而犬馬土芥乎天下之民也」。[34]所謂「私天下」是矣。所以一姓私有之國必須變為由民所共有之國；民不值得也不應該為一姓之私的國而死。

30 《日本變政考》，《康有為全集》第 4 集，中國人民大學出版社，2007，第 113—115 頁。
31 梁啟超：〈論湖南應辦之事〉，《飲冰室合集・文集之三》，中華書局，1989，第 41 頁。
32 梁啟超：〈與嚴幼陵先生書〉，《飲冰室合集・文集之一》，第 108 頁。
33 梁啟超：〈論中國積弱由於防弊〉，《飲冰室合集・文集之一》，第 99 頁。
34 《仁學》，《譚嗣同全集》（下），中華書局，1981，第 339、341 頁。

　　嚴復在《原強》一書中指出：西方之富強，質而言之，不外「利民」二字，「然政欲利民，必自民各能自利始；民各能自利，又必自皆得自由始；欲聽其皆得自由，尤必自其各能自治始；反是且亂。顧彼民之能自治而自由者，皆其力、其智、其德誠優者也。是以今日要政，統於三端：一曰鼓民力，二曰開民智，三曰新民德」。[35] 強調民眾自己的利益、民眾的自由。

　　將現代權利觀念引入中國，引入有關國家與人民關係的話語，以現代權利觀念來劃分君、國、民彼此關係，是維新派思想家的重要貢獻，是中國思想史尤其是國家觀念的實質性突破。

　　當然，引入權利觀念，必須解決「人人有自主之權」的權利來源問題。譚嗣同、梁啟超都從歷史中尋找權利的合法性來源。譚嗣同的「生民之初，本無所謂君臣，則皆民也。民不能相治，亦不暇治，於是共舉一民為君」，與霍布斯的理論頗有相似之處。所謂「民不能相治，亦不暇治」類似於霍布斯的永無寧日的「自然狀態」。因此，民眾才共同選舉產生君主。梁啟超在〈君政民政相嬗之理〉等文中，也從歷史進化的角度來論述人民權利的起源，並且論證民權代替君權是歷史發展的必然趨勢。他將西方現代政治理論同中國古代公羊「三世說」及剛剛通過嚴復知道的進化論等結合起來，提出人類社會制度的演變發展有其規律可循，從多君為政之世經一君為政之世再進化到以民為政之世，與之相應的是公羊說的「據亂世」、「升平世」和「太平世」。同時，他又用新近引入中國的進化論來論證民權的必然性：「大地之事事物物，皆由簡而進於繁，由質而進於文，由惡而進於善。有定一之等，有定一之時。」他轉介了嚴復對「democracy」的譯介：「德謨格拉時者，國民為政之制也。德謨格拉時又名公產，又名合眾。」他又以地質、地層的演變引起火山噴發這種突變為例，反對民主制「西方有胚胎，而東方無起點」的觀點：「日本為二千年一王主治之國，其君權之重，過於我邦。而今日民義之伸不讓英德，然則民政不必待數千年前之起點明矣。」他由此進一步強調現代民主政治並非西方專有：「蓋地球之運，將入太平，固非泰西之所得專，亦非震旦之所得避。吾知不及百年，將舉五洲而悉惟民之從，而吾中國，亦未必能獨立而不變。此亦事理之無如何者也。」[36] 他強調隨著歷史的發展，全世界所有國家、民族，

35　〈原強〉，王栻主編《嚴復集》第 1 冊，中華書局，1986，第 27 頁。
36　梁啟超：〈論君政民政相嬗之理〉，《飲冰室合集‧文集之二》，第 7—11 頁。

不論現在多麼落後，都將實行民主憲政，「民主之局乃地球萬國古來所未有，不獨中國也」，西方也是近一百多年以來才有民主憲政，如果中國現在變法，幾十年後將與西方一樣強大，與西方一樣「進入文明耳」。從今天的觀點來看：「泰西與支那，誠有天淵之異，其實只有先後，並無低昂。而此先後之差，自地球視之，猶旦暮也。地球既入文明之運，則蒸蒸相逼，不得不變，不特中國民權之說即當大行，即各地土番野猺亦當丕變。其不變者，即漸滅以至於盡。」[37]

從鴉片戰爭開始，中國就面對著聲光電化等自然科學知識究竟是「地方性知識」還是「普適性知識」的激烈爭論，現在，又開始進入對民權、民主憲政究竟是「地方性知識」還是「普適性知識」的激烈爭論。而這種爭論，將遠較自然科學知識的爭論激烈、長久。

為公權與私權劃界

從「臣民社會」到「公民社會」，是社會的根本性變化、轉型，確是「三千年未有之大變局」。但黎民百姓如何從數千年的臣民變為現代的公民，洵非易事。在公權與私權、國家權力與個人權利的劃界中，「個人」是核心。因此，必須為個人正名，促使個人覺醒。「個人主義」（individualism）觀念，開始進入中國，成為啟蒙話語的重要內容。具體說，個人主義在中國是從公權與私權的劃界開始引入的。引入個人主義，必將導致倫理型國家觀向契約型國家觀的轉變，再進一步，必然導致價值重構。

戊戌維新失敗，康、梁等維新人士逃亡海外。流亡日本期間，梁啟超及越來越多的留學生、國內的新式知識分子對現代國家理論有了更多、更深的瞭解。

梁啟超更強調民主憲政是普遍性公理，他已不從公羊「三世說」的角度論證民主制度的合理性。他認為在人類所有文明的原始階段都有自由性，「無論何種人，皆有所謂自由性」。不過，原始的自由性是沒有約束、不受制裁的自由性，因此是「野蠻之自由」。「凡人群進化之階級，皆有一定」：人類社會發展經野蠻自由階段進入貴族帝政時代，再進入君權極盛時代，最後進入民主的文明自由時代。「此數種時代，無論何國何族，皆循一定之天則而遞進者

37　梁啟超：〈與嚴幼陵先生書〉，《飲冰室合集・文集之一》，第 109 頁。

也。」所以，「吾以為民主制度，天下之公理，凡公理所在，不必以古人曾行與否為輕重也」，明確提出「自由民政者，世界上最神聖榮貴之政體也」。[38]

在這一時期，以梁啟超為代表的中國啟蒙思想者對公民的認識更加深刻。在〈獨立論〉中，梁啟超提出：「人而不能獨立，時曰奴隸；於民法上不認為公民」。「公民」概念的提出，表明了對權利認識更加深入、更加準確。雖然古希臘、羅馬已有公民，但現代意義的公民是伴隨現代民主政治的誕生而出現的，指根據憲法和法律，具有獨立意志、獨立人格，享有權利並承擔義務的人，公民才是社會和國家的主體。中國傳統社會是身分社會，「溥天之下，莫非王土；率土之濱，莫非王臣」，在這種社會結構中，存在一種人身依附關係，民只是草民、賤民，是在君權神授下不具獨立性的臣民。將公民與獨立聯繫起來，確實抓住了公民的實質。他針對中國傳統「民」沒有獨立性、總是期盼君主的庇護批判說，「仰人之庇者，真奴隸也」，「不禁太息痛恨於我中國奴隸根性之人何其多也」，感歎中國四萬萬人一級一級「皆有其所仰庇者」，結果是：「而今吾中國四萬萬皆仰庇於他人之人，是名雖四萬萬，實則無一人也。以全國之大，而至於無一人，天下可痛之事，孰過此也。」[39]「凡人所以為人者有二大要件：一曰生命，二曰權利。二者缺一，時乃非人。」在皇權專制壓迫下的中國人民沒有任何權利，「以故吾中國四萬萬人，無一可稱完人者」。[40]

由此出發，梁啟超在〈愛國論〉中論述了「愛國」與公民權利的關係，把愛國與民權緊密聯繫起來。他說中國雖有四萬萬人，但對國家均無權利，所以「國」其實只屬一家，只是數人之國。所以國本不屬於民眾，民眾也就無所謂愛國。「國者何？積民而成也。國政者何？民自治其事也。愛國者何？民自愛其身也。故民權興則國權立，民權滅則國權亡。為君相者而務壓民之權，是之謂自棄其國。為民者而不務各伸其權，是之謂自棄其身。故言愛國必自興民權始。」所以，人民要爭取自己的權利：「政府壓制民權，政府之罪也。民不求自伸其權，亦民之罪也。西儒之言曰：侵犯人自由權利者，為萬惡之最，而自棄其自由權利者，惡亦如之。蓋其損害天賦之人道也。」[41] 所謂「天賦人道」，即現代天賦人權觀念。

---

38 梁啟超：〈堯舜為中國中央君權濫觴考〉，《飲冰室合集 · 文集之六》，第 23—27 頁。
39 梁啟超：〈獨立論〉，《飲冰室合集 · 文集之三》，第 62—64 頁。
40 梁啟超：〈十種德性相反相成義〉，《清議報》第 82、84 期，1901 年。
41 梁啟超：〈愛國論〉，《飲冰室合集 · 文集之三》，第 74—76 頁。

　　梁啟超在 1902 年就寫文章分辨中國儒學傳統的仁政與西方近代自由的區別，認為「此兩者其形質同而精神迥異」，因為仁政雖然強調保民、牧民，但統治者仍然權力無限，因此只能論證應當保民卻沒有如何能夠保民的辦法。所以，「雖以孔孟之至聖大賢」舌敝脣焦傳播其道，「而不能禁二千年來暴君賊臣之繼出踵起，魚肉我民，何也？治人者有權，而治於人者無權」。只有「貴自由、定權限」，才能長治久安，「是故言政府與人民之權限者，謂政府與人民立於平等之地位，相約而定其界也」。他尤其強調人民與政府地位平等，而不是「政府畀民以權也」，因為人民的權利如果是政府所給予，那麼政府說到底也可以奪民權。[42]

　　康有為是維新派領袖，雖然相對而言思想資源陳舊，然而他此時也專門著文談論公民問題。1902 年春，《新民叢報》分三期連載了他的一萬多字長文〈公民自治篇〉。他認識到日本、歐美各國之所以制度完美、國家富強，根本原因在於其「以民為國」，「人人有議政之權，人人有憂國之責，故命之曰公民」。他從「義理」與「事勢」兩方面論述了公民的合法性、合理性與必然性。從義理上說，他以孔子的「天視自我民視，天聽自我民聽」、「謀及庶人」、「媚於庶人」和孟子的「國人皆曰賢然後用，國人皆曰可殺而後殺」等「不易之經」作為獨立的、有議政之權的公民的合法性理論來源。從事勢方面說，他強調日本、歐美各國實行公民制度，使人人視國為己之家，人人得以公議其利害，上有國會之議院，下有州、縣、市、鄉之議會。數千萬人共同擔負國家之責任，故弊無不克、利無不興、事無不舉、力無不入，這是經歷史驗證的國家富強之道。歷史證明：「有公民者強，無公民者弱，有公民雖敗而能存，無公民者經敗而即亡。各國皆有公民，而吾國無公民，則吾國孤子寡獨而弱敗。」所以，中國「以四萬萬人之大國，無一人有國家之責任者。所謂國無人焉，烏得不弱危削亡哉！」他明確提出：「今中國變法，宜先立公民！」什麼是公民呢？「公民者，擔荷一國之責任，共其利害，謀其公益，任其國稅之事，以共維持其國者也。」他認為「立公民」有愛國之心日熱、恤貧之舉交勉、行己之事知恥、國家之學開智這四大益處。而甲午戰爭中國敗於日本，並非中國將相之才不如日本，而是因為無公民。「夫萬國皆有公民，而吾國獨無公民，不獨抑民之資格，塞民之智慧，遏民之才能，絕民之愛國，導民之無恥也。」

42　梁啟超：〈論政府與人民之權限〉，《飲冰室合集・文集之十》，第 5 頁。

所以，「吾有地球第一之民眾，乃不善待而善用之，其民日退，其國日削，其主日辱」。

有意思的是，梁啟超在發表此文時在編者按中，對康的公民思想發表了自己的見解，對其以立公民之事而寄希望於政府，又以立公民為籌款之要途等觀點略表不贊同。他說：「公民者，自立者也，非立於人者也，苟立於人，必非真公民，徵諸各國歷史，有明驗矣。至公民之負擔國稅，則權利義務之關係，固當如是，非捐得此名以為榮也。若以是為勸民之一術，則自由權必不能固明矣。於此諸義，未敢苟同。」顯然，他擔心康有為過於強調公民的工具理性而妨礙了公民內含的自由的價值理性。但梁又強調，這是論學理與論事勢間的不同，康文仍是「救時之良言也，為今日之中國說法也」。[43] 但是，無論康有為對公民的理解是否準確，打通孔孟之道與公民理論是否牽強附會，連他都昌言公民，並將其作為中國未來立國強國之基，足見在不長的時間內公民概念較前影響大增。

在此期間，梁啟超對國外現代國家、社會理論等有關知識做了較前遠為系統的輸入、介紹和普及。梁啟超發表了〈霍布士學案〉、〈斯片挪莎學案〉、〈盧梭學案〉、〈法理學大家孟德斯鳩之學說〉、〈樂利主義泰斗邊沁之學說〉、〈近世第一大哲康德之學說〉、〈政治學大家伯倫知理之學說〉、〈生計學學說沿革小史〉等一系列文章，對他們的思想學說做了初步的介紹。國人對公民、憲政的核心是主權在民和對統治者的權力制衡的瞭解、理解因此更加深入。

這種觀念的影響之深之廣，從此時改良與革命兩派為中國前途已近白熱化的爭論即可看出。雙方雖然視對方為仇敵，但尊重、張揚個人權利，主張限制公權卻是一致的。改良派領袖梁啟超認為：「天生人而賦之以權利，且賦之以擴充此權利之智識，保護此權之能力。」、「於戲，燦哉自由之神！」[44] 革命派也認為：「自由、平等、博愛之者，人類之普通性也。」[45]「國體民生，

43　明夷（康有為）：〈公民自治篇〉，《新民叢報》第5、6、7號，引自張枬、王忍之編《辛亥革命前十年間時論選集》第1卷上冊，三聯書店，1960，第172—180頁。

44　梁啟超：《新民說》，引自張枬、王忍之編《辛亥革命前十年間時論選集》第1卷上冊，第147、138頁。

45　汪精衛：〈駁《新民叢報》最近之非革命論〉，《民報》第4期，1906年。

尚當與民變革，雖經緯萬端，要其一貫之精神，則為自由、平等、博愛。」[46]
鄒容在風靡一時的《革命軍》中說：「吾幸夫吾同胞之得與今世界列強相遇也；
吾幸吾同胞之得聞文明之政體、文明之革命也；吾幸夫吾同胞之得盧梭《民約
論》、孟德斯鳩《萬法精理》、彌勒約翰《自由之理》、《法國革命史》、《美
國獨立檄文》等書譯而讀之也。是非吾同胞之大幸也夫！是非吾同胞之大幸也
夫！」、「夫盧梭諸大哲之微言大義，為起死回生之靈藥，返魄還魂之寶方。
金丹換骨，刀圭奏效，法、美文明之胚胎，皆基於是。我祖國今日病矣，死矣，
豈不欲食靈藥投寶方而生乎？」[47] 對「國家」，他們做了徹底的解構：「蓋自
古以來，國家之名詞，君主、官吏恆假以愚民，藉以脅眾，恣行其凌虐之手段，
以遂其奸。」[48] 無政府主義者同樣認為：「吾人確信人類有三大權：一曰平等權，
二曰獨立權，三曰自由權。」[49] 而章太炎甚至要把佛教的華嚴、法相二宗改造
成宣傳平等思想、反對專制壓迫的武器：「殊不曉得，佛教最重平等，所以妨
礙平等的東西必要除去，滿洲政府待我漢人種種不平，豈不應該攘逐」，「其
餘經論，王賊兩項，都是並舉。所以佛是王子，出家為僧，他看做王就與做賊
一樣，這更與恢復民權的話相合」。[50] 無論章氏此說是否有道理，卻說明他對
權利平等的真誠嚮往，而與中國本土思想資源結合的努力，也值得重視。

但在學理上貢獻、影響最大的，則是嚴復在 1903 年翻譯出版的英國思想
家穆勒（John Mill）的《論自由》（On Liberty）和 1909 年翻譯出版的法國思
想家孟德斯鳩（Baron de Montesquieu）的《論法的精神》（Spirit of Law）。這
兩部公認的現代自由主義經典之作，嚴復分別譯為《群己權界論》和《法意》。

穆勒在《論自由》開篇就申明文章的主旨：「這篇論文的主題，不是所
謂的意志自由（即那個與被誤稱為『哲學必然性』的信條不巧恰相對立的東
西），而是公民自由或曰社會自由，也就是社會所能合法施加於個人的權力的
性質和限度。」[51] 所謂「社會所能合法施加於個人的權力的性質和限度」，即

46　〈同盟會宣言〉，《孫中山選集》上卷，人民出版社，1962，第 68 頁。

47　鄒容：《革命軍》，華夏出版社，2002，第 9—10 頁。

48　鴻飛（張鍾瑞）：〈對於要求開設國會者之感喟〉，引自張枬、王忍之編《辛亥革命前十
　　年間時論選集》第 3 卷，第 278 頁。

49　劉師培：〈無政府主義之平等觀〉，張枬、王忍之編《辛亥革命前十年間時論選集》第 2
　　卷下冊，第 918 頁。

50　章太炎：〈演說錄〉，《民報》第 6 期，1906 年。

51　〔英〕約翰・穆勒：《論自由》，孟凡禮譯，廣西師範大學出版社，2011，第 1 頁。

當代自由主義所說「消極自由」。嚴復在〈《群己權界論》譯凡例〉中解釋說，西文 liberty 與常用的 freedom 同義，而 freedom 是指「無掛礙也」，又與英語 slavery（奴隸）、subjection（臣服）、bondage（約束）、necessity（必須）等字為對義，認為「自由」與西方的 liberty 在語義上最為接近。在「譯者序」中，他明確說中國守舊人士對自由「驚怖其言」、「目為洪水猛獸之邪說」，而「喜新者又恣肆氾濫，蕩然不得其義之所歸」，二者都是錯誤的。在「譯凡例」中解釋說此書的目的在為個人、國群、政府劃分各自的邊界：人們從來嚮往自由，「但自入群而後，我自由者人亦自由，使無限制約束，便入強權世界，而相衝突。故曰人得自由，而必以他人之自由為界。」他從歷史的角度說，在貴族統治時代，民對貴族爭自由；君主專制時代，民對君主爭自由；在立憲民主時代，君主、貴族都要受到法制的束縛，不能任意妄為，爭自由就是個人對社會、國群爭自由。這本書的重點在「小己」與「國群」之分界，這種劃分具有「理通他制」的普遍性，實質就是：「使其事宜任小己之自由，則無間君上貴族社會，皆不得干涉者也。」[52] 在《政治講義》中他強調，這種「政界自由之義，原為我國所不談。即自唐虞三代，至於今時，中國言治之書，浩如煙海，亦未聞有持民得自由，即為治之道之盛者」。他提醒人們，國家與個人的關係最重要、最複雜、最困難的是劃定國家、政府對個人管治的權界：「純乎治理而無自由，其社會無從發達；即純自由而無治理，其社會且不得安寧。而斟酌二者之間，使相劑而不相妨者，此政治家之事業，而即我輩今日之問題也。」[53] 其實質，就是「公權」與「私權」的劃分問題。

分權理論是現代憲政民主的基礎，英國思想家洛克的《政府論》和孟德斯鳩的《論法的精神》是公認的奠基之作。簡言之，洛克首倡分權之說，孟氏進一步論證、深化此說，更重要的是將其具體細分為行政、司法、立法三權分立形式。嚴復之所以付出極大的心血精心翻譯這部巨著，並寫了 300 多條按語直接表明自己的觀點，就是希望國人對西方制度、法理、文化和歷史成因有真切的瞭解，在此基礎之上，融匯中國傳統，建立以三權分立為形式的憲政社會。

他認為中國與西方法律體系的本質不同之一是西方法律公法、私法截然

52　〈譯《群己權界論》自序〉，〈《群己權界論》譯凡例〉，王栻主編《嚴復集》第 1 冊，中華書局，1986，第 131—132 頁。

53　《政治講義》，王栻主編《嚴復集》第 5 冊，第 1279 頁。

分明，而中國「刑憲」則向來公私不分、公私二律混為一談。他之所以如此看重民法，因為民法是為現代性社會結構奠定基礎，沒有社會基礎，憲政就建立不起來。[54]

　　針對認為中國自古就有立憲的觀點，他解釋說，如果「得有恆久之法度」就是立憲，那麼中國也有立憲，但他特別強調，這並非現代憲政：「則中國立憲，固已四千餘年，然而必不可與今日歐洲諸立憲國同日而語者。今日所謂立憲，不止有恆久之法度已也，將必有其民權與君權，分立並用焉。有民權之用，故法之既立，雖天子不可以不循也。使法立矣，而其循在或然或不然之數，是則專制之尤者耳。有累作之聖君，無一朝之法憲，如吾中國者，不以為專制，而以為立憲，殆未可歟！」所以，「中國本無民權，亦非有限君權，但云有法之君主而已」。[55] 簡單說，現代憲政就是有民權、統治者必須分權、君主的權力必須被限制、天子也必須遵從法律，以此衡之，中國從無憲政。

　　在他看來，以主權在民、分權制衡為基礎的憲政是國家的標誌，所以他認為中國沒有「國」，只有「家天下」。在這個意義上，中國不是國：「中國自秦以來，無所謂天下也，無所謂國也，皆家而已。一姓之興，則億兆為之臣妾。其興也，此一家之興也，其亡也，此一家之亡也。天子之一身，兼憲法、國家、王者三大物，其家亡，則一切與之俱亡，而民人特奴婢之易主耳，烏有所謂長存者乎！」對孟氏原書中「其在民主，國民地位，固平等也。其在專制，國民地位，亦平等也。特民主之平等也，以國民為主人，為一切之所由起。專制之平等也，以國民為奴虜，為地可比數之昆蟲」一段話， 嚴復進一步解釋說，專制制度下民眾間的平等只是奴隸間的平等：「專制之民，以無為等者也，一人而外，則皆奴隸。以奴隸相尊，徒強顏耳。且使諦而論之，則長奴隸者，未有不自奴隸者也」。所以，「夫西方之君民，真君民也，君與民皆有權者也。東方之君民，世隆則為父子，世汙則為主奴，君有權而民無權者也。」[56] 因為西方是君主立憲，民是權力主體，君主權力受到憲法限制，這是國的標準。

　　憲政與非憲政兩種政體如何判斷其高下優劣呢？嚴復提出：「欲觀政理程度之高下，視其中分功之繁簡。今泰西文明之國，其治柄概分三權：曰刑法、

54　〈《法意》按語〉，王栻主編《嚴復集》第 4 冊，第 936 頁。
55　〈《法意》按語〉，王栻主編《嚴復集》第 4 冊，第 940 頁。
56　〈《法意》按語〉，王栻主編《嚴復集》第 4 冊，第 948—949、952、975—976 頁。

曰議制、曰行政。譬如一法之立，其始則國會議而著之；其行政之權，自國君
以至於百執事，皆行政而責其法之必行者也」，而「泰東諸國，不獨國主君上
之權為無限也，乃至尋常一守宰，於其所治，實皆兼三權而領之。故官之與民，
常無所論其曲直」。這是中國與西方兩種治理國家方法的根本差異，這種「政
理」的高下優劣不同，導致的結果是國家的強弱不同，人民的貧富不同。而
且，由於君主專制只有君是國家之主，所以只有君才有可能有治國的長久之
計，而臣民只是奴僕，為國有長久之計者不多，所以，「夫惟立憲之國不然。
蓋立憲之國，雖有朝進夕退之官吏，而亦有國存之主人。主人非他，民權是已。
民權非他，即以為此全域之畫長久之計者耳。嗚呼！知此則競爭之優劣，不待
再計而可知矣」。[57] 有民權，才可能有官員與人民的長久之計。

憲政的重要一點是法治，因此嚴復堅決反對君主專制的人治，主張法治。
對孟氏原書談古羅馬「憲、政、刑三柄之分」在某些地區因並未三分而導致
專制一段，嚴復評論說：「此驚心動魄之言也！何則？……夫制之所以仁者，
必其民自為之。使其民而不自為，徒坐待他人之仁我」，其實也得不到仁政。
因為「其君則誠仁矣，而制猶未仁。使暴者得而用之，向之所以為吾慈母者，
乃今為之豺狼可也。嗚呼！國之所以常處於安，民之所以常免於暴者，亦恃制
而已，非恃其人之仁也。恃其欲為不仁而不可得也，權在我者也」，「在我者，
自由之民也；在彼者，所勝之民也。必在我，無在彼，此之謂民權。彼所勝者，
尚安得有權也哉！」[58] 重要的是制度，而不是掌權者的好或壞、仁慈或殘暴，
要靠制度保證「權在我者也」，這樣才是「自由之民也」。

法律面前人人平等是法治的靈魂，嚴復認為中國法律的特點是「以貴治
賤」。「以貴治賤」，雖然統治者「仁可以為民父母」，但「暴亦可為豺狼」。
在這種制度下，如果是聖主明君，也可能達到天下太平的盛世，但終不能長
久。因為這種體制下刑罰無法長期非常公正，「而僥倖之人，或可與法相遁」，
最終是人民道德的敗壞。結果「雖有堯舜為之君，其治亦苟且而已。何則，一
治之餘，猶可亂也」。對此，嚴復非常重視，甚至可說敏感。當孟氏原書說大
赦是治國良策之一，但專制之國以恐怖治國，因此不可能實行大赦時，嚴復在

57　〈讀新譯甄克思《社會通詮》〉，王栻主編《嚴復集》第 1 冊，第 147 頁；〈《法意》按語〉，
　　王栻主編《嚴復集》第 4 冊，第 1006 頁。
58　〈《法意》按語〉，王栻主編《嚴復集》第 4 冊，第 972 頁。

評論中立即表示不能同意，不客氣地說「孟氏論赦之言淺矣，故與歷史之事不相合也」，強調自己認為恰恰是「有道立法」之國「可以無赦」，「而用赦之濫，乃至為國民之大患者，皆見於專制之朝者也。夫專制之君，亦豈僅作威而已？怒則作威，喜則作福，所以見一國之人，生死吉凶，悉由吾意，而其民之恐怖懾服乃愈至也」，所以孟氏所說的赦免理論「去於事情遠矣！」只有人人平等，才能實行法治，他由此認為這是歐洲與亞洲一盛一衰的原因：「夫歐亞之盛衰異者，以一其民平等，而一其民不平等也。」他明確說中國現在滿漢不平等，優待滿族，最後滿族也將深受其害。[59]

　　在公權與私權的關係上，嚴復非常警惕公權對私權的侵犯，所以他強調：「治國之法，為民而立者也，故其行也，求便於民；亂國之法，為上而立者也，故其行也，求利於上。夫求利於上，而不求便其民，斯法因人立，其不悖於天理人性者寡矣！雖然，既不便民矣，將法雖立，而其國必不安。未有國不安而其上或利者也。」嚴復一再強調公權不能侵犯私權。他以思想、言論自由為例說：「為思想，為言論，皆非刑章所當治之域。思想言論，修己者之所嚴也，而非治人者之所當問也。問則其治淪於專制，而國民之自由無所矣。」[60] 顯然，他認為思想、言論屬私權領域，縱有不當，也是個人道德問題，公權力不應過問，過問就是專制，國民之自由將不復存在。

　　面對國家危亡之局，嚴復在為公權私權劃界時不能不考慮、論述愛國救國的時代課題，而此問題的核心就是個人與國家的關係，用嚴復的話來說，就是「小己」與「國群」的關係。他認為：「西士計其民幸福，莫不以自由為惟一無二之宗旨。」但是，「特觀吾國今處之所，則小己自由，尚非所急，而所以袪異族之侵橫，求有立於天地之間，斯真刻不容緩之事。故所急者乃國群自由非小己自由也」。此話往往被認為他最終承認國群自由重於小己自由。這種看法當然不無道理，但嚴復的有關思想並不如此簡單。其實，他緊接著就說：「求國群之自由非合通國之群策群力不可。欲合群策群力，又非人人愛國，人人於國家皆有一部分之義務不能。欲人人皆有一部分之義務，因以生其愛國之心，非誘之使與聞國事，教之使洞達外情又不可得也。然則，地方自治之制，乃刻不容緩者矣。」人人愛國只能來源於人人享有權利，嚴復格外強調這種權

59　〈《法意》按語〉，王栻主編《嚴復集》第 4 冊，第 969、953、962 頁。
60　〈《法意》按語〉，王栻主編《嚴復集》第 4 冊，第 1022、973 頁。

利—義務關係，「義務者，與權利相對待而有之詞也。故民有可據之權利，而後應盡之義務生焉。無權利，而責民以義務者，非義務也，直奴分耳」，只有立憲之民才有主權，而可以監督國家之財政。「今日中國之時勢，所最難為者，其惟國用乎！對於外侮，武備誠不可以不修，而兵之為物，固耗國之尤者也！然則其加賦乎？夫賦固已加矣。」從鎮壓太平軍到甲午之敗，再到庚子賠款，百姓已被「敲骨吸髓，所餘幾何？乃今而猶言加賦，忍乎？」但是，他仍認為賦稅並非不可增加，關鍵在於採用何種制度：「使其參用民權，民知公產之危，雖毀私家，不可以不救。其立法也，為之以代表之議院；其行法也，責之以自治之地主。是其出財也，民自諾而自徵之，則所出雖重，猶可以無亂，然而政府所不為也，不收民權為助。」[61] 人民有監督財政的權利，才有納稅的義務。

他認為中國之所以為西方列強、為日本所敗，因為那些國家為立憲之國，人人對國有權，因此人人是愛國者。而中國現行體制下，既無民權，多數人「終身勤動，其所恤者，捨一私而外無餘物也。夫率苦力以與愛國者戰，斷斷無勝理也。故不佞竊謂居今而為中國謀自強，議院代表之制，雖不即行，而設地方自治之規，使與中央政府所命之官，和同為治，於以合億兆之私以為公，安朝廷而奠磐石，則固不容一日緩者也」。對那種以愛國之名而強迫個人犧牲者，他格外警惕。孟氏原文說：「故為政有大法：凡遇公益問題，必不宜毀小己個人之產業，以為一群之利益。」對此，嚴復非常讚賞，在按語中大引盧梭有關論述，強調那種毀家紓難、「重視國家之安全，而輕小己之安全」的愛國者，如果發自內心、出於自願，「則為許國之忠，而為吾後人所敬愛頂禮」，但是，如果「獨至主治當國之人，謂以謀一國之安全，乃可以犧牲一無罪個人之身家性命以求之，則為違天蔑理之言。此言一興，將假民賊以利資，而元元無所措其手足。是真千里毫釐，不可不辨者耳」。[62]

在當時的中國救亡語境中，嚴復當然要思考愛國與公民自由、小己與國群的關係，在他的理論中，這些概念充滿高度緊張。在他的論述中，公民、個人權利更為重要，是公權的基礎，所以在提倡愛國、小己為國群犧牲時又總擔心執政者會以此為藉口過度侵犯公民私權。他所謂愛國不是無條件的，而是有條件的，即只有立憲之國才是國民之國，國民才能愛。他從立憲使國家權力為

---

61 〈《法意》按語〉，王栻主編《嚴復集》第 4 冊，第 981—982、1006、975 頁。
62 〈《法意》按語〉，王栻主編《嚴復集》第 4 冊，第 985、1022—1023 頁。

每個國民自己所有，因此國民愛國、救國就是愛自己、救自己的角度來論述愛國、論述小己與國群關係。簡言之，個人、為己、「私」仍是他愛國話語的論述主軸。

顯然，權利觀念、公民理論引入中國並成為現代中國國家話語建構的基柱之初即不同程度地被現代思想家們將其與「救亡」、「強國」聯繫起來。無疑，這是當時中國面臨亡國滅種危局時接受這種觀念、理論自然而然的最初反應。進一步說，也只有在面臨生死存亡的局面時，才為權利觀念、公民理論進入中國思想界打開了一道縫隙，使之可能被人接受。如果說甲午戰爭中國慘敗於日本使少數讀書人為救亡而開始制度變革，引入權利觀念，那麼 1905 年日本在日俄戰爭中的勝利，則使更多國人尤其是士紳階級接受「立憲」、「權利」、「契約」觀念。

歷史的弔詭在於，這些觀念因救亡而入，最後亦易因救亡而失。但是，以此理論作為救亡圖存的思想資源，取代傳統的忠君愛國論，恰恰說明權利觀念、公民理論開始產生影響，更說明中國面臨從傳統到現代的轉型。以個人權利為基礎的契約論國家觀，「通過立憲性契約，人們同意受統治」才是其實現性方式。[63]

以契約論國家觀取代倫理論國家觀，對現代中國的觀念衝擊、心靈震憾是巨大的。即便是君主立憲論者，亦承認君主也是契約的產物，君主也只是一種工具性價值，剝去了「君權神授」的神聖性。在這種價值觀念框架下，立憲是公認的理所當然，而究竟是君主立憲還是共和立憲，則是一種工具性選擇，選此選彼，只有勢所必至，而無理所當然。

「立個人」

中國漫長的皇權專制社會形成了一整套系統嚴密、以儒學絕對忠孝為支柱的意識形態結構。每個人都不是獨立的個人，而是在君臣父子夫妻關係之中，所謂「父子君臣，天下之定理，無所逃於天地之間」。站在金字塔頂端的是至高無上的皇帝，全社會都在他的腳下絕對忠於他。

如果沒有每個個體自我的覺知，意識到自己存在的價值，以個人為核心

63　〔美〕路易士・亨金：《憲政・民主・對外事務》，鄧正來譯，三聯書店，1996，第6—7頁。

的現代性政治體制就無法建立，所以啟蒙思想家提出了個人主義。梁啟超要每個人「除心中之奴隸」，「今日欲言獨立，當先言個人之獨立，乃能言全體之獨立」，「為我也，利己也，中國古意以為惡德者也。是果惡德乎？」，「天下之道德法律，未有不自立而立者也。……故人而無利己之思想者，則必放棄其權利，弛擲其責任，而終至於無以自立」。「蓋西國政治之基礎在於民權，而民權之鞏固由於國民競爭權利寸步不肯稍讓。即以人人不拔一毫之心，以自利者利天下。觀於此，然後知中國人號稱利己心重者，實則非真利己也。苟其真利己，何以他人剝奪己之權利，握制己之生命，而恬然安之，恬然讓之，曾不以為意也。」在他們的話語論述中，個人是社會的基本單位，因此啟蒙思想家們一反中國輕視個人、抹殺個性的傳統，大力提倡被視為大逆不道的個人主義，啟發人們為做一個真正的人而戰鬥。他們甚至還從中國古代哲學中為個人主義找出論據，「昔中國楊朱以為我立教，曰：『人人不拔一毫，人人不利天下，天下治矣。』吾昔甚疑其言，甚惡其言」，[64] 而今卻認為：「一部分之權利，合之即為全體之權利；一私人之權利思想，積之即為一國家之權利思想。故欲養成此思想，必自個人始。人之皆不肯損一毫，則亦誰復敢攖他人之鋒而損其一毫者，故曰天下治矣，非虛言也。」[65]

強調個人權利、個人自由、以自我為中心，必然要與傳統價值體系的綱常名教發生激烈衝突。面對中國傳統價值體系開始受到個人主義的強烈衝擊，康有為希冀把儒學變為儒教，把孔子變為基督，以儒學宗教化重建中國價值體系。

對此，梁啟超甚至不顧師生之情，著文公開表示反對。他從「教非人力非能保」、「孔教之性質與群教不同」、「今後宗教勢力衰頹」、「信教自由」、「保教之說束縛國民思想」、「保教之說有妨外交」、「論孔教無可亡之理」、「論當採群教之所長以光大孔教」等八個方面提出反對意見，總之，他強調：「居今日諸學日新、思潮橫溢之時代，而猶以保教為尊孔子，斯亦不可以已乎！」、「保教妨思想自由，是本論之最大目的也。」[66]

64　梁啟超：〈十種德性相反相成義〉，《清議報》第 82、84 期，引自張枬、王忍之編《辛亥革命前十年間時論選集》第 1 卷上冊，第 13—14 頁。

65　梁啟超：《新民說》，引自張枬、王忍之編《辛亥革命前十年間時論選集》第 1 卷上冊，第 132 頁。

66　梁啟超：〈保教非所以尊孔論〉，《新民叢報》第 2 期，引自張枬、王忍之編《辛亥革命

　　激進的革命派刊物《浙江潮》發表未署作者名的〈公私篇〉，以現代公權私權分界理論分析、批判中國傳統的「公」的觀念，強調：「人人不欲私其國，而君主乃得獨私其國矣！」、「蓋私之一念，由天賦而非人為者也。」、「人人有自私自利之心，於專制君主則不便甚。」文章充滿激情地大聲疾呼：「自私自利一念，磅礴鬱積於人人之腦靈、之心胸，寧為自由死，必不肯生息於異種人壓制之下為之力也。可愛哉私也！」、「西語曰：『人生之大患，莫不患於不自助而望人之助我，不自利而望人之利我。』」[67]《河南》雜誌發表文章認為法國革命是 18 世紀歐洲啟蒙思潮的產物，而啟蒙思潮的特色就是理性主義與個人自由主義，並十分乾脆地說：「佛郎西革命之精神，一言蔽之曰：重視我之一字，張我之權能於無限爾。易言之曰：個人之自覺爾。」[68] 個人主義的核心價值是個人權利是目的，國家、群體權力只是手段、工具，唯有如此，才能建立起契約型國家。以上論述表明，他們對個人主義的理解已相當深入。

　　面對仍在皇權專制統治下沒有權利意識的臣民，這些啟蒙者既哀其不幸，又怒其不爭，為此，他們從現代西方哲學中汲取力量和思想資源。青年魯迅以西方哲學、文學思想為個人主義張目：「個人一語，入中國未三四年，號稱識時之士，多引以為大詬，苟被其諡，與民賊同。意者未遑深知明察，而迷誤為害人利己之義也歟？夷考其實，至不然矣……久浴文化，則漸悟人類之尊嚴；既知自我，則頓識個性之價值；加以往之習慣墜地，崇信蕩搖，則其自覺之精神，自一轉而之極端之主我。且社會民主之傾向，勢亦大張，凡個人者，即社會一分子，夷隆實陷，是為指歸，使天下人人歸於一致，社會之內，蕩無高卑。」他認為：「歐、美之強，莫不以是炫天下者，則根柢在人……是故將生存兩間，角逐列國是務，其首在立人，人立而後凡事舉；若其道術，乃必尊個性而張精神……中國在昔，尚物質而疾天才矣……個人之性，剝奪無餘。」提出「非物質」、「重個人」。蔑視群眾、鼓吹「超人」哲學的唯意志論哲學家尼采（F. W. Nietzsche），以及驕傲地認為「只有最孤獨的人才是最強有力的人」的戲劇家易卜生（Henrik Ibsen），都曾經給他們

前十年間時論選集》第 1 卷上冊，第 163—172 頁。

67　〈公私篇〉，《浙江潮》第 1 期，引自張枬、王忍之編《辛亥革命前十年間時論選集》第 1 卷下冊，第 492—496 頁。

68　疏其：〈興國精神之史曜〉，《河南》第 4 期，引自張枬、王忍之編《辛亥革命前十年間時論選集》第 3 卷，第 299—301 頁。

極大的精神力量。他們服膺尼采的學說，推崇易卜生的思想，力圖最大地振奮人的精神。甚至第二次世界大戰後流行歐美的存在主義哲學的先驅、丹麥哲學家克爾凱郭爾（S. A. Kierkegaard）的學說也被介紹進來。魯迅寫道：「丹麥哲人契開迦爾則憤發疾呼，謂惟發揮個性，為至高之道德，而顧瞻他事，胥無益焉。」[69] 這些思想，確實促使人們由自在者變成自為者，由消極者變成積極者，由被動者變成主動者。

尤應值得一提的是《遊學譯編》1903 年發表的〈教育泛論〉一文，明確提出應把個人主義作為教育的綱領。此文強調「貴我」是從事教育者不可不知的兩大主義之一，因為「人人有應得之權利，人人有應盡之義務」是「顛撲不破之真理，放之四海而皆準者也」，並進一步論證個人能自由行使自己的權利、對自己行為負責才是道德的來源。而且，就權利來源而言，不是全體決定、重於個人，而是個人重於、決定全體；「個人之權利，即全體權利之一分子也，一人失其權利，則全體之權利已失一分矣」；如果個人失權互相牽連，結果是「全體之權利，遂蕩盡無餘矣」。文章還以宗教、學術、社會、國家的發展為例，說明「其所以變遷發達之故，無不基於人類利己之一心」。個人主義的重要一點是個人獨立，文章認為這才是教育的宗旨：「人而無獨立之精神，是之謂奴隸。任教育者，而不能養成國民獨立之精神，是之謂奴隸教育。以教育為己任者，安可不知此意也！」強調個人主義、獨立精神是教育的宗旨，必然與在中國被奉為金科玉律的傳統儒家教育思想發生衝突，作者批判說：「古來儒者立說，無不以利己為人道之大戒，此不近人情之言也。剝喪人權，阻礙進步，實為人道之蟊賊，而奉為圭臬，無敢或逾。」[70]

更有文章公開喊出了「謀人類之獨立，必自無聖始」的口號，激烈地把批判的矛頭對準幾千年來的「大成至聖先師」孔子。[71] 有人根據自然人性論認為，「吾心中之有理與欲，如磁極中之有南與北，如電性之有陰與陽」，批判「存天理，滅人欲」違背人性，而且統治者「以為公者天理也，私者人欲也，

69　魯迅：〈文化偏至論〉，《河南》第 7 期，引自張枬、王忍之編《辛亥革命前十年間時論選集》第 3 卷，第 357—363 頁。

70　〈教育泛論〉，《遊學譯編》第 9 期，張枬、王忍之編《辛亥革命前十年間時論選集》第 1 卷上冊，第 400—404 頁。

71　凡人：〈無聖篇〉，《河南》第 3 期，張枬、王忍之編《辛亥革命前十年間時論選集》第 3 卷，第 261—271 頁。

理欲戰於中，往往天敗而人勝，於是乃借克己復禮之說，穿鑿而附會之，謂欲復天理者，必克人欲」；認為道德有天然與人為之分：「有天然之道德，有人為之道德。天然之道德，根於心理，自由平等博愛是也；人為之道德，原於習慣，綱常名教是也。天然之道德，真道德也；人為之道德，偽道德也。」、「中國數千年相傳之道德，皆偽道德，非真道德也。」據此，他提出自己的人生觀：「人生觀之最終目的何在耶？……人生觀概要二：曰身體之快樂，曰精神之快樂。」[72] 人們應該勇敢地追求幸福，這就否定了禁欲主義的「天理」。

此時，對儒學的批判達到前所未有的程度，有人激烈批判孔孟之道、三綱五常等封建思想體系。「仁之實為事親，義之實為從兄，胥此道也，則犯上作亂之事息矣；禮以縛民身，樂以和民氣，胥此道也，則人人自由之言息矣」，他們沉重地歎息：「異哉夫支那，乃有所謂三綱以鉗縛其臣民，鉗縛其子弟，鉗縛其婦女，何哉培養奴性若此其深也！」[73] 有文章把君為臣綱、父為子綱、夫為妻綱列為宗教迷信，把人人平等、父子平等、男女平等列為科學真理，指責孔子「在周朝時候雖是很好，但是在如今看起來，也是很壞」。[74] 周作人此時也寫長文比較中外文化，認為「孔子為中國文章之匠宗，而束縛人心，至於如此」。[75]

顯然，這時期以個人權利為核心對中國傳統價值體系代表儒學的批判，開了五四時期「打倒孔家店」的新文化運動之先河。此時宣揚的契約論國家觀對後來的新文化運動也有著明顯、直接的影響。陳獨秀說道：「要問我們應當不應當愛國，先要問國家是什麼。原來國家不過是人民集合對外抵抗別人壓迫的組織，對內調和人民紛爭的機關。」[76] 高一涵在《新青年》上連續撰文，介紹各種國家學說，探討國家的起源與本質。他認為國家「乃自由人民以協議結為政治團體」，「故國家惟一之職務，在立於萬民之後，破除自由之阻力，鼓舞自動之機能，以條理其抵牾，防止其侵越。於國法上公認人民之政治人格，

72　劍男：〈私心說〉，《民心》第 1 期，張枬、王忍之編《辛亥革命前十年間時論選集》第 3 卷，第 816—821 頁。

73　〈廣解老篇〉，《大陸》第 9 期，張枬、王忍之編《辛亥革命前十年間時論選集》第 1 卷上冊，第 429 頁。

74　君衍：〈法古〉，《童子世界》第 31 期，張枬、王忍之編《辛亥革命前十年間時論選集》第 1 卷下冊，第 529—533 頁。

75　獨應（周作人）：〈論文章之意義暨其使命因及中國近時論文之失〉，《河南》第 4、5 期，引自張枬、王忍之編《辛亥革命前十年間時論選集》第 3 卷，第 306—330 頁。

76　陳獨秀：〈我們究竟應當不應當愛國？〉，《獨秀文存》，安徽人民出版社，1987，第 432 頁。

明許人民自由之權利，此為國家唯一之職務，亦即所以存在之真因」。[77] 很明顯，他們的國家觀念是以契約論為基礎的，即認為國家是人民意志協約的結果。從契約論國家觀出發，就必然得出「國家非人生之歸宿」的結論。他們認為，「國家者，非人生之歸宿，乃求得歸宿之途徑也。人民國家有互相對立之資格，國家對於人民有權利，人民對於國家亦有權利；人民對於國家有義務，國家對於人民亦有義務」。[78] 這樣，他們拒絕了國家高於一切、位居人民之上的觀點，明確提出了國家與人民是兩個具有同等資格的權利主體的論點。

而且，高一涵還進一步區分了國家與政府的職能，他寫道：「人民創造國家，國家創造政府。政府者，立於國家之下，同與全體人民受制於國家憲法規條者也。執行國家意思，為政府之責，而發表國家意思，則為人民之任。」[79] 政府實際上只是一個執行機構。在中國傳統國家觀中，並無國家與政府的區分。統治者就是國家的化身與代表，至多是「為民做主」的清官明君。把國家與政府區分開來，其潛臺詞是，對政府的批判與否定並不意味著不愛國。進一步說，創造國家的人民有權監督、更換作為執行機構的政府。根據契約論精神，高一涵得出了「吾人愛國之行為，在擴張一己之權利，以挹注國家。犧牲一己之權利，則反損害國家存立之要素，兩敗俱傷也」的結論。[80] 也就是說，擴張個人權利就是愛國行為，而以國家名義犧牲個人利益，終將損害國家利益。這一觀點或有其偏頗之處，卻是對長期以來集體本位，無視個性、個人權利的中國傳統倫理觀的徹底否定，表明了「新青年」的覺醒。陳獨秀則更為明確地說：「我們愛的是國家為人民謀幸福的國家，不是人民為國家做犧牲的國家。」[81] 他甚至認為「國家者，保障人民之權利，謀益人民之幸福者也。不此之務，其國也存之無所榮，亡之無所惜」。[82] 個人與國家之間並沒有一種「天生的」必然關係，當國家違背人民意願時，人民亦有權背棄國家；國家與個人之間的垂直縱向關係改變為一種平面的橫向關係。他們反覆強調，國家本身並不是目的，只是「鼓舞群倫，使充其本然之能」，「謀充各得其所」

77 高一涵：〈一九一七年豫想之革命〉，《新青年》第 2 卷 5 號，1917 年。
78 高一涵：〈國家非人生之歸宿論〉，《新青年》第 1 卷 4 號，1915 年。
79 高一涵：〈共和國家與青年之自覺〉，《新青年》第 1 卷 1 號，1915 年。
80 高一涵：〈國家非人生之歸宿論〉，《新青年》第 1 卷 4 號，1915 年。
81 陳獨秀：〈我們究竟應當不應當愛國？〉，《獨秀文存》，第 432 頁。
82 陳獨秀：〈愛國心與自覺心〉，《甲寅》第 1 卷 4 號，1914 年。

的手段。[83]

　　新文化運動思想家的這些言論、觀點，與辛亥前啟蒙者的思想確實如出一轍，別無二致。進一步說，從思想、思潮的發生、發展角度來看，五四新文化運動本身亦非無源之水、無本之木，而是自鴉片戰爭以來啟蒙思想的自然發展的結果，其主要觀點、論點在戊戌—辛亥期間已基本提出，甚至基本框架也已建構而成，「五四」只是乘勢將其普及、提高而已。從這個意義上說，「五四」其實構不成思想史上一個與前迥然不同的新標誌。

　　1935 年 5 月，胡適在一篇紀念五四運動的文章中淒然感歎，「這年頭是『五四運動』最不時髦的年頭」，因為「五四運動的意義是思想解放，思想解放使得個人解放，個人解放產出的政治哲學是所謂個人主義的政治哲學」。[84]雖然胡適說的是「五四」的命運，其實卻是啟蒙思想、思潮的現代中國命運。以個人主義為基礎的啟蒙思想與中國傳統集體本位的倫理觀確相去甚遠，更重要的是，迫在眉睫的亡國之禍又雪上加霜，使啟蒙思想面臨絕境。

　　但反過來說，如果沒有救亡則根本沒有啟蒙。正是為了救亡，中國才開始了啟蒙的歷程。啟蒙思潮的幾次高漲，又恰在亡國之險最為危急的時刻。在晚清預備立憲的最後時分，梁啟超明確說：「我國民主張速開國會之理由，圖治尚在其第二義，而救亡乃其第一義。」[85] 因救亡而起，因救亡而落，這就是啟蒙思潮在現代中國的歷史困境。

83　高一涵：〈一九一七年豫想之革命〉，《新青年》第 2 卷 5 號，1917 年。
84　胡適：〈個人自由與社會進步〉，《獨立評論》第 150 號，1935 年。
85　梁啟超：〈論政府阻撓國會之非〉，《飲冰室合集・文集之二十五（上）》，第 112 頁。

第二十四章　族群、文化與國家：晚清的國族想像

　　近代中國處於「三千年未有之大變局」，在「亡國滅種」的嚴重威脅下，中國知識分子面臨著一項重大挑戰，那就是怎樣使中國從一個傳承千餘年的大一統帝國快速蛻變為一個現代意義的民族國家（nation-state），俾爭強圖存於「物競天擇，優勝劣敗」的國際社會。清末以降數代知識分子嘔心瀝血、生死以之，所戮力推動的各項政治、社會、文化、思想的大規模變革運動，歸根到底，其最終目標，正不外乎完成此一「國族打造」（nation-building）的艱巨工程。

　　就外在形式而言，這項艱巨的工程，在晚清短短數十年間，很快便獲致初步的成效。1914 年，社會學家馬克斯・韋伯（Max Weber）便寫道：「不過十五年以前，所有熟悉遠東事務的人都還矢口否認中國有資格算作一個『國族』（nation）」，但是，時至今日，同樣一批觀察家卻有了截然不同的看法。中國的例子，證明了「一個人群在某些境遇下，可以透過特定的作為，取得成為『國族』的特質」。[1] 的確，經由晚清澎湃洶湧的民族主義浪潮的洗禮，近代中國人逐漸擺脫傳統天下概念的宰制，孕育出一種嶄新的共同體意識：「中國」一詞所指涉的，也不再只是一套普世性的文化、道德秩序，而是一個以全球競爭為背景，具有明確疆域和主權意識的現代民族國家共同體。[2]

　　然而，如同相關研究所一再指出的，國族並不是一個天生自然的事物，

---

* 本章由沈松僑撰寫。

1　Max Weber, "The Nation," Translated and edited by H. H. Gerth and C. Wright Mills, *From Max Weber: Essays in Sociology* (New York: Oxford University Press, 1946) ,p.174.

2　許紀霖：〈現代中國的自由民族主義思潮〉，《天津社會科學》2005 年第 1 期。

而是一個「想像的政治共同體」，[3] 一個人為建構出來的文化產物。作為一項認同符號，國族可以承載多重的意義，而不同的個人與群體也都是根據各自不同的認知、利益與目的，來理解和界定國族的邊界與內涵。因而，國族概念的實質意涵始終處於不斷被製造與再製造的過程；它所構成的，也是一個多重力量彼此爭持、競相角逐的場域。[4]

　　同樣的，晚清時期的知識分子雖然都極力宣揚民族主義的理念，以建構強固之民族國家為職志，但他們所想像的中國，卻並不是一個同質而統一的整體。在「立憲」與「革命」這兩條不同的現實政治策略選擇下，他們對於「中國」之所以為「中國」，亦即中國國族的具體邊界與成員結構，有著懸殊的規劃。因而，自其誕生伊始，近代中國的國族想像，便充斥著諸多矛盾、衝突與緊張。此後中國的民族國家建構，也不免深深受到這段歷史經驗的重大影響，從而展現出一種獨特的形貌，並面臨著諸多難以克服的棘手難題。

一、近代中國民族主義的興起

　　眾所周知，民族主義曾在近代中國發揮過無可比擬的重大作用。余英時便指出，百年來中國歷史發展最大的動力，殆非民族主義莫屬，「如果能夠得到民族主義的支持，某一種政治力量就會成功，相反的就會失敗」。[5] 羅志田也強調，晚清以來一個多世紀裡各種激進與保守、改良與革命的思潮，背後都隱伏著一條民族主義的潛流，都可以視為民族主義的不同表現形式。[6]

　　然而，長久以來，近代中國民族主義的起源與性質始終是學界聚訟紛紜、莫衷一是的爭議對象。

　　毫無疑問，中文語境中的「民族主義」一詞，乃是譯自英文 nationalism 的翻譯名詞。不幸的是，即使在其原有的西方語境中，「民族主義」也是一個極其含混的複雜概念，其具體意涵之難以界定，早已惡名昭彰。西方學者也曾提出許多不同的定義，試圖確切把握民族主義的本質。然而，這些定義大致都是

3　Benedict Anderson, *Imagined Communities : Reflections on the Origin and Spread of Nationalism*, revised edition (LonSdon: Verso, 1991) .

4　Katherine Verdery, "Whither ' Nation' and 'Nationalism' ? " *Daedalus*, Summer 1993, pp.37-46.

5　余英時：〈中國近代思想史上的激進與保守〉，氏著《現代儒學的回顧與展望》，三聯書店，2004，第 22 頁。

6　羅志田：〈近代中國民族主義的史學反思〉，賀照田主編《學術思想評論》第 10 輯，吉林人民出版社，2003，第 332 頁。

從不同的角度來強調民族主義的某一重要特徵，而每項定義通常又都蘊含著特定的歷史背景與具體目的，甚至有著極為強烈的價值立場，益發增添民族主義概念的複雜性。

為了避免捲入這些定義所構成的煩瑣複雜的無謂爭議，本章打算實行相對寬泛的方式，將民族主義界定為一套獨特的論述形構（discursive formation）。這套論述，一如宗教、階級、性別等其他主要的社會認同範疇，提供了一種我們藉以體驗與理解日常經驗及外在現實的框架，並不斷形塑著我們的心理意識與對世界的認知。換言之，民族主義並不只是一種政治信條，而是「一套更為基本的談論、思考與行動的方式」。透過這套論述形構，現實世界的人群被自然而然地劃分為界線分明的「我群」與「他者」；對「民族」的認同與效忠，則成為個人不容推諉的神聖職責。也正是由於這套論述形構的長期浸潤，我們才從「個人」被轉化為「國民」，從而決定了我們的集體認同。[7]

然而，不同於西方由中世紀分崩離析的封建制度發展出現代民族國家的歷史路徑，中國既有長達兩千年的統一國家組織，富有悠遠綿長的文化傳統。因而，中國所獨具的歷史經驗，自不免引發有關近代中國民族主義之本土歷史淵源的尖銳爭議；對於前近代中國是否有過堪稱「民族主義」的政治／文化概念，學界長期以來也是各持一端，相爭不下。

一般說來，主張中國民族主義自發論的學者往往根據《左傳》「非我族類，其心必異」、嚴夷夏之防一類的話語，認為中國人的族群與文化之自我辨識確立甚早。王爾敏認為，晚清以降的民族主義思想，並非直接由西方販賣得來，而是「一種時代的醒覺與反應」，從而使「傳統民族思想之內容有所擴充」而已。[8] 馮天瑜也認為，這種古老的族類意識乃是近代民族主義的源頭。「華夷之辨」和「內華夏，外夷狄」等觀念，為近代中國的民族主義「提供了現成的表達形式和基本的文化內涵」。[9]

7　Umut Özkirimli, *Theories of Nationalism: A Critical Introduction* (New York: St. Martin's Press, 2000), p.4; Umut Özkirimli, *Contemporary Debates on Nationalism* (Houndmills, Basingstoke: Palgrave Macmillan, 2005), pp.29-31.

8　王爾敏：〈清季學會與近代民族主義的形成〉，氏著《中國近代思想史論》，自印本，1977，第 209、229 頁。

9　馮天瑜：〈中國近代民族主義的歷史淵源〉，李世濤主編《知識分子立場—民族主義與轉型期中國的命運》，時代文藝出版社，2000，第 177 頁。

相對於強調中國近代民族主義有其獨特歷史淵源的觀點，有些學者則認為中國近代民族主義並非「原發的」，而是一套借自西方的「衍生的」論述。許紀霖便認為，傳統中國並無民族主義的觀念，有的只是對王朝與文化的認同。因此，「古代中國與其說是民族主義的，毋寧說是以文化為中心的普世主義的」。[10]

從本章所採取的論述建構立場觀察，傳統中國的「族類」觀念與西方式的近代民族主義所促生的，其實都是一種「想像的共同體」。只不過，這兩種共同體有著極為不同的想像方式，因而，其所關懷的主要問題與產生的實際效應，自亦有所軒輊。[11] 1934 年，政治學者張佛泉便指出，民族主義（他稱之為「邦國主義」）並不只是純粹對外，亦即並不只是像傳統族類觀念那樣，根據族群或文化的標準，嚴格區劃我族與異己族群的界限。真正的「民族主義」，乃是一種政治概念，「是一個或一個以上的民族求達到主權國的理論或運動」，同時也是「一種束縛聯繫國民成為一體的情力」，是達成大規模的「自治」所必可少的條件。[12] 從這樣一種政治性的標準衡量，中國幾千年來始終不曾出現過真正的民族主義。中國的民族主義可以說是不折不扣的近代產物，也是與傳統「族類」觀念的重大斷裂。

然而，近代中國民族主義的構成，卻又絕無可能完全擺脫長期積累之文化習性的束縛，更不免受到傳統文化因素的強大制約。事實上，近代中國的知識分子也往往是透過傳統「族類」觀念所設定的框架，來認識來自西方的民族主義範式。翁賀凱認為近代中國的民族主義，是由「來自西方的民族主義、民族國家觀念和民族（種族）競爭的世界格局觀念，與墊底的中國本土族性／文化意識相互化合而催生的」，實不失為深中肯綮的適切之論。[13] 就此而言，近代中國民族主義，乃是在「過去」與「現在」不斷交互作用、彼此制約的辯證過程中被建構出來的。這個特殊的歷史過程，當然也形塑了近代中國民族主

10　許紀霖：〈文化民族主義者的心路歷程〉，李世濤主編《知識分子立場—民族主義與轉型期中國的命運》，第 311—312 頁。

11　本尼迪克·安德森（Benedict Anderson）便已指出，所有規模大於成員之間有著面對面接觸之原始村落的人群共同體，都是被想像出來的。不同共同體的區分標準，並不在於其真孰假，而係諸被想像的方式。見 Benedict Anderson, *Imagined Communities*, p.6.

12　張佛泉：〈邦國主義的檢討〉，《國聞周報》第 11 卷第 40 期，1934 年 10 月 8 日，第 1—5 頁。

13　翁賀凱：《現代中國的自由民族主義：張君勱民族建國思想評傳》，法律出版社，2010，第 23 頁。

義的特殊性格，帶來許多難以解決的問題與限制。

　　另一方面，近代民族主義與傳統族類觀念的另外一項重大差異，則在於前者預設了一套世界性的民族國家政治體系。杜贊奇（Prasenjit Duara）雖然認為前近代中國是一個「總體化的、自覺的政治共同體」，已存在著強烈的民族意識，卻也承認，民族主義的獨特與新穎之處，並不在於其認同形式或意識形態，而端在於其所鑲嵌於其間的全球性體制革命。在這套新的政治體系下，民族國家被視為政治主權唯一合法的表達形式。這種民族國家是一套有著明確疆界的政治體制，「代表」民族或人民的主權國家便是在這樣的體制中不斷擴展自己的角色和權力。[14] 因而，近代中國在外力交逼下，被迫納入這套民族國家的世界體系，實為中國民族主義所由產生的最為根本的歷史條件。只有在真正有了「世界」後，「中國」才真正有了自己。[15]

　　在19世紀中葉之前，中國並無接受這套「普世性」政治規範的絲毫準備。如同許多相關研究所指出的，長久以來，在支撐帝國體制的意識形態與象徵系統上，中國始終維持著以「華夷之辨」為核心觀念的族類思想。在對外關係上，中國所認識的世界，也還是一個以華夏為中心，由朝貢制度的懷柔羈縻手段所構成的差序性「天下」秩序。1793年馬戛爾尼（George Macartney）使華，因朝覲禮儀問題引發尖銳爭議，便明白反映了中華帝國體制與現代民族國家世界秩序扞格不入的困境。

　　鴉片戰爭之後，在西方列強堅船利炮的強大壓力下，中國迭遭挫敗，終於逼使朝野官民俯首下心，亟思應變之道。在這個過程中，少數有識之士慢慢接受了西洋傳教士所傳入的現代地理知識；以歐洲為中心的「世界」想像，逐漸取代以華夏為中心的「天下」觀念。在這個嶄新的「世界」空間中，中國只是同時並立的列國之一，並非世界的全部。非但如此，中國既不是世界的中心，更不是唯一的文明。徐繼畬在道光末年編纂《瀛寰志略》一書，便已指出：中國並不在世界的中央，而是位於亞洲的東南部。[16] 洋務運動期間，馮桂芬也說：「顧今之天下，非三代之天下比矣。……今則地球九萬里，莫非舟車所通、

14　Prasenjit Duara, *Rescuing History from the Nation: Questioning Narratives of Modern China* (Chicago: The University of Chicago Press, 1995), pp.8-9.

15　張汝倫：《現代中國思想研究》，上海人民出版社，2001，第117頁。

16　郭雙林：《西潮激盪下的晚清地理學》，北京大學出版社，2000，第294—295頁。

人力所到，《周髀》、《禮》疏，驟衍所稱，一一實其地。據西人輿圖所列，不下百國」。[17]戊戌時期，康有為更明確指出：「我中國地大物博，今亦僅為六十國中之一國，以地論僅居第三，非復一統之世，為萬國並立矣」。[18]

隨著華夏中心觀念的動搖，傳統「夷夏之辨」所預設的階序性文化秩序也逐漸遭到日益深刻的批判。鴉片戰爭期間，魏源已認識到，中國所面對的不復是王朝歷史中「未受王化」的蠻夷戎狄。他甚至認為西洋諸夷亦自有其禮義節度，且其堅船利炮之術更遠勝中國，因而提出「師夷長技以制夷」的著名主張。其後，馮桂芬也坦率承認中國「人無棄材不如夷，地無遺利不如夷，君民不隔不如夷，名實必符不如夷」，若再不虛心向西方各國學習，「我中華且將為天下萬國所魚肉，何以堪之！」[19]諸如此類的認識，在晚清士大夫群體中不斷深化與普及，最終便逼出「華夷易位」的顛覆性概念。戊戌變法前夕，王韜於〈華夷辨〉一文中對「內華外夷」的傳統說法大加抨擊。他認為：「華夷之辨其不在地之內外，而繫於禮之有無也明矣。苟有禮也，夷可進為華；苟無禮也，華則變為夷」。如今中國既有許多地方不如外國，正應及時更易陳舊的「夷夏之辨」觀念，學習西方長技；苟不此之圖，一味空言「徙戎攘夷」，是「真腐朽不通事變者矣」。[20]

在從文化層面重新詮釋「夷夏之辨」的同時，晚清知識界也慢慢接受了主權國家地位平等的現代國際政治觀念。1864年西洋教士丁韙良（W. A. P. Martin）等人翻譯出版《萬國公法》一書，將主權國家的概念正式介紹入中國。[21]少部分思想敏銳的知識分子隨之陸續提出維護國家自立與主權的主張。王韜便將不平等條約中各項有損中國權益的條款稱作「額外權利」，呼籲清廷通過外交手段，「執持西律」，與締約各國反覆辯論，以爭回「國家之權」。[22]

17　馮桂芬：〈采西學議〉，氏著《校邠廬抗議》，文海出版社，1971，第67b頁。

18　康有為：〈列國政要比較表〉，轉引自賈小葉《1840—1900年間國人「夷夏之辨」觀念的演變》，鄭大華、鄒小站主編《中國近代史上的民族主義》，社會科學文獻出版社，2007，第312頁。

19　馮桂芬：〈製洋械議〉，氏著《校邠廬抗議》，第71a—74b頁。

20　王韜：〈華夷辨〉，氏著《弢園文錄外編》卷10，上海書店，2002，第245頁。

21　賈小葉：《1840—1900年間國人「夷夏之辨」觀念的演變》，鄭大華、鄒小站主編《中國近代史上的民族主義》，第308—309頁。黃興濤則認為早在康熙、雍正兩朝與俄國交涉訂約期間，現代「主權」概念與國際法知識就已經傳入中國。見黃興濤〈情感、思想與運動：近代中國民族主義研究檢視〉，《廣東社會科學》2009年第3期。

22　王韜：〈除額外權利〉，氏著《弢園文錄外編》卷3，第73—74頁。

鄭觀應也強調在與外國協定稅率時，必須堅持獨立自主，蓋外交交涉中，「異邦客商，一切章程均由各國主權自定，實於公法吻合」。[23] 發展至此，「族類」典範的全盤崩解，以及近代民族國家觀念的應運而生，似乎也只是指顧間事。

　　不過，甲午之前，上述變化依然局限於極為狹隘的範圍，大多數官紳士大夫仍未擺脫文化中心意識的樊籬。同治年間，志剛隨同蒲安臣 （Anson Burlingame）出使歐洲期間，有人詢及「中國」一詞的含義，他的解釋雖已捨棄「華夏中心」的地理框架，卻仍然堅守著「夷夏之辨」的文化階序，一再強調：中國之所以為中國，「固由列聖相傳中道之國也。而後凡有國者，不得爭此『中』矣」。[24] 一直到甲午戰爭帶來沉重打擊，中國近代民族主義才終於獲得滋長茁壯的機會。

　　1894 年中日甲午戰爭，清廷慘遭敗績，繼之而東西列強爭相攘奪，瓜分風潮日益劇烈，中國的國際地位一落千丈，人心之震撼危疑達於極點，傳統族類觀念所蘊含的文化優越感也在此時徹底破滅。康有為於1898 年上書光緒帝，便明白指出：「夫自東師辱後，泰西蔑視，以野蠻待我，以愚頑鄙我。昔視我為半教之國者，今等我於非洲黑奴矣；昔憎我為倨傲自尊者，今則侮我為聾瞽蠢冥矣」。[25] 其中所流露出的屈辱、挫折與妒恨（ressentiment）之情溢乎言表。從刺激民族主義興起之感情動力而論，中國近代民族主義殆已略具雛形，呼之欲出。果然，不旋踵而有 1300 餘名應試舉人聯名上書，打破「士人干政」的傳統禁令，開了中國國民集體參與國家政治過程之先河。中國近代的民族主義運動便在一片「救亡圖存」的呼號聲中揭開序幕。

　　1898 年，康有為號召同志，組織「保國會」，在章程中明確提出國權與國民的概念，並以保全國地、國民、國教為號召。[26] 張灝認為，康有為所謂的「國」，其指稱已不再是大清王朝，而是「包括中國版圖內全體人民的共同的實體」。[27] 王爾敏更認為此一章程，充分顯示出康有為「是把中國認作一個有明確主權界限的國家，同於當時西方的 nation-state」。[28] 這大概可以說是中國

23　鄭觀應：〈稅則〉，氏著《盛世危言正續編》卷 3，學術出版社，1965，第 1 頁。
24　志剛：《初使泰西記》，湖南人民出版社，1981，第 129 頁。
25　康有為：〈上清帝第五書〉，湯志鈞編《康有為政論集》上冊，中華書局，1981，第 202 頁。
26　康有為：〈保國會章程〉，湯志鈞編《康有為政論集》上冊，第 233 頁。
27　張灝：〈思想的變化和維新運動，1890—1898〉，費正清、劉廣京編《劍橋中國晚清史》下卷，中國社會科學院歷史研究所編譯室譯，中國社會科學出版社，1985，第 354 頁。
28　王爾敏：〈清季學會與近代民族主義的形成〉，氏著《中國近代思想史論》，第 227 頁。

近代民族主義思想的初試啼聲了。

但是，中國民族主義在戊戌時期畢竟還是局限於極少數人的一種模糊意識，[29] 其真正興起，蔚為風潮，則要等到稍後的 20 世紀初年。推動這股熱潮的行動主體，也不再是傳統的官紳階層，而是另外一批快速崛起的新式知識分子。

1898 年戊戌政變發生後，康有為、梁啟超等維新黨人流亡日本，緊接著，又有大批青年學生為探索「富強之道」，相繼赴日留學。據調查，1896 年時，中國留日學生只有寥寥 13 人，1901 年增至 274 人，1903 年再增為 1300人；日俄戰後，受到日本戰勝的鼓舞，中國留日學生急遽增加，在 1906 年達到 12000 人的巔峰。[30] 另據估計，1901 年至 1910 年間，中國留日學生共達32428 人，成為清末民初中國社會一股不容忽視的重要力量。[31]

這一個新興群體，乃是中國新舊教育體制過渡時期的產物，也是第一批由傳統士人蛻變而成的新式知識分子。然而，他們所面臨的，卻是中國文化與社會前所未有的巨大變化。值此重大歷史關頭，民族主義在心理層面和社會層面都為他們提供了極為有力的憑藉與支撐。就前一層面而言，張灝指出，1895 年之後，中國急遽陷於深巨的政治與文化危機，傳統政治秩序開始由動搖而崩潰，傳統文化思想的核心價值也漸形解紐。在此徬徨無依、惑亂晦暗的時刻，一般知識分子亟須為自身的政治認同、群體的歸屬感與社會的價值取向，尋得一種新的凝聚力量與認同標誌，而民族主義意識形態正好提供了這項精神核心。許多知識分子便是在解決精神與思想危機的迫切需求下，接受了民族主義的洗禮。[32] 另一方面，隨著 20 世紀初期科舉制度的廢除，傳統中國以士農工商四大群體為基本構成要素的四民社會快速解體，由士轉化而成的知識分子不復壟斷文化霸權與論述霸權，也無法繼續掌握龐大的社會與象徵資本，

29　徐迅與許小青便都認為保國會章程中，「國」的概念仍極為含混，只是「從王朝國家觀到民族國家觀的過渡形態」，尚不足稱作嚴格意義的近代民族主義。參見徐迅《民族主義》，第 240 頁；許小青〈1903 年前後新式知識分子的主權意識與國家認同〉，《天津社會科學》2002 年第 4 期。

30　對於清末留日學生人數的不同估計，參見任達《新政革命與日本：中國，1898—1912》，李仲賢譯，江蘇人民出版社，2006，第 52—53 頁。

31　轉引自王振輝《中國民族主義與馬克思主義的興起》，韋伯文化國際出版有限公司，1999，第 139 頁。

32　張灝：〈關於中國近代史上民族主義的幾點省思〉，《時代的探索》，聯經出版公司，2004，第 77—78 頁。

因而逐漸陷入邊緣化的處境。基於權力角逐和資源競爭的需要，這些邊緣化的知識分子也就很容易受到民族主義運動的吸引。羅志田便認為，民族主義運動為新興的邊緣知識分子提供了重要的出路。他們在其中找到實現自身價值的手段，「從不值一文的白丁變成有一定地位的人物，國家的拯救與個人的出路融為一體」。[33]

就是在這種種錯綜複雜因素的交互作用下，民族主義的情緒與信念迅速瀰漫於中國知識分子群體之間。關於民族主義的各類論述，也成為他們爭相探究、聚訟紛紜的熱門議題。

當然，與近代中國民族主義的形成更為密切相關的，還是這群新式知識分子在留學期間，透過明治日本的中介，直接、間接受到19世紀末期盛行於歐美之各類民族主義思潮的浸濡後，又利用翻譯、著述的手段，大力散播這些新觀念，從而使得中國的民族主義獲得日益豐富的內涵，並由一股含混朦朧的意識，快速轉變成一套可以明確敘說的理念。鼓吹種族革命，排滿最力的章太炎自述其民族主義思想的發展次第，便坦陳其少年時期，因讀鄭思肖、王夫之等人著作，「民族」思想漸漸發達。不過，鄭、王「兩先生的話，卻沒有什麼學理」，一直要到甲午以後，瀏覽東西各國新書，「才有學理收拾進來」。[34] 像章太炎這樣，借助於西方民族主義的「學理」，來重新詮釋或改造傳統的族類思想，可說是晚清知識分子建構中國民族主義的過程中屢見不鮮的普遍現象。

根據陶緒等人的研究，晚清知識分子在西方諸多的民族主義理論中，主要選擇了伯倫知理（J. K. Bluntschli）、洛克與黑格爾等人的相關學說進行介紹。其中尤以伯倫知理的民族主義思想最受重視，影響尤大。

民族主義理論而外，晚清知識分子還大量譯介了西方的進化論學說以及18世紀法國思想家盧梭以「天賦人權」為中心的自由、平等思想。而19世紀英國社會學者斯賓塞、甄克思（Edward Jenks）等人著作中所包含的民族學理論，也受到他們的關注與吸納。這一大批時代不同、流派分殊、類型迥異乃至

33　羅厚立：〈從思想史視角看近代中國民族主義〉，李世濤主編《知識分子立場—民族主義與轉型期中國的命運》，第224—225頁。
34　章太炎：〈東京留學生歡迎會演說辭〉，湯志鈞編《章太炎政論選集》上冊，中華書局，1977，第269頁。

矛盾扞格的西方觀念與理論，在極短的時間內快速傳入中國，相互混雜、彼此糾結，為晚清民族主義思想的形成提供了極為強大的助力。[35] 不過，晚清知識分子在採擇這些思想學說時，往往由於知識背景、政治立場、現實利益與運動策略等各方面的差異，而有極為不同的取捨與偏重。如分別主張君主立憲與革命排滿的梁啟超與汪精衛兩人，雖然都遵奉伯倫知理的民族主義理論，卻對伯氏學說各有詮解，仁智不一，甚至互據一詞，角抵甚烈。[36] 這種特殊的現象，也使得近代中國民族主義論述自誕生伊始便呈現出紛歧多變的複雜面貌。

即便如此，晚清知識分子對於民族主義的理解，也並不是沒有共通之處。粗略而言，他們大都深受嚴復所譯赫胥黎《天演論》一書影響，幾乎都是透過「物競天擇，適者生存」的「社會達爾文主義」式的認知框架，來理解世界局勢與中國處境。從這種特殊的視野出發，晚清知識分子所理解的「民族主義」，便是在這「天演公例」的支配下，唯一足以「合群保種」、救亡圖存的不二法門。1902 年梁啟超發表〈論民族競爭之大勢〉一文，便明白指出：「今日欲救中國，無他術焉，亦先建設一民族主義之國家而已。以地球上最大之民族，而能建設適於天演之國家，則天下第一帝國之徽號，誰能篡之？」[37] 如論者所言，這大概便是當時積極從事民族主義之介紹與宣傳的知識分子的基本共識了。[38]

最早採取這一套論述策略來鼓吹民族主義思想的，也正是梁啟超本人。1901 年，梁啟超發表〈國家思想變遷異同論〉一文，率先揭櫫「民族主義」這個由日本漢語輾轉借來的新名詞。[39] 他在這篇文章中，便是從世界人群生存競爭的角度引入帝國主義理論，來論證打造中國民族主義的迫切性。梁啟超認為，西方民族主義萌芽於 18 世紀末期，而盛行於 19 世紀，對於世界局勢的變化造成極大影響。所謂民族主義者，「不使他族侵我之自由，我亦毋侵他

35 陶緒：《晚清民族主義思潮》，人民出版社，1995，第 152—157 頁；胡逢祥：〈民族主義與中國現代民族國家意識的形成〉，高瑞泉主編《中國思潮評論》第 3 輯《民族主義及其他》，上海古籍出版社，2011，第 14—15 頁。

36 參見陶緒《晚清民族主義思潮》，第 73 頁。

37 梁啟超：〈論民族競爭之大勢〉，沈鵬等主編《梁啟超全集》，北京出版社，1999，第 889—893 頁。

38 鄭大華：〈略論中國近代民族主義的思想來源及形成〉，鄭大華、鄒小站主編《中國近代史上的民族主義》，第 10—11 頁。

39 參見西川長夫〈Nationalism 與民族主義——以孫文及泰戈爾的民族主義為線索〉，李婉容譯，《臺灣社會科學季刊》第 75 期，2009 年 9 月。

族之自由。其在於本國也，人之獨立；其在於世界也，國之獨立」，實為「世界最光明正大公平之主義」。然而，人間萬事之發展，未必能盡合乎「正理」。蓋「自有天演以來，即有競爭，有競爭則有優劣，有優劣則有勝敗」，因而，強權之義，雖非公理而不得不成為公理。也就是在「優勝劣敗」的壓力驅迫下，歐美各國於民族主義高度發達後，「內力既充，而不得不思伸之於外」，以致「厚集國力擴張屬地之政策，不知不覺遂蔓延於十九世紀之下半」，一變而走上民族帝國主義的道路。梁啟超強調，由民族主義而變為民族帝國主義，乃是人類歷史發展的必然途徑。就此而論，民族主義實為一個國家立國的根本，「凡國而未經過民族主義之階級者，不得謂之為國」。[40]

繼梁啟超之後，許多留日學生也陸續撰文，闡述帝國主義的侵略本質。他們反覆強調，由於帝國主義列強爭霸世界的競爭日益激烈，中國勢將繼非、澳、拉美之後，成為列強侵略攘奪之首要目標，中國的民族危機已迫在眉睫。為謀救亡圖存，中國唯一可以倚恃的武器，厥為民族主義。近代中國的民族主義確如論者所一再指陳者，是在東西帝國主義列強不斷進逼、國亡無日的深重危機下，被激盪出來的一種「自衛型民族主義」。[41]這種根源性的因素，決定了中國民族主義的基本性格與關懷目標。自此以後，「反帝救亡」的主題始終盛行不衰，蔚為中國近代民族主義最為明顯的基調。

那麼，晚清知識分子又是怎樣理解民族主義的內涵，如何才能實現民族主義的目標呢？在這一方面，他們同樣展現出高度的一致性。在他們的認識中，民族主義的基本要旨，簡單而言，便是要建立一個強固的民族國家，以便有效因應外在情勢的嚴峻挑戰，完成救亡圖存的最終目標。1902年，梁啟超撰述《新民說》，開宗明義，首先便對民族主義的概念提出明確的界定：「民族主義者何？各地同種族同語言同宗教同習俗之人，相視如同胞，務獨立自治，組織完備之政府，以謀公益而禦他族是也。」[42]梁啟超而外，晚清知識分子也都受到歐洲各國民族建國先例的鼓舞，紛紛提出類似主張。1903年，蔣方震在《浙江潮》上刊出〈民族主義論〉一文，直截了當地為民族主義下了一個簡潔有力的定義：「合同種異種，以建一民族的國家，是曰民族主義」。

40　梁啟超：〈國家思想變遷異同論〉，《飲冰室文集之六》，第19—22頁。
41　蕭功秦：〈中國民族主義的歷史與前景〉，轉引自許紀霖《文化民族主義者的心路歷程》，李世濤主編《知識分子立場—民族主義與轉型期中國的命運》，第474、312頁。
42　梁啟超：《新民說》，臺北：中華書局，1978，第4頁。

他指出，唯有民族的國家，才能發揮其本族的特性，才能「合其權以為權，合其志以為志，合其力以為力」，從而才能在激烈的國際競爭中，「力戰群族而勝之，其本族日滋長發達而未有已」。[43]

經過梁啟超等人的大力宣揚，以民族建國為核心的民族主義思想風行一時，迅即瀰漫擴散於晚清的知識階層之間，更有力地喚醒了一般知識青年的國家觀念與民族意識。陳獨秀便自陳，他在甲午之前絲毫沒有國家的觀念，一直要到庚子之後，方才知道有個國家，「才知道國家乃是全國人的大家，才知道人人有應當盡力於這大家的大義」。[44] 他這種態度、觀念上的重大轉變，可說是當時許多人共同經驗的寫照。

另一方面，這些受過民族主義薰陶，「以愛國相砥礪，以救亡為己任」的知識分子，為了達成打造民族國家的目標，也紛紛將他們注目的範圍，向下擴充到一般社會大眾。基於動員群眾，強化民族凝聚力的需要，他們相繼創辦各類白話報刊，並大量利用小說、戲曲、彈詞等通俗文學形式，輔以宣講、演說等口語傳播，對一般民眾進行民族觀念及國家意識的灌輸。[45]

在這一連串密集而廣泛的宣傳下，20世紀初期，中國社會急速掀起一股熱烈的民族主義風潮。各項自發性的群眾民族主義運動亦在此一期間相應興起。諸如1903年由於俄據東北、拒不撤軍引發的拒俄運動，1905年因美國排斥華工激起的抵制美貨風潮，1908年因日船二辰丸私運軍火點燃的反日運動，乃至20世紀初期全國各地風起雲湧的收回路礦利權運動，皆有大批學生與城市工商居民捲入其間。以規模最為可觀的抵制美貨風潮而言，據估計，運動期間，全國工商學各界，無視清廷禁令，先後組成之抵制美貨運動的社團組織約有40個之多；運動所波及的範圍，更廣達160餘座城鎮。各地報刊也都以極大篇幅報導拒約消息，並發表評論，強調抵制運動為國人「愛國心」、「保種心」之顯現，運動成敗實為「國體榮辱、國民休戚之所繫」。[46] 正如論者所言，1905年的抵制美貨運動充分反映出中國民眾的視野已大為拓展，他們忠

43　余一（蔣方震）：〈民族主義論〉，張枬、王忍之編《辛亥革命前十年間時論選集》第1卷下冊，第485—492頁。

44　三愛（陳獨秀）：〈說國家〉，《安徽俗話報》第5期，1904年6月14日，第1頁。

45　關於晚清知識分子對社會大眾的意識形態宣傳與灌輸，參看李孝悌《清末的下層社會啟蒙運動，1900—1911》，中研院近代史研究所，1992。

46　參見王立新〈中國近代民族主義的興起與抵制美貨運動〉，《歷史研究》2000年第1期。

誠的對象不再局限於狹隘的地域與家族組織，而擴大到了國家民族。[47] 自此以後，民族主義成為中國社會最為有效而常見的動員手段，反映出近代中國民族主義的急遽擴散與深化。「中國者，中國人之中國」這一簡明有力的口號，也在這一浪潮的大力推動下，不脛而走，喧騰眾口，蔚為 20 世紀初期中國知識階層闡述群體認同時最為常見的修辭策略。[48]

但是，在晚清知識分子的心目中，「中國」到底指的是什麼？中國人與非中國人的界限又在哪裡？

二、民族主義下的國族想像

在進行下一步討論之前，我們有必要對本章先後間雜使用過的「國族」與「民族」這兩個詞，稍作分疏。

在當前漢語的習慣用法中，「國族」與「民族」二詞，異稱而同指，其實都是英文 nation 的譯名。然而，一如「民族主義」，相關學者基於不同的立場與關懷，對於「民族」的起源、性質及其與民族主義的關係，也抱持著截然不同的看法。早在 40 餘年前，《社會科學國際百科全書》便已指出：討論民族主義的學者，幾乎從來沒有釐清過他們所謂之「民族」的意涵，以致他們之間的爭辯雖然日益激烈，卻是治絲愈棼，「民族」之為物，反而更形晦暗難明。[49] 直到今日，這種情形並沒有太大的改善，「民族」的定義依然是學界熱烈爭論的問題。

從本章所採取的「建構論」（constructivism）的立場而言，「民族」縱有其歷史根源，本質上仍是一種現代情境下方才出現的「人為文化產物」。而這種在現代性的歷史條件下被人為地建構出來的「民族」，自其出現之初便帶有強烈的政治屬性。據研究，在羅曼語中，「民族」的原始意涵與血緣親屬或出生地域直接相關，但是從 1880 年代以後，「民族」的意涵發生重大變化，「民族」被逐漸界定為「轄設中央政府且享有最高治權的國家或政治共同體」，

47　Marie-Claire Bergere, "The Role of the Bourgeoisie," in Mary Wright, ed., *China in Revolution: the First Phase, 1900-1913* (New Haven, CT: Yale University Press, 1968), p.252.

48　據郭雙林研究，晚清報刊書籍中使用「中國者，中國人之中國」此一口號的，至少有 27 處之多。這一口號約在 1900 年首次出現，下至 1907 年仍被廣泛使用，而於 1903 年最為盛行，足征其傳播之廣、影響之巨。見郭雙林〈門羅主義與清末民族國家認同〉，鄭大華、鄒小站主編《中國近代史上的民族主義》，第 327—330 頁。

49　D. A. Rustow, "Nation", *International Encyclopedia of the Social Sciences* (1968), vol.11, pp.7-14.

或「該國所轄的領土及人民，兩相結合成一整體」。在這種新的認識下，現代意義的「民族」約略等同於「國家」，已不再只是單純血緣團體的地域性聚合，而是一個蘊含著公民之概念的政治共同體。[50] 徐迅認為，民族主義意義上的「民族」的主要特質，並不在於其與舊有族群在歷史和文化上的連續性，而恰恰在於其與民族國家不可分割的關聯性。[51] 陳明明更明白指出，西方近代所形成的「民族」，乃是一種「政治民族」；它與國家主權構成一體化的關係，把「民族的生存、獨立、發展」與國家利益聯繫起來，並將「對國家的忠誠置於對家族、村落、社區、等級、階級、宗教的忠誠之上」，因而，其政治屬性極其彰著鮮明。[52] 這樣的「民族」，嚴格而論，乃是一個與國家密不可分的「國族」。

晚清知識分子在民族主義的鼓蕩下，高揭「民族建國」的大纛，其所戮力建構的，也正是一種高度政治性的「國族」。事實上，晚清知識分子對於 nation 的這層含義，也並非一無所悉。1906 年，張君勱在譯述穆勒的《代議政治論》時，便採用了「國族」一詞，並於其下添加小注云：「『國族』二字，原文名曰 Nationality，其意為可成一國之族，故譯曰『國族』，而不譯『民族』」。[53] 可見他對「國族」之意涵，已有相當深刻的體認。

但是，這種與「國家」緊密相關的「國族」概念，正是傳統中國所極度欠缺的。據郝時遠考訂，早在西元 5 世紀的南朝宋、齊時期，中國文獻中已使用「民族」一詞來指涉人群共同體。不過，此一詞語的含義，指的是宗族之屬或華夷之別，而與現代意義的「民族」相去甚遠。[54] 道光年間，西洋傳教士曾在其所編纂的報刊上使用「民族」一語來對譯 nation，從而賦予其嶄新意涵，卻並未引起任何注意，更不曾蔚為風尚。[55] 此後，古漢語的「民族」一詞傳入

50　E. J. Hobsbawm, *Nations and Nationalism since 1870* (Cambridge: Cambridge University Press, 1992), pp.14-16.

51　徐迅：《民族主義》，第 24 頁。

52　陳明明：〈政治發展視角中的民族與民族主義〉，李世濤主編《知識分子立場——民族主義與轉型期中國的命運》，第 54 頁。

53　立齋（張君勱）：〈穆勒約翰議院政治論〉，《新民叢報》第 90 號，1906 年 11 月，第 22 頁。此外，早在 1903 年鄒容撰《革命軍》，便使用過「國族」一詞，但鄒容並未對此詞的意涵做任何詮釋。轉引自張玉法編《晚清革命文學》，經世書局，1981，第 129 頁。

54　郝時遠：〈中文「民族」一詞源流考辨〉，《民族研究》2004 年第 6 期。

55　1837 年 10 月，普魯士傳教士郭士立（Charles Gutzlaff）所創辦的《東西洋考每月統記傳》（*Eastern Western Monthly Magazine*）刊載〈約書亞降迦南國〉，文中有曰：「昔以色列民族如行陸路渡約耳但河也」，此處的「民族」，已屬現代意義的用法，這是目前所知最早使用「民族」一詞的例證。見黃興濤〈「民族」一詞究竟何時在中文裡出現？〉，《浙江學刊》2002 年第 1 期。

日本，又被明治維新時期的日本知識分子用來對譯西文 volk、nation、ethnos 等概念。20 世紀初期中國知識分子群中廣泛流傳的「民族」一詞，主要是從日譯西書中輾轉習得，而與其在漢語脈絡中的原始意義大相徑庭。[56] 就此而言，我們目前慣用之「民族」一詞，其實是一個翻譯名詞。

「民族」一詞所歷經的中、西、日等不同文化系統間跨語際（translingual）文化實踐的複雜過程明白顯示出，20 世紀之前，中國人的政治意識中並不存在著「國族」的概念；他們所謂的「中國」，也並不是一個民族與國家緊密相繫、互為表裡的現代政治共同體。也就是在這層意義上，梁啟超奮筆為文，一意鼓吹新民之說，其所追尋的目標，也正在於打造一個超越朝代斷限，並與「國民」合為一體的中國國族。這當然並不是梁啟超一人所獨有的關懷。事實上，越來越多的留日青年學生，也在民族主義風潮的激勵下，展開了近代中國「國族想像」的偉大工程。

這群留日知識青年之所以能在 20 世紀初期擔負起想像中國國族的歷史任務，可說是因緣際會，與他們所處的特殊境遇息息相關。晚清留日學生離鄉背井、負笈異域的共通經驗，也為一種超越家族與地域畛域的認同形式—國族認同提供了有利的條件。

清末留日學生的派遣，原本是以省區為單位，各自為政，互不相干。這些學生抵日之初，往往也還抱持著強烈的省籍意識，他們所創辦的刊物如《江蘇》、《河南》、《浙江潮》、《湖北學生界》等等，便大都是以各省省名為標題，彼此之間壁壘分明。[57] 但是，在明治日本這個巨大「他者」的注視下，這群青年知識分子從彼此共用的日常經驗中，逐漸孕育出一種血肉相連、休戚與共的共同體意識。群體中任何個人遭到的譏嘲與屈辱，也不再只是單個人、家族或省區所承受的恥辱，而是被當作全體「中國人」共同的恥辱。

另外一個更為重要、影響更為廣泛的共同經驗，則是發生於 1903 年的大阪博覽會事件。該年 3 月，日本政府於大阪舉辦第五回內國勸業博覽會，規模盛大，除分設機械、美術、動物、農林、教育、工藝等館，陳列日本本國

56　郝時遠：〈中文「民族」一詞源流考辨〉，《民族研究》2004 年第 6 期。
57　美國學者裴士鋒（Stephen Platt）甚至把清末湖南籍知識分子強烈的省籍意識當作湖南本土的民族主義。參見 Stephen R. Platt, *Provincial Patriots: The Hunanese and Modern China* (Cambridge, Mass.: Harvard University Press, 2007).

出產品外，並擬創設人類館，雇用「北海道蝦夷、臺灣之生蕃、琉球、朝鮮、支那、印度、爪哇」等七種人，在館內展演各該人種的固有特性、生活進化程度及其「惡風蠻習」等，以供觀覽。消息傳出，留日學生異常激憤，群起抗議。留學生會館即日集議，起草了題為〈嗚乎支那人！嗚乎支那人！〉的傳單，分送各處；同時又聯絡大阪僑商，向日方提出抗議，並致函清廷觀會大臣載振等人，勸阻其來日參觀。清廷駐神戶領事蔡勛及駐日公使蔡鈞也分別通過外交管道，要求日本政府出面解決此一事端。在各方壓力下，日本外務省被迫下令大阪府，取消在人類館展出「支那人」的計畫，此一風波才告歇止。[58] 在此期間，留日學生界與中國國內的報刊莫不大聲疾呼，強調此一事件乃是全體中國人的共同恥辱。《新民叢報》所刊評論便說：「乃日人竟擬於其中置一中國人，撮拾我一二舊俗，模肖其腐敗之態，以代表我全國。嗚乎！其侮辱我實甚矣。」[59] 天津《大公報》也發表了一篇充滿強烈情緒的論說：「今聞大阪博覽會所設人類館，刻畫中國人吸鴉片、纏雙足之情況，裝置其中，以為野蠻人類。吾不禁為中國人羞，為中國人憐，為中國人嘆惜痛恨而不能自已。」[60] 這些言論，充分反映出 20 世紀初期的中國知識階層，確已發展出一種同胞一體、榮辱與共的國族意識。

另一方面，從大阪博覽會的事例，我們也可以看出新式報刊在國族想像的過程中所曾發揮的重大作用。本尼迪克•安德森曾經指出：由印刷資本主義所造成的報刊、文學和教科書的大量擴散及其所構成的世俗語言共同體，乃是國族想像至關重要的媒介。[61] 20 世紀初年的中國，同樣也具備了這項不可或缺的物質基礎。1895 年之後，因時局的刺激，私人創辦的政治性報刊大量湧現，為中國民族主義的發展提供了強大的助力。據統計，1900～1918 年，在中國境內及國外各地區出版的中文定期報刊有七八百種之多。[62] 另據史和等人統計，從 1896 年到 1898 年，全中國創辦的中文報刊共有 100 餘種；而

58　此一事件的經過，參看嚴昌洪、許小青《癸卯年萬歲—1903 年的革命思潮與革命運動》，華中師範大學出版社，2001，第 62—65 頁；坂元ひろ子〈中國民族の主義神話—進化論•人種觀•博覽會事件〉，《思想》849 期、頁 61—84。

59　〈日人侮我太甚〉，《新民叢報》第 25 號，1903 年 2 月 11 日，第 81 頁。

60　轉引自楊瑞松〈近代中國國族意識中的「野蠻情結」〉，《新史學》第 21 卷第 2 期，2010 年 6 月。

61　Benedict Anderson, *Imagined Communities*, pp.42-46.

62　丁守和主編《辛亥革命時期期刊介紹》第 1 集，人民出版社，1982，〈說明〉，第 1 頁。

1906 年到 1910 年，每年創辦的報刊便有 100 多種；1911 年一年間，更高達
200 餘種。[63] 這些報刊中，不乏知識分子為啟蒙下層民眾所創辦的白話報與俗
話報；它們使用的淺白語言，不但促成這些印刷媒體極為龐大的流通規模，也
將各項新觀念傳播給了更多的讀者。誠如論者所言，晚清報刊為中國人提供了
一個有效的平臺，使他們得以在比傳統社會組織規模更大的群體中相互溝通，
彼此交流對中國與外在世界的理解與感情。它將原本鬆散的中國社會黏合成一
個政治體（political body），從而為「想像中國」這一國族打造的工程，提供
了現實的可能性。[64]

　　那麼，晚清知識分子又是通過怎樣的方式來進行中國國族的想像呢？

　　許多研究民族主義的學者都注意到國族所具有的自相矛盾的兩面性：國
族雖然是在近代的民族主義風潮中，通過一系列符號與儀式，被建構出來的
人為文化產物，但是，幾乎所有的民族主義者對自身「國族」的表述與宣示，
卻都是將之視為具有久遠綿長的歷史，並由血緣、語言、宗教等根基性紐帶相
維繫的共同體。用安德森的話來說：「縱使眾所公認，民族國家是『嶄新的』、
『歷史性的』，但是在政治上以民族國家為表現形式的『國族』，卻總是從一
個渺遠而無從追憶的過去中浮現出來」。[65] 也正因如此，民族主義才能激發國
族成員自然的歸屬感，創造出一種文化情境，使得原本互不相識的陌生人產生
同屬一體的連帶感。在這個意義上，國族具有「神話」的特質，它是借助於
想像來實現的認同範疇。而這個範疇所以形成，往往又是透過對群體「過去」
的選擇、重組乃至虛構，來創造自身的共同傳統，以便界定群體的本質、樹立
群體的邊界，並維繫群體內部的凝聚。[66] 換言之，國族的象徵性建構，實與所
謂「歷史的意識形態」密切相關。徐迅便指出：在各國的民族主義運動史上，
通常都是由知識分子此一社會階層，承擔起民族主義意識形態之創造者與詮
釋者的角色。他們「抉隱發微於古籍，牽強附會於現實，編造出『自古以來』

63　史和、姚福申、葉翠娣編《中國近代報刊名錄》，福建人民出版社，1991，第 393—419 頁。

64　Guoqi Xu, "Nationalism, Internationalism, and National Identity: China from 1895 to 1919," in C.
　　X. George Wei and Xiaoyuan Liu, eds., *Chinese Nationalism in Perspective: Historical and Recent
　　Cases* (Westport, Connecticut: Greenwood Press, 2001), p.104. 有關晚清報刊與中國國族想像
　　的密切關係，參見姜紅〈「想像中國」何以可能—晚清報刊與民族主義的興起〉，《安徽
　　大學學報》2011 年第 1 期。

65　Benedict Anderson, *Imagined Communities*, p.11.

66　王明珂：《華夏邊緣：歷史記憶與族群認同》，允晨文化出版公司，1997，第 51 頁。

的民族發展史，指稱民族祖先，發明民族符號，從而為民族主義意識形態提供文化理論基礎」。也就是在操弄歷史記憶及思古懷舊情緒的過程中，關於「國族」的神話，被編織了出來。[67]

不過，主張「族群象徵論」（ethno-symbolism）的安東尼・史密斯（Anthony D. Smith）卻對安德森等人的理論多所批評。他認為，國族雖然是與西方「現代性」相伴而生，卻並非純屬「發明」或「想像」的產物，而是在其原有之族群傳統的基礎上被「重新建構」而成。任何國族的「發明」或「想像」，都不可能憑空而生，族群的過去必然會限制「發明」的揮灑空間。[68]

同樣的，晚清的民族主義知識分子也絕不是在一片真空的狀態下，任意模塑他們心目中的理想「中國」。事實上，他們只能透過傳統文化象徵所構成的意義系統，來理解來自西方的「國族」的意涵。他們對中國國族的建構與想像，自然也只能以中國固有的文化、歷史資源為基礎，並受到現實政治、社會與經濟條件的限制。在這種情境下，晚清知識分子一方面從塵封已久的遠古傳說，尋覓出一個茫昧難稽的神話人物—黃帝，透過各種敘事策略，將其轉化成國族認同的祖源符號，並以之作為界定中國國族邊界，區隔國族成員與非成員的表徵。在他們的努力之下，辛亥革命前十餘年間，中國知識界掀起一股聲勢浩大的「黃帝熱」，在大量報章雜誌中，處處可見關於黃帝的記載與論述。而無數個別的「中國人」，遂亦得以借由「黃帝子孫」的稱號，躋身中國國族共同體，共同摶成一個血脈相連、休戚與共的整體。我們甚至可以說，「黃帝」乃是晚清國族建構過程中效力最為強大、影響最為深遠的一個文化符號。[69]

另一方面，晚清知識分子也和所有致力於國族想像的民族主義者一樣，把建構國族歷史視為當務之急。如前所述，歷史敘事與國族的建構關係極為密

---

67 徐迅：《民族主義》，第 79 頁。
68 Anthony D. Smith, "The Nation: Invented, Imagined, Reconstructed?" in Marjorie Ringrose and Adam J. Lerner, eds., *Reimaging the Nation* (Buckingham: Open University Press, 1993)，pp.9-28. 關於「族群象徵論」的簡介，參看 Anthony D. Smith, *Ethno-symbolism and Nationalism: A Cultural Approach* (London and New York: Routledge, 2009).
69 關於黃帝與近代中國國族想像的關係，論者甚眾，參看沈松僑〈我以我血薦軒轅：黃帝神話與晚清的國族建構〉，《臺灣社會研究季刊》第 28 期，1997 年；孫隆基〈清季民族主義與黃帝崇拜之發明〉，《歷史研究》2000 年第 3 期；王明珂〈論攀附：近代炎黃子孫國族建構的古代基礎〉，《中央研究院歷史語言研究所集刊》第 73 卷第 3 期，2002 年；羅志田〈包容儒學、諸子與黃帝的國學：清季士人尋求民族認同象徵的努力〉，《臺大歷史學報》第 29 期，2002 年；石川禎浩〈20 世紀初年中國留日學生「黃帝」之再造—排滿、肖像、西方起源論〉，《清史研究》2005 年第 4 期。

切。晚清知識分子正是基於此一迫切需求，而相率致力於一套中國國族歷史的建構。1902 年，梁啟超率先舉起「史界革命」的旗幟，要求改造傳統的中國歷史書寫方式。他強調，以往中國史家，「不過記述人間一二有權力者興亡隆替之跡」，他們所寫的歷史，「實不過一人一家之譜牒」；而真正的歷史，「必探索人間全體之運動進步，即國民全部之經歷，及其相互之關係」。以此標準而論，「雖謂中國前者未嘗有史，殆非為過」。[70] 在他的號召下，以「民史」為標榜的「新史學」，遂成為晚清知識分子爭相從事的重要工作。在這套由 19 世紀歐洲之「直線進化史觀」所支配的史學典範引導下，中國國族，透過一套由新的語彙與敘事結構所構成的論述策略，被建構成一個根基性、本質性、統一而連續的集體偶像，並進而取得中國歷史主體的特權地位。相應於此，中國的「過去」又反過來在這套「國族敘事」的支配下，被轉化成為「國族」起源、發展的歷程。從梁啟超所撰寫的〈愛國歌〉，便可以看出在熾熱的國族感情激勵下，中國的「過去」如何克服了他所謂的「無國」之困境，並擺脫歷代王朝興衰的窠臼，被表述成一個整體性國族連續而悠久的光榮「歷史」：

> 彬彬哉！我文明。五千餘歲歷史古，光焰相續何繩繩，聖作賢述代繼起，浸濯沉黑揚光晶。……結我團體、振我精神，二十世紀新世界，雄飛宇內疇與倫？可愛哉！我國民。可愛哉！我國民。[71]

　　也就是在這一片歡欣鼓舞的謳歌頌讚聲中，「中國」作為一個現代意義的國族共同體，終於孕育成形。[72]

　　可想而知，晚清知識分子萬流並進，共同努力以建構中國「國族」，其所期望的，乃是一個同質而整體的政治共同體。然而，許多關於國族建構的研究卻都指出：任何共同體的建構，事實上都遵循著區隔「我群」與「他群」的「排拒性」原則。而不同的「排拒性」原則，自不免形塑出迥然異趣的國族想像，也可以促生截然不同的國族計畫。[73] 因而，國族並不是一成不變的恆

70　梁啟超：〈中國史敘論〉，《飲冰室文集之六》，第 1 頁。

71　梁啟超：〈愛國歌四章之三〉，《飲冰室文集之四十五（下）》，第 21—22 頁。

72　關於晚清史學革命與國族建構的關係，參見黃進興〈中國近代史學的雙重危機：試論「新史學」的誕生及其所面臨的困境〉，《中國文化研究所學報》（香港）新 6 期，1997 年；沈松僑〈振大漢之天聲—民族英雄系譜與晚清的國族想像〉，《中央研究院近代史研究所集刊》第 33 期，2000 年。

73　Floya Anthias & Nira Yuval-Davis, *Racialized Boundaries: Race, Nation, Gender, Colour and Class and the Anti-racist Struggle* (London: Routledge, 1992) , pp.28-29.

定事物，而是一套隨著具體脈絡與現實條件的不同，變易不居的論述形構。中國的情形也不例外。晚清知識分子對於如何釐劃中國國族的界限，同樣有著極為不同的認知與詮釋。在滿漢族群矛盾與政治權力競逐的具體歷史情境中，他們基於對政治現實的不同體認、解決中國問題的不同策略與夫彼此分歧的政治利益，對於「中國」之為何物、「中國人」之何以為中國人，因而也有著迥然異趣的論述方式。

根據對國族邊界的不同建構方式，我們或許也可以把晚清知識分子所想像的中國國族區分為三種類型：族群（或種族）的國族、文化的國族與政治的國族。下文，我們為了討論的方便，將分別以章太炎、康有為與梁啟超三人為主要代表，探究這三種國族類型在 20 世紀初年的建構過程。[74]

三、黃帝子孫—作為族群共同體的中國

1907 年，晚清知識分子群體正因革命與立憲的不同立場論戰方酣之際，倡言排滿的章太炎為了批駁立憲派楊度等人的主張，在革命黨的機關報《民報》上發表了一篇類似建國宣言的文章，陳述他對中國政治前途的期望。在這篇文章中，章太炎主張把推翻清朝後所建新國，定名曰「中華民國」。[75] 所以然者，蓋「華」之為義，與「夏」、「漢」諸名，皆為遠古以來漢人族群為「表別殊方」，與夷狄異種諸族群相區隔，所使用之自我稱謂。因而，「建漢名以為族，而邦國之義斯在；建華名以為國，而種族之義亦在」。換句話說，以「華」名國，意味著中國國族只能是由漢人族群所組成的政治共同體。他認為，唯有如此，一個嶄新的民族國家—「中華民國」，才能真正成立。[76]

如上所述，傳統中國的族類意識由來甚古，宋代以後，更蔚為漢族士人分辨華夷、攘斥異族的基本文化資源。章太炎以漢族為主體的國族論述，顯然

---

74 當然，這三種國族類型之間並沒有巍然壁立、不可逾越的森嚴界限，而是相互滲透、彼此交疊，共同構成一套既對立又依存的複雜關係。同樣的，章、康、梁這三位著名知識分子豐富多彩的思想內涵，也遠遠不是用這三種國族想像類型所能輕易概括。因此，本章所做的類型分析，不過是歷史詮釋的方便法門，只能藉以約略顯示近代中國國族想像的大致形貌與基本進路而已。

75 據考訂，最早以「中華」二字為中國命名者，仍是梁啟超。1902 年，他在政治小說《新中國未來記》中，便以「大中華民主國」來稱呼其理想中的新中國。1903 年，鄒容也將革命後的中國定名為「中華共和國」。至於「中華民國」一名的正式出現，則首見於 1906 年孫中山所制定的《中國同盟會方略》。參見郭雙林《門羅主義與清末民族國家認同》，第 338 頁。

76 太炎：〈中華民國解〉，《民報》第 15 號，1907 年，第 1—17 頁。

也承襲了此一歷史遺產。不過，中國傳統所謂「族類」，並無固定不變之內涵，華夷之間的邊界，也往往只是特定歷史情境下的偶然產物。然而，章太炎與其同時代知識分子所理解的「漢族」，卻混雜了來自西方的「種族」概念，進一步被轉化成一個以根基性的血緣紐帶相聯繫的生物性範疇。[77]

所謂「種族」（race），原為近代西方的產物。古代西方世界，並無「種族」的概念。及至 16 世紀，「種族」一詞逐漸出現於西方各主要文字的詞彙中，唯其意涵與其現代用法仍風馬牛不相及。等到啟蒙運動以後，隨著西方生物科學的發展與海外拓殖，種族才又慢慢轉化成為一套根據血統、祖源、體貌、膚色等生物性體質特徵來區辨人群的分類範疇。[78] 19 世紀後期，此一概念經由日本學者的譯介，並結合「物競天擇，適者生存」的社會達爾文主義論述，迅速流傳於中國知識分子群中。[79] 戊戌前後，「保種」、「種戰」的呼聲即已席捲一世。皮錫瑞在長沙南學會宣講時便強調：世界人種分為黃、白、紅、黑四種，彼此競爭，紅、黑二種之人，野蠻無識，為白種人所消滅殆盡。而中國黃種之人，雖有聰明才智，不遜白種，卻不知講求開通，致為西人所凌逼，「將有滅種滅教之懼」。[80] 此後，「種族」之義浸濡日深，蔚為晚清時人認識自我、解釋世界的重要概念框架。鼓吹革命的陳天華，便把全球人類分為黃、白、黑、棕、紅五個人種，而每個人種又可細分為若干亞種；以黃種而言，「則十八省的人，皆係漢種」。[81] 即便是日後鼓吹以「國民」取代族群、文化，作為中國國族之基本構成原則的梁啟超，其最初所提出的國族認同，同樣是以「種族」為依歸：「對於白、棕、紅、黑諸種，吾輩劃然黃種也」。[82]

經過「種族」觀念的滲透，傳統「族類」論述染上極其強烈的生物學色彩，也促生了以「血統」作為「民族」構成之首要因素的看法。[83] 在這種種族

---

77 關於近代中國之「種族」概念，參看 Frank Dikötter, *The Discourse of Race in Modern China* (Stanford: Stanford University Press, 1992), esp. chapter 4, "Race as Nation", pp.97-125.

78 Ivan Hannaford, *Race: the History of an Idea in the West* (Baltimore: The John Hopkins University Press, 1996), pp.4-9.

79 郝時遠便指出：「種族」一詞在近代中國被廣泛運用。所以如此，除了歷史傳統外，還與日人「同種一族」攘夷自強的成功、西方社會達爾文主義和人種學知識的傳入直接相關。參見郝時遠〈中文「民族」一詞源流考辨〉，《民族研究》2004 年第 6 期。

80 《皮鹿門學長南學會第六次講義‧論保種保教均必先開民智》，《湘報類纂》第 1 冊，光緒二十八年刊本，大通書局 1969 年影印本，第 370—374 頁。

81 陳天華：〈猛回頭〉，《陳天華集》，湖南人民出版社，1982，第 28 頁。

82 梁啟超：〈中國史敘論〉，《飲冰室文集之六》，第 7 頁。

83 郝時遠：〈中文「民族」一詞源流考辨〉，《民族研究》2004 年第 6 期。

化的民族觀支配下，「漢族」作為一個族群團體，實已偏離傳統「華夷之辨」
對歷史、文化條件的強調，轉而訴諸血統、祖源等生物性因素，在我族與異己
群體之間，劃下一條不容逾越的「自然」界線。章太炎在上引同一篇文章中，
便認為文化乃「種族」的衍生產物，甚至強調「文化相同，自同一血統而起」，
如果兩種血統截然不同、彼此對立，則「雖欲同化末由」。換言之，他根本否
定了不同族群經由文化接觸，漸次同化混融的可能性。

　　既然民族與種族息息相關，密不可分，許多晚清知識分子在 20 世紀初期
展開中國的國族建構時，他們所能想像的「中國」，便不能不是一個同一血統
傳承之人群所構成的族群共同體：「中國」，只能是由漢族所組成的單一民族
國家。1903 年，湖南留日學生所創辦的《遊學譯編》中的文章，便直截了當
地說道：「民族建國者，以種族為立國之根據地；以種族為立國之根據地者，
則但與本民族相提攜，而不能與異民族相提攜，與本民族相固著，而不能與
異民族相固著。」[84] 柳亞子在〈民權主義！民族主義！〉一文中也說道：「人
種的起源，各各不同，就有種族的分別，凡是血裔風俗言語同的，是同民族；
血裔風俗言語不同的，就不是同民族」。[85] 及 1905 年《民報》創刊，汪精衛
更明白宣示「民族的國民」之建國方針，號召漢族大眾奮起實踐民族主義之要
求，「以一民族為一國民」。[86] 在這樣的論述策略下，國家、國民與種族，殆
已混而為一。我們或許可以把這樣的國族建構模式，定位為一種「族群的民族
主義」（ethnic nationalism or ethnonationalism）。

　　晚清知識分子以血統、種族來區劃中國國族之邊界，其現實作用，也正
是在樹立漢族的主體地位，將其他族群刻意排除於「中國」之外。《革命軍》
的作者鄒容便強調：「中國者中國人之中國也」，因此，「有異種賤族染指於
我中國，侵占我皇漢民族之一切權利者，吾同胞當不惜生命共逐之，以復我
權利」。[87] 劉師培也說：「同種者何？即吾漢族是也；祖國者何？即吾中國是
也。……中國者，漢族之中國也。叛漢族之人，即為叛中國之人；保漢族之人，

84　〈民族主義之教育〉，《遊學譯編》第 10 期，1903 年 9 月，張枬、王忍之編《辛亥革命
　　前十年間時論選集》第 1 卷上冊，第 405 頁。
85　棄疾（柳亞子）：〈民權主義！民族主義！〉，張枬、王忍之編《辛亥革命前十年間時論
　　選集》第 2 卷下冊，第 814 頁。
86　精衛：〈民族的國民〉，《民報》第 1 號，1905 年，第 31 頁。
87　鄒容：《革命軍》，張玉法編《晚清革命文學》，第 127 頁。

即為存中國之人。」[88] 在他們看來，中國長期以來之所以「國魂」銷亡、對外不競，中國民眾之所以淪為「奴隸」，不克超拔而為「國民」，其根本癥結，固應歸諸「滿洲異族」之壓制。因此，中國問題之真解決，端繫乎漢人民族意識之覺醒；而欲達成「民族建國」之目標，便不能不從「排滿革命」入手。1903 年，章太炎在上海獄中答覆新聞記者對其革命動機的詢問時說：「夫民族主義，熾盛於二十世紀，逆胡羶虜，非我族類，不能變法當革，能變法亦當革；不能救民當革，能救民亦當革。」[89] 在這樣的號召之下，醉心於救國建國之國族大業的知識分子，遂相率投身於「種族革命」。一時之間，排滿、復仇之聲，震動中外，深入人心，辛亥革命期間出版的《光復軍志》便說：1903年以後，「清命既訖，漢族重光，其談政治革命者，始亦嘗聲滿天下，一時皆屏跡捲舌，不復敢吐氣，獨言種族革命者暴稱焉」。[90] 由此可見，晚清的「反滿」革命運動，固有其政治資源競爭的現實層面，而高度種族化的國族論述，於彼時深入人心，幾為人人所曉，確實也為革命實踐提供了有利的意識形態基礎與強大的感情動力。

　　另一方面，以「種族」為「國族」的論述策略，所以能在晚清席捲一世豪傑，掀動無數人心，亦自有其深厚的社會與文化基礎。如眾所知，中國的社會組織長久以來大抵是以家族制度為本位。而「族群民族主義」以血緣為中心所建構出的國族共同體，恰可與家族制度長期形塑而成的社會深層意識相呼應。在晚清的「族群民族主義」論述中，「中國」正是透過傳統家族制度所模塑而成的「符號宇宙」（symbolic universe），被想像成一個擴大化的家族。1903 年，《江蘇》雜誌發表的〈中國民族之過去與未來〉一文便說：「合眾家族而為集合體者曰民族。民族者，由家族而發達，同一系統於始祖，其民族之勢強盛，同民族之人同其福；其民族之勢衰弱，同民族之人同其禍，其關係顧不切哉」。[91]

　　「中國」既然是一個大家族，血統、祖源、同胞等概念自然成為晚清提倡「族群民族主義」的知識分子賴以鼓鑄國族意識、凝聚國民群體的主要符

88　劉師培：〈論留學生之非叛逆〉，《蘇報》1903 年 6 月 22 日。
89　章太炎：〈獄中答新聞報〉，湯志鈞編《章太炎政論選集》上冊，第 233 頁。
90　龔翼星：《光復軍志》，轉引自王春霞《「排滿」與民族主義》，社會科學文獻出版社，2005，第 122 頁。
91　劻魯：〈中國民族之過去與未來〉，《江蘇》第 3 期，1903 年，第 2 頁。

號資源。為此，如前所述，他們從中國的古史傳說中，尋得一個茫昧難稽的神話人物—黃帝，奉之為中國民族的「始祖」，以之為國族認同的文化符號。經過此一文化重構的過程，個別的中國國民被賦予「黃帝子孫」的身分，並得借由此一祖源符號的轉喻，共同搏成一個血脈相連、休戚與共的親族團體。鄒容便是利用「黃帝子孫」的敘事策略，來為「反滿革命」提供正當性的基礎：「中國之一塊土，為我始祖黃帝所遺傳。子子孫孫，綿綿延延，生於斯、長於斯、衣食於斯，當共守，其勿替。」[92]陳天華也說：「漢種是一個大姓，黃帝是一個大始祖，凡不同漢種，不是黃帝的子孫的，統統是外姓，斷不可幫他的。若幫了他，是不要祖宗了」。[93]1907 年成立於東京的共進會，更在所發布的宣言中極力訴求於「黃帝子孫」此一意象所召喚出的親族感情：「須要曉得我們是漢人，同是軒轅黃帝子孫，全中國四百兆人，都是同胞，好像個大家庭—所以我們才要……共拚死力，有進無退的去殺滿人韃子，取回中國，仍舊漢人作主，才算是英雄」。[94]

在這樣的國族論述下，晚清知識分子所鼓吹的「族群民族主義」意識形態，實際上乃是一種糅雜著家族、種族與國族等不同概念範疇的「混雜論述」（hybrid discourse）。然而，這套論述策略，卻在當時發揮了無與倫比的強大效應。倡言「排滿」的激進人士，固然挾此以為種族革命之宣傳；即便是反對「排滿」，主張超越族群界限，另循他途，以鑄造中國國族的康有為、梁啟超諸人，也不能不汲引「黃帝子孫」的符號資源，來進行他們對於「中國」的想像。1899 年，康有為在加拿大華人社區發表演講，便說：「我國皆黃帝子孫，今各鄉里，實如同胞一家無異。」[95]1904 年，梁啟超為亞雅音樂會撰作〈黃帝〉樂曲四章，極力頌揚黃帝功德，同樣也是從「家族」與「種族」的角度，來激勵國人的國族意識。[96]因此，我們或許可以把這種「族群民族主義」的國族建構模式，視為支配近代中國國族想像的主流模式。事實上，直到民國成

---

92 鄒容：《革命軍》，第 127 頁。

93 陳天華：〈警世鐘〉，《陳天華集》，第 81 頁。

94 李白貞：〈從共進會成立到武昌起義前夕的活動〉，轉引自王春霞《「排滿」與民族主義》，第 219 頁。

95 康有為：〈在烏威士晚士叻埠演說〉，湯志鈞編《康有為政論集》上冊，第 403 頁。

96 詞曰：巍巍我祖名軒轅，明德一何遠。手闢亞洲第一國，布地金盈寸。山河錦繡爛其明，處處皆遺念。嗟我子孫！保持勿墜乃祖之光榮。見梁啟超〈飲冰室詩話〉，《新民叢報》第 57 號，1904 年 11 月 7 日，第 91—92 頁。

立，改行「五族共和」十餘年後的 1924 年，孫中山在廣州演講三民主義，還是把民族構成的首要因素，歸結於「血統」。[97] 即使到 1937 年，齊思和仍然需要特意撰文，闡發「民族」與「種族」的重大差異，以矯正國人根深蒂固的錯誤認知。[98] 而一般華人在日常生活中，也往往不自覺地將「黃帝子孫」當作一項主要的認同符號。由此而言，晚清知識分子基於特定政治目標，建構出一個作為族群共同體的「中國」，固然有力地推動了近代中國國族計畫的開展，同時卻也嚴重地局限了此一計畫所可能激發的想像空間。

四、保教保國—作為文化共同體的中國

　　面對著革命黨人「以種族為國族」的「族群民族主義」的強大壓力，矢志保皇立憲的康有為，同樣也在 1907 年發表了一篇文章，企圖在祖源、血統等生物性因素之外為中國國族的塑造找出另外一條可能的途徑。

　　如果說，晚清革命派鼓吹「排滿」，要求建立單一漢族民族國家的思想根源，主要來自傳統「族類」觀念中「嚴夷夏之防」的封閉性面向，那麼，康有為所運用的策略，便是動員「族類」觀念中具有開放性的另一側面，來為破除滿漢族群畛域的政治主張提出辯解。如前所述，中國舊有以夷夏之辨為表徵的族類觀念，原無固定不變之內涵，夷、夏之間的界限也是隨著現實政治形勢與族群力量對比的變化不斷遷易流轉。一般而言，政治情勢越不利於漢族，則漢族士人越趨向於以種族、血統等「自然」界限劃斷夷夏；反之，則所謂夷夏的分野，往往是以文化的高下為判準，因而也是可以改變的。在這種相對開放的族群區劃中，「中國」一詞所表述的，毋寧乃是一個由特定道德、文化秩序所構成的共同體。18 世紀，雍正帝手撰《大義覺迷錄》，便正是以「文野之分，華夷互變」的文化界限來證明滿人統治中國的合法地位。

　　同樣的，晚清的康有為也是憑藉著「文化」的尺度，來宣揚滿漢混融、同為中國「國民」的說法。在 1907 年那篇文章中，他與章太炎同樣主張中國國名應改稱「中華」。但是，他所謂的「中華」，除了仍舊保留帝國的政治形式外，對於「中華」之所以為國的基本組成原則，更有著與章太炎截然不同的構想。

97　孫中山：〈民族主義〉，《孫中山選集》，第 619 頁。
98　齊思和：〈民族與種族〉，《禹貢半月刊》第 7 卷第 1—3 期合刊，1937 年，第 25—34 頁。

　　一如斯時深受民族主義激盪的中國知識分子，康有為也把中國當作一個高度凝聚的整體。不過，在他看來，造成這種凝聚融合的力量，卻並非血統、祖源等生物性要素，而是數千年儒家傳統所奠定的道德與文化秩序。以此標準衡量，滿人、漢人實同為中國國族的當然成員，固無自樹藩籬、強分畛域之必要：

> 國朝久統中夏，悉主悉臣，一切禮文，皆從周、孔，久為中國正統矣。俱為中國，何必內自離析，所以生訌鬩乎？

　　因此，康有為呼籲清廷因應列國並立的國際現實，刪除滿漢名字籍貫，正定國名曰「中華國」，使滿、漢、蒙、回、藏諸族群，同為一國之國民，「合同而化，永泯猜嫌」，俾「團和大群，以強中國」。[99] 由此觀之，康有為建構中國國族的模式，正是一種「文化的民族主義」（cultural nationalism）式的國族想像。在這種相對開放、較具包容性的國族計畫中，任何個人，即使不具特定族群特徵，並非「族群國族」（ethnic nation）的成員，依然可以透過特定道德文化秩序的涵化，躋身而為「國民」。[100]

　　在康有為的大力鼓吹下，晚清的國族建構過程中遂出現了「孔子」與「黃帝」這兩個象徵符號分庭抗禮、對峙分流的局面。

　　早在 1895 年前後，康有為便已取法西方基督教的先例，提出「孔教」之主張，並倡議以孔子生年作為中國歷史紀元之始。[101] 及戊戌年間，康有為受命主持變法，更極力動員孔子符號作為重建中國政治、文化秩序之張本。一時之間，「保教、保種、保國」之說，風行草偃，信從者眾，甚至連日後以「排滿」著稱的章太炎，也曾在康有為的影響下，寫就〈客帝論〉一文，提出「以素王（孔子）為共主、以清廷為霸府」的主張。[102]

　　在康有為最初的構想中，所謂「孔教」與「孔子紀年」，原是與其「三世進化」的公羊學說相配合，並以世界大同為終極指歸，極富宗教性色彩。然而，在「保教」與「保國」相提並舉的敘事策略下，「孔子」這個文化符

99　康有為：〈海外亞美歐非澳五洲二百埠中華憲政會僑民公上請願書〉，湯志鈞編《康有為政論集》上冊，第 611—613 頁。

100　James Kellas, *The Politics of Nationalism and Ethnicity* (New York: St.Martin's Press, 1991) , p.51.

101　關於康有為之「孔教會」與「孔子紀年」的主張，參見村田雄二郎〈康有為與孔子紀年〉，王守常編《學人》第 2 輯，江蘇文藝出版社，1992，第 513—546 頁。

102　章太炎：〈客帝論〉，《章太炎政論選集》，第 85—86 頁。

號，卻極易轉化成為一套用來區劃中國國族邊界、界定中國國族本質的政治性符號。等到變法失敗，康有為流亡海外，創立「保皇會」，以維護清政權、實行政治改革相號召時，「孔子」符號的政治意涵便在保皇與革命激烈對抗的現實形勢中日益顯豁。康有為曾於宣統年間，在偽托為戊戌奏稿之一的〈請尊孔聖為國教、立教部教會、以孔子紀年而廢淫祠〉一文中，明確指出：「孔子立天下義、立宗族義，而今則純為國民義」。[103]

　　孔子既然一轉而成中國國族的指稱符號，其所蘊含的國族想像方式自然與革命派所津津樂道的「黃帝」大異其趣。劉師培曾一針見血地指出其間分野：「康梁以保教為宗旨，故用孔子降生為紀年；吾輩以保種為宗旨，故用黃帝降生為紀年」。[104] 換言之，在康有為等人看來，孔子所代表的，乃是一套特定的道德、文化秩序；這一套秩序所體現的價值與意義，乃是數千年來中國賴以存立的命脈所繫。以此標準衡量，一個人或一個族群是否得以成為中國國族的成員，最重要的關鍵，便不在血緣、種性等「既定的」生物性因素，而端視其是否接受這套道德文化秩序為定。換言之，中國國族與其說是一個由共同祖源與血統所凝聚而成的族群團體，毋寧更是一個由特定道德與文化價值相維繫的文化共同體。

　　在這套以孔子符號為中介所建構的「文化民族主義」意識形態引導下，康有為及其追隨者對於晚清激進派矢志「排滿」的種族革命主張，當然是不慊於心，亟思有以辟斥之。1902 年，康有為在勸誡梁啟超勿妄言革命的公開信中，便援引《春秋》義例，強調「孔子之所謂中國、夷狄之別，猶今所謂文明、野蠻耳」；易言之，華夷之分，固不在種族之畛域，而在文化之優劣。以此標準而言，滿人入關以來，「政教禮俗則全化華風，帝位只如劉、李、趙、朱，滿族類於南陽、豐、沛，其餘無不與漢人共之」，實無拒之於「中國」之外之理。[105] 同年，他再度致函梁啟超，重申前論，說道：「國朝入關，禮樂政教，悉從周、孔，法度風化，悉同宋、明，政權利權，漢人與滿人無異，一切平等，帝統皇室，不過如劉、李、趙、朱耳……真不解國人忽有異想也，是不欲野蠻

103　康有為：〈請尊孔聖為國教、立教部教會、以孔子紀年而廢淫祠〉，湯志鈞編《康有為政論集》，第 282 頁。

104　無畏（劉師培）：〈黃帝紀年論〉，《國民日日報彙編》第 1 集，第 10 頁。

105　康有為：〈南海先生辨革命書〉，《新民叢報》第 16 號，1902 年 8 月 15 日，第 60—69 頁。

國之進化於吾國而合一之，而必欲文明國之滅亡吾國而奴隸之也。」[106]

康有為這套以文化界限來區劃國族邊界的論述策略，表面上固然與革命黨人「族群民族主義」的國族論述針鋒相對、迥不相容；實則，雙方對於中國國族的建構方式，可謂同出一轍。他們的入手把柄，也都不外乎對傳統歷史文化資源的動員與重構。也正因如此，康有為把「中國」比作一個同質之「文化共同體」的想像方式，在當時確曾贏得許多知識分子的支持與擁護，對「反滿」革命運動的推展造成相當阻力。如一向汲汲於種族之辨的蔣智由，便在康的影響下，幡然易幟，認為漢族與所謂戎狄，在血統上本為同一種族，其後判然分離，端在文化上「有進化與不進化之別而已」。[107] 即使是創立「光復會」，主張「排滿」的蔡元培，在 1903 年撰作〈釋「仇滿」〉一文，闡述其革命宗旨時，也襲用了這一套論述策略。他指出，滿人其實早已漢化，他們在血統上，固然已與漢人混雜；其「言語文字、起居行習」，更是「早失其從前樸鷙之氣，而為北方稗士莠民之所同化」。因而，中國國民「一皆漢族而已，烏有所謂『滿洲人』者哉！」他所謂的仇滿革命，本質上只是反對滿人壟斷政治特權的「政略之爭」，而絕非滿漢族群之間的「種族之爭」。[108] 等到 1907 年，立憲派的後進楊度，更高標滿漢融合之幟，明白宣稱「滿族與漢族，可謂異種族而同民族」。他在著名的長文〈金鐵主義說〉中，便針對「中華」一詞之意涵，把以文化界定國族的觀點發揮得淋漓盡致。他認為，西方學者對「民族」的定義，大致分為「血統說」與「文化說」兩派。以中國而言，自古以來便有一文化較高、人數較多之民族在其國中，「自命其國曰中國，自命其民族曰中華」。中國云者，「以中外別地域之遠近也」；中華云者，「以華夷別文化之高下也」。故「中華」一詞，「不僅非一地域之國名，亦且非一血統之種名」，而是一「文化之族名」。因而，《春秋》之義，專以禮教為標準，而無親疏之別，「中國可以退為夷狄，夷狄可以進為中國」。自先秦以降，復歷經數千年，混雜數千百人種，「而其稱中華如故」。由此可見，「華之所以為華，以文化言，不以血統言，可決知也」。就此而論，滿漢族群，蓋同屬中國國族之成員。他說：

106　康有為：〈與同學諸子梁啟超等論印度亡國由於各省自立書〉，湯志鈞編《康有為政論集》，第 501 頁。

107　觀雲（蔣智由）：〈讀歷史上中國民族之觀察系論〉，《新民叢報》第 73 號，1906 年 1 月 25 日，第 69—76 頁。

108　蔡元培：〈釋「仇滿」〉，孫常煒編《蔡元培先生全集》，臺灣商務印書館，1977，第 437—439 頁。

> 故欲知中華民族為何等民族，則於其民族命名之頃而已含定義於其中。
> 與西人學說擬之，實採合於文化說，而背於血統說。華為花之原字，以
> 花為名，其以之形容文化之美，而非以之狀態血統之奇……以此而論，
> 今日之中華民族，則全國之中，除蒙、回、藏文化不同、語言各異而外，
> 其餘滿、漢人等，殆皆同一民族。[109]

此文既出，晚清「文化民族主義」的國族論述可謂完全成形，而與革命派「族群民族主義」的國族論述彼此對峙、分庭抗禮，蔚為當時最受矚目兩種想像「中國」的模式。流風所被，甚至連清廷也為所歆動，而著手援附「孔子」這一符號，企圖借此以宣揚一套「官方民族主義」，來挽救王朝覆亡的危機。1908 年，清廷下詔將革命黨人奉為種族革命先驅的晚明大儒王夫之，與顧炎武、黃宗羲等三人，同時配享孔廟。[110] 稽其用心，顯然便是企圖利用「文化民族主義」的論述策略，將「王夫之」此一歷史符號重加整編，將之納入「孔子」符號所代表的文化道德秩序，藉以消弭其所蘊含的強烈的漢族族群意識。

此後，康有為保皇立憲的政治主張雖然未能遏抑革命洪流，不旋踵而隱入歷史的幕後，然而，他所提出的「文化共同體」的國族建構模式，卻是餘音嫋嫋，久而不歇。我們從 20 世紀末一度喧騰眾口的「文化中國」的提法，或許仍可窺見此一國族論述的流風餘韻。

弔詭的是，原本以孔子為表徵的普世性道德文化秩序被「國族化」後，固然可以為康有為融合滿漢的主張提供重大助力，卻也可以促生另外一套與「排滿」之種族革命相呼應的「文化民族主義」論述。當時，便有一些倡言「排滿」的知識分子，針對「孔子」所表述的政治意涵，提出與立憲派截然不同的詮釋。1906 年，《鵑聲》雜誌刊載〈中國已亡之鐵案說〉一文，便極力宣揚孔子的「攘夷思想」。該文作者強調，中國立國之本原，正是孔子所代表的攘夷思想，「以孔教為主，即莫不以攘夷為事，此亦國民之總意。此吾中國立國以來之慣習，而中國之國粹也」。因此，如果孔子生於今日，「推其所學之宗，必為第一排滿革命家」。[111] 另一方面，1905 年，鄧實、黃節等人也在上海成

109　楊度：〈金鐵主義說〉，劉晴波主編《楊度集》，湖南人民出版社，1986，第 374 頁。
110　見章太炎〈王夫之從祀與楊度參機要〉，湯志鈞編《章太炎政論選集》上冊，第 426 頁。
111　鐵錚：〈中國已亡之鐵案說〉，《鵑聲》再興第 1 號，1906 年，轉引自丁守和《辛亥革命時期期刊介紹》第 1 輯，人民出版社，1982，第 559 頁。

立國學保存會，發行《國粹學報》，並提出「保種、愛國、存學」的口號，號召國人不僅應奮起反抗外來侵略，更應努力發揚傳統文化，「愛國以學」。[112]但是，國粹派所提倡的「文化民族主義」，卻與康有為貌合神離，截然異趣。他們宣揚的「國粹」，非但不是融合滿漢的重要憑藉，反而正與「排滿」的政治目的緊密相連，蔚為推動種族革命的思想武器。章太炎也認為維繫人群的紐帶，除生物性的種族特徵外，也還需要語言、風俗、歷史等文化因素。因而，他赴日後特意開辦國學講習社，以振興國粹為職志，其目的卻非「要人尊信孔教」，而是「要人愛惜我們漢種的歷史」，以發揚種性精神。[113]劉師培在〈兩漢種族學發微論〉一文中，更把「辨種族」視為傳統「國粹」的精義所在：「辨別內外，區析華戎，明於非種必鋤之義，使赤縣人民咸知國恥，故奮發興起，掃蕩胡塵，以立開邊之功，則諸儒內夏外夷之言，豈可沒歟？」[114]

　　由此可見，康有為以「文化」來區劃中國國族邊界的做法，實難免於其內在矛盾與歧義的糾結。以孔子為代表的「中國文化」，也依然是現實政治鬥爭所假以進行的重要場域。

五、五族共和—作為政治共同體的中國

　　從以上兩節關於章太炎與康有為的討論，或可窺見，他們在推動中國國族想像的過程中雖然各自提出截然異趣的論述模式，但是他們之間的差距其實並沒有外在形跡所顯示的那般遙遠。一方面，如前所述，他們都曾利用傳統的「族類」概念來建構現代中國國族，只不過雙方所側重的面向有所軒輊而已。其次，更為重要的是，他們對於究竟應該以文化還是血緣來釐定「中國」的邊界，也並沒有前後一貫、堅定不移的立場。反之，他們的態度始終是游移不定、曖昧難明。這種徬徨猶豫的心理狀況在梁啟超身上表現得尤為顯著。

　　梁啟超身為康有為的弟子，最初對於師門「孔教」之說，可謂拳拳服膺，宣揚甚力。1899 年渡日之初，他在日本哲學會上演說，仍反覆強調中國「宗教革命」之必要，以為「欲振興東方，不可不發明孔子之真教旨」。[115]此後，梁啟超雖然立場轉變，提出「保教非所以尊孔」的主張，不過他對孔子所代

112　鄭師渠：〈近代中國的文化民族主義〉，《歷史研究》1995 年第 5 期。

113　章太炎：〈東京留學生歡迎會演說辭〉，湯志鈞編《章太炎政論選集》，第 276 頁。

114　劉光漢：〈兩漢種族學發微論〉，《國粹學報》第 1 年第 11 期，1905 年 12 月 16 日，第 1a 頁。

115　梁啟超：〈論支那宗教改革〉，《飲冰室文集之三》，第 55 頁。

表的傳統文化倫理價值，基本上仍抱持著肯定的態度。20 世紀初年，倡議「排滿」的革命黨人，以「族群民族主義」相號召，並據此重新建構中國的過去，將之轉化而為漢族的族群歷史。梁啟超對他們純粹根據族群分野來評騭歷史人物的武斷做法便深致不滿。當時，革命黨人大力頌揚 19 世紀中期舉兵反滿，創建太平天國的洪秀全，稱之為「民族英雄」，奉之為中國帝王世系的正統。反之，為維護儒家傳統文化道德秩序而贊襄清廷弭平大亂的曾國藩，則被指責為「助異族以殘同類」的「漢奸」，甚至被痛詆為「背祖忘宗」、「狗彘不若」的大憝惡逆。為此，梁啟超特在 1903 年撰文駁斥。他對洪秀全起義的動機頗表懷疑，認為洪雖以「民族主義」相標榜，而稽考其行止，殆全出一己之私圖。反之，他對曾國藩胝懇篤行的道德操守以及捍衛傳統文化價值的不世勛業，可謂無任景仰欽遲；他甚至認為：「使曾文正生今日而猶壯年，則中國必由其手而獲救矣」。[116] 由此可見，梁啟超斯時秉持之立場，殆不出康有為所立矩矱，亦即：標舉「文化民族主義」以與革命派的「族群民族主義」相抗衡。

　　另一方面，就其對「黃帝」符號的高度認同而論，梁啟超其實也並未能擺脫「種族」意識的糾纏。早在 1897 年梁啟超於湖南主講時務學堂期間，「非徒心醉民權，抑且於種族之感，言之未嘗有諱」，並曾翻印《明夷待訪錄》、《揚州十日記》等書，祕密傳布，以宣揚「種族革命」之思想。[117] 逮流亡日本之初，更與激進黨人時相交往，「民族建國」之念日益熾盛。1902 年，他在寫給康有為的信函中，便坦白陳述一己私衷：「今日民族主義最發達之時代，非有此精神，決不能立國……而所以喚起民族精神者，勢不得不攻滿洲。日本以討幕為最適宜之主義，中國以討滿為最適宜之主義，弟子所見，謂無以易此矣」。[118] 而即使與革命派正式決裂，政治態度轉趨保守之後，他的種族思想依然「蟠結胸中，每當酒酣耳熱，猶時或間發而不能自制」；對於「黃帝子孫」之對外不競，長期屈服於「北方賤種」的奇恥大辱，更是痛心疾首，耿耿於懷。[119] 由此可見，梁啟超在晚清時期對於中國國族邊界的區劃標準，可謂依違

116　梁啟超：《新民說·論私德》，《新民叢報》第 38、39 號合刊，1903 年 10 月 4 日。
117　梁啟超：《初歸國演說辭·鄙人對於言論界之過去及將來》，《飲冰室文集之二十九》，第 2 頁；梁啟超：《清代學術概論》，中華書局，1980，第 62 頁；丁文江：《梁任公先生年譜長編初稿》上冊，世界書局，1972，第 43—44 頁。
118　丁文江：《梁任公先生年譜長編初稿》上冊，第 157 頁。
119　梁啟超：〈申論種族革命與政治革命之得失〉，《飲冰室文集之十九》，第 43 頁；《黃帝以後第一偉人趙武靈王傳》，《飲冰室合集·專集之六》，中華書局，1936，第 1 頁。

於「種族」與「文化」兩端，出入於「黃帝」與「孔子」之間，並無確鑿不移的固定立場。

但是，如果進一步深入觀察，在梁啟超「所執往往前後相矛盾」的多變面貌下，亦自有其未嘗稍變的核心信念。質言之，晚清時期梁啟超所真正關懷的目標，其實並非「文化」或「種族」，而是作為一個政治實體的「中國」。[120] 用當時流行的術語來說，在晚清知識分子所提出的各種建構中國國族的策略中，他所選擇的道路，既非「保種」，也不是「保教」，而是「保國」。他在 1902 年便曾如此夫子自道：「竊以為我輩自今以往，所當努力者，惟保國而已。若種與教，非所亟亟也。」[121] 我們從上舉他在討論孔教、曾國藩與排滿革命諸事上所運用的修辭策略，也約略可以覺察此中消息。

在 1902 年所撰的〈保教非所以尊孔論〉文中，梁啟超反對尊奉孔教為國教的理由，並非對孔子學說本身有所厭棄，而是認為強立國教，對內勢將束縛國民思想之自由發展，造成國民內部的紛爭，對外則徒滋外交之困擾，平添列強侵華之口實。同樣的，他對曾國藩的頌揚，也刻意著重其人足以拯救中國於危急的政治作用。而他早期之所以傾向排滿革命，則是因為他認為攻滿實為喚起國人「民族精神」的最佳手段，而「民族精神」恰是中國在列國競爭的世界局勢中自強圖存的唯一憑藉。[122] 至於 1903 年以後，他所以轉而反對種族革命的主張，也還是出於對「復仇」必將導致「亡國」的疑懼。他說：「故兩者比較，吾寧含垢忍痛，而必不願為亡祖國之罪人也」。[123] 由此諸端，灼然可見，不論是鼓吹「文化的中國」，抑或是標榜「種族的中國」，任公所真正關心的，還是作為一個政治實體的中國國家的存亡絕續。「黃帝」也罷，「孔子」也罷，其實都是被他用來凝聚國民的群體認同，實現「國家理由」（reason of the state）的方便法門。

既然國家乃是第一要義，那麼，當中國面臨外敵交侵、國亡無日的嚴峻危機時，自應盡速動員國內一切力量，結為大群，共禦外侮，斷無同室操戈，強立族群、文化之畛域，以滋國族內部紛擾之理。早在 1898 年底，梁啟超抵

120　參見黃進興〈梁啟超的終極關懷〉，《史學評論》第 2 期，1980 年，第 85—99 頁。
121　梁啟超：〈保教非所以尊孔論〉，《飲冰室文集之九》，第 51 頁。
122　梁啟超：〈國家思想變遷同異論〉，《飲冰室文集之六》，第 22 頁。
123　梁啟超：〈申論種族革命與政治革命之得失〉，《飲冰室文集之十九》，第 43 頁。

日未久，便曾以同舟共濟之喻，呼籲清廷施行改革，消弭滿漢之間的族群界限。[124] 此後，他在反省中國積弱不振的緣由時，仍是把「滿漢分界，而國民遂互相猜忌」視為導致中國淪為「世界第一病國」的禍源厲階。[125] 等到1903年，他在大力抨擊革命派的「排滿」主張之餘，更明白喊出「大民族主義」的口號，呼籲國內諸民族相互混融，共組一大民族，一致對外：

> 吾中國言民族者，當於小民族主義之外，更提倡大民族主義。小民族主義者何？漢族對於國內他族是也；大民族主義者何？合國內本部、屬部之諸族，以對於國外之諸族是也。……自今以往，中國而亡則已，中國而不亡，則此後對於世界者，勢不得不取帝國政略，合漢、合滿、合蒙、合回、合苗、合藏，組成一大民族，提全球三分有一之人類，以高掌遠蹠於五大陸之上，此有志之士，所同心醉者也。[126]

梁啟超所謂的「大民族主義」，可說是一種以國家為中心的「政治民族主義」，從而有別於革命派以族群為中心的「小民族主義」。不過，梁啟超最初鼓吹「國群」觀念，仍未完全擺脫種族與文化意識的羈絆。他在〈論變法必自平滿漢之界始〉文中，便是從泛黃種主義的「種戰」論述出發，把滿漢融合的必要性，歸結於全球性種族競爭的必然邏輯。[127] 即使在1903年所提出的「大民族主義」，也還是奠基於滿、漢族群在「語言文字、宗教、風俗」等文化因素上早已混融無間的假設之上。他甚至認為，依據伯倫知理對「民族」的定義，滿人實已完全同化於漢人，「而有構成一混同民族之資格者也」。[128] 從這些面向而論，梁啟超對中國國族的想像，畢竟仍未衝決章太炎與康有為兩人所樹立的網羅。

雖然如此，也正是在1903年，梁啟超的國族思想又發生了突破性的變化。是年，他往遊新大陸，親見在美華人之頑固鄙陋，彼此之間地域宗族之畛域，較諸內地，尤為森嚴。梁啟超受此刺激，痛感僅借種族或文化之聯繫，斷不足以融國人為一大群。中國苟欲抗禦「民族帝國主義」的侵略，求存於「優勝劣

---

124 梁啟超：〈變法通議・論變法必自平滿漢之界始〉，《飲冰室文集之一》，第77—83頁。
125 梁啟超：〈中國積弱溯源論〉，《飲冰室文集之五》，第63頁。
126 梁啟超：〈政治學大家伯倫知理之學說〉，《飲冰室文集之十三》，第75—76頁。
127 梁啟超：〈變法通議・論變法必自平滿漢之界始〉，《飲冰室文集之一》，第83頁。
128 梁啟超：〈政治學大家伯倫知理之學說〉，《飲冰室文集之十三》，第75—76頁；參見梁啟超〈申論種族革命與政治革命之得失〉，《飲冰室文集之十九》，第29—31頁。

敗」的國際競爭大潮，勢不能不改採政治之手段，以國家為樞紐，易「族民」而為「國民」。於是，梁乃徹底轉向伯倫知理的國家學說，進一步深化他在1903 年以前即已萌發的「國群」意識，並正式揭櫫前所未曾發明之「國民與民族之差別」的新說法，成為一個堅定不移的國家主義者。[129]

依據梁啟超對伯倫知理國家學說的理解，所謂「國民」，實與當時人所極力宣揚之「民族」，有著根本上的差異，不能混為一談。質言之，「族民」或「民族」者，係一文化、歷史與社會的範疇，其所賴以存立的基礎，在於血統、語言、宗教信仰、風俗習慣等根基性的聯結紐帶；而「國民」則是一個政治概念，乃構成一個國家的實體與主體，而其得以形成，必賴一有意識的政治作為與一套明確的法制結構，俾人人得以參與其間，共建一國。[130]他承認「民族」與「國民」二者，雖屬異物，性質卻頗相密接，因而常生混淆。但是，民族主義所主張的單一民族建國論，絕非建設現代國家獨一無二之途徑。現代國家所真正需要的，毋寧乃是「國民之資格」；而所以鑄就「國民資格」者，「各應於時勢，而甚多其途」，固不必拘泥於血統或文化等標準。

從這樣一種政治性的國民概念出發，梁啟超明白宣稱，中國當前之急務，端在推動政治改革，培養健全之國民，以鑄造一強固之國家組織。苟不此之圖，一味以排滿之種族革命相號召，殆猶本末倒置，徒為造就國民資格之道增一魔障。[131]為此，梁啟超終於揚棄了他率先提倡的「民族主義」口號，改而高揭「國民主義」與「國家主義」之旗幟。[132] 1906 年，他與革命派論戰方熾時，

129　張佛泉：〈梁啟超國家觀念之形成〉，《政治學報》（臺北）第 1 期，1971 年，第 37 頁；Hao Chang, *Liang Ch'i-ch'ao and Intellectual Transition in China, 1890-1907* (Cambridge, Mass.: Harvard University Press,1971) , pp.238-254.

130　梁啟超：〈政治學大家伯倫知理之學說〉，《飲冰室文集之十三》，第 71—72 頁；張佛泉：〈梁啟超國家觀念之形成〉，《政治學報》（臺北）第 1 期，1971 年，第 18—19 頁。

131　梁啟超：〈政治學大家伯倫知理之學說〉，《飲冰室文集之十三》，第 73—74 頁。

132　按照張佛泉的考訂，梁啟超先後使用過的「民族主義」、「國民主義」與「國家主義」等三個名詞，其實都是 nationalism 此一概念的不同譯名。張佛泉並特別指出：「最值得注意者，即此三個譯名，竟漸漸取得其個別含義，而其微妙處，不僅為 nationalism 一字所不能表達，且已不能以適當名詞再譯回中文」。大體而言，在梁啟超的用法中，「國家主義」含有「國家至上」、「一切以國家為重」的意味，「國民主義」主要強調國民自立自主之精神，而「民族主義」一詞的重心則落在聯合國內各民族，一致對抗外來帝國主義。參見張佛泉，〈梁啟超國家觀念之形成〉，《政治學報》（臺北）第 1 期，1971 年；許紀霖〈現代中國的自由民族主義思潮〉，《社會科學》2005 年第 1 期。高力克也認為，國家主義是 20 世紀中國民族主義的一個重要流派，「國家主義」與「民族主義」原本都是 nationalism 的不同中譯。參見高力克〈中國現代國家主義思潮的德國源頭〉，高瑞泉主編《中國思潮評論》第 3 輯〈民族主義及其他〉，第 57 頁。就此而論，梁啟超在 1903

便將此一立場鮮明標出：「夫國民主義，則政治革命論之立腳點也；民族主義，則種族革命論之立腳點也。吾認國民主義為國家成立、維持之必要，故主張政治革命論；吾認民族主義為國家成立、維持之不必要，故排斥種族革命論」。[133]同年，他又在另一篇文章中斬釘截鐵地說道：「今日欲救中國，惟有昌國家主義；其他民族主義、社會主義，皆當詘於國家主義之下。」[134] 由是可見，梁幾經周折，最終確立的國族論述，實為一種以國家為中心的國族建構模式。

　　基於「國家至上」的信念，梁啟超認為：作為國民之間的聯繫，凝聚無數個別國民以成一大群體的力量，不能訴諸紛歧多變的種族或語言、文化、宗教等因素，而須仰持於人為的政治機制。唯有透過一套健全的法制架構與積極、廣泛的政治參與，才足以有效凝聚國民的政治意志，使中國成為全體國民認同、歸屬與效忠的新政治共同體。[135] 因此，梁在 1903 年之後，一面與革命派多方論辯，極力反對排滿的種族革命；一面復高聲疾呼，要求清廷實施政治改革，借由立憲法、開國會等政治實踐，來為中國國民提供一套凝聚共識的法制架構。

　　在梁啟超的大力鼓吹下，晚清的最後數年間，陸續皈依於「國家主義」旗下，先後提出與「族群民族主義」相頡頏之國族論述者，頗不乏人。1907年，楊度創辦《中國新報》，在發刊詞中，也借用嚴復所譯甄克斯《社會通詮》一書對「宗法社會」與「軍國社會」所做的區辨，指出：「宗法社會之族，一遇軍國社會之族而立敗；民族主義之種人、族人，一遇軍國社會之國民而立敗，此自然淘汰之理」。中國當前正處於從宗法社會到軍國社會的過渡階段，國人的首要任務，端在發揮國民之能力，改造一責任政府，「使中國成一完全之軍國社會，以與各軍國同立於生存競爭之中，而無劣敗之懼耳」。[136] 同年，他又進一步在〈金鐵主義說〉文中，明白標舉「世界的國家主義」立場，強調：在當前的世界局勢下，要想維護國家領土、主權之完整，絕不能訴諸「族群民

年後，並非完全放棄民族主義，而是捨棄了他以前所瞭解之「民族主義」的部分特定面向。參見鄭大華〈略論中國近代民族主義的思想來源及形成〉，鄭大華、鄒小站主編《中國近代史上的民族主義》，第 13 頁。

133　梁啟超：〈答某報第四號對於新民叢報之駁論〉，《飲冰室文集之十八》，第 77—78 頁。

134　飲冰（梁啟超）：〈雜答某報〉，《新民叢報》第 86 號，1906 年 9 月 3 日，第 52 頁。

135　高力克：〈中國現代國家主義思潮的德國源頭〉，高瑞泉主編《中國思潮評論》第 3 輯〈民族主義及其他〉，第 58 頁。

136　楊度：〈《中國新報》敘〉，劉晴波主編《楊度集》，第 209 頁。

族主義」的「亡國政策」。他指出，革命黨人以種族革命、建立單一民族國家為號召，「獨是漢人扑滿之後，欲本民族主義，獨建立國家以自存於世界，斯亦必為勢所不能」。蓋今日之中國國家，「其土地乃合二十一行省、蒙古、回部、西藏而為其土地；其人民乃合漢、滿、蒙、回、藏五族而為其人民」。因此，「中國之在今日世界，漢、滿、蒙、回、藏之土地，不可失其一部；漢、滿、蒙、回、藏之人民，不可失其一種」。在中國從王朝國家走向現代民族國家的轉型之路中，必定要使「土地如故，人民如故，統治權如故」，始得免於亡國之禍。而人民既不可變，「則國民之漢、滿、蒙、回、藏五族，但可合五為一，而不可分一為五」。不過，由於蒙、回、藏等族與滿、漢兩族處於不同的社會發展階段，進化程度有別，不符民主立憲國家國民文化高度同質化的基本要求，因而，中國尚無驟然實行民主共和的能力，而必須先實行君主立憲，借由君主的傳統權威，來為各族共舉國會議員、通用「中國語」，以共同擔負國家事務的政體改革，創造必要的條件。唯有如此，才能逐步消弭蒙、回、藏等族「種族即國家」與「君主即國家」的舊觀念，成為「完全之國民」，最終則「中國全體之人混化為一」，融合而成一個「中華民族」，不復再有痕跡、界限可言。[137]

　　由以上所舉例，或可斷言，以梁啟超為首的晚清立憲派所試圖建構的，乃是一個以國家、憲法與國會作為認同符號的政治共同體；其所遵循的國族想像途徑，正不外乎前文所謂之「政治民族主義」的模式。這種「政治民族主義」，在當時曾得到許多傾向立憲改革之知識分子的同情與支持。1908 年，革命黨重要理論家朱執信便坦承：「近頃倡國家主義以抗民族主義者日多。雖其論皆久為吾人所駁擊，而民眾猶信不疑者，以震於國家一名詞耳。」[138] 甚至連部分革命黨人也不免受其影響，逐漸由「排滿」的種族革命，轉向梁啟超所謂的「國家主義」。1907 年，宋教仁便曾基於對國家主權、領土的關切，多方考訂，寫成《間島問題》一書，論證當時日本人所覬覦之中朝交界的延吉地區一向就是中國的領土。他更堅持「國家領土，國民人人當寶愛之」的原則，不惜冒「協助清廷」之大不韙，把自己寫成的著作託人轉交給直隸總督袁世凱。清政府利用他的研究成果，才能在與日本的談判中堅持立場，有效地維護

137　楊度：〈金鐵主義說〉，劉晴波主編《楊度集》，第 304—372 頁。
138　縣解（朱執信）：〈心理的國家主義〉，《民報》第 21 號，1908 年 6 月，第 13 頁。

了這一片領土的主權。[139] 由此一例，殆略可窺知斯時「國家主義」思想的深入人心。

　　然而，即使在這種以「國家」為中心的國族論述中，我們依然可以看到種族意識的滲透與干擾。梁啟超在反駁革命派單一民族建國的主張時，便認為民族複雜在中國不成其為問題，因為中國除漢族之外，雖尚有滿、蒙、回、藏、苗諸民族，然其人數寡少，不能當漢族之十一，「借此雷霆萬鈞之力，無論何族而不得不與我同化」。[140] 楊度所提出的「國民統一之策」，也是以滿漢平等、蒙回同化為方針。他說：「必待立憲以後，蒙、回、藏地之交通與其教育，與內地同時大興，滿、漢混為一家，大殖民於蒙、回、藏地，人民之交際既密，則種族之感情易消，混同自易。蒙、回同化之後，不僅國中久已無滿、漢對待之名，亦已無蒙、回、藏之名詞，但見數千年混合萬種之中華民族，至彼時而益加偉大、益加發達而已矣」。唯有如此，所謂「國民統一」，才算大功告成。[141] 這些話語充分顯示出，即便在梁啟超等人所強調之以政治聯繫為凝聚手段的國民主義國族論述中，依然潛藏著一套階序性的種族觀念。他們所鼓吹的「國民國家」，在這層意義上，實在並未真正超越革命黨人「單一國族」的軌範。因而，梁啟超等人以政治共同體來界定中國「國族」的論述策略，最終之所以勞而無功，固非無因而致。

　　另一方面，直接促使梁啟超這套國民主義的國族建構藍圖中道摧折、無功而返的因素，卻不得不歸責於清廷的消極態度。辛丑（1901）以降，清政府迫於時勢，乃有新政之推動，其實際成效，固亦有頗足稱道者，然而，一旦涉及定憲法、設國會等政治體制的根本改造，滿洲權貴實無開放政權之誠意與魄力可言。梁啟超日後追思立憲運動之成敗，便對清廷「飲鴆以祈速死，甘自取亡」的做法，痛心疾首，極力抨擊。[142] 此後，清廷雖迫於朝野士紳迭次請願之壓力，下詔預備立憲，乃新設內閣成員幾全屬滿蒙親貴，於是輿論大譁，人心盡去，不旋踵間而武昌事起，梁啟超等人所極力追求的融合諸民族以成一大「國民國家」的理想，遂亦受到衝擊。雖然如此，民國成立以後，革命黨

139　王春霞：《「排滿」與民族主義》，第187頁；吳相湘：《宋教仁：中國民主憲政的先驅》，文星書店，1964，第47—49頁。

140　飲冰：〈雜答某報〉，《新民叢報》第86號，1906年9月3日，第3頁。

141　楊度：〈金鐵主義說〉，劉晴波主編《楊度集》，第369頁。

142　丁文江編《梁任公先生年譜長編初稿》上冊，世界書局，1958，第348頁。

人一改種族革命之初心，宣示「五族共和，漢、滿、蒙、回、藏一律平等」，復又制定約法、召開國會，大體上也還是承襲了梁啟超等人「政治民族主義」的未竟之業。

　　19世紀中葉以降，在西方以堅船利炮為後盾的優勢文化衝擊下，中國被迫逐漸放棄傳統天朝中心的世界秩序，轉而以近代西方所形成的民族國家為典範，著手從事中國國族的塑造。在這層意義上，近代中國，並不僅是從自身長遠而獨特的歷史傳承中延續、發展而成，更不是一個天生自然、具備不變本質的永恆事物，而毋寧是晚清以來許多知識分子在「救亡圖存」的民族主義關懷激勵下，共同建構、想像出來的一個政治共同體。

　　所謂「國族想像」，並不是無中生有的向壁虛構；晚清的民族主義知識分子也絕不是在一片真空的狀態下，任意模塑他們理想中的「中國」。如論者指出的，現代意義的民族主義與民族國家乃是一個特定經濟、社會、文化群體在政治上的自我理解與自我規定；這種自我理解與自我規定的實現，不以單純的個人及集體意志為轉移，而是有著複雜深刻的社會、文化、心理與政治根源。換言之，國族雖是人為想像的產物，卻也是在歷史的多元決定中具體地生成的。[143] 對國族的建構與詮釋，無可避免地必然受限於特定歷史傳統所設定的語意辨識標誌與象徵性邊界。晚清知識分子也不例外。他們在進行這項偉大工程的過程中，固然大量借用了來自西方的民族主義理論學說，同時卻也從中國傳統的「族類」觀念中，汲取了許多重要的象徵資源，甚至是通過後者所設定的視域，來理解、詮釋乃至改造輾轉譯介而來的西方民族主義理論與概念。這種傳統與現代性的交錯混雜，有力地搏塑了近代中國國族想像的獨特面貌。

　　不過，在晚清族群矛盾與權力競逐的具體歷史情境中，來自不同族群背景與政治立場的知識分子，並未能營造出一套完整而同質的國族想像。他們對政治現實的認知與解決中國問題的策略，無可避免地有著不同看法；在實際的政治利益上，更存在著極為尖銳的對立與衝突。因而，他們對於構成「中國」的界限與「中國人」的成員資格，也有著迥然異趣的論述方式。為此，他們各自利用西方民族主義理論與傳統族類觀念的不同面向、編織不同的歷史記憶，來打造他們理想中的中國國族，從而分別提出了以族群、文化及國家為主要認

143　張旭東：〈民族主義與當代中國〉，李世濤主編《知識分子立場──民族主義與轉型期中國的命運》，第438頁。

同對象的幾種不同的國族建構模式。

　　大體而言，以反滿革命為職志的漢族知識分子如章太炎、汪精衛等人，基於現實政治目的所大力宣揚的，乃是傳統族類觀念中，「嚴夷夏之防」，以血統區辨族群的嚴格界限；而這套深閉固拒的族類思想又與來自西方的種族概念相糅雜，蔚為晚清以來激發群體認同、塑造中國國族想像最具成效的強大力量。1905 年，中國同盟會成立時，便是以「驅除韃虜，恢復中華」為號召。1911 年武昌起義時，軍政府還是以象徵漢族十八省鐵血團結的十八星旗為國旗。[144] 由此可見，根據血緣、種族等根基性紐帶來建構國族，實為 20 世紀中國所依循的主要途徑；民族與國家相迭合的族群民族主義，也是這一時期最易蠱惑人心的虛幻想像。然而，這種族群民族主義式的國族建構，不可避免地加深了中國境內諸民族之間的猜忌與嫌隙。民國以降，族群裂痕與衝突層出不窮，在中國這樣一個由多民族所組成的國家中，始終是棘手的問題。

　　另一方面，晚清知識分子所推動的各類國族想像，又幾乎都帶有十分強烈的工具性色彩。即便是梁啟超、楊度等立憲派知識分子所鼓吹的以國家為中心、融合五族以成一大國民的國族論述，在一定程度上，也還只是為避免革命可能導致的瓜分之禍而提出的權宜之計，並未能真正克服種族意識的羈絆與限制。至於以建立單一民族國家為鵠的的革命黨人，更屢屢因應現實情勢的變化，而不斷改變其建構中國國族的策略與主張。當他們以「驅除韃虜」、推翻清朝作為奪取國家權力的主要手段時，往往一味高揚「種族革命」的「光復」大纛。然而，一旦革命成功，臨時政府成立，革命黨人旋即改弦易轍，非但不再高唱「種族革命」，反而追循梁啟超、楊度諸人的腳步，標舉「五族共和」的民族團結政策。1912 年元旦，孫中山在〈臨時大總統宣言書〉中便說：「國家之本，在於人民。合漢、滿、蒙、回、藏諸地為一國，即合漢、滿、蒙、回、藏諸族為一人，是曰民族之統一」。[145] 稍後，南京獨立各省代表會也通過決議，以「五色旗」為中華民國國旗，達成以五族共和為建國之本的共識。[146]

　　然而，無論是民初的「五族共和」，抑或是此後取而代之、逐漸普及的「中

144　參見張永〈從「十八星旗」到「五色旗」—辛亥革命時期從漢族國家到五族共和的建國模式轉變〉，《北京大學學報》2002 年第 2 期。

145　孫中山：〈中華民國臨時大總統宣言書〉，《孫中山選集》，第 90 頁。

146　張永：〈從「十八星旗」到「五色旗」—辛亥革命時期從漢族國家到五族共和的建國模式轉變〉，《北京大學學報》2002 年第 2 期。

華民族」，[147] 當我們今日重行回顧晚清時期對於中國國族的想像與建構時，其間之諸多方面或許仍有不少值得深思之處。

147 關於清末民國時期「中華民族」觀念的萌芽、形成與發展過程，參見黃興濤〈民族自覺與符號認同：「中華民族」觀念萌生與確立的歷史考察〉，《中國社會科學評論》（香港）創刊號，2002 年 2 月。

第二十五章　中國士人與西方政體類型知識
「概念工程」的創造與轉化

　　1862 年 12 月，在日本近代思想史上占有一席之地的加藤弘之完成了《隣艸》一書的寫作。[1] 這是一部假大清帝國之情勢而呼籲日本推動自身改革的論著，對「立憲政體」之導入日本，影響深遠；[2] 加藤弘之述說世界萬國的政體類型，比較彼此之優劣，藉以尋覓改革之道的思考，更始終持續不絕。[3]

　　由此說來，19 世紀的日本知識人一旦知曉西方世界多彩多樣的政體（political regimes）類型及淵源已久的類型知識，[4] 會對他們的思想世界帶來什麼樣的衝擊，加藤弘之正是具體而微的個例表徵。在晚清中國的思想界，也有學者像加藤弘之一樣，從述說世界萬國「政體」類型以及比較彼此之優劣為視角，來尋覓改革之道。本章即以蔣敦復（劍人）以及王韜這兩位交情甚好然思想地位不可相提並論的士人為例證，從彼等思想變遷的具體歷史脈絡入手，對西方政體類型知識的「概念工程」在晚清中國思想界的創造與轉化，以及西

---

* 本章由潘光哲撰寫。

1　加藤弘之《隣艸》、《政治篇》、《明治文化全集》3 卷、日本評論社、1952、3—14 頁；關於加藤弘之完成《隣艸》的時間，參見松岡八郎《加藤弘之の前期政治思想》、駿河臺出版會、1983、7 頁。

2　鳥海靖《日本近代史講義：明治立憲制の形成とその理念》、東京大學出版會、1988、27 頁。

3　如加藤弘之稍後出版的《立憲政體略》（1868）對政體之類型的敍述，與《隣艸》不同，不詳論。參見奧田晴樹《立憲政體成立史の研究》、岩田書院、2004、63 頁。

4　正如 Mark J. Gasiorowski 的述說，早從亞里斯多德（Aristotle）以降，對於民主與其他政體類型（types of political regime）的問題，始終是政治學探討的核心焦點；自第二次世界大戰以來，現代政治學與政治社會學中對政體的探討，一直是學術前沿的課題。當代對於民主轉型的研究，也是在這樣的脈絡下出現的，參見 Mark J. Gasiorowski, "The Political Regimes Project," *Studies in Comparative International Development*, 25: 1 (Spring 1990), pp.109-125. 至於他本人提出研治該題的構想，此處不詳論。

方「民主」相關思想如何導入晚清中國的場景，進行比較詳細的考察，[5] 庶幾可為近代中國政治知識、政治思想的變遷樣態，提供深入的認識、理解。

一、政體類型知識「概念工程」在晚清中國思想界的起步

19 世紀以降，在大清帝國被迫和西方國家開始密切互動的脈絡裡，認識時局變化、知悉異域情勢的諸種著述，陸續問世，諸如魏源纂輯的《海國圖志》[6]（1842 年首度出版，共 60 卷；1852 年增補為 100 卷出版）、[7] 徐繼畬編撰的《瀛寰志略》（1848 年初刻）[8] 等，率皆為一時名著。這些著述總匯為足可讓人們瞭解世界局勢的「知識倉庫」，任何讀書人都可以隨其關懷所至，自由進出，據以瞭解域外國家的歷史沿革及現勢，認識與理解世界局勢的變化，採擷吸納各式各樣的「思想資源」，開啟自身獨特的知識、思想旅程。[9]「知識倉庫」蘊涵了關於西方政體類型的知識、資訊，這正為晚清中國的政治思維添加了新鮮的素材，讓士人得以知曉在中國的政治傳統之外，別有天地。在 1845 年前後，葡萄牙人瑪姬士（Jose Martins-Marquez）撰成的《新釋地理備考全書》，[10] 就有這樣的概括：

5 　就相關研究史而言，舉凡論述民主、共和相關思想在晚清思想界的認識或流傳者，皆與本章主旨多少相關，舉其要者，王爾敏：〈晚清士大夫對近代民主政治的認識〉，氏著《晚清政治思想史論》，華世出版社，1980，第 220—276 頁；呂實強：〈甲午戰前西方民主政制的傳入與國人的反應〉，中華文化復興運動委員會主編《中國近代現代史論集》（18），臺灣商務印書館，1986，第 277—316 頁；方維規：〈「議會」、「民主」與「共和」概念在西方與中國的嬗變〉，《二十一世紀》第 58 期，2000 年 4 月，第 49—61 頁；熊月之：《中國近代民主思想史（修訂本）》，上海社會科學院出版社，2002；胡維革、于秀芹主編《共和道路在近代中國》，東北師範大學出版社，1991；閭小波：《近代中國民主觀念之生成與流變：一項觀念史的考察》，江蘇人民出版社，2011。在前行研究之基礎上，本章將對王韜述說之取材依據等方面，做比較精密的考察。

6 　本章引用的版本是：《海國圖志》（60 卷），成文出版社 1967 年影印道光丁未（1847）古微堂鐫刻本，下文簡稱為 60 卷本；《海國圖志》（100 卷），上海古籍出版社 1997 年影印光緒二年（1876）平慶涇固道署重刊本，《續修四庫全書》總第 743—744 冊，下文簡稱為 100 卷本。兩種版本均收錄者，僅標注一種頁碼。

7 　王家儉：《魏源年譜》，中研院近代史研究所，1967，第 132—134 頁。

8 　本章引用的版本是：白清才、劉貫文主編《徐繼畬集》第 1 冊，山西高校聯合出版社，1995。關於徐繼畬《瀛寰志略》的撰述史，本章不詳論。

9 　潘光哲：〈追索晚清閱讀史的一些想法：「知識倉庫」、「思想資源」與「概念變遷」〉，《新史學》第 16 卷第 3 期，2005 年，第 137—170 頁。王汎森論述日本引入的「思想資源」，參見王汎森〈戊戌前後思想資源的變化：以日本因素為例〉，《二十一世紀》第 45 期，1998 年，第 47—54 頁，該文對筆者甚有啟發，不過，他並沒有處理本章探討的課題。

10　本章引用的版本是：《海山仙館叢書》，道光丁未（1847）鐫，番禺潘氏刊本，中研院歷史語言研究所傅斯年圖書館藏。按，是書每卷卷首署名或作「大西洋人瑪姬士輯譯」（如卷 1、5），或作「大西洋人瑪姬士著（著）」（如卷 2、3）；卷 3 述及「粵稽太（泰）

> 歐羅巴中所有諸國，政治紛繁，各從其度。有或國王自為專主者，有
> 或國主與群臣共議者，有或無國君，惟立冢宰執政者。[11]

　　域外諸國的政體，紛繁無已，這段話是當時的「知識倉庫」裡首度提到
的概括論說（此後，內容更為繁富的類似概括論說，更陸續收錄於「知識倉庫」
之中）。對比大清帝國皇帝自身「乾綱獨斷」的政體，「國王自為專主」的制
度，並不讓人陌生，只是，它還提醒人們，世界上還存在著與君主制大相徑庭
的政治制度，其中一種是「國主與群臣共議」的制度；另一種則為「無國君，
惟立冢宰執政者」的制度。而且，放眼望去，後兩種制度，竟然普遍地存在於
域外世界，更自成法度，運作不已。

　　就「國主與群臣共議」的制度而言，其內容包括兩個要項：一是存在著
一個可以限制統治者權力的體制；二是這個可以限制統治者權力之體制的部分
成員，經由「推選」產生，英國則是這等制度的典範國家。[12] 就「無國君，惟
立冢宰執政者」的制度來說，亦普遍於世，《新釋地理備考全書》即謂歐洲有
「蘇益薩」國，由 22 個幾乎都「不設君位」的小國組成，如「伯恩國」，「不
設君位，共立官長二百九十九員，辦理國務」等。[13] 徐繼畬的《瀛寰志略》則
記述，歐洲有一個叫作「瑞士」的國家，「初分三部，後分為十三部，皆推擇
鄉官理事，不立王侯」，還譽之為「西土之桃花源」。

> 懲碩鼠之貪殘，而泥封告絕，主伯亞旅，自成臥治。王侯各擁強兵，
> 熟視而無如何，亦竟置之度外，豈不異哉？[14]

　　徐繼畬讚譽瑞士制度「懲碩鼠之貪殘，而泥封告絕」，[15] 顯示了他認為此
等制度具有可以祛除政治弊病的特點。

　　西綱鑒俱記：乾坤始奠以來，迄今大清道光二十五年，共計五千八百五十二載」（卷3，
　　第2頁A），是以此書當為道光二十五年（1845）前後的作品；瑪姬士與《新釋地理備考
　　全書》及其被徵引的介紹，參見熊月之〈《海國圖志》徵引西書考釋〉，劉泱泱等編《魏
　　源與近代中國改革開放》，湖南師範大學出版社，1995，第142—143頁。
11　《新釋地理備考全書》卷4，第21頁B；本段記述，《海國圖志》作：「歐羅巴中所有諸國，
　　政治紛繁，各從其度。或國王自為專主者，或國主與群臣共議者，或無國君，惟立冢宰執
　　政者。」參見《海國圖志》卷37，100卷本，第38頁B；本段論述不見於60卷本。
12　潘光哲：〈晚清士人對英國政治制度的認識（1830—1856）〉，《國立政治大學歷史學報》
　　第17期，2000年5月，第147—196頁。
13　《新釋地理備考全書》卷5，第22頁A—28頁B。
14　徐繼畬：《瀛寰志略》卷5，白清才、劉貫文主編《徐繼畬集》第1冊，第155頁。
15　按，「懲碩鼠之貪殘，而泥封告絕」的典故，出自《詩經·國風》。

　　魏源纂輯的《海國圖志》總匯相關資料為一帙，[16] 即引用了《新釋地理備考全書》與《瀛寰志略》的敘述，不僅確定了「蘇益薩」即為「瑞士」，是「不設君位」（或如《瀛寰志略》所云「不立王侯」）的國家，[17] 並且傳達了徐繼畬的好評。[18] 此外，這種制度非僅行之於瑞士，且在明代之後始納入中國地理知識範圍的美洲（當時或以墨利加州，或以啞美哩咖州稱之），[19] 其中有許多國家，它們也實行了一種與瑞士甚為類似的政治制度。

> 　　各國朝綱多有不設君位，大半皆立官宰理。其宰理之員，有黎庶公舉者，有歷代相傳者。[20]

　　這些國家的分別述說，可見其大概情況，筆者從《新釋地理備考全書》與《海國圖志》的記述中略舉數例，可見一般（參見表 25-1）。[21]

16　關於《海國圖志》引用相關「西書」著述的整體狀況，見熊月之〈《海國圖志》徵引西書考釋〉，第 132─146 頁。

17　魏源：《海國圖志》卷 47，100 卷本，第 11 頁 B─12 頁 B。

18　若干論者將徐繼畬對瑞士制度的讚譽──「懲碩鼠之貪殘，而泯封告絕」等語──當成魏源的好評，如熊月之《中國近代民主思想史（修訂本）》（第 78─79 頁），實誤；餘例不詳舉。

19　如魏源的論說：「墨利加州……明代始有聞……」參見魏源《海國圖志》卷 39，60 卷本，第 1 頁 A。

20　《新釋地理備考全書》卷 9，第 10 頁 A；本段記述，《海國圖志》作：美洲「各國多有不設立君位，立官宰理，有黎庶公舉者，有歷代相傳者。」（魏源：《海國圖志》卷 59，100 卷本，第 14 頁 B；本段論述不見於 60 卷本）。

21　徐繼畬的《瀛寰志略》對於美洲國家制度的敘述，並未均如《新釋地理備考全書》與《海國圖志》，幾皆述及各國之制度，有所述及者，皆同表所列，如《瀛寰志略》謂墨西哥於道光三年「廢國王，分為十五部，各推擇官長理事」，「其制大略仿米利堅」（第 287 頁）；秘魯「推擇長官理事，不立國王」（第 294 頁）；阿根廷「效米利堅推擇統領」（第 298 頁）。

表 25-1　《新釋地理備考全書》與《海國圖志》100 卷本中提及
各國對「不設君位」政體的論述

國家	《新釋地理備考全書》	《海國圖志》100 卷本
墨西哥	「美時哥國」：「不設君位，國人各立官長，司理地方。朝內有正副首領，權理國政」（卷 9，第 15 頁 A）	「美詩哥國，一作墨西科」：「不設君位，國人各立官長，司理地方。朝內有正副首領，權理國政」（《地理備考》卷 64，第 6 頁 B） 「麥西可國」：「每八萬人擇一賢士會議掌政令，麥西哥選首領以攝其權」（《外國史略》卷 64，第 10 頁 B）
瓜地馬拉	「瓜的嗎啦國」：「不設君位，黎庶各立官長，權理國政」（卷 9，第 18 頁 B-19 頁 A）	「瓜的馬拉國」：「不設君位，各立官長理政」（《地理備考》卷 66，第 3 頁 B） 「瓜亞地馬拉國」：「各部自立，國舉首領」（《外國史略》卷 66，第 5 頁 B）
秘魯	「北盧國」：「不設君位，庶民自立官長，宰理國政」（卷 9，第 25 頁 A）	「北盧國」：「不設君位，庶民自立官長理政」（《地理備考》卷 67，第 12 頁 A）
阿根廷	「巴拉大河合眾國」：「不設君位，庶民自立官長，司理國政」（卷 9，第 30 頁 A）	「巴拉大河國」：「官守自立，國人攝政，不設君位」（《地理備考》卷 68，第 1 頁 B）
海地	「海地國」：「不設君位，國人自立官長，司理政事」（卷 9，第 36 頁 B）	「海地島國」：「不設君位，國人自立官長，以理事」（《地理備考》卷 70，第 5 頁 B）

　　這種「不設君位」的制度，在域外國家非僅確有其實，且在「知識倉庫」的積累裡，此等制度還有一個儼然已成典範的國家—美國。關於它的知識／資訊，在「知識倉庫」亦可謂豐富。人們既可以掌握美國政治制度的基本樣態，

也對之有相當一致的好評。如徐繼畬讚譽美國制度「創古今末有之局」；[22] 魏源則說美國元首（他用的詞語是「大酋」）由「公舉」產生，非僅「不世及」、「不四載即受代」，另舉他人繼任，是「一變古今官家之局」的制度，而且「人心翕然」，不至於天下大亂，真是合乎「公」的理想的制度；[23] 梁廷枏的《海國四說》，包括專門述說美國的《合省國說》，[24] 本也讚譽美國制度改變了「君治於上，民聽於下」的規則，並實現「視、聽自民」的理想，而且由於「任期」的關係，美國總統（他使用的詞語是「統領」）不會「貪侈凶暴」。[25]

簡而言之，瑪姬士以「國王自為專主」，或是「國主與群臣共議」，或是「無國君，惟立冢宰執政」，來對西方國家的政體類型進行概括，這在「知識倉庫」裡都可得到確證，對瑞士、美國等「無國君」之諸國政體的認知，也引發各方士人的思考和得到好評。可以說，政體類型知識的「概念工程」，在晚清思想界一開始就有迴響；此後，隨著「知識倉庫」的擴充，陸續增添各式各樣的相關知識，更是漣漪泛遠，激盪無限。

二、《大英國志》、蔣敦復與政體類型知識「概念工程」的現實意涵

1850 年代末期的上海人一直都不太清楚，為什麼才三十出頭的王韜和比他年紀大 20 歲的蔣敦復有這樣好的交情。[26] 1859 年 5 月 6 日，王韜又和蔣敦復聊天，議論熱烈。在上海墨海書館幫助西洋傳教士「傭書」已逾十年的他，顯然得到不少新鮮的資訊，這次他又把自己的觀察心得告訴蔣敦復：

> 西國政之大謬者，曰男女並嗣也，君民同治也，政教一體也。

1847 年就來到上海、專門協助管理上海墨海書館的偉烈亞力（Alexander Wylie）聽到了王韜的這句評語，不太以為然：

22　徐繼畬：《瀛寰志略》卷 9，白清才、劉貫文主編《徐繼畬集》第 1 冊，第 285 頁。
23　魏源：《海國圖志》卷 39，60 卷本，總 2177—2178 頁。
24　章引用的版本是：梁廷枏：《海國四說》，駱驛、劉驍校點，中華書局，1993。按，《海國四說・序》撰於道光二十六年（1846），因此，《海國四說》最初於 1846 年完成。不過，駱驛等校點所據之《海國四說》原本，作者題署有「欽加內閣中書銜」（1851 年），且《蘭侖偶說》有引《瀛寰志略》（1848 年初刻）處，所以，此一版本的《蘭侖偶說》至少是 1848 年以後的作品。
25　梁廷枏：《合省國說・序》，氏著《海國四說》，第 50 頁。
26　據王韜自述，與蔣敦復結識於「壬子十二月十有三日」（1853 年 1 月 21 日），參見王韜《淞濱瑣話》，齊魯書社，1986，第 106 頁。

是不然。泰西之政，下悅而上行，不敢以一人攬其權，而乾綱仍弗替焉。商足而國富，先欲與萬民用其利，而財用無不裕焉。故有事則歸議院，而無蒙蔽之虞；不足，則籌國債，而無捐輸之弊。今中國政事壅於上聞，國家有所興作，小民不得預知。何不仿行新聞月報，上可達天聽，下可通民意。況泰西之善政頗多，苟能效而行之，則國治不難。

王韜不太服氣，和偉烈亞力辯論起來：

泰西列國，地小民聚，一日可以遍告。中國則不能也。中外異治，庶人之清議難以佐大廷之嘉猷也。中國多塗泥之區，土鬆氣薄，久雨則泥濘陷足，車過則候洞窟穴。電器秘機，決然難行。他如農家田具種刈利器，皆以輪軸機折運轉，事半功倍，宜其有利於民。不知中國貧乏者甚多，皆藉富戶以養其身家。一行此法，數千萬貧民必至無所得食，不生意外之變乎？中國所重者，禮義廉恥而已。上增其德，下懋其修，以求復於太古之風耳。奇技淫巧鑿破其天者，擯之不談，亦未可為陋也。[27]

偉烈亞力是否被說服了，莫得其詳；王韜本人則很看重這次談辯，將之詳細地記諸《日記》中。蔣敦復也很同意王韜的說法，翌年，他寫作〈英志自序〉，[28] 把王韜的這番話進行了改寫，當成是「英國之綱領」：

君民共主也，政教一體也，男女並嗣也，此三者，英國之綱領也。

蔣敦復這裡提到的「君民共主」這個詞語，應當是漢語世界之首見；19世紀時期的中國人稱英國為「君民共主」的國家，「發明權」當屬於他。作為至交的王韜，日後大概也依據老友的意見，放棄了「君民同治」一詞，轉而使用「君民共主」來展開議論。

泰西之立國有三，一曰君主之國，一曰民主之國，一曰君民共主之國……[29]

27　《王韜日記》，中華書局，1987，第112—113頁。
28　蔣敦復：〈英志自序〉，《嘯古堂文集》卷7，第2頁B—6頁A。另見臺北中研院近代史研究所編印《近代中國對西方及列強認識資料彙編》第1輯，1972，第1085—1086頁。〈英志自序〉係年為「咸豐十年」（1860）。
29　王韜：〈重民〉（下），《弢園文錄外編》卷1，第19頁A—19頁B（當然，王韜另有其他分類述說，下詳）；本章引用的版本是：王韜：《弢園文錄外編》，「丁酉（1897）仲夏弢園老民刊於滬上」；又，《弢園文錄外編》初刊於1883年，參見忻平〈王韜著作目錄及版本〉，氏著《王韜評傳》，華東師範大學出版社，1990，第244頁。

　　王韜提出的「君民同治」，究竟是什麼意思，蔣對此沒有清楚的說明。[30]蔣敦復提出的「君民共主」卻與其在〈英志自序〉裡談到的世界各國的三種「立國之道」，略有出入。

> 地球九萬餘里，邦土交錯，立國之道，大要有三：一、君為政，西語曰恩伯臘（中國帝王之稱），古來中國及今之俄羅斯、法蘭西、墺地利等國是也；一、民為政，西語曰伯勒格斯，今之美利堅（俗名花旗，在亞墨利加州〔洲〕）及耶馬尼、瑞士等國是也；一、君民共為政，西語曰京，歐州〔洲〕諸國間有之，英則歷代相承，俱從此號。王者僅列五等爵上，衣食租稅而已。[31]

　　無論是「君民共為政」還是「君民共主」，都可以用來表示英國體制。作為詞語的首創者，蔣敦復對於應該使用哪些詞來區分世界各國的政體類型，還不夠精確；他自己使用這些不見於漢語世界裡的新名詞，也經歷過概念的變化（在政體類型知識「概念工程」的建設過程裡，有相同貢獻的論者，如王韜，亦有類似的情況）。但是，即便詞語的使用並不精確，表達的基本理念還算一致，都是要劃分世界各國的政體類型。回源溯流，這樣的思考傾向，來自以英國倫敦傳道會的牧師慕維廉（William Muirhead）為主要譯者的《大英國志》（1856 年首度出版）。[32]蔣敦復既是此書譯事的合作者，[33]也接下了繼續進行這項工程的重任，並拓展了新的思考路向。

《大英國志》與政體類型知識「概念工程」的進展

　　《大英國志》全書依據時序，完整述說英國上自源始起，下迄 1856 年克里米亞戰爭結束，議訂《巴黎和約》的史事。19 世紀的中國士人，閱讀此書，

30　在王韜與蔣敦復此番談話前，即已稱「政教一體」、「男女並嗣」與「君民同治」為「西國立法大謬」，參見王韜〈與周弢甫征君〉，氏著《弢園文新編》，三聯書店，1998，第 194 頁；本函係年為 1859 年 2 月 27 日，見張志春《王韜年譜》，河北教育出版社，1994，第 43—44 頁。

31　蔣敦復：〈英志自序〉，《嘯古堂文集》卷 7，第 2 頁 B。

32　《大英國志》，〔英〕慕維廉，「耶穌降世一千八百五十六年江蘇松江上海墨海書院刊」；此版本卷末所附〈《大英國志》續刻〉，已論及英法聯軍攻陷北京，「（1860 年 10 月）二十四日，和約立；十一月初五日，英、法兵退自北京；十二月二十七日，英京城宣講和約事」；查《中英北京條約》確實於 1860 年 10 月 24 日「蓋印畫押」。陳志奇：《中國近代外交史》上冊，南天書局，1993，第 394 頁。由是，此一版本當出版於 1860 年 12 月 27 日以後。

33　王韜在 1853 年舉薦蔣敦復與慕維廉，進行譯事，稿成於 1856 年，參見滕固《蔣劍人先生年譜》，廣文書局，1971，第 19、21 頁。

正可知曉英國的歷史經緯及其政治社會制度；它提供的新知識，更可引起時人之反思，如述說「清教徒革命」時期英王查理一世（Charles Ⅰ，《大英國志》謂之「查理斯第一」）被送上斷頭臺的故史陳績，[34] 就被中國士人視為「大逆不道」，引發了多樣的迴響。以過往學界認為思想上很少受到西方思想影響的朱一新為例，[35] 他所描述的「英王查理斯為叛黨所弒，至聲王罪而肆諸市朝，振古所未聞也」一事的來源，就是這部書。[36] 漢語世界至今描述英國政體的若干詞語，更以其為濫觴。例如，是書將英國的「Parliament」譯為「巴力門」，[37] 即漢語世界之首見。[38]《大英國志》提供的某些詞語進入漢語世界已經超過一個半世紀，它的生命力還不曾中止。

　　在「知識倉庫」裡，《大英國志》提供了許多新的面向。它發凡起例，首次將英國政治制度的意義，放在「天下萬國，政分三等」的整體脈絡裡展開述說：

> 天下萬國，政分三等：禮樂征伐自王者出，法令政刑，治賤不治貴。有國者，西語曰恩伯臘（意即中國帝王之號），如中國、俄羅斯、及今法蘭西等國是也。以王者與民所選擇之人共為政，君、民皆受治於法律之下。有國者，西語曰京（意即王，與皇帝有別），泰西諸國間有之，而英則歷代相承，俱從此號。又有無帝、無王，以百姓推立之一人主之，限以年數，新舊相代，西語曰伯勒格西敦（意即為首者之稱），如今之合眾部是也。[39]

　　較諸此前《新釋地理備考全書》提出的簡略論說，《大英國志》的分類論說，顯然更進一層。首先，它闡明了三種不同政體的國家元首，有什麼樣

34　《大英國志》卷6，第12頁A—33頁B。

35　如張灝即引錢穆《中國近三百年學術史》而提出這一觀點，參見 Hao Chang, *Liang Ch'i-ch' ao and the Intellectual Transition in China* (Harvard University Press, 1971), p.4.

36　朱一新：《無邪堂答問》卷2，廣雅書局，光緒二十一年（1895）刊本，第30頁B—31頁B；又，《無邪堂答問》在他處亦徵引過《大英國志》（如卷2，第18頁A，不詳舉）。

37　《大英國志》明確記載：1225年「法王路易取英之地在法者羅舌，英人群議於巴力門……」（《大英國志》卷4，第17頁A）；偶作「巴立門」，如「英史記載，首重法律，必君相與巴立門上、下兩院會議乃行」。參見《大英國志》，〈凡例〉，第2頁A；通觀全書，以「巴力門」為主。

38　馬西尼（F. Masini）則稱「巴力門」此一詞首見於1874年出版的《教會新報》，實誤。參見〔意〕馬西尼《現代漢語詞彙的形成：19世紀漢語外來詞研究》，黃河清譯，漢語大詞典出版社，1997，第189頁。

39　《大英國志》，〈凡例〉，第1頁A—1頁B。

的不同稱謂，這就為政體類型之分類提供了簡潔明瞭的依據；其次，在後兩種類型裡，又以「民」（或「百姓」）所推擇之人選參與政治事務的程度作為區分「王者與民所選擇之人共為政」和「以百姓推立之一人主之」的標準。由上，《大英國志》明確地表述了「天下萬國」如何可以「政分三等」的理據，還說明了它們各有什麼樣的內容。讀者不僅可以從中知曉英國的政體在「天下萬國」裡具有什麼樣的地位和獨特意義，還可以獲知其他國家（甚至包括大清帝國在內）的政體，在這樣的類型裡又居於何等位置。可以說，《大英國志》在中國政治思維的領域裡，提供了嶄新的「思想資源」。

晚清時期的中國士人在推動世界諸國政體類型知識的「概念工程」中，成果繁多。在這個論說模式的演進史上，《大英國志》首開風氣，它提出類型述說的基本架構，亦為後人承襲，影響力持續幾近半世紀。不過，隨著「知識倉庫」裡積蓄的資訊越豐富，其內涵產生了某種程度的變形，非復《大英國志》述說的本來面貌了。

蔣敦復對政體類型知識「概念工程」的再開拓

蔣敦復作為《大英國志》翻譯事業的合作者，對於這部書提出的政體類型的觀點與詞語，應該是相當熟悉的。不過，起先他似乎混淆了《大英國志》的述說，即將「伯勒格西敦」改為「伯勒格斯」，並曰「伯勒格斯」為「君民共政之稱」。[40] 迨於 1860 年，他寫作《英志自序》時，則稱「民為政」的國家元首為「伯勒格斯」，此後就不再變易了。筆者將他述說的政體類型，整理為表 25-2。

表 25-2　蔣敦復論著中的政體類型

著作 年分	蔣敦復譯《大英國志》	蔣敦復〈英志自序〉	蔣敦復〈擬與英國使臣威妥瑪書〉
	1856	1860	1866-1867
總述	天下萬國，政分三等	地球九萬餘里，邦土交錯，立國之道，大要有三	泰西各國，政有三等

40　蔣敦復：〈海外兩異人傳：華盛頓〉，《嘯古堂文集》卷 5，第 6 頁 B—7 頁 A；關於此文的撰作時間，參見拙文《蔣敦復〈海外兩異人傳：華盛頓〉撰述時間考》。

君主	一	君為政	一
元首名稱	有國者，西語曰恩伯臘（意即中國帝王之號）	西語曰恩伯臘（中國帝王之稱）	西語曰恩伯臘者，即中國帝王之號
國家	如中國、俄羅斯、及今法蘭西等國是也	古來中國及今之俄羅斯、法蘭西、墺地利等國是也	今俄羅斯、法蘭西、墺地利諸國是也
說明	禮樂征伐自王者出，法令政刑，治賤不治貴		政刑大事，君自主之
君民共主		君民共為政	君民共為主
元首名稱	有國者，西語曰京（即王，與皇帝有別）	西語曰京	西語曰京
國家	泰西諸國間有之，而英則歷代相承，俱從此號	歐州〔洲〕諸國間有之，英則歷代相承，俱從此號	今之英國是也
說明	王者與民所選擇之人共為政，君、民皆受治於法律之下		
民主		民為政	民為主
元首名稱	西語曰伯勒格西敦（即為首者之稱）	西語曰伯勒格斯	西語曰伯勒格斯
國家	如今之合眾部是也	今之美利堅（俗名花旗，在亞墨利加州〔洲〕）及耶馬尼、瑞士等國是也	今南、北美利加等國是也
說明	無帝、無王，以百姓推立之一人主之，限以年數，新舊相代		

　　蔣敦復的論說內容，和《大英國志》略有不同，但基本的論說格局則可稱一致，都以國家元首的稱呼作為分類標準。在政體類型知識「概念工程」開始的時候，本來並沒有「民為政」、「君民共為政」或「民為主」、「君民共為主」這些提法；顯然，正是從蔣敦復開始，政體類型知識「概念工程」

的成果得以更上一層。

　　就 1860 年代言論脈絡的觀察，蔣敦復視美國政體為「民為政」（或「民為主」）的認識，其實另有「競爭者」。以日後擔任過大清帝國出使英國欽差大臣的張德彝為例，出身於同文館的他，從 19 歲起，就開始出洋遠遊，得以見識異國的各種風情、樣貌；[41] 他在 1866 年 7 月 19 日訪問俄國期間，即議論說，「美國乃官天下民主之國也，傳賢不傳子，每四年眾舉一人為統領，稱伯理璽天德」。[42] 未及弱冠之年的張德彝，知道美國「每四年眾舉一人為統領」，與「知識倉庫」的述說完全一致，其使用「伯理璽天德」來稱呼美國總統，則清楚顯示這個詞已在「知識倉庫」中出現的跡象；[43] 唯他以「傳賢不傳子」論證美國政體的意義乃「官天下民主之國」，則是「知識倉庫」裡新出現的述說。[44]

　　約略於同一時代裡，對於美國政體有類似認知的例證，出自張德彝的老師、曾任同文館總教習的傳教士丁韙良（W. A. P. Martin）翻譯的《萬國公法》（1864 年出版）。[45] 這部書堪稱國際法知識引進東亞世界的「共同知識文本」之一，[46] 影響深遠。[47] 該書於述說「自主之國」在內政方面「自執全權，而不

41　關於張德彝的出身及歷次出國的情況和著述，參見鍾叔河《走向世界：近代中國知識分子考察西方的歷史》，中華書局，1985，第 87—107、177—192 頁；蘇精：《清季同文館及其師生》，自印本，1985，第 174—178 頁。

42　張德彝：《航海述奇》，《稿本航海述奇彙編》第 1 冊，北京圖書館出版社，1997，第 301—302 頁；此段記述，《小方壺齋輿地叢鈔》收錄之版本作：「美國乃官天下民主之國也，無君無臣，每四年眾保一人為首，稱百理璽天德。」王錫祺輯《小方壺齋輿地叢鈔》，廣文書局，1962 年影印本，帙 11，第 33 頁 B。

43　按，晚清時以「伯理璽天德」稱呼美國總統，是「流行」說法。但是，首創於誰，尚難得悉。早在 1844 年時，清廷官方文書即已使用「伯理璽天德」，如〈兩廣總督耆英奏為照錄美使所譯漢字圖書呈覽摺（道光二十四年八月十四日奏呈）附〈咪唎堅漢字圖書〉〉云：「亞美理駕合眾國伯理璽天德玉罕泰祿恭函，專達於大清大皇帝陛下。」參見文慶等纂輯《籌辦夷務始末》卷 72，故宮博物院，1930，影印道光內府抄本，第 47 頁 B；相關研究成果，略可參見熊月之〈晚清中國對美國總統制的解讀〉，《史林》2007 年第 1 期；餘例不詳舉。

44　不過，張德彝對美國政治制度的其他述說，另有誤失，此處不詳考究。

45　《萬國公法》，丁韙良譯，孟冬月鑴，京都崇實館存板，同治三年（1864）。

46　「共同知識文本」是筆者鑄造的詞語，意指約略從 1830 年代以降，西方傳教士與東亞各國知識人共同致力於生產介紹世界局勢與西方知識的著述，例如《海國圖志》、《瀛寰志略》、《萬國公法》等著作，同時在東亞世界流通，廣受閱覽，彼此能夠自潤均享，由此引發了多種多樣的歷史效應；如梁台根以《佐治芻言》為中心，就這部曾於中、日、韓三國流傳的「共同文本」，展現了當時引進、傳播和吸收西方知識的場景，也指東亞內部複雜的知識傳播之互動脈絡。參見梁台根〈近代西方知識在東亞的傳播及其共同文本之探索——以《佐治芻言》為例〉，《漢學研究》第 24 卷第 2 期，2006 年，第 323—351 頁；不過，是文專注於《佐治芻言》，並未指陳其他著作的情況。

47　關於《萬國公法》在晚清中國的影響，研究甚眾，最稱精要者厥為林學忠《從萬國公法到

依傍於他國」的脈絡裡，如是言之：

> 若民主之國，則公舉首領官長，均由自主，一循國法，他國亦不得行
> 權勢於其間也。[48]

從上下文脈絡來看，所謂民主之國，意指「公舉首領官長」的國家。依據
惠頓原書核校，民主之國的原文是「republican form of government」，[49] 同書亦
曰「美國合邦之大法，保各邦永歸民主」，[50] 原意當為美國《憲法》第 4 條第
4 款的規定，「合眾國保證聯邦中的每一州皆為共和政體」（The United States
shall guarantee to every State in this Union a Republican Form of Government）。[51]
所以，《萬國公法》中所謂的民主之國，其實指的是「共和形式的政府」。[52]

張德彝所謂的民主之國，意涵未必即與《萬國公法》相同，但至少呈現
出將美國稱為民主之國的趨同態勢。日後政體類型知識「概念工程」，確定美
國是民主之國之一，這應當以 1860 年代為起點。

隨著「知識倉庫」的持續擴建，「民為政」與「民為主」這兩組詞語，
漸次被簡稱為「民政」和「民主」，並往往交互使用，可以等同；不過，民主
仍蘊含傳統中國「民之主」（即國家元首）的意思。[53] 如張德彝在 1870 年再
隨崇厚出使法、英，他記述此行的著作《三述奇》[54] 就述及法國自普法戰爭失
敗之後，於 1870 年 9 月 7 日當日「眾議改為民政……以民主執國政焉」。所
謂「眾議改為民政」，當即指稱一種政治制度；「民主執國政」，則當指國家

　　公法外交：晚清國際法的傳入、詮釋與應用》，上海古籍出版社，2009；餘例不詳舉。

48　《萬國公法》卷 2，第 13 頁 B。

49　H.Liu, *Translingual Practice: Literature, National Culture, and Translated Modernity-China*, 1900-
　　1937 (Stanford University Press, 1995) , p. 267.

50　《萬國公法》卷 2，第 13 頁 A。

51　《美國歷史文獻選集》，美國駐華大使館新聞處，1985，第 42 頁。

52　不過，「民主」一詞在《萬國公法》裡出現 18 次，有時也為「democratic republic」與
　　「democratic character」的翻譯。參見金觀濤、劉青峰《觀念史研究：中國現代重要政治
　　術語的形成》，香港中文大學當代中國文化研究中心，2008，第 230 頁。

53　如《尚書‧湯誓》：「匹夫匹婦，不獲自盡，民主罔以成厥功」；《尚書‧蔡仲之命》：
　　「乃惟成湯克以爾多方簡，代夏作民主」；《左傳‧襄公三十一年》：「穆叔……見孟
　　孝伯。曰：『趙孟將死矣。其語偷，不似民主』」；《國語‧晉語四》：「（勃鞮）曰：
　　『君實不能明訓，而棄民主』。」筆者利用臺北中研院「漢籍全文資料庫」，就「民主」
　　一詞在「二十四史」與「十三經」中進行檢索得到的資料，率皆此意義，不詳舉。

54　據張德彝的《三述奇》，書前〈《三述奇》敘〉係年為「同治十二年（1873）歲次癸酉春」。
　　張德彝：《稿本航海述奇彙編》第 2—3 冊。

元首。然則，在 10 月 31 日，他則稱法國要員已然商議「以立民主之邦」。[55]
由是可見，「民政」和「民主」固可交互等同，但「民主」仍與其傳統意涵交雜相陳。張德彝的用法，在 1870 年代初期並不是孤例。創始於 1873 年，廣泛報導西方各國消息的《西國近事彙編》，[56]從創刊伊始，報導古巴獨立的消息，即混合、共用「民政」與「民主」二詞：

> 古巴島之叛於西班牙也，以欲更民政，而王不從，故狡焉思逞，大啟兵端。今既改為民主之國，自是如願相償，想不日就撫罷兵矣。[57]

從上下文脈絡觀之，「欲更民政」，致「啟兵端」，「既改為民主之國」則「不日就撫罷兵」，顯然，「民政」、「民主之國」兩者的意思相同。而它也稱法國、瑞士都是歐洲「主民政」的國家，並提供法國「開國而後凡三易民政」的資訊。[58]

從整體脈絡來看，蔣敦復創始的「民為政」與「民為主」這樣的詞語，被簡稱為「民政」和「民主」，兩者可以交互並用，互相等同，都用以指稱像美國、法國或瑞士那些經由選舉程序而產生國家元首的國家。大約在 1870 年代初期出現的這股態勢，持續不絕。大清帝國出使英法的欽差大臣郭嵩燾或以「民政」，或以「民主」稱謂法國的政治體制，[59]即為一例。大眾媒體亦從之襲用，甚且可以夾雜交互使用既存的各等詞語、概念，以為評騭之資。如《申報》於 1876 年刊出署名「呆呆子」者之文稿，評論英國「意欲於英王君主加上印度皇帝」一事時即謂：

> 泰西立國有三，國主之稱謂亦有三：一為民主之國，西語曰「伯勒格斯」，南北花旗與現在之法蘭西是也；一為君民共主之國，西語曰「密

---

55 張德彝：《三述奇》，《稿本航海述奇彙編》第 2 冊，第 342、349-350 頁。

56 關於《西國近事彙編》之述說，眾說紛紜，立基於前行研究而有比較精確之介紹者當推原付川、姚遠、衛玲〈《西國近事彙編》的期刊本質及其出版要素再探〉，《今傳媒》2010 年第 5 期。

57 《西國近事彙編》卷 1，同治十二年本，第 46 頁 A。

58 原文是：「歐洲諸國，除西班牙而外，主民政者，一為法國，一為瑞士。瑞士之主民政也，歷年多，施澤於民久……法國之主民政也，歷年少，施澤於民未久，而且求治太急，好事更張，為之下者積習相沿，驟難變易，故自開國而後凡三易民政，而卒不能久。」參見《西國近事彙編》卷 1，第 47 頁 B—48 頁 A。

59 郭嵩燾於 1878 年 7 月 27 日遊歷法國「議政院」時即謂「路易第十六被弒，改為民主之國」，1879 年 2 月 21 日則感歎法國本為「強國」，「立君千餘年，一旦改從民政，群一國之人挈長較短，以求逞其志，其勢固有岌岌不可終日者矣」。參見《郭嵩燾日記》卷 3，湖南人民出版社，1981，第 581—582、775 頁。

施」，即英國是也；一為君主之國，西語曰「的士坡的」，俄羅斯是也。[60]

蔣敦復不曾言及的「民主之國」、「君民共主之國」、「密施」、「的士坡的」，[61] 及其創發的「伯勒格斯」等詞，同時躍然紙上。這篇文稿的作者，未必直接援用蔣敦復之說法，但其對政體類型的表述，基本無誤，由此既可想見既存的認知廣傳流遠的情況，也具體彰顯了政體類型知識的「概念工程」在思想言論的舞臺上已占有一席之地。

政體類型知識「概念工程」與「政體抉擇」：「蔣敦復式」的憂慮

在政體類型知識「概念工程」發展的過程裡，蔣敦復對於應該使用什麼樣的詞語進行分類、定下基調，實有開風氣之先的「功勞」。不過，蔣敦復的思緒所至，與現實結合，竟讓他意識到政體類型的知識，不會只是單純的「知識」，反而可能會引發「政體抉擇」的問題，關涉所及，實非同小可。

蔣敦復清楚地知曉「巴力門」在英國政治運作中的關鍵地位：

> 操君民政教之權者曰巴力門。巴力門，上、下二院，君有舉措，詔上院，上院下下院；民有從違，告下院，下院上上院；國中納賦，必會議乃成。律法定自兩院，君、相不能行一法外事。[62]

正因為「巴力門」權力至大如此，他即認為大清帝國若仿而效之，「大亂之道也」。蔣敦復的論證，本著中國傳統「君綱」至上的觀點，他強調，「《春秋》大義明於中國，君臣之分甚嚴也」，「未聞王者不得操予奪生殺之柄」，「未有草野細民得曰立君由我」，所以他在知曉查理一世被處以極刑之後，「舉朝宴然，無所謂戴天之仇與討賊之義」，實在「不覺髮指」。《大英國志》述及，「巴力門」嘗行「悖亂之事」，即把國王查理一世送上斷頭臺。蔣敦復的批判，顯然「有的放矢」。

蔣敦復的整體論說，帶有某種程度的「民族主義」情緒。他以「君民共主也，政教一體也，男女並嗣也」作為「英國之綱領」，並感歎英國「駸駸乎民制其君，教隆於政，女先乎男」，全無可取，所以，「幾何不以外夷輕中國也」，但是，現實卻是「奈之何，而我中國而為外夷所輕也」，故他「為

60　呆呆子：〈論西報英王加號議爰及中國帝升王降之說〉，《申報》1876 年 5 月 4 日，第 1 版。

61　筆者懷疑，所謂「密施」或即「monarch」，「的士坡的」或為「despotic」。

62　蔣敦復：〈英志自序〉，《嘯古堂文集》卷 7，第 3 頁 B—4 頁 A。

此懼，作《英志》」。[63] 在蔣敦復寫作〈英志自序〉這篇文章的 1860 年，類似偉烈亞力提出的「泰西之善政頗多，苟能效而行之，則國治不難」這樣的觀點，可能已經在他周遭的世界瀰漫開來，王韜批判「西國政之大謬者」，鄭重其事地反駁偉烈亞力的論點，並書之於日記，也是他們思考是否該效行「泰西之善政」這等問題的依據。蔣敦復「放矢」之「的」，看來可能不僅限於《大英國志》。

然而，「中國」、「外夷」的對立局面，一日重於一日，甚至「外夷」竟大言不慚地提出「試問中國將來能常為自主之國否」的質疑。蔣敦復利用自己掌握的知識，「理直氣壯」地論證了中國當然是「自主之國」，毫不客氣地予以回應。但是，老問題依然存在。蔣敦復竭力論證模仿「民為主」、「君民共為主」的政體類型，也就是說，以美國和英國為樣式的制度都是「大亂之道」，卻阻止不了士人政治思維的變化趨向，開展對「政體抉擇」的思考，甚至於連本來也認為「君民同治」是「西國政之大謬者」之一的王韜，其思緒竟也都朝相反的方向前進。「蔣敦復式」的憂慮與思考，證明了他「獨到」的眼光。

「蔣敦復式」問題的真正「挑戰者」，來自老友王韜對法國歷史的介紹。王韜述說法國歷史沿革的名著——《法國志略》（《重訂法國志略》；以下均引為此名）[64] 與《普法戰紀》[65] 出版問世之後，使得政體類型知識的「概念工程」又產生一個變遷繁複、幾令人目不暇接的例證，由此而再有進展。

三、「法國例證」的導入與政體類型知識「概念工程」的躍進

「法國例證」的混沌

19 世紀的法國政體，歷經了重大的變化。中國人對這個國家的認識，也隨著它的變動而困惑不已。僅就《海國圖志》收錄的資訊而言，它的政體，相

63　蔣敦復：〈英志自序〉，《嘯古堂文集》卷 7。
64　本章引用的版本是：王韜：《重訂法國志略》，仲春淞隱廬刊，光緒十六年（1891）。
65　本章引用的版本是：王韜：《普法戰紀》20 卷 10 冊，韜園王氏刊本，遞叟手校。按，《普法戰紀》最先自 1872 年 9 月 3 日起刊於香港《華字日報》，自 1872 年 10 月 2 日起至 1873 年 8 月 4 日止連載於上海《申報》，1874 年初集結為專書（14 卷本）在香港刊行。參見呂文翠〈文化傳譯中的世界秩序與歷史圖像：以王韜《普法戰紀》為中心〉，氏著《海上傾城：上海文學與文化的轉異（1849—1908）》，麥田出版社，2009，第 86—87 頁。

當繁雜（見表25-3）。[66]

表25-3　《海國圖志》中介紹的19世紀法國政體類型

資料	內容	備註
《四洲志》	「政事：設占馬阿富衙門一所，官四百三十員，由各部落互相保充，如英國甘文好司之例……」	
《外國史略》	「道光十年後，佛（即法國）國王自操權，按國之義冊，會商爵士、鄉紳，以議國事」；法國有「公會」，「必派國之大爵有名望者，百姓中每年納餉銀五千員〔圓〕以上者，推為公會之鄉紳，預論國事，能言之士最多」	本段論述不見於60卷本
《地球圖說》	「道光二十七年，民叛，國王逃避於英國，國民又自專制，不復立君矣」	本段論述不見於60卷本

　　正因為法國政治變動不已，難以知其確貌，如何述其本相，時人為之煞費苦心。如朱克敬的《通商諸國記》，[67] 既複製了《瀛寰志略》的述說，也有這些年法國歷經的滄桑，其提供的資訊，形構為相當有趣的組合（見表25-4）。

66　本表僅節錄《海國圖志》100卷本的不同述說，不詳引所有述說，參見魏源《海國圖志》卷41、42，100卷本，不詳注頁碼。

67　朱克敬：《通商諸國記》，王錫祺輯《小方壺齋輿地叢鈔》，帙11。朱氏在文中云：日本於「光緒初又攻滅琉球」（第6頁B），此當為1875年事；又云，墨西哥、巴西「請通商，尚未定約」（第8頁A）。按，〈北洋大臣李鴻章奏巴西遣使議約摺〉（1880年7月12日），言及巴西於是年「遣使來華議約」，而《中巴會訂和好通商條約》簽訂於1881年10月3日，1882年6月3日在上海互換（參見田濤主編《清朝條約全集》卷2，黑龍江人民出版社，1999，第667—675頁），故本章視該文為1870年代下半期的作品。

表 25-4　《通商諸國記》與《瀛寰志略》論說的比較

著述	內容
《瀛寰志略》	路易即位數年卒，弟查理立（一作加爾祿斯），愚戇不任事，在位九年，國人廢之，擇立支屬賢者路易非立（一作盧義斯非里卑），即今在位之王也。以道光九年嗣立，性寬仁，好納諫，有賢聲。 其制：宰相一人，別立五爵公所，又於紳士中擇四百五十九人，立公局。國有大政，如刑賞征伐之類則令公所籌議，賜關稅餉則令公局籌辦。相無權，宣傳王命而已。
《通商諸國記》	路易即位數年死，弟查理立，愚戇不任事，在位九年，國人廢之，擇立支屬賢者路易非立，名曰人民王，謂土地不屬王，而公屬人民也（時為泰西一千八百三十年……），性寬仁，好納諫，有賢聲。會用兵摩洛哥，又連年水旱，公會紳士欲廢古法及財產傳家之例，均貧富，一男女之權；奸民乘間作亂，聚眾攻王。王兵敗出奔，臣民共推前王拿破崙之姪鈉魯斯路易為總統……未幾……廢公舉法，黜陟惟上，劫臣民留己為總統十年。又大會國人，尊己為法國世襲皇帝……同治九年……興兵伐德，四戰皆北……法王力盡出降……乃推爹亞為總統……爹亞旋以老辭位，麥馬韓代之，仍改民國舊制…… 國置宰相一人，別立五爵公所，又于紳士中擇四百五十九人，立公局。國有大政，公所議之，相無權，宣命而已。

資料來源：徐繼畬：《瀛寰志略》卷 7，《徐繼畬集》第 1 冊，第 198、202 頁；朱克敬：《通商諸國記》，第 2B 頁。

　　朱克敬的述說，出現在 1870 年代下半期，但其增添內容的記錄，莫知其詳。[68] 他的述說，大致無誤，在制度方面的述說，則一承《瀛寰志略》，幾無

68　例如，朱克敬說「路易非立」，「名曰人民王，謂土地不屬王，而公屬人民也」。此一述說，與「知識倉庫」其他的述說比較，唯王韜《重訂法國志略》有相似的述說：1830 年法國發生政變，「上、下兩議院公舉」路易・腓立，「曰民之王，謂國土不屬於王而屬於民也」（《重訂法國志略》卷 7，第 3 頁 B）。可以推想，兩者的述說，當必有其源。朱克敬述說英國的部分，曾引用王韜的《普法戰紀》：「《普法戰記〔紀〕》稱英國兵十萬……」（《通商諸國記》，第 4 頁 A）但看不出來他引用《重訂法國志略》的前身《法國志略》的跡象。

變易。相較同一時代親履其地的張德彝對於法國制度的詳盡記述，[69] 朱克敬的「辛勞」，對「知識倉庫」的擴建沒有太大的貢獻。這也正清楚顯示，沒有機會得到更多資訊的士人，難以確切掌握法國政體變化的完全樣態。彌補缺陷的工作，由王韜承其職責。

王韜導入的「法國例證」與政體類型知識的變化軌跡

王韜畢生筆耕不輟，約略在 1870 年代初期，他就完成了兩部與法國歷史密切相關的著述—《重訂法國志略》與《普法戰紀》。它們都是 19 世紀中國人認識法國歷史沿革與現狀的主要依據。王韜撰述這兩部書，用意深刻，既是填補此前「知識倉庫」的空白，也有「引法為鑑」的現實意義；[70] 他寫作《重訂法國志略》時，嘗自日本人的著述取材，[71] 晚清中國通過日本來吸收西洋文明，王韜則是首開風氣者。[72] 整體而言，王韜的努力，貢獻多樣，不僅於「知識倉庫」裡增添了關於法國情勢的知識，通過法國政體變遷的概括論說，更使政體類型知識「概念工程」、「完善化」，得到有力的又一佐證。

69　張德彝記述「法國國政」曰：「其權不歸統領而歸國會：分為兩堂，曰上會堂、下會堂」，「下會堂共五百三十二人，屬時各縣公舉一人。若居民數逾十萬，准加一額。凡被舉之人，至幼者亦須二十五歲；其出名薦主亦必年逾二旬方准列銜。入會堂者，限以六年為定制」。（參見張德彝《四述奇》，《稿本航海述奇彙編》第 4 冊，第 69—72 頁）此處不詳引。對比之下，朱克敬對法國制度方面的述說，承襲《瀛寰志略》，幾無變易，並無太大的價值。

70　忻平：〈王韜與近代中國的法國史研究〉，《上海社會科學院學術季刊》1994 年第 1 期。

71　如果詳細比對《重訂法國志略》與相關的日本著述，應可明其實，姑舉「共和」一詞為例。

《重訂法國志略》	岡本監輔編纂《萬國史記》，「明治十一年（1878）六月二十七日版權免許・岡本氏藏」本（日本吹田：關西大學「增田涉文庫」藏）
1892 年 11 月，法國「傳檄四方，曰：各國人民茍有背政府、倡共新政、排擊舊憲者，法國當出援兵」（卷 5，第 27 頁 A）	1892 年 11 月，法國「傳檄四方，曰：各國人民茍有背其政府、倡共和政、排擊舊憲者，法國當出援兵」（卷 10，第 22 頁 A）
「籌國會初議廢王位，立共和新政……」（卷 5，第 28 頁 A）	「籌國會初議廢王位，新立共和政……」（卷 10，第 22 頁 B）

據此，王韜應該承襲自日本方面，傳統中國指稱周屬王時，「召公、周公二相行政，號曰『共和』」。（《史記・周本紀》）「共和」概念被賦予新鮮的意義，可參見蓋箕作省吾的《坤輿圖識》（1845 年），首先將「republiek」譯為「共和政治／共和國」。齋藤毅《明治のことば：文明開化と日本語》，講談社、2005、119—120 頁。

72　當然，王韜的著作（如《普法戰紀》）亦曾流傳至日本，影響彼方，王韜與日本知識人更互有往還。參見徐興慶《王韜と近代日本：研究史の考察から》，陶德民・藤田高夫編《近代日本關係人物史研究の新しい地平》、雄松堂、2008、87—115 頁。

　　王韜《重訂法國志略》概述了 1789 年「法國大革命」之後法國政體變化的軌跡，亦將法國政治制度的變化意義，安排在「泰西國例」的整體脈絡裡述說：

> 泰西國例，有自主之國、有民主之國、有君民共主之國。其為民上者，操權既異，而名號亦因之以別。自主者，稱恩伯臘，譯言帝；民主者，稱伯理璽天德，譯言大統領；君民共主者，稱為京，譯言王。稱帝者，如俄羅斯、法蘭西、墺地里諸國是也；稱王者，如英吉利、西班牙諸國是也；稱統領者，如美利堅之聯邦是也，而歐洲之瑞士國亦屬近是。法國向時本係國君主政，自一千七百九十二年易為民主之國；一千八百四年，又易為世及，拿破崙第一即位，是為拿破崙朝。一千八百十四年，波旁朝恢復舊物，傳世者兩君。一千八百三十年，波旁支派曰奧理杭雷斐烈者，重改為民主。〔一〕千八百四十八年，民亂，逐王於外，於是國中無君，乃議改為黎拔布勒（譯即眾大臣合議國政）。是時柄國諸大臣中推拿破崙渦那拔為首，是即拿破崙第三……拿破崙第三權力才略素為眾所折服，因舉之為大統領，主國事職，若聯邦之伯理璽天德……〔一〕千八百五十二年……十一月七日，渦那拔議將伯理璽天德改號曰帝……群論僉同，遂改伯理璽天德曰帝，傳國世次，曰拿破崙第三，國位以世代遞嬗，無子傳弟或兄弟冢嗣……一千八百七十年普法搆兵，拿破崙第三兵敗被俘，國中無主。一千八百七十一年二月十七日……眾推大臣爹亞暫攝國政，八月三十一日，改號伯理璽天德。一千八百七十三年五月二十四日，爹亞辭位，眾復推大將軍麥馬韓為伯理璽天德……十一月，議定權主國政，以七年為期，於是法遂為民主之國，以迄於今，未之有改也。[73]

　　這段述說雖不免含混之處（如「波旁支派約奧理杭雷斐烈者」當政，究竟是「民主」，還是「王」），但還算清楚地表達了法國政體的變遷脈絡：國君主政—民主之國—世及—民主—黎拔布勒—伯理璽天德—帝—民主之國。王韜在這裡以統治者的名稱作為區分三種政體的標準，和他在《普法戰紀》的區分標準一致：

73　王韜：《重訂法國志略》卷 16，第 1 頁 A—3 頁 A。

　　泰西諸邦立國有三等，曰君為主，如昔之法蘭西及今之俄羅斯、墺地
里、普魯士是也；曰民為主，如今之法蘭西及瑞士、美利堅等國是也；
曰君民共為主，如英吉利、荷蘭、意大利、西班牙、葡萄牙、日爾曼
列邦皆是。君為主者，稱帝，西語曰恩伯臘；民為主者，稱總統，西
語曰伯理璽天德；君民共為主者，稱王，西語曰京。此三者名謂雖殊，
實則無所區別，蓋不以是為大小也。[74]

再與王韜 1883 年出版的《弢園文錄外編》裡提出的觀點相比較：

　　泰西之立國有三，一曰君主之國，一曰民主之國，一曰君民共主之國。
如俄、如墺、如普、如土等，則為君主之國，其稱尊號曰恩伯臘，即
中國之所謂帝也。如法、如瑞、如美等，則為民主之國，其稱尊號曰
伯理璽天德，即中國之所謂統領也。如英、如意、如西、如葡、如嗹等，
則為君民共主之國，其稱尊號曰京，即中國所謂王也。顧雖稱帝、稱王、
稱統領，而其大小強弱尊卑則不係於是，惟其國政令有所不同而已。
一人主治於上，而百執事萬姓奔走於下，令出而必行，言出而莫違，
此君主也。國家有事，下之議院，眾以為可行則行，不可則止，統領
但總其大成而已，此民主也。朝廷有兵刑禮樂賞罰諸大政，必集眾於
上、下議院，君可而民否不能行，民可而君否亦不能行也，必君民意
見相同，而後可頒之於遠近，此君民共主也。論者謂：君為主，則必堯、
舜之君在上，而後可久安長治；民為主，則法制多紛更，心志難專壹，
究其極，不無流弊；惟君民共治，上下相通，民隱得以上達，君惠亦
得以下逮。都俞吁咈，猶有中國三代以上之遺意焉。[75]

　　把王韜在上述論著中提出的三種分類列表對照（參見表 25-5），其中《重
訂法國志略》與《普法戰紀》的述說，都稍顯簡單。

74　王韜：《普法戰紀》，〈凡例〉，第 1 頁 A。
75　王韜：〈重民〉（下），《弢園文錄外編》卷 1，第 19 頁 A—19 頁 B。

表 25-5　王韜三種著作中政體類型比對

著作	《重訂法國志略》	《普法戰紀》	《弢園文錄外編》
總述	泰西國例，有自主之國、有民主之國、有君民共主之國。其為民上者，操權既異，而名號亦因之以別	泰西諸邦立國有三等，曰君為主……曰民為主……曰君民共為主……此三者名謂雖殊，實則無所區別，蓋不以是為大小也	泰西之立國有三，一曰君主之國，一曰民主之國，一曰君民共主之國……顧雖稱帝、稱王、稱統領，而其大小強弱尊卑則不係於是，惟其國政令有所不同而已
君主	自主之國	君為主	君主之國
元首名稱	自主者，稱恩伯臘，譯言帝	君為主者，稱帝，西語曰恩伯臘	其稱尊號曰恩伯臘，即中國之所謂帝也
國家	稱帝者，如俄羅斯、法蘭西、墺地里諸國是也	如昔之法蘭西及今之俄羅斯、墺地里、普魯士是也	如俄、如墺、如普、如土等
說明			一人主治於上，而百執事萬姓奔走於下，令出而必行，言出而莫違，此君主也
君民共主	君民共主之國	君民共為主	君民共主之國
元首名稱	君民共主者，稱為京，譯言王	君民共為主者，稱王，西語曰京	其稱尊號曰京，即中國所謂王也
國家	稱王者，如英吉利、西班牙諸國是也	如英吉利、荷蘭、意大利、西班牙、葡萄牙、日爾曼列邦皆是	如英、如意、如西、如葡、如嗹等
說明			朝廷有兵刑禮樂賞罰諸大政，必集眾於上、下議院，君可而民否不能行，民可而君否亦不能行也，必君民意見相同，而後可頒之於遠近，此君民共主也

民主	民主之國	民為主	民主之國
元首名稱	民主者，稱伯理璽天德，譯言大統領	總統，西語曰伯理璽天德	其稱尊號曰伯理璽天德，即中國之所謂統領也
國家	稱統領者，如美利堅之聯邦是也，而歐洲之瑞士國亦屬近是	如今之法蘭西及瑞士、美利堅等國是也	如法、如瑞、如美等
說明			國家有事，下之議院，眾以為可行則行，不可則止，統領但總其大成而已，此民主也

　　《重訂法國志略》與《普法戰紀》的分類，都以國家元首的稱呼作為區分標準，和蔣敦復的兩種分類標準相同，可見蔣、王這兩位好朋友的論說，應當都源於《大英國志》。然則，《弢園文錄外編》的論說，在分辨國家元首的稱謂之外，添加了「國家政令」作為標準，即以「權力」來源作為政體類型之區分標準。可以說，《弢園文錄外編》的述說，應當是王韜個人政體類型知識「概念工程」的最後「定本」。[76]

　　王韜《弢園文錄外編》的論述，明確使用「君主之國」、「民主之國」與「君民共主之國」這樣的「標準詞彙」，正是對此前政體類型知識「概念工程」的一個初步總結。他還非常鮮明地批判：「君為主，則必堯、舜之君在上，而後可久安長治；民為主，則法制多紛更，心志難專一，究其極，不無流弊。」與此同時，對「君民共治，上下相通」，「猶有中國三代以上之遺意焉」，讚譽有加。相對的，王韜還批判說，法國自拿破崙以降，「政出一人，庶眾不服，異論頻興，屢改為民主之國，幾於視君如弈棊，大亂因之」，[77]對於走向「民主之國」的實踐道路，不以為然，「視君如弈棊，大亂因之」。可以說，王韜

76　又，王韜雖指稱1789年法國大革命之後的政體為「共和」，但是，他本人則將之與「民主」混用，如或說於1792年9月21日法國「議會宣告創立共和政體，以是日為共和第一月第一日」，又謂1793年8月，「籌國會下令國中改古來政體，稱民主國」（王韜：《重訂法國志略》卷5，第28頁A─28頁B）；或於介紹〈麥須兒之詩〉的脈絡裡說1792年法國「自立為民主之國」（王韜：《普法戰紀》卷1，第25頁A─25頁B）。至於王韜混用「共和」與「民主」的情況，是否承襲自日本著述，因不涉大旨，不詳比對。

77　王韜：《重訂法國志略》卷16，第6頁B─7頁A。

終究還是做了個人「政體抉擇」的表態，以「君民共主之國」為尚。[78]

從整體的趨勢來看，大致從 1860 年代末期開始，「民主之國」、「君民共主之國」這些詞語已經在漢語世界裡有比較固定的意涵了，前者指的是如美國（與 1870 年以後的法國）這樣的國家，國家元首的名稱是「總統」或「伯理璽天德」；後者則主要以英國為代表，國家元首的名稱是「王」。王韜導入「法國例證」之後，豐富了人們的認識。當然，王韜不是唯一公開述說法國情勢變動的論者，如朱克敬，就與王韜對法國的述說，頗為類似，可以想見，他們的述說，當必共有其本源。在當時的「文化市場」上，必定還存在著可為「知識倉庫」擴充建設的其他史料，有待史家廣求文獻，以明其實。

政體類型知識「概念工程」的趨同與變異

在 1870 年代末期和 1880 年代初期的思想、言論脈絡裡，政體類型知識「概念工程」的成果，大致趨於共向，特別是三大政體類型的基本詞語：「君主」、「民主」、「君民共主」，基本已蔚為共識。像買辦出身的鄭觀應，在 1870 年代末期定稿的著作《易言》（36 篇本），[79] 就論說「泰西有君主之國，有民主之國，有君民共主之國」；[80] 曾出洋遠遊、體會異國風情的中國士人，亦可清楚掌握政體類型知識，論說也頗為完整。如大清帝國駐德使館幕僚錢德培，即稱「德意志為君民共主之國」；[81] 又如 1883 年時嘗出洋目睹異國風情的袁祖志清楚知曉法國本為「君主之國，自經德國挫敗之後，改為民主之國」的變化，亦稱德國「為君民共主之國」。[82] 再以約略同一時期《申報》等的報導為例，它們明確表達了對政體類型的認知，或說英國與美國「一為君民共主之國，一為民主之國」；[83] 或云美國為「民主之國，君稱總統，四年一易」；[84]

78　不過，讚賞「君民共治」的王韜，不清楚大清帝國是否應當實行在此一體制裡有重要地位的「議院」制，整體言之，他在晚清中國「議院論」的形成過程裡，扮演的是中介的角色。詳見薛化元、潘光哲〈晚清的「議院論」與傳統思維相關為中心的討論（1861—1900）〉，《中國史學》卷 7，1997，第 124—127 頁。

79　關於《易言》之撰作、版本與研討，參見劉廣京〈鄭觀應《易言》光緒初年之變法思想〉，收入氏著《經世思想與新興企業》，聯經出版公司，1990，第 419—521 頁；易惠莉：《鄭觀應評傳》，南京大學出版社，1998，第 106—119 頁。

80　《易言・論公法》，夏東元編《鄭觀應集》，上海人民出版社，1988，第 65 頁。

81　錢德培：《歐遊隨筆》，轉引自王錫祺輯《小方壺齋輿地叢鈔》，帙 11。此為 1878 年的記述。

82　袁祖志：《談瀛錄》，上海同文書局石印本，光緒十年（1884），第 8 頁 A、11 頁 A。

83　〈醫國論〉，《申報》1876 年 6 月 8 日，第 1 版。

84　〈論歐洲各國人才〉，《申報》1878 年 2 月 13 日，第 1 版。

或報導俄國出現了仿效美國「改為民主之國」這等主張的信息；[85] 或從「海外各國有君主之國，有民主之國，有君民共主之國」的脈絡裡，梳理法國走過「忽而君主，忽而民主，現在則已定為民主」的歷史道路。[86] 凡此諸端，可以想見，三大政體類型的知識，已經得到一定程度的迴響。

1870 年代末期，政體類型知識的「概念工程」固然已呈顯出趨同的樣態，但「知識倉庫」裡確實也存在著趨同共奏以外的雜音。問世於 1880 年代初期、作者不詳的《歐洲總論》，[87] 就是一例。這部書將歐洲各國政體分為三種類型：「君主之國」、「民主之國」與「君民參治國」，「議政院」則是三種政體共有的體制。然而，在「民主之國」裡，「頒制定律之權，則全在議政院」，「制治之權」則「操自庶民」。在「君主之國」裡，「議政院」對「國家大事」與「制度律例」可以「各陳己見，暢所欲言」，再由「人君乃審其論理之短長，輿情之拂治，取捨之利害，而定其行止」，實為「一道同風之治，王者之制也」。相形之下，在「君民參治國」裡，「頒定制度之前，必須為上者將一己之旨意，諮達於議政院，使其詳考斟定」；可是，當「議若不協」之際，「王得專施禁令，罷議寢事」；若仍有異見，「物議沸騰，勢將釀禍，又得散其議院，而另著民間選舉他人以充其職」，故其述評曰：

> 此其為治若掣肘殊多，恐難為法。[88]

這樣看來，《歐洲總論》的述說，固然與其他「知識倉庫」的述說不盡相符。[89] 如唯其不以「君民參治國」為理想形態的述說，因其是「恐難為法」的體制，具有思考「政體抉擇」的意義。而這顯示了和當時的言論、思想潮流頗相一致的趨同樣態。

與《歐洲總論》相類的思考，亦可見諸大眾媒體。如《申報》早於 1878 年即刊出〈論泰西國勢〉一文，[90] 綜合論說「泰西之國有所謂君主者，有所謂

85　〈論俄國大局〉，《申報》1879 年 6 月 19 日，第 1 版。

86　〈法界燃燈事考證〉，《申報》1882 年 7 月 19 日，第 1 版。

87　闕名：《歐洲總論》，王錫祺輯《小方壺齋輿地叢鈔》，帙 11。文中云：「前年土俄之役。」（第 2 頁 B）按，當即 1877—1878 年之俄土戰爭，是以該論著應視為 1880 年代前期的作品。

88　闕名：《歐洲總論》，王錫祺輯《小方壺齋輿地叢鈔》，帙 11，第 4 頁 B—5 頁 A。

89　如《歐洲總論》以「羅瑪宗國、俄羅斯、普魯士、土耳其」是「君主之國」，並謂這些國家都有「議政院」，即與「知識倉庫」裡其他的述說甚不一致。蓋俄國沒有此一體制，是當時一致的記述。

90　〈論泰西國勢〉，《申報》1878 年 1 月 12 日，第 3 版；又，是文末注記「選錄香港《循環日報》」。眾所周知，《循環日報》是王韜主掌筆政的報紙，唯據〈循環日報論說見

民主者，更有君民共主者」。「君主者則世及為常，權柄操之自上，如普魯士、土耳機諸國是也」；「民主者，則由眾推舉，任滿而去，與齊民無異，如法蘭西、瑞士等國是也」；至於「君民共主則尤為泰西土風所尚，犬牙相錯，靡國不然」。「議院」體制更為「民主」與「君民共主」的共同特色，而且正因這一體制，遂能產生「君臣同體，上下相聯，初無貴賤之分，情偽可以周知，災患無不共任，有害則去，有利則趨」的現實效果，故對「民主」與「君民共主」政體出以讚語，「泰西之強，職由於此」。該文面對政體抉擇的問題，是文則話鋒一轉，批判「民主」乃「續亂易滋」的政體，並舉法國總統麥克馬洪[91]之行止為例，謂其總統任期即將屆滿，卻仍「不欲大權旁落，自去其黨，以致勢成孤立」，所以「立意與不直於己者相拒」，由是進而論證「統緒相承，子孫相繼，似屬私於一姓，實為萬世立其大防」的道理。這樣說來，這篇文稿意欲指陳的是，「君民共主」作為「統緒相承」，且又存在「議院」體制的政體，應是比較理想的。面對「政體抉擇」的問題，是文作者的答案顯而易見。[92]

　　1880 年代中期以後，存在著三種主要政體的知識／資訊，在接觸過「西學」的中國士人的知識領域內，已若常識，諸方論者，自可別出機杼。像大清帝國出使美、秘等國欽差大臣張蔭桓在 1889 年以英國作為「君民共主」之國的代表，並用以評論時事，如張蔭桓得悉「日本將沿西俗設議院」，即謂此舉為「擬仿英國君民共主之意」；[93]也說美國與法國「同為民主，而制度各殊」。[94]約略同時，又若康有為這等思維卓越的士人在構思「烏托邦」的未來遠景時，也展現了相同的認知，他的《實理公法全書》[95]以幾何學論式推導人類倫理、

出し一覽〉（西里喜行〈王韜と循環日報について〉、《東洋史研究》第 43 卷第 3 號、1984 年 12 月，96—102 頁），未有《循環日報》刊載是文之記錄，而是文是否王韜之論著，亦難確證。

91　即 Marie E. P. de Mac-Mahon（1808-1893），1873—1879 年任法國總統。

92　當然，和《歐洲總論》與《申報》之〈論泰西國勢〉一文一般，未必和政體類型知識「概念工程」言論主流趨同共奏，反而自起音符，別趨異途，在 1870—1880 年代的「知識倉庫」裡，難可盡舉。例如，美國傳教士林樂知主導下的《教會新報》（1868 年創刊）及相繼的《萬國公報》，傅蘭雅主譯的《佐治芻言》（1885 年），都曾介述、論議政體類型知識。筆者認為，彼等述說在政體類型知識「概念工程」中，自成脈絡，應俟另文處理。

93　任青、馬忠文整理《張蔭桓日記》，上海書店出版社，2004，第 355 頁。又如，在述說「英後用款太多，私積巨而公帑絀」一事的脈絡裡，他也評論道：「英為君民共主之國，議院故有此權」（《張蔭桓日記》，第 404 頁），由此可想見他的認識。

94　《張蔭桓日記》，第 430 頁。不過，他也在「略考秘魯形勝」的脈絡下稱其為「總統四年一易」的「民政之國」。（《張蔭桓日記》，第 299 頁）因是可見，在張蔭桓看來，「民主」、「民政」之意義相等。

95　康有為的《實理公法全書》，大致可視為 1880 年代中期至 1890 年代初期撰著的作品。參

群體關係的「應然之道」，關於「君臣門」的部分，即將「民主」、「君民共主」與「君主」列為三種「比例」，批評其各有缺失：「民主」雖是「以平等之意，用人立之法者」，然不如「公法之精」；「君民共主」則是「此失幾何公理之本源者也」；至於「君主」之「威權無限」，「更大背幾何公理」。[96] 康有為的《實理公法全書》意義深遠，[97] 張蔭桓的一般評述自難堪比擬；唯則，由他們在構思論事之際採用詞語的一致性來看，此前政體類型知識「概念工程」的成果，已然是士人共潤同享的概念語言。

　　整體而言，在 1880 年代中期這個時間定點上，政體類型的述說，共呈同現，蓬勃無已，王韜在《弢園文錄外編》的述說，最稱完整，代表政體類型知識「概念工程」在當時「知識倉庫」裡的最高成就。不過，「知識倉庫」裡的述說，雖然已出現趨同一致的景象，在趨同的整體脈絡裡，時有雜音響鳴，彼此之間，也沒有必然的內在理路關係可言。在這個時間定點上，趨同的樣態，更只是表面形式的，各式論說之間，同多於異。各式論說使用的詞語，仍有不同，區分各種政體的標準，也各有歧異。特別是以議事機構的存在作為區分「君民共主之國」和「君主之國」的標準之一這一點上，未形成共識。諸若袁祖志知道德國與西班牙、英國都有「上、下議政院」，但他稱前者「為君民共主之國」，後二者「世為君主之國」；[98]《歐洲總論》則記述三種類型的政體都有「議政院」。由此可見，在當時的「知識倉庫」裡，還是有不少記述仍以國家元首的稱謂不同，作為「君民共主之國」與「君主之國」的區分標準。然則，面對「政體抉擇」的問題，則又眾說紛紜，各逞辯鋒。「知識倉庫」裡政體類型知識「概念工程」的現實意義，普受重視和思考，且又顯示一定的趨同景象，這證明了當年「蔣敦復式」的思考，已然躍登歷史舞臺。

　　政體類型知識「概念工程」從 1840 年代「開工」，歷經 40 年，至王韜在《弢園文錄外編》提出的類型論說與思考，初步集其總成。原先，對於異域

見朱維錚〈從《實理公法全書》到《大同書》〉，氏著《求索真文明晚清學術史論》，上海古籍出版社，1996，第 235—236、253—254 頁。

96　《實理公法全書》，姜義華、吳根梁編校《康有為全集》第 1 集，上海古籍出版社，1987，第 288—289 頁。

97　黃明同、吳熙釗主編《康有為早期遺稿述評》，中山大學出版社，1988，第 43—58 頁。當然，康有為在 1897 年刊行的《孔子改制考》裡，也屢屢引用「民主」之類的詞語，以其為變法維新的理論根據，更推翻中國傳統的古史論說系統。參見王汎森《「古史辨」運動的興起》，允晨文化公司，1987，第 193—208 頁。

98　袁祖志：《談瀛錄》，第 8 頁 A、9 頁 B、13 頁 B。

制度進行類型概括，還是相當粗略的，迄於《大英國志》的述說，彰顯了英國的政體在這個類型架構裡的突出地位，形成了政體類型知識「概念工程」的基礎建設之一，也提供了新的「思想資源」。到了蔣敦復那裡，政體類型的知識，則被賦予現實意義。從 1860 年代開始，「政體抉擇」的思考，出現在歷史舞臺上。王韜更在 1870 年代初期導入了比較完整的法國例證，各種政體類型的論述，亦紛紛出現。雖然，在分類標準與詞語的一致性方面，時時傳出不和諧之聲音，但是，「蔣敦復式」的問題，已然形成不可阻遏的潮流。連本來放言「西國政之大謬者」的王韜，到 1880 年代初期都公開頌揚「君民共治」，做了「政體抉擇」的表態，宣告了政體類型知識「概念工程」初期的完工。

四、政體類型知識「概念工程」的意義

西方政體類型知識「概念工程」的創發與建設，在晚清中國的思想界是前所未有的大事業，在「知識倉庫」裡儲備了多彩多樣的知識、資訊。以 1845 年瑪姬士《新釋地理備考全書》對域外諸國政體的概括論說作為起點，下逮 1856 年首度出版的《大英國志》作為基礎建設之一，綿延傳衍，至王韜在 1883 年提出的論說與思考，初步集其總成。在當時「知識倉庫」裡的主流論說趨向，已經使用「君主」、「民主」、「君民共主」這三組詞語，「議院」是後二者都有的機構，兩者的差異在於「民主」政體類型的元首是經由選舉程序產生的，「君民共主」類型的國家元首則為世代相襲。然而，政體類型知識「概念工程的」創發與建設，本來就沒有事先摹擬完善以便按圖施工的總體建設藍圖；「知識倉庫」儲備知識的過程，也無規可循，而是隨意生產和堆置儲放。因是，在政體類型知識的主流論說同趨共向之際，異說時現，矛盾歧出，錯亂叢生，理有應然。

不過，早在 1850 年代和 1860 年代之交，政體類型「概念工程」之開展進行，就已經具有現實意義，諸若「蔣敦復式」問題之面世，即促使人們省思「政體抉擇」的問題，始終深具「思想資源」的作用；到 1880 年代初期，以王韜的論說和思考為具體象徵，不僅完整總結過往政體類型「概念工程」的成果，更公開頌揚「君民共治」，做了「政體抉擇」的表態，影響深遠。[99]

99　當然，1880 年代中期以後，政體類型知識「概念工程」仍持續進行，後繼者依循著相同的方向，憑藉各種機緣，深描細摹，從而開拓了新的知識、思想空間，相關歷史場景，錯綜

　　西方政體類型知識的「概念工程」在晚清中國思想界的創發與建設，本是研析探討「民主」思想如何導入中國這一課題不可或缺的內容之一。以本章述說的歷史過程為視角，可以揣想，中國和中國人開始走向「民主之路」，竭力歡迎「德先生」，並不是前行者對「民主」思想進行積極「宣傳」或「宏揚」的必然結果。1840 年代徐繼畬等對「無國君」政體（如瑞士、美國等）的讚譽，1860 年代蔣敦復對「英之議會」是否可「行於中國」這個問題的思考，1880 年代的王韜對「君民共主」政體的稱讚，都各有其演變的言論脈絡，應該返諸它們問世的本來場景，進行理解，而不是將這些繁雜的歷史現象、事實簡單概念化，甚至將其當作書寫「中國民主思想史」理所當然的組成部分。

　　蓋就西方政體類型知識自身的脈絡而言，相關詞語與概念，本在歷史的長河歷經多樣的變化，如「專制」（despotism）這個詞在政體類型知識譜系中向來為標準範疇之一，它在不同時期的具體內容，屢有變易；[100] 以具體個案言之，西方對鄂圖曼土耳其帝國政體的定位，歷經了從「暴政」（tyranny）到「專制」的變化，也反映了「歐洲中心論」（eurocentrism）的面向。[101] 至於在西方政體類型知識創生的過程裡，所謂「東方專制論」（oriental despotism）其實更是在「宗教改革」之後始被歐洲發明建構，作為與西方「共和論」（republicanism）恰成對照項的論述。[102] 可以說，西方政體的類型知識如何建構成為一種「傳統」，絕非不證自明，況乎，西方政體的類型知識也和「政體抉擇」的現實密不可分，既存的政體類型知識，往往會因應現實需要而面臨被「修正」的命運。如在西方政體類型知識譜系裡始終占有不可或缺地位的孟德斯鳩（Charles de Secondat, Baron de Montesquieu），與先行者一樣，強調領土大小、規模是推行共和政體需考慮的因素，進而對所謂「小共和國命題」（the small-republic thesis）的建構，影響深遠。在 1787 年美國召開制憲會議通過新《憲法草案》後，在等待各州的批准過程中，孟德斯鳩的理論讓反對這部新憲法的反聯邦派（the anti-federalists）得以「振振有詞」，即廣土眾民，如美國，是沒有辦法實現共和的。相對的，支持擁護這部新憲法的漢密爾頓（Alexander

---

　　　複雜。應俟他稿。

100　M.Richter, "despotism," D. Wiener, ed., *Dictionary of the History of Ideas* (New Charles Scribrer's Sons, 1973) , vol. II, pp.1-18.

101　Asli Çirakman, "From Tyranny to Despotism: The Enlightenment's Unenlightened Image of the Turks," *International Journal of Middle East Studies*, 33 (February 2001) , pp.49-68.

102　Patricia Springborg, *Western Republicanism and the Oriental Prince* (Polity Press, 1992) .

Hamilton），邀請了麥迪森（James Madison）及約翰‧傑伊（John Jay），三人聯合以「帕布里亞斯」（Publius）為筆名發表意見，闡釋新《憲法草案》的意義，與反聯邦派論戰。帕布里亞斯既批判反聯邦派仰仗的孟德斯鳩的「小共和國命題」，也依據孟德斯鳩關於「聯邦共和國」（confederate republic）的述說，強調通過這部新憲法對美利堅合眾國前景的重要性。[103]孟德斯鳩創發的政體類型知識，其實可以因應現實的需要；立場不同的論者各取所需，以證己說。這樣說來，政體類型知識的創造生產與消費流通，其實不能脫離具體的歷史場景。

因是，本章取「脈絡化」的路徑，以蔣敦復與王韜為中心，述說他們對於政體類型知識「概念工程」與導入西方「民主」相關思想之「貢獻」，由此應可展現，前行者的思想努力及其軌跡，率皆自成理路，各有其獨特的「思想資源」價值和意義，並且由於它們是在具體的歷史情境裡出現的，難以一言概括。所以，進行「民主」思想在中國的知識生產事業，必須將錯綜複雜的歷史場景，盡可能詳縝細密地還諸其本來的歷史時空。如果採取這等「脈絡化」的研究路徑，持續考察相關的課題，或可拓展我們對晚清以降中國思想史的認識空間。

---

103 關於批准美國新《憲法草案》的論辯歷程及其理論依據之論述，不可勝數，本章簡述的基本依據有：Terence Ball, "A Republic- If You Can Keep It," Terence Ball and J. G. A. Pocock, eds., *Conceptual Change and Constitution* (University Press of Kansas, 1988)，pp.137-164; Levy Tomlinson, "Beyond Publius: Montesquieu, Liberal Republicanism, and the Small-Republic Thesis," *History of Political Thought*, 27: 1 (Spring 2006)，pp.50-90.

第二十六章　譯書與西學東漸

　　西學之名，晚明已有。艾儒略所著《西學凡》，即揭櫫「西學」之名。西學包羅範圍相當廣泛。梁啟超編《西學書目表》，將其分為算學、重學、電學、化學、聲學、光學、天學、地學、醫學、史志、法律、礦政、兵政等27門，徐維則編《東西學書錄》，又將其擴展為31門。晚清所謂西學，通常指以歐美為主體的西方學術文化，包括人文科學、社會科學與自然科學，兼及工程技術。

　　西學之「西」，在今天來看，純係中性的方位之詞，無褒無貶，但在19世紀中後期，卻有一定的輕蔑之義，因為「西」與「中」為相對之詞，「中」不但指中國，且有中心、中央之義。其時與「西」相類似的，還有「東」，指日本。戊戌變法以後，進化論席捲思想界，越來越多的人傾向於用「新學」替代「西學」之名，認為如此既可泯中外之別，又可免用夷變夏之譏，[1]且可將通過日本轉口輸入或經過日本改造的西學包羅進來。1896年梁啟超編《西學書目表》，1899年徐維則編《東西學書錄》，1904年沈兆禕編《新學書目提要》，主題詞從西學、東西學到新學，反映了西學內容的擴充與對西學情感的變遷。

　　西學輸入中國，並非始於晚清。明末清初，利瑪竇、湯若望、南懷仁等來華耶穌會士，與徐光啟、李之藻、楊廷筠等中國士大夫合作，已經將比較豐富的西學知識傳入中國。據統計，自1582年利瑪竇來華，到1717年康熙帝下令禁止天主教在華活動，到1773年因宗教內部紛爭羅馬教廷下令解散耶穌

---

* 本章由熊月之撰寫。本章涉及外國人名較多，不再一一括注外文，如需瞭解，請參見人名索引。
1　蔡培：〈西學宜名為新學說〉，《皇朝經世文新編續集》卷12，義記書莊石印本，1902。

會的近 200 年，耶穌會士在中國譯著西書凡 437 種，其中純宗教書籍 251 種，包括《聖經》、神學、天主教儀式等，占總數的 57％；人文科學書籍 55 種，包括地理地圖、語言文字、哲學、教育等，占 13％；自然科學書籍 131 種，包括數學、天文、生物、醫學等，占 30％。[2] 其中，天文學與曆算學是所輸入西學成效最大的部分。宇宙體系方面，主要介紹了托勒密的地心體系，也介紹了哥白尼的日心說，這對於中國傳統的宇宙觀念，有一定的衝擊作用。以西洋曆法為基礎而修成的《崇禎曆書》（清代為《時憲曆》），在推算天象方面，較先前的大統曆、回回曆更為準確，在清代長期使用。所傳入的地理學知識，包括地圓說、地圖知識、地球五帶說、五大洲知識，世界政治地理、人文地理知識，極大地改變了中國人的世界觀念，促進了中國地理學的發展。亞洲、歐洲、大西洋、地中海、羅馬、加拿大、南北極、南北極圈、赤道等諸多譯名一直被沿用至今。數學方面，《幾何原本》、《同文算指》等書的譯介，將包括幾何、對數、三角在內的眾多西方數學知識傳了進來，推動了中國數學的發展，幾何由此成為數學之一科。點、線、面、平行線、直角、鈍角、銳角、三角形等名詞，由此被確定下來。醫藥學方面，對西方人體解剖學知識，包括呼吸系統、循環系統、感覺系統，對腦主神明的知識，對西洋藥學，都有所介紹。西方音樂、美術、建築學知識有所輸入，體現西方科學技術、工藝水準的各種奇器巧具，也大量傳入。如泰西水車、望遠鏡、顯微鏡、自鳴鐘、西洋表、天球儀、地球儀、經緯儀、日晷儀、星晷儀、簡平儀、交食儀、比例規、龍尾車、燈塔、溫度計、濕度計、蓄電池、風扇、風琴、長笛、吉他，從兵器、農具到科學儀器、生活用品等，各方面都有。

明清之際的西學東漸是相對常態下的文化交流。耶穌會士來華，雖然在整體上是屬於西方殖民主義擴張範疇，但其時中國是國力強盛、文化發達的主權國家。利瑪竇等人沒有居高臨下、盛氣凌人的上國心態，能夠比較平實、認真地理解、平等地對待中國文化，徐光啟等人也沒有受辱挨欺、臥薪嚐膽的弱國心態，能夠比較虛心地對待西方文化，認真地學習西方文化。傳播主體與受傳對象的文化地位比較平等。利瑪竇等人能身著儒服，尊重中國禮儀，徐光啟等人能毅然入教護教，著力介紹西學，都是常態文化交流的表現。但是，晚清再也沒有如徐光啟那樣既崇西學又入西教的大學士；再也沒有如康熙帝那

2　錢存訓：〈近世譯書對中國現代化的影響〉，《文獻》1986 年第 2 期。

樣酷愛西學、充滿自信的皇帝；再也沒有從容討論西學的平靜氛圍。時代變了，國際環境變了，中西文化位勢變了，晚清西學東漸的特點也較之明末清初發生很大變化。當然，歷史也有連續性。明末清初輸入之西學知識，為晚清西學之前驅，眾多西學詞語為晚清所沿用。這一時期中國士大夫對待西學的態度，無論竭誠歡迎如徐光啟，堅決排拒如楊光先，還是調和中西、宣稱西學中源如梅文鼎，都有眾多後繼者。

一、西學東漸浪潮日湧日激

晚清西學東漸可以分為四個階段。

第一階段，1811—1842 年。1807 年，倫敦會傳教士馬禮遜奉派東來，在南洋、澳門、廣州一帶活動，成為第一個基督新教來華傳教士。1811 年，馬禮遜在廣州出版第一本中文西書，揭開晚清西學東漸的序幕。此後，米憐、麥都思等英國傳教士，裨治文、雅裨理等美國傳教士，以及郭士立等德國傳教士，絡繹來到南洋，在麻六甲、新加坡、巴達維亞等地，創辦學校，設印刷所，出版書籍報刊，在當地華僑中傳播西學，為日後到中國大陸活動打下基礎。這一階段，馬禮遜等傳教士共出版中文圖書和刊物 138 種，屬於介紹世界歷史、地理、政治、經濟等方面知識的有 32 種。比較重要的地理學與歷史學出版物有：麥都思編寫的介紹世界地理知識的簡明讀本《地理便童略傳》（1819），郭士立編寫的《大英國統志》（1834）與《古今萬國綱鑑》（1838），裨治文編寫的《美理哥合省國志略》（1838）；介紹西方政治、經濟知識的有：米憐編寫的《生意公平聚益法》（1818），郭士立編寫的《貿易通志》（1840）。米憐、郭士立等人在南洋出版的中文期刊《察世俗每月統記傳》（1815—1821）、《東西洋考每月統記傳》（1833—1838），亦有對於歐美各國歷史、地理、宗教、哲學、自然、天文、工藝、商業、文學等方面的介紹。這些書刊，成為日後林則徐、魏源、梁廷枏、徐繼畬瞭解世界的重要資料。這一階段，傳教士的活動，一方面因為沒有不平等條約的保護，影響很難達於中國內地；另一方面，正因為沒有不平等條約的保護，其活動通常不會被視為西方列強政府的活動，傳播者沒有盛氣凌人的姿態，受傳對象也沒有被壓挨欺的心理，傳、受雙方處於相對平等的地位，文化交流在相對正常的狀態下進行。

第二階段，1843—1860 年。在 1840 年至 1842 年的中英鴉片戰爭中，

清政府戰敗，被迫與英、美、法等國簽訂不平等的條約，如《南京條約》等，被迫割讓香港島給英國，開放廣州、福州、廈門、寧波、上海作為通商口岸，允許外國人在這些口岸傳播宗教、開設學堂、開辦醫院。於是，傳教士便將活動基地從南洋遷到中國東南沿海。上述 6 個城市，在西學傳播方面，可以分為三種類型。一是香港、廣州。在割讓或開埠以前，早有西人居住，西學傳播已有一定基礎，開埠以後，西人來此，又有新的發展。二是福州、廈門。鴉片戰爭以前，傳教士已通過在南洋閩籍華僑中的活動學會方言，這兩個城市開埠以後，傳教士來此地，沒有語言障礙，西學傳播活動比較容易進行。三是寧波、上海。這兩個城市有靠近富庶的江浙地區、中國中心地帶的地理優勢，在西學傳播方面，很快超過上述四城。在咸豐年間，中國西學傳播中心是上海、香港與寧波，西書出版機構主要是墨海書館和華花聖經書房。

這一階段，上述 6 個城市共出版各種西書 434 種，其中介紹天文、地理、數學、醫學、歷史、經濟等方面知識的有 105 種，占 24.2%，有些科學著作頗有影響。合信的《全體新論》等五種論著，是晚清第一批以醫學為主的著作；蒙克利在香港出版的《演算法全書》（1852），是第一部在中國境內出版的用西方數學體系編寫的數學教科書；合信在廣州出版的《天文略論》（1849）、哈巴安德在寧波出版的《天文問答》（1849），是晚清第一批介紹西方近代天文學的小冊子；偉烈亞力、李善蘭合譯的《續幾何原本》，使古希臘數學名著《幾何原本》完整地傳入中國；偉烈亞力、李善蘭合譯的《代微積拾級》，是晚清傳入中國的第一部高等數學著作；偉烈亞力、王韜合譯的《重學淺說》是第一部傳入中國的西方力學著作；艾約瑟、李善蘭合譯的《植物學》是傳入中國的第一部西方植物學專著。

南洋時期，雖然也有中國人參與傳教士的工作，如梁發協助米憐從事編輯出版工作，但其是以教徒的身分出現的，且限於宗教方面，對科學知識的傳播無所補益。1843 年以後，在上海、廣州，都有中國知識分子參與西書翻譯工作，李善蘭、王韜、管嗣復等為其著者。他們都是以獨立的身分參與其中，有些西書的譯介工作，還是在他們主動提議下開展的，如《續幾何原本》便是李善蘭提議後著手翻譯的。他們與傳教士合作譯書，開始了晚清歷時數十年的西譯中述的歷史。管嗣復表示只譯科學書、不譯宗教書，顯示了中國知識分子在介紹和接受西方文化時的獨立性和選擇性。梁廷枏、魏源、徐繼畬積極搜集

西學資料，編寫介紹世界知識的書籍，如《海國四說》、《海國圖志》與《瀛寰志略》，反映了中國知識分子主動瞭解西方世界的動向。

　　第三階段，1861－1900 年。1856 年至 1860 年，英國、法國在美國、俄國等支持下，發動了侵略中國的第二次鴉片戰爭。中國再次慘敗。侵略者逼迫清政府先後簽訂了《天津條約》、《北京條約》等一系列不平等條約。通過這些條約，外國侵略者從中國取得了一系列侵略特權。其中，與西學傳播密切相關的有：（1）增開 11 個通商口岸，包括天津、鎮江、南京、九江、漢口、淡水等。外國人可以在這些通商口岸居住、賃房、買屋、租地，建造禮拜堂、醫院等。（2）在內地傳教、遊歷、通商自由。（3）開放長江。這樣，加上先前割讓的香港島和開放的五口，中國被迫對外開放的城市達 17 個。外國人可以在南起廣州、廈門，中經上海、煙臺，北至天津、營口，東起上海、南京，沿江西上，直達中國內地這樣廣闊的範圍裡自由活動。其結果，加深了西方列強對中國的政治侵略、經濟掠奪，也便利了他們對中國的文化滲透。清政府方面，以咸豐帝去世、辛酉政變發生、慈禧太后掌權為轉捩點，中國對外對內政策有了重大調整。總理各國事務衙門的設立，京師同文館的創辦，以學習西方堅船利炮、聲光化電為重要內容的洋務運動的開展，都對西學傳播產生了重要影響。

　　這一階段，西學傳播機構趨於多樣化，有遍布各地、程度不同的新式學校，包括教會學校和中國自己開辦的新式學校；有形形色色的報紙、雜誌；有傳播西醫知識的教會醫院。當然，最主要的是各種西書翻譯、出版機構，包括教會系統的廣學會、廣州博濟醫局、上海土山灣印書館，清政府系統的上海江南製造局翻譯館、京師同文館，還有少量民辦系統的，如商務印書館。這 40 年中，共出版各種西書 555 種，[3] 其中哲學社會科學 123 種，自然科學 162 種，應用科學 225 種，其總量是此前半個世紀所出科學書籍的 4 倍多。至於品質方面，知名譯作不少，《化學鑑原》、《化學分原》、《地學淺釋》、《萬國公法》、《佐治芻言》、《泰西新史攬要》都是影響廣泛、轟傳一時的譯作。

　　隨著上海在中國地位的上升，上海逐漸成為西學在中國傳播的中心。以譯書機構而言，無論是教會系統的，還是中國政府和民辦系統的，除了少數

3　據徐維則《東西學書錄》，截至 1899 年，共收西書 567 種（不包括純粹宗教書籍），減去 1860 年以前出版的 12 種，故總數為 555 種。

設在廣州、北京等地，十之七八設在上海。全國三個最重要的西書出版機構，即江南製造局翻譯館、廣學會和益智書會，全部設在上海。以譯書數量而言，全國譯書總數的77%，即3/4以上出自上海。以譯書品質而言，大多數有影響的西書，都是上海出版的。譯書中心的形成，是西學傳播從先前比較零散、無序狀態向集中、有序狀態發展的標誌。

此時，西學影響逐漸擴大到社會基層。通過遍布各地的新式學校、形形色色的報紙雜誌、品種繁多的西書，通過傳教士深入內地的各種西學演示、講解，西學的影響逐漸從知識分子精英階層擴大到社會基層。從《格致彙編》和《格致新報》幾百則的讀者提問、《萬國公報》所舉行的有獎徵文和格致書院歷時多年的學生課藝中，我們可以看到，從知識分子到普通市民，從沿海到內地，從民間到宮廷，西學的影響已經隨處可見，很多人對西學已從疑忌變為信服。曾國藩不但自己宣導西學，且其子成了能讀外文、能講外語的外交官；張之洞、李鴻章多次向廣學會等傳播西學的機構捐款，家人生病也樂意請西醫診視；譚繼洵的妾不但生病時請傳教士治療，還為死了的傳教士立碑；19世紀80年代，上海富庶人家已競相將子弟送入中西書院等教會學校讀書，甚至出現「走後門」進新式學校的現象；光緒帝研讀西書。所有這些，都是西學影響逐漸深入的表現。

第四階段，1901—1911年。1898年的戊戌政變和1900年的八國聯軍之役，使清政府的威信跌到最低點，愛國人士、知識分子對其失望到極點，革命風潮因之而生。清末新政的設施，如廢除科舉，興辦學校，派遣留學生，改良法制等，都促進了西學傳播。1900—1911年，中國通過日文、英文、法文共譯各種西書至少1599種，[4]占晚清100年譯書總數的58.7%，超過此前90年中國譯書的總數。其中，1900—1904年的5年，譯書899種，比此前90年的譯書還多。此前，中國介紹、吸收西學，主要是從英文、法文、德文等西書

---

4 徐維則、顧燮光的《增版東西學書錄》，收錄1900年至1902年2月譯書，共366種；顧燮光的《譯書經眼錄》收錄譯書僅次於《增版東西學書錄》，1902年至1904年，計533種；譚汝謙的《中國譯日本書綜合目錄》，1896年至1911年收錄譯書共958種，扣除與《增版東西學書錄》、《譯書經眼錄》相重複的341種，計617種；林紓在1911年以前翻譯的、以上各書均未收錄的歐美小說65種（據馬泰來《林紓翻譯作品全目》）；張於英的《辛亥革命書徵》所錄辛亥以前譯書而為上述各書所未收者18種。以上五個數字加起來為1599種（不包括純粹宗教書籍）。由於1905年以後中譯西書缺少完整的目錄，所以，實際譯書當不止此數。

翻譯而來，1900 年以後，從日本轉口輸入的西書數量急劇增長，成為輸入西學的主要部分。以 1902 年至 1904 年為例，3 年共譯西書 533 種，其中英文、德文、法文書共占 40%，日文書獨占 60%。在所譯西書中，社會科學比重加大。以 1902 年到 1904 年為例，3 年共譯文學、歷史、哲學、經濟、法學等社會科學書籍 327 種，占總數的 61%。同期翻譯自然科學書籍 112 種，應用科學 56 種，分別占總數的 21%、11%。譯書按從多到少的順序為社會科學—自然科學—應用科學，與此前幾十年的譯書順序正好相反。這表明中國輸入西學，已從器物技藝等物質文化為主轉為以思想、學術等精神文化為主。此前譯書，通常模式是西譯中述，李善蘭、徐壽、華蘅芳等雖然參加了翻譯西書的具體工作，但他們不懂外文，不能獨立譯書。到這一階段，從嚴復、馬君武開始，近代中國才有了自己的第一代完整意義上的西學翻譯人才，也才宣告西譯中述這一西學傳播史上的過渡階段的結束。

　　大批西學的湧入，特別是各種不同層次的新式教科書，遍布城市鄉村，走進千家萬戶，使西學影響空前深入。令人眼花繚亂的新學科，目不暇接的新名詞，令學術界、出版界面目一新。今人慣用的許多名詞、術語，諸如社會、政黨、政府、民族、階級、主義、思想、觀念、真理、知識、唯物、唯心、主體、客體、主觀、客觀、具體、抽象等，都是那時確立的。這為五四時期的白話文運動打下了基礎。沒有清末西學的大批湧入，沒有那一時期的新名詞大爆炸，日後的新文化運動是很難想像的。

　　從 1811 年馬禮遜在中國出版第一本中文西書，到 1911 年清朝統治結束，首尾 100 年，中國共翻譯、出版西學書籍 2726 種。四個階段中，以年均翻譯西學書籍（不包括純粹宗教書籍）計算，第一階段，31 年，共 32 種，年均 1 種；第二階段，17 年，共 105 種，年均 6 種；第三階段，40 年，共 555 種，年均 14 種；第四階段，11 年，共 1599 種，年均 145 種。前三個階段，年均譯書種數成倍增長，至第四階段，年均譯書數量猛增為第三階段的 10 倍以上。由此可見，晚清中國輸入西學，隨著時間的推移，呈急速增長趨勢，20 世紀初達於極盛。以傳播西學主體而言，第一階段，基本上是西人的事；第二階段，西人為主，少量中國知識分子參與其中；第三階段，西譯中述，中西傳播機構共存並進；第四階段，中國知識分子成為主體。這說明，中國知識分子在西學傳播過程中，逐漸由被動變為主動，由附從地位升為主導地位。

二、不同傳播機構各擅勝場

晚清翻譯、出版西書的主體，分為三類：一是傳教士及其他來華人士及相關機構；二是清政府官辦機構；三是中國民間知識分子及民辦機構。這幾部分人或機構，有互相交叉的，如江南製造局翻譯館、京師同文館中有傳教士或其他外國人活動其中。這三類機構活動的時間，從總體上說，同治以前主要是傳教士機構的天下，同治年間到庚子事變以前，是清廷官辦機構與傳教士機構並行時期，庚子事變以後，是民間機構盛行時期。

教會機構

傳教士及其他來華人士所在的相關機構中，最有影響的是墨海書館、益智書會與廣學會。

墨海書館由英國倫敦會 1843 年設於上海，1860 年以後逐漸停止譯書。創辦人麥都思，骨幹有偉烈亞力、慕維廉、艾約瑟等，中國學者李善蘭、王韜、蔣敦復等參與潤飾書稿，時稱「秉筆華士」。編寫、翻譯基督教書籍是其主要任務，也出版了一批介紹西學的書籍。

其中，數學有《數學啟蒙》、《續幾何原本》、《代數學》和《代微積拾級》，均為偉烈亞力主譯。物理學有《重學淺說》與《重學》，前者由偉烈亞力口譯，王韜筆述，後者由艾約瑟與李善蘭合譯。天文學有《談天》，譯者為偉烈亞力與李善蘭，原書係英國天文學家侯失勒名著，對太陽系結構和行星運動有比較詳細的敘述，對萬有引力定律、光行差、太陽黑子理論、行星攝動理論、彗星軌道理論均有所述及。偉、李在書前各有一篇序言，偉序介紹西方天文學說古今變遷之跡，討論中國天文學特點，然最終將宇宙之奧妙歸於造物主之安排。李序介紹哥白尼、開普勒、牛頓等西方科學家在天文學上之貢獻，批評一些士大夫對西方科學不加考究、妄加議論。

地理學、歷史學有《地理全志》和《大英國志》，此二書都是慕維廉所譯編；此外，還有一部重版書《聯邦志略》。《地理全志》，1853—1854 年出版，凡二卷，上卷主要為政治地理，下卷主要為地貌地理和歷史地理。此書後來曾做修訂，由美華書館再版。《大英國志》由慕維廉翻譯，蔣敦復潤色，原書為英國學者湯瑪斯・米納爾所著。第一卷至第七卷詳述英國歷史，從開

國之初、英降羅馬，直到維多利亞王朝；第八卷介紹英國的社會、政治、文化等方面的制度、概況，包括政治制度、刑法、教會、財賦、學校、軍事、農商、地理等。《聯邦志略》，裨治文編，原名《美理哥合省國志略》，1838年在新加坡出版，1846年在廣州重版，易名《亞美理駕合眾國志略》，記事迄於修訂之時。1859年，作者在上海對此書重加修訂，擴充為二卷，於同治元年由墨海書館重版，易名《聯邦志略》，全稱為《大美聯邦志略》，述美國歷史。

植物學與博物學有《植物學》與《博物新編》。《植物學》，1859年出版，由韋廉臣、艾約瑟、李善蘭合譯，為中國最早一部介紹近代植物學的譯著，較為系統地介紹了西方植物學知識。《博物新編》，合信著，1855年出版，分三集：第一集相當於物理學；第二集為《天文論略》，相當於天文學；第三集為《鳥獸略論》，相當於動物學。此書涉及天文、地理、物理、化學、光學、電學、生物等多方面知識，是內容相當豐富的科學讀物。

醫學方面有《全體新論》、《西醫略論》、《婦嬰新說》與《內科新說》，都是合信所著，均出版於咸豐年間。《全體新論》是近代第一部系統介紹西方人體解剖學的著作。《西醫略論》三卷，為近代較早介紹西學的著作，上卷總論病症，中卷分論各部位病症，下卷論方藥。《婦嬰新說》是關於婦科、兒科的醫書。《內科新說》兩卷，上卷專論病症，總論病理及治法，諸如論飲食消化之理、血運行論、醫理雜述等；下卷備載方劑藥品，分東、西本草錄要，藥劑與藥品等。合信的《博物新編》、《西醫略論》等五部書，後被人合編為《合信醫書五種》，流傳甚廣。

墨海書館設立較早，故所譯西書在近代中國學科史、新名詞史上地位很高，數學、物理學、植物學上諸多名詞，如「微分學」、「積分學」、「方程式」、「代數學」、「幾何學」、「植物學」和「細胞」等，均是由這些西書確立的。這些西書，相當部分在明治維新以前就傳到了日本，如《全體新論》、《博物新編》、《西醫略論》、《婦嬰新說》、《地理全志》、《地球說略》、《重學淺說》、《談天》、《植物學》、《聯邦志略》，對日本接引西學有一定的影響。

益智書會的是基督教傳教士編輯、出版教科書的機構，1877年在上海成立，1902年改稱「中國學塾會」，1905年改稱「中國教育會」。

益智書會的主要功能是編寫出版初級和高級兩套教科書，涵蓋的學科有算術、幾何、代數、測量、博物、天文、地理、化學、地質、植物、動物、心理、歷史、哲學、語言等各個方面。編寫方針是，結合中國風俗習慣，學生、教習皆可使用，教內、教外學校能夠通用，科學、宗教兩者結合。至1890年，已出版和審定合乎學校使用的書籍共98種，有些是完全新編的，有些是此前已經出版、經益智書會認定可供學校教學使用的。比較重要的，數學方面有《筆算數學》、《形學備旨》、《圓錐曲線》，聲學、光學方面有《聲學揭要》、《光學揭要》，天文方面有《天文揭要》，地學方面有《地學指略》、《地理初桄》，養生方面有《化學衛生論》、《居宅衛生論》、《延年益壽論》、《孩童衛生編》、《幼童衛生編》、《初學衛生編》和《治心免病法》。其中心理學方面的《心靈學》，由美國海文著、顏永京譯，1889年出版，是近代中國翻譯的第一部西方心理學著作。教育學方面的《肄業要覽》，由英國斯賓塞著、顏永京譯，為斯賓塞名著《教育學》的一部分，是斯賓塞著作的第一個中譯本。

益智書會所出教科書中，最具規模、最有影響的是傅蘭雅編寫的《格致須知》和《格物圖說》兩套叢書。《格致須知》原計劃編寫10集，每集8種，共計80種，第一、二、三集是自然科學，第四、五、六集是工藝技術和社會科學，第七集是醫藥須知，第八、九集是國志須知和國史須知，第十集是教務須知。至1890年，前三集已如願編成出版，其他幾集後來只出了一部分，沒有完全編成。這套書淺顯易懂，都是各門學科的基礎知識。各冊篇幅都不大，1萬多字。前三集的內容分別是：第一集，天文、地理、地志、地學、演算法、化學、氣學、聲學；第二集，電學、量法、畫器、代數、三角、微積、曲線、重學；第三集，力學、水學、光學、熱學、礦學、全體、動物、植物。其他各集中，編成出版的《西禮須知》、《戒禮須知》，介紹西方禮儀風俗；《富國須知》，介紹經濟學知識。《格物圖說》是教學掛圖的配套讀物。至1890年，已譯編出版29種，諸如天文地理圖、全體圖、百鳥圖、百獸圖、百魚圖、百蟲圖、光學圖、化學圖、電學圖、礦石圖、水學圖。益智書會出版的各種教科書，是對西學基礎知識的普及，對晚清教育界影響相當廣泛。1902年，清政府頒行新的學制，各地學校紛紛採用新式教科書，有相當一部分，尤其是自然科學課程，直接採用益智書會所編的教科書。僅1903年，被採用的有《格致須知》中的重學、力學、電學、聲學、光學、水學、熱學、動物、植物、全球

須知，《金石略辨》，還有狄考文著、鄒立文譯《筆算數學》、《代數備旨》、《形學備旨》，羅密士著、潘慎文譯《代形合參》。這些書籍成為當時中國普通學校所用教科書的主要部分。

廣學會，初名同文書會，1887 年成立於上海，1894 年易名廣學會。發起人除了傳教士以外，還有西方來華商人、領事館官員、醫生、律師等方面人物，初期核心人物是韋廉臣，後來是李提摩太。廣學會歷時 70 年，1956 年與中華浸會書局等機構聯合組成中國基督教聯合書局。廣學會在不同時期的工作宗旨、活動特點、社會影響差別很大。

早期廣學會宗旨有二，一是向中國知識階層提供比較高檔的西學讀物；二是向中國一般家庭提供附有彩色圖片的通俗讀物。廣學會認為中國人最大的特點是注重學問，尊崇學者，士大夫充斥帝國各地，是中國的靈魂，並實際地統治著中國。鑑此，他們確立以文人、官員為自己的工作重點。

自創辦以後至 1911 年，廣學會共出版書籍 461 種。其中有一部分是新譯的，如《泰西新史攬要》；有一部分是新編的，如《中東戰紀本末》；還有一些是重印的，如《格物探原》。這些書籍中，純宗教性書籍 138 種，占總數的 29.93％；非宗教性書籍 238 種，占 51.63％；含有宗教意味的但也含有其他內容的書籍 85 種，占 18.44％。[5]

廣學會出版書籍中，最著名的是《泰西新史攬要》和《中東戰紀本末》。

《泰西新史攬要》是廣學會所出西書中銷量最大、影響最廣的一部。英國馬懇西原著，李提摩太譯，蔡爾康述，1895 年出版。全書敘述 19 世紀歐美各國發展史，包括政治、經濟、文化、社會各個方面。原書於 1889 年在倫敦出版。當時的英國，進化論盛行，受其影響，書中充滿進化論色彩。書中傳遞了這樣一種資訊：社會是不斷發展進步的，一個國家，一個民族，只要不甘落後，勇於進取，興利除弊，奮發圖強，就一定能由落後變為先進、由弱小變為強大、由愚昧變為文明、由專制變為民主。這對於正因落後而挨打、急欲變法圖強的中國，具有直接的啟迪意義。李提摩太曾將此書部分譯稿寄呈湖廣總督張之洞。張看了以後，擊節歎賞，撥銀 1000 兩給廣學會以示支持。全書正式出版以前，廣學會又將其中一些內容連載於《萬國公報》上，社會反應相當

5　王樹槐：〈清季的廣學會〉，《中央研究院近代史研究所集刊》第 4 期上冊，1973 年。

強烈。1895 年正式出版以後，立即成為暢銷書，印了 3 萬部，這在當時已是一個巨大的數目，但還是供不應求，只得一版再版。1898 年增出普通版，初印 5000 本，一經推出，兩星期就賣出 4000 本。書商見有利可圖，紛起翻刻、盜印。據稱，在杭州，就有 6 種翻版，在四川，至 1898 年就有 19 種翻版。

《中東戰紀本末》，林樂知編，蔡爾康譯，1896—1900 年陸續出版，凡3 編 16 卷。此書是甲午戰爭資料、評論彙編。此書有兩方面內容最為震撼人心，一是有關戰爭過程資料的披露；二是對於中國落後方面的批評。書中以極其豐富的資料，說明清政府在甲午戰前對日本的軍事裝備、侵略野心瞭解不夠，掉以輕心，以至於毫無根據地狂妄自大，蔑視日本；戰爭爆發以後，又張惶失措，應對無方，退舍於牙山，避道於鴨綠江，縱敵於大連灣，沉艦於大東溝，讓險於旅順口，喪師於威海衛、劉公島，甚至前線虛報戰績，京師仍深信不疑；失敗以後，相顧失色，束手無策，不明國際之情勢，不諳談判之原則，允苛刻之條約，失地賠款，後患無窮。資料顯示，戰爭以後，英吉利改祖強國，俄羅斯強委巨債，法蘭西私索土地，德意志謀奪商權，日本則日益坐大。盲人騎瞎馬，夜半臨深池，中國正面臨著空前的危機。這些敘述，有根有據，鑿然可信，它不啻向世人宣示，中國在戰爭中敗北，絕不僅是武器不如人，也不僅是指揮失當，還是清朝的體制問題。此書一個重要組成部分，是一批西人對中國時局的評論，其中以林樂知的〈治安新策〉篇幅最大，措辭也最為尖銳。書中批評中國存在的積習：（1）驕傲。無端地尊己輕人。（2）愚蠢。讀書人少，旅遊人更少，多數人不明世界大勢，即使是受過教育的儒生，亦缺乏天文、地產、物理等方面的常識。（3）膽怯。行事不思進取，不敢冒險，即使遇到日月薄食、風雷之變，亦不敢研究其理，而奉為神明，相率儆戒。（4）欺誑。不說實話，互相欺騙，遇到戰爭，欺上瞞下，支離掩飾。（5）暴虐。法庭之上，正常刑訊之外，別做非法刑具，甚至草菅人命。軍中將帥之待部曲，有如草芥，對傷兵病卒，既無軍醫專治，對死亡之人，亦乏善後措施。（6）貪私。人各顧己，不顧國家，無論事之大小，經手先欲自肥，甚至軍火要需，敢以煤炭代藥，豆粒充彈，終釀敗亡之禍。（7）因循。做任何事情，只知拘守舊章，不願因時變通。（8）遊惰。空費光陰，虛度日月，京官有逐日借詞乞假者，地方官員甚至有在軍務倥傯之際演戲舉觴者。林樂知認為，這八大弊端，互相聯繫，互相影響，驕傲必入於愚蠢，愚蠢則流於怯懦，怯懦必工於欺誑，暴虐則

忘仁愛，貪私必昧於公廉，因循則難以振作，遊惰又怎能忠敬！以如此尖銳、激烈的言辭，批評中國的政治與積習，於當時實不多見，具有巨大的震憾力。

　　廣學會所出西書中，比較有名的還有《格物探原》、《自西徂東》、《文學興國策》、《天下五洲各大國志要》、《八星之一總論》和《百年一覺》，這些書或介紹世界大勢，呼籲變法；或介紹科學知識，以開民智。其中《自西徂東》為德國傳教士花之安的名著，以中西對照的方式，介紹西方文明，批評中國積習，對中國社會存在的男尊女卑、偽飾、奢侈、愚昧等現象批判激烈。該書問世以後，引起中國知識分子的廣泛注意。廣學會曾將此書贈送給中國官員與應試士子。1898 年初，光緒帝訂閱了 129 種西書，第一種就是此書。

　　傳教士為什麼要傳播西學？在他們看來，第一，西學先進，西方天文學、地理學、數學、化學、醫學等學問，都比中國的同類學問先進，中國人應該接受這些先進的知識；第二，西學有用，通過傳播西學，可以在中國人面前樹立西方文化的優勢地位，獲得中國人的好感與信任，從而為傳教打開通道，或提供支援。明末利瑪竇等人是這個思路，清代從馬禮遜到李提摩太也是這個思路。1821 年，英國傳教士米憐就說過：「向中國人灌輸智識、砥礪道德與闡揚宗教都很重要，智識科學之與宗教，本相輔而行，足以促進人類之道德。」[6] 1834 年，美國傳教士、醫生伯駕來華前，美部會負責人對他說：

> 你如遇機會，可運用你的內外科知識解除人民肉身的痛苦，你也隨時可以用我們的科學技術幫助他們。但你絕對不要忘記，只有當這些能作為福音的婢女時才可能引起你的注視。醫生的特性決不能替代或干擾你作為一個傳教士的特性，不管作為一個懂得科學的人怎樣受到尊敬或是對中國傳教有多少好處。[7]

　　美部會對伯駕的要求，在一定意義上，可以看作是整個西方教會對傳教士的要求。於傳教士而言，傳教第一，傳學第二；傳教為體，傳學為用。

官辦機構

　　清廷官辦介紹西學機構，包括同文館、翻譯館、編譯局、學部編譯圖書局與修訂法律館。

6　顧長聲：《傳教士與近代中國》，上海人民出版社，1995，第 36 頁。
7　顧長聲：《傳教士與近代中國》，第 43 頁。

　　同文館系列，包括京師同文館（1862）、上海廣方言館（1863）、廣州同文館（1864），三館設立時間有先後，歷時有長短，規模有大小，但性質則一，都是為了適應被動開放的形勢，為了適應中外交涉的需要，所介紹西學，主要為國際法、外國史地知識，兼及其他西學知識。京師同文館所譯西書分三類，一是關於國際知識，有《萬國公法》、《公法便覽》、《公法會通》、《星軺指掌》、《法國律例》；二是一般科學知識，有《格物入門》、《化學指南》、《化學闡原》、《富國策》；三是學習外文工具書，如《漢法字彙》、《英文舉隅》。廣方言館因與江南製造局翻譯館同處一樓，其教習與翻譯館譯員交叉兼職，所用教材與翻譯館譯書有重疊，情況比較特殊，其師生所譯西書，包括政法、經濟、軍事、數學、冶煉和外文語法等方面，其中介紹世界各國特別是西方的歷史、地理、外交方面的圖書，占很大比例，有嚴良勳譯的《四裔編年表》，以年表體例編輯各國大事，鍾天緯譯的《英國水師考》《美國水師考》，瞿昂來譯的《法國水師考》。廣州同文館學生主要翻譯一些外文電報、文件，譯書不多，所知的僅一種，係楊樞、長秀合譯的介紹各國政治、經濟、文化概況的《各國史略》。

　　江南製造局翻譯館是清政府設立的專門譯書機構，譯員確切可考的有 59 人，其中外國學者 9 人，著名者為傅蘭雅、林樂知、金楷理；中國學者 50 人，著名者為徐壽、華蘅芳、徐建寅、舒高第、趙元益。各人譯書多寡不等，多的有 60 多種，少的只有一種。翻譯館自 1871 年開始出書，總共出書 180 種，主要出書年代是 1870—1890 年代，20 世紀初已很少出書。所出書籍，按照現在的學科分類，各類數字如下：軍事科學 41 種，自然科學 37 種，船政、工程、礦學等 30 種，工藝製造 28 種，醫學與農學 23 種，社會科學 21 種。19 世紀後期的幾十年中，江南製造局翻譯館所譯西書數量，在各種譯書機構中，名列榜首，影響也最大，說明了官辦譯書機構在晚清西學東漸中的主導作用。

　　製造局所譯西書，有影響的頗多。數學方面，主要有數學入門書《代數術》、《微積溯源》、《三角數理》等 8 種，涉及微積分、平面三角等。物理學方面包括電學、聲學、光學，主要有《聲學》、《通物電光》等 5 種。《通物電光》介紹德國科學家倫琴新發現的 X 射線，《聲學》介紹聲學基本理論和實驗內容，為晚清所譯聲學著作中影響最大的一部，流傳了 20 多年。化學方面是江南製造局譯書成就卓著的門類之一，有《化學鑑原》、《化學鑑原續

編》、《化學鑑原補編》、《化學分原》和《化學考質》。這些譯作比較系統
地介紹了西方近代化學知識，包括化學的基本概念、定律和各種元素的存在、
性質、製法、用途、主要化合物等，以及有機化學與無機化學，確立了化學元
素名稱的中譯原則，創造了諸多化學元素中文譯名，構成了翻譯館比較完整的
化學系列。這些書選本精當，譯筆淵雅，影響深遠。天文學、地質學方面譯作
主要有《測候叢談》、《地學淺釋》等 4 種。其中，《測候叢談》論及日光
為熱之源，空氣的成分、性質，並介紹風、雨、霜、露、霧、雹、雪、雷電知識，
推算天氣變化的各種因素，空氣含水量、氣壓與風向的關係以及霓虹、光環、
海市蜃樓等現象，被認為是晚清所譯的各種氣象學圖書之佳作。《地學淺釋》
較為詳細地介紹了西方近代地質學知識，包括地質結構、成因、生物衍化等。
書中述及拉馬克、達爾文和生物進化論，這在中文書籍中為首見。魯迅在南京
讀書時曾手抄此書。醫學方面主要有《儒門醫學》等 10 餘種。其中《內科理
法》全面介紹西醫內科學，包括什麼是病人和正常人、死亡根源、全體功用、
身體保養，人體結構，各系統器官的疾病與治療。這是 19 世紀中國介紹西醫
內科內容最豐富、篇幅最大的著作。《法律醫學》是近代中國第一部系統介紹
西方法醫學的著作。社會科學方面，有《列國歲計政要》與《佐治芻言》。《列
國歲計政要》類似於大事記，分國列述。首卷介紹世界五大洲各國人民、土地、
交通等情況，以後各卷列述奧斯曼、比利時、法國、德國、英國、希臘、義大
利、俄國、美國、埃及等國政事，內有很多統計資料。此書所載知識全面而可
靠，連澳洲、紐西蘭等新開發地區的情況亦有介紹。譯出以後，該書被時人認
為是瞭解世界各國情況的必讀書。《佐治芻言》，英文名 Political Economy，
中譯本於 1885 年出版。全書以自由、平等思想為出發點，分別從家室、文教、
名位、交涉、國政、法律、勞動、通商等方面，論述立身處世之道，認為人人
有天賦的自主之權，國家應以人民為根本，政治應以得民心、合民意為宗旨。
這是戊戌變法以前介紹西方社會政治思想最為系統、篇幅最大的一部書，出版
以後多次重版，對中國思想界影響頗大，康有為、梁啟超、章太炎都曾認真讀
過。其中法學方面主要有《公法總論》等。兵制方面有《列國陸軍制》、《西
國陸軍制考略》，有關於英國、美國、俄國、法國的各國水師考。

　　製造局出版之書，或自用，或銷售，或選送南洋大臣和總理衙門。自
1871 年起，製造局逐年將所譯《西國近事彙編》、《防海新論》、《測海繪圖》、

《列國歲計政要》寄呈南洋大臣與總理衙門，每次寄 12—20 本。

與江南製造局同一類型的機構，如天津機器局、天津武備學堂也出版過少量與軍事有關的西書，但社會影響不大。

晚清官辦編譯局還有金陵官書局、浙江官書局與江楚編譯局，時間起於 1864 年，迄於 1909 年。這些編譯局業務主要受地方督撫管轄，所出西書數量不多，內容多屬西學普通知識。其中，金陵官書局印行的西書有《幾何原本》、《重學》、《圓曲線說》、《則古昔齋算學》等。浙江官書局印行的西書有《日本學校章程》、《武備新書》、《日本武學兵隊各校紀略》、《蠶桑萃編》、《理財節略》等。江楚編譯局印行的西書較其他各省官書局為多，涉及面也較廣，歷史學方面有《萬國史略》、《日本歷史》、《日本史綱》、《埃及近事考》、《外國列女傳》，政法方面有《政治學》、《英國員警》、《交涉要覽》，經濟方面有《經濟學粹》、《經濟教科書》，還有各種各樣的西學教科書，涵蓋格致、算學、地理、地文、地質、礦物、植物、化學、生理、修身、倫理等方面。

學部編譯圖書局成立於 1906 年，王國維等為編輯，主要工作是編譯各種教科書，至 1908 年，編譯成書 55 種，印書 66 種。遵循的原則是初等小學最先，高等小學次之，中學與初級師範又次之。凡編一種教科書，兼編教授用書。譯書選擇的原本以英、日二國為先。編譯圖書局專設研究所，隨時研究磨礪，以提高編譯圖書的能力和編譯品質。

1904—1909 年，清政府為適應法律改革的需要，由修訂法律館主持審定，翻譯了 30 多種刑法、民法方面的書籍，諸如《德意志刑法》、《德意志裁判法》、《德意志民法》、《俄羅斯刑法》、《法蘭西律書》、《比利時刑法》、《荷蘭刑法》、《意大利刑法》、《瑞士刑法》、《芬蘭刑法》、《美國刑法》、《日本現行刑法》、《（日本）現行法規大全》等。

晚清官辦介紹西書機構中，唯一顯得特別的是海關總稅務司署。總稅務司署是全國海關稅務機構。這一機構雖屬清政府，但長期由英國人負責。赫德自 1863 年起擔任總稅務司，長達 48 年。海關本來不是專門傳播西學的機構，但是，由於赫德本人對傳播西學的興趣，總稅務司署在介紹西學方面做了重要貢獻。1880 年，赫德讓其中文翻譯艾約瑟翻譯、編寫《西學略述》等西學啟

蒙課本 16 種，由總稅務司署出資印行，1886 年出版。

　　這 16 種西書，均介紹的是西學基礎知識。其中，《希臘志略》、《羅馬志略》和《歐洲史略》譯自倫敦麻密綸大書院（MacMillan & Co.）出版之《文史啟蒙》叢書，是瞭解歐洲歷史文化的簡明叢書，其餘《格致總學啟蒙》、《地志啟蒙》等 12 種譯自麻密綸大書院出版的《科學啟蒙》叢書，原書都是英國使用廣泛的教科書。《格致總學啟蒙》是關於科學知識的總體介紹，《地理質學啟蒙》、《地學啟蒙》、《地志啟蒙》，是關於地質學、地理學的基礎讀物，《身理啟蒙》是生理學讀物，《格致質學啟蒙》《化學啟蒙》、《天文啟蒙》、《動物學啟蒙》、《植物學啟蒙》是關於物理學、化學、天文學、動物學與植物學的基礎讀物，《辨學啟蒙》是邏輯學讀物，《富國養民策》是政治經濟學讀物。這些書籍所包含的西學內容，除了少量的如物理、化學、天文、地理、生物學等知識在此前的傳教士出版物和江南製造局翻譯館出版物中有所介紹以外，多為第一次比較系統地被引進中國，特別是《辨學啟蒙》與《富國養民策》，在西方邏輯學、政治經濟學輸入中國史上，具有重要地位。為了彌補分門別類介紹西學知識可能留下的缺憾，艾約瑟還特地自編了一本《西學略述》，相當於西學概述。此書的編撰博採眾書，包括訓蒙、方言、教會、文學、理學（哲學）、史學、格致、經濟、工藝、遊覽，凡 10 卷。

　　清廷官辦的這些介紹西學的機構，經費由官府出，譯員由官府聘，譯書由官府定，因此，所介紹西學多為官府所認為亟須引進的內容，與清廷仿造堅船利炮、瞭解世界大勢、學習西方政法知識、廢科舉興學校的變法途徑相一致，介紹什麼內容，先介紹什麼、後介紹什麼，是由這些機構性質決定的。從清政府角度看，介紹西學本屬被動之舉，同文館之創辦，江南製造局翻譯館之設立，都是在外交屢次受挫、軍事方面屢吃敗仗的情況下才起步的，既無通盤之設計、長遠之考慮，亦無人才之儲備，倉促上馬，政府投入的經費也相當有限，因而在介紹西學過程中，為用而學、急用先學、無用不譯的功利主義傾向相當明顯。

　　眾所周知，應用技術與基礎科學之間、自然科學與社會科學之間，乃至各門學科之間，本有千絲萬縷的關係，單科、單門引進很難成功。要引進堅船利炮的製造技術，不光要瞭解採礦、冶煉、鍍金、焊接等技術，還要懂得彈道、

曲線、幾何、三角、物理、化學等知識，以及與蒸汽機、鐵路、輪船、兵制、訓練相關的各種知識。既要有這方面的知識，也要有懂得這方面知識的人才，極而言之，是需要整體的、系統的引進，割裂的、片斷的、單科的介紹是難窺西學全豹、難得其精粹的。晚清官辦機構對西學的介紹與引進，從學科分類來看，重應用技術，輕基礎科學；重自然科學，輕社會科學，更輕人文學科。這樣，在晚清中國的西學版圖上，必然留下許多缺門與空檔，而這些缺門與空檔，是瞭解西方不可或缺的內容，在很大程度上，那些可能正是西方文化不同於中國文化最根本的地方。結果，這些缺門與空檔，就由傳教士、其他來華外國人、民間機構充實與彌補。

民營機構

晚清由中國民間資本、民間知識分子創辦、經營的輸入西學機構，始於甲午戰爭以後，盛於庚子事變以後。據統計，1896—1911 年，中國新設立的出版西書的機構有 100 家，除了江楚編譯局、北洋官書局、京師仕學館、修訂法律館、學部編譯圖書局、農工商部等 6 家官辦機構外，其餘 94 家均為民辦，內以上海最多，達 80 家。著名的有商務印書館、廣智書局、文明書局、金粟齋譯書處、南洋公學譯書院、會文學社、作新社等。這些機構，或因愛國志士滿懷憂國濟世之情，或因牟利商賈見西書風行一時，或兩者兼而有之，其創辦時意圖就很明確，所以，各家出版圖書都有一定的目標。以開通民智為主旨的文明書局，所出版圖書以教科書著稱於世，如俞復、丁寶書等編寫的《蒙學讀本》七編；志在維新的廣智書局，所出圖書多屬變法、變政之類，如市島謙吉著、麥曼蓀譯《政治原論》，島村滿都夫著、趙必振譯《社會改良論》；志在振興教育的教育世界社所出圖書多屬教育方面；湖北法政編輯社所出皆為法學書籍。

民營書局既多，分工也自然形成。譯書者的政治立場決定了譯書的政治取向，力主反清革命的輸入盧梭學說，介紹法國大革命歷史、美國獨立戰史；鼓吹立憲保皇的，多譯維新自治學說。至於那些專以石印西書牟利的書局，則喜歡從各家學說中，摘取片斷，分類編排，形成各種以「大全」、「大成」命名的百科全書，諸如文盛書局的《中外時務策府統宗》，硯耕山莊的《中外策問大觀》，袖海山房的《萬國分類時務大成》，萃新書館的《西學三通》，

著易堂的《天學大成》，鴻文書局的《中西新學大全》、《萬國政治叢考》，鴻寶齋的《西法策學匯源》，慎記書莊的《西政叢書》，深柳讀書堂的《中西經濟策論通考》，林林總總，不勝枚舉。

晚清由中國民間資本、民間知識分子創辦、經營的這些輸入西學的機構，數量既多，類別亦繁，出書數以千計，極大地豐富了西學內容。在這些機構中，各種政治派別、各種利益的代表都有。這樣，先前以出版科學基礎知識、人文社會科學為主要內容的廣學會之類的機構，就黯然失色了。1900 年以後，廣學會在西學輸入史上乏善可陳，地位大為下降，讓位於商務印書館、文明書局等由中國民間資本、民間知識分子創辦的出版機構。這是中國社會比較全面輸入西學（從日本引進的時稱「新學」，其主要成分仍為西學）的結果。

不斷切換的時代主題

百年之中，西學輸入，或由政府規劃，或出個人胸臆，或為西人控制，或係華人主持，儘管他們終極目標各有不同，但從中國實際出發、比較中西異同，引進西學、改造中國的操作原則卻有相通之處。中國社會的變動曲線，也就成了西學東漸的主線。

綜合百年歷史，可以清楚地發現，西學東漸是圍繞以下幾個主題展開的。

第一是瞭解世界。鴉片戰爭，中西會面，三千年一大變局，西人面對的是閉塞的中國，國人面對的是陌生的西方。讓中國瞭解西方、瞭解世界，是一批西人的願望，也是中國洞察先機之士的共識。前有裨治文的《美理哥合省國志略》，郭士立的《大英國統志》、《貿易通志》；中有林則徐組織翻譯的《四洲志》，梁廷枏的《海國四說》，魏源的《海國圖志》，徐繼畬的《瀛寰志略》；後有丁韙良譯《萬國公法》，傅蘭雅譯《公法總論》、《各國交涉公法論》、《各國交涉私法論》，還有介紹英、法、美、俄、德、日等國的各種新志、通史。這些著作，介紹了世界各國的地理環境、歷史沿革、政治制度、經濟狀況、文化風貌、宗教信仰、風俗習慣、著名人物，還介紹了國際交往的慣例通則，使中國對外部世界有了比較切實的瞭解，也為中國適應新的世界環境提供了具體而有參考價值的知識。

第二是求強求富。兩次鴉片戰爭失敗，特別是第二次鴉片戰爭失敗，外國軍隊打到京師，逼簽城下之盟，這對清政府來說，既是愧對列祖列宗的奇恥

大辱，也是暴露積貧積弱的奇禍巨變。以學習西方堅船利炮和科學技術為中心內容、以求強求富為目標的洋務運動因之而起。圍繞著這一運動，1860年代至1890年代，翻譯、介紹西方兵工文化、科學技術，成為中國輸入西學的主體。江南製造局翻譯館為輸入此類西學的大本營。求強的譯作有關於新式軍隊、先進兵器、西方兵法的系列圖書，《行軍指要》、《水師操練》、《克虜伯炮說》、《製火藥法》、《防海新論》等為其著者。求富的譯作有探礦採煤、冶金製器、農工經濟等方面，《寶藏興焉》、《工程致富》、《探礦取金》、《西藝知新》、《農學初級》、《農務全書》等為其要者。與此同時，西方自然科學作為冶煉製造的基礎知識，被廣泛地介紹進來，舉凡數、理、化、天、地、生，各門學科的基礎知識都有專門譯作，而且一般都有普及讀本與學術專著兩個層次。分門別類的須知、入門、啟蒙、圖說、綱要、揭要、淺釋，把自然科學界裝點得色彩斑斕。

第三是救亡圖存。甲午戰爭以後，瓜分之禍，迫在眉睫，擺在人們面前的，已經不是求強求富，而是救亡圖存的問題。於是，以進化論為靈魂、以革故鼎新為主題的《泰西新史攬要》風行一時；以亡國滅種作警告、以針砭時弊為特色的《中東戰紀本末》傳誦海內；以教育興國作號召、以日本變法為借鑑的《文學興國策》備受歡迎。天演學說因之走紅，立憲之議隨之高揚，各種變政歷史、亡國歷史、維新傳記紛紛出版，各種醒華、救華、興華、振華的芻議、卑議、高議、新議、通議、危言、庸言競相提出。這一問題，自甲午迄辛亥，一直是中國志士仁人關心的重點之一，也是譯書關注的重點之一。庚子事變後，一部分有識之士認為中國之所以落後挨打，原因在於中國文化有缺陷，認為要救國先救人，要救人先救心，要救心先救學，要救學就從譯介西方哲學開始。誠如一位從事此項工作的學者所云：

> 泰西哲學，論理學其濫觴也。東邦維新以來，著譯盈車，而吾中國獨缺如焉（《理學須知》、《辨學啟蒙》等譯者未通此學，故多門外推敲之談），時勢岌岌，非僅形而下之學所能補救，而況形而下者形而上者之支流。不入虎穴焉得虎子，中國變法數十年無一效，或犯此耳。[8]

於是掀起譯介西方哲學著作熱潮。從1902年至1904年，多種哲學通論

8　林祖同：〈序言〉，〔日〕清野勉《論理學達恉》，林祖同譯，文明書局，光緒二十八年（1902）。

性著作譯介出版。梁啟超、王國維、馬君武等在《新民叢報》、《教育世界》等雜誌上，連篇介紹西方哲學，從蘇格拉底、柏拉圖、亞里斯多德，到培根、康德、笛卡兒、斯賓諾莎、休謨、尼采、叔本華、黑格爾，幾乎所有西方重要哲學家的學說都被介紹進來。當時被歸入哲學範疇的邏輯學、心理學、倫理學、妖怪學、宗教哲學、政治哲學等學問都有專書，唯物論、唯心論、懷疑論、進化論等各種流派也都有介紹。從 1902 年至 1911 年，至少有 37 部有關哲學、邏輯的西書被翻譯進來，1902—1903 年，含「哲學」二字的譯作就有《哲學要領》（兩種）、《哲學概論》、《哲學原理》、《哲學微言》、《哲學泛論》、《哲學論綱》與《哲學新詮》八部。

　　第四是民主革命。1900 年以後，民主革命風潮湧起。民約論、自由論、自治論、獨立論的譯作成為時髦之學，《路索民約論》、《萬法精理》、《自由原論》、《美國獨立宣言》等成為革命志士的神聖經典，盧梭、伏爾泰、孟德斯鳩、約翰 • 穆勒等西方哲人比孔、孟、程、朱等中國聖賢更受青年崇拜。與反清宣傳相呼應，形形色色的反對外族統治的獨立戰史、戰紀、祕史、軼聞，世界各國的民族英雄、志士、傑士、義士、俠女的傳記，譯作紛呈。梁啟超等改良派不贊成反清革命，但他們的許多翻譯、宣傳，仍屬於廣義的民主範疇。與民主思潮湧來的同時，被視為比民主更激進的社會主義、無政府主義的著作，也陸續被翻譯出版。

　　第五是科學啟蒙。從狹義上說，有意識地介紹科學基礎知識、以提高普通民眾的科學素質為宗旨的活動為科學啟蒙。從廣義上說，晚清所輸入的西方科學，絕大多數屬於啟蒙範疇，因為那時民眾的科學素養，多很低淺，所傳科學知識，從總體上說，多為基礎知識。有意識地、比較系統地進行科學啟蒙，自傅蘭雅編輯《格致彙編》、中外合辦格致書院開始，益智書會所編的大部分教材，也可歸於此類。真正形成規模、影響深遠的，是 20 世紀初清政府實行新政、推行新學制以後，涵蓋各種學科、包括不同層次、遍布城市鄉村與沿海內地的新式教科書。與此相呼應，各種歌略、韻語、圖說，也是科學啟蒙的重要讀物。通俗易懂、朗朗上口的《天文歌略》、《地理歌略》、《地球韻言》、《女學歌略》，也是很受歡迎的啟蒙讀物。許多啟蒙讀物浸潤著其時流行的物競天擇、適者生存、自由、民主、愛國等思想。茲以《蒙學初級修身教科書》為例，其宣傳生存競爭、優勝劣敗：

秋間蟋蟀甚多，捕其雄者，置於陶器，彼此相鬥，勝則瞿然而鳴，似得意狀。噫！優勝劣敗，蟋蟀不免，況人乎！

問蟋蟀何以得意而鳴？問人之優勝劣敗則如何？[9]

牛耕於田，不勤，牧童鞭之。牛曰：吾苦甚。牧童曰：智不若人，即為人役。豈徒牛然，人亦如是。

問何以為人役，問世界以何等人為最苦？[10]

其宣傳反對侵略、熱愛祖國：

一貓伏案上，飼以食，不去；搔其首，不去；拉其尾，乃號而走。天下最難堪者，受人侮弄，雖貓亦不甘此。

群蜂結巢，既成，會議曰：如有伐我巢而殘我同種者，共刺之。人之有國，猶蜂之有巢。爾學生當知愛國，當知愛同種。[11]

其宣傳自主、自由：

牛馬挽車而行，朝夕不休，少遲，痛鞭之。服勞役而又受苦楚，無自主之權，大都類是。

問：無自主之權，與何物相類？

雀在田中覓食，網獲其一，置於籠中，不食而死。夫雀飛天空，上下可以自由，為人所獲，不自由，毋寧死矣。

問雀在籠中，何以不食而死？問人不自由，則當如何？[12]

這些啟蒙讀物，雖然字不滿千，紙僅數頁，但其影響，往往超過同等內容的高頭講章。

三、西學傳播之反應與影響

晚清西學東漸，從堅船利炮、聲光化電，到物競天擇、自由民主，一波未平，一波又起，其勢如江濤翻卷，滾滾而來；影響如水銀瀉地，無處不在；其過程波譎雲詭，時而雲淡風輕，時而電閃雷鳴。社會反應則百態千姿，筆墨

9　俞莊：《蒙學初級修身教科書》，文明書局，1903，第 13 課。
10　俞莊：《蒙學初級修身教科書》，第 3 課。
11　俞莊：《蒙學初級修身教科書》，第 2、51 課。
12　俞莊：《蒙學初級修身教科書》，第 19、26 課。

難摹。竭誠歡迎者有之，全力排拒者有之，完全相信者有之，全然不信者有之，疑信參半者有之，始疑後信者有之，陽奉陰違者有之。總的趨勢是，受眾疑忌逐步消解，反對聲音漸趨弱小，西學影響日益擴大。下文針對一些有代表性的反應，做一綜合分析。

疑忌的消解：從「西醫現象」說起

頭痛醫頭，腳痛醫腳，生理解剖，取樣分析，這是西醫的方法。辨證施治，陰陽五行，上病治下，左病治右，這是中醫的方法。西醫將人體視為一個可以分解為許多部件的機器，每個部件都可以拆開、修理、更換。中醫將人體視為一個彼此聯繫、互相影響的整體，表裡一體，虛實相通。西醫最得西方古典科學重具體、講實證的精神，中醫最得中國傳統文化重整體、講聯繫的神韻。如果在各種學科中，舉出最能體現中西文化特徵的一種，醫學最為合適。

西醫在中國的遭遇很有典型意義。始而被懷疑、猜忌、排斥，繼而被試用、接受，再而被信任、高揚，最後長驅直入，占領了醫學主導地位。這與西方天文學、地理學輸入中國的歷史有相通之處，但其更突出。

從中國方面來說，疑忌─試用─高揚，輸入西醫的三部曲，也典型反映了中國研究、吸收外來文化的心路歷程。

西醫在中國立定腳根以後，聲譽日隆，其價值再也沒有受到懷疑。醫學界一度甚至要求廢止中醫，獨尊西醫。在日本，中醫（漢醫）在一個時期裡確實被廢止了。後來極力高揚的，正是先前拚命反對的，這就是西學東漸史上的「西醫現象」。

西醫傳入中國，可以追溯到明清之際。明末傳教士在澳門設立醫院，為人治病，是為西醫傳入中國之始。與西洋醫學密切相關的西洋藥學也同時傳入中國。清代，不只是澳門，內地有些地方，甚至宮廷中，已有人使用西醫西藥。康熙帝患瘧疾、心悸症，上脣生瘤，均由傳教士用西醫西藥治癒。江寧織造曹寅患瘧疾，康熙曾賜予西方傳入的特效藥金雞納霜（即奎寧）。《紅樓夢》裡有多處提到西藥的使用。

但是，由於西醫在診治原理、醫療手段、醫療工具（手術刀、注射針等）等方面，與中醫有著明顯的不同，加上行醫的傳教士碧眼紫髯的形貌、旁行斜

上的文字、祈禱受洗的宗教儀式，多為國人聞所未聞、見所未見，特別是西醫為了辨明病症而開刀檢視，為了進一步研究而切除部分器官組織藏於器中，加以藥品，使不腐爛，更令一般人不可思議，疑竇叢生。西醫由此被蒙上神祕、恐怖的色彩，挖眼、剖心、熬藥、煉銀、摘取紅丸、蒸食小兒，種種不經之說亦由此而起。

還在清初，就已有西人蒸食小兒的謠傳。嘉靖年間進士，先後擔任廣東、雲南按察司僉事的李文鳳曾在筆記中寫道：

> 嘉靖初，佛朗機國遣使來貢……其人好食小兒，云在其國惟國王得食之，臣僚以小皆不能得也。至是，潛市十餘歲小兒食之，每一兒市金錢百文。廣之惡少掠小兒競趨之，所食無算。其法以巨鑊煎滾沸湯，以鐵籠盛小兒，置之鑊上，蒸之，出汗盡，乃取出，用鐵刷刷去苦皮，其兒猶活，乃殺而剖其腹，去腸胃，蒸食之。居二三年，被掠益眾，遠近患之。[13]

萬曆年間成書的嚴從簡《殊域周諮錄》、張燮《東西洋考》，均引用了這段文字。清初，大學者顧炎武在《天下郡國利病書》中也轉引了這段文字，但未做任何辨正。到了鴉片戰爭前後，關於西人挖人眼睛以供煉銀煎藥的傳聞更是沸沸揚揚，愈演愈烈。連思想最為開明的魏源也將這種傳聞寫入《海國圖志》：

> 查西洋之天主教不可知，若中國之天主教，則其方入教也，有吞受丸藥、領銀三次之事，有掃除祖先神祖之事，其同教有男女共宿一堂之事，其病終有本師來取目睛之事……凡入教人，病將死必報其師，師至則妻子皆跽室外，不許入，良久氣絕，則教師以擺布裹死人之首，不許解視，蓋目睛已被取去矣。有偽入教者，欲試其術，乃佯病數日不食，報其師，至，果持小刀近前，將取睛，其人奮起奪擊之，乃踉蹌遁。聞泰西中國鉛百斤可煎紋銀八兩，其餘九十二斤仍可賣還原價，惟其銀必以華人睛點之乃可用，而西洋人之睛不濟事也。

西人如此可怕，西醫進入中國自然步履維艱。所以，無論在沿海還是在內地，教會醫院在初辦時都是阻力重重，因而都免費送醫送藥。

13　顧炎武：《天下郡國利病書》卷 119。

　　但是，醫學有著其他科學所沒有的兩個特點：一是治病救人；二是效果可證。因為生命的寶貴，有兩種人即使在西醫的價值尚未得到承認的時候，也會前來就診：一是無力求醫買藥的貧民；二是中醫無法醫治、生命垂危的病人（即使是富裕家庭出身）。藥到是否病除，妙手是否能回春，這不用很多附加的說明，一看效果便知。這兩個特點，使得西醫在鴉片戰爭以後，沒用多少時間，便逐漸被中國人認可、接受。在很多地方，傳教士都是首先通過施醫，樹立自己善的形象，建立西學的信譽。1840 年，傳教士描述廣東人雖仍在厭惡西人卻已接受西醫的情況：「中國之人民，平常盡皆恨惡我等，不欲與我等往來，況又有官府之嚴禁。致我等雖用盡法子欲解除中國人恨惡我等之心，惟總不能得之。在我等各樣事業之中，只有醫學乃係中國之人頗肯信之。」由各省到來就醫之人，莫不歡喜感謝，中國官府雖已知之，亦不禁止。[14]

　　健康欲望、生存欲望，驅使病人不顧世俗對西人、西醫的成見，接受西醫治療。這給西醫提供了一個與中醫進行競爭、顯示自身價值的機會。世人從一次次鮮明的事例中，認識了西醫的價值。1877 年，那位日後參與鎮壓戊戌變法、權傾一時的榮祿腰部生瘤，先後請了數十名中醫診治，未見好轉，反而日見沉重，患處腐潰方圓七八寸，洞出 30 餘孔，痛苦不堪。萬般無奈，他最後找了時在北京的傳教醫師德貞醫治。德貞為他做了兩次外科麻醉割除手術，患處日見起色，兩個月便平復痊癒。榮祿大為嘆服，稱讚德貞醫術「精妙絕倫」，並為德貞編的醫書《全體通考》作序。

　　19 世紀六七十年代，在中國通商口岸，西醫已普遍被接受。時人記載：

> 自中國通商以後，西醫之至中國者，各口岸皆有之，非徒來醫西人，而且欲醫華人。但華人不識西國藥性，不敢延請西醫，故初時華人均不肯信西國醫藥。於是西醫邀請中西商富，先集鉅資，創立醫館；次集歲費，備辦藥材，以為送醫之舉。初則貧賤患病、無力醫藥者就之，常常有效；繼則富貴患病、華醫束手者就之，往往奏功；今則無論富貴貧賤，皆有喜西藥之簡便與西藥之奇異，而就醫館醫治者，日多一日，日盛一日也。[15]

14　《澳門新聞紙》1840 年 7 月 11 日，轉引自李志剛《基督教早期在華傳教史》，商務印書館，1985，第 242 頁。

15　〈書上海虹口同仁醫館光緒三年清單後〉，《申報》1877 年 12 月 22 日。

到 1890 年代，儘管在內地某些地方，西醫仍然受到抵制，但從總體上看，西醫已經在中國確立了穩固的地位。鄭觀應在《盛世危言》中，仔細比較了中西醫的優劣，認為西醫與中醫的醫理、醫法不同，得失互見，但總的說來，西醫比中醫高明得多。他說：

> 竊謂中西醫學各有短長：中醫失於虛，西醫泥於實；中醫程其效，西醫貴其功。其外治諸方，儼扁鵲、華佗之遺意，有中國失傳而逸於西域者，有日久考驗彌近彌精者。要其製藥精良，用器靈妙，事有考核，醫無妄人，實暗合中國古意，而遠勝於時醫，亦不必曲為諱飾矣。[16]

出使英、法、義、比四國大臣薛福成，從實地考察結果和天主教教義出發，說明以前人們對西人、西醫的所謂「迷拐孩童，挖眼剖心」等種種說法，都屬不實之詞：

> 按舊說謂天主教徒迷拐孩童，挖眼剖心，用以製藥。此論不知始於何時，前儒顧炎武所著《郡國利病書》，亦已有烹食小兒之說。彼時中外懸隔，偶得傳聞，並非事實。然是說之流傳也久，則人心之篤信者眾。……出洋以後，留心訪查，大抵天主教徒所崇信者惟耶穌，耶穌之說亦以仁慈為宗旨……彼於虐人之事，害人之物，尚欲禁之，豈有殘酷至挖眼剖心、而歐洲各國習不為怪者？即彼之精於醫學、化學者，亦謂無心眼入藥之理。[17]

疑忌—接觸—試用—對比—信服，這是中國人接受西醫的五個環節。西醫如此，中國接受其他可比性較強的西方文化，也大都經歷過這幾個環節。例如，火油剛進入中國時，一些地方官員因不明其性質，以其容易失火，下令禁止。電燈進入中國時，有人以為取火於天，有違天意，用之將為雷擊。自來水有礙健康、鐵路火車有礙風水的說法，相當普遍。火油照明之於豆油，煤氣燈、電燈之於油燈，自來水之於河水、井水，只要偶一試用，略做比較，其間優劣，不言自明。

大體說來，物質文明層次的西方文化和應用科學方面的西方文化，都是

16　鄭觀應：《盛世危言・醫道》，夏東元編《鄭觀應集》上冊，上海人民出版社，1982，第523 頁。
17　薛福成：〈奉陳教案治本治標之計摺〉（1892 年），丁鳳麟、王欣之編《薛福成選集》，上海人民出版社，1987，第 391—392 頁。

通過試用、比較顯示自己的價值、建立自己的信譽、確立自己的地位的。

西方自然科學中的基礎學科進入中國時，包括數、理、化、天、地、生等方面的知識，大多也經歷過這些環節，只不過有的環節明顯些，有的環節模糊些。以天文、曆算為例，以中國士大夫傲然自大的習性和鄙夷外邦的傳統，是不會輕易採用西洋體系的。正是在一次又一次的比試中，西法屢試屢靈，中法屢試屢誤，中國官府、士大夫才採納西學，改用西法的。以數學而論，在近代早期的數學譯作中，中國學者堅持將數碼 1、2、3、4、5 譯為一、二、三、四、五，將未知數 X、Y、Z、W 譯為天、地、人、物，但到 20 世紀初，中國已普遍沿用西方慣用的數碼、字母。1、2、3、4、5 之所以能取代一、二、三、四、五，X、Y、Z、W 之所以能取代天、地、人、物，絕不只是因為中國數學要與西方接軌，而實在是因為在實際運算中，前者較後者更為簡便、實用。珠算為中國所有、西方所無，中國並沒有在引進西方數學時，將其捨棄，實在是因為珠算靈活、方便，是西方計算尺之類所不可替代的。

源流之辨

西學輸入中國以後，中國士大夫有一個歷時很久、影響很廣的說法：西學中源。

西學中源說的基本觀點是：西方某些科學技術、某些事物，源出中國，是中國流傳出去或從中國學去的，中國學習這些東西，是恢復自己的舊物，不是學習西方。王韜說：「銅壺沙漏，璿璣玉衡，中國已有之於唐虞之世。火器之製，宋時已有。」[18] 鄭觀應、陳熾、王之春、薛福成、宋育仁、俞樾、章太炎等都有西學中源說，以鄭、陳、王說得最真切：

> 自《大學》亡〈格致〉一篇，《周禮》闕〈攷工〉一冊，古人名物象數之學，流徙而入泰西，其工藝之精，遂遠非中國所及。蓋我務其本，彼逐其末；我晰其精，彼得其粗；我窮事物之理，彼研萬物之質。秦漢以還，中原板蕩，文物無存，學人莫窺制作之原，循空文而高談性理，於是我墮於虛，彼徵諸實。[19]

> （古時）中國大亂，抱器者無所容，轉徙而之西域。彼羅馬列國，《漢

18　王韜：《弢園文錄外編》卷 1〈變法上〉，上海書店出版社，2002，第 9 頁。
19　鄭觀應：《盛世危言‧道器》，夏東元編《鄭觀應》上冊，第 242—243 頁。

書》之所謂大秦者，乃於秦漢之際，崛興於蔥嶺之西，得先王之餘緒，而已足縱橫四海矣。閱二千年，久假焉而不能不歸也，第水陸程途，愈數萬里，曠絕而無由自通，天乃益資彼以火器、電報、火輪舟車，長驅以如中國，中國弗能禁也。天禍中國歟？實福中國也。天厭中國歟？實愛中國也。譬我有奇寶焉，遺之道路，拾遺者密而不出，亦人之常情耳。[20]

制器尚象利用本出於前民，幾何作於冉子而中國失其書，西人習之，遂精算術。自鳴鐘創於僧人而中國失其傳，西人習之，遂精機器。火車本唐一行水激銅輪自轉之法，加以火蒸氣運，名曰汽車。火礮本虞允文采石之戰，以火器敗敵，名為霹靂。凡西人之絕技，皆古人之緒餘，西人豈真巧於華人哉？[21]

以上諸人是從技術、器物層面上來說西學中源的，黃遵憲則更進一步，將其擴大到文化的各方面。他說：

余考泰西之學，其源蓋出於墨子。其謂人人有自主權利，則墨子之尚同也；其謂愛鄰如己，則墨子之兼愛也；其謂獨尊上帝，保汝靈魂，則墨子之尊天明鬼也；至於機器之精，攻守之能，則墨子備攻、備突、削鳶能飛之緒餘也。而格致之學，無不引其端於《墨子》經上下篇。當孟子時，天下之言，半歸於墨，而其教衍而為七，門人鄧陵、禽猾之徒，且蔓延於天下，其入於泰西，源流雖不可考，而泰西之賢智推衍其說至於今日，而地球萬國行墨之道者十居其七。距之闢之於二千餘歲之前，逮今而駸駸有東來之意。嗚呼！何其奇也。[22]

他還認為，泰西用法類乎申韓，設官類乎周禮，行政類乎管子，十蓋七八，「若夫一切格致之學，散見於周秦諸書者尤多」。[23] 地圓說、天靜地動說源於《周髀算經》，電氣說源於《淮南子》等書。

最典型的是王仁俊。他寫了一本《格致古微》，凡6卷，從《易經》、《詩經》等九經中輯出24則，《史記》、《漢書》等二十四史中輯出40則，《荀

20　陳熾：《庸書・自強》，趙樹貴、曾麗雅編《陳熾集》，中華書局，1997，第7頁。
21　王之春：〈蠡測卮言〉，《國朝柔遠記》附編一，光緒七年刊本，第26頁。
22　黃遵憲：《日本國志・學術志》，陳錚編《黃遵憲全集》下冊，中華書局，2005，第1399頁。
23　黃遵憲：《日本國志・學術志》，陳錚編《黃遵憲全集》下冊，第1414頁。

子》、《管子》等諸子中輯出 99 則，從各種文集、筆記種輯出 20 則，分別從天、算、地、兵、醫、化、礦、重、氣、水、熱、電、光、聲、字、畫、商、工、植物、政俗、自強等 21 個方面，說明西學源出中國。書後列有詳細的表格。《格致古微》在戊戌變法以後影響很廣，五四時期，陳獨秀等人便以「格致古微」代指西學中源說。[24]

　　西學中源說並不始於晚清，在鴉片戰爭以前已很流行。最早提出這一見解的是黃宗羲，他在清初講學時曾認為，「勾股之術乃周公、商高之遺而後人失之，使西人得以竊其傳」。[25]同時代的著名學者方以智也有類似看法。康熙帝也是西學中源說的積極宣導人，認為：「三代盛時，聲教四訖，重譯向風，則書籍流傳於海外者，殆不一矣。周末，疇人子弟，失官分散，嗣經秦火，中原之典章既多缺佚，而海外之支流反得真傳，此西學之所以有本也。」[26]梅文鼎在述及西方天文曆算方法、地圓說時，多次表示贊同康熙的意見，並論證西人天文學出於《周髀》（後改名《周髀算經》）蓋天之學，這些學問是在周室衰微以後流入西方的。王錫闡、戴震、阮元等，也都有西學源於中國的說法。

　　西學中源說是一個內容寬泛、影響複雜的理論。首先，它包含一定的合理因素。細翻晚清學者西學中源的具體說法，思索《格致古微》的考證，參照今人對中國科技史的研究，包括李約瑟的《中國科學技術史》，可以發現，火藥、指南針、造紙術、二進位制……西方確有一些科學技術源於中國，或晚於中國，因此，這些論斷、考證並非全無道理。有些論斷，從總體上說可能不確切，但其中包含著一些真理成分。比如，《莊子・天下》載惠施語：「至大無外，謂之大一；至小無內，謂之小一」，章太炎認為，這句思辨味道十足的話，用近代物理、化學知識便很容易解釋：空氣愈高愈薄，體積愈大，沒有邊際，這是「至大無外」；點小到原子就不可再分，這是「至小無內」。[27]章太炎的解釋，與現代科技史研究者對惠施這句話的理解如出一轍。《中國化學史話》這樣寫道：「我們可以猜想，他（惠施）的『大一』相當於近代所謂宇宙吧！

24　「第三派以為歐人之學，吾中國皆有之，格致古微時代之老維新黨無論矣。」參見陳獨秀〈隨感錄〉，《新青年》第 4 卷第 4 號，1918 年。

25　全祖望：〈黎洲先生神道碑文〉，《鮚埼亭集》卷 11，《全祖望集匯校集注》上冊，上海古籍出版社，2000，第 222 頁。

26　康熙御製《數理精蘊》卷 1〈周髀經解〉，商務印書館，1968，第 8 頁。

27　章太炎：〈歷物疏證〉，《章太炎全集》第 1 卷，上海人民出版社，1994，第 244 頁。

他的所謂『小一』又相當於什麼呢？從化學角度看，『小一』可能相當於分子或原子。」[28]《莊子・天下》載惠施語：「南方無窮而有窮。」按通行的說法，這句話是談相對與絕對辯證關係的，意為：方向是可以無限延伸的，所以「南方無窮」，但就某一範圍而言，南方又是有止境的，所以南方又「有窮」。章太炎不作如是解。他說，這是地圓論：大地呈球狀，南北方向如環無端，故曰「無窮」，但是，寒冷至極的凍海又在事實上阻礙了人們的通行，所以又是「有窮」的。[29] 今天的天文學史研究者對惠施的話的解釋，和章太炎的解釋完全一致，認為「惠施對於大地之為球形，是有了初步的認識的」，惠施的「南方無窮而有窮」一語，「只能理解為大地是球形，才有確定的含義」，甚至認為「惠施的地是球形的思想，可以與亞里斯多德媲美」。[30] 章太炎對惠施話的理解，至少可以算言之成理的一家之說。

其次，許多考證缺乏證據，失於武斷。例如，王仁俊據《論語》和《孔子家語》等書中關於孔子弟子冉求「好學博藝」的話，斷定其所說之藝專指禮、樂、射、御、書、數六藝的最後一項「數」，即數學，進而通過其他資料，推斷冉求所通數學為幾何，最後斷定《幾何原本》原為冉求所著。[31] 再如，《墨子・尚同》有「是故選天下之賢者立以為天子」一語，論者便斷言「泰西有合眾國、舉民主，有萬國公法，皆取諸此」。[32]《淮南子》有女媧煉五色石以補天的說法，有人便論斷這是「後世燒煤之始」。[33] 最為離奇的是，王仁俊根據許慎《說文解字》關於「腦」的釋文，斷言《說文解字》已有「腦主知覺」說，西人關於「一切知識記憶不在於心而在頭腦之內」的說法，「皆竊取許君義」。[34]

西學中源說的影響不是單一的，主張學習西方和反對學習西方的人都可以利用它。反對學習西方的人認為，既然西方「長技」源於中國，那麼，中國根本不必向西方學習，而只需研究本國舊法就可以了。劉嶽雲便持此說。他說：西方的重學、光學、汽學、電學、化學，均出於中國，「雖精益求精，然非中

28　曹元宇：《中國化學史話》，江蘇科學技術出版社，1979，第 287 頁。

29　章太炎：〈歷物疏證〉，《章太炎全集》第 1 卷，第 246 頁。

30　鄭文光、席澤宗：《中國歷史上的宇宙理論》，人民出版社，1975，第 160 頁。

31　王仁俊：《格致古微》卷 1，光緒二十二年（1896）刻本，第 24 頁。

32　王仁俊：《格致古微》卷 3，第 38 頁。

33　王仁俊：《格致古微》卷 4，第 2 頁。

34　王仁俊：《格致古微》卷 5，第 5 頁。

國啟其知而能若此哉！至於得南針而知航海，得火藥而後用槍炮，則尤中國大有造於彼者」，儘管如此，西方得於中國的技藝，仍是小者、末者，大者、本者仍在中國，中國士大夫根本用不著向西方學習。[35]主張學習西方的人則說，既然西學源於中國，那麼，中國學習、研究這些東西，就不是學習西方，而是光復舊物，譬之家有祕方，再傳而失於鄰人，久而跡所在，或不憚千金以購還之，「正當考求古制，參取新法，藉其推闡之妙，以收古人制器利用之助。乃不考夫所由來，惡其異類而並棄之，反以通其藝為辱，效其法為恥，何其隘也！」[36]

在西學中源論的影響下，晚清學術界出現一股發掘、研究中國科學技術和民主思想的風氣。劉嶽雲編《格致中法》，王仁俊編《格致古微》，章太炎撰〈歷物疏證〉，以前不大為人重視的墨子學說受到空前關注，古代大批能工巧匠、科技人物名字，在久已湮沒之後，突然走到歷史前臺，頻繁地出現於報紙雜誌上；譚嗣同刊印黃宗羲的《明夷待訪錄》，梁啟超作〈古議院考〉，劉師培作《中國民約精義》，古代的重民思想、兼愛思想，被比附為民主思想、博愛思想，大加渲染。

在中國近代史上，西學中源說最為盛行的時期是 1860 年代至 1890 年代，這也是中國學習西方船炮技藝、近代化開始舉步、中西文化激烈衝突的時期。到了 20 世紀初，在學習西方、實行新政已被定為國策以後，這種理論的市場越來越小，對其批評之聲越來越多。1902 年，一位學者批評說：

> 或者謂天算格致之學，皆我中國之所固有，彼特得而深思精造之，以引申我之緒餘耳，如借根方之為東來法，地圓之說出於管子，重學光學出於墨子，璿璣玉衡早已創於盧廷，指南車行於姬公，木流牛馬漢代有之。至於刻鳶能飛，公輸之巧未嘗遜於西人；祖沖之之千里船，施機自運；虞允文之霹靂車，元代之法郎機，皆中國流入西土。旁徵博引，無非欲攘人之美，以掩其拙。不知欲蓋彌彰，益形其陋，虛驕浮偽，若出一轍，此其故坐不能平心以察之也。[37]

綜合看來，晚清學術界談論西學中源說的人，大多主張學習西方，少數

35　劉嶽雲：〈格致中法自敘〉，轉引自王仁俊《格致古微》卷 5，第 31 頁。
36　黃遵憲：《日本國志》卷 32〈學術志〉。
37　何鏞：〈中國宜行新政論〉，儲桂山編《皇朝經世文新編續集》卷 5。

是反對論者。上面提到的王韜、鄭觀應、陳熾、薛福成、黃遵憲都是晚清力主向西方學習的著名人物。這是因為，反對學習西方的人所持理由主要是「用夷變夏」，因夷夏大防論較之西學中源論在中國傳統文化中更有依據，態度更為鮮明。主張學習西方的人，則利用西學中源論調和中學與西學的矛盾，架起中學與西學的橋梁，變學習西方為光復舊物，減少引進西學的阻力。這也是曾經具有輝煌文明歷史的中國，在西方文化的衝擊和對比之下顯得落伍但又不甘心落伍，開始向西方學習又恥言學習的一種複雜的文化心理。文明傳統淺薄的民族不會產生這種心理，襟懷廣闊、站在世界文明前列的民族也不會產生這種心理。在這個意義上可以說，西學中源說是中國面對西學大潮而走出傳統、走向近代的時代產物。

體用之說

中體西用說是晚清學術界評價、連接中西文化的最為流行的說法，屬於其範圍的有中學為體、西學為用，舊學為體、新學為用，中學為主、西學為輔，中學為本、西學為末，中學重道、西學重器，中學形而上、西學形而下等多種說法。最早涉及這一問題的是馮桂芬。1861 年，他在談論如何吸收西學時說：「以中國之倫常名教為原本，輔以諸國富強之術。」[38] 以後，王韜、鄭觀應、薛福成等都發表過類似看法。最早確切使用「中學為體、西學為用」提法的是沈毓桂。1895 年 4 月，他在《萬國公報》上發表了〈匡時策〉，文中寫道：「夫中西學問，本自互有得失，為華人計，宜以中學為體，西學為用。」張之洞在《勸學篇》中討論這一問題最為集中，影響最廣，所以論者常將中體西用與張之洞的名字聯繫在一起。

體、用本是中國傳統哲學的一對命題，可做主要與次要、本質與現象、實體與屬性、內容與形式、根本原則與具體方法等多種解釋。晚清學者討論中體西用問題時，角度也是多方面的。其一是品評中西文化的高下。王韜說：「形而上者中國也，以道勝；形而下者西人也，以器勝。如徒頌西人，而貶己所守，

---

38 馮桂芬：《校邠廬抗議・采西學議》，上海書店出版社，2002，第 57 頁。對於「中體西用論」歷史淵源及其對近代思想與教育的影響，陳旭麓先生在所著《論中體西用》有詳細研究。參見陳旭麓《近代史思辨錄》，廣東人民出版社，1984。臺灣學者孫廣德在所著《晚清傳統與西化的爭論》中，亦有較為詳細的討論。參見孫廣德《晚清傳統與西化的爭論》，商務印書館，1982。

未窺為治之本源也。」[39] 湯壽潛說：「中國所守者形上之道，西人所尊者形下之器⋯⋯願人善用其議，善發其慎，求形下之器，以維形上之道。」[40] 其二是討論吸收西方文化的原則。陳熾在宣導開書院、採西學時主張：「廣儲經籍，延聘師儒，以正人心，以維風俗⋯⋯並聘洋師，兼攻西學，體用兼備。」[41] 孫家鼐在籌辦京師大學堂時說：「中國五千年來，聖神相繼，政教昌明，決不能如日本之舍己芸人，盡棄其學而學西法。今中國京師創立大學堂，自應以中學為主，西學為輔；中學為體，西學為用；中學有未備者，以西學補之；中學其失傳者，以西學還之；以中學包羅西學，不能以西學凌駕中學。」[42] 張之洞在《勸學篇》中，也是從這個角度來立言的。

中體西用論彈性很大，因為中學、西學的內容都很廣泛，究竟哪些中學應該為體、哪些西學應該為用，這是見仁見智、言人人殊的。張之洞對此是有明確規定的，他說：「四書五經、中國史事、政書、地圖為舊學；西政、西藝、西史為新學，舊學為體，新學為用。」但是，大多數談論中體西用的人，對體、用內涵並沒有嚴格界定。這種對體、用內涵解釋的寬泛性，使得該理論適用範圍相當廣泛。張之洞講中體西用，梁啟超也講中體西用，[43] 甚至彈劾康、梁的文悌也可以講中體西用。[44]

後世論及中體西用論，每多譏諷之詞。其實，中體西用論始現於 1860 年代，盛行於 1890 年代和 20 世紀初，通過考察它的歷史，可以發現，在開始時，它主要是主張學習西方、進行變法的人們的理論武器。馮桂芬、王韜、鄭觀應、湯壽潛、陳熾，都是力主學習西方的著名人物。中體西用論在尊崇中學的前提下，以比較溫和的色彩，避過了頑固派「以夷變夏」的攻擊鋒芒，為引進西學

39　王韜：〈與周弢甫征君〉，《弢園尺牘》卷 4。

40　湯壽潛：《危言・中學第六》，政協浙江省蕭山市委員會文史工作委員會編《湯壽潛史料專輯》，《蕭山文史資料選輯》第 4 輯，1993 年，第 226 頁。

41　陳熾：《庸書・內篇》卷上〈學校〉，趙樹貴、曾麗雅編《陳熾集》，第 30 頁。

42　孫家鼐：〈議覆開辦京師大學堂摺〉，中國史學會主編《中國近代史資料叢刊・戊戌變法》（以下簡稱《戊戌變法》）第 2 冊，神州國光社，1953，第 426 頁。

43　梁啟超在代擬的京師大學堂章程中寫道：「夫中學體也，西學用也，二者相需，缺一不可。體用不備，安能成才！」

44　文悌在彈劾康有為時說：「惟中國此日講求西法，所貴使中國之人明西法為中國用，以強中國，非欲將中國一切典章文物廢棄摧燒，全變西法，使中國之人默化潛移，盡為西洋之人，然後為強也。故其事必須修明孔孟程朱、四書五經、小學、性理諸書，植為根柢，使人熟知孝悌忠信、禮義廉恥、綱常倫紀、名教氣節以明體，然後再學習外國文字、言語、藝術以致用，則中國一通西學之人，得一人之益矣。」參見文悌〈嚴參康有為摺稿〉，《戊戌變法》第 2 冊，第 484 頁。

打開了一條通道。翻閱以上諸人的文集，可以發現一個很有意思的現象，各書的要旨明明是談學習西方的問題，但幾乎每個人都有專談中體西用的一篇或一段。鄭觀應的《盛世危言》是 19 世紀七八十年代鼓吹學習西方的最負盛名的著作，其開頭一篇卻是〈道器〉，大講中學為道，西學為器。透過文字，我們看到的是欲揚之、先抑之的良苦用心。無論是馮桂芬所說的以倫常名教為本，還是張之洞所說的以四書五經、中國史事、政書等舊學為體，都沒有為中國社會提供任何新的內容，因為即使不說，當時的社會事實上也是以這些為本、為體的，而所說的「用」，即西學，倒是新鮮內容。所以，從總體上說，晚清的中體西用論對中國吸收、接受西學，起了積極的作用。如果說江南製造局翻譯館等中國官辦機構在翻譯西書、引進西方科學技術方面還起過一點作用的話，那麼，這點作用便是在中體西用思想的指導下產生的。

20 世紀初，嚴復曾對中體西用論提出尖銳的批評。他說：

> 體用者，即一物而言之也。有牛之體，則有負重之用；有馬之體，則有致遠之用。未聞以牛為體，以馬為用者也。中西學之為異也，如其種人之面目然，不可強謂似也。故中學有中學之體用，西學有西學之體用，分之則並立，合之則兩亡。[45]

嚴復此論，被後世認為是對中體西用論最為有力的批駁。嚴復所論，就同一事物的本體與屬性而言，自是不刊之論。但是，時人所說的中體西用論在很大程度上是中學為主、西學為輔的意思，與本體、屬性的體用論並不是一回事。事實上，西學並非囫圇一體，不可分解，至少其器物、技藝層面的內容，是可以為全世界所共有共用的。就像中國發明了指南針、火藥，西方人可以拿去為其所用；西方人的數學、化學，中國人也可以拿來為己所用。如果確像嚴復所說，「分之則並立，合之則兩亡」，那麼，日本的現代化就是不可思議的了。

偏激之見

西學中源和中體西用這兩種見解表現形式雖然不同，但從本質上說，都是調和論，都認為中西文化有相通、相容、可以銜接的地方。另有一種意見，即全面排拒西方文化，可就不同了。

---

45 〈與外交報主人論教育書〉，王栻主編《嚴復集》第 3 冊，中華書局，1986，第 559 頁。

　　對西學取全面排拒態度的人，可以追溯至清初的楊光先。他的名言，「寧可使中夏無好曆法，不可使中夏有西洋人」，成為不分青紅皂白、盲目排外的典型。到了晚清，楊光先式的人物亦非個別。

　　1860 年代，京師同文館擬開設天文館、算學館，聘請洋人教習西方科學，倭仁、張盛藻、楊廷熙等士大夫，以「立國之道，尚禮義不尚權謀；根本之圖，在人心不在技藝」為詞，強烈反對西學，致使學習西洋天文、數學與「用夷變夏」幾乎成為同義語，同文館的生源大成問題。有些人不但反對引進西學，而且連引進西方的火車、輪船也不能接受。湖南名儒王闓運的說法近乎迂：「火輪者至拙之船也，洋炮者至蠢之器也。船以輕捷為能，械以巧便為利。今夷船煤火未發則莫能駛，行炮須人運而莫能舉。若敢決之士，奄忽臨之，驟失所恃，束手待斃而已」，因此，輪船、洋炮是萬萬不能仿造的。[46] 方濬頤的說法有點「玄」：「有以機器勝者，即有以機器敗者；有以機器興者，即有以機器亡者。」[47] 反對建造鐵路者，以先任刑部員外郎、後任出使法國大臣劉錫鴻最為突出。他認為火車雖然具有快速、平穩、載重量大等優點，但總的說來，它適用於西方而不適用於中國。他列舉的「不可行者八，無利者八，有害者九」，總共有 25 條理由，概括起來，主要有：官府無錢，集資困難；容易損壞，難以維修；炸山過川，破壞風水；路基占地，影響生計；盜賊眾多，難以管理；火車通行，物價必漲；火車通至內地，關隘失去作用，危及國家安全。

　　對西方文化採取完全的排拒態度，在 19 世紀六七十年代洋務運動初起時比較常見，到了 19 世紀八九十年代，這類意見已不多見。因為那時洋務學堂已經開辦，洋務企業已經興建，西方器物、技藝方面的文化源源進入中國，思想界關注的，已不是要不要吸收，而是吸收什麼、如何吸收的問題。但是，義和團運動中，這種意見又被推向極端，惱怒和尚，恨及袈裟，仇視洋人，及於洋物，即使使用洋傘、洋襪、洋菸、洋火，都要受到痛擊，遑論學習洋人技術！至八國聯軍之役，《辛丑合約》的簽訂，這種情緒化的反應才終於寂滅。

　　時人堅決排拒西方文化的原因是多方面的，其中有獨尊中華、鄙夷外邦的中華中心主義的影響，有長期閉關自鎖而對西方文化缺乏基本瞭解的因素，有在外國侵略下民族文化自衛的心理，總之，它是中國在由傳統向近代、由閉

46　王闓運：〈陳夷務疏〉，《湘綺樓文集》卷 2，嶽麓書社，1996，第 44 頁。
47　方濬頤：〈機器論〉，《二知軒文存》卷 1，光緒四年刊本，第 20 頁。

關向開放轉變的過程中，對西來文化所做出的一種消極自衛的反應。排斥一切外來文化的自大外表，掩蓋害怕與外來文化接觸的自卑實質。

第二十七章　晚清臺灣的社會經濟與文化發展

　　1860 年清廷在列強逼迫下開放臺灣為通商口岸，1863 年臺灣開雞籠（基隆）、淡水港，1864 年開打狗（高雄）、安平港，以淡水為本關，打狗、安平、雞籠為分關，臺灣歷史的發展進入一個全新的時期。開港後，臺灣在政治、經濟、社會、文化各方面都有很大的變化。以政治來說，1864 年有戴潮春事件；1868 年有「羅妹」號（Rover）事件；1868 年與英國發生樟腦糾紛；1874 年發生牡丹社事件；1884 年中法戰爭，翌年臺灣建省；1894 年甲午中日戰爭發生，清廷戰敗，終至 1895 年割讓臺灣。在上述林林總總的內亂、外患中，臺灣進入最不平靜也是急速發展的時期。

　　面對上述局面，清廷對臺灣的統治由消極轉為積極，除增劃府縣州外，還在沈葆楨等人的努力下推行洋務運動，清廷派第一流、有洋務經驗的大員如丁日昌、劉銘傳、邵友濂等來臺，推動臺灣的近代化，當時臺灣的各項建設比諸江蘇、浙江、福建東南沿海諸省，不遑多讓。在社會方面來說，米、茶、糖、樟腦外銷，鐵路、公路修築，因而官商、豪紳、買辦興起，民間也漸漸發展出帶閩習、粵習的臺灣特殊風格；再經由科舉制度直接間接產生的社會領導階層，在方志的纂修、詩文的創作、詩社的結成、美術工藝作品的創出方面都有所成。

一、開港後臺灣的經濟變遷

郊商的角色與米的運銷

　　清季臺灣農業不斷發展，但手工業相對不振，故臺灣與大陸存在區域分

---

* 本章由許雪姬撰寫。

工關係。郊商以被稱為「戎克船」的中式帆船進行交易，臺灣的輸出品以米、糖、油為主，輸入品以絲綢、布匹與雜貨器具日用品為大宗。郊商除了開拓商務外，亦協助抵禦外患、維持社會秩序、參與地方建設與公益事業，並具有宗教、文化功能，[1] 在臺灣歷史發展中扮演重要的角色。

1. 帆船貿易的必要性

開港後，臺灣大部分地區仍維持與大陸間的傳統帆船貿易，此乃由於臺灣沿岸多數港口泊船條件不佳，吃水淺的中小型帆船反較適合臺灣航運，在資金、進出口地點、市場選擇和機動性上，比局限於固定航線的大型西洋船舶更具優勢。[2] 此外，臺灣島內陸路交通不便，南北運輸也得仰賴各港口的中式帆船聯絡。因此，開港後臺灣雖被納入世界經濟體系，但傳統的正口與小口仍持續運作，一方面從屬於條約港市場圈內，經由條約港輸出臺灣的國際性商品以及進口洋貨；另一方面，也各自持續與中國沿海各港的傳統帆船貿易，形成一種地域間既從屬又分立的雙重貿易結構。而郊行長期依附大陸市場，受西方勢力的影響有限，甚至還與條約港合作，進行土產搜集，形成郊行與洋行集貨與委託代理的合作關係。[3] 若無帆船貿易的搭配，條約港的市場圈可能無法有效擴大。而洋行缺乏人際網路，又需應付與華商間的競爭，且買辦並非全然可靠，故洋商在臺灣的貿易不一定占上風。[4]

2. 郊商的在地化與活躍

雖然早期郊為大陸來臺商人所設，但郊商根留大陸的色彩漸漸淡化，清中葉以後，大陸商人逐漸在地化，諸多郊由臺灣本地商人組成。[5] 如臺南糖郊中有三家為臺南人所經營。開港後，臺灣本土商人更形活躍，錢莊也進入臺灣，臺北出現類似票號的匯單館，郊商亦參與經營。[6] 臺灣在與大陸進行正口貿易時，通常是大陸的帆船向臺灣商行收購土產，同時直接兌賣所帶來的日常

1 　卓克華：《清代臺灣行郊研究》，揚智文化，2007，第 92、130—192 頁。

2 　林文凱：〈再論晚清臺灣開港後的米穀輸出問題〉，《新史學》第 22 卷第 2 期，2011 年 6 月，第 223 頁。

3 　林玉茹：〈從屬與分立：十九世紀中葉臺灣港口城市的雙重貿易機制〉，《臺灣史研究》第 17 卷第 2 期，2010 年 6 月，第 13、24 頁。

4 　黃富三：〈清季臺灣外商的經營問題—以美利士洋行為例〉，《中國海洋發展史論文集》第 1 輯，中研院三民主義研究所，1984，第 251、253、255 頁。

5 　林玉茹：《清代竹塹地區的在地商人及其活動網路》，聯經出版公司，2000，第 185 頁。

6 　林玉茹：〈從屬與分立：十九世紀中葉臺灣港口城市的雙重貿易機制〉，《臺灣史研究》第 17 卷第 2 期，2010 年 6 月，第 25、27 頁。

用品，稱為「整船貿易」。但因此種模式常無法配合市場需求，所以後來發展成兩地固定商行間相互代理商品採辦與兌賣的委託貿易。臺灣郊商也自行或合股增購船隻，直接經營兩岸貿易。[7] 由於臺灣資本的長期積累，加上學習國際商業手法，19世紀後期的國際貿易反而為臺灣發展帶來新契機。部分大郊商也加入茶、糖、樟腦等國際商品的產銷，例如新竹的林恒茂、鄭恒利、黃珍香等郊行因樟腦而獲暴利。[8]

　　3. 臺米的運銷

　　過去學界多認為臺灣在18世紀以後興盛的米穀經濟，因為開港後茶、糖、樟腦炙手可熱，致使米的出口大幅萎縮；甚至北部因茶葉生產擴大，人口大增，而無餘米出口。[9] 但亦有學者認為由於開港，南北部人口增加，更必須維持以米穀與大陸的日用品交換，來滿足日益增長的消費量，而1860─1895年米作面積也的確持續增加，只不過米穀總生產額的變化幅度不大，臺灣北部及南部仍保持米穀的對外輸出紀錄，臺中、彰化地區則是最重要的米倉及輸出地。[10] 直至清末，以鹿港為吞吐口的中部區域仍以米穀出口為主。[11]

　　因為臺灣與大陸沿海的交通運輸特性，開港後郊商一方面利用帆船的輕便性與大陸維持區域分工關係，另一方面則以土產搜集與洋商合作，共同打開市場格局。一直到晚清，米穀始終是兩岸貿易的重要商品。臺灣商人因為國際貿易強化了其經貿能力，而更加生氣蓬勃，加上米穀產銷的經驗，成為後來在日本統治時期與日商競爭的資本。

茶、糖、樟腦的外銷

　　1860年臺灣開放四個條約港與洋人通商，臺灣的山區特產茶與樟腦具有國外市場，為洋商所愛，加上原本就外銷日本的糖，成為開港後的三大出口

7　林玉茹：〈商業網絡與委託貿易制度的形成─十九世紀末鹿港泉郊商人與中國內地的帆船貿易〉，《新史學》第18卷第2期，2007年6月，第81、93頁。

8　林玉茹：〈從屬與分立：十九世紀中葉臺灣港口城市的雙重貿易機制〉，《臺灣史研究》第17卷第2期，2010年6月，第27頁。

9　林滿紅：《茶、糖、樟腦業與臺灣之社會經濟變遷（1860─1895）》，聯經出版公司，1997，第189─195頁。

10　林文凱：〈再論晚清臺灣開港後的米穀輸出問題〉，《新史學》第22卷第2期，2011年6月，第222─223、238─240頁。

11　林玉茹：〈從屬與分立：十九世紀中葉臺灣港口城市的雙重貿易機制〉，《臺灣史研究》第17卷第2期，2010年6月，第15頁。

國際商品。這三種商品在開港前已有發展，糖業在荷據時期就具國際性，清代臺糖主要銷往中國大陸及日本。糖的利潤高，蔗園主要分布於濁水溪以南。臺灣有原生的山茶，到 1830 年後臺灣的茶葉開始銷往福州及廈門。[12] 樟腦由樟木提煉而成，開港前，英國與美國商人就試圖私下運銷樟腦。[13]

1. 茶

1865 年英商陶德（John Dodd）來臺，移植福建安溪茶苗到北臺山區，提升製茶技術，使烏龍茶與包種茶精緻化。陶德在 1866 年創立寶順洋行（Dodd & Co.）經銷茶葉，為外人在臺經營茶葉之始。臺灣茶葉聲價日升後，洋行相繼來臺從事茶業貿易。出口的臺茶為包種與烏龍茶，烏龍茶為大宗，主要銷往美國，美國進口臺灣茶一度占臺茶總出口的 90% 以上。1879 年後，臺茶一度滯銷，福建同安縣吳福佬來臺開設源隆號茶廠，大量採購臺茶精製成包種茶銷往東南亞，頗為暢銷。[14] 1860—1895 年，世界主要茶產地為中國大陸、中國臺灣、日本、印度和錫蘭。[15]

2. 糖

開港之後，臺灣糖外銷市場擴大至澳洲、西歐、北美及南美等。1860—1895 年，臺灣出口的糖分赤糖與白糖，以赤糖為主，供中國大陸、日本製造糖果，或銷至歐美、澳洲再精製。白糖由赤糖加工去除部分糖蜜而成，主供華北地區人民食用。大陸原是臺糖重要市場，1865 年占臺糖出口的 98%，後來外國市場擴大，1877—1883 年降至 30% 以下。進口臺糖的外國市場以日本最重要，其次是澳洲。中國大陸偏好臺南的糖，日本喜歡打狗糖，1860 年之後打狗產糖量漸漸超過臺南。世界糖產地多，技術也頗先進，臺糖市場面對的競爭壓力漸大，1886 年以後，臺糖的歐美、澳洲市場為爪哇糖所奪。[16]

3. 樟腦

樟腦用途廣，可供藥用、防腐、防蟲，也是無煙火藥的重要原料。1869 年作為合成塑膠的賽璐珞（celluloid，亦名人造象牙，可製電影膠捲、乒乓球、

12　陳慈玉：《臺北縣茶業發展史》，臺北縣立文化中心，1994，第 10 頁。
13　黃富三：〈清代外商之研究：美利士洋行〉（上），《臺灣風物》第 32 卷第 4 期，1982 年 12 月，第 104—136 頁。
14　陳慈玉：《臺北縣茶業發展史》，第 11—12、14 頁。
15　林滿紅：《茶、糖、樟腦業與臺灣之社會經濟變遷（1860—1895）》，第 24、26 頁。
16　林滿紅：《茶、糖、樟腦業與臺灣之社會經濟變遷（1860—1895）》，第 24、26、61、88 頁。

裝飾品等）問世，1890 年開始大量運用樟腦作為原料，提高了樟腦的需求量。當時世界只有臺灣與日本生產樟腦，而臺灣樟腦產量高，因此成為樟腦王國。1861—1868 年，清廷實施專賣包商制，但因查緝走私與外商糾紛不斷，1868 年英國還因怡記洋行（Elles & Co.）的樟腦事件炮轟安平，該年清廷開放樟腦自由買賣。不過，臺灣建省後，1886 年二度實施專賣，外商又因私運樟腦被沒收向清廷抗議，1890—1895 年再開放自由買賣。中外的腦務糾紛不斷，顯示臺灣樟腦的利潤誘人。臺灣樟腦的出口在世界市場具支配地位，主要銷至德、美、英、法、印等國，1864—1895 年出口量由 1171464 磅增至 6935285 磅，增長近 5 倍，價格則由每擔 [17] 8 元飆漲至 68.5 元，獲利也頗驚人。[18]

　　茶、糖、樟腦這三種商品的出口量以糖最多，茶次之，樟腦居末。但因茶價及樟腦價高於糖價，因此茶出口值最大，糖次之，樟腦又次之。但利潤則以茶葉及 1890 年以後的樟腦業為最高。[19]

　　開港初期，洋行通過媽振館（merchant）貸款給茶農而掌握臺茶生產，但隨著大陸與臺灣資本的加入，1875 年之後這種情況有所改變。樟腦與糖業方面，外商亦多在市場初拓時占優勢，之後大陸與臺灣商人逐漸取代洋商地位。[20]開港前，臺灣商品市場以大陸為主，開港後通過茶、糖、樟腦遍及全球，使臺灣進入國際經貿舞臺。原來的西部米、糖經濟模式再添加茶與樟腦的山區產業，不僅使臺灣經濟更加繁榮，也改變了社會階層與文化。

鴉片的輸入及其影響

　　清中葉以後，鴉片進口逐漸造成白銀外流的危機，清廷則遲至 1839 年才訂定《查禁鴉片章程》，開始系統性、全面性的禁菸，不過依然無法阻止外商通過走私、通商條約傾銷鴉片，逐步地將鴉片變成合法商品。開港前，臺灣一地吸食鴉片者上自仕宦之家，下至販夫走卒，除了防治風土疫疾、滿足上癮者需求之理由外，亦有彰顯個人身分地位的一面。而鴉片亦通過與浙江、福建、

17　1 擔（picul）＝舊制 100 斤，約為 60.478982 公斤。
18　黃富三：〈臺灣農商連體經濟的興起與蛻變（1630—1895）〉，《黃富三教授榮退暨第二屆臺灣商業傳統國際學術研討會會議資料》，中研院臺灣史研究所，2010，第 13—14 頁。
19　林滿紅：《茶、糖、樟腦業與臺灣之社會經濟變遷（1860—1895）》，第 50、101 頁。
20　林滿紅：《茶、糖、樟腦業與臺灣之社會經濟變遷（1860—1895）》，第 108、144—145 頁。

廣東等省沿海的走私貿易與行郊交易輸入臺灣。

1860 年後臺灣開港，鴉片的進口者也從以往的行郊，加入了外商，如怡和洋行、顛地洋行（Dent & Co.），其中以英國商人為主要的鴉片進口者。由 1865 年至 1895 年臺灣海關歷年資料，可以瞭解以下事項。[21]

第一，在此期間臺灣鴉片進口與再出口的數量，大體上呈現逐年增加的趨勢。1867 年時的總進口量淡水與基隆為 1055 擔，1868 年打狗與臺灣府為 1103 擔，[22] 1891 年時淡水為 2297 擔、臺南為 3586 擔。[23] 以 1885 年為例，鴉片輸入即占同年臺灣總輸入額的 60%，為當時最重要的輸入品。[24]

第二，鴉片的輸入除了為滿足鴉片癮者外，其質輕價昂的特性亦作為支付工資的「貨幣」。在《海關報告》、《英國領事報告》中，提及臺灣輸出的物資（茶、糖、樟腦等）可與輸入的鴉片作物物交易，抵銷了臺灣因出口賺取的巨額外匯，導致商業資本難以累積；鴉片甚至被當作貨幣支付給勞工。[25] 在這種情況下，民眾也就沒有太多餘款用以改善生活。[26]

第三，在臺灣，鴉片進口銷售的關稅釐金，成為清廷稅收的大宗，因此面對因鴉片產生的道德指責、經濟影響，官府採取消極的態度，反倒是對走私問題積極處理。在所有進口物中僅對鴉片抽取釐金，此舉也是為了增加稅收。[27]

第四，鴉片進口對臺灣而言不單是貿易行為，其中更顯現出西方各國爭奪資源、開拓市場的「商戰」樣貌。1872—1891 年，英國屬領以外的鴉片出產國家，對臺灣的供應量逐漸成長，意即印度（英國屬地）鴉片輸入減少，波斯（美國）鴉片進口增加。[28] 鴉片既有貨幣功能，因而隨著對臺供應量的增長，外商可買進更多的茶、糖與樟腦，外商與第三國在轉口貿易中能獲得的利益就

21　林滿紅：〈清末臺灣海關歷年的史料價值〉，載張炎憲等編《臺灣史與臺灣史料（二）》，財團法人吳三連臺灣史料基金會，1995，第 353—366 頁。

22　黃富三、林滿紅、翁佳音主編《清末臺灣海關歷年資料》（Ⅰ），中研院臺灣史研究所籌備處，1997，總 10、16 頁。

23　黃富三、林滿紅、翁佳音主編《清末臺灣海關歷年資料》（Ⅱ），中研院臺灣史研究所籌備處，1997，總 1103、1120 頁。

24　東嘉生：《臺灣經濟史概說》，帕米爾書局，1985，第 201—202 頁。

25　黃富三、林滿紅、翁佳音主編《清末臺灣海關歷年資料》（Ⅰ），總 396 頁；《清末臺灣海關歷年資料》（Ⅱ），總 587 頁。

26　《英國領事報告》，vol. 18，1892，淡水部分，第 242 頁。

27　林衡道主編《臺灣史》，眾文圖書股份有限公司，1979，第 468 頁。

28　H. B. Morse：《1882—1891 年臺灣淡水海關報告書》，謙祥譯，臺灣銀行，1957，第 94 頁。

更多。

在鴉片銷售體系方面，初期外商以國家力量為後盾，並挾雄厚的資金與貨源幾乎壟斷市場，配合條約規定，外商進口鴉片每百斤繳納 30 兩銀的關稅，華商每百斤卻須繳納 40—80 兩銀的釐金。[29] 但在臺灣本島的傳統行郊與香港建立起貿易管道後，兩者間競爭激烈；1880 年代後，鴉片市場呈現逐漸被臺灣商人控制的局面。[30] 另外，1860 年代開始，由於臺灣鴉片市場有廣大的消費需求，又有以為土產鴉片價格便宜、不易成癮的觀念，且希望能以此減少外國鴉片進口的數量，民間、官方開始進行罌粟試植與鴉片製作。但因氣候不適罌粟生長，製造出的鴉片品質不佳、乏人問津，因而沒有大規模栽植。[31]

開港後鴉片的大量輸入，除了損害民眾健康，也影響到臺灣貿易體系甚至是經濟發展。

煤、金、石油的開採

臺灣之礦產，具經濟效益者，金屬類為金、銀、銅，主要產於基隆火山群周圍；能源類有煤，產於臺灣北部，石油、天然氣則產於苗栗。[32] 臺灣歷來的礦業活動，隨朝代更迭、社會經濟發展、探採煉礦技術之精進及地質條件的變化而有所興衰。1860 年臺灣開港後至乙未割臺前，臺灣礦產之開採以煤、金、石油為要，以下分別論述之。

1. 煤

煤為重要燃料之一，臺灣煤炭主要產於北部，以基隆最多，鴉片戰爭後，因遠洋艦艇多以煤為燃料，臺灣的煤炭遂成為外國覬覦的目標，[33] 但清廷禁封如故。至 1860 年《北京條約》簽訂後，臺灣煤炭被迫向外國開放。1863 年正式公開販賣煤炭，來源全是私採。[34] 另亦供應福州船政局之需，該局曾派員來勘查基隆煤礦。1870 年淡水廳同知陳培桂等人奉命至基隆查勘，商定章程，

29　黃秀政、張勝彥、吳文星：《臺灣史》，五南圖書出版公司，2002，第 128 頁。
30　王嘉慧：《晚清臺灣鴉片進口貿易研究（一八五八—一八九四）》，臺灣政治大學歷史研究所碩士學位論文，1995，第 58 頁。
31　蔡承豪：〈臺產黑土：晚清臺灣的罌粟栽植與鴉片自產之嘗試〉，川島真等編《跨域青年學者臺灣史研究》第 4 集，稻鄉出版社，2011，第 257 頁。
32　唐羽：《臺灣礦業會志》，「中華民國礦業協進會」，1991，第 448 頁。
33　黃嘉謨：《甲午戰前之臺灣煤務》，中研院近代史研究所，1982，第 9—88 頁。
34　黃清連：《黑金與黃金：基隆河上中游地區礦業的發展與聚落的變遷》，臺北縣立文化中心，1995，第 36 頁。

准許民間採掘。[35]

　　1876 年清廷設八斗子官礦（老蒡坑煤礦），為官營西式煤廠之始，亦在基隆設礦務局。[36] 雖曾在 1881 年一度輸出量達 46000 噸，但不久即告減產。[37] 1884 年中法戰爭爆發，督辦軍務的劉銘傳下令破壞官營煤廠以免資敵。[38] 1887 年官商合辦的臺灣煤務局正式成立後，收歸官辦。[39] 1891 年底八斗子官礦枯竭，遂在翌年封閉，往後的輸出全出自私人礦坑。此後，煤業始終沒起色，1894 年甲午戰爭爆發，巡撫邵友濂為船艦需煤，特由官方貸予煤商林振盛等銀 5000 兩，煤業得到暫時的繁榮。[40]

　　2. 金

　　臺灣金的蘊藏量不豐，值得一提的是基隆河的沙金。在清廷治臺之前，臺灣採金停留在傳說、探勘和私人採掘的階段。清廷治臺後，禁止開礦。1890 年修築鐵路，在架設八堵鐵路橋時，工人偶於基隆河內發現沙金，遂取而淘之，獲金不少。1891 年淘金人數已超過 3000 人，實際產金量，折值可達 65189 關銀。1892 年邵友濂設金沙局於基隆廳，交付淘金者牌票，抽取釐金。1893 年金之產量，已漸減少，適有商戶金寶泉提出承包稟請，乃裁撤釐局，金寶泉還擁有九份山金礦的承採權，聚集者一度達 4000 人之多，因人口之聚集形成瑞芳街市。1894 年金寶泉承包期滿，官方將採金權全收回，重設金沙局，採金中心遂由基隆河之沙金轉至九份山金礦，以至割讓。[41]

　　3. 石油

　　1861 年粵籍人邱苟在出磺坑附近河床中發現石油，以人工挖掘一油井，此比美國賓州開鑿的世界第一口油井僅晚兩年。[42] 邱苟在自行採油、販賣幾年後，於 1864 年將採礦權租與吳某，又在來年租給寶順洋行的英國茶商陶德，遂引發紛爭，清廷將邱苟就地正法後，查封油井，禁止開採。[43]

35　周憲文：《清代臺灣經濟史》，臺灣銀行，1957，第 49 頁。

36　黃嘉謨：《甲午戰前之臺灣煤務》，第 115—123、127 頁。

37　H. B. Morse：《1882—1891 年臺灣淡水海關報告書》，第 90 頁。

38　《臺灣省通志稿》卷 4〈經濟志礦業篇〉，臺灣省文獻委員會，1960，第 152 頁。

39　黃嘉謨：《甲午戰前之臺灣煤務》，第 217 頁。

40　黃清連：《黑金與黃金：基隆河上中游地區礦業的發展與聚落的變遷》，第 51 頁。

41　唐羽：《臺灣採金七百年》，財團法人臺北市錦綿助學基金會，1985，第 74—78、84—87 頁。

42　黃俊銘、劉彥良、黃玉雨：〈清代苗栗出磺坑石油開礦史考（1861—1895）〉，《苗栗文獻》第 42 期，2007 年。

43　劉彥良：《苗栗出磺坑石油產業設施發展歷程之研究》，中原大學建築學系碩士學位論文，

　　1876 年清廷始出資聘人開採，1877 年福建巡撫丁日昌聘請美國技師簡時（A. Port Karns）等來臺，翌年開始開採，一度每日產量可達 252 加侖，後因無法解決油井坍陷問題，且技師期滿不願續約，而告一段落。此後，轉由民間開採。1881 年官方將油井收歸官有。原本部分石油所得是作為當地隘勇的糧餉，被禁後引起地方隘勇不滿，多次糾眾抗議，官方以發給隘勇些許補償金而平息風波。之後油井改為官辦民營，1883 年由邱彩廷承租，官方以收取租金的方式繼續開採。但因外國精製燈油已相當普及，而出磺坑的石油品質不佳，縱油價較低亦無人購買。加上官方不付給隘費，因此承租油井者除租金外，還需雇請隘勇保護油廠，避免原住民侵擾，邱彩廷遂終止租賃，此後無人承租。[44]

　　劉銘傳任臺灣巡撫時，認為出磺坑石油具開採價值，於 1887 年設立煤油局，委林朝棟兼辦，然亦經營困難。1891 年邵友濂繼任巡撫後，遂將煤油局裁撤。[45]

　　綜而觀之，臺灣的煤、金，初期因風水、原住民等問題而遭禁，但人們仍以私採的方式來獲取其經濟利益。至 1860 年臺灣開港後，情況稍有改善，曾找來外國技師協助煤、金、石油的開採，但效益有限。

水利、浚港等相關基礎建設

1. 水利

　　清代臺灣的水利開發隨著土地拓墾而如火如荼地展開，給臺灣農業發展打開一個新的局面，被稱為臺灣農業史上第一次革命。回顧清代臺灣水利開發的時程，18 世紀上半葉是個轉捩點，在此之前，田園大都偏重甘蔗的種植，因為蔗園的開墾比水田耕作的成本低，同時砂糖的市場價值也較高。此情形到 1720 年代以後開始轉變，由於臺灣人口大為增加，所需米穀激增，加上大陸各省米糧不足，使稻米變成有價值的經濟作物。1725 年，臺灣稻米開始銷售到大陸沿海各省，且此時蔗糖的生產過剩，價格相對低，因而一些原來靠蔗糖獲利的資本家，開始轉投資水利的開發，促進水田稻作。清代臺灣的水利開發，與土地拓墾進程一致，大體上係由南而北，先西後東，從平原推向山丘及

　　　 2009，第 10—11 頁。

44　黃俊銘、劉彥良、黃玉雨：〈清代苗栗出磺坑石油開礦史考（1861—1895）〉，《苗栗文獻》第 42 期，2007 年。

45　劉彥良：《苗栗出磺坑石油產業設施發展歷程之研究》，第 31—35 頁。

邊陲土地。

　　清領時期臺灣所興建的埤圳最少有 963 處，18 世紀中葉以前是第一個高峰期，19 世紀中葉後到日據前是第二個高峰期。第一個高峰期水利開發的特點是大規模埤圳的開鑿，如 1719 年開鑿的八堡圳，灌溉彰化平原 19000 餘甲的田地；1765 年完工的瑠公圳，可灌溉臺北盆地 3000 餘甲的田地；其他如臺中盆地的貓霧揀圳、彰化平原的快官圳和二八圳、嘉南平原的虎頭埤等，規模也都有千甲以上。

　　第二個高峰期水利開發有三個特點。一是地方官員扮演重要角色，如整合鳳山平原既有埤圳的鳳山縣知縣曹謹，促成了曹公圳的灌溉網路；[46] 另 1892 年任恆春縣知縣的陳文緯，推動初入版圖的恆春半島網紗圳、楝榔埤、龍鑾埤等水利設施的興建。[47] 二是埤圳的規模不若第一個時期大，埤圳的規模必須考慮自然條件、資金工本、技術等因素，後來因牡丹社事件或建省而增設的行政區，如恆春縣、臺東直隸州等地，地理環境特色是山多平原少，河流短而流急，不易興建大型埤圳。另外，早期投資水利開發的業主大多是地主或墾戶，水田稻作可以提高土地的價值；開港後，茶、糖和樟腦成為臺灣最重要的三種產業，稻米獲利不若這三項物產，投資在埤圳的規模上當然有限。三是埤圳大多出現在新增加的行政區，光緒年間出現的埤圳約有 350 處，除曹公舊、新圳外，集中在苗栗縣、雲林縣、恆春縣、臺東直隸州，原因除了設行政區後因地方志纂修有記錄外，可能和地方官的倡修有關。[48]

　　2. 浚港

　　在 1860 年開港前，臺灣只有鹿耳門（今臺南）、鹿港、八里坌（今八里）、五條港（今麥寮）和烏石港（頭城）等五個港口是「正口」，民間稱之為「正港」。另為方便臺灣沿海港口相互通航，從 1731 年開始，開放鹿港、海豐（今麥寮）、三林（鹿港附近的番仔挖）、勞施（今大安）、蓬山（今苑裡）、後壠、中港（今竹南）、竹塹、南崁等九口以供沿岸貿易。[49] 不論是往大陸航運，或是沿海港口間的對航，帆船（junk，戎克船）都是清代航運最重要的運輸工具，

46　盧嘉德：《鳳山縣采訪冊》，臺灣銀行經濟研究室，1960，第 84—85 頁。
47　屠繼善：《恆春縣志》，臺灣銀行經濟研究室，1960，第 267—273 頁。
48　陳鴻圖：《臺灣水利史》，五南書局，2009，第 113—180 頁。
49　《調查資料經濟報告》，臨時臺灣舊慣調查會編印，1905，第 71 頁。

帆船的吃水淺，約只有 2 公尺，因此清代臺灣的港口大多很簡陋。

1860 年之後，臺灣陸續開放四個條約港，雖西方大型船舶進出臺灣頻繁，但清廷並未積極進行浚港工程，安平和滬尾仍沿用既有的港埠，只有修建基隆和打狗兩港的措施。考慮到基隆港有煤礦的利益，及可利用鐵路聯港作為防禦，福建臺灣巡撫劉銘傳於 1889 年奏派板橋富紳林維源總辦基隆浚港事宜，但因清朝官員和外國工程師意見相左，進行得並不順利，在日本殖民統治前只完成了基隆火車站附近一帶碼頭而已。[50] 打狗港的浚港工程，最早是 1878 年在港口水道南岸築防波堤；1883 年德國人於旗津建立燈塔；1884 年因中法戰爭爆發，清廷為防守計，曾於港內沉船以閉塞港道，並興建炮臺。

臺灣雖是島嶼，但缺乏優良港口的天然條件，晚清在臺灣進行的近代化建設雖和港口有關，但係以國防為考慮，對浚港工程並沒有積極推動，以致舊有的港口大多淤積而失去航運功能，基隆、打狗的近代化築港事業迄清廷割讓臺灣前皆無進一步的發展。

東西、南北道路與鐵路的修築

臺灣重要的交通線原本就呈南北向，被統稱的官道以臺灣府（臺南）為中心向北延伸，當時稱為北路，由今臺南經嘉義、彰化、新竹、艋舺、基隆到蘇澳，南路由今臺南經鳳山、枋寮至恆春，這一般民間所謂的南北二路的交通路線，在 19 世紀末逐漸成形，而後山道路的開通則晚於西部。[51]

1874 年，因牡丹社事件，清廷派欽差大臣沈葆楨來臺，積極開發後山；[52] 更兵分三路進行道路的開鑿。北路由提督羅大春負責，率兵 13 營，自噶瑪蘭蘇澳開至奇萊，約 118.1 公里。中路由南澳鎮總兵吳光亮負責，以兩營兵力，自彰化林圯埔（今南投縣竹山鎮）開抵臺東璞石閣（今花蓮縣玉里鎮），約 152.6 公里。南路由海防同知袁聞柝負責，帶三營兵，分為兩路：一路由他本人從鳳山縣赤山開路至臺東卑南，約 100.8 公里；一路由總兵張其光自鳳山縣射寮開來，會於卑南，約 123.3 公里。這些道路奠定了開發後山的基礎。[53]

50　曾汪洋：《臺灣交通史》，臺灣銀行經濟研究室，1961，第 44—69 頁。
51　黃智偉：《省道臺一線的故事》，貓頭鷹出版社，2002，第 12—18 頁。
52　沈葆楨：《福建臺灣奏摺》〔臺灣文獻叢刊（29）〕，臺灣銀行經濟研究室，1959，第 2 頁。
53　張素玢、陳鴻圖、鄭安晞：《臺灣全志》卷 2〈土地志勝蹟篇〉，「國史館」臺灣文獻館，2011，第 188 頁。

1874年前後也修築一條「楓港—卑南道路」，全長約 188 清里（約 108.2 里），不過因為恆春十八社情勢關係，此為所有開山撫「番」道路中壽命最短的一條。此外，還有「恆春—卑南道路」，從恆春半島中間穿過，沿著東部海岸線出抵臺東，全長約 97.9 公里，開鑿於 1877 年。[54]

　　1883 年 12 月，中法戰爭起，清廷派前直隸提督劉銘傳，以巡撫官銜督辦臺灣的防務。劉銘傳延續清朝的開山撫「番」政策，[55]但是當時花蓮、臺東後山一帶，尚未招撫的「番」社仍然很多。所以當時臺灣道陳鳴志與鎮海後軍副將張兆連奏請開闢「集集、水尾道路」，除可便利交通外，更可有效控制「番」社。[56]此道採「東西對開」的方式，全長共 104.8 公里。西段起點為拔社埔，由總兵章高元負責，東段起點為拔仔莊，由鎮海後軍副將張兆連負責，至 1887 年 6 月 17 日全段完工，計約投入 3000 人力，比吳光亮開鑿中路（清八通關古道）時的還多。[57]

　　1882 年以後，這些「開山撫番」道路皆已閉塞不通，1885 年再由提督周大發、張兆連相繼開通「浸水營道路」（三條崙、卑南道），全長約 81.8 公里，加上之前的「恆春—卑南道路」，取代了原初的 3 條南路。[58]按清光緒年間的東西交通狀況，北路有 1 條，中路有 2 條，南路有 5 條，但多數的開山撫「番」道路都駐有軍隊，一旦撤防後便告中斷。故到 1895 年之前，南路往東臺灣的道路，僅剩「浸水營道路」與「恆春—卑南道路」，因為地勢較為平緩，過往的旅人也最多，故還存在。

　　平地部分有另一重要的交通工程鐵路。1887 年，臺灣巡撫劉銘傳上奏在臺灣興建鐵路，成立全臺鐵路商務總局，臺北至基隆段鐵道開工，由大稻埕往北向基隆開築。1888 年邵友濂繼任巡撫後，續築大稻埕至新竹段，1891 年基隆至大稻埕段完工。後因福建不再協濟，經費不足，又難以再向富紳借款，故不得不在 1893 年新竹站完工後宣布停建。基隆至新竹的鐵路共長 106 公里，

54　鄭安晞：《阿塱壹古道調查報告》，「行政院」原住民族委員會、臺灣原住民文化園區，2012。

55　劉銘傳：〈各路生番歸化請獎員紳摺〉，《劉壯肅公奏議》第 3 冊，臺灣銀行經濟研究室，1959，第 217—218 頁。

56　鄭安晞：《臺灣最後祕境—清代關門古道》，晨星出版社，2000，第 45—47 頁。

57　鄭安晞：《臺灣最後祕境—清代關門古道》，第 91—92 頁。

58　施添福：〈開山與築路：晚清臺灣東西部交通的歷史地理考察〉，《師大地理研究報告》第 30 期，1999 年，第 65—75 頁。

區段內共有 16 個火車站，即基隆、八堵、水返腳（今汐止）、南港、錫口（今松山）、臺北（大稻埕）、大橋頭、海山口、打類坑、龜崙巔、桃仔園、中壢、頭重溪、太湖口、鳳山崎、竹塹（今新竹）。據臺灣善後局的統計，總興建經費共 1295900 餘兩。[59]

　　1895 年臺灣割讓于日本，日本為方便交通、易於統治，乃大力改善全臺公路與鐵路，除了山區交通遲至大正年間才獲得改善外，平地交通部分，1908 年從基隆到高雄的縱貫鐵路完工，但鐵路不再經過海山口（今新莊），而改經過板橋，板橋乃成為逐漸開發的新市鎮。

二、晚清臺灣的社會變遷

臺灣政治中心的北移

1. 北部成為經濟中心

　　臺灣北部在康、雍、乾三朝已逐漸開拓，其中最晚的宜蘭也在嘉慶年間拓墾。開港前，臺灣大宗出口的稻米與糖，以中南部的平原為生產地，臺灣經濟重心在南部。1860 年以後北部山區有了茶與樟腦等出口貨物，沿山邊區也逐漸納入市場經濟範疇。[60]南部仍以糖為主，但糖的市場屬於開放式競爭產業，因此價錢接近單位成本，而且 1880 年代世界上其他地區也已經開始產糖，使得臺糖在歐美澳市場不具競爭性。反觀茶與樟腦，市場競爭小，價格變化亦大，在世界貿易中具有高度競爭性。根據林滿紅的研究，臺灣歷史重心的北移，由經濟觀點來看，是在 1860—1894 年這段時間，且以 1880 年為其轉捩點。因為在 1884 年以前，南部貿易額高於北部，但是到了中法戰爭之後，至臺灣割讓這段時間，北部貿易總額是南部的兩倍，北部實質上已經成為臺灣經濟重心。[61]

2. 建省前政治重心仍在南部

　　臺灣從隸屬清版圖之後，政治重心一直在今臺南一帶，所以沈葆楨於 1874 年奉命來臺之後，雖然也重視臺北的開發，但其布防重心仍在南部，福

59　王珊珊：《近代臺灣縱貫鐵路與貨物運輸之研究（1887—1935）》，新竹縣文化局，2004，第 47—61 頁。

60　黃秀政、張勝彥、吳文星：《臺灣史》，五南圖書出版公司，2003，第 128 頁。

61　林滿紅：《茶、糖、樟腦與晚清臺灣》，第 180—188 頁。

建巡撫丁日昌來臺巡閱，也同樣重視安平到旗後之間的交通，他向板橋林維源籌募經費 50 萬元（35 萬兩），擬利用拆卸下來的吳淞鐵路鐵軌，運到臺灣來修築兩地間的鐵路。後因捐款被挪用於賑災，所以鐵路未能修成。

1881 年，劉璈任臺灣道，雖仍注重臺灣府城的建設，如修築府城至安平的道路，疏浚臺灣府城內外的排水溝，但也致力於修築臺北府城。中法戰爭期間，劉璈以防禦臺南為重心，聯絡當地團練，訓練水勇，與南部士紳建立起良好關係。劉銘傳於中法戰爭後，排除劉璈，讓依附於劉璈的南部士紳失去靠山，即使劉銘傳派令同是湘系的陳鳴志接任臺灣道，試圖挽回南部士紳與人民的情感，仍沒有效果。

3. 政治重心北移

1885 年，臺灣建省，省會雖設在中部橋孜圖，但因建城未成，居民不多，至割讓之前還未形成一個新的城市。1886 年，劉銘傳為籌措建設經費，加課百貨釐金，並進行土地清丈增加地租收入。加課釐金影響到南部糖業的生產。[62] 1887 年，劉銘傳新設立巡撫行臺於臺北，也使得臺灣政治重心從南部移到北部。

劉銘傳之所以不駐於臺南，除與劉璈之爭外，還有其他原因：（1）臺北已經是全臺經濟中心；（2）基隆附近的煤產是外國覬覦的對象；（3）臺南民眾的厭惡感。此後，劉銘傳在臺灣所推行的新政，也以北部為目標。如修築鐵路，分別由臺北、基隆開始修築，再逐漸往南，和原先丁日昌的計畫不同。1887 年所設的招商局，以處理航海船舶事務為主，首先以修築基隆港為要務，使基隆成為重要吞吐港口，這和劉璈疏浚高雄旗後港口之做法也大為不同。劉銘傳除了注重北臺建設外，也極力拉攏林維源、林朝棟等北臺灣與中臺灣士紳形成官商合作，唯獨與南部紳士沒有往來。[63] 邵友濂繼任巡撫後鑒於北臺已是臺灣政治重心，乃於 1894 年將臺灣省會遷至臺北。

1895 年臺灣被割讓後，北臺灣仍然是政治、軍事、經濟與文化的中心，此後一直到今天都是臺灣的重心所在。

---

62 林滿紅：《茶、糖、樟腦與晚清臺灣》，第 186 頁。
63 許雪姬：《洋務運動與建省：滿大人最後的二十年》，自立晚報出版部，1993，第 68—70 頁。

基督宗教的傳入

17 世紀時，基督宗教曾隨著西班牙和荷蘭的統治進入臺灣，在土著部落中傳播，因此留下了珍貴的荷蘭拼音羅馬字文書「新港文書」。[64] 二百年後，由於《天津條約》和《北京條約》的簽訂，基督宗教於晚清再度在中國境內傳播，也因而二度入臺。清季在臺灣的基督宗教，大致上可分為由西班牙道明會主傳的羅馬天主教和分別由英國長老教會、加拿大長老教會在南、北臺灣掌理的基督新教兩大派別。

1. 西方宗教的傳入

1859 年道明會神父郭德剛（Fernando Sainz）抵達打狗，重啟天主教在臺傳播之路。1860 年成立前金堂區，是天主教第一個傳播據點；1864 年成立萬金堂區，為當時天主教罕見的平埔族教會，從 1859 年到 1868 年，天主教的傳教範圍就以這兩個堂區為中心。[65] 1865 年英國長老教會派遣馬雅各（James L. Maxwell）來臺，首先是在臺灣府城西門外看西街租借房屋，展開施醫傳教，旋遭壓逼，退出府城，改往打狗布教，成立旗後醫館。直到 1876 年，打狗都是長老教會在臺灣南部的宣教中心。[66] 當時的傳教氣氛並不友善，民教糾紛不斷，終於在 1868 年發生英國領事吉必勳（John Gibson）炮擊安平的「臺灣教案」。[67]

教案發生之後，臺灣地方官在面對民教衝突時，態度轉趨積極，因此基督宗教便有較大的傳播空間。天主教開始往北發展，分別於 1875 年在臺灣中部的羅厝，1887 年在北部的和尚洲開教。[68] 同一時期長老教會的發展更盛，在傳教範圍、教育文字、醫療、教會組織等方面都有進展。英國長老教會從 1870 年代起，在平埔族部落中頗有斬獲，從南部的木柵、拔馬、崗仔林，到中部的大社、內社、埔里社、烏牛欄等地，屢有全社一同改宗之事。1876 年決定將宣教中心由打狗移回臺灣府。1886 年甘為霖（William Campbell）在彰

64　臺灣基督長老教會總會歷史委員會編《臺灣基督長老教會百年史》，臺灣教會公報社，2000，第 1—5 頁。
65　黃子寧：《天主教在屏東萬金的生根發展（1867—1962）》，第 18—19、43—44 頁。
66　《臺灣基督長老教會百年史》，第 8 頁。
67　蔡蔚群：《教案：清季臺灣的傳教與外交》，博揚文化，2000，第 70—125 頁。
68　古偉瀛：〈十九世紀臺灣天主教（1859—1895）—策略及發展〉，《臺灣天主教史研究論集》，臺灣大學出版中心，2009，第 24—38 頁。

化設教。同一年還有澎湖宣教的事工，其特別之處在於澎湖的傳教，完全是鼓勵臺灣的信徒自辦、自養。[69] 大甲溪以北的臺灣，則由 1871 年來臺的偕叡理（George Leslie Mackay，又稱馬偕）負責，他 1872 年開始在淡水傳教，1878年時與本地女子張聰明結婚，[70] 到 1880 年時，已經在北部臺灣開設 20 所教會，擁有約 300 人的成人信徒。1883 年後又積極前往宜蘭，大力向噶瑪蘭族傳教，至 1888 年為止，在當地設立了 38 所禮拜堂。[71]

2. 教會的教育文字工作

臺南神學校於 1880 年開校，1884 年由巴克禮（Thomas Barclay）主持的新樓書房成立，《臺灣府城教會報》第一號遂於 1885 年 7 月創刊，同年設立中學，1887 年設立女學校。另外，甘為霖也注意到盲人教育，1891 年成立盲人學校。北部方面，1882 年馬偕在淡水成立神學院理學堂大書院（Oxford College，又名牛津學堂），培養臺灣人為傳教士，1884 年淡水女學堂落成。醫療事業方面，1879 年馬偕在淡水設立北部長老教會最早的醫院偕醫館。[72]教會組織的發展上，1874 年在打狗召開第一次長執傳教師協議會，1877 年成立臺灣府教士會，決定教會內的主要事務。[73]

總結來說，晚清基督宗教在臺灣，不論是長老教會還是天主教會，對外都得面對官府和人民的反教，尤其是戰爭時期的嚴峻考驗；對內則都要處理所謂「食教仔」（信教者欲借由教會獲得額外利益，而非真心信教）的問題。長老教會和天主教會也屢有彼此競爭、相互攻訐的情形，不過長老教會在教勢發展和教會事業上，明顯優於天主教會，其影響力至今依然。如長老教會的醫療傳教策略，將西式醫療引進臺灣，其開辦之學校，也是近代教育在臺之始，熱心推廣的「白話字」，通過教會報等刊物、書籍的印行，讓普遍出身貧困的初代信徒有識字、閱讀、寫作的能力，為信徒提供了更寬廣的知識之途。[74]

69　臺灣基督長老教會總會歷史委員會編《臺灣基督長老教會百年史》，第 21、64、72 頁。
70　黃武東、徐謙信合編《臺灣基督長老教會歷史年譜》，人光出版社，1995，第 47 頁。
71　《臺灣基督長老教會百年史》，第 90 頁。
72　黃武東、徐謙信合編《臺灣基督長老教會歷史年譜》，第 53、62、66、51 頁。
73　《臺灣基督長老教會百年史》，第 68、70 頁。
74　張妙娟：《開啟心眼：《臺灣府城教會報》與長老教會的基督徒教育》，人光出版社，2005，第 340 頁。

市鎮興起與沿山聚落的發展

1. 港口貿易與市鎮的發展

　　清廷統治臺灣初期實施鹿耳門與福建廈門對渡的政策，鹿耳門成為唯一對外貿易的正口，因此貿易活動就在鄰近的政治重心臺灣府城（臺南）進行。由於臺灣西部土地拓墾日益完成，加上為杜絕走私、擔負臺穀配運等任務，故先後於 1784 年、1788 年開放鹿港、八里坌為正口，分別與福建的蚶江、五虎門對渡。鹿港開港後，取代笨港，成為中部首要城市。八里坌港是乾隆年間北部地方的經濟核心，嘉慶中葉以後，艋舺（今萬華）因交通便利、設置淡水同知等因素，遂取代八里坌成為北部最大的市鎮。[75] 鹿港、八里坌以出口其腹地內的米至福建為主，鹿耳門則以出口糖至華中、華北居多。[76]

　　除沿海港口外，不少平原一帶市鎮的興起，都與軍事、行政系統的設置有關。1786 年鳳山縣治設立在興隆庄（今高雄市左營區），但當縣治遷移至下陂頭街（今高雄市鳳山區）後，市鎮的發展逐漸停滯，衰退成一般鄉街。其他如新竹、彰化、嘉義等市街的崛起，都與縣廳設立有關，至清末全臺已有多達 75 個市街。在清代所設置的 22 個縣廳之中，有 86% 成為重要市街。[77]

　　19 世紀初期西部平原的土地移墾、人口增長逐漸飽和，加上山產之利的驅使，不少漢人越過「番」界，進行私墾。沿山一帶的市鎮逐漸興起。1814年開墾埔裏地區（今南投縣埔里鎮）；1826 年，開墾噶瑪蘭（今宜蘭），清廷開烏石港為正口，與福州五虎門對渡。約略同一時間，新竹地區閩、粵頭人姜秀鑾、林德修在官方的示論下，組成「金廣福」墾號，對新竹山區進行墾殖，範圍涵蓋今新竹縣北埔、寶山、峨眉等地。土地的開墾範圍與樟腦熬製地區往往一致，可見樟腦之利是北部漢人開墾內山的動力之一。由於「番」害的影響，山區拓墾往往是由防禦性的集村聚落向外拓展。新竹北埔街就是此波開發潮的主要中繼站，因此形成北部山麓地帶重要的市鎮之一。[78]

75　《臺灣歷史大百科》，http://taiwanpedia.culture.tw/web/content?ID=3628，2011 年 2 月 7 日。
76　林玉茹：〈從屬與分立：十九世紀中葉臺灣港口城市的雙重貿易機制〉，《臺灣史研究》第 17 卷第 2 期，2010 年 6 月。
77　施添福：〈清代臺灣市街的分化與成長：行政、軍事和規模的相關分析〉，《臺灣風物》第 39 卷第 2 期，1989 年 6 月；第 40 卷第 1 期，1990 年 3 月。
78　吳學明：〈金廣福墾隘與新竹東南山區的開發（1834—1985）〉，臺灣師範大學歷史研究所碩士學位論文，1986，第 219—221 頁。

　　1860 年後臺灣開放臺灣（臺南安平）、淡水兩港為條約港，打狗、基隆為附口，洋商可至四口從事貿易活動。北部的雞籠港雖是正口，開港後卻因貿易腹地的關係，發展遲緩，僅有煤從此地出口。淡水港則利用正口之便、河流航運之利，成為清末全臺最大的國際商港。其支流大漢溪、新店溪等沿岸聚落更成為商品的集散地，形成小型市鎮，例如新店、景美、板橋、瑞芳、暖暖等。1869 年因臺茶逐漸取代福建茶，位於淡水河交通樞紐的大稻埕，成為茶葉加工中心，商業規模遂超越艋舺，成為北臺灣商業中心，至清末更成為全臺第二大城。南部的安平港雖因港口淤積，船隻轉運不便，但以四草湖、安平大港、國賽港為外港，仍吸引外商駐足，其外口打狗港開港後因港埠條件較安平港佳，加上 1864 年打狗海關設立，遂成為南臺灣最大的新興市鎮。[79]

　　就全臺港口分布變化來說，北部港口因為轉運內山樟腦，快速增加，分布也較南部密集，新興的港口有新店溪的枋寮（今中和）、基隆河的八堵等。東部的港口在官方實行開墾政策後，逐漸興起，不過由於缺乏良好的避風港灣，加上東北季風、颱風的影響，港口分布較為稀疏。[80]

　　2. 沿山地帶的開發

　　開港前的土地利用，主要以平原為主。開港後因茶、樟腦等山區作物主要生產於北部山區，不僅加速帶動山區邊際土地的開發，也帶動北臺灣經濟的發展。舉例而言，三角湧（今新北市三峽）乾隆末年成街，居民仰賴耕田、抽藤、製炭，開港後則轉向以製茶、熬腦為業；鹹菜甕庄（今新竹縣關西）在 18 世紀末漢人進入武裝屯墾，形成聚落。19 世紀中葉新竹一帶的地方精英，因山區之利，爭相入山經營。開港後，某些地方士紳更勾結外商走私樟腦，甚至援引有力的墾戶，進行邊區的拓墾。鄰近鹹菜甕庄的村落，在此時期逐漸成為人煙密集的村落。[81]其他如大料崁（今桃園縣大溪）、八份（今苗栗縣大湖）、三叉河（今苗栗縣三義）、南庄（今苗栗縣南庄）、集集（今南投縣集集）等，皆是因樟腦、茶而興起的山區城鎮。[82]

　　總之，清代臺灣市鎮的發展，以沿海港口為主體，伴隨漢人土地的拓墾

79　戴寶村：《臺灣的海洋歷史與文化》，玉山社，2011，第 139—150 頁。
80　林玉茹：《清代港口的空間結構》，知書房，1999，第 56—62 頁。
81　陳志豪：《機會之庄—十九、二十世紀之際新竹關西地區之歷史變遷》，新竹縣文化局，2010，第 66—68 頁。
82　林滿紅：《茶、糖、樟腦業與臺灣之社會經濟變遷（1860—1895）》，第 170—174 頁。

逐漸由南至北，由平原進入山區。開港前港口市鎮成為地域性的經濟重心，開港後逐漸形成北淡水—基隆、南安平—打狗兩條約港為主的市場圈。另一方面，沿山地區在 19 世紀初期，因山產之利、人口飽和等因素，吸引漢人的目光，漸次開墾。開港後，因山區作物茶、樟腦的需求大增，大量漢人移墾內山，加速在沿山一帶形成不少新興市鎮。不過，這一系列的開發大大壓縮了原住民的生活空間，尤其清廷積極推動開山撫「番」後，使晚清時期統治者所稱的「番」害日益增加。

人口扶養力與生活水準提高

1. 人口扶養力增加

1846 年閩浙總督劉韻珂上奏時已指出：「臺灣夙號殷阜，近因物力有限，戶口頻增，以致地方日形凋敝。」顯示在地方官眼中人地關係非常緊張。18 世紀以前，臺灣以米、糖為主要產業，適合耕作之土地，肥沃者在雍正年間已開發殆盡，貧瘠、近山等地，晚至乾隆晚期也已開墾。加上不斷移入的人口，在開港前夕全臺已有 200 萬人，在耕地不足、人口激增的前提下，當時臺灣社會面臨巨大的人口壓力。[83]

開港之後，擴大了茶、糖、樟腦的市場，尤其是茶、樟腦等山區作物，因大量輸出的緣故，促進了內山地區的開發。產品的製成從種植、採收、加工到出口，都需要大量人力，給提供過剩勞力提供了就業機會，緩解了人口壓力。林滿紅研究指出，1898 年的統計資料顯示，全臺灣從事糖業人口約有 15 萬、從事茶業的人口約有 30 萬，而樟腦從業人員雖無法細估，也有 1 萬餘人。其相關產業，例如運送的挑夫、牛車夫、船工或是守隘的隘勇等，亦創造不少工作機會。由此可見， 1860 年以來三項產品增產的結果，不只推動山區的開發，也扶養了臺灣本身增長的人口與自大陸移民而來的眾多人口。[84]

另一方面，《海關報告》顯示，在 1878 年之後臺灣出口的總值高於進口總值，前者為後者的 1.2 倍。茶、糖、樟腦的出口，是開港之後臺灣貿易出超的主要因素。換言之，19 世紀下半葉臺灣人民因貿易出口，收益日漸提高，

83　林滿紅：《茶、糖、樟腦業與臺灣之社會經濟變遷（1860—1895）》，第 148—149 頁。
84　林滿紅：《茶、糖、樟腦業與臺灣之社會經濟變遷（1860—1895）》，第 150—151 頁。

間接提高了生活水準。[85]

2.生活水準提高

開港後，民眾消費層面出現大量購買外來品的現象。晚至同治年間，臺灣上層民眾已出現追隨時尚的風潮，建省後更視上海服飾為流行先鋒，不少富賈願出高價購買。飲食方面，在 1885 年、1886 年淡水關記錄中，各種食品如魷魚、洋酒、洋餅的進口量都大幅增長。臺北、臺南等大城市也都設有酒樓，珍饈頗多，亦有歌妓提供娛樂。不過，消費人口不多，經營方式也未健全。[86]《新竹縣志稿》則記載，竹塹城酒樓沿街林立，供應各式各樣的酒菜，飲用的酒類名目眾多，有不少是從其他港口運至竹塹販賣的。民眾在家宴客，往往花費金 10 餘元。由於土茶味苦，富人多喜好產自福建武夷的高價外來茶。[87]

光緒年間的《英國領事報告》中指出，北部居民可以買得起玉、人參、絲等奢侈品，開始由對岸進口磚瓦以蓋華屋，乞丐的數量也明顯減少。[88]一般民眾設宴，在菜色方面，連等級一般的宴席也開始出現魚翅、鱉等高級食材。若像霧峰林家舉辦較貴的滿漢宴，每筵所費達 12 元。[89]由此可見，開港後臺人整體生活水準提升，在物質享受方面出現較高層次的消費。

社會上的各個階層

清代臺灣的社會階層，依照其法定身分的差異，可以區分為統治階層與被統治階層。以具有官方身分為代表的統治階層，除政府現職官員、退休官員、具有任官資格的待職仕紳（gentry）外，另包括在司法與賦稅上享有法定特權，卻不一定出仕的仕紳（local elite）。[90]被統治階層則包含從事各業的士農工商等一般庶民、地方精英[91]與賤民階級。此一結構，除了地方精英逐漸文治化，其主體由豪強轉變為士紳外，其餘結構即便至清末開港通商之後，亦未

85　林滿紅：《茶、糖、樟腦業與臺灣之社會經濟變遷（1860—1895）》，第 153 頁。
86　曾品滄：〈從花廳到酒樓：清末至日治初期臺灣公共空間的形成與擴展（1895—1911）〉，《中國飲食文化》第 7 卷第 1 期，2011 年 1 月。
87　吳奇浩：〈清代臺灣之奢靡風氣〉，《臺灣史研究》第 12 卷第 2 期，2005 年 12 月。
88　林滿紅：《茶、糖、樟腦業與臺灣之社會經濟變遷（1860—1895）》，第 156 頁。
89　曾品滄：〈辦桌——清代臺灣的宴會與漢人社會〉，《新史學》第 21 卷第 4 期，2010 年 10 月。
90　Chang Chung-li, *The Chinese Gentry: Studies on Their Role in Nineteenth Century* (Seattle: University of Washington Press, 1967), pp.3-6,11,13,17,21,29-32.
91　Joseph W. Esherick & Mary B. Rankin, eds., *Chinese Local Elite and Patterns of Dominance* (Berkeley: University of California Press, 1991), pp.9-13.

有巨大的改變，呈現出相對穩定的狀態。

1. 統治階層與平民

臺灣的統治階層主要是協助清廷進行統治的各級官員，以及具有舉人（一說秀才）以上學銜，享有免徭役、免刑求、受賜廩膳、與官吏直接往來、出席重要慶典（如鄉飲酒、春秋祭、聖諭宣講）等法定特權的士紳。[92]

臺灣漢人社會的平民階層，主要行業有拓墾、農、工、商、漁、儒、醫等七種。除了農工商各業外，則可進一步依照其職業的差異，再區分為「上、下九流」。所謂的「上九流」是指與農、工、商受同等待遇者，包括師爺（亦包括幕友或胥吏）、郎中、畫工、地理師、卜卦、相命、和尚、司公和琴師。[93]這些人具備專業知識或技能，故其身分或社會地位稍與一般庶民不同。其中卜卦、相命、地理風水師、和尚、寺廟的司公等占了一定比例，足可反映臺灣社會發展的特殊之處。另外，醫生雖然也包含了受人尊崇的儒醫與洋醫，但受到許多漢醫、草藥醫、赤腳仙或民俗療法醫者的影響，一般而言，醫師在清代臺灣社會地位不高。[94]

此外，臺灣的平民階層中，另存在著社會領導階層或地方精英。這些擁有社會威望、財富和知識的少數秀異分子，包括了低階無特權的一般士紳，基層鄉庄組織中由士紳、鄉耆等地方領導人物推舉，經官方核驗後發給諭、戳，辦理地方公務的常制領導者，以及地方社會裡各種民間團體、組織、關係中，自然被推戴成領導者等。[95]而其職能主要為調解民間糾紛、管理公共事業、維護治安和宣導政令等。一般而言，通過經營商、墾致富，上升為無科舉功名之富豪，是平民上升的主要流動途徑。而後，無科舉功名之富豪可再通過正途之科舉考試，或異途之捐納、軍功、參與地方公務等方式，上升為士紳。[96]

在平民之下，則為「下九流」的賤民，包括娼、優、巫者、樂人、牽豬哥、

92　吳文星：〈日治時期臺灣社會階層的變動〉，《臺灣史蹟研習會講義彙編》下冊，臺北市文獻委員會編印，1999，第73—80頁。

93　片岡岩：《臺灣風俗志》，陳金田譯，眾文圖書公司，1994，第146—147頁。

94　陳君愷：〈日治時期臺灣醫生社會地位之研究〉，臺灣師範大學歷史研究所專刊（22），1992，第12、15頁。

95　陳世榮：〈清代北桃園的地方菁英及「公共空間」〉，《國立政治大學歷史學報》第18期，2001年5月。

96　蔡淵絜：〈清代臺灣的社會領導階層（1684—1895）〉，臺灣師範大學歷史研究所碩士學位論文，1980，第150、161頁。

剃頭、僕婢、拿龍、土公。[97]另外，乞丐也屬賤業，但未列入下九流。下九流不能與上九流通婚或交際，其社交只限於自身階級之間，其子弟完全被排除於科舉考試之外。

2.賤民與乞丐

臺灣社會中的賤民階級，還包括法定賤民階級，如隸卒，以及非法定之轎夫。隸卒與轎夫本人及其三代子孫，不得應試、捐監，但辭職後可為良民。另外，值得特別注意的是奴婢與樂師。首先，奴婢的身分，除不能與良民通婚之外，奴婢個人與其全家人皆隸屬於家長，而為家長可以逕行處分、買賣、典當之財產，但家長不得無故將其殺害。臺灣的奴不多，大多是婢女。婢女又依買斷或雇傭，分為「查某」與「雇工」，查某才是清律中的賤民。臺灣的婢女贖身較為容易，達適婚年齡時家長需為其主持婚配，其身分不延及子孫。其次，下九流中的「樂人」，包括娼妓，在臺灣又可分為兩類，包含侍客演唱的「藝旦」與賣淫的「趁食查某」，她們大多是娼家買收或典收的「養女」。[98]除樂戶外，臺灣賤民階級還包括婚喪祭典中「打鑼鼓、吹鼓吹」者，此等人與其子孫三代不得應試與任官。

至於非下九流內的乞丐，因操「賤業」被一般庶民所輕視，然其身分並非法定之賤民。在臺灣，乞丐犯罪由保長、甲長、丐頭負責。另外，臺灣的養濟院，因收容老幼廢篤疾之丐者，通常也被稱為「乞丐寮」。乞丐雖未被禁止參與科舉，但臺灣無乞丐應試之例，亦無乞丐與良民通婚之例，僅有向乞丐買得其所生之子為螟蛉子者，[99]但乞丐到晚清已明顯減少。

豪紳、買辦的興起

1860 年開港後，臺灣的貿易對象從大陸擴展到英、德、美、澳、日等國，出口的貨物也由傳統的米與糖轉變成由市場經濟導向的茶、糖與樟腦。茶與樟腦的產地大多集中在山區，這些區域極為接近原住民的傳統領域，因而原住民出草事件頻傳，在國家力量不足的情況下，急需武力來保護，擁有私人武裝的豪族乃應運而生。除了保障經濟作物取得外，也替官方守住邊防要地，官方亦

97　鈴木清一郎：《臺灣舊慣習俗信仰》，高賢治等譯，眾文圖書公司，1983，第14—16頁。
98　臨時臺灣舊慣調查會編《臨時臺灣舊慣調查會第一部調查第三回合報告書・臺灣私法》第2卷，陳金田譯，臺灣省文獻委員會，第149—167頁。
99　《臨時臺灣舊慣調查會第一部調查第三回合報告書・臺灣私法》第2卷，第168—169頁。

因其功而授予官職，[100] 其中最著名的豪族是北臺灣板橋的林維源及中臺灣霧峰的林朝棟兩人。

1. 豪紳的崛起

林維源為板橋林家的第四代，1878 年兄長林維讓去世後，一肩挑起板橋林家的家業。1885 年，臺灣建省，在首任巡撫劉銘傳的奏准下，林維源出任督辦臺灣撫墾大臣，此一要職使板橋林家的事業與官方開山撫「番」政策相配合，商業觸角因此深入山野林地，獲取巨大的經濟利益。此外林維源還協助劉銘傳推行新政，包括撫「番」、清賦、興建臺北城、建築鐵路等，成為臺灣近代化的幕後功臣。[101]

林朝棟是一度擔任福建水師、陸路提督之林文察的嫡長子。中法北臺之役（1884—1885）時，林朝棟於基隆立功，晉升為道員。臺灣建省後，獲得巡撫劉銘傳之重用。1886 年出任開山撫「番」要職，隨著撫墾規模的擴大，其地位日益重要。在中部山區的土地與樟腦等利益大幅擴張後，林朝棟與堂叔林文欽成立「林合」號，開發山地，開設腦灶、腦館，伐木熬腦。林朝棟亦躋身新紳商之林。[102]

上述商人既是豪紳，也可稱為官商。

2. 買辦的出現

開港後，臺灣商人在與外商交易時，需要懂語言與貿易手腕的人作為中介者，買辦一職由此而生。買辦因為長期與外商接觸，熟悉國際市場行情，因此常常初期受雇於外商，最後轉為自己經營而致富，如北臺李春生與南臺陳福謙等人。李春生幼年貧寒，父李德生是船夫，約 20 歲時入和記洋行（Boyd & Co.），因聰明伶俐、勤勉好學，熟知英語與商務，深受器重。1864 年來臺擔任淡水寶順洋行買辦。其最大貢獻是協助陶德勸農植茶，教以焙製之法，創出「臺灣烏龍茶」（Formosa Oolong）品牌，揚名國際。所經營的事業，進口以煤油、布匹、洋貨為主，出口以煤、樟腦、茶、米、糖為大宗，運銷南洋、美國等地，獲利豐碩，成為臺灣數一數二的富豪。1885 年，臺灣建省，巡撫

100　黃秀政、張勝彥、吳文星：《臺灣史》，第 129 頁。
101　許雪姬：《臺灣大百科全書》（網路版）；許雪姬總策劃《臺灣歷史辭典》，「行政院文化建設委員會」，2004，第 487—488 頁。
102　黃富三：《臺灣大百科全書》（網路版）；許雪姬總策劃《臺灣歷史辭典》，第 495 頁。

劉銘傳於城外大稻埕新闢市集，李春生與富紳林維源合築千秋、建昌二街，建西式樓房，使洋商聚居於此。1890 年李春生出任臺灣蠶桑局局長。因協助建設臺北城之功，獲授同知銜，賞戴花翎。[103]

南部陳福謙，鳳山苓雅寮人，早年貧窮，曾在打狗港撐竹筏貼補家用。開港後，擔任洋行買辦，與李春生南北並稱。1862—1863 年，於旗後設立順和行，買賣蔗糖，同時經營糖廓，採用前貸金預買的方式，貸款給蔗農，因此掌握打狗地區大半的蔗糖，主要銷往日本。貿易項目包括糖、米、鴉片、布、鹽、海產、雜貨、棺材等，進行多元化的經營。旗下號稱 72 郊行，委由各個家長（掌櫃）負責，由來自鹽埕的陳中和擔任總家長。順和行的貿易範圍遍及香港、上海和日本、東南亞、西洋，19 世紀中葉以買辦起家的陳福謙，成為清末開港致富的新豪商。[104]

開港前臺灣的貿易掌握在地主與郊商手中，開港後豪紳的大家族與新興的買辦階層順勢而起，形成影響開港後臺灣經濟發展的兩大推手，其致富方式較一般收租地主更為靈活與多元，財富累積也較為迅速，因此官商、豪紳、買辦形成臺灣新社會階層。

三、割讓前臺灣文化的發展

科舉文化的形成

清代沿明制舉行文、武科舉考試。1684 年清廷將臺灣納入版圖，第一任臺廈道周昌已提出立學校、設教官、定學額、開科取士的建議。但因是時經費困難，未能辦理，直到 1686 年才規定每歲取進的文童生、廩膳生、增廣生的數額，臺灣府學各 20 名，臺灣、鳳山、諸羅三縣的學額分別是 12、10、10 名，而學政則由分巡臺廈道擔任（一度歸巡臺漢御史）。[105] 所謂文童生即經府試後，取得生員身分的人，經科考以取得參加鄉試的資格。鄉試有定額，初時臺灣文風未盛，因於 1687 年另編臺字號取中 1 名，中間曾一度取消，到 1729 年才又恢復，1859 年名額已增加到 8 名。[106] 鄉試中式稱舉人，舉人可參加在北京

103 黃富三：《臺灣大百科全書》（網路版）；許雪姬總策劃《臺灣歷史辭典》，第 382 頁。
104 林玉茹：《臺灣大百科全書》（網路版）；許雪姬總策劃《臺灣歷史辭典》，第 854—855 頁。
105 范咸等撰《重修臺灣府志》卷 8〈學校〉〔臺灣文獻叢刊（105）〕，第 272 頁。
106 崑岡：《欽定大清會典事例》卷 348，中華書局，1991，第 1111 頁；李汝和：《臺灣文教史略》，臺灣省文獻會，1972，第 37 頁。

的會試。臺灣早期中舉名額不多，又因遠隔重洋，輟科的人不少，即使前往也多名落孫山。1738 年巡臺御史諾穆布等建議照鄉試之例取中 1 名以為鼓勵。清廷則認為，赴京應試的臺灣舉人到達 10 人後方才考慮。1823 年鄭用錫中進士，人稱「開臺進士」，實則在 1757、1766 年臺灣已各考取一名進士。[107]會試後經殿試取中一甲、二甲、三甲進士，一甲僅 3 人，授翰林院修撰、編修官；二甲第一名授翰林院庶起士，其餘進士需再經朝考授職，可任主事、中書、知州、知縣。臺灣進士的名次最好的是蔡廷蘭，他考取二甲 61 名。[108] 朝考成績好、得任翰林院庶吉士（後改湖南澧州縣知縣）[109] 的是彰化人曾維楨。除科考外，清朝還有五貢制，即每 12 年選拔一次的拔貢、每年一貢的歲貢、三年一選的優貢、恩貢（恩科那年的貢生）與加額錄取的副貢。這五貢亦為正途出身，[110] 可入仕途。武舉與文舉同，但並未另編字號，因此競爭更為激烈。

除科舉為任官的正途外，尚有捐官一途，亦即以捐納銀數的多寡任官，經試用一年成績優者即正式進入仕途，唯其缺分為中缺、簡缺。

晚清臺灣因士風日盛，擁有科名者增多。先就文進士的數額來看，1850年以前只有 10 人，1851 年以後則有 22 人。再就舉人的數目來看，1851—1894 年有 152 人，雖比 1850 年前的 187 人少，但前者是 40 餘年的數目，後者則長達一百多年。若再就武進士來觀察，只有 12 名，都在 1851 年之前；就武舉來觀察，1851—1894 年有 66 人，1851 年以前則多達 187 人。由文武舉人來比較可知武舉並未如文舉直線上升，而是越到後來人數越少，且少於文舉人的數字。舉例來說，1875—1894 年文舉人 75 人，而武舉人只有 30 人。由上述分析可知在 19 世紀以前，清廷的力量尚不足以保障人民的安全，臺灣豪強容易出頭成為社會領袖，故武人參加科考取得功名者多，然隨著文治型的士紳如文進士的增加，清中葉或者說開港後臺灣已逐漸文治化。[111]

如上由文進士、舉人等組成的科舉社群，他們去任京官或到異地去當知縣、知州的比例雖大約占五成，但大半任官不久即回鄉擔任山長、主講，縣學

107　分別為王克捷、莊文進。

108　李周望：《明清歷代進士題名碑錄》，華文書局，1969，第 2508 頁。

109　江慶柏：《清朝進士題名錄》，中華書局，2003，第 843 頁。

110　李鵬年等：《清代六部成語辭典》，天津人民出版社，1990，第 224 頁。

111　王惠琛：〈清代臺灣科舉制度的研究〉，成功大學歷史語言研究所碩士學位論文，1990，第 166—171 頁。

教授，直接投入地方的教育工作，提倡儒教，甚至捐置學田，提供士子赴考的經費，獎掖士人。此外他們還參加詩社，上與官宦、下與文人唱酬，又投入修方志的工作，如鄭用錫進士纂《淡水廳志稿》，廩生盧德嘉獨力完成《鳳山縣采訪冊》；他們出版的詩集將臺灣風土入詩，成為瞭解當代臺灣社會文化最重要的資料，如丘逢甲進士的《嶺雲海日樓詩鈔》。

科舉社群帶來的士風與清廷的積極治臺，使臺灣社會安定，因此創出美術、工藝、紡織等作品，也能在修志上取得成就。

文學上的發展

臺灣文學發展始於明朝末年，1652 年明儒太僕寺卿沈光文因颱風漂到臺灣，遂設帳授徒，乃被尊為「海東初祖」、「臺灣文獻初祖」。其後清中葉以前著名之宦臺或流寓文人如季麒光、劉家謀等人，一面通過儒學、縣學、書院、義學進行漢文化的傳播，一面編纂地方志。而對臺灣文學創作影響較大者，則是其人有關臺灣的書寫，並借由文學交流與社群活動，促成臺灣文學的活絡與進展。臺灣本土文人的崛起，多在乾嘉以後，當時聞名之本土文人有章甫、陳肇興、黃佺、施瓊芳、陳輝、黃敬、林占梅、陳維英、李望洋、蔡廷蘭、鄭用錫、鄭用鑑等，不僅著作數量多，且各具特色。[112]

1. 文人及其作品

咸同年間是臺灣本土文人蔚起的重要階段，隨著開港通商後北部社會經濟日益發達，詩壇亦逐漸由以南部為主轉為以北部為主，到光緒時期臻於高峰，不僅文學作品倍增，更有詩文集傳世。本土文人在咸同以後，更成為當地文壇領導人物，得以改變前期流寓文人為主的文壇生態環境，進而從文壇邊緣位置向中心靠攏，最終獲得掌控權。此一時期本土文人數量頗多，著作亦夥，重要者南部有施瓊芳《石蘭山館遺稿》、施士洁《後蘇龕詩文集》及許南英《窺園留草》；中部則有陳肇興《陶村詩稿》，丘逢甲《柏莊詩草》，吳德功《瑞桃齋詩稿》上卷；北部如鄭用錫《北郭園全集》，林占梅《潛園琴餘草》，陳維英《偷閒錄》、《太古巢聯集》；東部如李望洋《西行吟草》，林拱辰《林拱辰先生詩文集》。論其作品體類，則以詩歌為大宗，散文次之，駢文、賦體又其次；內容以詠懷詩言志居多，詠物、寫景、記事居次，文字大率淺白平

112　黃美娥：《古典臺灣：文學史‧詩社‧作家論》，「國立編譯館」，2007，第 27—38 頁。

易。[113]

　　咸同以後宦遊或流寓文人仍對臺灣文學做出巨大貢獻，光緒年間達於高峰，例如：王凱泰著有《臺灣雜詠》32 首和《續詠》12 首；楊浚編纂《淡水廳志》，所著《冠悔堂詩文鈔》有不少關於臺灣的作品；吳子光著有詩文集《一肚皮集》，歌詠臺灣風物、制度頗多。其餘如劉銘傳、唐景崧、俞明震、陳文、陳季同等人，亦以詩文聞名。[114]

　　2. 詩社的發展

　　舊體詩是臺灣古典文學最主要的書寫形式，詩社則是以文會友、詩酒吟唱的時尚之地，也是發展詩作最有力的組織。臺灣之詩社，自 1685 年沈光文首創東吟社，到 1895 年割讓臺灣，其間可考者概有 12 社，大部分為 19 世紀中葉以後成立。1851—1861 年，鄭用錫成立竹社，參加者多為科場得意之人。同時，竹塹林占梅建潛園，結交名流雅士，成立梅社，參加者多為未成名之童生。1862 年林占梅捐餉資助平戴潮春事件，集名人詩酒琴歌於潛園，乃與金門舉人林豪、閩縣林亦圖等創潛園吟社，從之者 40 餘人。然臺灣文學發展最盛時期，當在光緒年間。1878 年臺南武館街諸生許南英邀集同里人士創崇正社，為清代臺南詩社之濫觴。1886 年苑裡蔡啟運僑居新竹，乃將竹社與梅社合併成竹梅吟社，又搜集七絕四百餘首，刊成《臺灣擊缽吟集》。1890 年晉江蔡德輝設帳於彰化，集門人及地方人士創荔譜吟社。1891 年許南英高中進士，創浪吟詩社於臺南。1889 年唐景崧創斐亭吟會於臺南，1891 年唐升布政使，移駐臺北，又創牡丹詩社，乃臺北最早的詩社，文友、僚屬及臺籍文士入社者達百餘人，臺灣詩社遂由以南部為重心轉為以臺北為重心。1894 年安溪林景商隨其父林鶴年在臺北為茶商，心羨牡丹詩社之餘，乃與三五知友仿效其例創海東吟社於臺北。[115]

　　此外，晚清流寓或宦遊人士，在詩社活動上，引進了「詩鐘」與「擊缽吟」。詩鐘乃詩畸之別名，是中國南方的一種詩體，唐景崧對「詩畸」特別有心得，所創牡丹吟社之吟稿輯成《詩畸》八卷，反映臺北人文薈萃，一片升平景象。擊缽吟可以竹梅吟社為代表，乃受閩地熱衷擊缽而吟的影響，詩社遂以

113　黃美娥：《古典臺灣：文學史・詩社・作家論》，第 34—36 頁。
114　葉石濤：《臺灣文學史綱》，彭萱譯，春暉出版社，第 10—16 頁。
115　廖一瑾：《臺灣詩史》，文史哲出版社，1998，第 25—35 頁。

擊缽為樂。[116]

方志的纂修

所謂方志，是針對一特定區域的事物，以分類記述的方式加以纂載的著作，而臺灣之有方志，則始於 1685 年蔣毓英之《臺灣府志》，1717 年周鍾瑄《諸羅縣志》（總纂為陳夢林），至 1760 年余文儀續修的《臺灣府志》，臺灣方志纂修的發展不僅從「府志」一級向下擴展到「縣志」，志書的體例、義法也日趨成熟，為之後有清一代在臺灣編纂的方志所依循。[117] 此外，多種方志也隨著各級行政單位的增設和《福建通志》續修的需求問世，從清朝收臺灣入版圖到開放通商口岸前短短近兩百年間，臺灣方志的纂修已具體而微地反映出方志學具體的發展進程，經歷了理論由簡而深、數量由寡而多的幾個階段。[118] 1860 年開港通商後至清末，臺灣地區編纂的志書除《淡水廳志》、《澎湖廳志》、《苗栗縣志》、《恆春縣志》外，尚有《臺灣通志》的纂修，雖然沒有完成，但比諸其他各府、省的修志事業並不遜色，分述於下。

1. 方志的編纂

（1）《淡水廳志》

淡水廳設於 1723 年，至道光中期才有鄭用錫創修志稿，是為《淡水廳志稿》。1867 年淡水同知嚴金清倡議再修，聘同安舉人林豪總纂，以鄭氏初稿為基礎續加纂輯，稱為《淡水續志稿》，重考、按方法，採用「正史體」，乃清代臺灣方志發展史上的一大變革。[119] 1870 年淡水同知陳培桂根據鄭、林二部志稿刪修纂輯成書，次年 10 月《淡水廳志》終於問世。

（2）《澎湖廳志》

澎湖廳於 1727 年設置，先後有《澎湖志略》、《澎湖紀略》及《澎湖續編》刊行，1878 年通判蔡麟祥聘林豪主持《澎湖廳志》的纂修，然同年 11 月蔡離任後，志書便沒了下文。至 1892 年邵友濂任臺灣巡撫後，倡修《臺灣通志》，

116　黃美娥：《古典臺灣：文學史・詩社・作家論》，第 27—38 頁。
117　方豪：〈記新抄苗栗縣志兼論臺灣方志的型態〉，《文獻專刊》第 2 卷第 1、2 期，1951年 5 月；陳捷先：《清代臺灣方志研究》，學生書局，1996，第 106—108 頁。
118　曾鼎甲：《論〈臺灣省通志稿〉之纂修》，花木蘭文化出版社，2007，第 17 頁。
119　陳捷先：《清代臺灣方志研究》，第 155—157 頁；曾鼎甲：《論〈臺灣省通志稿〉之纂修》，第 19 頁。

行文各屬采訪志料。時任澎湖通判的潘文鳳再度聘請林豪總纂，補入 1885 年後的事蹟。但當時的臺灣布政使唐景崧似乎不認同林氏採用的編目體例，改派江蘇舉人薛紹元刪修後刊行。[120]

（3）《苗栗縣志》

1892 年巡撫邵友濂等倡修《臺灣通志》，苗栗縣志由苗栗知縣沈茂蔭纂輯。因該縣於 1888 年新闢，缺乏各種文獻資料，採集不易，本書內容潦草，記事簡略，評價不高。[121] 因中日戰爭爆發，本書編纂完成後不及付梓，1950 年方豪先生託學生抄錄上海徐家匯天主堂抄本，1953 年才由苗栗縣文獻委員會據此首次付印。

（4）《恆春縣志》

同樣是為纂輯《臺灣通志》，由恆春知縣陳文緯聘屠繼善仿古圖經因事立目予以纂輯，對 1875 年設縣的恆春而言，體例簡潔合宜，在保存資料方面，也有其貢獻。1951 年由臺灣銀行經濟研究室排印後，才普遍流通。

2.《臺灣通志》纂修未成

晚清臺灣方志學的最終成就，是《臺灣通志》（以下簡稱通志）的編纂。1885 年臺灣建省，有鑑於修成年代最近的府志為 1762 年余文儀的續修《臺灣府志》，歷時已百餘年之久，且因建省有編纂總括一「省」志書的必要，1892 年臺北知府陳文等具稟請修通志，並擬定《纂修通志設局事宜》六條附呈。[122] 巡撫邵友濂批示開設福建臺灣通志總局，聘請蔣師轍（後易為薛紹元）辦理修志事宜，並通過總局向各廳縣頒布《修志事宜》十四條，[123] 其中包含采訪冊式，要求各分局分類采訪，纂輯成冊，上呈總局。然而總局開辦一年後，各屬繳交的采訪冊寥寥無幾，幾經行文催促、增發經費後，提交的稿本才逐漸增加。但據伊能嘉矩所考，直至 1894 年末，通志總局收到的采訪冊，除已刊行的《澎湖廳志》外，其他縣志和采訪冊（表 27-1），只有《苗栗縣志》完稿而已。[124] 這些采訪冊雖有綱目缺漏、內容簡略等缺失，但在保存清代臺灣地

120 曾鼎甲：《論〈臺灣省通志稿〉之纂修》，第 20 頁。
121 陳捷先：《清代臺灣方志研究》，第 178 頁。
122 《鳳山縣采訪冊·采訪案由》（臺灣歷史文獻叢刊），臺灣省文獻委員會，1993 年影印本，第 8—10 頁。
123 《鳳山縣采訪冊·采訪案由》，第 11—14 頁。
124 伊能嘉矩：《臺灣文化志》，南天書局，1994，第 525 頁。

域性史料方面仍有相當的貢獻。

通志總局收到各屬送來的采訪冊後，便進行分科纂修，至 1895 年 3 月成稿十之六七。然而 1894 年甲午戰爭爆發，至 1895 年 3 月，日本軍隊已占領澎湖，修志的工作實際上已然終止。隨後清朝戰敗，臺灣、澎湖被割讓的消息使全臺陷入騷亂，通志的部分稿本和各屬所輯的采訪冊也跟著散佚。目前所能見的有《臺東州采訪冊》（1960 年 4 月）、《鳳山縣采訪冊》（1960 年 4 月）、《雲林縣采訪冊》（1968 年 4 月）。

《臺灣通志》雖然僅存殘缺的稿本，但它在清代臺灣方志發展史上實占有承前啟後的地位。除了使方志的纂修從「府」向上延伸至「省」一級外，還首次建立起在各地設修志分局的制度。[125] 可惜還未能進一步發展，就因中日戰爭爆發，清朝戰敗將臺灣割讓給日本而被迫中斷，清代臺灣的方志纂修事業也到此為止。

臺灣府／省可說是清朝轄下方志的修纂最為完備的地區，在 1860 年後仍有上述縣志、采訪冊及通志之纂修、出版。將福建省首府福州轄境內各類志書的編修數量做比較即可得知，福州府轄下的各縣，除長樂縣在 1869 年修過縣志外，迄 1911 年清朝滅亡都未修過方志。[126]

表 27-1　　1892─1894 年臺灣各地志書編纂狀況

編纂程度	廳、縣各屬	備註
撰成廳、縣志者	澎湖廳、苗栗縣、恆春縣	
采訪冊全部完成者	埔裏社廳、宜蘭縣	
采訪冊部分完成者	臺東州、鳳山縣、安平縣、臺灣縣	除《澎湖廳志》於 1895 年刊行外，其餘均未能及時刊印
采訪冊未完成者	嘉義縣、彰化縣、雲林縣、新竹縣、淡水縣	

美術、書法作品與風格

割讓前的臺灣的美術，以中國東南沿海閩、粵移民所帶來的風格為主流，文化認同上也以閩粵文化為主體認同。[127] 從徐小虎在〈什麼是臺灣藝術史？〉

125　曾鼎甲：《論《臺灣省通志稿》之纂修》，第 17─26 頁。
126　張天祿：《福州方志史略》，海風出版社，2007，第 89─90 頁。
127　劉益昌等：《臺灣美術史綱》，藝術家出版社，2009，第 134 頁。

中的藝術風格分期來看，割讓前臺灣美術應屬於第一期，即明末清初至日據時期（約 1600—1895），和福建地區的藝術風格有所聯繫。關於此種風格，有些學者稱之為「閩習」或「閩派」，相較於講求含蓄、高雅之「正統」中國畫風或文人畫而言，「閩派」的風格活潑、奔放而不含蓄。[128]

1. 書畫發展概略

明清時期的臺灣美術，根據蕭瓊瑞所指出的，其所呈現的面向主要有二：一為文人仕宦的書畫創作；另一為與民眾生活息息相關的工藝美術，包含生活工藝及宗教美術。首先，在文人仕宦的書畫創作上，按照創作者身分來看，又可分為來臺任官的仕宦畫家、流寓臺灣的職業書畫家，以及在臺出生的書畫家三類。其中較為人知的，文人仕宦者有鄭成功、朱術桂、劉銘傳、唐景崧等人，流寓畫家有謝管樵、呂世宜、葉化成等人，本地書畫家有林朝英、莊敬夫、林覺、謝彬等人。[129] 以下就兩位具代表性的畫家和書家—寓居臺灣之畫家謝管樵和書法家、金石學家呂世宜來做一簡介。

謝管樵（1811—1864），字穎蘇，福建詔安人。幼承家學，少能繪事，又善技擊兵法，以詩書畫三絕著稱，未能在科舉揚名，後遊蹤多於閩、粵。約於 1857 年至 1860 年間旅居臺灣，先後寓於臺南林家宜秋山館、板橋林家，並曾北遊三貂嶺，時與臺北大龍峒文士往來，後又往新竹潛園為客。謝管樵能詩書畫，其書法受顏真卿和米芾影響深，其寓居臺南時為臺南商家石鼎美所做的八十壽屏是楷書之一作；其繪畫作品以水墨單色居多，也有設色作品傳世，從其作品中可看到其與陳淳、徐渭及鄭燮等人作品之風格有所聯繫，以畫花、鳥、蘭、竹為多。[130] 謝管樵在臺灣停留的時間不長，但在臺南時有吳尚沾與其學畫，在板橋林家時，林家子弟以師待之，是晚清寓臺重要畫家。即使在進入日據時期之後，從《臺灣日日新報》中對謝管樵作品及展覽的關心來看，其影響力也未因統治者的改變而減弱。

呂世宜（1784—1855），字西村，泉州同安人。道光年間舉人，曾拜郭

128　徐小虎：〈什麼是臺灣藝術史？〉，《「閩習颱風」—明清時期臺灣美術之研究》，臺中美術館，2008，第 74—75 頁；劉益昌等：《臺灣美術史綱》，第 137—138 頁。

129　蕭瓊瑞：〈「閩習」與「颱風」—對明清臺灣書畫美學的再思考〉，《「閩習颱風」—明清時期臺灣美術之研究》，第 104—105 頁。

130　林柏亭：〈三位傑出的畫家〉，《明清時代臺灣書畫作品》，「行政院文建會」，1984，第 438—439 頁。

蘭石為師。曾主漳州芝山書院及廈門玉屏書院，一度兼任臺灣兵備道之周凱引薦其給板橋林家國華、國芳兄弟當西席，約道光末年渡臺，至咸豐初年返鄉歸老，在臺期間為林家揮毫楹聯楣額，並協助搜集金石骨董，購得數萬卷圖書及千餘種金石拓本，立下臺灣金石學基礎。其書學與古拙中帶逸氣的篆、隸金石書風，對於臺灣清領末期和日據時期書壇和金石學產生重要影響，著作數種，見存者如《愛吾廬文鈔》、《愛吾廬題跋》、《古今文字通釋》。[131]

2. 工藝美術概略

工藝美術分為生活工藝及宗教工藝兩大類群。生活工藝的創作包含餐具、服飾、傢俱等；宗教工藝則包含建築上的裝飾畫和雕刻、泥塑或陶塑、版印的經書與善書等。生活工藝和宗教工藝的品項、媒材較為繁雜寬廣，功能取向也各自不同，但相較於前述的詩書畫等較屬於文化或上層社會的產物而言，此類更貼近臺灣民眾，更與各階層的臺灣人民之生活息息相關。

從餐具和傢俱兩種工藝品項來看，它們在風格上的發展，也有從一開始來自原鄉的風格、趣味，慢慢地發展出以臺灣自有媒材、樣式為主的大致傾向。在這種逐漸生根的移民風格中，臺灣工藝美術中的餐具和傢俱逐漸發展出屬於在地的性格。餐具的材質有陶瓷、木質、金屬、石材等，其中較具臺灣特色的材質，要屬竹藤。臺灣竹藤的產量豐富，俯拾即是，無論是原住民還是漢人，都有大量利用竹藤為生活器具的情形，「謝籃」即是很有臺灣特色的竹製餐具。它是由細竹片編織而成，用於裝盛食物，而在婚嫁時，謝籃也有裝盛賀禮的功能。傢俱的材質以木、竹為大宗，也有陶土燒製者。[132]

雕版書與版畫

19世紀中葉以降臺灣之雕版書和版畫的發展狀況，要從近代臺灣的出版及印刷史中來瞭解，其中可以臺南松雲軒的出現作為一個分水嶺。之前無論是雕版還是印刷，皆須仰賴大陸的技術或人力，之後轉變為自行在臺雕版及印刷。[133] 由於雕版書與版畫的媒介、人力和技術重疊性高，因此研究雕版書者也多涉獵版畫。

131　許雪姬總策劃《臺灣歷史辭典》，第360頁。
132　劉益昌等：《臺灣美術史綱》，第154、158、166—172頁。
133　林漢章：〈清代臺灣出版概況〉，《臺灣傳統版畫特展》，高雄市立美術館，1995，第17頁。

1. 外來的印刷技術

以印刷技術的演變而言，臺灣在 19 世紀開港前之印刷技術是以閩南、廣東地區移民所帶來之木版浮水印技術為主。臺南松雲軒的印刷事業，即是以此種木版浮水印技術為基礎。1883 年英國基督長老教會巴克禮牧師自英國引入了銅版印刷技術，他自英國輸入印刷機及檢字盤、鉛字、油墨等零件，用來印刷教會公報，相較於木版，銅版更堅固耐用，同時也可兼顧印刷的品質。另外，在光緒年間傳入上海之石版印刷技術也傳入臺灣。石版印刷技術由於畫面和色彩的品質良好，同時又能大量印刷生產，速度快又便宜，因而很受歡迎。在平版印刷術盛行之前，銅版印刷和石版印刷在臺灣的出現使得傳統之木版浮水印技術的生存空間受到擠壓。[134]

關於臺灣的雕版事業，目前所見漢人最早在臺刊行的記錄，應是 1671 年所刊刻印行的《永曆大統曆》，有三部藏於英國（大英博物館一部、牛津大學兩部）。[135] 現今留存的臺灣清代印刷出版品反映出臺灣絕大多數的出版品是在中國沿海的漳州、泉州、廈門、福州各地雕版後，才攜回臺灣印刷（或是宦遊臺灣之人，在離職後返回故鄉，出版其作品），而在臺灣自行雕版、印刷發行出版品，一直要到 19 世紀中葉左右臺南松雲軒創立。[136] 19 世紀中葉以前，各種方志的出版為官方雕版印刷的主要目的，民間的雕版印刷則以學堂所用經學文藝諸書、民間所需之經書與善書的出版為主。[137] 清代官修之臺灣方志眾多，清領末期的例子如 1871 年陳培桂所修之《淡水廳志》和 1895 年薛紹元所修之《臺灣通志》等，[138] 而民間的印書，則如臺中呂家雇中國大陸的雕工來臺雕版、印刷的吳子光之《一肚皮集》成書、[139] 1891 年淡水周榮香印送之福州林玉銘刻坊所雕之《難產十八論》等。[140]

2. 臺南松雲軒的印刷事業

清代臺南松雲軒位於今日臺南市永福路陳氏家廟旁，1830—1862 年曾出

134　〈臺灣版畫的發展與變遷〉，《版「話」臺灣》，臺灣美術館，2003，第 16 頁。
135　潘元石、呂理政：〈臺灣傳統版畫的發展〉，《臺灣傳統版畫源流特展》，「行政院文化建設委員會」，1985，第 22 頁。
136　林漢章：〈清代臺灣出版概況〉，《臺灣傳統版畫特展》，第 14—16 頁。
137　潘元石、呂理政：〈臺灣傳統版畫的發展〉，《臺灣傳統版畫源流特展》，第 22—24 頁。
138　參見曾鼎甲《論《臺灣省通志稿》之纂修》，第 42—44 頁。
139　王行恭：《臺灣傳統版印》，漢光文化，1999，第 47 頁。
140　林漢章：〈清代臺灣出版概況〉，《臺灣傳統版畫特展》，第 15 頁。

版過 50 多種圖籍，是松雲軒的全盛時期，當時的主持人為盧崇玉（字耀崑，福建泉州人）。

楊永智在其所整理之「臺郡松雲軒出版品一覽表」中共記錄了 59 種出版品，作品中最早有 1830 年的《玉歷鈔傳警世》，其次 1862 年的《回生良訣》、1880 年的《臺灣輿圖》、1894 年的《澄懷園唱和集》等。[141] 探究其出版原因，可發現盧崇玉在臺雕印發行出版品，一來是為了將版藏大陸的佛典、善書或益世好書，直接在臺製作，嘉惠臺灣讀者，並使之在臺廣為流傳。尤有進者，這些在臺發行的新刊本，盧崇玉還委託文人重新校勘後再行雕版，以期去蕪存精，這使得臺南松雲軒的出版事業，在 1830—1862 年達到頂峰，在臺灣雕版印刷史上占有非常重要的地位。[142] 可惜松雲軒於 1945 年 3 月毀於二次大戰末期的美軍轟炸中。

3. 版畫的發展

明清以來臺灣版畫的發展，依其功能來看，主要可分為三類：一為版印圖書中的版畫插圖，一為吉祥版畫，一為宗教版畫。[143] 版印圖書中的插圖可見於方志、經書、善書或醫書，用以輔佐圖書中文字的說明。臺灣方志中所羅列的描繪各地風土人情的「八景」插圖，可以說是版印圖書中版畫插圖的代表，此種八景圖的例子可見於 1832 年李廷璧所修之《彰化縣志》、1852 年陳淑均所修之《噶瑪蘭廳志》，以及 1871 年陳培桂所修之《淡水廳志》。[144] 此類八景圖的傳統，與臺灣文學、藝術史上的八景詩文或圖像相呼應、連結。吉祥版畫和宗教版畫則和臺灣民眾的一般生活息息相關，吉祥版畫的應用如門楣上所貼的掛簽、門神圖像等，宗教版畫如觀音像、八仙像、佛壇寺廟中所張貼的神祇圖像等。吉祥版畫和宗教版畫的使用有一特色，就是其製作技術的保守性較強，即使到今日仍有以木版浮水印的方式製作的，是為在割讓後逐漸以石版印刷取代的印刷技術中的異數。

---

141 楊永智：〈臺郡松雲軒出版史〉，《明清時期臺南出版史》，學生書局，2007，第 286—287 頁。

142 楊永智：《版畫臺灣》，晨星出版社，2004，第 124—125 頁。

143 潘元石、呂理政：〈臺灣傳統版畫與民間生活〉，《臺灣傳統版畫源流特展》，第 30—61 頁。

144 劉益昌等：《臺灣美術史綱》，第 202—206 頁。

時裝與紡織

　　清代臺灣社會文化中最引人關注的特點之一，就是奢靡的生活情狀，其中又以在服裝方面的表現最為明顯。[145]臺灣甫入清朝版圖，即有文獻描述臺人即使家中沒有多餘的錢財，仍然要「衣服麗都」。[146]而且這種現象並不限於上層，連農民在從事農作時也會穿著輕柔的絲質衣服，牧役或僕人也都「衣迭綺羅」，村姑、販婦等更是「妝盈珠翠」。[147]此外，這種講究服裝華麗的風氣還有持續擴延的情形，最初出現在臺灣府城，之後在諸羅縣治也出現此種現象。[148]

　　1. 有華麗也有樸實的穿著

　　臺人追求華麗服裝的風氣至道光年間後持續發展。舉例而言，漳州、泉州居民會「纏首」，即用布纏繞頭部以防風。臺人也會纏首，但不是用一般布料，而是使用絲織成的藍黑色縐紗，而且要長到可環繞頭部五六圈，才算美觀。在款式方面，男性的上衣往往長過膝蓋，衣襟是直式，稱為「蘇裾」；領子上圓下尖，稱作「瓜子領」；褲子會露於衣衫之外，稱作「龍擺尾」；襪子則是不繫綁帶，任其脫落而覆蓋足面的「鳳點頭」。女性喜歡穿紅色衣服，袖子寬到幾乎二尺，並戴著銀製的手釧與腳環。[149]

　　臺人的服裝也有其樸實的一面，由清代臺灣的司法檔案《淡新檔案》可見一斑。例如財產侵奪案件中，呈控者會詳列損失列表，其中服裝專案，可以見到臺人的穿著是白布衫、青布棉裘，外加烏布馬褂。《內閣刑科題本》中有多處發生於臺灣的命案記錄，在部分案件的屍身檢驗報告中，也會清楚說明被害者的衣著。從中可以見到案件中的臺人男性僅是穿著黑布衫配黑單褲，女性則是烏布衫與白布褲，呈現出相當簡素的一面。[150]

145　關於清代臺灣的奢靡風氣與服裝的討論，可參閱吳奇浩〈清代臺灣之奢靡風氣〉，《臺灣史研究》第 12 卷第 2 期，2005 年，第 35—74 頁；〈清代臺灣漢人服飾之消費與生產〉，《臺灣文獻》第 59 卷第 3 期，2008 年，第 221—258 頁。

146　高拱乾：《臺灣府志》，臺灣銀行經濟研究室，1960 年重刊本，第 186 頁。

147　周鍾瑄：《諸羅縣志》，第 138 頁。

148　吳奇浩：《清代臺灣之奢靡風氣》，第 45 頁。

149　吳奇浩：《清代臺灣漢人服飾之消費與生產》，第 232—233 頁。

150　吳奇浩：〈洋風、和風、臺灣風—多元雜糅的臺灣漢人服裝文化（1624—1945）〉，暨南國際大學歷史學系博士學位論文，2012，第 48—49、54—55 頁。

2. 雲錦號進步的紡織技術

清代臺人的服裝既有華麗的一面，而此服裝奢華的特質，對臺地布品生產技術的提升有相當大的影響。臺人所穿著的衣裝布品，一向從大陸輸入，臺地在服裝的相關產業上，唯有善於刺繡的女紅值得一提。直到道光年間，由臺人紡織生產的「番錦」才開始受到好評。此種番錦，原料絲自大陸輸入，由臺灣府城內一戶擁有高級技術的店家織製，價格頗為昂貴，其品質甚至超越明清以來即享盛名的江蘇織品。也因此有從大陸來臺者，將番錦視為臺灣的特產，攜回大陸作為伴手禮。[151]

至咸豐、同治年間，臺地的紡織技術出現進一步提升。臺南有一間雲錦號開始用機械紡織布料，品質優良。該商號的創辦人原本是南京織造局的名手，由於洪秀全起事，江南大亂，於是避居來臺，在臺南創設雲錦號。由於其製品質地柔韌，花樣別出心裁，而且不易褪色，因此在臺灣受到極大的歡迎，進而遠近馳名。甚至連光緒帝的婚禮，也向雲錦號訂製數萬元的絲錦綢緞製品，包括帷幔、佩巾、禮服、墊具等。宮廷收到成品後，「內庭大悅，以為江浙官局所織猶有遜色」。[152] 雲錦號的例子讓我們見到原本由大陸傳入臺灣的技藝，在臺發展後，由於受到臺人的青睞而打響名號，進而聲名遠播，甚而獲得朝廷的肯定。

3. 西方布料、服裝的出現與追求時尚之風

臺灣開港後，開始有較大量的西方布料輸入臺灣。清末臺灣的海關資料中即指出當時不少臺人的衣料是來自西洋的棉布，如《淡新檔案》記載中有「白西洋褲」、「烏西洋褲」、「西紗裙」或「西紗女衫」等的服裝。[153] 除了西方的服飾、布料外，中國大陸的布品也隨著臺灣商貿的熱絡而更大量地輸入臺灣。如此一來，原本對服裝就有高需求量的臺灣市場，至此獲得更多樣、更大量的供應管道，於是臺人服裝開始出現追求時尚的現象。衣服款式「以時而易」，衣服的長度有時長有時短，袖口寬度有時窄有時寬；女性對於衣服的

151　吳奇浩：〈洋風、和風、臺灣風—多元雜糅的臺灣漢人服裝文化（1624—1945）〉，第51—53 頁。

152　連橫：《臺灣通史》，臺灣銀行經濟研究室，1962 年重刊本，第 641 頁；吳奇浩：《清代臺灣漢人服飾之消費與生產》，第 247—248 頁。

153　吳奇浩：《清代臺灣漢人服飾之消費與生產》，第 241—246 頁。

質料與顏色的選取，「皆從時尚」。[154] 由此觀之，清代臺人對於服飾從追求奢侈華麗轉向追求時尚樣款，可說是由對量的強調轉變為對質的講究。而這一股對於時尚服裝的崇尚風氣在進入日據時代後有更為熱切、積極的發展。

為割臺而書寫的著作

清代關於臺灣的記錄文字，除了方志纂修類的官方史學以及來臺遊宦士人的記述文集外，還有由臺灣本地文人自動創作、成書於清朝的作品。然而探其內容，可以說清代幾乎沒有臺灣文人以臺灣為主題而撰寫的歷史著作。[155]

描述割讓前後實況的文字，如 1896 年思痛子的《臺海思慟錄》，1897 年吳德功的《讓臺記》，序於 1906 年、1922 年方在北京出版的洪棄生的《瀛海偕亡記》，以及收錄洪氏遺稿編纂而成的《寄鶴齋選集》。相對於地方志的官方色彩，以及漢詩的哀婉幽怨，這些文字則記載了更多臺灣文人眼中的戰爭與割讓，透露了更多臺灣文人心中的挫敗與憤慨，以及他們對相關人物的評論與看法，堪稱臺灣史上本地文人第一次有意識地留下的歷史見證，是極為珍貴的文獻資料。《臺海思慟錄》記載了甲午戰爭的戰事本末，分臺防、臺北、臺灣（今臺中）、臺南、澎湖五篇，作者思痛子在自序中明言其出身臺地的背景與書成後的心情：「蓋生於臺、長於臺，身受臺之創巨痛深、親見臺之同遭蹂躪而痛定思痛也。」[156] 成書的目的則是如實留下記錄，尤其是批評清朝在臺官員的舉止失措，對照人民如徐驤、姜紹祖、吳湯興、簡精華等「臺產之勇敢有為者」的英勇反抗，直言人的表現—有無忠義之心，才是這場戰役勝敗的關鍵，望日後世人以臺事為鑑。[157]

吳德功的《讓臺記》則從 1895 年 4 月 14 日中日和議畫押始，直到 9 月 27 日日本近衛師團長北白川宮能久親王卒臺運柩回日為止，逐日記載這段時間發生之事，詳述臺灣民間那種「明知不可為而為之」的孤軍奮戰：「諸君雖不能捍衛桑梓，子弟化為沙蟲，識者嘉其志，未嘗不悲其遇，何敢以成敗論人哉！」[158]

154　連橫：《臺灣通史》，第 603—604 頁。
155　吳密察：〈「歷史」的出現：臺灣史學史素描〉，《當代》（臺北）復刊第 106 期，2006 年。
156　思痛子：〈自序〉，《臺海思慟錄》〔臺灣文獻叢刊（40）〕，臺灣銀行，1959，第 1 頁。
157　思痛子：《臺海思慟錄》，第 12 頁，〈自序〉第 1—2 頁。
158　吳德功：《讓臺記》，羅惇曧、俞明震、吳德功：《割臺三記》〔臺灣文獻叢刊（57）〕，大通出版社，1959，第 45—46 頁。

洪棄生的《瀛海偕亡記》和收錄於《寄鶴齋選集》的專著《中東戰紀》也是記敘割臺抗日事。《中東戰紀》裡，洪棄生認為戰敗之因是清朝官員李鴻章一路畏戰求和：「清師之敗，李鴻章有三誤焉：一誤於望和，二誤於待和，三誤於求和也。」[159]

而清朝的失策，卻教臺人獨自承擔戰敗的苦果，《瀛海偕亡記》下卷即記載日軍燒殺擄掠、土匪蜂起為害之慘狀亂象。故《瀛海偕亡記》自序中的破題一句，其口吻之烈、力道之強，泄盡將與清朝恩斷義絕之憤：「自古國之將亡，必先棄民。棄民者民亦棄之。」[160]

被迫改朝換代的經歷，不甘國破家亡的感受，大大撼動了臺灣傳統文人的世界，讓他們有不吐不快的衝動，不能不記的使命感，也因此凝聚形塑了粗淺的「臺灣」、「臺人」、「臺事」意識，從中滋長出屬於臺灣歷史的獨特枝葉，「割臺」確是吾人在研究臺灣文學和史學發展時不能忽視的重要關鍵。

臺灣自 1860 年開港後外患相尋，政治經濟局面發生很大的變化。由經濟方面來看，清廷治臺最後這 70 年是臺灣變遷最大的時期。在貿易品方面，除原來的米糖外，新增了茶與樟腦，進行貿易者除了原來的郊商，還有洋商。郊商利用帆船將小口、正口的貨品運到基隆等大港口，再由洋商銷到國外，使臺灣外銷市場除了原來的中國大陸外，擴大到海外，臺灣的經濟因而更為繁榮。然而英商大量輸入鴉片，一作為交換茶、糖、樟腦之用；一作為替代性工資，大賺其黑心錢。臺灣礦產不多，開港後雖有挖煤、淘金、利用石油的情況，但不具重要性。這期間也做了一些基礎建設，如在官民合作下開築水圳、疏浚基隆港，還開闢由南到北、由東到西通往後山之路；鐵路由基隆築到新竹，這是清廷所開築的第一條鐵路。

在社會變遷方面，由於茶、樟腦產地在中北部，臺灣巡撫又常川駐節臺北，因此造成政治中心北移，割讓前臺灣的省會已由今臺中市遷到臺北。由於經濟力的提升和人口增加，市鎮逐漸興起，而茶、樟腦等山區作物的採收、製造、加工、出口都需要大量的人口，從而製造了許多就業的機會，緩解了人

---

159 洪棄生：《中東戰紀》，《寄鶴齋選集》〔臺灣文獻叢刊（304）〕第 3 冊，臺灣銀行，1972，第 427 頁。

160 洪棄生：《瀛海偕亡記》〔臺灣文獻叢刊（59）〕，臺灣銀行經濟研究室，1959，〈自序〉，第 3 頁。

口的壓力；另一方面也開發了沿山地帶，增加了人口扶養力。人們也因為經濟力獲得改善，有能力追求更時尚的服裝分更好的飲食。由於清廷在臺推行洋務運動、開山撫「番」、官紳合作，豪紳、買辦興起，至於底層所謂下九流的人民，向上層社會流動的速度非常慢。此時期臺灣的社會亦面臨基督教的傳入，先是民教糾紛，繼而形成教案，但基督教也帶來先進的醫療、教育，並以白話字刊行臺灣第一份報紙《臺灣府城教會報》。

　　在文化上，1858 年起臺灣的文解額由原來的 5 名（4 閩、1 粵）增加為 7 名，翌年又得永久廣額 1 名，共為 8 名。由於解額增多，進士名額自 1868 年後至 1895 年共有 22 名，比起這之前的 10 名，足足增加一倍多。這一由生員、舉人、進士所形成的士紳階層，積極從事文教工作，擔任書院山長、修纂方志、捐助赴鄉會試者盤纏、協修文廟等，使臺灣文風日盛，成為文治型的較穩定社會。晚清臺灣文人的私人著作漸豐，以詩文集為多。臺灣的詩社也不斷成立，對擊缽吟也十分熱衷。在美術方面有漳人謝管樵的畫作，本地畫家則有莊敬夫等人，此外泉人呂世宜為臺灣立下金石學的基礎，而當時的工藝特色則是竹藤製餐具。在出版上，除官方外，私人雕板刻書以臺南松雲軒最為有名，除了出版善書，也出版過地圖。至於 1883 年巴克禮牧師引進銅版印刷，豐富了臺灣的出版業。在方志上，出版過《淡水廳志》、《澎湖廳志》，1892 年起開始修通志，雖因臺灣割讓而未完成，但也有三種採訪冊留下。1895 年臺灣被割讓已成定局，當時的文人為了見證這段悲慘的歷史，也為了發抒對清廷割讓的不滿，更為了記下徐驤等人為抗日而犧牲的典範，發奮著書。

　　總之，晚清的臺灣在經濟水準上有所提升，李鴻章曾說「臺灣富厚內地十倍」，即此之謂。臺灣在開港後，其經建、文化都有傲人的成績出現，比起沿海各大省，絲毫不遜色。

參考文獻[1]

一、檔案（以檔案全宗名拼音或西文字母排序）

傅斯年檔，中研院歷史語言研究所，臺北

外務部西藏檔，中研院近代史研究所，臺北

張之洞檔，中國社會科學院近代史研究所，北京

China: miscellanea, *Embassy and Consular Archives*, London

Public Record Office, *British Foreign Office Records*, London

二、報紙（以報紙名拼音排序）

《大公報》，天津

《解放日報》，上海

《民立報》，上海

《申報》，上海

《盛京時報》，奉天（瀋陽）

《時報》，上海

《中華讀書報》，北京

《中外日報》，上海

---

[1] 本參考文獻由周海建編。

三、中文期刊（以期刊名拼音排序）

《安徽師範大學學報》，蕪湖

《北京大學學報》，北京

《北洋學報》，天津

《大陸雜誌》，臺北

《東方雜誌》，上海

《獨立評論》，北平

《二十一世紀》，香港

《福建論壇》，福州

《復旦學報》，上海

《工商半月刊》，南京

《廣益叢報》，重慶

《國風報》，上海

《國立中央大學半月刊》，南京

《海事》，臺北

《航業月刊》，上海

《河北學刊》，石家莊

《河北月刊》，保定

《河南師範大學學報》，新鄉

《河南統計月報》，開封

《湖北學生界》，東京

《華東師範大學學報》，上海

《華商聯合報》，上海

《濟南報》，濟南

《甲寅》，東京

《交通建設》，重慶

《教育雜誌》，上海

《近代史研究》，北京

《近代史資料》，北京

《近代中國史研究通訊》，臺北

《歷史檔案》，北京

《歷史教學》，天津

《歷史研究》，北京

《民報》，東京

《南洋季刊》，上海

《南洋問題研究》，廈門

《女子世界》，上海

《錢業月報》，上海

《清華學報》，新竹

《清史研究》，北京

《清史研究通訊》，北京

《清議報》，橫濱

《人口學刊》，長春

《上海交通大學學報》，上海

《上海新報》，上海

《社會科學雜誌》，上海

《史料旬刊》，北平

《史林》，上海

《史學月刊》，開封

《世界博覽》，北京

《思想戰線》，昆明

《思與言》，臺北

《臺大歷史學報》，臺北

《臺灣風物》，臺北

《臺灣師範大學歷史學報》，臺北

《臺灣史研究》，臺北

《外交報》，上海

《文獻》，北京

《湘報》，長沙

《新青年》，北京、上海

《新史學》，臺北

《新亞學報》，香港

《學術研究》，廣州

《粵西雜誌》，東京

《戰略與管理》，北京

《浙江潮》，東京

《浙江學刊》，杭州

《政藝通報》，上海

《中國邊疆史地研究》，北京

《中國經濟史研究》，北京

《中國日報》，香港

《中國社會科學》，北京

《中國新報》，東京

《中山大學學報》，廣州

《中山文化教育館季刊》，上海

《中央研究院近代史研究所集刊》，臺北

四、外文期刊（日韓文期刊以期刊名漢字的中文拼音排序，西文期刊以期刊名字母排序）

《東アジア研究》，大阪

《法政大学沖縄文化研究紀要》，東京

《国際中国学研究》，ソウル

《斯文》，東京

《ニューズレター》，京都

Harvard Journal of Asiatic Studies, Cambridge

The Canton Press, Canton

The Canton Register, Canton

The Chinese Courier and Canton Gazette, Canton

The Chinese Repository, Canton

The Far Eastern Quarterly, New York

五、資料、論著（以資料、論著名拼音排序）

《1901 年美國對華外交檔案─有關義和團暨辛丑合約談判的文件》，天津社會科學院歷史研究所編，劉心顯等譯，齊魯書社，1984。

《1905 年抵制美貨運動：中國城市抗爭的研究》，黃賢強著，高俊譯，上海辭書出版社，2010。

《安徽近代史》，翁飛等著，安徽人民出版社，1990。

《奧本海國際法》上卷第 2 分冊，〔英〕勞特派特修訂，王鐵崖、陳體強譯，商務印書館，1972。

《澳門編年史》，〔葡〕施白蒂著，小雨譯，澳門基金會，1995。

《白銀資本》，〔德〕貢德・弗蘭克著，劉北成譯，中央編譯出版社，2000。

《版畫臺灣》，楊永智著，晨星出版社，2004。

《變動社會的政治秩序》，〔美〕撒繆爾・P・亨廷頓著，張岱雲等譯，上海譯文出版社，1989。

《不平等條約十講》，周鯁生著，上海太平洋書店，1928。

《曹廷傑集》，叢佩遠、趙鳴岐編，中華書局，1985。

《茶、糖、樟腦業與臺灣之社會經濟變遷（1860─1895）》，林滿紅著，聯經出版公司，1997。

《長江三角洲小農家庭與鄉村發展》，黃宗智著，中華書局，1992。

《陳熾集》，趙樹貴、曾麗雅編，中華書局，1997。

《陳寅恪集》，三聯書店，2001。

《籌辦夷務始末》（道光朝），齊思和等整理，中華書局，1964。

《籌辦夷務始末》（同治朝），寶鋆等著，文海出版社，1966；國風出

版社，1962；中華書局編輯部、李書源整理，中華書局，2008。

《籌辦夷務始末》（咸豐朝），賈楨等纂著，中華書局，1979。

《籌辦夷務始末補遺》（道光朝），蔣廷黻編，北京大學出版社，1988。

《籌筆偶存》，中國社會科學院近代史研究所、中國第一歷史檔案館合編，中國社會科學出版社，1983。

《出使四國日記》，薛福成著，湖南人民出版社，1981。

《船山全書》，王夫之著，嶽麓書社，1991。

《慈禧外記》，〔英〕濮蘭德、白克好司著，張憲春整理，陳冷汰、陳詒先譯，珠海出版社，1995。

《從城市看中國的現代性》，巫仁恕、康豹、林美莉主編，中研院近代史研究所，2010。

《從傳統中求變——晚清思想史研究》，汪榮祖著，百花洲文藝出版社，2002。

《從通商交涉看清朝的外政決策機制》，廖敏淑著，中國社會科學院近代史研究所博士後報告，2009。

《從萬國公法到公法外交：晚清國際法的傳入、詮釋與應用》，林學忠著，上海古籍出版社，2009。

《大陸雜誌史學叢書》第1輯，大陸雜誌社編印，1960。

《大清法規大全》，考正出版社，1972。

《大清光緒新法令》，商務印書館編譯所編，商務印書館，1910年鉛印本。

《大清宣統新法令》，商務印書館，1910。

《大失敗：二十世紀共產主義的興亡》，〔美〕茲‧布熱津斯基著，軍事科學院外國軍事研究部譯，軍事科學出版社，1989。

《戴季陶集》，唐文權、桑兵編，華中師範大學出版社，武漢，1990

《道光年間夷務和約條款奏稿》，北京大學圖書館藏手抄本。

《道咸同光四朝奏議》，王雲五主持，臺灣商務印書館，1970年影印本

《德國外交文件有關中國交涉史料選譯》（1）、（2），孫瑞芹編譯，商務印書館，1960。

《帝國的回憶—〈紐約時報〉晚清觀察記（1854—1911）》（修訂本），
　　鄭曦原編，當代中國出版社，2007。

《帝國主義侵華教育史資料—教會教育》，李楚材編著，教育科學出版
　　社，1987。

《帝國主義與中國鐵路》，宓汝成著，上海人民出版社，1980。

《帝國主義在舊中國的投資》，吳承明著，人民出版社，1955。

《第三屆中琉歷史關係國際學術會議論文集》，中琉文化經濟協會編印，
　　1991。

《第一次國內革命戰爭時期的農民運動》，人民出版社編印，1953。

《定海縣志》，陳訓正等纂，1924 年鉛印本。

《定縣經濟調查一部分報告書》，李景漢等編，河北省縣政建設研究院，
　　1935。

《定縣鄉村工業調查》，張世文著，中華平民教育促進會，1935。

《東北史研究》第 1 輯，吉林省東北史研究會編印，1983。

《東亞的價值》，吳志攀等編，北京大學出版社，2010。

《東印度公司對華貿易編年史（1635—1834）》，〔美〕馬士著，區宗
　　華譯，中山大學出版社，1991。

《獨秀文存》，陳獨秀著，安徽人民出版社，1987。

《讀通鑑論》，王夫之著，廣文書局，1967。

《杜亞泉文選》，田建業等編，華東師範大學出版社，1993。

《端忠敏公奏稿》，端方著，文海出版社，1967 年影印本。

《俄國人在黑龍江》，〔英〕拉文斯坦著，陳霞飛譯，陳澤憲校，商務
　　印書館，1974。

《二十世紀初中國政治改革風潮—清末立憲運動史》，侯宜傑著，人民
　　出版社，1993。

《法國對華傳教政策》上卷，〔法〕衛青心著，黃慶華譯，中國社會科
　　學出版社，1991。

《方家園雜詠紀事（附吟草四種）》，王照著，文海出版社，1966。

《費正清集》，陶文釗編選，林海等譯，天津人民出版社，1992。

《福州方志史略》，張天祿著，海風出版社，2007。

《傅蘭雅檔案》，戴吉禮主編，廣西師範大學出版社，2010。

《改良與革命—辛亥革命在兩湖》，〔美〕周錫瑞著，楊慎之譯，中華書局，1982。

《高陽織布業簡史》（《河北省文史資料》第 19 輯），河北大學地方史研究室等編印，1987。

《稿本航海述奇彙編》，張德彝著，北京圖書館出版社，1997。

《割臺三記》，羅惇曧、俞明震、吳德功著，大通出版社，1959。

《革命軍》，鄒容著，華夏出版社，2002。

《格致古微》，王仁俊著，光緒二十二年刻本。

《庚子記事》，中國科學院歷史研究所第三所編，科學出版社，1959。

《庚子西狩叢談》，吳永口述，劉治襄筆記，中華書局，2009。

《龔自珍全集》，王佩諍校著，上海古籍出版社，1975。

《古典臺灣：文學史 • 詩社 • 作家論》，黃美娥著，「國立編譯館」，2007。

《古史辨運動的興起》，王汎森著，允晨文化公司，1987。

《故宮文獻特刊 • 袁世凱奏摺專輯》，臺北故宮博物院故宮文獻編輯委員會編輯，臺北故宮博物院，1970。

《觀念史研究：中國現代重要政治術語的形成》，金觀濤、劉青峰著，香港中文大學當代中國文化研究中心，2008。

《官商之間：社會劇變中的近代紳商》，馬敏著，天津人民出版社，1995。

《官治與自治—20 世紀上半期的中國縣制》，魏光奇著，商務印書館，2004。

《光緒朝東華錄》，朱壽朋編，文海出版社，2006；中華書局，1958。

《光緒分水縣志》，臧承宣等纂，成文出版社，1975。

《光緒霍山縣志》，江蘇古籍出版社編印，1998。

《光緒甲辰政藝叢書 • 政學文編卷》，鄧實輯，出版社不詳，1904；文海出版社，1976 年影印本。

《光緒宣統兩朝上諭檔》，中國第一歷史檔案館編，廣西師範大學出版社，1996。

《光緒政要》，沈桐生輯，文海出版社，1969；江蘇廣陵古籍刻印社，
　　1991。

《光緒傳》，孫孝恩、丁琪著，人民出版社，1997。

《廣東十三行考》，梁嘉彬著，國立編譯館，1937。

《廣州「番鬼」錄》，〔美〕亨特著，馮樹鐵譯，廣東人民出版社，
　　1993。

《廣州簡史》，楊萬秀等主編，廣東人民出版社，1996。

《貴州開發史話》，劉學洙著，貴州人民出版社，2001。

《郭嵩燾等使西記六種》，朱維錚主編，三聯書店，1998。

《郭嵩燾日記》，湖南人民出版社，1983。

《國會請願代表第二次呈都察院代奏書彙錄》，中國社會科學院近代史
　　研究所藏刊本，出版日期不詳。

《國際關係史》，王繩祖編，世界知識出版社，1996。

《國際法大綱》，杜蘅之著，臺灣商務印書館，1986。

《國際法的概念和淵源》，李浩培著，貴州人民出版社，1994。

《國際法史》，〔蘇〕Д・費爾德曼、Ю・巴斯金著，黃道秀等譯，法
　　律出版社，1992。

《國際法原理》上冊，雷崧生著，正中書局，1953。

《國家圖書館藏近代統計資料叢刊》第 32 冊，國家圖書館古籍館編，北
　　京燕山出版社，2009。

《國家與社會：清末地方自治與憲政改革》，馬小泉著，河南大學出版社，
　　2001。

《國家與學術：清季民初關於「國學」的思想論爭》，羅志田著，三聯
　　書店，2003。

《國史大綱》，錢穆著，臺灣商務印書館，1969。

《國聞備乘》，胡思敬著，上海書店出版社，1997。

《海防檔》，中研院近代史研究所編印，1966。

《海國圖志》，魏源著，嶽麓書社，1998。

《海外赤子—華僑》，鄭民等編著，人民出版社，1985。

《海峽兩岸在亞洲開發銀行的中國代表權之爭—名分秩序論觀點的分

析》，張啟雄著，中研院東北亞區域研究所，2001。

《韓國研究論叢》第 6 輯，復旦大學韓國研究中心編，中國社會科學出版社，1999。

《漢口小志》，徐煥鬥、王夔清著，商務印書館，1915 年鉛印本。

《河北省省政統計概要》，河北省政府祕書處編印，1928。

《河北省實業統計》，河北省實業廳視察處編，河北省實業廳第四科，1934。

《河南省農村調查》，行政院農村復興委員會編，商務印書館，1934。

《赫德與中國海關》，〔英〕魏爾特著，陸琢成等譯，戴一峰校，廈門大學出版社，1993。

《紅檔雜誌有關中國交涉史料選譯》，張蓉初編譯，三聯書店，1957。

《洪業—清朝開國史》，〔美〕魏斐德著，陳蘇鎮等譯，江蘇人民出版社，1995。

《湖北軍政府文獻資料彙編》，辛亥革命武昌起義紀念館、政協湖北省委員會編，武漢大學出版社，1986。

《湖北通史・晚清卷》，章開沅等主編，華中師範大學出版社，1999。

《滬游雜記》，葛元熙著，上海古籍出版社，1989。

《花隨人聖庵摭憶全編》，黃濬著，許晏駢、蘇同炳合編，聯經出版公司，1979。

《華工出國史料彙編》，陳翰笙主編，中華書局，1985。

《淮軍志》，王爾敏著，中研院近代史研究所，1967。

《皇朝經世文編》，賀長齡輯著，文海出版社，1966。

《《皇朝經世文編》學術、治體部分思想之分析》，黃克武著，臺灣師範大學歷史研究所碩士論文，1985。

《皇朝政典類纂・戶役》，席裕福、沈師徐輯，文海出版社，1982。

《皇權與紳權》，吳晗、費孝通等著，天津人民出版社，1988。

《黃遵憲集》，吳振清等編，天津人民出版社，2003。

《黃遵憲與近代中國》，鄭海麟著，三聯書店，1988。

《基督教在華出版事業（1912—1949）》，何凱立著，陳建明等譯，四川大學出版社，2004。

《紀念辛亥革命七十周年青年學術討論會論文選》，中南地區辛亥革命
　　史研究會、湖南省歷史學會編，中華書局，1983。

《甲午戰爭史》，戚其章著，上海人民出版社，2005。

《甲午戰爭外交秘錄》，〔日〕陸奧宗光著，陳鵬仁譯，海峽學術出版社，
　　2005。

《蹇蹇錄》，〔日〕陸奧宗光著，龔德柏譯，臺灣商務印書館，1967。

《劍橋拉丁美洲史》第 1 卷，〔英〕萊斯利 · 貝瑟爾主編，胡毓鼎等譯，
　　經濟管理出版社，1995。

《劍橋中國晚清史》，〔美〕費正清編，中國社會科學院歷史研究所編
　　譯室譯，中國社會科學出版社，1993。

《澗于集》，張佩綸著，文海出版社，1968。

《江南土布史》，徐新吾著，上海社會科學出版社，1992。

《江蘇省青浦縣志》，熊其英等纂，成文出版社，1970。

《江蘇學務總會文牘》初編，沈同芳編，商務印書館，1906。

《江浙鐵路風潮》，墨悲編，中國國民黨黨史史料編纂委員會，1968。

《膠濟鐵路經濟調查報告》，膠濟鐵路管理局編印，1936。

《校邠廬抗議》，馮桂芬著，上海書店出版社，2002。

《教務教案檔》第 6 輯，中研院近代史研究所編印，1974。

《金陵瑣志九種》，陳作霖、陳詒紱編，南京出版社，2008。

《津門雜記》，張燾著，天津古籍出版社，1986。

《近代稗海》第 12 輯，章伯鋒、顧亞主編，四川人民出版社，1988。

《近代的尺度—兩次鴉片戰爭軍事與外交》（增訂本），茅海建著，三
　　聯書店，2011。

《近代讀書人的思想世界與治學取向》，羅志田著，北京大學出版社，
　　2009。

《近代冀魯豫鄉村》，從翰香主編，中國社會科學出版社，1995。

《近代南通土布史》，林舉百著，南京大學學報編輯部內部本，1984。

《近代農業改良思想》，陳炯彰著，臺灣師範大學歷史研究所碩士學位
　　論文，1976。

《近代上海城市研究》，張仲禮主編，上海人民出版社，1990。

《近代上海地區方志經濟史料選輯（1840—1949）》，黃葦、夏林根編，
　　上海人民出版社，1984。

《近代紳士：一個封建階層的歷史命運》，王先明著，天津人民出版社，
　　1997。

《近代史資料文庫》，莊建平主編，上海書店出版社，2009。

《近代中國、東亞與世界》，王建朗、欒景河主編，社會科學文獻出版社，
　　2008。

《近代中國城市發展與社會變遷（1840—1949年）》，何一民主編，科
　　學出版社，2004。

《近代中國對西方及列強認識資料彙編》第2、3輯，中研院近代史研究
　　所編印，1986。

《近代中國海防—軍事與經濟》，李金強、劉義章、麥勁生合編，香港
　　中國近代史學會，1999。

《近代中國海軍》，海軍司令部《近代中國海軍》編輯部編，海潮出版社，
　　1994。

《近代中國民主觀念之生成與流變——一項觀念史的考察》，閭小波著，
　　江蘇人民出版社，2011。

《近代中國社會文化變遷錄》，劉志琴主編，浙江人民出版社，1998。

《近代中國史綱》，郭廷以著，南天書局，1994。

《近代中國史事日誌》，郭廷以編著，正中書局，1963。

《近代中國思想人物論：民族主義》，李國祁等，時報出版公司，
　　1980。

《近代中國與新世界—康有為變法與大同思想研究》，蕭公權著，江蘇
　　人民出版社，2007。

《近代中國資產階級研究》，《歷史研究》編輯部等編，復旦大學出版社，
　　1984。

《近代中英西藏交涉與川藏邊情—從廓爾喀之役到華盛頓會議》，馮明
　　珠著，臺北故宮博物院，1996。

《進化論與倫理學》，〔英〕赫胥黎著，《進化論與倫理學》翻譯組譯，
　　科學出版社，1971。

《進化論與中國激進主義》，吳丕著，北京大學出版社，2005。

《進化主義在中國》，王中江著，首都師範大學出版社，2002。

《經濟與社會》第 1 卷，〔德〕馬克斯・韋伯著，閻克文譯，上海人民出版社，2010。

《經世思想與新興企業》，劉廣京著，聯經出版公司，1990。

《經學歷史》，皮錫瑞著，中華書局，1981。

《經元善集》，虞和平編，華中師範大學出版社，1988。

《舊京瑣記》，夏仁虎著，遼寧教育出版社，1998。

《舊中國雜記》，〔美〕亨特著，沈正邦譯，章文欽校，廣東人民出版社，2000。

《軍事近代化與中國革命》，〔澳〕馮兆基著，郭太風譯，上海人民出版社，1994。

《喀什噶爾》，〔俄〕庫羅派特金著，中國社會科學院近代史研究所翻譯室譯，商務印書館，1982。

《開啟心眼：《臺灣府城教會報》與長老教會的基督徒教育》，張妙娟著，人光出版社，2005。

《戡定新疆記》，魏光燾著，臺灣商務印書館，1966。

《康南海自編年譜》，樓宇烈整理，中華書局，1992。

《康有為全集》，姜義華、張榮華編校，中國人民大學出版社，2007。

《康有為譚嗣同思想研究》，李澤厚著，上海人民出版社，1958。

《康有為與保皇會》，上海市文物保管委員會編，上海人民出版社，1982。

《康有為早期遺稿述評》，黃明同、吳熙釗主編，中山大學出版社，1988。

《康有為政論集》，湯志鈞編，中華書局，1981。

《康章合論》，汪榮祖著，聯經出版公司，1988。

《考察江寧鄒平青島定縣紀實》，李宗黃編，正中書局，1935。

《科學史及其與哲學和宗教的關係》，〔英〕W. C. 丹皮爾著，李珩譯，商務印書館，1975。

《苦命天子—咸豐皇帝奕詝》，茅海建著，三聯書店，2006。

《樂齋漫筆》，岑春煊著，中華書局，2007。

《李鴻章全集》，顧廷龍、戴逸主編，安徽教育出版社，2008。

《李鴻章與北洋艦隊：近代中國創建海軍的失敗與教訓》，王家儉著，
　　三聯書店，2008。

《李文忠公全集》，李鴻章著，文海出版社，1980年影印本；商務印書館，
　　1921。

《李星沅日記》，袁英光、童浩整理，中華書局，1987。

《歷史的觀念》，〔英〕柯林武德著，何兆武譯，中國社會科學出版社，
　　1986。

《歷史的終結及最後之人》，〔美〕弗蘭西斯・福山著，黃勝強等譯，
　　中國社會科學出版社，2003。

《歷史三調：作為事件、經歷和神話的義和團》，〔美〕柯文著，杜繼東譯，
　　江蘇人民出版社，2000。

《歷史與思想》，余英時著，聯經出版公司，2004。

《立憲派與辛亥革命》，張朋園著，吉林出版集團，2007。

《梁啟超年譜長編》，丁文江、趙豐田編，上海人民出版社，1983。

《梁啟超啟蒙思想的東學背景》，鄭匡民著，上海書店，2003。

《列寧論國際政治與國際法》，世界知識出版社，1959。

《列強對華外交（1894—1900）—對華政治經濟關係的研究》，〔英〕
　　菲利浦・約瑟夫著，胡濱譯，商務印書館，1962。

《裂變中的傳承：20世紀前期的中國文化與學術》，羅志田著，中華書局，
　　2003。

《林欽差與鴉片戰爭》，〔美〕張馨保著，徐梅芬等譯，福建人民出版社，
　　1989。

《林則徐集》，中山大學歷史系編，中華書局，1985；1962—1965。

《林則徐全集》，林則徐全集編委會編，海峽文藝出版社，2002。

《凌霄一士隨筆》，徐凌霄、徐一士著，山西古籍出版社，1997。

《劉坤一評傳》，王玉堂著，暨南大學出版社，1990。

《劉文莊公奏議》，劉秉璋著，民國鉛印本。

《劉中丞奏議》，劉蓉著，思賢講舍，1885。

《漏網喁魚集》，柯悟遲著，中華書局，1959。

《魯迅全集》，人民文學出版社，1981。

《論《臺灣省通志稿》之纂修》，曾鼎甲著，花木蘭文化出版社，
　　2007。

《論自由》，〔美〕約翰・穆勒著，孟凡禮譯，廣西師範大學出版社，
　　2011。

《履園叢話》，錢泳著，中華書局，1979。

《馬端敏公奏議》，馬新貽著，成文出版社，1969。

《馬克思恩格斯關於殖民地及民族問題的論著》，民族問題譯叢編譯室
　　著，中央民族學院研究部，1956。

《馬克思恩格斯全集》，中共中央馬克思恩格斯列寧史達林著作編譯局
　　編，人民出版社，1972。

《馬克思恩格斯選集》，中共中央馬克思恩格斯列寧史達林著作編譯局
　　編，人民出版社，1972。

《漫遊隨錄》，王韜著，嶽麓書社，1985。

《毛澤東選集》，人民出版社，1991。

《美國對華政策文件選編—從鴉片戰爭到第一次世界大戰（1842—
　　1918）》，閣廣耀、方生選譯，人民出版社，1990。

《美國人在東亞》，〔美〕泰勒・丹涅特著，姚曾廙譯，商務印書館，
　　1963。

《蒙學初級修身教科書》，俞莊著，文明書局，1903。

《民國政黨史》，謝彬著，上海學術研究會總會，1924。

《民國續修陝西通志稿》，楊虎城、吳廷錫等修纂，鳳凰出版社，
　　2011。

《民呼、民吁、民立報選輯》，馬鴻謨編，河南人民出版社，1982。

《民族資本主義與舊中國政府（1840—1937）》，杜恂誠著，上海社會
　　科學院出版社，1991。

《明代社會經濟史論叢》，吳緝華著，臺灣學生書局，1970。

《明清北方市場研究》，姜守鵬著，東北師範大學出版社，1996。

《明清史論著集刊》，孟森著，南天書局，1987。

《牟墨林地主莊園》，棲霞縣政協文史資料委員會等編，山東人民出版

社，1990。

《那桐日記》下冊，北京市檔案館編，新華出版社，2006。

《南北之爭與晚清政局 1861─1884─以軍機處漢大臣為核心的探討》，
　　林文仁著，中國社會科學出版社，2005。

《南通張季直先生傳記》，張孝若著，中華書局，1930。

《南陽之絲綢》，貂菱、李召南著，河南農工銀行經濟調查室，1939。

《派系分合與晚清政治─以「帝后黨爭」為中心的探討》，林文仁著，
　　中國社會科學出版社，2005。

《蒲溪小志》，顧傳金輯，上海古籍出版社，2003。

《親歷晚清四十五年─李提摩太在華回憶錄》，李憲堂等譯，天津人民
　　出版社，2005。

《欽定大清會典》，商務印書館，1909。

《清稗類鈔》，徐珂編，中華書局，1986。

《清朝條約全集》，田濤主編，黑龍江人民出版社，1999。

《清朝文獻通考》，清高宗敕修，新興書局，1963。

《清朝續文獻通考》，劉錦藻撰，浙江古籍出版社，1988 年影印本；商
　　務印書館，1936。

《清代疇人傳》，周駿富輯著，明文書局，1985。

《清代檔案史料叢編》第 14 輯，中國第一歷史文件案館編，中華書局，
　　1990。

《清代對俄外交禮義體制及藩屬歸屬交涉（1644─1861）》，陳維新著，
　　中國文化大學政治學研究所博士學位論文，2006。

《清代港口的空間結構》，林玉茹著，知書房，1999。

《清代廣州的巴斯商人》，郭德焱著，中華書局，2005。

《清代後期教育論著選》，陳景磐、陳學恂主編，人民教育出版社，
　　1997。

《清代吉林檔案史料選編 • 辛亥革命》，吉林省檔案館、吉林省社會科
　　學院歷史所編，1981。

《清代經濟史論文集》，王業鍵著，稻鄉出版社，2003。

《清代科舉考試述錄》，商衍鎏著，三聯書店，1983。

《清代科舉制度研究》，王德昭著，中華書局，1984。

《清代六部成語辭典》，李鵬年等著，天津人民出版社，1990。

《清代起居注冊》（光緒朝），徐致祥等撰，聯合報文化基金會國學文
　　獻館，1987。

《清代山東經營地主經濟研究》，羅崙、景甦著，齊魯書社，1985。

《清代士人遊幕表》，尚小明著，中華書局，2005。

《清代思想史》，陸寶千著，廣文書局，1978。

《清代通史》，蕭一山著，臺灣商務印書館，1963。

《清代外交史料》，北平故宮博物院編印，1932。

《清代學術概論》，梁啟超著，臺灣商務印書館，1966。

《清代野史》，孟森等著，中國人民大學出版社，2006。

《清代中俄關係檔案史料選編》，中國第一歷史檔案館編，中華書局，
　　1981。

《清代州縣故事》，蔡申之著，龍門書店，1968。

《清宮洋務始末臺灣史料》，洪安全等編，臺北故宮博物院，1999。

《清光緒朝中日交涉史料》，故宮博物院文獻館編印，1932。

《清光緒朝中日交涉史料選輯》，大通書局，1997。

《清光緒帝外傳（外八種）》，惲毓鼎等著，北京古籍出版社，1999。

《清韓宗藩貿易》，張存武著，中研院近代史研究所，1978。

《清會典事例》，中華書局，1991年影印本。

《清季的立憲團體》，張玉法著，中研院近代史研究所，1971。

《清季的洋務新政》，樊百川著，上海書店出版社，2003。

《清季外交史料》，王彥威等編，文海出版社，1964。

《清季中日韓關係史料》，中研院近代史研究所編印，1972。

《清季中外使領年表》，故宮博物院明清檔案部等編，中華書局，
　　1985。

《清季自強運動研討會論文集》，中研院近代史研究所編印，1988。

《清李文正公鴻藻年譜》，李宗侗、劉鳳翰著，臺灣商務印書館，
　　1981。

《清末北京志資料》，〔日〕服部宇之吉等編著，張宗平、呂永和譯，北京燕山出版社，1994。

《清末籌備立憲檔案史料》，故宮博物院明清檔案部編，中華書局，1979。

《清末的公羊思想》，孫春在著，臺灣商務印書館，1985。

《清末革命與君憲的論爭》，亓冰峰著，中研院近代史研究所，1966。

《清末海軍史料》，張俠等編，海洋出版社，1982。

《清末民初政情內幕—《泰晤士報》駐北京記者袁世凱顧問喬‧厄‧莫理循書信集》上卷，〔澳〕駱惠敏編，劉桂梁等譯，知識出版社，1986。

《清末現代企業與官商關係》，〔美〕陳錦江著，王笛等譯，中國社會科學出版社，1997。

《清末憲政史》，韋慶遠、高放、劉文源著，中國人民大學出版社，1993。

《清末新軍編練沿革》，中國社會科學院近代史研究所中華民國史組編，中華書局，1978。

《清末新政史》，張連起著，黑龍江人民出版社，1994。

《清末新政研究—20世紀初的中國邊疆》，趙雲田著，黑龍江教育出版社，2004。

《清末郵傳部研究》，蘇全有著，中華書局，2005。

《清人日記研究》，孔祥吉著，廣東人民出版社，2008。

《清日戰爭（1894—1895）》，宗澤亞著，世界圖書出版公司，2012。

《清實錄》，中華書局，1986年影印本。

《清史稿》，趙爾巽等撰，中華書局，1977。

《清史稿校注》，「國史館」校注編印，1988。

《清史列傳》，王鍾翰點校，中華書局，1987。

《清史論叢》第5輯，中國社會科學院歷史研究所清史研究室編，中華書局，1984。

《清史資料》第3輯，中國社會科學院歷史研究所清史研究室編，中華書局，1982。

《清政府鎮壓太平天國檔案史料》，中國第一歷史博物館編，光明日報
　　出版社，1990。

《清政府鎮壓太平天國檔案史料》，中國第一歷史博物館編，社會科學
　　文獻出版社，1992—2001。

《求索真文明—晚清學術史論》，朱維錚著，上海古籍出版社，1996。

《全國經濟委員會報告彙編》，全國經濟委員會編印，1937。

《認同與國家》，中研院近代史研究所編印，1994。

《榮祿存劄》，杜春和等編，齊魯書社，1986。

《容庵弟子記》，沈祖憲、吳闓生編纂，文星書店，1962。

《容閎與科教興國》，珠海容閎與留美幼童研究會主編，珠海出版社，
　　2006。

《容閎自傳》，石霓譯注，百家出版社，2003。

《三十年聞見錄》，朱德裳著，嶽麓書社，1985。

《三松堂全集》，馮友蘭著，河南人民出版社，1994。

《散原精舍文集》，陳三立著，錢文忠標點，遼寧教育出版社，1998。

《沙俄侵華史》，復旦大學歷史系沙俄侵華史編寫組編，上海人民出版
　　社，1986。

《山東通志》，楊士驤等修，孫葆田等纂，商務印書館，1934。

《山西礦務檔案》，李慶芳編，晉新書社，1907。

《陝西省洛川縣志》，黎錦熙總纂，成文出版社，1976。

《商會與中國早期現代化》，虞和平著，上海人民出版社，1993。

《上海近代百貨商業史》，上海百貨公司等著，上海社會科學院出版社，
　　1988。

《上海近代社會經濟發展概況（1882—1931）：〈海關十年報告〉譯編》，
　　徐雪筠等著，上海社會科學院出版社，1985。

《上海民族機器工業》，上海市工商行政管理局、上海市第一機電工業
　　局機器工業史料組編，中華書局，1966。

《上海小志》，胡祥翰著，上海古籍出版社，1989。

《社會學》，〔美〕伊恩・羅伯遜著，黃育馥譯，商務印書館，1990。

《社會原理》，張德勝著，巨流圖書公司，1998。

《神聖羅馬帝國》，〔英〕詹姆斯・布賴斯著，孫秉瑩等譯，商務印書館，
　　1998。

《聖朝破邪集》，夏瑰琦編，建道神學院，1996。

《聖武記》，魏源著，世界書局，1962。

《盛京通志》，遼寧省政府地方志辦公室整理，遼寧民族出版社，
　　2013。

《十八世紀產業革命》，〔法〕保爾・芒圖著，楊人楩、陳希秦、吳緒譯，
　　商務印書館，1983。

《十九世紀的香港》，余繩武、劉存寬主編，中華書局，1994。

《十九世紀美國侵華檔案史料選輯》，朱士嘉編，中華書局，1959。

《十三世達賴圓寂致祭和十四世達賴轉世坐床檔案選編》，中國藏學研
　　究中心、中國第二歷史檔案館合編，中國藏學出版社，1991。

《石渠餘紀》，王慶雲著，北京古籍出版社，1985。

《史學：傳承與變遷學術研討會論文集》，臺灣大學文學院編印，
　　1998。

《朔方備乘》，何秋濤著，文海出版社，1964。

《四川保路運動史》，隗瀛濤著，四川人民出版社，1981。

《四川保路運動史料彙纂》，中研院近代史研究所編印，1994。

《四川省雙流縣志》，殷魯等修，成文出版社，1976。

《四川辛亥革命史料》，隗瀛濤、趙清主編，四川人民出版社，1981。

《淞南夢影錄》，黃式權著，上海古籍出版社，1989。

《宋教仁集》，陳旭麓主編，中華書局，1981。

《蘇州商會檔案叢編》，章開沅等主編，華中師範大學出版社，1991。

《孫中山全集》，中山大學歷史系孫中山研究室等編，中華書局，
　　1981—1986。

《孫中山選集》，人民出版社，1962、1981。

《臺北縣茶業發展史》，陳慈玉著，臺北縣立文化中心，1994。

《臺海思慟錄》，思痛子著，臺灣銀行，1959。

《臺灣的海洋歷史與文化》，戴寶村著，玉山社，2011。

《臺灣的人口變遷與社會變遷》，陳紹馨著，聯經出版公司，1979。

《臺灣風俗志》，〔日〕片岡岩著，陳金田譯，眾文圖書公司，1994。

《臺灣府志》，高拱乾著，臺灣銀行經濟研究室，1960 年重刊本。

《臺灣基督長老教會百年史》，臺灣基督長老教會總會歷史委員會編，
　　臺灣教會公報社，2000。

《臺灣歷史辭典》，許雪姬總策劃，「行政院文化建設委員會」，
　　2004。

《臺灣詩史》，廖一瑾著，文史哲出版社，1998。

《臺灣史》，黃秀政、張勝彥、吳文星著，五南圖書出版公司，2003。

《臺灣史蹟研習會講義彙編》，臺北市文獻委員會編印，1999。

《臺灣通史》，連橫著，商務印書館，1947。

《臺灣文化志》，〔日〕伊能嘉矩著，南天書局，1994。

《太平天國》，中國史學會主編，神州國光社，1952。

《太平天國史料叢編簡輯》，太平天國歷史博物館編，中華書局，
　　1961—1963。

《太平天國文書彙編》，太平天國歷史博物館編，中華書局，1979。

《太平天國印書》，太平天國歷史博物館編，江蘇人民出版社，1979。

《太平天國資料》，中國科學院歷史研究所第三所近代史資料編輯組編，
　　科學出版社，1959。

《譚嗣同全集》，蔡尚思、方行編，中華書局，1981；1998。

《唐廷樞研究》，汪敬虞著，中國社會科學出版社，1983。

《弢園尺牘》，王韜著，光緒六年（1880）重刻本。

《弢園文錄外編》，王韜著，遼寧人民出版社，1994。

《弢園文新編》，王韜，三聯書店，1998。

《天朝的崩潰》，茅海建著，三聯書店，1995。

《天父天兄聖旨：新發現的太平天國珍貴文獻史料》，王慶成編注，遼
　　寧人民出版社，1986。

《天津商會檔案彙編》，天津市檔案館編，天津人民出版社，1989。

《天命的沒落—中國近代唯意志論思潮研究》，高瑞泉著，上海人民出
　　版社，2007。

《《天演論》傳播與清末民初的社會動員》，王天根著，合肥工業大學

出版社，2006。

《條約法概論》，李浩培著，法律出版社，1987。

《條約口岸體制的醞釀——19 世紀 30 年代中英關係研究》，吳義雄著，中
　　華書局，2009。

《同盟會的革命理論——《民報》個案研究》，朱浤源著，中研院近代史
　　研究所，1985。

同治《萍鄉縣志》，錫榮纂修，成文出版社，1975。

同治《竹溪縣志》，楊兆熊等修纂，江蘇古籍出版社，2001。

《突破重圍——中國早期現代化研究》，郭世佑等著，河南大學出版社，
　　2010。

《退廬全集》，胡思敬著，文海出版社，1970 年影印本。

《退想齋日記》，劉大鵬著，喬志強標注，山西人民出版社，1990。

《外國學者論鴉片戰爭與林則徐》，〔日〕田中正俊等著，福建人民出
　　版社，1989。

《外蒙主權歸屬交涉（1911—1916）》，張啟雄著，中研院近代史研究所，
　　1995。

《外人在華特權和利益》，〔美〕威羅貝著，王紹坊譯，三聯書店，
　　1957。

《晚清財政與社會變遷》，周育民著，上海人民出版社，2000。

《晚清的士人與世相》，楊國強著，三聯書店，2008。

《晚清的收回礦權運動》，李恩涵著，中研院近代史研究所，1978。

《晚清宮廷實紀》，吳相湘編著，正中書局，1988。

《晚清官僚派別派系研究》，苗長青著，遼寧大學出版社，1993。

《晚清海防：思想與制度研究》，王宏斌著，商務印書館，2005。

《晚清經濟政策與改革措施》，朱英著，華中師範大學出版社，1996。

《晚清上海——一個城市的歷史記憶》，梁元生著，廣西師範大學出版社，
　　2010。

《晚清上海社會的變遷——生活與倫理的近代化》，李長莉著，天津人民
　　出版社，2002。

《晚清史探微》，孔祥吉著，巴蜀書社，2001。

《晚清文選》，鄭振鐸編，生活書店，1937。

《晚清五十年來之中國（1872—1921）》，梁啟超等編，龍門書店，1968。

《晚清學部研究》，關曉紅著，廣東教育出版社，2000。

《晚清學堂學生與社會變遷》，桑兵著，學林出版社，1995。

《晚清中國人日本考察記集成 ‧ 教育考察記》，王寶平主編，杭州大學出版社，1999。

《晚清中國人走向世界的一次盛舉—1887 年海外遊歷使研究》，王曉秋等著，遼寧師範大學出版社，2004。

《萬曆十五年》，黃仁宇著，中華書局，1982。

《汪穰卿筆記》，汪康年著，中華書局，2007；上海書店出版社，1997。

《汪榮寶日記》，文海出版社，1991。

《王國維全集》，胡逢祥主編，浙江教育出版社、廣東教育出版社，2009。

《王韜評傳》，忻平著，華東師範大學出版社，1990。

《王韜日記》，湯志鈞整理，中華書局，1987。

《忘山廬日記》，孫寶瑄著，上海古籍出版社，1983。

《惟適之安：嚴復與近代中國的文化轉型》，黃克武著，聯經出版公司，2010。

《魏默深思想研究—以傳統經典的詮說為討論中心》，賀廣如著，臺灣大學出版委員會，1999。

《魏源對西方的認識及其海防思想》，王家儉著，臺灣大學文學院，1964。

《魏源年譜》，王家儉著，中研院近代史研究所，1967。

《魏源全集》，魏源全集編輯委員會編校，嶽麓書社，2004。

《翁同龢日記》，陳義傑整理，中華書局，1998；趙中孚編輯，成文出版社，1970。

《翁同龢與戊戌維新》，蕭公權著，楊肅獻譯，聯經出版公司，1983。

《翁同龢傳》，謝俊美著，中華書局，1994。

《翁同龢傳》，許晏駢著，遠景出版事業公司，1986。

《戊戌變法》，中國史學會主編，神州國光社，1953。

《戊戌變法檔案史料》，國家檔案局明清檔案館編，中華書局，1958。

《戊戌變法文獻資料繫日》，清華大學歷史系編，上海書店出版社，
　　1998。

《戊戌維新與清末新政》，王曉秋、尚小明主編，北京大學出版社，
　　1998。

《伍廷芳集》，丁賢俊、喻作鳳編，中華書局，1993。

《西潮》，蔣夢麟著，中華日報社，1960。

《西潮又東風—晚清民初思想、宗教與學術十講》，葛兆光著，上海古
　　籍出版社，2006。

《西學東漸記》，容閎著，嶽麓書社，1985。

《西學東漸與晚清社會》（修訂版），熊月之著，中國人民大學出版社，
　　2011。

《西藏外交文件》，〔英〕喬治・比爾著，王光祈譯，臺灣學生書局，
　　1973。

《稀見清世史料並考釋》，王慶成編著，武漢出版社，武漢，1998。

《錫良遺稿・奏稿》，中國科學院歷史研究所第三所編，中華書局，
　　1959。

《遐邇貫珍》，松浦章等編著，上海辭書出版社，2005。

《夏曾佑集》，楊琥編，上海古籍出版社，2011。

《咸同貴州軍事史》，凌惕安著，貴州慈惠圖書館，1932。

《現代漢語詞彙的形成—19 世紀漢語外來詞研究》，〔義〕馬西尼著，
　　黃河清譯，漢語大詞典出版社，1997。

《現代中國的宗教趨勢》，陳榮捷著，文殊出版社，1987。

《憲政・民主・對外事務》，〔美〕路易士・亨金著，鄧正來譯，三
　　聯書店，1996。

《憲政文化與近代中國》，王人博著，法律出版社，1997。

《鄉村織布工業的一個研究》，吳知著，商務印書館，1936。

《鄉土中國鄉土重建》，費孝通著，上海世紀出版集團，2007。

《湘綺樓日記》，王闓運著，臺灣商務印書館，1973。

《湘綺樓詩集》，王闓運著，文海出版社，1963 年影印本。

《小倉山房文集》，袁枚著，文海出版社，1981。

《小方壺齋輿地叢鈔》，王錫祺輯，廣文書局，1962 年影印本。

《嘯亭雜錄》，昭槤著，中華書局，1980。

《辛亥革命》，中國史學會主編，上海人民出版社，1957。

《辛亥革命前後—盛宣懷檔案資料選輯之一》，陳旭麓等主編，上海人民出版社，1979。

《辛亥革命前十年間時論選集》，張枬、王忍之編，三聯書店，1960、1963、1977；1978。

《辛亥革命史》，章開沅、林增平主編，人民出版社，1981。

《辛亥革命與 20 世紀的中國》，中國史學會編，中央文獻出版社，2002。

《辛亥革命與近代中國社會變遷》，朱英主編，華中師範大學出版社，2001。

《辛亥革命在湖北史料選輯》，武漢大學歷史系中國近現代史教研室編，湖北人民出版社，1981。

《辛亥革命浙江史料選輯》，浙江省辛亥革命史研究會等編，浙江人民出版社，1981。

《辛亥前十年中國政治通覽》，杜亞泉等著，周月峰整理，中華書局，2012。

《徐繼畬集》，白清才、劉貫文主編，山西高校聯合出版社，1995。

《徐愚齋自敘年譜》，徐潤著，出版者不詳，1927。

《許寶蘅日記》，許恪儒整理，中華書局，2010。

《宣統政紀》，金毓黻編，遼海書社，1934。

《薛福成日記》，蔡少卿整理，吉林文史出版社，2004。

《薛福成選集》，丁鳳麟等編，上海人民出版社，1987。

《學治臆說》，汪輝祖著，中華書局，1985。

《尋求富強：嚴復與西方》，〔美〕史華慈著，葉鳳美譯，江蘇人民出版社，1989。

《鴉片戰爭》，中國史學會主編，上海人民出版社，1957；2000。

《鴉片戰爭檔案史料》，中國第一歷史檔案館編，天津古籍出版社，
　　1992。

《鴉片戰爭末期英軍在長江下游的侵略罪行》，上海社會科學院歷史研
　　究所編，上海人民出版社，1962。

《鴉片戰爭前中英通商史》，〔英〕格林堡著，康成譯，商務印書館，
　　1961。

《鴉片戰爭史》，蕭致治主編，福建人民出版社，1996。

《鴉片戰爭史料選譯》，廣東省文史研究館譯，中華書局，1983。

《鴉片戰爭與林則徐史料選譯》，廣東省文史研究館編，廣東人民出版
　　社，1986。

《鴉片戰爭在舟山史料選編》，中國第一歷史檔案館等編，浙江人民出
　　版社，1992。

《嚴復集》，王栻主編，中華書局，1986。

《嚴中平文集》，經君健編，中國社會科學出版社，1996。

《洋務運動》，中國史學會主編，上海人民出版社、上海書店出版社，
　　2000

《洋務運動文獻彙編》，楊家駱編，世界書局，1963年影印本

《洋務運動與建省：滿大人最後的二十年》，許雪姬著，自立晚報出版部，
　　1993。

《楊度集》，劉晴波主編，湖南人民出版社，1986。

《養知書屋文集》，郭嵩燾著，藝文印書館，1964年影印本。

《姚錫光江鄂日記》，中華書局，2010。

《耶穌會士與中國科學》，樊洪業著，中國人民大學出版社，1992。

《一次失控的近代化改革—關於清末新政的理性思考》，吳春梅著，安
　　徽大學出版社，1998。

《一個被放棄的選擇：梁啟超調適思想之研究》，黃克武著，中研院近
　　代史研究所，2006。

《一位總督・一座城市・一場革命：張之洞與武漢》，皮明庥著，武
　　漢出版社，2001。

《以禮代理—凌廷堪與清中葉儒學思想之演變》，張壽安著，河北教育
　　出版社，2001。

《義和團》，中國史學會主編，上海人民出版社，1957。

《義和團—盛宣懷檔案資料選輯之七》，陳旭麓、顧廷龍、汪熙主編，
　　上海人民出版社，2001。

《義和團檔案史料》，故宮博物院明清檔案部編，中華書局，1959。

《義和團史料》上冊，中國社會科學院近代史研究所近代史資料編輯組
　　編，中國社會科學出版社，1980；1982。

《義和團運動史料叢編》，北京大學歷史系中國近現代史教研室編，中
　　華書局，1964。

《異辭錄》，劉體仁著，上海書店，1984 年影印本。

《奕訢慈禧政爭記》，寶成關著，吉林文史出版社，1980。

《銀線》，林滿紅著，江蘇人民出版社，2011。

《飲冰室合集》，梁啟超著，中華書局，1989。

《印度史》，吳俊才著，三民書局，1990。

《英國檔案有關鴉片戰爭資料選譯》，胡濱編譯，中華書局，1993。

《英國藍皮書有關義和團運動資料選譯》，胡濱譯，丁名楠、余繩武校，
　　中華書局，1980。

《英國侵略西藏史》，〔英〕榮赫鵬著，孫煦初譯，臺灣學生書局，
　　1973。

《英美菸公司在華企業資料彙編》第 1 冊，上海社會科學院經濟研究所
　　編，中華書局，1983。

《英使訪華錄》，〔英〕愛尼斯・安德遜著，費振東譯，商務印書館，
　　1963。

《瀛寰志略》，徐繼畬著，山西古籍出版社，2004。

《瀛壖雜志》，王韜著，上海古籍出版社，1989。

《影印太平天國文獻十二種》，王慶成編注，中華書局，2004。

《幽暗意識與民主傳統》，張灝著，新星出版社，2006。

《袁世凱傳》，李宗一著，中華書局，1989。

《袁世凱奏議》，天津圖書館、天津社會科學院歷史研究所編，廖中一、

羅真容整理，天津古籍出版社，1987。

《遠東國際關係史》，〔美〕馬士、宓亨利著，姚曾廙等譯，商務印書館，
　　1975。

《遠東漫遊—中國事務系列》，〔英〕巴爾福著，王玉括等譯，南京出
　　版社，2006。

《約章成案匯覽》甲編，北洋洋務局纂輯，上海點石齋，光緒三十一年
　　（1905）承印。

《閱世編》，葉夢珠著，上海古籍出版社，1981。

《越縵堂讀書記》，李慈銘著，中華書局，1963。

《越縵堂日記》，李慈銘著，廣陵書社，2004。

《越嶠書》，李文鳳編，莊嚴文化公司，1996。

《粵氛紀事》，夏燮著，歐陽躍峰點校，中華書局，2008。

《雲南：聯結印度和揚子江的鐵鍊》，〔英〕大衛斯著，李安泰等譯，
　　雲南教育出版社，2000。

《雲南近代兵工史簡編（1856—1949）》，雲南省國防科學技術工業辦
　　公室軍事工業史辦公室編印，1991。

《雲南雜誌選輯》，中國科學院歷史研究所第三所編，科學出版社，
　　1958。

《惲毓鼎澄齋日記》，浙江古籍出版社，2004。

《早期中美關係史》，〔美〕賴德烈著，陳郁譯，商務印書館，1963。

《曾國藩全集》，嶽麓書社，1985—1991。

《曾國藩與近代中國》，王繼平、李大劍主編，嶽麓書社，2007。

《曾國藩傳》，蕭一山著，中華文化出版事業委員會，1952。

《曾惠敏公手寫日記》，曾紀澤撰，吳相湘主編，臺灣學生書局，1965
　　年影印本。

《曾紀澤日記》，劉志惠點校輯注，嶽麓書社，1998。

《增補本李秀成自述原稿注》，羅爾綱著，中國社會科學出版社，
　　1995。

《張謇全集》，張謇研究中心、南通市圖書館編，江蘇古籍出版社，
　　1994。

《張謇傳記》，劉厚生著，上海書店，1985；香港龍門書店，1965。

《張人駿家書日記》，張守中編，中國文史出版社，1993。

《張文襄公全集》，張之洞著，中國書店，1990 年影印本。

《張之洞與清末新政研究》，李細珠著，上海書店出版社，2003。

《張之洞與中國近代化》，馮天瑜等主編，中國社會科學出版社，2010。

《張之洞與中國近代化》，河北省社會科學院等編，中華書局，1999。

《掌故叢編》，故宮博物院掌故部編，中華書局，1990。

《趙柏巖集》，趙炳麟著，出版者不詳，1922 年鉛印本。

《折斷了的槓杆—清末新政與明治維新比較研究》，趙軍著，湖南出版社，1992。

《這些從秦國來—中國問題論集》，〔英〕赫德著，葉鳳美譯，天津古籍出版社，2005。

《鄭觀應集》上冊，夏東元編，上海人民出版社，1982。

《鄭觀應年譜長編》，夏東元編著，上海交通大學出版社，2009。

《鄭觀應評傳》，易惠莉著，南京大學出版社，1998。

《鄭觀應傳》（修訂本），夏東元著，華東師範大學出版社，1985。

《直隸風土調查錄》，商務印書館，1915。

《指嚴隨筆》，許國英著，中共中央黨校出版社，1998。

《中層理論》，楊念群著，江西教育出版社，2001。

《中法越南交涉檔》，中研院近代史研究所編印，1962。

《中國保甲制度》，聞鈞天著，商務印書館，1936。

《中國不平等條約之緣起及其廢除之經過》，錢泰著，「國防研究院」，1961。

《中國的思想與制度》，〔美〕費正清編，郭曉兵、王瓊等譯，世界知識出版社，2008。

《中國的現代化》，〔美〕羅茲曼主編，國家社會科學基金「比較現代化課題組」譯，江蘇人民出版社，1988。

《中國的銀行》，吳承禧著，商務印書館，1934。

《中國地方志集成 · 光緒廣州府志》，史澄、李光廷纂，上海書店，

2013。

《中國地方志集成‧光緒續纂句容縣志》，江蘇古籍出版社編印，
　　1991。

《中國地方志集成‧民國任縣志》，上海書店編印，2006。

《中國地方志集成‧民國三河縣新志》，上海書店編印，2006。

《中國地方志集成‧乾隆興安府志‧嘉慶續興安府志》，鳳凰出版社等
　　編印，2007。

《中國地方志集成‧同治湖州府志》，上海書店編印，2011。

《中國地方志集成‧同治黃縣志》，鳳凰出版社等編印，2004。

《中國地方志民俗資料彙編》，丁世良、趙放主編，書目文獻出版社，
　　1989—1995。

《中國第一次近代化運動的宣導者：恭親王奕訢大傳》，董守義著，遼
　　寧人民出版社，1989。

《中國法律與中國社會》，瞿同祖著，中華書局，1981。

《中國古代地理名著選讀》第1輯，顧頡剛等編著，科學出版社，
　　1959。

《中國古代思想史論》，李澤厚著，安徽文藝出版社，1999。

《中國關稅沿革史》，〔英〕萊特著，姚曾廙譯，商務印書館，1963。

《中國關稅制度論》，〔日〕高柳松一郎著，李達譯，商務印書館，
　　1924。

《中國海關與辛亥革命》，中國近代經濟史資料叢刊編輯委員會主編，
　　中華書局，1983。

《中國海關與義和團運動》，中國近代經濟史資料叢刊編輯委員會主編，
　　中華書局，1983。

《中國化學史話》，曹元宇著，江蘇科學技術出版社，1979。

《中國貨幣史》，彭信威著，群聯出版社，1954。

《中國近百年政治史》，李劍農著，臺灣商務印書館，1967；復旦大學
　　出版社，2002。

《中國近代報刊史》，方漢奇著，山西人民出版社，1981。

《中國近代對外貿易史資料（1840—1895）》，姚賢鎬編，中華書局，

1962。

《中國近代工業史資料》，汪敬虞主編，科學出版社，1957。

《中國近代國民經濟史》，湖北大學政治經濟學教研組編，高等教育出版社，1958。

《中國近代航運史資料》，聶寶璋主編，上海人民出版社，1983。

《中國近代教育史資料》，舒新城編，人民教育出版社，1961。

《中國近代教育史資料彙編 · 教育行政機構及教育團體》，朱有瓛等編，上海教育出版社，1993。

《中國近代教育史資料彙編 · 學教育》，陳學恂、田正平編，上海教育出版社，2007。

《中國近代教育史資料彙編 · 普通教育》，李桂林、戚名琇、錢曼倩編，上海教育出版社，2007。

《中國近代教育史資料 · 實業教育、師範教育》，璩鑫圭、童富勇、張守智編，上海教育出版社，2007。

《中國近代教育史資料彙編 · 學制演變》，璩鑫圭、唐良炎編，上海教育出版社，2007。

《中國近代經濟史（1840—1894）》，嚴中平主編，人民出版社，2001。

《中國近代經濟史（1895—1927）》，汪敬虞主編，人民出版社，2000。

《中國近代經濟史統計資料選輯》，嚴中平等編，科學出版社，1955。

《中國近代民主思想史（修訂本）》，熊月之著，上海社會科學院出版社，2002。

《中國近代農業史資料》，李文治、章有義編，三聯書店，1957。

《中國近代期刊篇目彙錄》，上海圖書館編，上海人民出版社，1980。

《中國近代繅絲工業史》，徐新吾等著，上海人民出版社，1990。

《中國近代史》，陳恭祿著，商務印書館，1935。

《中國近代史論叢》第 1 輯，包遵彭等編纂，正中書局，1959。

《中國近代史上的關鍵人物》，莊練著，四季出版公司，1979。

《中國近代史資料叢刊續編 · 太平天國》，羅爾綱、王慶成主編，廣西

師範大學出版社，2004。

《中國近代手工業史資料（1840—1949）》，彭澤益編，中華書局，1962。

《中國近代思想史的轉型時代——張灝院士七秩祝壽論文集》，王汎森等著，聯經出版公司，2007。

《中國近代思想史論》，王爾敏著，華世出版社，1977。

《中國近代思想史論》，李澤厚著，安徽文藝出版社，1999。

《中國近代思想史論續集》，王爾敏著，社會科學文獻出版社，2005。

《中國近代思想與學術的系譜》，王汎森著，聯經出版公司，2003。

《中國近代鐵路史資料》，宓汝成編，中華書局，1963。

《中國近代通史》，張海鵬主編，江蘇人民出版社，2009。

《中國近代外交史》，陳志奇著，南天書局，1993。

《中國近代外債史統計資料（1853—1927）》，徐義生編，中華書局，1962。

《中國近三百年學術史》，錢穆著，臺灣商務印書館，1990。

《中國經濟年鑑（1934年）》，實業部中國經濟年鑑編纂委員會編，商務印書館，1934。

《中國軍事力量的興起：1895—1912》，〔美〕鮑威爾著，陳澤憲、陳霞飛譯，中國社會科學出版社，1979。

《中國歷史上的宇宙理論》，鄭文光、席澤宗著，人民出版社，1975。

《中國歷史轉型時期的知識分子》，余英時等著，聯經出版公司，1992。

《中國民主政治的困境，1909—1949——晚清以來歷屆議會選舉述論》，張朋園著，聯經出版公司，2004。

《中國民族及其文化論稿》，芮逸夫著，臺灣大學人類學系，1972。

《中國農村的過密化與現代化：規範認識危機及出路》，黃宗智著，上海社會科學院出版社，1992。

《中國農村經濟論文集》，千家駒編，中華書局，1936。

《〈中國農村〉論文選》，薛暮橋、馮和法編，人民出版社，1983。

《中國農業資源》，沈宗翰著，中華文化出版事業委員會，1952。

《中國人的生活方式：從傳統到近代》，李長莉著，四川人民出版社，2008。

《中國人口（內蒙古分冊）》，宋迺工主編，中國財政經濟出版社，1987。

《中國人口地理》，胡煥庸、張善余著，華東師範大學出版社，1984。

《中國人留學日本史》，〔日〕實藤惠秀著，譚汝謙、林啟彥譯，三聯書店，1983。

《中國實業志・山東省》，實業部國際貿易局編印，1934。

《中國史新論・基層社會分冊》，黃寬重主編，中研院、聯經出版公司，2009。

《中國思想傳統及其現代變遷》，余英時著，廣西師範大學出版社，2004。

《中國通與英國外交部》，〔英〕伯爾考維茨著，江載華等譯，商務印書館，1959。

《中國外事員警》，趙炳坤著，商務印書館，1937。

《中國文化史新編》，謝澄平著，青城出版社，1985。

《中國現代化的區域研究—江蘇省》，王樹槐著，中研院近代史研究所，1984。

《中國現代化的區域研究—閩浙臺地區（1860—1916）》，李國祁著，中研院近代史研究所，1982。

《中國現代化歷程》，虞和平主編，江蘇人民出版社，2007。

《中國現代史資料選輯》，彭明主編，中國人民大學出版社，1991。

《中國新工業發展史大綱》，龔俊著，華世出版社，1978。

《中國早期的輪船經營》，呂實強著，中研院近代史研究所，1962。

《中國早期現代化中的地方督撫—劉坤一個案研究》，崔運武著，中國社會科學出版社，1998。

《中國政治思想史》，蕭公權著，聯經出版公司，1982。

《中國資本主義的發展和不發展》，汪敬虞著，經濟管理出版社，2007。

《中國資本主義發展史》，許滌新等主編，人民出版社，1990；2003。

《中國資本主義與國內市場》，吳承明著，中國社會科學出版社，
　　1985。

《中國自然區劃概要》，全國農業區劃委員會中國自然區劃概要編寫組
　　編，科學出版社，1984。

《中國租佃制度之統計分析》，國民政府主計處統計局編，正中書局，
　　1942；1946。

《中韓關係史論集》，〔韓〕全海宗著，全善姬譯，中國社會科學出版社，
　　1997。

《中華帝國對外關係史》，〔美〕馬士著，張匯文等譯，三聯書店，
　　1957；商務印書館，1963；上海書店，2000。

《中華帝國晚期的叛亂及其敵人》，〔美〕孔飛力著，謝亮生等譯，中
　　國社會科學出版社，1990。

《中華民國史檔案資料彙編》第1輯，中國第二歷史檔案館編，江蘇人
　　民出版社，1979。

《中華全國風俗志》，胡樸安著，廣益書局，1923。

《中美特殊關係的形成—1914年前的美國與中國》，〔美〕韓德著，項
　　立嶺、林勇軍譯，張自謀校，復旦大學出版社，1993。

《中日戰爭》，中國史學會主編，上海人民出版社，1957。

《中外關係史譯叢》，朱傑勤譯，海洋出版社，1984。

《中外舊約章彙編》，王鐵崖編，三聯書店，1982。

《轉向自我—近代中國政治思想上的個人》，楊貞德著，中研院中國文
　　哲研究所，2009。

《轉折—以早期中英關係和《南京條約》為考察中心》，郭衛東著，河
　　北人民出版社，2003。

《資本論》，〔德〕馬克思著，中央編譯局譯，人民出版社，1975。

《資產階級與辛亥革命》，林增平著，湖南出版社，1991。

《資政院議場會議速記錄—晚清預備國會論辯實錄》，李啟成校訂，上
　　海三聯書店，2011。

《走出西域—沿著馬可波羅的足跡旅行》，〔英〕布魯斯著，周力譯，
　　海潮出版社，2000。

《最近之五十年—申報館五十周年紀念》，申報館編印，1923。

《左文襄公在西北》，秦翰才著，商務印書館，1947。

《左文襄公全集・奏稿》，左宗棠著，文海出版社，1964年影印本。

《左宗棠全集》，劉泱泱等點校，嶽麓書社，2009。

六、外文資料、論著

1. 日文（以資料、論著名漢字拼音排序）

《朝貢システムと近代アジア》，浜下武志著，東京：岩波書店，1997。

《大南実録・正篇第一紀》，東京：有隣堂，1963。

《国際法辞典》，国際法学会編，東京：鹿島出版会，1975。

《互市から見た清朝の通商秩序》，廖敏淑著，札幌：北海道大学大学院法
学研究科博士學位論文，2006。

《加藤弘之の前期政治思想》，松岡八郎著，東京：駿河臺出版社，1983。

《近代日中関係人物史研究の新しい地平》，陶德民，藤田高夫編，東京：
雄松堂，2008。

《近代中国の国際的契機－朝貢貿易システムと近代アヅアー》，浜下武志著，
東京：東京大學出版會，1990。

《近代中國と海関》，岡本隆司著，名古屋：名古屋大学出版会，1999。

《近代中国政治外交史―ヴァスコ・ダ・ガマから五四運動まで》，坂野正高著，
東京：東京大学出版会，1973。

《立憲政体成立史の研究》，奥田晴樹著，東京：岩田書院，2004。

《琉球所屬問題関係資料》第8卷，州立ハワイ大学宝玲叢刊編纂委員会監
修，東京：本邦書籍株式会社，1980。

《鹿児島県史料―旧記雑録拾遺伊地知季安著作史料集二》，鹿兒島縣歴史
資料センター黎明館編，鹿児島：鹿児島県発行，1999。

《露清外交の研究》，野見山温著，東京：酒井書店，1977。

《明治文化全集》卷3，加藤弘之著，東京：日本評論社，1952。

《明治文化資料叢書第四卷・外交編》，下村富士男編，東京：風間書房，
1962。

《幕藩制国家の琉球支配》，紙屋敦之著，東京：校倉書房，1990。

《日本近代史講義:明治立憲制の形成とその理念》，鳥海靖著，東京:東京大学出版会，1988。

《日本外交文書》，外務省編，東京:外務省，1939。

《森有禮全集》第 1 卷，大久保利謙編，東京:宣文堂書店，1972。

《鴉片戰爭の研究:資料篇》，佐々木正哉編，東京:近代中国研究委員会，1964(中譯本:《鴉片戰爭前中英交涉文書》，佐佐木正哉編，文海出版社，1967)。

《中国近世社会の秩序形成》，岩井茂樹編，京都:京都大学人文科学研究所，2004。

《中国農村慣行調査》，中国農村慣行調査刊行會編，東京:岩波書店，1955。

《中国外交文書辞典(清末篇)》，植田捷雄等編著，東京:学術文献普及会，1954。

《ロシアの東方進出とネルチンスク條約》，吉田金一著，東京:近代中国研究センター，1984。

2.韓文（以資料、論著名漢字拼音排序）。

《日省錄》，漢城:漢城大學校出版部，1972。

《陰晴史》，金允植著，漢城:國史編纂委員會，1958。

《俞吉浚全書》，該書編纂委員會編，漢城:一潮閣，1995。

3.西文（以作者姓氏西文字母排序，無作者的以資料、論著名的西文字母排序）

Alford, W. P., *To Steal a Book Is an Elegant Offence: Intellectual Property Law in Chinese Civilization*, Stanford: Stanford University Press, 1995.

Annual Report of the Board of Director of Chamber of Commerce and Manufactures, Manchester, 1849.

Anon, *A Modern Sabbath or a Sunday Ramble in and about the Cities of London and Westminster*, London, 1807.

Bowring, L. B., *Autobiographical Recollection of Sir John Bowring, with a brief memoir*, London, 1877.

British Parliamentary Papers, China, Shannon: Irish University Press, 1971.

Cameron, M. E., *The Reform Movement in China, 1898-1912*, New York: Octagon Books. Inc., 1963.

Carswell, J., *From Revolution to Revolution: England, 1688-1776*, London: Routledge & Kegan Paul, 1973.

Ch'u T'ung-tsu, *Local Government in China under the Ch'ing*, Cambridge, Mass.: Harvard University Press, Council on East Asian Studies, 1962.

Cohen, P. A., *Discovering History in China: American Historical Writing on the Recent Chinese Past*, New York: Columbia University Press, 1984.

Costin, W. C., *Great Britain and China, 1833-1860*, Oxford: Oxford University, 1937.

Davids, J., ed., American Diplomatic and Public Papers: The *United States and China, Series III, The Sino-Japanese War to the Russo-Japanese war 1894-1905, Volume 1, The China Scene*, Wilmington, Delaware: Scholarly Resources Inc., 1981.

Eitel, E. J., *Europe in China, the History of Hong Kong from the Beginning to the Year 1882*, Hong Kong, 1895.

Esherick, J. W., Kayali, H., & Young, E. V., eds., *Empire to Nation: Historical Perspectives on the Making of the Modern World*, London: Rowman and Littlefield, 2006.

Fairbank, J. K., *Trade and Diplomacy on the China Coast*, Stanford: Stanford University Press, 1969; Cambridge, Mass.: Harvard University Press, 1953.

Fairbank, J. K., Reischauer, E. O., & Craig, A. M., *East Asia: The Modern Transformation*, Boston, 1965.

Fairbank, J. K., ed., *The Chinese World Order: Traditional China's Foreign Relations*, Cambridge, Mass.: Harvard University Press, 1968.

Fincher, J. H., *Chinese Democracy: The Self-Government Movement in Local, Provincial and National Politics, 1905-1914*, Canberra: Australian National University Press, 1981.

Feuerwerker, A., *China's Early Industrialization: Sheng Hsuan-huai (1844-1916) and Mandarin Enterprise*, Cambridge, Mass.: Harvard University Press,

1958.

Feuerwerker, A., Murphey, R., & Wright, M., eds., *Approaches to Modern Chinese History*, University of California Press, 1967.

Graham, G. S., *The China Station War and Diplomacy 1830-1836*, Oxford: Clarendon Press, 1978.

Hanway, J., *An Essay on Tea*, London, 1756.

Hanway, J., *Letters on the Importance of the Rising Generation of the Labouring Part of Our Fellow-Subjects*, London, 1767.

Helen, S., *The London Ritz Book of Afternoon Tea: The Art and Pleasures of Taking Tea*, New York: Arbor House, 1986.

Hill G., *History of English Dress from the Saxon Period to the Present Day*, New York, 1893.

Ho Ping-ti & Tsou Tang, eds., *China in Crisis, vol. 1, China's Heritage and the Communist Political System*, Chicago: The University of Chicago Press, 1968.

Hoe, S., & Roebuck, D., *The Taking of Hong Kong*, Surrey: Curzon Press, 1999.

Hou Chi-ming, *Foreign Investment and Economic Development in China, 1840-1937*, Cambridge, Mass.: Harvard University Press, 1965.

Hsiao Kung-chuan, *Rural China: Imperial Control in the Nineteenth Century*, Seattle: University of Washington Press, 1960.

Hunter, W. C., *The "Fan Kwae" at Canton: Before Treaty Days, 1825-1844*, London: Kegan Paul, Trench & Co., 1882.

Inglis, R., *The Chinese Security Merchants in Canton and Their Debts*, Canton, 1838.

Keaton, G. W., *The Development of Extraterritoriality in China*, vol. I, New York: Howard Fertig, 1969.

Lee En-han, *China's Quest for Railway Autonomy, 1904-1911*, Singapore: Singapore University Press, 1977.

Lindsay, H. H., *Letter to the Right Honorable Viscount Palmerston, on British Relations with China*, London: Saunders and Otley, 1836.

Macpherson, D., *The History of the European Commerce with India*, London:

Printed for Longman, 1812.

Mancall, M., *China at the Center: 300 Years of Foreign Policy*, New York: Free Press, 1984.

Mancall, M., *Russia and China: Their Diplomatic Relations to 1728*, Cambridge, Mass.: Harvard University Press, 1971.

Marshall, D., *English People in the Eighteenth Century*, London and New York: Longmans, 1956.

McCune, G. M. & Harrison, J. A., eds., *Korean-American Relations*, vol. 1, Berkeley & Los Angeles: University of California Press, 1951.

Moore, B., *Social Origins of Dictatorship and Democracy: Lord and Peasant in the Making of the Modern World*, Penguin Books, 1973.

Morse, H. B., *The Chronicles of the East India Company Trading to China 1635-1834*, Oxford: Clarendon Press, 1926-1929.

Mui Hoh-Cheung, & Mui, H.L., *Shops and Shopkeeping in Eighteenth Century England*, Kingston Ont.: McGill-Queen's University Press, 1989.

Olsen, K., *Daily Life in 18th Century England*, London: Greenwood Press, 1999.

Pritchard, E. H., *The Crucial Years of the Anglo-Chinese Relations 1750-1800*, Pullman, Wash.: State College of Washington, 1936; 2000.

Rosenthal, Jean-Laurent & Wong, R. Bin, *Before and Beyond Divergence: The Politics of Economic Change in China and Europe*, Cambridge, Mass.: Harvard University Press, 2011.

Roy, P., *English Society in the Eighteenth Century*, New York: Penguin USA, 1990.

Spector, S., *Li Hung-chang and the Huai Army: A Study in Nineteenth Century Chinese Regionalism*, Seattle: University of Washington Press, 1964.

Stanley, C. J., *Late Ch'ing Finance: Hu Kuang-yung as an Innovator*, Cambridge, Mass.: Harvard University Press, 1961.

Staunton, G. T., *Miscellaneous Notices Relating to China*, London: John Murray, 1822.

Tan Chung, *China and the Brave New World: A Study of the Origins of the Opium War, 1840-1842*, Durham: Carolina Academic Press, 1978.

The Inspectorate General of Customs, *Treaties, Conventions, etc., between China and Foreign State*, Shanghai, 1908.

Thewall, A. S., *The Inquinities of the Opium Trade with China*, Wm. H. Allen & Co., 1839.

Thompson, E. P., *Customs in Common: Studies in Traditional Popular Culture*, New York: New Press, 1993.

Vattel, Monsieur de, *The Law of Nations．Or, Principles of the Law of Nature*, London: Printed for G.G. and J. Robissok, Paternoster-Row, 1797.

Watson, J. S., *The Reign of George III 1760-1815*, Oxford, 1960.

Williams, G., *The Age of Agony: The Art of Healing, 1700-1800*, Academy Chicago Publishers, 1996.

Wong J. Y., *Anglo-Chinese Relations 1839-1860, A Calendar of Chinese Documents in the British Foreign Office Records*, Oxford: Oxford University Press, 1983.

Wood, H. J., *Prologue to War, The Anglo-Chinese Conflict 1800-1834*, PhD dissertation, University of Wisconsin, 1938.

Wright, A. F., ed., *Studies in Chinese Thought*, Chicago: University of Chicago Press, 1953.

Wright, M., *The Last Stand of Chinese Conservatism: The T'ung-chih Restoration, 1862-1874*, Stanford: Stanford University Press, 1957.

Wright, M., ed., *China in Revolution: The First Phase, 1900-1913*, New Haven and London: Yale University Press, 1968.

Younghusband, F., *India and Tibet*, London: John Murray, 1910.

Zarrow, P., ed., *Creating Chinese Modernity: Knowledge and Everyday Life, 1900-1940*, New York: Peter Lang, 2006.

人名索引[1]

A

阿伯丁（G. H. G. Aberdeen） 091, 092

阿古柏（Mahomed Yakoob Beg） 280, 813, 818, 830

阿禮國（R. Alcock） 109, 674

阿美士德（W. P. Amherst） 029, 031, 064, 076, 114, 882

艾儒略（G. Aleni） 775, 993

艾約瑟（Joseph Edkins） 996, 1000, 1001, 1008, 1009

安東尼・史密斯（Anthony D. Smith） 940

安治泰（John Baptist Anzer） 376

奧古斯丁（St. Augustine） 897

奧克蘭（J. Auckland） 084, 086, 090

奧塞隆尼（J. Quchterlony） 085

B

巴爾福（F. H. Balfour） 242

巴富爾（George Balfour） 121

巴克禮（Thomas Barclay） 1044, 1061, 1067

巴羅（J. Barrow） 084

巴麥尊（H. J. T. Palmerston） 058, 068, 069, 071, 072, 073, 074, 084, 085, 086, 090, 091, 099, 100, 101, 103, 104, 115

白齊文（H. A. Burgevine） 226

白彥虎 824

柏拉圖（Plato） 1013

柏林（A. Popoff） 776

柏正林 318

班固 879, 897

包爾騰（J. S. Burdon） 776, 778

包臘（E. C. M. Bowra） 252

包令（J. Bowring） 099, 655

包世臣 688, 739

寶棻 434, 472

---

1 本索引收入書中出現的人名，中國、日本、朝鮮等人名以其漢字的音序排列，其他國家的人名以其譯音漢字的音序排列，並附其原文，少數不知原文者暫付闕如。

寶海（Albert Bourée） 172, 173

寶廷 279, 281

寶熙 792

寶鋆 131, 275, 276, 277, 288, 777

鮑超 227

鮑鵬 089

鮑源深 815, 816, 818, 819

北白川宮能久 1065

本廷克（William C. Bentinck） 072

彼得大帝 335

俾斯麥（O. E. L. Von Bismarck） 432

畢方濟（F. Sambiasi） 775

畢盛（Stephen Pichon） 382, 387, 388

裨治文（E. C. Bridgman） 063, 995,
  1001, 1011

扁鵲 1018

卞寶第 241

卞長勝 256

賓鳳陽 334

波索納德（G. E. Boissonade） 163

伯駕（Peter Parker） 1005

伯倫知理（J. K. Bluntschli） 870, 908,
  931, 932, 955, 956

博勒恭武 202

卜克斯（S. M. Brooks） 382, 383, 384

卜魯斯（F. W. A. Bruce） 131, 235, 236

布丹（Jean Bodin） 898, 899

部樓頓（William Ploden） 052

C

蔡德輝 1055

蔡爾康 1003, 1004

蔡鈞 938

蔡麟祥 1056

蔡啟運 1055

蔡壽祺 275

蔡廷蘭 1053, 1054

蔡勛 938

蔡元培 950

曹謹 1038

曹錕 304, 575

曹汝霖 478

曹泰 325

曹廷傑 134, 135

曹寅 1015

曹毓瑛 274, 275, 277

策楞 055

岑春煊 306, 307, 308, 346, 417, 435,
  449, 487, 624

岑毓英 241, 250, 259, 260, 306, 346

查頓（William Jardine） 043, 044, 045,
  049, 050, 052, 060, 103

查理斯·金（Charles W. King） 063

長福 467, 479

長麟 031

長瑞 278

長壽 278

長順 134

長秀　1006

晁錯　686

陳寶箴　333, 334, 350, 363, 366, 369

陳璧　311, 413, 641

陳炳煥　629

陳炳文　214, 233

陳伯莊　566, 567, 568

陳承瑢　210

陳熾　262, 323, 330, 551, 553, 554,
　　901, 1019, 1020, 1024, 1025

陳淳　1059

陳獨秀　855, 919, 920, 934, 1021

陳福謙　1051, 1052

陳黻宸　458

陳恭祿　669, 671

陳國瑞　276

陳宏謀　655, 748

陳輝　1054

陳惠普　456

陳基建　456

陳季同　255, 1055

陳金揆　315

陳金綬　206

陳金鐘　258

陳景仁　454

陳夔龍　434, 461, 469, 475

陳坤書　218, 228

陳蘭彬　251, 890

陳夢林　1056

陳明遠　263

陳鳴志　1040, 1042

陳培桂　1035, 1056, 1061, 1062

陳其璋　336

陳啟泰　282

陳啟沅　257, 258, 544

陳千秋　325

陳虬　324, 901

陳三立　350, 363, 366, 496

陳善繼　258

陳淑均　1062

陳樹楷　478

陳樹棠　189

陳天華　496, 497, 871, 943, 946

陳廷荼　457

陳維英　1054

陳文　1055, 1057

陳文龍　160

陳文瑋　629

陳文緯　1038, 1057

陳貽範　181

陳毅　790

陳寅恪　495, 507, 879, 897

陳攖寧　864, 865, 867

陳玉成　207, 208, 210, 211, 212, 213,
　　226

陳裕昌　759

陳昭常　456, 460, 472

陳兆翱　255

陳肇興 1054

陳鎮 030

陳之麟 457

陳中和 1052

陳竹坪 759

陳佐清 469

程德全 472

程芳朝 023

程光第 244

程明超 479

程式穀 365

程學啟 228

程瑤田 839

程清 360

程喬采 130, 201

崇厚 233, 241, 276, 280, 281, 282, 975

崇禮 298, 777

慈安 234, 235, 236, 273

慈禧（西太后） 177, 225, 234, 235, 236, 240, 250, 271, 272, 273, 274, 275, 278, 279, 283, 284, 285, 286, 287, 288, 291, 292, 293, 294, 298, 299, 300, 301, 302, 303, 306, 307, 308, 309, 310, 316, 337, 338, 339, 340, 344, 355, 356, 357, 359, 361, 362, 363, 364, 366, 370, 371, 372, 374, 390, 392, 393, 394, 396, 398, 402, 403, 404, 405, 406, 417, 423, 435, 436, 448, 449, 450, 997

崔尊彝 282

D

達爾文（C. R. Darwin） 843, 844, 845, 874, 932, 943, 1007

達壽 419

達佑文 359

達雲 022

大久保利通 163

大寺安純 316

大衛斯（H. R. Davis） 260

戴潮春 1029, 1055

戴鴻慈 417, 469, 507

戴華藻 244

戴季陶 505

戴震 839, 856, 1021

島村滿都夫 1010

道光帝 034, 049, 054, 060, 062, 063, 068, 073, 083, 108, 118, 130, 883

德庇時（J. F. Davis） 067, 068, 072, 097, 884

德璀琳（Gustav von Detring） 316

德克碑（Paul Alexandre Neveue d'Aigwebelle） 542

德興阿 206

德貞（J. H. Dudgeon） 1017

鄧承修 279, 282

鄧華熙　788

鄧實　498, 501, 951

鄧世昌　315

鄧廷楨　048, 049, 060, 062, 068, 069,
　　070, 071, 073, 087, 883

鄧孝可　439

狄葆賢　449

狄海樓　760

狄考文（Calvin Wilson Mateer）　782,
　　1003

笛卡兒（René Descartes）　1013

地爾窪（Algernon Sydney Thelwall）　064

顛地（Lancelot Dent）　044, 045, 048,
　　052, 104, 106, 1034

丁寶銓　472

丁寶書　1010

丁寶楨　241, 259, 261, 264, 266, 268,
　　822, 825

丁槎　244

丁浩　275

丁日昌　236, 268, 815, 821, 841, 1029,
　　1037, 1042

丁汝昌　249, 315, 316

丁壽昌　247

丁太洋　229

丁韙良（W. A. P. Martin）　132, 253,
　　376, 777, 778, 779, 782, 785,
　　786, 894, 928, 974, 1011

丁玄鈞　330

丁振鐸　449

董福祥　357, 390, 398, 399

董恂　280

董之威　474

董仲舒　897

竇納樂（C. M. MacDonald）　384, 387,
　　388, 390, 394

都興阿　815

杜翰　235, 272, 273, 274, 275

杜受田　200, 272

杜亞泉　485, 498, 500, 515, 521, 522,
　　855

端方　136, 143, 311, 343, 397, 417, 436,
　　449, 450, 487, 494, 498, 499, 507,
　　508, 798

端華　235, 273, 274

段祺瑞　183, 304

段玉裁　856

段芝貴　435

E

額爾金（J. B. Elgin）　116, 224

額勒和布　285

鄂爾泰　024

恩格斯（Friedrich von Engels）　137, 139,
　　608, 656, 762

恩琴（A.B.von Ungern-sternberg）　183

F

番巴臣（J. S. Van Basel）　065

樊國梁（P. M. A. Favier）　376, 388

樊燮　215

樊錐　334

方表　086, 454, 455

方鼎銳　274

方還　384, 433, 468, 571, 724

方濬頤　1027

方液仙　254

方以智　1021

費禮夏（S.M. Fraser）　175

費要多羅額禮克謝（Feodor A. Golovin）
　025

豐臣秀吉　167

豐大業（Henry Fontanier）　276

馮桂芬　240, 268, 321, 713, 714, 749,
　780, 842, 900, 927, 928, 1024,
　1025, 1026

馮國璋　304

馮汝騤　472

馮雲山　196, 198, 200, 201, 209

佛來西尼（Charles de Freycinet）　172,
　173

伏爾泰（Voltaire）　899, 1013

福澤諭吉　848

傅汎際（F. Furtado）　775

傅蘭雅（John Fryer）　254, 851, 988,
　1002, 1006, 1011, 1013

G

甘為霖（William Campbell）　1043, 1044

乾隆帝　012, 015, 031, 034, 035, 036,
082, 156, 157, 651, 652, 653,
654, 659, 661, 829, 881, 882,
883, 884

剛毅　298, 301, 306, 336, 337, 344,
347, 348, 366, 389, 398, 399,
784

高登鯉　457

高爾伊　627

高其倬　024, 664

高一涵　919, 920, 921

高一志（A. Vagnoni）　775

郜永寬　228

戈登（C. G. Gordon）　225, 226

哥白尼（Nicolaus Copernicus）　994, 1000

格爾思（M. N. de Giers）　384, 388

格勞秀斯（Grotius）　112

葛寶華　417

葛絡幹（B. J. de Cologan）　388

葛雲飛　085

噶爾丹　019, 026

宮慕久　121

龔文柱　460

龔裕　201

龔自珍　493, 510, 831, 837, 838, 839,
841, 845, 849, 850, 852, 856,
857, 858, 861, 874

貢桑諾爾布　478

顧盛（Caleb Cushing）　036, 118, 120,
130

顧維鈞　021, 109

顧炎武　374, 951, 1016, 1018

官文　100, 208, 229, 503, 521

管嗣復　996

管同　709, 710, 711, 713, 716, 777

光緒帝　038, 286, 287, 321, 323, 327, 329, 334, 335, 337, 338, 339, 340, 341, 342, 343, 344, 345, 346, 347, 348, 349, 350, 351, 353, 354, 355, 356, 357, 358, 360, 361, 362, 363, 364, 365, 370, 371, 372, 373, 374, 381, 390, 392, 393, 394, 402, 404, 423, 448, 492, 720, 781, 929, 998, 1005, 1064

廣福　472, 1045

廣科　273, 797

桂良　231, 232, 236, 275, 278

桂祥　302

郭德剛（Fernando Sainz）　1043

郭蘭石　1059

郭士立（Charles Gutzlaff）　053, 072, 096, 936, 995, 1011

郭嵩燾　249, 250, 251, 266, 268, 488, 776, 840, 890, 900, 901, 976

鍋島直彬　170

H

哈巴安德（Andrew P. Happer）　671, 996

哈根（E. E. Hagen）　554

哈斯泰　035

哈斯廷（W. Hastings）　083

海靖（Edmund Heyking）　295, 296, 963, 1104

海崴（J. Hanway）　077

海文　701, 978, 1002

韓文舉　333

漢密爾頓（Alexander Hanmilton）　991

杭祖良　470, 633

合信（Benjamin Hobson）　996, 1001

何桂清　124

何崑山　244

何乃瑩　389

何啟　322

何秋濤　013, 020

何如璋　168, 169, 183, 188, 190

何樹齡　331

何休　858, 859

和珅　882

赫德（Robert Hart）　093, 121, 134, 296, 397, 399, 400, 777, 892, 1008

赫士（Watson Mcmillen Hayes）　787

赫胥黎（T. H. Huxley）　843, 844, 932

黑格爾（G. W. F. Hegel）　931, 1013

黑田清隆　165

亨利・伍德（Henry Wood）　851

恒起　273

洪淳穆　159

洪嘉　348

洪棄生　1065, 1066

洪仁達　211

洪仁玕　196, 210, 211, 212, 213, 216,
　　221, 222, 224, 225, 226, 229,
　　246, 321, 782

洪任輝（James Flint）　014, 015, 036

洪天貴福（幼天王）　229

洪秀全　195, 196, 197, 198, 199, 200,
　　201, 207, 208, 209, 210, 211, 212,
　　213, 215, 216, 217, 218, 219, 220,
　　221, 223, 224, 225, 226, 227,
　　228, 229, 665, 953, 1064

侯失勒（J. Herschel）　1000

胡恩燮　244

胡光墉　260, 830

胡漢民　869, 872

胡嘉猷　318

胡鈞　790

胡駿　479

胡禮垣　322

胡林翼　206, 214, 219, 222, 230, 236,
　　272, 831, 832

胡丕績　024

胡適　921

胡思敬　307, 310, 495, 498, 500, 505,
　　506

胡璿澤　251

胡燏棻　329

花之安（Ernst Faber）　782, 1005

華蘅芳　239, 999, 1006

華佗　1018

樺山資紀　318

懷塔布　348, 363

皇太極　011

黃棟樑　216

黃敦懌　455

黃恩彤　095, 102, 129

黃桂鋆　348

黃節　951

黃景棠　456

黃敬　1054

黃爵滋　062, 063

黃乃裳　457

黃佺　1054

黃瑞麒　521

黃紹箕　785

黃思永　336

黃體芳　279, 281

黃興　401, 928, 936, 962

黃亞勝（黃勝）　255

黃育楩　655

黃毓棠　465

黃宗羲　951, 1021, 1023

黃遵憲　001, 332, 333, 339, 340, 351,
　　363, 369, 488, 489, 490, 496,
　　497, 498, 499, 764, 782, 1020,
　　1023, 1024

惠頓（Henry Wheaton）　894, 975

霍布浩斯（J. C. Hobhouse）　104

霍布斯（Thomas Hobbes）　854, 898,
　　899, 904

J

吉必勛（John Gibson） 1043

吉爾杭阿 206

吉慶 055, 056

季麒光 1054

加藤弘之 963

嘉慶帝 029, 031, 033, 076, 882

賈楨 130, 235

簡精華 1065

簡時（A. Port Karns） 1037

江標 366

江春霖 469

江辛 465

江忠源 250

姜紹祖 1065

姜秀巒 1045

蔣敦復 963, 968, 969, 970, 972, 973, 974, 977, 978, 985, 989, 990, 991, 992, 1000

蔣方震 933, 934

蔣夢麟 513, 520

蔣師轍 1057

蔣堂 759

蔣益澧 257, 266

蔣友仁（Michael Benoist） 883

蔣毓英 1056

蔣智由 452, 453, 950

焦祐瀛 235, 273, 274, 275

金邦平 417

金寶泉 1036

金炳國 159

金炳始 159

金成禮 034

金剛 453, 862

金楷理（C. T. Kreyer） 1006

金齊賢 035

金允植 187, 189

晉昌 398, 399

經元善 258, 346, 374, 761, 866

景廉 277, 288

景壽 235, 273

瞿昂來 1006

瞿鴻禨 305, 306, 307, 308, 309, 415, 417, 435, 436, 449, 501, 503, 505, 507

K

開普勒（Johannes Kepler） 1000

開泰 157

凱薩琳（Catherine） 076, 082

康德（Immanuel Kant） 899, 908, 1013

康格（E. H. Conger） 403

康廣仁 332, 365, 366

康熙帝 007, 026, 029, 041, 829, 993, 994, 1015, 1021

康有為 297, 299, 300, 324, 325, 326, 327, 328, 329, 330, 331, 332, 333, 334, 335, 337, 339, 340, 342, 343, 344, 345, 347, 348,

349, 350, 351, 352, 353, 354, 355, 356, 357, 360, 361, 362, 363, 364, 365, 366, 369, 370, 371, 372, 373, 374, 401, 402, 403, 406, 444, 447, 448, 452, 453, 466, 478, 479, 489, 490, 514, 714, 765, 781, 783, 784, 792, 797, 843, 845, 849, 851, 852, 854, 855, 856, 857, 858, 859, 860, 861, 862, 863, 866, 870, 871, 874, 875, 902, 903, 907, 908, 916, 928, 929, 930, 942, 946, 947, 948, 949, 950, 951, 952, 953, 955, 988, 989, 1007, 1025

克爾凱郭爾（S. A. Kierkegaard） 918

克拉科（G. Clerk） 105

克來頓（J. Clayton） 077

克林德（Klemens Freiherr von Ketteler） 393, 395, 396, 397, 399

孔子 219, 220, 221, 325, 331, 349, 512, 803, 804, 808, 841, 853, 856, 857, 858, 859, 871, 875, 878, 879, 907, 916, 918, 919, 948, 949, 951, 952, 953, 954, 989, 1022

寇松（Lord Curzon） 175

蒯光典 448

匡源 235, 273, 274, 275

奎俊 416, 788

崑岡 404

堃岫 348

L

拉保契爾（H. Labourchere） 104

拉馬克（Jean-Baptiste Lamarck） 1007

拉莫修（G. Ramusio） 076

賴長 259, 260

勞乃宣 477, 478

雷奮 452, 467, 468, 470, 479

雷繼興 479

雷昭性 504

黎尚雯 479

黎維禂 024

黎元洪 491

黎兆棠 247

黎宗岳 469

李秉衡 379, 380, 398, 399

李長生 470

李慈銘 280, 887, 895

李大釗 855

李德生 1051

李端棻 366, 781, 783, 784

李罡應 314

李光坡 646, 683

李圭 059, 222, 252

李瀚章 132, 236, 822, 825

李浩培 119, 120

李鶴年 815

李鴻賓 049, 052, 065, 094, 112

李鴻裔 223

李鴻藻　275, 276, 277, 278, 279, 280,
　　281, 282, 283, 285, 287, 288,
　　289, 291, 293, 304

李鴻章　010, 020, 023, 024, 132, 133,
　　141, 146, 147, 162, 166, 167, 170,
　　172, 173, 174, 186, 188, 190,
　　226, 228, 230, 233, 234, 236,
　　238, 240, 241, 243, 244, 247,
　　248, 249, 252, 253, 254, 256,
　　264, 265, 266, 268, 269, 282,
　　284, 287, 288, 290, 291, 292,
　　293, 294, 295, 296, 297, 301,
　　303, 304, 305, 314, 316, 317, 321,
　　322, 326, 334, 355, 356, 358,
　　360, 361, 362, 363, 364, 395,
　　396, 397, 398, 399, 404, 541,
　　542, 543, 546, 554, 668, 675,
　　724, 757, 776, 812, 815, 816, 817,
　　818, 819, 820, 821, 822, 825,
　　826, 831, 832, 833, 835, 841,
　　879, 880, 892, 979, 998, 1066,
　　1067

李佳白 (Gilbert Reid)　376

李家駒　783, 785

李戒欺　456

李經方　297, 360

李經羲　455, 472

李榘　465

李浚　802

李開芳　203, 205

李蓮英　362, 363

李勷協 (C. Lehmeyer)　256

李昑　033

李闓　349

李潤田　254

李善蘭　253, 776, 996, 999, 1000, 1001

李盛鐸　337, 345, 783, 787

李世賢　209, 210, 211, 213, 227, 229

李侍堯　112

李泰國 (Horatia Nelson Lay)　124

李棠階　101, 275

李提摩太 (Timothy Richard)　265, 360,
　　361, 365, 671, 782, 1003, 1005

李廷璧　1062

李萬興　034

李望洋　1054

李維格　333

李衛　024

李文耀　244

李熙　314

李星沅　096, 200, 202

李秀成　198, 199, 207, 208, 210, 211,
　　213, 217, 218, 220, 223, 225,
　　226, 227, 228, 229

李續賓　208, 832

李續宜　236

李應桂　047

李有芬　752

李裕元　159

李贊勛　245

李哲明　457

李之藻　775, 993

李擢英　385

李宗岱　244

李宗羲　815

李倧　022

李最應　159

立德　626, 627

立山　348, 363, 399

利洛　129

利瑪竇（Matteo Ricci）　775, 882, 883,
　　993, 994, 1005

聯魁　472

聯元　399

良弼　311

梁鼎芬　331

梁敦彥　477

梁發　996

梁啟超　299, 325, 326, 327, 331, 333,
　　334, 339, 340, 344, 345, 348,
　　349, 350, 351, 354, 357, 360,
　　365, 366, 369, 370, 373, 374,
　　401, 444, 446, 447, 448, 449,
　　452, 453, 454, 455, 466, 478,
　　479, 480, 489, 490, 493, 494,
　　496, 515, 517, 518, 519, 520, 521,
　　522, 523, 525, 542, 544, 546,
　　548, 549, 551, 675, 714, 763,
　　764, 765, 766, 779, 785, 799,
　　837, 843, 845, 847, 848, 849,
　　854, 855, 856, 857, 858, 859,
　　860, 861, 862, 866, 869, 870,

871, 872, 873, 874, 875, 885,
903, 904, 905, 906, 907, 908,
916, 921, 930, 932, 933, 934,
937, 941, 942, 943, 946, 949,
950, 952, 953, 954, 955, 956,
957, 958, 959, 960, 961, 993,
1007, 1013, 1023, 1025

梁善濟　458

梁士詒　311

梁廷枏　885, 968, 995, 996, 1011

廖名縉　454

廖平　856, 857, 861, 874

廖壽恒　301, 334, 362

列寧（V. L. Lenin）　137, 368, 608

林白水　489

林長民　457

林德修　1045

林鳳祥　203, 205, 207

林拱辰　1054

林豪　1055, 1056, 1057

林鶴年　1055

林鴻年　259

林景商　1055

林覺　1059

林樂知（Young John Allen）　782, 988,
　　1004, 1006

林輅存　457

林塞（H. H. Lindsay）　115

林紹年　308, 309, 435, 449, 455

林紹璋　211, 213

林泰曾　255

林維讓　1051

林維喜　058

林維源　1039, 1042, 1051, 1052

林文察　1051

林文欽　1051

林旭　349, 350, 357, 362, 365

林亦圖　1055

林玉銘　1061

林則徐　045, 058, 063, 073, 074, 082,
087, 092, 101, 103, 104, 115, 202,
232, 246, 541, 710, 883, 884,
885, 887, 995, 1011

林占梅　1054, 1055

林朝棟　1037, 1042, 1051

林朝英　1059

林振盛　1036

林正揚　229

麟書　282

凌十八　200

凌廷堪　839

劉璈　1042

劉秉璋　261

劉步蟾　255, 316

劉長佑　236, 260

劉崇佑　457

劉大鵬　497

劉典　241, 830

劉逢祿　856, 858

劉光第　349, 350, 357, 362, 365

劉鴻翱　887

劉煥文　474

劉家謀　1054

劉傑　276

劉錦藻　142, 503, 631

劉楷堂　575

劉可毅　785

劉坤一　141, 142, 241, 264, 266, 282,
303, 304, 330, 333, 342, 396,
398, 404, 405, 448, 615, 641,
787, 815

劉銘傳　158, 241, 244, 246, 264, 265,
538, 1029, 1036, 1037, 1039,
1040, 1042, 1051, 1052, 1055,
1059

劉榮勛　465

劉蓉　249, 669

劉師培　863, 909, 944, 945, 949, 952,
1023

劉廷琛　503

劉文源　416, 426, 444

劉錫鴻　251, 1027

劉亞匾　036

劉鏞　759

劉永福　284, 318

劉如玉　746, 747

劉嶽雲　1022, 1023

劉韻珂　1047

劉子成　034

劉作肅 200

柳亞子 944

隆裕皇太后 302, 312

龍紱瑞 454

龍璋 629

盧崇玉 1062

盧德嘉 1054

盧坤 066, 067

盧六 196

盧茂官 042

盧梭（J. Rousseau） 488, 509, 899, 908,
　　909, 914, 931, 1010, 1013

魯迅 497, 501, 917, 918, 1007

陸奧宗光 290, 316, 317

陸寶忠 505, 507, 793

鹿傳霖 404, 435, 469

陸鴻逵 454, 455

陸乃翔 470

陸潤庠 417

陸順德 229

陸宗輿 478

倫琴（Wilhelm Rontgen） 1006

羅便臣（Geroge Robinson） 058, 065,
　　068

羅伯聃（T. Robert） 098, 099

羅大春 1039

羅傑 465, 467, 479, 506

羅林森（J. Rawlinson） 833

羅綸 458

羅密士（Elias Loomis） 1003

羅榮光 391, 392

羅淑亞（Le Comte de Rochechouart） 171,
　　172

羅素（John Russell） 235, 236

羅文俊 250

羅孝全（I. J. Roberts） 196

羅有高 861

羅澤南 206, 250, 832

洛克（John Locke） 854, 899, 910, 931

駱秉章 236

駱成驤 785

呂碧城 865

呂莘祿 575

呂世宜 1059, 1067

律勞卑（John Napier） 057, 065, 066,
　　067, 072, 115

M

馬地臣（James Matheson） 044, 045,
　　049

馬爾薩斯（T. R. Malthus） 675

馬福塔 022

馬格里（Macartney Halliday） 542

馬基雅維利（N. Machiavelli） 898

馬嘉理（A. R. Margary） 250, 890

馬戛爾尼（George Macartney） 029, 030,
　　031, 044, 051, 055, 064, 075,
　　076, 114, 881, 884, 927

馬兼才 168

馬建忠　244, 322, 553, 901

馬君武　999, 1013

馬克思　137, 139, 608, 656, 762, 930

馬克斯・韋伯（Max Weber）　896, 923

馬懇西（Robert Mackenzie）　1003

馬禮遜（Robert Morrison）　098, 884,
　　995, 999, 1005

馬良　454

馬儒翰（J. R. Morrison）　088, 089, 098

馬士傑　478

馬他侖（Frederick Maitland）　070, 073

馬相伯　728

馬雅各（James L. Maxwell）　1043

瑪姬士（Jose Martin-Marquez）　964,
　　965, 968, 990

瑪卡雷・布朗　239

麥迪森（James Madison）　992

麥都思（W. H. Medhurst）　239, 995,
　　1000

麥考萊（T. B. Macaulay）　104

麥克馬洪　988

麥曼蓀　1010

麥孟華　454

邁爾本（W. Melbourne）　091, 104

曼考爾（Mark Mancall）　002

毛慶蕃　517, 518

毛澤東　684, 855

梅鴻吉　759

梅文鼎　995, 1021

美堅治（Captain Machenzie）　065

蒙得恩　213

蒙克利（Edward T. R. Moncriff）　996

孟德爾（G. J. Mendel）　527

孟德斯鳩（Baron de Montesquieu）　908,
　　909, 910, 991, 992, 1013

孟森　250, 268, 274, 451, 452

孟昭常　451, 452, 468

孟子　515, 681, 771, 798, 860, 878,
　　879, 907, 1020

米芾　1059

米憐（William Milne）　995, 996, 1005

密妥士（J. A. T. Meadows）　542

綿忻　302

閔奎鎬　159

閔正鳳　199

明治天皇　314, 335, 359

摩爾（H. More）　077, 511

莫理循（G. E. Morrison）　459, 460

墨菲（Rhoads Murphey）　535, 557

墨子　680, 847, 853, 855, 860, 868,
　　874, 1020, 1022, 1023

牟琳　465

慕瑞（Hugh Murray）　885

慕維廉（William Muirhead）　970, 1000

穆拉維約夫（Nikolay Nikolayevich
　　Muravyor）　177

穆勒（John Stuart Mill）　854, 909, 936,
　　1013

穆蔭　235, 272, 273, 274, 275

N

拿破崙（Napoléon Bonaparte）　076, 233, 980, 982, 985

那桐　312, 416, 436, 469, 472, 474, 477

南懷仁（Ferdinand Verbiest）　993

南廷哲　189

尼采（F. W. Nietzsche）　917, 918, 1013

尼古拉二世（Czar Nicholas II）　295

尼斯（Franz Nies）　076, 079, 114, 295, 847

倪開鼎　633

倪嗣沖　311

聶輯槼　626

甯調元　479

牛頓（Isaac Newton）　527, 1000

牛廣生　471

紐秉臣　244

努爾哈赤　010

諾穆布　1053

O

歐哀深　121

歐榘甲　332, 847

歐禮斐（C. H. Olive）　778

歐陽競無　862

P

帕布里亞斯（Pablius）　992

潘光旦　558

潘露　261, 263

潘慎文（A. P. Parker）　1003

潘仕成　541

潘霨　244, 260, 261, 263

潘文鳳　1057

潘英章　282

潘允敏　024

潘宗禮　518, 519, 520, 525

潘祖蔭　282, 283, 288, 325

盼師（William Baynes）　065, 094, 095

龐鴻書　472

龐雲增　759

培根（Francis Bacon）　1013

彭紹升　861

彭蘊章　272, 274

皮爾（R. Peel）　091, 092, 844

皮錫瑞　855, 943

朴定陽　191

朴圭壽　159

珀金斯（D. Perkins）　552

蒲安臣（Anson Burlingame）　892, 893, 894, 929

蒲殿俊　458, 462

璞鼎查（H. Pottinger）　090, 091, 092, 097, 098, 099, 102, 108

溥儁　302, 303, 373, 381, 383

溥良　472

溥倫　464, 465, 469, 477, 506

溥頲　348

溥儀　310, 423

Q

祁世長　247

耆英　094, 095, 096, 098, 102, 108,
　　109, 118, 130, 131, 139, 974

琦善　032, 085, 086, 087, 088, 089,
　　090, 092, 100, 101, 202, 203,
　　206

啟秀　301, 306, 390, 399

卡佩爾（Thomas Balden Capel）　072

卡斯卡特（Charles Cathcart）　114

錢潤　451

錢恂　135

錢應溥　301

喬占九　470

喬治‧密爾斯（George Mills）　114

伽利略（Galileo Galilei）　527

秦日綱　205, 206, 210

慶山　455

丘逢甲　317, 318, 1054

邱彩廷　1037

邱苟　1036

渠本翹　625

犬養毅　453

R

冉求　1022

熱振呼圖克圖　181

任可澄　457

日意格（P. M. Giguel）　225, 542

容閎　222, 251, 255, 256, 258, 264,
　　321, 360, 782, 890

榮赫鵬（Francis Younghusband）　175

榮惠　338

榮祿　118, 134, 141, 276, 278, 287,
　　289, 298, 300, 301, 302, 303,
　　304, 305, 306, 334, 336, 337,
　　339, 340, 348, 349, 355, 356,
　　357, 358, 359, 362, 363, 365,
　　374, 394, 395, 404, 1017

榮慶　409, 410, 416, 440, 790, 793

榮全　824, 828

榮瑞馨　535

柔克義（W. W. Rockhill）　140

阮福祿　033

阮福映　160

阮訓　094

阮元　060, 883, 1021

瑞澂　468, 472, 635

瑞麟　132, 241

瑞元　035

S

薩鎮冰　430

塞切尼（Grof Szechenyi Bela）　264

賽尚阿　198, 202

桑迪里（Barthélemy Saint-Hilaire）　172

森有禮　165, 166, 782

僧格林沁 205, 208, 284

杉山彬 399

善耆 430, 469, 472, 477, 478

邵濤 094

邵羲 451

邵雍 841

邵友濂 316, 1029, 1036, 1037, 1040, 1042, 1056, 1057

邵之棠 001

紹昌 477

沈葆楨 205, 236, 243, 248, 255, 264, 266, 349, 815, 817, 822, 1029, 1039, 1041

沈曾桐 330

沈曾植 330

沈光文 1054, 1055

沈桂芬 275, 276, 277, 278, 280, 282, 287, 299

沈家本 141, 142, 415, 464, 465

沈鈞儒 455

沈茂蔭 1057

沈懋昭 470

沈毓桂 1024

沈兆褘 993

沈兆霖 236

沈宗瀚 557, 558

升允 417, 423, 505, 506

勝保 205

盛楓 646

盛宣懷 243, 244, 254, 307, 341, 371, 377, 389, 395, 396, 398, 477, 615, 630, 636, 641, 724, 759, 761, 792

盛昱 281

盛筠 199

施堅雅（W. Skinner） 534

施瓊芳 1054

施士洁 1054

十三世達賴喇嘛（土登嘉措） 175, 181

十四世達賴喇嘛（拉木登珠） 181

石達開 199, 203, 205, 206, 207, 209, 210, 217, 228

石鼎美 1059

市島謙吉 1010

世鐸 285, 301, 354

世續 416, 469, 508

壽耆 417, 477

壽山 398

叔本華（Arthur Schopenhauer） 1013

舒高第 1006

司默靈（A. E. Smorrenberg） 776

思痛子 1065

斯賓諾莎（Baruch de Spinoza） 1013

斯賓塞（Herbert Spencer） 843, 844, 845, 848, 931, 1002

斯當東（G. T. Staunton） 054, 057

斯坦利（L. Stanley） 091, 092

寺島宗則　165, 168, 169, 170

松田道之　168

松毓　455

宋寶華　244

宋伯魯　336, 337, 344, 347, 348, 353

宋春鰲　245

宋教仁　454, 477, 478, 958, 959

宋恕　324, 862

宋育仁　324, 478, 840, 1019

蘇格拉底（Socrates）　1013

蘇霖渤　645, 646

粟戴時　482, 629

肅順　215, 234, 235, 236, 272, 273,
　　274

孫寶琦　449, 450, 472

孫寶瑄　448, 498, 499, 506, 515, 516,
　　763, 846, 847, 858

孫伯蘭　479

孫洪伊　468, 469, 470, 471, 472, 478,
　　479

孫家鼐　333, 354, 417, 419, 783, 784,
　　785, 786, 792, 799, 800, 807,
　　1025

孫瑞珍　284

孫遜　760

孫毓汶　284, 285, 286, 292, 293

孫中山　322, 360, 401, 466, 491, 497,
　　675, 866, 870, 871, 909, 942,
　　947, 961

索額圖　025, 026

T

塔斯哈　278

譚繼洵　998

譚紹光　226, 227, 228

譚嗣同　333, 339, 340, 349, 350, 355,
　　357, 358, 359, 362, 365, 366,
　　369, 765, 843, 849, 850, 851,
　　852, 853, 854, 860, 862, 863,
　　864, 875, 903, 904, 1023

譚體元　230

譚延闓　454, 458

譚鍾麟　262

湯化龍　457, 458, 462, 636

湯覺頓　472

湯瑪斯・阿奎那（Thomas Aquinas）
　　897

湯瑪斯・米納爾（Thomas Milner）
　　1000

湯若望（Jean Adam Schall von Bell）
　　993

湯壽潛　444, 447, 448, 449, 451, 501,
　　631, 634, 1025

湯一鶚　451

湯震　324, 782

唐才常　333, 349, 369

唐爾鏞　457

唐景崇　475, 477

唐景崧　284, 317, 318, 1055, 1057,
　　1059

唐炯　244

唐紹儀　175, 176, 189, 311

唐廷樞　238, 247, 535, 543

唐晏　385

唐甄　839

陶葆廉　478

陶成章　453

陶德（John Dodd）　981, 1032, 1036, 1051

陶模　327

陶鎔　465

特里派爾（H. Triepel）　119

特普欽　674

田桐　479

田文鏡　594

田興恕　132

鐵良　309, 416, 430, 436, 448, 502, 503

同治帝　275, 373, 891, 894, 895

屠繼善　1038, 1057

托勒密（Claudius Ptolemaeus）　994

托明阿　206

脫利古（Arthur Tricou）　173, 174

W

瓦特爾（Emerich de Vattel）　113, 885

彎剌（Warner）　101

萬青藜　280

汪大燮　419, 632

汪海洋　229

汪輝祖　514

汪精衛　501, 869, 872, 908, 932, 944, 961

汪康年　250, 308, 331, 332, 333, 698, 862

汪榮寶　417, 477, 478

汪士鐸　222, 510

王寶田　505

王法勤　466

王夫之　816, 832, 837, 850, 851, 931, 951

王國維　152, 490, 1008, 1013

王槐山　759

王輝遠　244

王敬芳　466

王凱泰　257, 815, 821, 1055

王闓運　271, 275, 302, 857, 1027

王清穆　632

王慶雲　655

王仁俊　1020, 1022, 1023

王仁堪　281, 738

王士達　656, 677

王士珍　304, 311

王韜　223, 238, 322, 553, 693, 701, 711, 712, 713, 714, 840, 841, 842, 901, 928, 963, 964, 968, 969, 970, 978, 980, 981, 982, 983, 985, 986, 987, 988, 989, 990, 991, 992, 996, 1000, 1019, 1024, 1025

王同愈　631, 632

王文韶　241, 260, 276, 277, 282, 283,
　　288, 301, 304, 306, 339, 340,
　　341, 343, 362, 404, 435, 822,
　　823, 824

王錫闡　1021

王錫蕃　350

王先謙　334

王業鍵　536, 537, 554, 557

王一亭　759, 864, 866, 867

王照　173, 302, 348, 808

王之春　136, 782, 1019, 1020

王作新　196

威靈頓公爵（Duke of Wellington）　067

倭仁　777, 839, 1027

韋昌輝　199, 200, 207, 209, 210

韋廉臣（Alexander Williamson）　1001,
　　1003

韋斯廉（J. Wesley）　079

偉烈亞力（Alexander Wylie）　968, 969,
　　978, 996, 1000

衛汝貴　314

魏宸組　479

魏爾特（S. F. Wright）　093

魏光燾　448, 823, 826, 827, 828

魏瀚　255

魏濬　883

魏源　080, 156, 232, 246, 541, 661,
　　710, 711, 713, 811, 814, 829,
　　831, 832, 837, 838, 839, 841,

　　845, 852, 856, 861, 874, 885,
　　886, 887, 900, 928, 964, 965,
　　966, 968, 979, 995, 997, 1011,
　　1016

溫世霖　475

溫宗彥　258

文彬　815, 821

文海　001, 047, 271, 282, 302, 317,
　　396, 478, 495, 499, 505, 506,
　　653, 747, 824, 928

文祿　455

文慶　272, 974

文悌　348, 1025

文廷式　331, 363

文祥　109, 231, 232, 236, 273, 275,
　　276, 278, 541, 815, 817

文耀　244, 470

翁同龢　275, 283, 284, 285, 287, 288,
　　289, 291, 292, 293, 294, 295,
　　296, 297, 298, 299, 300, 323,
　　325, 327, 334, 336, 337, 339,
　　340, 341, 349, 355, 363, 364

翁心存　284

烏爾恭額　100

烏進孝　578

吳本善　631

吳長慶　356

吳熾昌　244

吳大澂　241, 279

吳德功　1054, 1065

吳福佬　1032

吳光亮　1039, 1040

吳健彰　124

吳景濂　458

吳懋鼎　343

吳汝綸　188, 668, 786, 801

吳尚沾　1059

吳湯興　318, 1065

吳聽臚　759

吳元炳　821

吳蘊初　254

吳忠信　181

吳子光　1055, 1061

伍浩官　042, 049, 071

伍受昌　094

伍廷芳　141, 142, 244, 329, 335, 336,
　　　 413, 415, 614

武公宰　024

X

西摩（E. H. Seymour）　390, 391

熙瑛　793

錫良　311, 417, 459, 472, 635

夏曾佑　501, 505, 511, 862

夏瑞芳　449

夏爕　096, 233

咸豐帝　029, 199, 200, 214, 215, 231,
　　　 232, 234, 235, 236, 272, 713,
　　　 889, 891, 997

咸齡　095

向榮　202, 203, 206

蕭朝貴　197, 199, 201, 209, 681

偕叡理（馬偕，George Leslie Mackay）
　　　 1044

謝管樵　1059, 1067

謝光綺　244

謝哩萬　034

謝汝欽　455

謝治安　065

新柱　036

熊範輿　450, 454

熊希齡　333, 334, 349, 366, 452

休爾（Richard Heule）　295

休謨（David Hume）　1013

徐承煜　399

徐佛蘇　452, 453, 454, 455, 479, 480

徐光啟　775, 886, 993, 994, 995

徐會灃　348

徐繼畬　777, 885, 886, 887, 900, 927,
　　　 964, 965, 966, 968, 980, 991,
　　　 995, 997, 1011

徐建寅　343, 1006

徐勤　331, 332

徐仁祿　356

徐仁鑄　366

徐潤　244, 245, 248, 535, 544

徐世昌　183, 311, 312, 331, 382, 417,
　　　 436, 456, 472, 477, 575, 629,

　　　　641, 674

徐壽　239, 254, 999, 1006

徐樹錚　183

徐　桐　286, 287, 325, 328, 363, 389,
　　　399, 495

徐維則　993, 997, 998

徐驤　318, 1065, 1067

徐用儀　286, 292, 293, 399

徐雨亭　622

徐致靖　298, 337, 340, 344, 354, 356,
　　　365, 366

徐祝三　244

許寶蘅　492

許鼎霖　465, 468, 632

許庚身　274, 285, 286

許景澄　251, 391, 399

許乃濟　062, 069

許南英　1054, 1055

許球　062

許應騤　347, 348, 785

薛大可　455

薛福成　235, 267, 553, 675, 782, 840,
　　　841, 901, 1018, 1019, 1024

薛煥　130

薛紹元　1057, 1061

Y

雅裨理（David Abeel）　995

亞當・斯密（Adam Smith）　113

亞當斯（J. Q. Adams）　075, 076

亞里斯多德（Aristotle）　963, 1013, 1022

岩井茂樹　007, 008

閻敬銘　285

顏永京　1002

嚴復　253, 256, 325, 326, 335, 369,
　　　411, 513, 842, 843, 844, 846,
　　　847, 849, 852, 862, 867, 870,
　　　874, 875, 904, 909, 910, 911,
　　　912, 913, 914, 932, 957, 999,
　　　1026

嚴金清　1056

嚴良勛　1006

嚴啟衡　479

嚴信厚　543

嚴修　135, 311, 336, 793, 794

楊昌濬　241, 815, 817, 820, 821

楊崇伊　297, 331, 360, 362, 363, 364

楊萃喜　435

楊德　243, 244, 454, 455

楊德鄰　454, 455

楊度　447, 452, 453, 454, 455, 845,
　　　849, 873, 874, 942, 950, 951,
　　　957, 958, 959, 961

楊坊　759

楊輔清　213, 227

楊光先　995, 1027

楊海珊　760

楊浚　1055

楊儒　136

楊銳　330, 349, 350, 355, 357, 362, 365, 372

楊深秀　298, 337, 340, 347, 348, 365

楊士驤　135, 310, 311

楊士燮　783

楊樞　1006

楊泗洪　318

楊廷棟　452, 468

楊廷熙　1027

楊廷筠　993

楊廷璋　024

楊文鼎　460, 472, 636

楊文會　862

楊錫紱　683

楊秀清　197, 199, 200, 201, 207, 209, 210, 212, 217, 221

楊永智　1062

楊載雲　318

楊朝述　626

姚晉圻　457

姚文枬　470

姚錫光　247, 478, 783

姚瑩　201, 885

葉澄衷　759

葉德輝　334

葉化成　1059

葉覺邁　333

葉正邦　244

葉志超　290, 291, 315

葉祖珪　391, 392

伊地知季安　161

伊里布　129

伊能嘉矩　1057

伊藤博文　314, 317, 359, 361, 363, 364

易卜生（Henrik Ibsen）　917, 918

易宗夔　465, 467, 479

奕諒　302

奕劻　141, 142, 249, 291, 292, 302, 303, 306, 307, 309, 310, 311, 312, 353, 354, 357, 358, 363, 386, 399, 404, 415, 417, 418, 435, 436, 449, 469, 472, 474, 476, 477, 696, 778, 779, 785

奕山　090, 177

奕訢　131, 132, 140, 178, 225, 231, 232, 233, 234, 235, 236, 240, 241, 272, 274, 275, 278, 283, 292, 309, 334, 337, 776, 777, 784, 813, 815, 889, 892

奕譞　235, 249, 278, 309

奕志　302

義律（Charles Elliot）　032, 058, 059, 068, 069, 070, 071, 073, 074, 084, 085, 086, 087, 088, 089, 090, 092, 100, 103, 104, 106

懿律（G. Elliot）　085, 087, 100

因義士（James Innes）　052, 070, 073

尹銘綬　793

蔭昌　429, 430, 477

英俄爾岱　022

英桂　241, 776

英翰　815

英年　350, 399

雍正帝　033, 947

尤先甲　631

有泰　175

于邦華　465, 478

于式枚　419, 454, 503, 504

余誠格　785

余德元　470

余聯沅　396

余文儀　1056, 1057

余肇康　507

俞復　1010

俞吉濬　189

俞明震　1055, 1065

俞樾　1019

虞洽卿　759

虞允文　1020, 1023

禹之謨　759

喻長霖　478

裕庚　398, 783

毓朗　429, 436, 469, 472

裕祿　301, 385, 386, 387, 388, 392,
　　393, 815

毓賢　379, 380, 382, 384, 398, 399

袁保恒　824, 830

袁昶　360, 391, 399, 777

袁金鎧　481

袁枚　655

袁世凱　118, 135, 180, 181, 189, 190,
　　303, 304, 305, 307, 309, 310,
　　311, 312, 330, 355, 356, 357,
　　358, 359, 360, 361, 362, 363,
　　364, 365, 382, 384, 385, 410,
　　411, 413, 417, 418, 430, 435, 436,
　　438, 441, 448, 449, 454, 460,
　　482, 487, 497, 498, 502, 503,
　　513, 516, 519, 520, 524, 575,
　　576, 787, 788, 793, 798, 958

袁樹勛　460, 461, 469, 472, 769

袁聞柝　1039

袁祖志　986, 989

約翰・戈爾（John Gore）　072

約翰・傑伊（John Jay）　992

惲毓鼎　287, 308, 435, 802

Z

載灃　310, 311, 312, 423, 425, 428,
　　429, 430, 431, 435, 436, 437,
　　438, 467, 470, 471, 472, 474,
　　641

載瀾　363, 399

載濤　311, 312, 429, 436, 469, 517,
　　518, 519, 520, 521, 522

載勛　134, 398

載洵　311, 430, 436, 477

載漪　301, 302, 303, 306, 363, 373,
　　383, 385, 389, 390, 395, 398,

399

載垣　234, 235, 272, 273, 274

載澤　416, 417, 430, 469, 472, 477, 478, 498

載振　310, 413, 416, 435, 938

增韞　455, 459, 460, 634

曾廣漢　348

曾國藩　204, 205, 206, 207, 208, 209, 214, 215, 219, 222, 223, 226, 228, 229, 230, 233, 236, 240, 248, 250, 255, 258, 264, 266, 272, 274, 321, 436, 493, 494, 495, 541, 546, 668, 776, 831, 832, 839, 840, 841, 892, 953, 954, 998

曾國荃　218, 227, 228, 265

曾紀澤　133, 172, 173, 251, 280, 674, 835

曾維楨　1053

曾彥銓　263

曾宗彥　341

詹森（Marius B. Jansen）　491

詹天佑　256

張百麟　456

張百熙　408, 409, 410, 417, 440, 785, 786, 789, 790

張德彝　974, 975, 976, 981

章甫　1054

章高元　1040

張格爾　278

張國淦　457

張鶴齡　849

張亨嘉　786

張鴻祿　258

張煥綸　783

張繼　453, 848

張家鎮　451

張謇　320, 336, 438, 444, 447, 448, 449, 451, 452, 458, 461, 468, 482, 632, 638

張敬堯　576

章珏　631

張君勱　926, 936

張鳴岐　467, 472

張穆　886

張佩綸　279, 280, 282, 284, 285, 289, 291

張其光　1039

張人駿　441, 461, 505

張汝梅　380

張瑞蔭　803

張盛藻　777, 1027

張樹聲　266, 269

章太炎（章炳麟）　332, 453, 675, 909, 931, 942, 943, 944, 945, 947, 948, 951, 952, 955, 961, 1007, 1019, 1021, 1022, 1023

章炳麟　862, 863, 864, 874

張廷鈞　244

張喜　095

張孝謙　330

張勳　304

張曜　244

張易賁　023

張翼　244, 357

張蔭桓　316, 334, 340, 343, 355, 358,
　363, 364, 365, 366, 988, 989

張蔭棠　135, 176, 503, 504

張玉書　645

張元濟　339, 340, 785

張允隨　157

張載　850, 851, 853

張兆連　1040

張振勛　258

張之洞　141, 142, 240, 241, 244, 245,
　265, 266, 268, 269, 279, 280,
　281, 288, 303, 309, 310, 329,
　330, 331, 333, 341, 342, 350,
　355, 359, 396, 398, 404, 405,
　409, 410, 411, 417, 436, 440,
　448, 449, 455, 487, 493, 497,
　516, 551, 553, 615, 624, 628,
　629, 641, 749, 781, 783, 787,
　790, 798, 799, 801, 802, 842,
　998, 1003, 1024, 1025, 1026

張之萬　285, 286

張仲炘　363

張宗睦　094

章宗祥　478

張祖同　334

朝銓　036

趙必振　1010

趙秉鈞　311

趙炳麟　362, 363, 434, 435, 802

趙充國　820

趙爾豐　636, 637

趙爾巽　021, 410, 487

趙鳳昌　447, 448, 449

趙烈文　213, 222, 229

趙啟霖　435

趙舒翹　306, 389, 399

趙元益　1006

趙振清　471

趙祖康　642

哲布尊丹巴呼圖克圖　182, 183

甄克思（Edward Jenks）

Edward Jenks　912, 931

鄭成功　664, 1059

鄭觀應　245, 258, 324, 371, 395, 396,
　535, 551, 553, 554, 694, 695,
　696, 714, 716, 717, 719, 720,
　724, 779, 781, 782, 840, 841,
　864, 866, 867, 887, 888, 901,
　902, 929, 986, 1018, 1019, 1024,
　1025, 1026

鄭瑞檀　094

鄭思肖　931

鄭文欽　399

鄭孝胥　447, 451

鄭燮　1059

鄭用鑑　1054

鄭用錫　1053, 1054, 1055, 1056

鄭祖琛　199

志剛　893, 894, 929, 1017

中祥　047, 112

鍾天緯　1006

鍾萬信　216

周昌　759, 1052

周昌熾　759

周大發　1040

周馥　417, 449, 487

周凱　015, 1060

周榮香　1061

周榮曜　306

周瑞清　282

周樹模　472

周天爵　200, 202, 203

周學熙　787

周蔭棠　485, 486

周鍾瑄　1056, 1063

周作人　919

朱寶奎　307

朱成烈　062

朱次琦　324, 859

朱桂楨　065

朱季雲　244

朱家寶　472

朱克敬　979, 980, 981, 986

朱其昂　544

朱其詔　244

朱術桂　1059

朱一新　858, 971

朱執信　500, 869, 958

朱志龍　535

朱祖謀　785

朱嶟　062

珠布泰　035

祝大椿　535, 544

祝廷彪　100

莊存與　856, 857

莊敬夫　1059, 1067

卓蓋們都爾　035

宗湘文　241

鄒伯奇　776

鄒立文　1003

鄒容　871, 909, 936, 942, 944, 946

左寶貴　314

左宗棠　001, 211, 212, 214, 215, 218,
219, 227, 228, 229, 230, 233,
234, 236, 240, 241, 244, 250,
253, 259, 260, 261, 264, 266,
268, 272, 280, 287, 541, 668,
669, 670, 776, 812, 813, 814,
818, 822, 823, 824, 825, 826,
827, 828, 829, 830, 831, 832,
834, 835, 892

後記

　　晚近以來的中國近代史，是中國歷史長河中的重要時段，包含著多重的政治、經濟、軍事、外交、思想、文化、社會等方面的內容，不僅具有歷史的意義，更因其與現實密切關聯，而引起學界和社會各界的廣泛關注。近代史研究一向是中國史學研究中最為活躍的領域之一。自 1930 年代初期中國學者明確提出「中國近代史」的概念及開展相關研究，至今已近百年，其間有關研究成果數量豐碩，涉及的主題包括了中國近代史的方方面面，成績斐然。1980年代以來，隨著大量過去深藏不露的檔案文獻的開放，隨著時代環境的變化及學術潮流的衍變，隨著學術交流的廣泛進行和研究的深入及認知的變化，海內外的中國近代史研究亦在不斷發展、深化、創新，成果迭出。

　　為了進一步推動中國近代史研究，尤其是促進海峽兩岸學者對中國近代史的共同研究，2010 年 10 月，中國社會科學院近代史研究所發起「兩岸新編中國近代史」研究計畫，約請大陸及海峽對岸的臺灣各大學和研究機構的同仁共同參與，並得到他們的積極回應。其後，該項計畫進入實質性研究階段，其研究宗旨為：

　　1. 以專題研究的框架，展現中國近代史研究的廣度與深度，尤其著重展現 1980 年代以來中國近代史研究在史料運用、研究方法、個案解讀、歷史詮釋等方面的新進展與新趨向，注重其學術性與前沿性。

　　2. 面向學界同行，具有國際視野，體現全球化時代學術研究的新特點。同時，亦考慮到大學本科以上學生及社會大眾讀者的學習需要和閱讀興趣，力求有更廣大的讀者面。

3. 在注重學界過往比較重視的政治、經濟、外交史研究的同時，也注重體現近年來學術研究的新視角與新趨向，在思想、文化、社會史研究等方面，亦有充分的寫作與討論空間。

4. 各章節以專題和專論為中心，不求面面俱到，但求有感而發，內容詳略得當，文字通暢可讀，書後附參考文獻和人名索引。

考慮到學術研究的百家爭鳴特性，以及本研究計畫的參加者來自不同地域、不同機構，具有或同或異的學術背景和研究經歷，我們不要求以同一視角和話語系統從事研究與寫作，而是充分尊重作者個人的研究興趣、學術見解與表述方式，本著文責自負的原則，在自由討論切磋的基礎上，以客觀真實、實事求是為本，既凸顯學術共識，又保留表述差異，最終形成在中國近代史各個不同論述主題之下的異彩紛呈的學術研究精品。

參加本研究計畫的學者共有 57 位，其中大陸學者 34 位、臺灣學者 21 位、香港學者 2 位，每位學者就其所擅長之研究主題各撰寫一章。北京近代史研究所所長王建朗研究員統籌主持研究計畫，臺北近代史研究所時任所長黃克武研究員在聯絡臺灣學者參與研究並提出撰寫意見方面貢獻良多。王建朗、黃克武研究員慨允共同主編本書並為序。

自 2013 年起，本書作者陸續完成並提交了書稿初稿。2013 年 8 月，在北京召開了書稿討論會，參加者有北京近代史所王建朗、汪朝光、金以林、杜繼東研究員，北京大學王奇生教授，中山大學桑兵教授，臺北近代史所黃克武研究員，臺灣東海大學唐啟華教授，以及本書出版方社會科學文獻出版社的楊群、徐思彥編審。本次會議討論了書稿審閱定稿過程中若干需要解決的問題，確定了書名，並對全書的體例統一、章節安排、參考文獻、文字表述等技術性問題，明確了修改原則。會後，我們將書稿先行發給相關主題的作者互審，收穫了許多很好的意見。自 2015 年起，我們又集中對書稿進行了統一審閱和編輯校訂，汪朝光研究員承擔了其中不少工作。前後歷時五年，終竟全功。

在《兩岸新編中國近代史》的研究、撰寫、編輯、定稿的全過程中，我們得到各位作者包括大陸和臺灣諸多學界同仁的大力支持。我們向他們表示衷心的感謝！感謝他們對學術的認真負責及對我們工作的寬厚包容！

本研究自最初發端到完成出版，始終得到社會科學文獻出版社的大力支

持。社會科學文獻出版社的領導和近代史編輯室宋榮欣、趙薇、李麗麗等編輯，在書稿編輯出版過程中盡心盡力，排憂解難，為書稿最終以這樣的方式呈現給讀者貢獻多多。我們亦向他們表示衷心的感謝！感謝他們多年來對學術研究和出版的無私支持！

學術研究的健康發展不僅在於學者自身的努力，也在於有關各方的關心支持，形成良好的百家爭鳴、百花齊放式的研究氛圍，以有利於真正優秀的科研成果脫穎而出。本研究進行過程中，得到中國社會科學院科研局領導及「創新工程」專案的支援，得到「國家出版基金」的出版經費支持，我們也向他們表示衷心的感謝！感謝他們為學術研究和成果出版創造的良好環境！

《兩岸新編中國近代史》完成出版，是兩岸學者合作共同研究中國近代史的良好開端，並提供了成功的經驗。在中國近代史研究領域，未來兩岸合作研究具有無限廣闊的空間。我們期待兩岸學者有更多的合作，在全球化的時代，建立我們對中國歷史的主體性詮釋，留下我們這一代學者的學術印跡！

中國社會科學院近代史研究所

二〇一六年四月

國家圖書館出版品預行編目資料

兩岸新編中國近代史—晚清卷 / 王建朗、黃克武 編-- 初版.
-- 臺北市：蘭臺出版社, 2021.10
　　冊；　公分. --（中國近代史研究叢書；1）
　ISBN 978-986-06430-5-3(全套：平裝)

1.晚清史 2.近代史

627.6　　　　　　　　　　　　　　　110008812

中國近代史研究叢書 1

兩岸新編中國近代史—晚清卷（下）

作　　者：王建朗、黃克武 編
主　　編：張加君
美　　編：沈彥伶
校　　對：楊容容、古佳雯
封面設計：塗宇樵
出 版 者：蘭臺出版社
發　　行：蘭臺出版社
地　　址：台北市中正區重慶南路1段121號8樓之14
電　　話：(02)2331-1675或(02)2331-1691
傳　　真：(02)2382-6225
E—MAIL：books5w@gmail.com或books5w@yahoo.com.tw
網路書店：http://5w.com.tw/
　　　　　　https://www.pcstore.com.tw/yesbooks/
　　　　　　https://shopee.tw/books5w
　　　　　　博客來網路書店、博客思網路書店
　　　　　　三民書局、金石堂書店
經　　銷：聯合發行股份有限公司
電　　話：(02) 2917-8022　　傳真：(02) 2915-7212
劃撥戶名：蘭臺出版社 帳號：18995335
香港代理：香港聯合零售有限公司
電　　話：(852)2150-2100　　傳真：(852)2356-0735
出版日期：2021年10月 初版
定　　價：新臺幣2000元整（平裝，套書不零售）
ISBN：978-986-06430-5-3

原出版單位中國社會科學院社會科學文獻出版社，
授權臺灣大通書局發行繁體版，
臺灣大通書局再授權蘭臺出版社出版發行。